Utilize este código QR para se cadastrar de forma mais rápida:

Ou, se preferir, entre em:
www.moderna.com.br/ac/livroportal
e siga as instruções para ter acesso aos conteúdos exclusivos do

Portal e Livro Digital

CÓDIGO DE ACESSO:

A 00004 FILCOMIR U 28892

Faça apenas um cadastro. Ele será válido para:

MODERNA Richmond SANTILLANA ESPAÑOL

120000281 FILOSOFIA COTRIM

Da semente ao livro,
sustentabilidade por todo o caminho

Plantar florestas
A madeira que serve de matéria-prima para nosso papel vem de plantio renovável, ou seja, não é fruto de desmatamento. Essa prática gera milhares de empregos para agricultores e ajuda a recuperar áreas ambientais degradadas.

Fabricar papel e imprimir livros
Toda a cadeia produtiva do papel, desde a produção de celulose até a encadernação do livro, é certificada, cumprindo padrões internacionais de processamento sustentável e boas práticas ambientais.

Criar conteúdos
Os profissionais envolvidos na elaboração de nossas soluções educacionais buscam uma educação para a vida pautada por curadoria editorial, diversidade de olhares e responsabilidade socioambiental.

Taciro Comunicação, Alexandre Santana e Estúdio Pingado

Construir projetos de vida
Oferecer uma solução educacional Moderna é um ato de comprometimento com o futuro das novas gerações, possibilitando uma relação de parceria entre escolas e famílias na missão de educar!

MODERNA

Apoio: TWO SIDES www.twosides.org.br

Fotografe o Código QR e conheça melhor esse caminho.

Saiba mais em *moderna.com.br/sustentavel*

GILBERTO COTRIM

Mestre em Educação, Arte e História da Cultura pela Universidade Mackenzie.
Bacharel em História pela Universidade de São Paulo (USP).
Bacharel em Direito pelas Faculdades Metropolitanas Unidas (FMU).
Professor de História e advogado.

MIRNA FERNANDES

Bacharela em Filosofia pela Universidade de São Paulo (USP).
Especializações em Meio Ambiente na Universidade de
Santiago do Chile e na Universidade de Barcelona.
Professora, editora e gestora ambiental.

FILOSOFIA
COTRIM e MIRNA

VOLUME ÚNICO

DE ACORDO COM A BNCC

1ª edição

MODERNA

Coordenação geral: Maria do Carmo Fernandes Branco
Edição executiva: Kelen L. Giordano Amaro
Edição de texto: Joana Lopes Acuio, Ana Laura Nogueira de Souza
Assistência editorial: Carol Gama
Assessoria técnico-pedagógica: Giordana Cotrim e Gabriel Farias Rodrigues
Suporte administrativo editorial: Flávia Bosqueiro
Gerência de *design* e produção gráfica: Everson de Paula
Coordenação de produção: Patricia Costa
Gerência de planejamento editorial: Maria de Lourdes Rodrigues
Coordenação de *design* e projetos visuais: Marta Cerqueira Leite
Projeto gráfico: Bruno Tonel
Capa: Art&Facto
Ilustração de capa: colagem digital Art&Facto, com fotos de THEPALMER/Getty Images, Iswanundi Ismail/EyeEm/Getty Images, Ko Hong-Wei/EyeEm/Getty Images, FrankRamspott/Getty Images, ilbusca/Getty Images, MidoSemsem/Shutterstock, Stanislav Salamanov/Shutterstock, vectorpocket/Freepik, Freepik, rawpixel.com/Freepik
Coordenação de arte: Aderson Oliveira
Edição de arte: Mayra França
Editoração eletrônica: Grapho Editoração
Coordenação de revisão: Camila Christi Gazzani
Revisão: Lilian Xavier, Luciane Gomide, Márcio Della Rosa, Mônica Di Giacomo, Sirlene Prignolato
Coordenação de pesquisa iconográfica: Sônia Oddi
Pesquisa iconográfica: Angelita Cardoso, Fabiana Nogueira, Vanessa Trindade
Coordenação de *bureau*: Rubens M. Rodrigues
Tratamento de imagens: Ademir Baptista, Joel Aparecido, Luiz Carlos Costa, Marina M. Buzzinaro
Pré-impressão: Alexandre Petreca, Everton L. de Oliveira, Marcio H. Kamoto, Vitória Sousa
Coordenação de produção industrial: Wendell Monteiro
Impressão e acabamento: EGB Editora Gráfica Bernardi Ltda.
Lote: 291823/291824

"Em respeito ao meio ambiente, as folhas deste livro foram produzidas com fibras obtidas de árvores de florestas plantadas, com origem certificada."

Dados Internacionais de Catalogação na Publicação (CIP)
(Câmara Brasileira do Livro, SP, Brasil)

Cotrim, Gilberto
Filosofia : Cotrim e Mirna : volume único / Gilberto Cotrim, Mirna Fernandes. -- 1. ed. -- São Paulo : Moderna, 2020.

Bibliografia.
ISBN 978-65-5779-402-9

1. Filosofia (Ensino médio) I. Fernandes, Mirna. II. Título.

20-40729 CDD-107

Índices para catálogo sistemático:

1. Filosofia : Ensino médio 107

Cibele Maria Dias - Bibliotecária - CRB-8/9427

EDITORA MODERNA LTDA.
Rua Padre Adelino, 758 - Belenzinho
São Paulo - SP - Brasil - CEP 03303-904
Vendas e Atendimento: Tel. (0_ _11) 2602-5510
Fax (0_ _11) 2790-1501
www.moderna.com.br
2020
Impresso no Brasil

1 3 5 7 9 10 8 6 4 2

Apresentação

Caro estudante,

A complexidade do mundo atual torna indispensável a capacidade de pensar filosoficamente para integrar de maneira significativa diversos conhecimentos e experiências.

Por isso, elaboramos esta obra de Filosofia centrada em seus fundamentos e no desenvolvimento de uma abordagem reflexiva sobre a vida, por meio de uma linguagem clara, acessível e estimulante.

Sempre dialogando com a área de Ciências Humanas e Sociais Aplicadas, organizamos a obra em quatro unidades, que alternam e articulam os enfoques temático e histórico:

Filosofar e viver – dedica-se a "mostrar" o que é a experiência filosófica e o filosofar, como em um passo a passo, usando como referência temas fundamentais da identidade filosófica.

Nós e o mundo – concentra-se em alguns dos problemas basilares do pensamento filosófico e da própria experiência humana, relacionados com a descoberta progressiva do mundo e de nós mesmos dentro deste mundo.

A filosofia na história – oferece uma visão geral do pensamento filosófico ocidental desde a Antiguidade até a época contemporânea, procurando contextualizar historicamente as distintas filosofias e os debates que despertaram, os quais nunca perdem vigência.

Grandes áreas do filosofar – trabalha áreas temáticas de estudo e pesquisa que ganharam especial atenção nas sociedades contemporâneas e nos âmbitos específicos da Filosofia e da Educação.

Entendemos que esta introdução aos estudos filosóficos deve ser trabalhada com flexibilidade. Isso implica discutir, questionar e ampliar seus conteúdos. O livro serve como um ponto de partida para outras reflexões e aprofundamentos constantes.

Desse modo, esperamos que você, estudante, cresça cada vez mais na consciência de si mesmo e da realidade em que vive. E que possa, como pessoa e cidadão, contribuir para a construção de um mundo melhor.

Os autores

Sumário

Unidade 1 FILOSOFAR E VIVER

Unidade 2 NÓS E O MUNDO

Unidade 3 A FILOSOFIA NA HISTÓRIA

UNIDADE 1

Filosofar e viver

ROMULO FIALDINI/TEMPO COMPOSTO – MUSEU LASAR SEGALL, SÃO PAULO

Figuras à beira-mar, de Lasar Segall, 1927. Aquarela sobre papel, 49 cm × 66,5 cm.

A filosofia é um campo de estudos que tem a fama de ser abstrato e difícil, mas você verá que não se trata de nenhum bicho de sete cabeças. A palavra "filosofia" significa, etimologicamente, "amor ao saber". Portanto, filosofar faz parte da vida de todos nós, pois estamos sempre buscando as razões e os sentidos das coisas.

Quem nunca parou para pensar, nem que seja um pouquinho, sobre a vida e a morte quando falece um ser querido? Ou sobre o bem e o mal quando presencia atos de violência contra uma pessoa ou um animal? Ou mesmo para perguntar-se: o que faz com que essa música seja tão bela para mim?

Esses são alguns exemplos de temas de reflexão filosófica. Como você pode notar, o filosofar é algo não apenas necessário e útil, mas também prazeroso. E pode ser tão simples e cotidiano como **pensar a vida** e **viver o pensamento** – só que de maneira profunda e radical.

Então, prepare-se para dar os primeiros passos na experiência filosófica e, assim, entrar nesse mundo fascinante das questões e das interpretações que o ser humano formulou – e continua formulando – sobre si mesmo e sobre o Universo.

CAPÍTULO 1

Filosofia e a busca da felicidade

LIA MITTARAKIS – GALERIA JACQUES ARDIES, SÃO PAULO

Praia do Flamengo, de Lia Mittarakis, 1989. Acrílico sobre tela, 53 cm × 72 cm.

- **Observe atentamente os elementos da imagem acima. Que sentimentos ela inspira em você? Como se pode ser feliz, segundo ela? Justifique.**

Questões filosóficas

- O que é felicidade?
- Quais são as fontes da felicidade?
- Como devo agir para ser feliz?

Conceitos-chave

experiência filosófica, filosofar, diálogo, estranhamento, questionamento, felicidade, fontes de felicidade, sabedoria, ética, finalidade última

"Máquinas" de fazer sentidos, de significar. Assim somos nós, os seres humanos. Basta uma experiência nova ou inesperada e irrompe em nossa mente essa necessidade quase irresistível de encontrar-lhe um sentido, saber o que é e onde se encaixa na compreensão que temos da realidade. Desse modo vamos formando as "historinhas" que contamos a nós mesmos, a cada instante, sobre o que acontece.

Com o auxílio de uma série de estudos e práticas reflexivas, você poderá reconhecer essas "historinhas" e construir um entendimento mais amplo e útil sobre as coisas. Esse é um dos principais objetivos do estudo filosófico.

Que tal começarmos, então, abordando um tema muito sensível para todos nós e importante para a filosofia? Esse tema é a felicidade.

FELICIDADE
O bem que todos desejam

Situação filosófica

O médico e o indígena

Conta-se que em uma tarde tórrida, em uma região do estado de Mato Grosso, o indígena Rupawe e um médico paulista que trabalhava entre os xavantes saíram para caminhar juntos. Os dois decidiram refrescar-se no rio das Garças, depois sentaram para descansar e apreciar a paisagem. A agradável sensação da brisa pareceu despertar no médico pensamentos sutis, resultando neste curto diálogo:

— Você é feliz, Rupawe?

— Sim – respondeu prontamente o indígena.

— E você sabe o que é felicidade?

— Não – e os dois voltaram ao seu silêncio.

ANDRÉ TOMA

Analisando a situação: primeiras ferramentas

Essa anedota traz um tipo de diálogo simples e cotidiano, no qual podemos perceber que, subitamente, um dos personagens se volta para dentro e começa a pensar sobre seus próprios pensamentos, como todo bom filósofo. Em seguida, esse personagem indaga seu interlocutor.

A análise desse diálogo nos ajudará a percorrer os distintos passos para uma **experiência filosófica**. Esse procedimento é fundamental, pois o filosofar começa, de modo geral, com uma boa **análise**.

Análise: procedimento pelo qual se divide um todo em partes, para examinar cada uma delas e, depois, poder entender e explicar o todo composto dessas partes (procedimento inverso, denominado síntese).

Vejamos as seguintes perguntas.

Quem são os personagens dessa situação?

Há dois personagens: um médico paulista e um indígena xavante, que se encontram em uma região do estado de Mato Grosso.

Qual dos personagens passava por uma experiência diferente do seu cotidiano? O que essa experiência parece ter causado nesse personagem?

Podemos deduzir que era o médico quem passava por uma experiência diferente do seu cotidiano. A situação parece ter causado um estranhamento no médico, que o levou a pensar e a fazer perguntas.

Que questão filosófica essa conversação levanta?

A questão da felicidade, que envolve reflexões sobre o significado de felicidade, o que é ser feliz e o que se precisa para ser feliz.

A narrativa apresenta alguma resposta para essa questão?

Não. O relato se interrompe com a resposta negativa do indígena. Ele sabe que é feliz, mas não consegue dar uma definição de felicidade.

Experiência filosófica

Observando a situação que acabamos de analisar, você pode perceber que a filosofia tem uma maneira própria de relacionar-se com as coisas. Essa maneira está baseada em um tipo de experiência do pensamento que foge à rotina, ao automático, não importando qual seja seu objeto.

De modo mais concreto, podemos dizer que a experiência filosófica se desenvolve, basicamente, em três momentos: estranhamento, questionamento e resposta.

Estranhamento

Vivemos, em geral, de forma bastante automática e desatenta. Estamos habituados a pensar, sentir e agir de determinadas maneiras. Assim, a vida vai fluindo, sem pararmos para pensar sobre ela, sobre nossos atos, pensamentos ou sentimentos, sobre nossas relações com o mundo. No entanto, há circunstâncias que levam a um deslocamento ou estranhamento da nossa rotina. Geralmente isso ocorre quando algo não "funciona bem" ou difere do esperado, causando uma quebra ou interrupção no fluir normal e corriqueiro de nossas vidas. Aí, nosso "piloto automático" se desliga e cria-se um vácuo, um silêncio, uma inquietude. Abre-se assim a possibilidade de uma perspectiva nova, de observarmos algo que não podíamos ver antes. Esse é o primeiro momento da experiência filosófica.

Foi o que ocorreu com o médico, na situação filosófica anterior, durante sua permanência com os xavantes. A viagem permitiu-lhe distanciar-se de sua vida na cidade e abrir-se para outro espaço, outra visão de mundo, outro modo de existência – em resumo, outra cultura. Essa interrupção propiciou-lhe a possibilidade de entrar em contato com suas próprias crenças sobre uma vida boa e sobre sua própria felicidade.

BENNETT RAGLIN/WIREIMAGE/GETTY IMAGES
© ABRAMOVIC, MARINA/ AUTVIS, BRASIL, 2019

Cena da *performance Marina Abramovic: a artista está presente*, em 2010, no Museu de Arte Moderna (MoMA) de Nova York. O contato com o outro funciona, muitas vezes, como o espelho de zonas até então invisíveis a nós mesmos. E tudo começa com um estranhamento. Você já viveu isso?

Questionamento

Assim, entramos no segundo momento da experiência filosófica. Após viver o estranhamento e parar para pensar, a pessoa inicia um processo de questionamento sobre o tema que lhe chamou a atenção.

Foi o que expressou o médico, em suas perguntas ao indígena: "Você é feliz?", "Você sabe o que é felicidade?". A primeira pergunta tem enfoque **particular**, pois se aplica apenas a um indivíduo; a segunda possui enfoque **geral** ou **universal**, pois sua resposta deveria valer para todas as experiências de felicidade dos seres humanos ou de todos os seres.

Certamente, você já vivenciou, em algum momento, questionamentos semelhantes após algum acontecimento marcante em sua vida. Pode ter sido durante uma viagem, a morte de um ser querido, uma grande decepção amorosa etc. E aí começou a se questionar sobre sua vida e a existência em geral. Pois, então, você estava tendo uma experiência filosófica. Estava saindo do automático, da falta de atenção ao que acontece, e dando os primeiros passos no filosofar.

Resposta filosófica

Falta-nos, ainda, referir-nos ao terceiro momento de uma experiência filosófica completa: as explicações para as questões levantadas.

Toda pergunta exige uma resposta, pois revela uma inquietude que precisa ser satisfeita. Mesmo que não seja estritamente uma "solução ao problema", uma boa interpretação pode ser de grande ajuda. Contudo, nossa historieta terminou sem nenhuma reflexão para a questão "o que é felicidade?".

Isso não é um problema. Fazer perguntas pode ser mais importante do que conseguir respondê-las. Uma boa problematização é meio caminho andado na direção do conhecimento. Jovens, adultos e idosos que querem pensar por si mesmos gostam de se fazer perguntas, não se contentam com respostas fáceis nem são felizes se tiverem que simplesmente seguir o rebanho (isto é, aquilo que diz a maioria).

No entanto, há vezes em que encontramos boas respostas e ficamos satisfeitos. Como seria, então, uma boa resposta filosófica?

Em sua forma, seria uma resposta que expõe ideias organizadas de maneira lógica com o propósito de expressar um entendimento sobre o problema e, na medida do possível, extrair uma conclusão. Em seu conteúdo, essa exposição de um raciocínio – também chamada de **discurso** – geralmente assumiria um caráter amplo, às vezes **universal**, isto é, poderia ser aplicada a todos os casos ou pessoas.

Isso quer dizer que as respostas filosóficas não são "quaisquer" respostas. Ao filosofar, procuramos construir nosso pensamento de maneira rigorosa, seja quando formulamos questionamentos, seja quando formulamos explicações (conforme veremos de forma mais detalhada nos próximos capítulos).

Será fácil definir a felicidade da maneira que estamos propondo? Não, assim como não é fácil responder sobre grande parte dos temas tratados pelos filósofos em diversas épocas. Tanto que existe muita discordância entre eles, que deram respostas diferentes, com frequência contraditórias – embora brilhantes –, para as mesmas questões. Muitas vezes, ao respondê-las, despertaram novos problemas, sobre os quais se debruçariam as gerações seguintes.

Por isso, atenção: em filosofia não existem respostas definitivas, no sentido de convencer a todos e "acabar com a discussão" (embora seja isso o que pretende e acredita ter alcançado boa parte daqueles que se lançam nessa tarefa). Cada pessoa, cada filósofo, pode encontrar suas próprias narrativas sobre os temas propostos. Por isso, costuma-se dizer que a filosofia é uma **contínua conversação**.

Felicidade e sabedoria

Voltando ao nosso tema, a felicidade, talvez você já esteja pensando: "Até aqui eu entendi. No entanto, por que começamos um livro de filosofia falando de felicidade? Afinal, qual é a relação entre felicidade e filosofia?".

Pois bem, a relação é histórica, ou seja, vem desde o nascimento da filosofia na Antiguidade grega, há mais de 25 séculos. Como a própria etimologia revela, a palavra "filosofia" é formada pelos termos gregos *philos*, "amigo", "amante", e *sophia*, "sabedoria". Portanto, filosofia quer dizer "amor à sabedoria". Sabedoria, para os gregos, não era apenas um grande **saber teórico**, mas, principalmente, **prático**, tendo em vista que buscava atender ao que consideravam o objetivo supremo da vida humana: a felicidade.

Assim, a filosofia apresentava-se como um conhecimento superior que conduzia à chamada **vida boa** ou **feliz**. O filósofo, por sua vez, era aquele que buscava, praticava e ensinava um método ou caminho para a felicidade.

Conexões

1. Recorde um momento de sua vida que fez você parar para pensar. Depois elabore um texto sobre essa situação que contenha os elementos a seguir:

a) descrição da situação que levou ao estranhamento ou inquietude (lugar onde ocorreu a situação, data, pessoas envolvidas, diálogos, sensações, emoções);

b) problema (dúvidas ou perguntas que essa situação despertou em você à época ou mesmo agora);

c) respostas a que chegou então (ou agora).

2. Forme uma dupla com um colega e compartilhe suas histórias e interpretações.

GARI MELCHERS – INSTITUTO DE ARTES DE MINNEAPOLIS, MINNEAPOLIS

As artes da paz, de Gari Melchers, 1893. Óleo sobre tela, 38,4 cm × 73,6 cm × 2,54 cm. A estátua reverenciada é de Palas Atena, deusa da sabedoria, das artes e da guerra. Trata-se de uma representação moderna do mundo antigo que nos faz pensar sobre a importância do conhecimento..

Origem da palavra "filosofia"

Fazendo um parêntese em nossa investigação, você sabe como surgiu a palavra "filosofia"? De acordo com a tradição histórica, ela foi usada pela primeira vez pelo pensador grego **Pitágoras** (c. 570-490 a.C.). Certa vez, em conversa com o príncipe Leonte, este perguntou-lhe sobre a natureza de sua sabedoria. Pitágoras respondeu com modéstia: "Sou apenas um filósofo". Com essa resposta, pretendia esclarecer que não detinha a posse da sabedoria. Assumia a posição de "amante do saber", isto é, alguém que quer, ama e deseja o saber, mas não o possui.

Com o decorrer do tempo, esse amor ao saber como prática foi ganhando contornos mais precisos, e a palavra "filosofia" passou a designar a busca de um tipo específico de sabedoria: aquela que nasce do uso metódico da **razão**, da investigação racional, algo que toda pessoa pode desenvolver e praticar.

Razão: faculdade (capacidade) da mente à qual corresponde o raciocínio (o encadeamento lógico das ideias) e a possibilidade de compreender intelectualmente as coisas. Opõe-se, nesse sentido, à compreensão que advém meramente das sensações e da sensibilidade.

AKG-IMAGES/ALBUM/FOTOARENA – COLEÇÃO PARTICULAR

Pitágoras (c. 570-490 a.C.), de André Thévet, 1584. O filósofo e matemático grego ensinava que a música é um remédio para a alma.

Finalidade última da filosofia

No contexto histórico da Antiguidade grega, conhecer o que é uma vida boa passou a constituir-se a finalidade última da investigação filosófica. Pelo menos por algum tempo foi assim. Para que você entenda bem o que queremos dizer com a expressão "finalidade última", observe a seguinte sequência de perguntas:

- *Filosofar para quê?*
  Para pensar melhor sobre tudo: os fatos, as pessoas, a vida.
- *Pensar melhor sobre tudo para quê?*
  Para encontrar soluções aos problemas da existência, a minha e a de outras pessoas.
- *Encontrar essas soluções serve para quê?*
  Para ter menos problemas, mais tranquilidade e sentir-me bem.
- *Sentir-se bem para quê?*
  Para estar feliz, em paz comigo mesmo, com o mundo, e assim deixar felizes as pessoas que me cercam.

Finalidade última, portanto, é aquilo que está por trás dos objetivos mais imediatos e aparentes de uma ação. É o motivo fundamental da conduta de uma pessoa, mesmo que esse motivo muitas vezes seja inconsciente para ela.

Qual é a finalidade última a que chegamos a partir das perguntas acima? É essa percepção ou esse sentimento de bem-estar, de satisfação consigo mesmo e com a vida; uma sensação de plenitude, de já ter tudo e não necessitar mais nada. Talvez essa seja uma boa descrição da felicidade, você não acha?

Finalidade última de todos os atos

Se aplicarmos a mesma sequência de perguntas a qualquer ação que realizamos, provavelmente chegaremos à mesma conclusão: a felicidade é a finalidade última de todos os nossos atos, mesmo daqueles que parecem "ruins" por algum tempo – entretanto, se descobre depois que não são – ou daqueles que realmente fazem mal a nós e aos outros. É que, no fundo, por meio de diferentes ações, buscamos alcançar, preservar, aumentar o nosso bem-estar, ou mesmo evitar, acabar com uma dor, um sofrimento, uma tristeza.

Observe, por exemplo, o caso de um jovem que "malha" todos os dias no ginásio para alcançar uma boa condição física, que "racha" de estudar para passar no vestibular ou que realiza trabalhos voluntários em sua escola ou comunidade. São esforços, "sacrifícios", ações em que se abandona o prazer imediato em busca de um bem maior, uma alegria, pessoal ou coletiva.

Parece que a felicidade funciona como um ímã oculto que atrai as pessoas com seu magnetismo, impulsionando seus atos. Sem a perspectiva do bem que traz uma ação, essa ação perde seu sentido e seu magnetismo se desfaz. Contudo, quando temos essa perspectiva do bem que queremos e o alcançamos, vivemos um estado de satisfação com nossa situação no mundo.

Aliás, a etimologia revela que a palavra "felicidade" vem do latim *felicitas*, derivada do latim antigo *felix*, que significa "fértil, frutuoso, fecundo" (ABBAGNANO, Nicola. *Dicionário de filosofia*. São Paulo: Martins Fontes, 2000). Felicidade é, portanto, um estado de fecundidade que gera vida e vitaliza nossa existência e daqueles que estão ao nosso redor.

Perspectiva crítica

A busca da felicidade, entretanto, também está por trás de muitos comportamentos autodestrutivos, como o consumo de substâncias que criam dependência e causam danos à saúde, ou antissociais, como a violência e a delinquência; sem falar no simples egoísmo e na falta de consideração pelos demais. No primeiro caso, o indivíduo acredita que sua felicidade depende de algo externo a ele; no segundo caso, o indivíduo percebe o outro como uma ameaça a seu bem-estar, mesmo que inconscientemente, e o agride. Nesses casos, o que temos é mais fuga e alívio temporário do sofrimento do que busca inteligente e sadia da felicidade.

Assim, afirmar que a felicidade é a finalidade última de todos os atos não é dizer que todo e qualquer ato traz felicidade. Por isso é tão importante desenvolver um conhecimento mais crítico do mundo e de si mesmo, para identificar o que realmente traz felicidade. Muitas vezes acreditamos em puras miragens. Como diz o ditado popular: "Nem tudo o que reluz é ouro".

Voluntários de uma organização indiana de jovens (India Youth for Society) retiram materiais recicláveis de uma praia da cidade de Visakhapatnam, na Índia, no contexto do Dia Mundial Sem Sacola Plástica, em 2019. Você já experimentou trabalhar em grupo pelo bem-estar de sua comunidade e do planeta?

Minha vida de adolescente é...

Você está em plena adolescência, certo? Já prestou atenção no que os adultos costumam dizer de você e dos adolescentes em geral? Tente lembrar. Pesquise com os colegas o máximo de adjetivos e expressões possíveis que costumam ser usados pelos mais velhos para definir a adolescência. Anote todos que encontrar, mesmo não concordando com eles.

O mais provável é que a maioria dessas palavras não seja exatamente "positiva". Instáveis emocionalmente, malcriados, rebeldes, impulsivos, imprudentes, incompreendidos, preguiçosos, entediados, e assim por diante. Isso revela a opinião predominante de que a adolescência é um período problemático e difícil da existência humana, compreendido entre mais ou menos os 12 e os 24 anos.

Durante muito tempo, disseminou-se a ideia de que o aumento da carga hormonal na adolescência produz o efeito comportamental típico dessa fase de vida. No entendimento de especialistas dessa área, realmente a quantidade de hormônios aumenta nesse período, mas não é isso que determina as mudanças que ocorrem na adolescência. O que é determinante mesmo são as transformações que acontecem no cérebro, ligadas ao seu desenvolvimento. Muda, por exemplo, a maneira de recordar, de pensar, de centrar a atenção, de tomar decisões, de relacionar-se.

A adolescência é, portanto, uma etapa da vida humana bastante especial e desafiadora, do ponto de vista do crescimento e da formação cerebral. De fato, o cérebro é a última parte do nosso corpo a desenvolver-se totalmente.

Você sabia que, quando entramos na puberdade (período inicial da adolescência), temos apenas 2/3 do nosso cérebro totalmente desenvolvido? Pois bem, a parcela restante vai se formar ao longo de mais ou menos uma década. Por isso é tão importante cuidar bem do corpo e da mente nessa etapa da vida. A maneira como você vive a sua adolescência pode ter um grande impacto no seu cérebro e no restante de sua existência.

COMO VIVER PARA SER FELIZ?

O que disseram os sábios gregos

Vimos até agora que todas as pessoas querem ser felizes. Esse é um anseio básico do ser humano. E como procuramos satisfazer esse anseio? Ao tentar responder de forma filosófica sobre a questão da felicidade, entre outras perguntas, os primeiros filósofos da Grécia Antiga e do mundo ocidental acabaram elaborando pensamentos que procuraram abarcar a complexidade do Universo natural e humano. Veremos, logo mais, algumas dessas respostas. Antes, porém, abordemos o tema das fontes de felicidade.

Fontes de felicidade

De modo geral, buscamos satisfazer esse anseio por meio de diversos elementos e interações com o mundo externo, que consideramos como causa do nosso bem-estar. Por isso, chamaremos esses elementos de fontes de felicidade. As fontes mais valorizadas pelas pessoas, das mais diversas sociedades, desde a Antiguidade, são basicamente cinco: os bens materiais; os prazeres físicos e emocionais; o *status* social e o poder; a saúde; o amor e a amizade.

ERICSON GUILHERME LUCIANO

Acreditamos que esse é o pacote básico da nossa felicidade.

À primeira vista, ninguém duvida de que contar com todos esses recursos materiais, físicos e afetivos ajuda muito a construir uma vida boa. Também é comum pensar que a carência total de uma dessas fontes poderia explicar uma vida não tão satisfatória, triste, até trágica.

Então, por que algumas pessoas que têm acesso a todas essas fontes se sentem infelizes? Ou se sentem bem menos felizes do que outros indivíduos que não contam com os mesmos recursos e o mesmo sucesso?

Talvez seja porque a felicidade verdadeira, não apenas momentânea, dependa também de fatores não tão evidentes, recursos que a gente não consegue perceber tão nitidamente. Recursos internos e maneiras de pensar, sentir e viver.

Foi o que compreenderam vários pensadores desde a Grécia Antiga, cada um à sua maneira. Outros propuseram também um caminho menos individualista, concebendo a felicidade como resultado da combinação de aspectos pessoais e interpessoais, isto é, alcançado em conjunto com a coletividade. Esse é o debate que veremos em seguida.

BITONTAWAN/ISTOCK IMAGES/GETTY IMAGES

Como nesse cartum de uma família feliz fazendo compras, a propaganda busca com frequência – por meio de imagens e mensagens subliminares – criar nas pessoas necessidades que elas não teriam se não fossem bombardeadas incessantemente pelas campanhas publicitárias.

Conexões

3. Observe a imagem anterior e reflita:

a) qual é a mensagem dessa propaganda? Você acredita que só é feliz quem vive de acordo com esse modelo? Por quê?

b) o que você considera como fontes fundamentais para sua felicidade pessoal?

> "Conhecer o que pensaram filósofos e filósofas de outras épocas e refletir junto com eles é uma atividade interessante e fecunda. Podemos inspirar-nos profundamente em seus ensinamentos. Há ideias que nunca se tornam ultrapassadas."

Os deuses e a felicidade

Há mais de 2 500 anos, na Grécia Antiga, várias palavras eram usadas para expressar distintos aspectos do que entendemos hoje por felicidade. A principal delas era *eudaimonia*, derivada dos termos "eu" ("bem-disposto") e *daimon* ("poder divino"), etimologia que indica que predominava a ideia de felicidade como um bem ou poder concedido pelos deuses.

Portanto, para manter-se feliz, os gregos acreditavam que deveriam conduzir suas vidas de maneira que não despertasse a ira das divindades. Para isso, necessitavam muitas vezes do conselho dos mais velhos e sábios. Ainda assim, corriam o risco de perder esse bem (a felicidade) se os deuses assim decidissem, por qualquer motivo, pois os deuses gregos eram muito voluntariosos.

Isso significa que a felicidade era uma espécie de **fortuna** ou **acaso** – enfim, um bem incerto e instável, que dependia tanto da conduta pessoal como da boa vontade divina (cf. LAURIOLA, Rosanna. De eudaimonia à felicidade. *Revista Espaço Acadêmico*, Maringá, n. 59, abr. 2006.).

Em determinado momento da história, porém, alguns pensadores gregos – insatisfeitos com essa incerteza em relação à obtenção de uma vida feliz – trataram de propor caminhos mais eficientes na busca de uma felicidade estável. Esse interesse acabou caracterizando de forma marcante a **ética** grega, que ficou conhecida por isso como **ética eudemonista**.

O que ensinou Platão

Na escola que dirigia em Atenas, chamada Academia, **Platão** (427-347 a.C.) ensinava a seus estudantes que a realidade possui duas dimensões: o **mundo material** ou **sensível**, de um lado, e o **mundo das ideias** ou **inteligível**, de outro lado. (O pensamento de Platão será estudado mais detalhadamente no Capítulo 11.)

O mundo material ou sensível – aquele que percebemos pelos cinco sentidos – é enganoso ou ilusório. Nele tudo é instável; portanto, por meio dele não pode haver felicidade. Já o mundo das ideias é permanente, perfeito e real.

Por isso, o filósofo dizia que, para ser feliz, é necessário abandonar as ilusões dos sentidos e avançar progressivamente em direção ao mundo das ideias, até alcançar o conhecimento supremo da realidade, correspondente à **ideia do bem**.

O que isso significa? Vamos destrinchar essa ideia.

Conhecer o bem

Para Platão, assim como o mundo, o ser humano também se constitui de duas dimensões, o **corpo** e

DE AGOSTINI/GETTY IMAGES

Fragmento de vaso da Grécia Antiga, c. 400 a.C, com a representação de uma aula de música. Em Atenas, meninos entre 7 e 14 anos (meninas não) tinham aulas de ginástica, música e gramática, além de aprender a recitar poemas antigos (fonte importante de conteúdo moral).

a **alma**, mas é essencialmente alma, pois o corpo envelhece e morre, enquanto a alma é imortal e existe previamente ao corpo. A união da alma com o corpo é acidental, porque o lugar próprio da alma não é o mundo sensível, material, corpóreo, e sim o mundo inteligível. Segundo a concepção platônica, a alma se dividiria em três partes:

- **alma concupiscente** – situada no ventre e ligada aos desejos carnais;
- **alma irascível** – situada no peito e vinculada às paixões;
- **alma racional** – situada na cabeça e relacionada ao conhecimento.

A vida feliz de uma pessoa dependeria da devida subordinação e harmonia entre essas três almas. No entanto, a alma racional controlaria as demais. Por meio da ginástica, da disciplina e do domínio sobre as inclinações negativas do corpo, por um lado, e da racionalidade e do diálogo, especialmente da **dialética**, por outro, a alma humana se elevaria progressivamente, até alcançar o mundo inteligível, no qual seria possível contemplar diretamente as **ideias perfeitas**.

A mais perfeita de todas as ideias para Platão seria a ideia do bem. No entanto, por que a supremacia da ideia do bem? O bem, para o filósofo, seria a causa de todas as coisas justas e belas que existem no mundo, incluindo as outras ideias perfeitas, como justiça, beleza, coragem.

Ética: ramo da filosofia que trata de um universo de questões ligadas ao dever, isto é, como devemos agir em geral ou em relação a problemas específicos (ver Capítulo 15).

Inteligível: que pode ser apreendido pelo intelecto, por oposição a sensível; que pode ser percebido pelos sentidos.

Concupiscente: que está relacionado com a concupiscência, ou seja, com os desejos carnais.

Irascível: propenso a experimentar a ira, a raiva.

Dialética: método de dialogar praticado por Sócrates, pelo qual cada pessoa poderia ascender progressivamente das aparências e ilusões do mundo sensível ao mundo inteligível e verdadeiro (como estudaremos no Capítulo 3).

Sem o bem não haveria nenhuma delas nem a perfeição e a felicidade. Isso nos mostra a importância da ética na construção de uma vida boa e feliz.

Fórmula platônica da felicidade

Conhecimento → Bondade → Felicidade

Contribuir para o bem de todos

Platão não se limitou a pensar no desenvolvimento individual. Ele considerava a **política** a mais nobre de todas as ciências e atividades, por ter como objeto a pólis (cidade-estado grega), portanto, a vida de todos os seus habitantes. Assim, idealizou a construção de uma sociedade justa, isto é, aquela que promovesse o **bem de todos** (o **bem comum**):

> [...] ao fundarmos a cidade, não tínhamos em vista tornar uma única classe eminentemente feliz, mas, tanto quanto possível, toda a cidade. De fato, pensávamos que só numa cidade assim encontraríamos a justiça e na cidade pior constituída, a injustiça [...]. Agora julgamos modelar a cidade feliz, não pondo à parte um pequeno número dos seus habitantes para torná-los felizes, mas considerando-a como um todo [...].
>
> PLATÃO. *A República*. São Paulo: Nova Cultural, 2004. p. 115-116.

Com esse propósito, em sua obra denominada *A República*, o filósofo imaginou uma sociedade organizada em torno de três atividades básicas: produção dos bens materiais e de alimentos, defesa da cidade e administração da pólis. Dentro dessa organização, a cada habitante da cidade caberia uma **função social** (produtor, guerreiro ou sábio) de acordo com a aptidão inata de cada pessoa, ou seja, o talento com o qual nasceu.

A identificação dessa aptidão natural ou vocação se faria durante o processo educativo. A educação seria igual para todos os jovens. Aqueles que se revelassem os mais sábios seriam destinados à administração pública. Como os filósofos eram considerados os mais sábios entre os mais sábios (os conhecedores do caminho da felicidade), Platão entendia que eles deveriam ser os governantes da cidade (concepção que será estudada mais detalhadamente no Capítulo 16).

Platão acreditava que toda pessoa é mais feliz quando atua ou trabalha na profissão para a qual tem um talento natural. O dever do Estado seria o de promover essa felicidade, por meio da educação, apoiando os jovens no processo de descoberta e desenvolvimento de suas vocações individuais e, depois, encaminhando-os para os postos de trabalho para os quais teriam maior aptidão.

Conexões

4. Na sua opinião, a educação escolar em nossa sociedade cumpre a mesma função social idealizada por Platão e promove a felicidade dos estudantes? Reúna-se com um colega para discutir o assunto e formular argumentos que sustentem a opinião de vocês.

5. Você já descobriu quais são suas vocações? Como você imagina que seu projeto de vida pode ser realizado? Como a escola pode contribuir para o desenvolvimento de suas aptidões naturais?

O que ensinou Aristóteles

O mais brilhante discípulo da Academia, **Aristóteles** (384-322 a.C.) deu grande desenvolvimento às ideias de Platão, embora discordasse dele em vários aspectos. Após a morte de seu mestre, fundou sua própria escola de ensino superior, chamada Liceu. Costumava dar aulas passeando com seus aprendizes pelos jardins da instituição, razão pela qual ficaram conhecidos como **peripatéticos**, do grego *peripatetikos*, derivado de *peripatein*, que significa "caminhar dando voltas", (estudaremos mais detalhadamente o pensamento de Aristóteles no Capítulo 11).

Em relação ao caminho da felicidade, Aristóteles também valorizava a atividade intelectual, teórica e contemplativa. No entanto, o fez de maneira mais concreta e acessível que seu mestre, pois resgatou o valor dos **bens humanos**, **terrenos** e **materiais**, desprezados por Platão, para alcançar uma vida boa. Vejamos o que ensinou Aristóteles.

Exercitar a razão por meio da contemplação

Em sua obra dedicada ao tema da ética, Aristóteles escreveu:

> [...] o que é próprio de cada coisa é, por natureza, o que há de melhor e de aprazível para ela; e, assim, para o homem a vida conforme a razão é a melhor e a mais aprazível, já que a razão, mais que qualquer outra coisa, é o homem. Donde se conclui que essa vida é também a mais feliz
>
> ARISTÓTELES. *Ética a Nicômaco*. Brasília: UnB, 1985. p. 190.

Para que você entenda esse raciocínio, vamos resumir a argumentação que sustenta a tese do filósofo sobre a felicidade:

- **1ª afirmação ou premissa** – Aristóteles afirmava que um ser só alcança seu fim quando cumpre a função (ou faculdade) que lhe é própria e o distingue dos demais seres, isto é, sua **virtude** (ou, em grego, *areté*). A palavra "virtude" é entendida aqui como a propriedade mais característica e essencial de um ser, aquela cujo exercício conduz à excelência ou à perfeição desse ser, trazendo-lhe prazer. Por exemplo: a virtude de uma faca é o seu corte; a de uma laranjeira é produzir laranjas; a de um dentista é tratar os dentes.
- **2ª afirmação ou premissa** – O ser humano dispõe de uma grande quantidade de faculdades (caminhar, correr, comer, sentir, dormir, desejar, obrar, amar etc.), mas outros animais podem possuí-las também. Há, porém, uma única faculdade que ele possui com exclusividade e que o distingue dos demais seres: o **pensar de forma racional**. Essa seria, portanto, sua virtude essencial.
- **Conclusão** – Assim, o ser humano só alcançará seu fim e bem supremo (a felicidade) se atuar conforme sua virtude ou característica essencial, que é a razão.

Para Aristóteles, não basta ter uma virtude (a racionalidade); é preciso exercitá-la. O ser humano precisa esforçar-se para realizar aquilo que lhe é dado pela natureza como **potência** (possibilidade de ser). Portanto, o que o filósofo preconizava era que, para atingir a felicidade verdadeira, o ser humano deveria dedicar-se fundamentalmente à vida teórica, no sentido de uma **contemplação intelectual**: observar a beleza da natureza, a ordem do cosmo, até alcançar a autêntica realidade das coisas. E deveria manter essa prática durante a vida inteira, e não apenas em um ou outro dia:

> [...] porquanto uma andorinha não faz verão, nem um dia tampouco; e da mesma forma um dia, ou um breve espaço de tempo, não faz um homem feliz e venturoso.
>
> ARISTÓTELES. *Ética a Nicômaco*. Brasília: UnB, 1985. p. 16.

Interno com um vaso etrusco, de Henri Matisse, 1939-1940. Óleo sobre tela, 34 cm × 41 cm. Parar, sentar e refletir, como faz essa mulher, é o início de um estado contemplativo.

Praticar as virtudes

Sem tirar os pés do chão, no entanto, Aristóteles dizia também que não se pode abandonar a companhia da família e dos amigos, a riqueza e o poder. Todos esses elementos, e o prazer que deles resulta, promoveriam o **bem-estar material** e a **paz social**, indispensáveis à vida contemplativa. O sábio não poderá dedicar-se completamente à contemplação se, por exemplo, não houver alimentos e seus filhos chorarem de fome ou se a cidade toda estiver em guerra.

Além do mais, tais prazeres estariam vinculados ao exercício de outras virtudes humanas – como a **generosidade**, a **coragem**, a **cortesia** e a **justiça** – que, em seu conjunto, contribuiriam para a felicidade completa do ser humano.

Portanto, na ética aristotélica, embora o exercício contínuo de uma vida teórica seja essencial (condição necessária, no jargão filosófico) para uma pessoa alcançar a vida feliz, isso não basta (não é condição suficiente). Em resumo, a felicidade seria uma vida dedicada à contemplação teórica, aliada à prática das outras virtudes humanas e sustentada pelo bem-estar material e social (assunto que estudaremos mais detalhadamente no Capítulo 11).

Conexões

6. Pratique este simples exercício de contemplação regularmente:

a) sente-se comodamente em uma cadeira, sofá ou mesmo sobre uma almofada no chão e relaxe o corpo e a mente;
b) observe atentamente sua respiração por dois minutos;
c) contemple a palavra "bondade" em sua mente por mais um minuto (pode substituir a palavra por outra também positiva em outros dias); não se distraia com outras ideias, só tenha essa palavra na mente e o que puder associar-se a ela;
d) anote o que você percebeu ou sentiu.

O que ensinou Epicuro

Pensamento bem distinto de Platão e Aristóteles foi o de **Epicuro** (341-271 a.C.), que ensinava a seus educandos que o propósito da filosofia é buscar a felicidade, e que o caminho da felicidade seria o do prazer, realizado evitando-se a dor (conforme estudaremos no Capítulo 11).

À primeira vista, parece que o filósofo queria dizer que ser feliz é satisfazer todos os nossos desejos, mas não é exatamente isso.

Buscar o prazer e evitar a dor

Epicuro não concordava com Platão a respeito da realidade. Para ele, não existiria o mundo das ideias. Toda a realidade, tudo no mundo seria **matéria**, a qual, no ser humano, se manifesta como **sensação**. Dessa forma, até mesmo a felicidade é uma sensação. Portanto, ser feliz não é outra coisa que sentir prazer.

Temos aqui uma definição de felicidade, mas não um caminho para consegui-la. Com essa percepção sensualista (baseada nas sensações) da realidade, Epicuro observou que todos os seres buscam o prazer e fogem da dor. Então, para sermos felizes, nossa estratégia deve ser gerar, primeiramente, as condições materiais e psicológicas que nos permitam experimentar apenas o prazer na vida, evitando a dor. Que condições seriam essas?

Liberar-se de certas crenças e medos

Epicuro considerava que uma das principais causas de angústia e infelicidade são as preocupações religiosas e as superstições. Ele se refere, aqui, às crenças que absorvemos de nossa cultura – sobretudo das religiões – e que, em vez de fortalecer-nos, nos debilitam, nos tornam submissos e medrosos. Por exemplo, os gregos temiam muito ofender seus deuses e serem terrivelmente punidos por eles. Também viviam sob o pavor de que forças sobrenaturais interferissem em suas vidas, mudando sua sorte ou tirando-lhes os seres queridos.

Todo esse sofrimento poderia ser evitado, segundo o filósofo, se as pessoas compreendessem que o Universo inteiro é constituído de matéria, inclusive a alma humana. Desse modo, veriam que tudo o que acontece pode ser explicado pelo movimento aleatório dos átomos. Trata-se de um movimento que produz forças cegas e indiferentes ao destino humano. Aqui Epicuro seguia a teoria **atomista** e **mecanicista** de seu mestre, o filósofo grego **Demócrito** (c. 460-370 a.C.).

Essa compreensão materialista do Universo e do ser humano também libertaria as pessoas de outro grande fator de angústia e infelicidade, o **medo da morte**, tendo em vista que, quando o indivíduo morre, acaba tudo, inclusive o sofrimento:

> Acostuma-te à ideia de que a morte para nós não é nada, visto que todo bem e todo mal residem nas sensações, e a morte é justamente a privação das sensações. A consciência clara de que a morte não significa nada para nós proporciona a fruição da vida efêmera, sem querer acrescentar-lhe tempo infinito e eliminando o desejo de imortalidade.
>
> [...] quando estamos vivos, é a morte que não está presente; ao contrário, quando a morte está presente, nós é que não estamos.
>
> EPICURO. *Carta sobre a felicidade [a Meneceu]*. São Paulo: Editora Unesp, 2002. p. 27-28.

Eliminar ou moderar os desejos

Epicuro também dizia que quem deseja em excesso sempre corre o risco de se decepcionar. Por isso, ele recomendava evitar ou eliminar todos os desejos desnecessários e se permitir apenas os naturais e necessários – e, mesmo assim, com moderação. Veja, na tabela seguinte, a explicação para cada um desses desejos.

Tipos de desejos ou prazeres segundo Epicuro		
Naturais e necessários	Como o prazer de comer quando se tem fome, beber água quando se tem sede, dormir quando se tem sono.	Recomendação: satisfazê-los sempre, mas com moderação.
Naturais e desnecessários	Como o desejo de comer alimentos refinados, tomar bebidas especiais e caras, obter gratificação sexual e dormir em lençóis luxuosos.	Recomendação: evitá-los, pois não são necessários à sobrevivência.
Não naturais e desnecessários	Como os desejos de riqueza, fama e poder – todos frutos da ilusão e do engano. Costumam trazer mais dor que felicidade.	Recomendação: eliminá-los completamente. Se acontecerem, não se apegar a eles.

Enfim, contentar-se com pouco seria o segredo de uma vida prazerosa, portanto, feliz. Com a expectativa reduzida, não há decepção e um grande prazer pode advir de um simples copo de água, dizia o filósofo.

Escolher os prazeres com prudência

Por último, Epicuro também recomendava agir com **prudência** racional, isto é, avaliar com cuidado a ação de cada prazer e escolher os mais adequados, pois alguns prazeres são superiores a outros.

Alguns prazeres, dizia o filósofo, são mais duradouros e encantam o espírito, como uma boa conversação, a contemplação das artes e a audição de música. Já outros, movidos pela explosão das paixões, são muito intensos e imediatos, entretanto perdem sua força com o passar do tempo.

Atomista: relativo ao atomismo, doutrina filosófica segundo a qual toda matéria é formada por átomos (partículas minúsculas, eternas e indivisíveis).

Mecanicista: relativo ao mecanicismo, conceito filosófico de que algo funciona de forma mecânica, isto é, obedecendo a relações de causa e efeito.

Prudência: qualidade de conduzir-se com moderação, ponderação e precaução.

SERGIO PEDREIRA/PULSAR IMAGENS

Roda de capoeira com lutadores e tocadores no bairro Amaralina, em Salvador (BA), 2019. Declarada Patrimônio Cultural Imaterial da Humanidade pela Unesco, em 2014, a capoeira é uma atividade integradora que reúne luta, música e dança, promovendo o bem-estar físico e mental.

Conexões

7. Faça uma lista abrangente de seus desejos. Depois:
   a) procure classificá-los de acordo com a teoria de Epicuro;
   b) você acredita que, se desenvolvesse o autocontrole e apenas desejasse o que é natural e necessário, sofreria menos ou seria mais feliz?

O que ensinaram os estoicos

Outra perspectiva de pensamento sobre o caminho da felicidade foi criada por filósofos gregos que deram origem à corrente que ficou conhecida como **estoicismo.** A palavra deriva do grego *stoá*, "pórtico" ou "galeria de colunas". Trata-se de uma referência ao local onde o primeiro filósofo dessa corrente, **Zenão de Cítio** (c. 335-264 a.C.), reunia os estudantes e ministrava suas aulas.

Zenão de Cítio foi o primeiro dos pensadores estoicos, embora não tão famoso como **Sêneca** (4 a.C-65) e **Epiteto** (55-135). Para começar, Zenão discordava da importância dada ao prazer por seus contemporâneos epicuristas. O filósofo ensinava seus estudantes e seguidores que, para serem felizes, eles deviam viver de acordo com a **ordem cósmica**, aceitando e amando o próprio **destino**. E qual seria o caminho proposto pelos estoicos para a condução de uma vida boa e feliz?

Compreender a ordem cósmica

Nosso primeiro passo será entender a física ou a cosmologia estoica. O estoicismo concebe o Universo como *kósmos*, palavra grega que quer dizer "universo ordenado e harmonioso", que seria composto de dois princípios: um **passivo** (a matéria) e outro **ativo**, que é racional e inteligente (o chamado *logos*). O *logos* é considerado um princípio ativo que permeia, anima e conecta todas as partes do *kósmos*, funcionando como **inteligência** ou **razão universal** que move tudo – denominada **providência** pelos estoicos.

Considerado como um "motorzinho" que comanda toda a realidade, o conceito estoico de providência foi comparado por muitos com a ideia de Deus, de um Regente Universal. E como essa ideia nos afeta? Se é certo que a inteligência universal permeia tudo, isso significa que tudo o que existe e que acontece tem um sentido, uma razão de ser. Pelo mesmo motivo, tudo é **necessário**, ou seja, não pode ser diferente do que é, pois, no *kósmos*, todos os seres e eventos estão organicamente interligados. Isso inclui a vida de cada um de nós, o que quer dizer que, na concepção estoica, toda pessoa nasce com um plano de vida predeterminado, ou seja, um destino.

Pela mesma razão, diziam os estoicos, tudo o que acontece deve ser **bom**, pois é animado pelo **bem** contido nos princípios racionais que governam o Universo (a providência). O importante é a ordem do todo, da totalidade do Universo, o *kósmos*. Isso quer dizer que, para os estoicos, o **bem do todo** é superior ao **bem individual**. Talvez possamos dizer que, para eles, não há bem quando a pessoa se afasta do todo.

Providência: ação de providenciar; de prover, abastecer ou determinar previamente algo.

OLGA ALYONKINA/SHUTTERSTOCK

Teia de aranha umedecida pelo orvalho. No *kósmos* estoico, tudo está organicamente interligado, como nessa teia: se um ponto é puxado, toda a trama de fios se transforma. Fotografia de 2014.

Identificar nossos desejos

Com base nessa cosmologia, os estoicos entendiam que é impossível sermos felizes se acreditarmos que felicidade é ter tudo o que desejamos (como geralmente se pensa). Basta que fracassemos em alcançar um desejo e nos tornamos infelizes.

Assim começamos a dar nosso segundo passo no caminho estoico: onde colocamos nossos desejos. O estoicismo ensina que há coisas que dependem de nós e há outras que não dependem de nós ou só de nós. Depende de nós, por exemplo, elaborar um bom trabalho ou ser bom e generoso; não depende de nós (ou só de nós) ganhar na loteria ou conquistar o coração da pessoa amada.

Aqui talvez você se pergunte: se existe uma ordem cósmica predeterminada e se há coisas que não dependem de mim, ou seja, que eu não posso determinar, mas que eu desejo muito, o que posso fazer para deixar de sentir-me infeliz quando não consigo obtê-las?

Pois bem, a resposta do estoicismo é a seguinte: existe uma "brechinha" de **liberdade** pela qual você pode garantir sua felicidade. Ela se manifesta por uma faculdade que todos temos, mas que precisamos saber usar de maneira disciplinada: a **vontade**. Vejamos por quê.

É a vontade que nos permite querer ou não querer as coisas. Veja que nada nem ninguém pode me obrigar a querer o que não quero ou a não querer o que quero. Por exemplo: podem me obrigar a ir a um lugar, inclusive me levar à força até lá, mas não podem me forçar a querer fazê-lo. Podem me proibir de ver uma pessoa, ainda assim, não podem me impedir de querer vê-la. O "querer" e o "não querer" dependem exclusivamente de cada um. É desse modo que, para os estoicos, é possível construir a felicidade: usando a vontade para querer apenas certas coisas e outras não. Assim, segundo os estoicos, devemos dirigir voluntariamente a vontade somente para coisas sobre as quais temos poder, coisas que dependem de nós, pois podem nos trazer verdadeiramente a felicidade.

Controlar nossos pensamentos e nossas paixões

Com base nesse raciocínio e nessa interpretação da realidade, os estoicos procuraram orientar a conduta das pessoas estabelecendo uma distinção entre coisas boas, más e indiferentes. Esse é o terceiro passo no caminho estoico: aprender a avaliar as coisas e as experiências de nossas vidas, identificando os pensamentos e as paixões que estão por detrás delas e que nos levam à infelicidade. Veja na tabela a seguir como os estoicos faziam essa distinção:

Tipos de coisas segundo o estoicismo		
Coisas boas	Aquelas que dependem de nós e que devemos querer e buscar, porque trazem felicidade.	Exemplos: as virtudes, como prudência, justiça, coragem, generosidade, moderação.
Coisas más	Aquelas que dependem de nós e que devemos evitar, porque trazem infelicidade.	Exemplos: os vícios e as paixões, como a imprudência, a injustiça, a covardia, a gula, a raiva.
Coisas indiferentes	Aquelas que não dependem de nós e com as quais não devemos nos preocupar, sob pena de gerar infelicidade.	Exemplos: a morte, o poder, a saúde ou a doença, a riqueza ou a pobreza etc.

A infelicidade ocorre, portanto, quando não conduzimos corretamente nossos pensamentos e nossas decisões para evitar as chamadas coisas más. Ou quando nos preocupamos com as coisas indiferentes (algo muito frequente) e acabamos formando juízos ou opiniões equivocadas sobre os acontecimentos, despertando paixões que nos fazem sofrer.

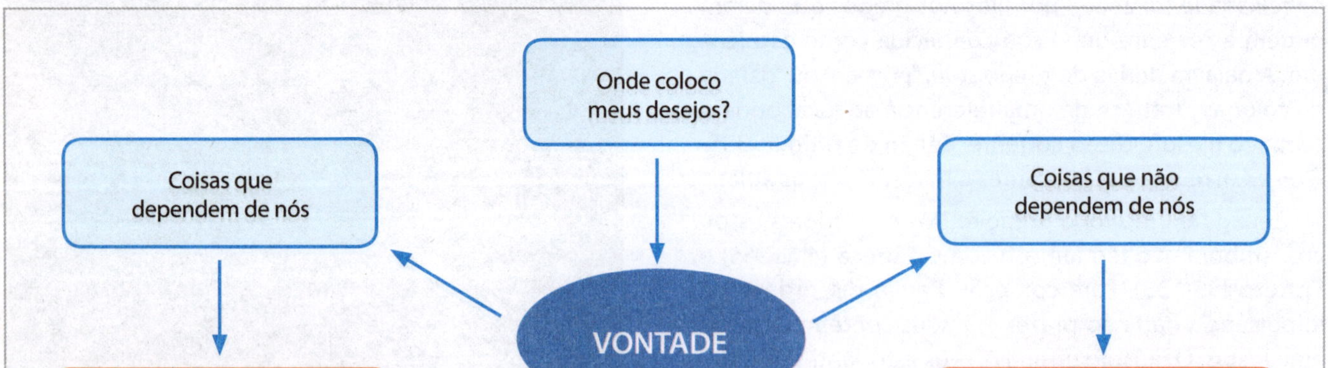

REPRODUÇÃO

Por esse raciocínio, podemos concluir que os estoicos entendem que a paixão (*pathos*, em grego) é o resultado do uso inadequado da razão. Já a virtude consiste na ação que se desenvolve conforme a razão (ou seja, conforme a natureza, pois a natureza ou *kósmos*, como vimos, é *logos*, razão).

Por isso é tão importante o esforço consciente e disciplinado de identificar os próprios pensamentos e reconhecer quando estão equivocados (uso adequado da razão), pois são eles que geram as condições para o aflorar das paixões.

Amar o próprio destino

Assim chegamos a nosso quarto e último passo ou elemento no caminho estoico da felicidade. O domínio sobre os pensamentos e as paixões seria a **via negativa** para atingir a felicidade. Diz-se "negativa" porque se dá pela negação das causas da infelicidade. Há também um percurso **positivo**, o do *amor fati*, expressão latina que significa "amor aos fatos, aos acontecimentos". No nosso caso, seria o amor ao próprio destino.

Esse amor ao que somos e às coisas como elas são se baseia na ideia de que, como vimos antes, o Universo é animado e governado por princípios racionais, a providência, de tal maneira que tudo o que existe e acontece (e que não depende de nós) é **necessário** e **bom**, no sentido de que tudo tem uma razão de ser.

Por isso, os estoicos afirmavam, por exemplo, que uma pessoa não deve se revoltar por ter nascido com algum problema físico, pouca beleza ou parcos recursos econômicos. Ao contrário, ela deve não apenas aceitar o seu destino, mas também querê-lo, isto é, amar o que é, o que tem e o que vive. Deve, enfim, compreender que faz parte da totalidade e ter amor por seu destino. Somente assim poderá ser feliz.

Parábola do velho do forte

A seguinte **parábola** é atribuída a Lieh-Tsé (c. 300 a.C.) e reflete a visão de mundo própria do **taoismo**, doutrina místico-filosófica chinesa formulada principalmente por Lao-Tsé (c. século VI a.C.), que enfatiza a integração do ser humano à realidade cósmica primordial. Conta-se que o grande mestre do taoismo passou a ser chamado de Lao-Tsé ("Homem Velho") quando era ainda um bebê, por já manifestar grande sabedoria. De acordo com a lenda, cansado da maldade em seu país, ele partiu um dia para o Ocidente cavalgando sobre um búfalo, até nunca mais ser visto.

> Um velho vivia com seu filho em um forte abandonado, no alto de um monte, e um dia perdeu um cavalo. Os vizinhos vieram-lhe expressar seu pesar por esse infortúnio, e o velho perguntou:
>
> — Como sabeis que é má sorte?
>
> Poucos dias mais tarde voltou seu cavalo com um bando de cavalos selvagens, e vieram os vizinhos felicitá-lo por sua boa sorte, e o velho respondeu:
>
> — Como sabeis que é boa sorte?
>
> Com tantas montarias a seu alcance, começou o filho a cavalgá-las, e um dia quebrou uma perna. Vieram os vizinhos apresentar-lhes condolências, e o velho respondeu:
>
> — Como sabeis que é má sorte?
>
> No ano seguinte houve uma guerra, e, como o filho do velho era agora inválido, não teve de ir para a frente.
>
> YUTANG, Lin. *A importância de viver*. São Paulo: Círculo do Livro. p. 154.

ARCHIVES CHARMET/BRIDGEMAN IMAGES/KEYSTONE BRASIL – BIBLIOTECA NACIONAL DA FRANÇA, PARIS

Lao-Tsé (c. 604-531) em seu búfalo, seguido por um discípulo da Escola Chinesa, artista desconhecido, século XVIII.

Parábola: história (narrativa) curta e figurativa (alegórica) contada com o propósito de transmitir outra ideia, mensagem ou ensinamento.

- Qual é o significado ou a mensagem dessa parábola? É possível relacioná-la com o caminho estoico da felicidade? Por quê?

A FELICIDADE HOJE EM DIA
O que mudou desde a Antiguidade

No breve percurso que fizemos por essas concepções de vida boa ou feliz, você pôde aprender um pouco mais sobre a filosofia e o filosofar. E teve a oportunidade de reunir algumas ideias a respeito daquilo que traz felicidade e do que causa sofrimento, para uma reflexão posterior. Você se lembra das cinco fontes essenciais de felicidade? Os bens materiais; os prazeres físicos e emocionais; a saúde; o *status* social e o poder; o amor e a amizade. Alguma dessas fontes de felicidade parece mais essencial? Você crê que há outros anseios mais importantes nos dias de hoje?

De fato, os seres humanos e as sociedades estão em constante movimento e transformação. Até mesmo o meio ambiente se modifica. Quando surgem novos anseios, as sociedades passam a defender novos valores, novas mentalidades, novas formas de interpretar a vida.

Quando filosofamos, também devemos considerar nosso objeto de estudo (nesse caso, a felicidade) no tempo e no espaço, isto é, na história. Devemos sempre nos perguntar sobre o que permaneceu e o que mudou com o passar do tempo e as transformações sociais e culturais de cada época. Isso pode nos dar pistas sobre aquilo que é mais essencial em nosso tema.

Novos valores políticos

Dois anseios ou ideais foram ganhando importância ao longo da história no mundo ocidental e são hoje considerados valores fundamentais da felicidade individual e coletiva nas **sociedades democráticas** contemporâneas: a **igualdade** e a **liberdade**.

A partir da Idade Média, com a propagação do pensamento judaico-cristão no mundo europeu, difundiu-se a noção de **amor ao próximo**, contido no preceito que diz que se deve "amar ao próximo como a si mesmo". Esse mandamento estaria assentado na ideia de que o Deus judaico-cristão teria criado os seres humanos para reinarem sobre a Terra e amaria a todos igualmente. Assim, se "todos são filhos amados de Deus", toda a humanidade deve amar-se e respeitar-se mutuamente.

Isso contribuiu para a construção da noção de igualdade entre as pessoas. No entanto, foi apenas a partir do século XVIII, com o pensamento iluminista (conforme veremos no Capítulo 13) e as revoluções no final da Idade Moderna – como a Revolução Gloriosa na Inglaterra, a independência dos Estados Unidos e a Revolução Francesa –, que essa ideia de igualdade passou a implicar também, cada vez mais, a **igualdade de direitos**. Hoje em dia, é difícil pensar que uma pessoa possa ser feliz sem ser livre ou se for discriminada, isto é, tratada de maneira desigual. A discriminação gera injustiça, portanto, infelicidade.

Assim, valores socioeconômicos e políticos foram sendo incorporados à noção de felicidade. A relação entre igualdade, liberdade e felicidade pode ser percebida claramente, por exemplo, no segundo parágrafo da Declaração de Independência dos Estados Unidos da América (1776) – acontecimento que inspirou os processos de emancipação de diversos países latino-americanos e a redação de suas cartas magnas:

> Consideramos estas verdades como evidentes por si mesmas, que todos os homens são criados iguais, dotados pelo Criador de certos direitos inalienáveis, que entre estes estão a vida, a liberdade e a procura da felicidade. Que a fim de assegurar esses direitos, governos são instituídos entre os homens, derivando os seus justos poderes do consentimento dos governados; que, sempre que qualquer forma de governo se torne destrutiva de tais fins, cabe ao povo o direito de alterá-la ou aboli-la e instituir novo governo, baseando-o em tais princípios e organizando-lhe os poderes pela forma que lhe pareça mais conveniente para atingir a segurança e a felicidade.

Declaração de Independência dos Estados Unidos da América, 1776. Disponível em: <https://memoriavirtual.net/2004/10/21/estados-unidos-declaracao-de-independencia/>. Acesso em: 6 ago. 2020.

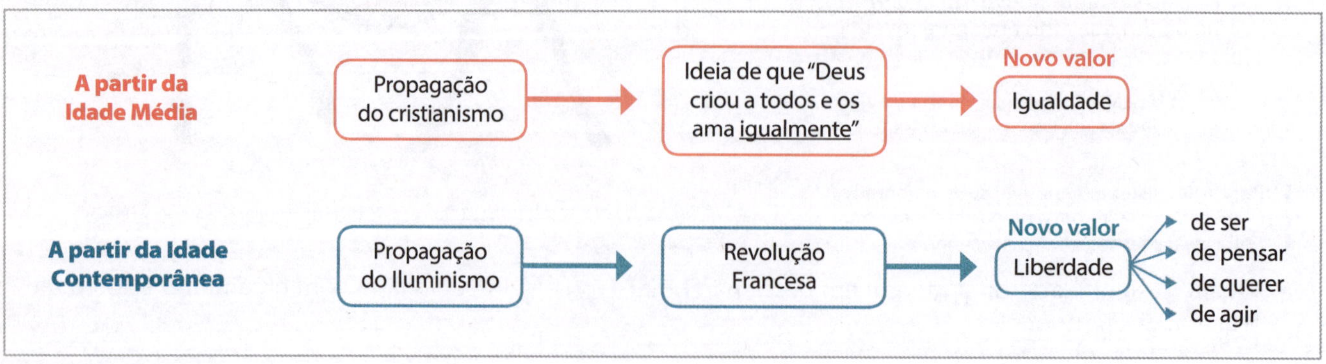

BETO RICARDO/ISA

Grupo de indígenas se manifesta durante discussões da Assembleia Constituinte, em 1988. Como todas as pessoas livres e iguais, reclamavam o direito de manter sua cultura ("Não à aculturação") e suas terras, sem as quais não poderiam ser felizes. E esse direito lhes foi outorgado, conforme o artigo 231 da Constituição Brasileira atual: "São reconhecidos aos índios sua organização social, costumes, línguas, crenças e tradições, e os direitos originários sobre as terras que tradicionalmente ocupam, competindo à União demarcá-las, proteger e fazer respeitar todos os seus bens".

Pesquisas e teses científicas

No último século, especialmente nas últimas décadas, houve uma explosão no interesse pela felicidade. No entanto, não visavam à sabedoria ou à virtude. Estimulado pelo *marketing* e pela publicidade, esse interesse se expressa atualmente na busca pelas fontes materiais de satisfação, por meio do consumo desenfreado de bens e serviços.

É nesse contexto que passaram a ser realizados muitos estudos no mundo científico – no campo da psicologia, medicina, sociologia ou economia – com o propósito de entender o que torna as pessoas felizes, desfazer mitos e sustentar políticas públicas. Vale lembrar que, no campo do conhecimento, os cientistas ocupam hoje espaços que antes pertenciam aos filósofos, pelo menos em parte.

Pirâmide de Maslow

Um dos estudos mais conhecidos foi conduzido pelo psicólogo humanista estadunidense **Abraham Maslow** (1908-1970), que queria entender o que motiva as pessoas a agir. Ele concluiu que são certas necessidades, comuns a todos os humanos, cuja satisfação traz bem-estar. Essas necessidades foram organizadas por Maslow em cinco níveis, de forma hierárquica, de acordo com a pirâmide a seguir.

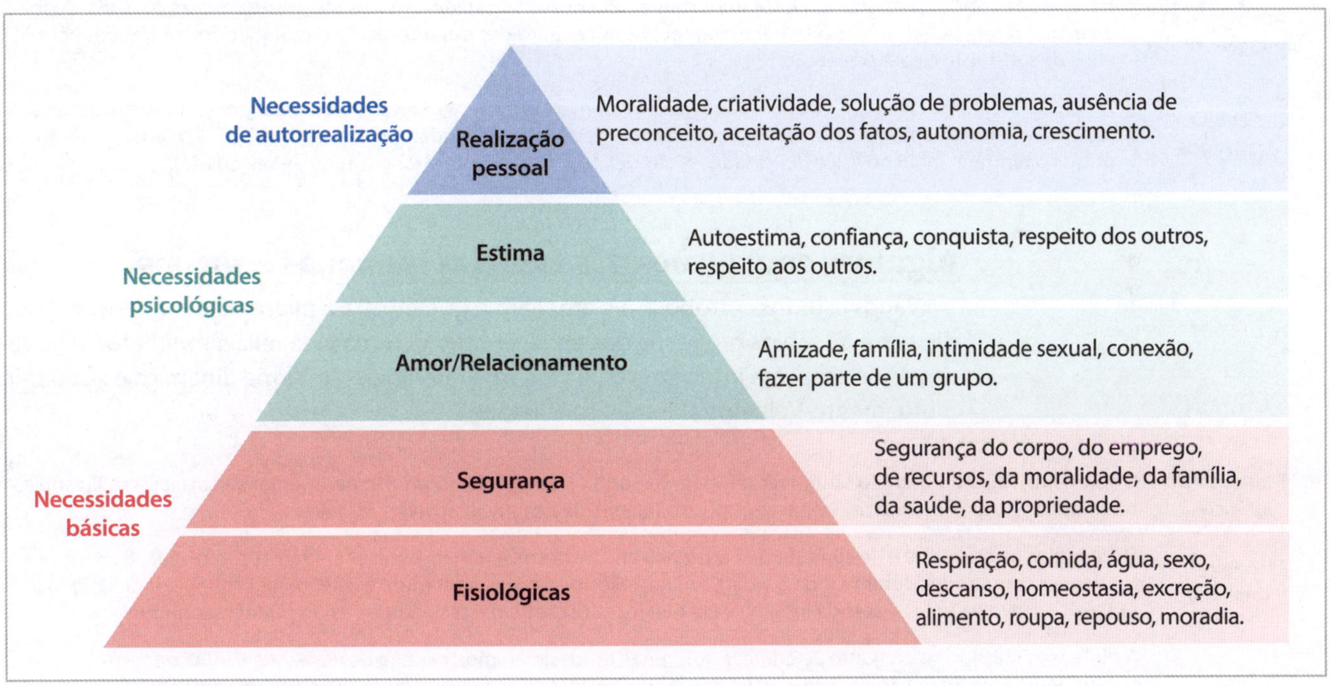

REPRODUÇÃO

Observe que as necessidades fisiológicas, na base da pirâmide, são as primeiras que aparecem no recém-nascido, sendo indispensável seu atendimento para a sobrevivência, saúde e crescimento da criança. Segundo Maslow, quando as necessidades de um nível são satisfeitas, o ser humano começa a buscar a satisfação das necessidades do nível seguinte, e assim sucessivamente, até alcançar a realização de seu **potencial** completo, que seria a felicidade suprema de uma existência.

Maslow entendia que toda pessoa tem o **desejo inato** (nascido com ela) de autorrealização e conta com as capacidades para consegui-la. Mas antes precisa satisfazer as necessidades dos níveis anteriores, bem como encontrar um ambiente propício para isso.

Conexões

8. Disserte sobre as seguintes perguntas, justificando suas respostas com dados socioeconômicos (pesquise):

a) a maioria da população de nosso país conta com um ambiente propício para realizar seu potencial completo, conforme condicionou Maslow?

b) que necessidades certos grupos populacionais teriam mais dificuldade de satisfazer?

c) a não satisfação dessas necessidades seria causa de sofrimento?

d) identifique pelo menos um ensinamento dos sábios gregos estudados neste capítulo que poderia ajudar a findar ou a minimizar esse sofrimento.

Algumas conclusões das ciências biomédicas

Embora a felicidade seja entendida normalmente como um estado psicológico, ela também apresenta uma correlação corporal, e o campo da ciências biológicas e médicas tem encontrado várias evidências a esse respeito. Algumas conclusões chegam a surpreender. Vejamos uns exemplos.

Manifestação no cérebro	A atividade neuronal de certa parte do cérebro aumenta quando as pessoas, de todas as idades, experimentam sensações ou sentimentos agradáveis ou se expressam de maneira positiva, como ao sorrir.
Substâncias da felicidade	Nosso corpo produz substâncias que estão relacionadas com sensações de paz, prazer e bem-estar, como a serotonina e a endorfina.
Predisposição genética	Algumas pessoas experimentam a vida de maneira mais positiva que outras, fazendo-nos pensar em uma explicação genética para o fato. Isso foi confirmado por estudos comparativos entre gêmeos idênticos (com o mesmo material genético) e não idênticos (com apenas metade dos genes iguais). Os primeiros mostraram um grau de felicidade bastante similar, até quando criados separados. O mesmo não ocorreu com os não idênticos.
Adaptação às limitações físicas	Embora a saúde corporal seja um fator importante para nossa felicidade, estudos mostraram que as pessoas, depois de algum tempo, tendem a se adaptar às limitações físicas surgidas durante suas vidas, podendo manter um bom nível de satisfação a partir de então.
Ser feliz traz saúde	Pesquisas recentes revelaram que pessoas felizes tendem a ser mais saudáveis, a ter um sistema imunológico mais forte e a viver mais anos. Ou seja, a relação corpo-mente parece ser fundamental para a nossa felicidade. Portanto, o psíquico também influi no físico (felicidade → saúde), não apenas o contrário (saúde → felicidade).

Algumas conclusões das ciências humanas e sociais

Vários estudos corroboram e ampliam o que mostra a pirâmide de Maslow e o que disseram os sábios gregos: o desenvolvimento de uma vida feliz é multifatorial, apresentando aspectos internos e externos, que interagem de forma dinâmica e se afetam mutuamente. Vejamos algumas conclusões.

Traumas de infância	Os primeiros anos de vida são fundamentais para o modo como uma pessoa irá experimentar sua existência. Episódios traumáticos, dolorosos, podem limitar suas possibilidades de desenvolver vivências felizes.
Modelos familiares	Os modelos psicológicos e de conduta que a criança encontra em seu meio familiar ajudam a conformar sua **psique** e tendem a ser repetidos durante toda a vida. Com modelos negativos, limitantes, existe maior probabilidade de que a pessoa desenvolva uma existência infeliz, se ela não for consciente desses padrões e não puder reconfigurá-los.
O mundo interior	A dimensão interior – o conjunto de crenças, valores, estados de ânimo, maneira de ver a vida – influi de forma contundente na construção de uma existência feliz ou infeliz. Saber administrar os próprios pensamentos e sentimentos é fator crucial para isso. Muitas vezes, o que se chama de "sorte" não é outra coisa senão o resultado de um estado de ânimo mais aberto e propício para perceber e aproveitar as oportunidades que surgem na vida.
As condições materiais	É muito difícil levar uma vida digna quando se está na miséria. No entanto, quando os rendimentos são superiores a determinado patamar, o incremento da percepção de felicidade das pessoas não é proporcional ao seu enriquecimento. É o que tem ocorrido nos países ricos, embora o nível de renda tenha aumentado significativamente nos últimos 50 anos.

Psique: estrutura mental ou psicológica de uma pessoa, geralmente entendida como parte distinta do corpo material.

Trabalho, desemprego e autoestima	Fonte do sustento material e meio de realização individual, o trabalho de um indivíduo representa igualmente sua contribuição para os entes queridos e a sociedade em geral. Por isso o desemprego causa tanta infelicidade, não apenas pela perda econômica que representa, mas também porque afeta substancialmente a autoestima das pessoas e suas relações sociais.
Convívio social	Somos seres sociais. Tanto a vida familiar como o convívio com amigos e a relação com a comunidade são muito importantes para a constituição de nossa identidade pessoal e do sentido de nossas vidas. Esses dois ingredientes definem em grande medida as nossas experiências, a forma com que nos posicionamos em relação ao mundo e as possibilidades de sermos felizes.

Conexões

9. Destaque pelo menos uma das conclusões dos estudos científicos recentes a respeito da felicidade que você considera mais instigante ou reveladora. Justifique.

Reflexão final

Até aqui, já temos uma boa quantidade de elementos para formar uma ideia, mesmo que provisória, sobre os dois temas básicos tratados neste capítulo: a filosofia e a felicidade. Com relação à filosofia e ao filosofar, voltaremos a eles no próximo capítulo. Quanto à felicidade, cabe aqui uma reflexão final.

A busca desenfreada de felicidade individual na sociedade contemporânea torna a vida das pessoas estressante, solitária, limitada e abre espaço para a infelicidade. Concordamos – nós, os autores deste livro – com o economista inglês **Richard Layard** (1934-) quando diz que uma sociedade não pode prosperar sem certa sensação de compartilhar objetivos, de **bem comum**. Na mesma direção, o filósofo francês **André Comte-Sponville** (1952-) recomenda às pessoas que se preocupem menos com a própria felicidade e um pouco mais com a dos outros; que esperem um pouco menos e amem um pouco mais – diziam os estoicos. Amor e felicidade andam sempre de mãos dadas, como expressa esta bela mensagem do filósofo inglês **Jeremy Bentham** (1748-1832), enviada a uma jovem na data de seu aniversário:

> Cria toda a felicidade que possas; suprime toda a infelicidade que consigas. Cada dia te dará a oportunidade de agregar algo ao bem-estar dos demais ou de mitigar um pouco suas dores. E cada grão de felicidade que semeies no peito alheio germinará em teu próprio peito, ao passo que cada dor que arranques dos pensamentos e sentimentos de teus semelhantes será substituída pela paz e alegria mais belas do santuário de tua alma.

BENTHAM, Jeremy *apud* LAYARD, Richard. *La felicidad*: lecciones de una nueva ciencia. Madri: Santillana, 2005. p. 230. [Tradução nossa].

Felicidade é... sintonia

Começamos este capítulo com o diálogo em que surgiu a questão "o que é felicidade?". O xavante Rupawe não ofereceu uma resposta. Agora, concluindo o capítulo, vamos tentar apresentar uma explicação sobre felicidade. Usaremos, para isso, as palavras do educador e empreendedor social **Kaká Werá** (1964-), de origem tapuia, que sintetiza a **cosmovisão** de diversos povos nativos no seguinte depoimento:

> Na sociedade ancestral, família é o ser humano – pai, mãe, avô, avó, filhos, antepassados – mais reino mineral, reino animal e reino vegetal, quer dizer, mais natureza. Isso é uma família. O fato de considerar a natureza como parte de sua família, o fato de considerar a natureza como ancestral, como a sua origem, faz com que as sociedades tenham com ela uma relação mais **equânime**, mais de cuidado.
>
> Na minha percepção, quanto mais o indivíduo tem consciência de si, ele vai se perceber como um grupo, tanto um grupo interno como um grupo externo. [...]
>
> A vida, através da natureza, manifesta o tempo todo felicidade. Você vai perceber que as pessoas sempre estão mais felizes quando buscam o sol, a praia, as águas da cachoeira, quando buscam se reunir em volta de um fogo numa lua cheia.
>
> O que vai diferenciar uma pessoa de estar feliz ou não é se ela está conectada ou não, está livre ou não, para se permitir vivenciar a felicidade. A felicidade não exige dinheiro, não exige *status* para se manifestar. A felicidade não exige oferendas. A felicidade não exige um curso de MBA, não exige nenhuma formação... Só sintonia. Por isso, minha resposta é óbvia: felicidade é um estado de espírito.

Transcrição do depoimento de Kaká Werá para o filme *Eu maior*. Direção: Fernando Schultz e Paulo Schultz. Brasil, 2013. Disponível em: <https://www.youtube.com/watch?v=uRlc-OzktNM>. Acesso em: 6 ago. 2020.

Cosmovisão: concepção de mundo, isto é, maneira de uma pessoa ou cultura ver e entender a realidade, as coisas e as relações entre tudo o que existe.

Equânime: que reconhece o direito de cada um, com igualdade e moderação; equilibrado.

1. Explique as três etapas básicas de uma experiência filosófica.
2. Tendo como referência o sistema platônico, explique a fórmula: conhecimento = bondade = felicidade.
3. Destaque, entre os elementos propostos por Aristóteles para uma vida feliz, aqueles que você considera condição necessária para sua felicidade. Para você, há algum que, além de necessário, é condição suficiente para ser feliz? Qual? Justifique.
4. Qual é a ideia fundamental contida na metáfora "uma andorinha não faz verão"? Por que Aristóteles a utiliza?
5. É possível afirmar que a concepção de felicidade de Epicuro contrapõe-se à de Aristóteles e, especialmente, à de Platão?
6. Qual é a importância da cosmologia estoica na determinação de sua ética sobre a felicidade?
7. A peça a seguir foi "plantada" no Museu Britânico de Londres, entre outras semelhantes, mas legítimas. Como você interpretaria essa intervenção do artista de rua e grafiteiro inglês Banksy?

COURTESY OF PEST CONTROL OFFICE, BANKSY, PECKHAM ROCK, 2005

Pedaço de rocha com falsa arte rupestre, do artista de rua e grafiteiro inglês Banksy, c. 2005.

8. Reflita sobre a frase de Jeremy Bentham, reproduzida quase ao final do capítulo. Seria uma noção individualista de felicidade? Redija um breve texto com sua interpretação.
9. De acordo com a cosmovisão dos povos indígenas, resumida no quadro "Felicidade é... sintonia", quando uma pessoa é mais feliz? Por quê? Você acredita que essa concepção de mundo ajuda a preservar o meio ambiente?

Conversa filosófica

10. Meu caminho ideal

Qual dos caminhos propostos pelos filósofos estudados você considera o mais útil para que uma pessoa construa uma vida feliz em nossos dias? Por quê? Ou o caminho ideal, para você, seria uma combinação de elementos dessas doutrinas? Quais seriam esses elementos? Debata sobre esse tema com os colegas, procurando usar argumentos para apoiar sua opinião e trocar ideias de maneira inteligente e respeitosa, como em uma conversa filosófica.

11. Felicidade individual e coletiva

Levando em consideração as diversas reflexões contidas neste capítulo, você acha que uma pessoa pode ser plenamente feliz quando busca apenas sua felicidade individual?

a) Se você entende que não, junte-se àqueles que pensam como você para elaborar um conjunto de argumentos a favor de sua posição. Se você considera que sim, forme outro grupo e siga o mesmo procedimento.

b) Depois, um orador escolhido de cada lado deverá defender a posição de seu grupo, expondo os argumentos reunidos. Para isso, poderá solicitar o apoio dos colegas para consultas, procurando escutar e responder aos argumentos opostos, como em uma conversação filosófica.

12. Consumismo

Reúna-se em grupo e discuta com os colegas de forma filosófica a relação que cada integrante tem com o consumo, procurando responder a estas questões: Quanto a publicidade influi em seus desejos de compra? Em que medida a aquisição de bens materiais faz você se sentir mais feliz? Por quanto tempo dura essa felicidade? Como se sente quando não pode comprar o que deseja?

Para pensar

Leia a seguir uma comovente reflexão sobre compaixão e felicidade, feita pelo filósofo suíço **Alexandre Jollien** (1975-), que viveu dos 3 aos 20 anos em uma instituição para crianças com paralisia cerebral.

A arte da compaixão se pratica no presente

Hoje, parece ser moda: descarregar sobre as pessoas, acabar com elas em público em uma espécie de falsa alegria contagiosa, a do toureiro que enfia suas facas nos flancos da vítima. É urgente reabilitar o altruísmo, a benevolência, para pôr fim a essa assustadora corrida mental. A vida é dura, e não temos como escapar dela, então por que complicar as coisas e se entregar à maldade gratuita?

[...]

Ao desejar boa-noite aos meus filhos, gosto de me lembrar que abraço seres que um dia vão morrer. Assim me lembro do presente excepcional que me é dado e saboreio a alegria de passar tempo na companhia deles na imensa estação intergaláctica. Tento também converter meu olhar para considerar cada encontro, por mais banal que pareça, como um milagre, um lugar de ensinamento. E nunca deixo de me maravilhar diante da riqueza dos seres humanos. No metrô, penso que nunca mais vou cruzar esse mendigo que está ao lado desse executivo. Esse instante nunca mais se produzirá. Fechar os olhos às dádivas do cotidiano é passar ao lado da alegria e viver pela metade.

Por muito tempo a alegria despertou em mim um tipo de culpabilidade persistente. Como se a felicidade me afastasse daqueles que sofrem, como se eu os desprezasse sentindo-me melhor. Hoje, entendo que não é uma alma excessivamente perturbada, aleijada por feridas, que pode ajudar melhor quem está passando por provações. É até mesmo meu dever fazer o possível para extirpar do meu coração o que me leva à amargura e à tristeza.

Contemplar o que há de belo na vida me alegra e me renova. Entretanto, toda vez que quero possuir essas dádivas, a alegria me abandona imediatamente. O grande desafio consiste em apreciar sem apegar. Podemos dar o que não recebemos, nisso reside uma das grandezas do ser humano: um pai que não foi amado por seus próprios pais pode prodigalizar aos filhos um amor incondicional. A arte da compaixão se pratica no presente.

ANDRÉ, Christophe; JOLLIEN, Alexandre; RICARD, Matthieu. *O caminho da sabedoria*: conversas entre um monge, um filósofo e um psiquiatra sobre a arte de viver. São Paulo: Alaúde, 2016. p. 216-217.

1. Identifique a ideia que você considera mais interessante no texto e anote-a.
2. Você concorda com a ideia de que o sentimento de compaixão pode ser um caminho para a construção da felicidade? Na sua opinião, é possível ser feliz sendo indiferente aos outros? Por quê?

Sessão de cinema

A vida é bela (1997, Itália, direção de Roberto Benigni)

Na Itália dos anos 1930, um livreiro judeu vive com sua mulher e filho, até que ocorre a ocupação nazista. Para evitar que seu filho sofra com os horrores do campo de concentração, o livreiro inventa uma maneira criativa de lidar com a situação.

Admirável mundo novo (1998, Estados Unidos, direção de Leslie Libman e Larry Williams)

Fábula futurista baseada em livro homônimo de Aldous Huxley. Em uma sociedade organizada em castas, a população recebe doses regulares de uma substância que a mantém em felicidade constante, sendo condicionada, durante o sono, a viver em servidão e não se rebelar contra o sistema.

Eu maior (2013, Brasil, direção de Fernando Schultz e Paulo Schultz)

Reflexões sobre o sentido da vida, a busca pela felicidade e o autoconhecimento. Entre os entrevistados estão Leonardo Boff, Marcelo Gleiser, Monja Coen e Rubem Alves.

Minimalismo: as coisas importantes (2016, Estados Unidos, direção de Matt D´Avella)

Documentário sobre o movimento minimalista, iniciado por dois jovens insatisfeitos com a vida que levavam. Questionando-se sobre por que se sentiam infelizes possuindo tantas coisas, decidiram viver com o mínimo, ou seja, apenas com o essencial.

O fabuloso destino de Amélie Poulain (2001, França, direção de Jean-Pierre Jeunet)

Comédia sobre uma moça que acha uma caixa e busca seu dono até encontrá-lo. A felicidade que este demonstra ao rever seus objetos contagia a jovem e muda sua visão de mundo.

Tarja branca: a revolução que faltava (2014, Brasil, direção de Cacau Rhoden)

Documentário que propõe reflexões sobre a infância, a arte popular e o trabalho nas sociedades atuais.

CAPÍTULO

2 A dúvida e o pensamento crítico

MICHELANGELO MERISI DA CARAVAGGIO – SANSSOUCI'S PICTURE GALLERY, POSTDAM

A incredulidade de São Tomé, de Caravaggio, 1601-1602. Óleo sobre tela, 107 cm × 146 cm.

- **Você já ouviu o ditado "ver para crer"? Sabe sua origem? O que ocorre intimamente quando se tem uma dúvida?**

Questões filosóficas

- O que é a dúvida?
- Por que é importante fazer perguntas?
- As coisas são exatamente como as percebemos e entendemos?
- Podem os sentidos e a razão nos enganar?

Conceitos-chave

atitude filosófica, dúvida filosófica, pensamento crítico, dúvida metódica, dúvida hiperbólica, método, suspensão do juízo, critério de verdade, evidência, autoconhecimento, humanista, cético, resiliente, solidário, empático

Agora, vamos concentrar nossa atenção em um aspecto importante no processo de filosofar: a dúvida. Ela sintetiza os dois primeiros passos da experiência filosófica – o estranhamento seguido do questionamento.

Você verá que o ato de duvidar nos abre, com frequência, a possibilidade de desenvolver uma compreensão mais clara, sólida e abrangente sobre os diversos aspectos de nossa existência. Uma compreensão fundada na razão. No entanto, antes será preciso cultivar uma mente aberta como a de uma criança e pensar criticamente.

DUVIDAR E PERGUNTAR
Primeiros passos do pensar filosófico

Situação filosófica

O soldado e o filósofo

Em uma manhã ensolarada na antiga cidade grega de Atenas, a população desenvolvia tranquilamente seus afazeres. De repente, um homem cruza a praça correndo, e logo se ouvem gritos desesperados:

— Pega ladrão! Pega ladrão!

Um soldado imediatamente se lança em disparada atrás do sujeito. Sócrates, por sua vez, pergunta:

— O que é um ladrão?

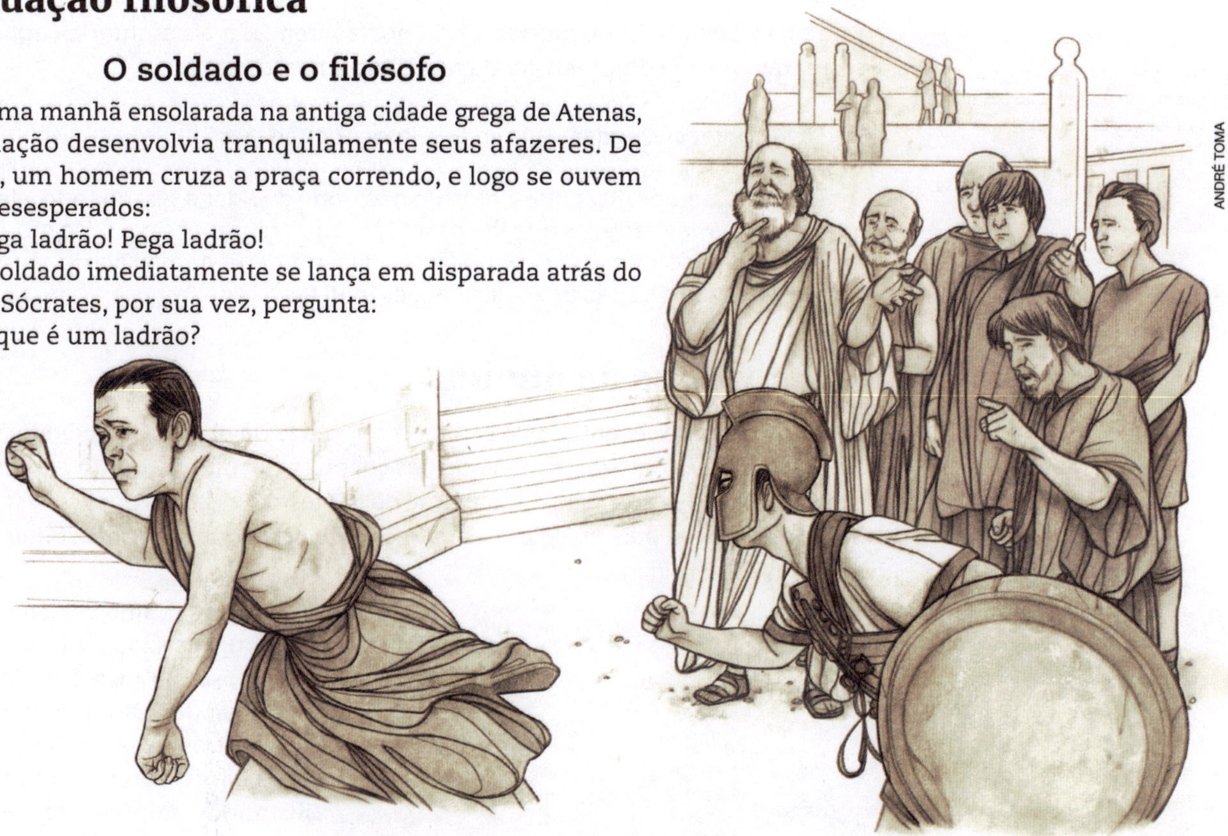
ANDRÉ TOMA

Analisando a situação: mudança de atitude

Parece boba a pergunta de Sócrates? Parece, mas não é. O filósofo está propositalmente abrindo-se para a dúvida, o espanto, a admiração. Todo mundo acredita conhecer o que é um "ladrão". Contudo, será que conhece mesmo? De onde vem toda a nossa certeza sobre temas triviais como esse? Vejamos o que conseguimos descobrir na seguinte análise.

Onde e quando ocorre o episódio relatado? Quais são seus personagens?

Ocorre em Atenas, na Grécia Antiga, em algum momento da vida de Sócrates. O filósofo é um dos personagens. Os outros dois personagens são um soldado e um ladrão.

A historieta pode ser dividida em dois momentos?

Sim. Primeiramente, temos a vida seguindo seu fluxo normal, cotidiano e automático. Então, entra em cena o ladrão e se produz uma quebra e uma atitude de estranhamento nos personagens.

Como o soldado e Sócrates reagem?

O soldado parte imediatamente para a ação, sem colocar em dúvida o sentido do que vê e ouve nem a conduta que deve ter. O mesmo não ocorre com Sócrates. Com a pergunta "O que é um ladrão?", ele se abre para a dúvida e a reflexão. Será que todos nós pensamos a mesma coisa quando usamos uma palavra? Ele tem, enfim, uma atitude crítica.

O que essa historieta pretende ilustrar?

Podemos dizer que a historieta ilustra, de maneira caricatural, as funções sociais do soldado e do filósofo. O soldado deve manter a ordem e proteger a cidade e sua população. O filósofo, por sua vez, é aquele que busca o conhecimento e a verdade. Para tanto, Sócrates procura "descobrir" nossas crenças mais profundas, aquelas que sustentam nossa compreensão da realidade e nossos atos.

Objeção: argumentação ou raciocínio que se opõe a algo (como uma opinião, tese ou ação).

Que **objeções** podemos fazer às atitudes de cada um?

Talvez possamos dizer que o filósofo não pode duvidar o tempo todo, ele precisa alcançar algumas certezas que lhe permitam agir ou propor ações. De modo semelhante, o soldado não pode somente obedecer ordens, a reflexão deve anteceder seus atos, senão é capaz de realizar ações injustas.

Caminhos da dúvida

A dúvida pode ser entendida como uma vontade de pensar, de aprender e de observar o mundo. O estado mental que nos conduz à dúvida é marcado pela incerteza, a hesitação ou a desconfiança – depende do contexto. Passamos por esse estado com muita frequência, pois duvidar é um ato corriqueiro e que se manifesta de diversas maneiras e intensidades.

Gala Eluard, de Max Ernst, 1924. Óleo sobre tela, 81,3 cm × 65,4 cm. Como esse cartaz que se despega de uma superfície, a mente em dúvida parece querer descolar-se de uma leitura enganosa da realidade.

Às vezes ficamos na dúvida entre comer uma salada ou um sanduíche gorduroso: "O que é melhor para minha saúde? O que é mais gostoso?". Outras vezes, temos dúvidas estratégicas, como, em uma prova: "Respondo primeiro às perguntas fáceis ou começo pelas mais difíceis?". São dúvidas práticas, ligadas à tomada de decisão e à ação. Sempre queremos fazer a melhor escolha... Mas qual é a melhor? Não sabemos com certeza, temos dúvidas.

A dúvida nos acompanha na vida cotidiana e quando fazemos escolhas. Ter dúvidas, mesmo que provisoriamente, é algo desejável para alcançar uma compreensão mais consistente sobre diferentes questões. Desse modo, entramos no domínio do **cognitivo**, isto é, do conhecimento. Saber o que é melhor implica reunir informação, ter a capacidade de articular essa informação, bem como verificar se a informação que temos é verdadeira. Uma decisão tomada com base em um dado falso dificilmente será a melhor decisão.

Mesmo quando temos dúvida sobre nossos sentimentos, nossos afetos, sobre de quem gostamos mais, estamos navegando no domínio do saber: trata-se do conhecimento sobre si mesmo, o **autoconhecimento**.

Também costumamos ter dúvidas em relação aos outros e a suas intenções. Duvidamos, por exemplo, quando alguém diz algo que parece pouco provável ou de um desconhecido que nos aborda, desconfiando, por vezes, de suas boas intenções. Portanto, a dúvida pode ser considerada como parte de um processo de autocuidado, de autoproteção, para chegar às melhores escolhas possíveis.

O tipo de dúvida que nos interessa neste curso de Filosofia é aquela que nos ajuda a praticar o **pensamento crítico** – capaz de examinar cuidadosamente nossos pensamentos, nossas crenças ou nossas ações e de verificar se há boas razões para sustentá-los ou não. Isso explica por que a dúvida é bem-vista tanto na filosofia como nas ciências, pois ambas se dedicam à busca do conhecimento progressivo do mundo.

A dúvida, aliás, é a base do **método científico**. Na ciência, uma afirmação é aceita como correta somente depois de haver vencido várias etapas de estudo e validação pela comunidade de cientistas, passando pela observação, formulação de hipótese, experimentação e interpretação dos resultados para então se confirmar ou não uma hipótese. A dúvida permeia todo esse processo.

Dúvida na literatura, no cinema e na TV

A literatura sempre explorou o estado psicológico da dúvida, pois ela prende nossa atenção e nos motiva a continuar lendo. Na TV ou no cinema, séries e filmes cheios de mistério ou de crimes enigmáticos têm um enorme atrativo, pois não conseguimos nos desligar da história enquanto não conhecemos a solução do caso, enquanto não descobrimos a "verdade".

Um mestre na exploração da dúvida foi o escritor brasileiro **Machado de Assis** (1839-1908). Quem leu *Dom Casmurro*, seu mais famoso romance, ainda se pergunta – mais de um século após ser escrito – se "Capitu traiu ou não Bentinho". Você chegou a alguma conclusão? Não leu o romance? Vale a pena ler.

No conto *A cartomante*, sabemos que Rita, casada com Vilela, mantém relação amorosa paralela com o melhor amigo do marido, Camilo. Ainda assim, a dúvida permeia toda a trama e a confiança nas "verdades" de cada um é instável, como se pode perceber no seguinte trecho, logo no início do conto:

> Hamlet observa a Horácio que há mais coisas no céu e na terra do que sonha a nossa filosofia. Era a mesma explicação que dava a bela Rita ao moço Camilo, numa sexta-feira de novembro de 1869, quando este ria dela, por ter ido na véspera consultar uma cartomante; a diferença é que o fazia por outras palavras.
>
> — Ria, ria. Os homens são assim; não acreditam em nada. Pois saiba que fui, e que ela adivinhou o motivo da consulta, antes mesmo que eu lhe dissesse o que era. Apenas começou a botar as cartas, disse-me: "A senhora gosta de uma pessoa..." Confessei que sim, e então ela continuou a botar as cartas, combinou-as, e no fim declarou-me que eu tinha medo de que você me esquecesse, mas que não era verdade...
>
> [...]
>
> — Tu crês deveras nessas coisas? perguntou-lhe.
>
> Foi então que ela, sem saber que traduzia Hamlet em vulgar, disse-lhe que havia muita coisa misteriosa e verdadeira neste mundo. Se ele não acreditava, paciência; mas o certo é que a cartomante adivinhara tudo. Que mais? A prova é que ela agora estava tranquila e satisfeita.
>
> Cuido que ele ia falar, mas reprimiu-se. Não queria arrancar-lhe as ilusões. Também ele, em criança, e ainda depois, foi supersticioso, teve um arsenal inteiro de crendices, que a mãe lhe incutiu e que aos vinte anos desapareceram. No dia em que deixou cair toda essa vegetação parasita, e ficou só o tronco da religião, ele, como tivesse recebido da mãe ambos os ensinos, envolveu-os na mesma dúvida, e logo depois em uma só negação total. Camilo não acreditava em nada. Por quê? Não poderia dizê-lo, não possuía um só argumento: limitava-se a negar tudo. E digo mal, porque negar é ainda afirmar, e ele não formulava a incredulidade; diante do mistério, contentou-se em levantar os ombros, e foi andando.
>
> MACHADO, Assis de. A cartomante. *In*: *Várias histórias*. São Paulo: Globo, 1997. v. II. p. 3-4. (Obras completas de Machado de Assis).

- Considerando o trecho do conto citado acima:

  a) caracterize a atitude de cada personagem em relação à dúvida e ao que podem conhecer;

  b) com qual atitude você mais se identifica, de Rita ou de Camilo? Explique.

Atitude indagadora

As dúvidas se expressam, de modo geral, por meio de perguntas. E uma boa pergunta pode estimular a dúvida sobre assuntos que antes pareciam óbvios. Assim, para desenvolver a maneira filosófica de pensar é fundamental adotar uma atitude indagadora e fazer perguntas. Quanto melhores forem suas perguntas, mais interessante se tornará a investigação sobre o que se pretende conhecer. Como afirmou o pensador alemão **Karl Jaspers** (1883-1969):

> [...] as perguntas em filosofia são mais essenciais que as respostas e cada resposta transforma-se numa nova pergunta.

JASPERS, Karl. *Introdução ao pensamento filosófico*. São Paulo: Cultrix, 1971. p. 140.

Isso ocorre justamente porque a filosofia busca essa ampliação da paisagem e seus horizontes: cada resposta (cada paisagem e horizonte conquistados) gera um novo terreno para dúvidas e perguntas (uma nova paisagem, com mais um horizonte a ser explorado).

> "Desenvolver uma atitude indagadora e "escutadora" – uma **atitude filosófica** – pode ser de grande utilidade em muitos momentos de sua existência."

Olga pensativa, de Pablo Picasso, 1923. Lápis pastel e preto sobre papel, 104 cm × 71 cm.

Perguntar como uma criança

Na infância, principalmente nos primeiros anos, fazer perguntas é algo bastante comum ou natural. A maioria das crianças vive mergulhada no encantamento da surpresa, da novidade, da descoberta, que se desdobra em interrogações intermináveis: "o que é isso?", "o que é aquilo?", "por quê?", "como você sabe?" e assim por diante. Desse modo, junto com outras experiências, elas vão formando imagens, ideias, conceitos dos diversos elementos que compõem suas experiências.

Às vezes, as crianças dão uma reviravolta nas questões que abordam, fazendo perguntas insistentes e até geniais, verdadeiras torturas para os adultos, que se veem obrigados a parar e pensar sobre as coisas. Com o passar dos anos, porém, a vida vai deixando de ser novidade e elas mergulham no cotidiano das respostas prontas e "acabadas". E, de modo geral, esquecem aquelas questões para as quais nunca conseguiram explicação.

A atitude filosófica constitui, portanto, uma espécie de retorno a essa primeira infância, a essa maneira de ver, escutar e sentir as coisas. É como começar de novo na compreensão do mundo por meio da dúvida e de sucessivas indagações.

Dificuldades no caminho

Por que será que as pessoas tendem a expressar poucas dúvidas, a fazer tão poucas perguntas umas às outras em seu dia a dia?

Isso pode ser observado, por exemplo, na sala de aula. Quando uma professora ou um professor pergunta à classe se alguém tem dúvida, qual é a reação mais comum? Silêncio ou algumas perguntas tímidas. A maioria tem alguma dúvida – ou muitas dúvidas –, mas não ousa expressá-la.

Isso ocorre também em empresas, encontros culturais, almoços e jantares etc. Por que é tão frequente? Os problemas mais comuns estão relacionados às dificuldades de expressão, timidez e autocrítica. Muitas vezes não encontramos as palavras certas para expressar a dúvida que temos, ou ela não está tão clara para nós; por isso, preferimos ficar em silêncio. Em alguns momentos nossa dúvida é clara para nós, mas não ousamos expressá-la por timidez e dificuldade de falar em público. Esse temor é bastante comum. A crença de que perguntar é coisa de bobo também influi na nossa capacidade de expressar as dúvidas. Muita gente acredita, mesmo sem perceber, que ter dúvidas e perguntar é expor uma fragilidade, uma carência intelectual. Poucos se arriscam a ser interpretados como tolos ou ignorantes ao fazer uma simples pergunta. Foi essa a impressão inicial que passou Sócrates na anedota, não foi?

Exemplo de resiliência e determinação

Se você se sente inibido para expressar suas dúvidas, saiba que toda dificuldade pode ser superada com esforço e persistência. Exemplo disso encontramos no político ateniense **Demóstenes** (384-322 a.C.). Conta-se que ele era gago e sentia dificuldades para falar em público, mas um dia assistiu à apresentação de um grande orador e ficou encantado com ele. Decidido a superar suas limitações, passou a exercitar-se no uso da palavra. Conta-se que falava contra o vento e com pequenas pedras na boca. Assim, com **resiliência** e determinação, venceu a dificuldade de expressão e tornou-se um dos maiores oradores gregos.

Resiliência: capacidade de se recobrar de situações adversas ou de se adaptar a elas, conseguindo manter-se equilibrado e com bom rendimento.

- Você conhece algum caso de pessoa resiliente? Se não conhece, pesquise na internet, jornais ou revistas personagens de notícias ou de ficção. Resuma a história que encontrar e explique por que a considera um exemplo de resiliência.

FINE ART IMAGES/AGB PHOTO LIBRARY - COLEÇÃO PARTICULAR

Demóstenes pratica a arte da oratória, de Jean-Jules-Antoine Lecomte du Nouÿ, 1870.

Seja qual for a razão, o fato é que a conversação entre as pessoas costuma ser uma sucessão de monólogos ou de enfrentamentos, em que cada um dos interlocutores está mais preocupado em dar o contra ou exibir seus supostos conhecimentos, suas certezas, em vez de procurar entender o outro ou aprender com ele. Em resumo, o que está em jogo é mais o amor-próprio, a vaidade pessoal do que a aprendizagem. E quando não entram nessa disputa, as pessoas "optam" pelo silêncio. O silêncio de quem não apenas não fala, mas também não escuta.

No entanto, não há nada mais inteligente do que perguntar. Perguntas são, no mínimo, a expressão do desejo de avançar continuamente no conhecimento sobre o mundo e as pessoas, com entusiasmo, humildade e perseverança. As dificuldades que mencionamos podem ser superadas por um esforço para desenvolver maiores habilidades de expressão oral e comunicativa, bem como pela prática do diálogo **empático** e cuidadoso.

Interesse e respeito pelo outro

Fazer perguntas pode revelar também um interesse pelo que o outro pensa, sente e é. Assim, o gosto pela indagação costuma vir aliado ao gosto pela escuta, pois apenas quando nos dispomos a escutar, dando a devida atenção ao que o outro questiona ou propõe, é que nos abrimos verdadeiramente para uma troca de percepções e reflexões e para o aprendizado **solidário**.

Daí a importância do diálogo respeitoso (que será tema do próximo capítulo). Ao fazer perguntas a seus interlocutores, você mostrará que os escuta e se interessa pelo que dizem, que os respeita e os considera iguais.

Nesse processo, poderá descobrir que a outra pessoa – que observa o mundo a partir de uma perspectiva diferente da sua – percebeu coisas que você não tinha percebido ainda, notou problemas nos quais você não havia pensado até então e vice-versa, ampliando reciprocamente seus horizontes.

Suspensão do juízo

Outra condição importante para começar a duvidar de maneira filosófica é praticar a suspensão do juízo: interromper o fluxo de ideias estabelecidas na própria mente e não se pronunciar de forma precipitada sobre determinado assunto. É uma espécie de duvidar das próprias crenças, mas sem negá-las totalmente. Só deixá-las aí "em repouso" (*epokhé*, em grego), sem afirmá-las ou negá-las, como faziam os filósofos **céticos** na Antiguidade.

Basicamente, a suspensão do juízo se realiza no início de uma investigação. Por exemplo: tenho a impressão de que alguém é ruim; no entanto, antes de emitir qualquer opinião ("fulano é mau"), decido praticar a suspensão do juízo – assumo que não sei se ele é mau ou bom, nem o que é maldade ou bondade. Só então passo a indagar e refletir sobre esses temas.

Empático: que revela empatia, isto é, a capacidade de colocar-se no lugar do outro e compreender o que o outro pensa e sente.

Cético: que segue o ceticismo, corrente filosófica nascida na Grécia Antiga que defendia que o entendimento humano não é capaz de atingir nenhuma certeza sobre o mundo, razão pela qual adotava a dúvida como procedimento permanente sobre todos os assuntos.

Para que serve suspender temporariamente os juízos?

Para tentar escapar das **crenças** ou **concepções injustificadas** que temos sobre o mundo, as pessoas e nós mesmos – geralmente assimiladas do meio cultural em que vivemos sem exame crítico – e, assim, aceitar aquelas para as quais identifiquemos boas razões, isto é, concepções bem fundamentadas, obtidas após análise e reflexão.

A suspensão temporária do juízo também é útil para tentar escapar dos limites impostos por nossos próprios preconceitos e permitir que outras percepções e reflexões afluam à nossa mente. Os preconceitos são um tipo específico de crença injustificada (um "pré-conceito", um conceito obtido *a priori*, sem exame prévio adequado) no qual o indivíduo manifesta uma opinião ou sentimento desfavorável em relação a um tema, a alguém, a um grupo ou a seres de outras espécies.

Somente depois de cumprir esses passos é que podemos voltar a formular um juízo, isto é, nossa opinião a respeito do tema investigado, agora de maneira mais estruturada e justificada: sob a forma de um raciocínio ou argumento (assunto que estudaremos em detalhe no Capítulo 4).

Método e regra da razão

Por último, queremos mostrar que, para construir explicações sólidas e bem fundamentadas sobre as coisas, é preciso ter método, ou seja, uma forma sistemática e organizada de realizar a investigação sobre o assunto em questão, geralmente seguindo um conjunto de regras ou princípios reguladores.

A filosofia não tem um método específico de investigação, pois ele varia conforme a tradição filosófica à qual pertence o pensador. Existe, porém, um princípio ou regra básica que você, e todo aquele que pretende filosofar, deve seguir: tudo o que se afirma ou nega deve ser demonstrado, isto é, explicado por meio de uma argumentação sólida (como veremos no Capítulo 4).

Por enquanto, lembre-se de que, para filosofar, é importantíssima a regra da razão: você tem de buscar formular justificativas racionais para suas opiniões. Essas razões devem estar articuladas de maneira coerente (não contraditória) e, se houver alguma que seja duvidosa, a explicação cai por terra – você não conseguiu demonstrar o seu ponto de vista sobre o tema investigado.

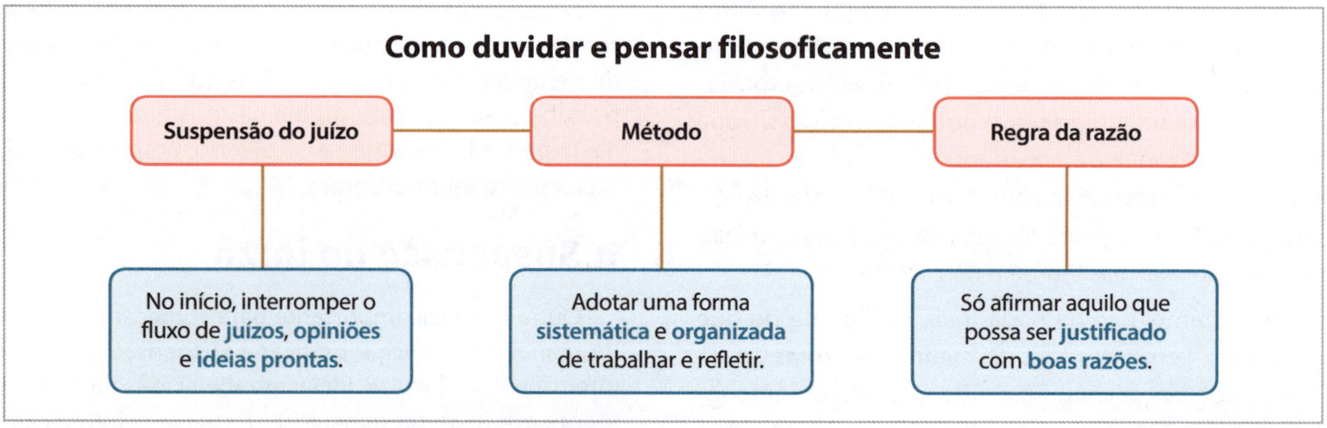

REPRODUÇÃO

Conexões

1. O ex-presidente dos Estados Unidos George W. Bush (entre 2001 e 2009) repetiu pronunciamentos como estes, encontrados na mídia, várias vezes durante seu governo:

> A inteligência reunida por este e outros governos não deixa dúvidas de que o regime do Iraque continua a possuir e a ocultar algumas das armas mais letais já feitas. [...] Não há dúvida em minha mente de que Saddam Hussein é uma ameaça grave e crescente contra [os Estados Unidos da] América e o mundo.

HOLLAND, Steve. Bush já não tem certeza sobre armas proibidas no Iraque. *Uol últimas notícias*. 27 jan. 2004. Disponível em: <https://noticias.uol.com.br/ultnot/2004/01/27/ult27u40503.jhtm>. Acesso em: 6 ago. 2020.

Pesquise sobre esse momento da história política internacional. O que pode ter levado o ex-presidente estadunidense a ter tanta certeza? Houve suspensão do juízo e isenção nas investigações realizadas na época? Que lições você extrai desse episódio?

As dúvidas da adolescência

ZOONAR/ANDREY SHADRIN/ALAMY/FOTOARENA

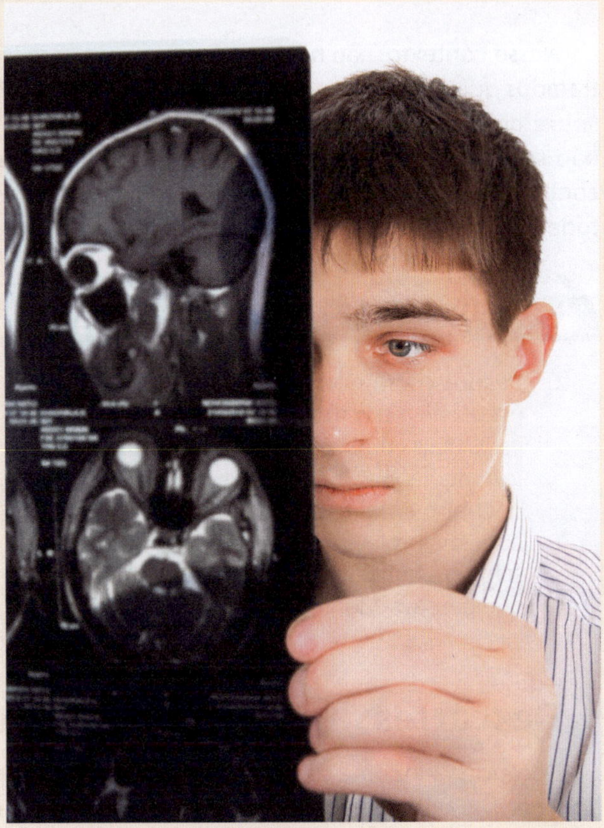

Investigar sobre o desenvolvimento do cérebro durante a adolescência é útil para compreender os processos que se está vivendo. Fotografia de 2014.

É fácil ou difícil para você sentir dúvidas espontaneamente? Ou provocá-las de forma crítica, filosófica?

Pois saiba que a dúvida encontra um terreno fértil na adolescência. Dizemos isso por causa dos vários processos de transformação e desenvolvimento que ocorrem no cérebro adolescente, como mencionamos no capítulo anterior.

De acordo com estudos das neurociências, algumas dessas mudanças alteram a estabilidade e a intensidade emocional dos jovens e, junto com outros fatores, os "empurram" para sair de seus "espaços de comodidade e segurança", em busca de novidades, de conexão com os colegas e de exploração criativa do mundo. Como afirma a psicóloga clínica estadunidense Patricia C. Broderick:

> Adolescentes estão envolvidos, de forma psicológica profunda, em construir uma identidade e uma autonomia em relação aos adultos. [...] Essa necessidade de autonomia às vezes se expressa na forma de resistência. Desinteresse, questionar a autoridade e outros comportamentos desafiadores são outras manifestações possíveis. [...]
>
> BRODERICK, Patricia C. *Learning to breathe*. Oakland: New Harbinger Publications, 2013, p. 14. [Tradução nossa].

Um fator importante que contribui para essa conduta é a oscilação na produção da **dopamina**, uma substância produzida no cérebro – um neurotransmissor – relacionada a processos de **motivação** e **recompensa.** Na adolescência, há picos e vales em seus níveis. Na criança e no adulto, sua produção é relativamente estável, mas na adolescência não, o que explicaria a famosa cara de tédio em adolescentes (baixos níveis de dopamina), bem como sua busca frequente por novidades, aventuras e emoções fortes, pois essas situações elevam a liberação de dopamina pelo organismo e, consequentemente, a sensação de estar vivos e motivados.

Outro acontecimento de destaque é a chamada **poda neural** ou **sináptica.** Desde a vida uterina até os 11 ou 12 anos de idade, há uma superprodução de neurônios e de circuitos neuronais, que ficam disponíveis em nosso cérebro para serem ativados conforme as experiências que vamos tendo. Já na adolescência ocorre um processo de **redução neuronal**: são eliminadas do córtex cerebral as sinapses que não se utilizam e que estão, digamos, sobrando ou obsoletas.

É o caso daqueles circuitos relacionados a diversas habilidades que você não necessita mais, como, por exemplo, engatinhar; ou qualquer habilidade optativa que você não experimentou e desenvolveu durante a infância, como talvez tocar piano (e atenção: depois da poda será mais difícil aprender essas habilidades se você mudar de ideia!).

Trata-se de algo parecido à limpeza que realizamos em nossos equipamentos eletrônicos, deletando todos os programas, jogos e arquivos instalados que não utilizamos há muito tempo ou nunca. Isso libera espaço e torna nossa máquina mais eficiente.

Paralelamente à poda, há um incremento nos níveis de **mielina** no cérebro adolescente. Essa substância é uma espécie de gordura que recobre os neurônios e que faz com que eles se comuniquem de forma mais rápida e eficiente. A maior mielinização ocorre especialmente nos centros que conectam as diferentes regiões do cérebro.

Assim, a combinação da poda com a mielinização ajuda a tornar o cérebro adolescente progressivamente mais integrado, sincronizado e eficiente, permitindo ao jovem absorver informações que antes não absorvia e relacioná-las de uma maneira na qual não era capaz. E isso inclui o questionamento crítico e abstrato, além da capacidade de introspecção, isto é, de poder observar e identificar os próprios pensamentos como nunca antes.

MONTAIGNE E DESCARTES
Duas formas de duvidar

No mundo da filosofia, quem melhor soube exercitar a dúvida de maneira filosófica, além de **Sócrates** (c. 469-399 a.C) e dos céticos, talvez tenham sido os filósofos franceses **Michel de Montaigne** (1533-1592) e **René Descartes** (1596-1650), nos séculos XVI e XVII, respectivamente. Contudo, suas formas de duvidar eram completamente distintas.

Montaigne: "Que sei eu?"

Montaigne foi um filósofo, jurista e escritor humanista, que desenvolveu um pensamento de fundo cético, inspirado em parte no ceticismo da Antiguidade, mas também no epicurismo e no estoicismo (doutrinas que estudamos no Capítulo 1). Crítico das ideias que imperavam em seu tempo, Montaigne se contentava em questionar tudo, mesmo o que parecesse mais óbvio, sem pretender chegar a nenhuma verdade universal e definitiva. Fazia isso não para "dar o contra" simplesmente, mas agia de maneira razoável e equilibrada. E defendia que não há nada mais legítimo e belo do que saber viver de forma boa e natural, cumprindo assim o propósito de nossas existências.

Desse modo, como um bom **humanista**, Montaigne tomou o ser humano e a si próprio como objeto de estudo em sua obra principal, *Ensaios* (que deu origem ao gênero textual de mesmo nome, **ensaio**), na qual reconhece que "sou eu mesmo a matéria de meu livro" e "estudo a mim mais do que qualquer outro assunto". Por que isso?

G. DAGLI ORTI/ALBUM/FOTOARENA - COLEÇÃO PARTICULAR

Retrato de Michel de Montaigne, autoria desconhecida. Gravura colorizada, século XIX. O filósofo escreveu sua obra na torre de seu castelo entre 1572 e 1592, sempre retornando à pergunta "Que sei eu?".

Montaigne era um cético, ou seja, não confiava na possibilidade de conhecermos como são verdadeiramente as coisas. Por isso, afirmava que não valia a pena ter excessivas pretensões em relação ao conhecimento do mundo: mesmo que tudo o que foi dito no passado e está registrado nos livros fosse verdadeiro, seria pouco menos que nada se comparado com o que desconhecemos. Daí a pergunta pela qual o filósofo costuma ser lembrado: *Que sais-je?* ("Que sei eu?").

Nesse contexto, não havia por que escrever grandes tratados que visassem apresentar explicações absolutas sobre determinado tema. Sabedoria, para o filósofo, não seria outra coisa senão duvidar do que se sabe e contentar-se, cada um, em descobrir-se a si mesmo, em todas as suas incoerências e limitações.

Conexões

2. Pesquise um pouco mais sobre a educação escolástica e o movimento humanista. O que essas duas correntes propunham? Quais as transformações históricas e culturais resultantes do encontro entre essas duas correntes? Converse com sua professora ou seu professor de história sobre o assunto. Isso ajudará a entender melhor o que pensava Montaigne e, logo mais, Descartes.

Descartes: a dúvida metódica

Decepcionado com a compreensão do mundo que predominava no ambiente acadêmico em sua época – baseada nos ensinamentos da Igreja Católica e de sua interpretação de Aristóteles –, Descartes decidiu buscar a ciência por conta própria, para decifrar o "grande livro do mundo". Assim, o filósofo seguiu um caminho distinto, quase oposto ao de Montaigne, utilizando a dúvida como meio para atingir seu propósito: chegar a uma primeira **certeza evidente** e, a partir dela, construir uma **ciência universal**. Dessa forma, nasceu a chamada dúvida metódica, que se tornou uma referência importantíssima e um clássico da filosofia moderna. Ela será nosso modelo inicial de prática filosófica.

O exercício da dúvida cartesiana (relativa a Descartes) tem duas características básicas, é metódico e radical.

- **Metódico** – porque a dúvida vai se ampliando passo a passo, de modo ordenado e lógico.
- **Radical** – porque a dúvida vai atingindo tudo e chega a um ponto extremo em que não é possível ter certeza de nada, nem mesmo de que o mundo existe. Como em um jogo ou uma brincadeira, Descartes tentou duvidar até da própria existência.

Humanista: que segue o humanismo, movimento de reforma educacional e cultural nascido na Itália e difundido na Europa durante o Renascimento (séculos XIV-XV). Opondo-se à educação escolástica (que conciliava a fé cristã com a filosofia aristotélica), buscou recuperar os valores e a cultura da civilização greco-romana, como a importância do saber crítico e do ser humano como centro de suas preocupações.

Ensaio: gênero textual em forma de prosa, na qual o autor procura expressar seus pensamentos e opiniões sobre um tema específico, de maneira crítica e sintética, sem a pretensão de esgotá-lo.

Por isso, a dúvida metódica costuma ser chamada também de **dúvida hiperbólica** – maior do que o normal ou o esperado, exagerada. Note que é um exercício bastante difícil, pois não é nada natural duvidar de tanta coisa. Experimente.

Motivação e propósito

Antes de tudo, vejamos por que esse filósofo decidiu empreender tal esforço. O que o teria motivado? Qual era seu problema? A explicação está no início de suas *Meditações:*

> Há já algum tempo que eu me apercebi de que, desde meus primeiros anos, recebera muitas falsas opiniões como verdadeiras, e de que aquilo que depois eu fundei em princípios tão mal assegurados não podia ser senão mui duvidoso e incerto; de modo que me era necessário tentar seriamente, uma vez em minha vida, desfazer-me de todas as opiniões a que até então dera crédito, e começar tudo novamente desde os fundamentos, se quisesse estabelecer algo de firme e de constante nas ciências.
>
> DESCARTES, René. *Meditações*. São Paulo: Nova Cultural, 1988. p. 17. (Os pensadores).

Em outras palavras, Descartes estava desiludido com o que aprendera até então, depois de perceber que havia muito engano no que se dizia. Então resolveu construir algo diferente, uma nova ciência que garantisse um saber sólido. Essa era sua ambição. Ou seja, seu problema era o **conhecimento verdadeiro.**

AKG-IMAGES/ALBUM/FOTOARENA – COLEÇÃO PARTICULAR

Descartes em Amsterdã, de Felix Philippoteaux, 1880. O filósofo saiu de Paris para se dedicar totalmente à sua investigação. Na Holanda encontrou a liberdade e a paz de que necessitava, podendo caminhar sem ser notado.

Para cumprir tal propósito, percebeu que era necessário abandonar primeiro todas as suas antigas ideias que fossem duvidosas. Isso quer dizer que ele já tinha experimentado diversos estranhamentos em sua vida, como qualquer pessoa. A diferença é que decidiu, então, viver esse processo de estranhar e duvidar de maneira voluntária e planejada, aplicando-o a todas as suas antigas opiniões.

Você também pode fazê-lo, e é isso que queremos lhe mostrar. Observe o caminho seguido por Descartes e procure pensar, sentir e vivenciar com ele cada passo de suas meditações.

> "As *Meditações* devem ser lidas por si mesmas, sem referência histórica ou erudita. Não que não tenham história, como qualquer outro texto, mas porque traçam num presente eterno a trajetória de um pensamento que decidiu apoiar-se apenas em si mesmo, contar apenas com suas próprias forças, para ter acesso à verdade.
>
> HUISMAN, Denis (dir.) *Dicionário de obras filosóficas*. São Paulo: Martins Fontes, 2001. p. 363."

Primeira determinação

> [...] não é necessário que examine cada uma [opinião] em particular, o que seria um trabalho infinito; mas, visto que a ruína dos alicerces carrega necessariamente consigo todo o resto do edifício, dedicar-me-ei inicialmente aos princípios sobre os quais todas as minhas opiniões antigas estavam apoiadas.
>
> DESCARTES, René. *Op. cit.* p. 17.

Essa foi a primeira determinação de Descartes na construção da dúvida metódica: analisar as ideias, crenças ou suposições básicas que apoiavam suas opiniões. Se esses princípios ou fundamentos eram duvidosos, as outras ideias que deles dependiam também seriam duvidosas.

Esse é um procedimento básico tanto em filosofia como nas ciências em geral: assim como alicerces de gelo ou de gesso não podem sustentar uma boa construção, uma ideia falsa ou incerta não pode ser o fundamento de uma boa explicação.

Critério de verdade e outras determinações

Talvez aqui você esteja se perguntando: "Como Descartes distinguiria entre o certo e o duvidoso? Como ele saberia o que era verdadeiro?". Muito bem, agora precisamos saber como ele vai proceder nessa avaliação, qual será seu **critério** de verdade. A resposta pode ser encontrada na obra *Discurso do método,* na qual o filósofo estabelece a seguinte norma de conduta para si mesmo:

Critério: princípio(s) ou norma(s) que se estabelece(m) para orientar alguma tarefa, conduzir algum tipo de estudo ou estabelecer certas diferenciações de natureza mais abstrata (por exemplo: lógicas, éticas etc.).

> [...] jamais acolher alguma coisa como verdadeira que eu não conhecesse evidentemente como tal; isto é, de evitar cuidadosamente a precipitação e a prevenção, e de nada incluir em meus juízos que não se apresentasse tão clara e tão distintamente a meu espírito, que eu não tivesse nenhuma ocasião de pô-lo em dúvida.
>
> DESCARTES, René. *Discurso do método*. São Paulo: Nova Cultural, 1987. p. 37. (Os pensadores).

Trata-se do **critério da evidência**: uma ideia é evidente quando se apresenta com tamanho grau de clareza e distinção ao intelecto – como define Descartes – que não suscita qualquer dúvida. Duvidosa, portanto, é toda ideia que não pode ser demonstrada com essa mesma clareza, que não passa totalmente pelo crivo da razão. Descartes decidiu que não acolheria como verdadeira nenhuma ideia como essa. E começou a analisá-las uma a uma, passo a passo.

Note que, nesse processo, é importante não se precipitar, achando que uma ideia é boa sem a devida verificação; e não ter prevenção, como quando temos uma opinião desfavorável antecipada de algo, um preconceito, o que poderia trazer um viés, isto é, uma tendência ou desvio à investigação.

REPRODUÇÃO

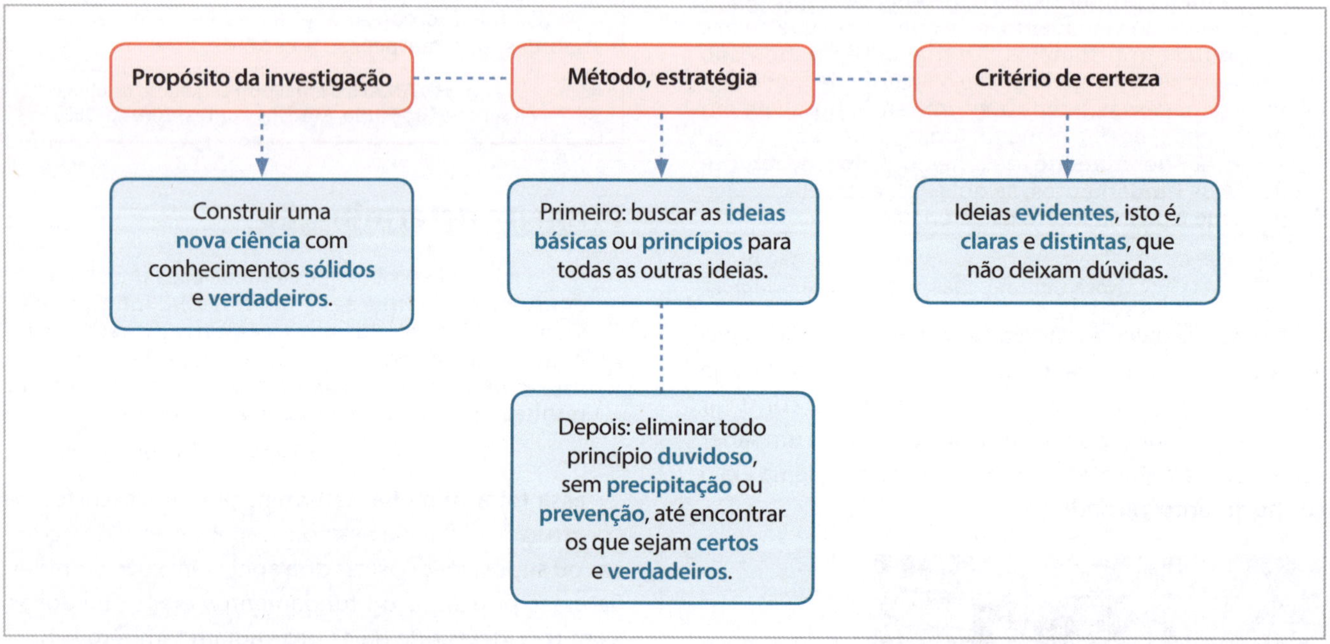

Passo 1: Dúvida sobre as ideias que nascem dos sentidos

Descartes começa seu exercício da dúvida questionando os sentidos como fonte segura de conhecimento verdadeiro. Em geral, as pessoas confiam bastante naquilo que veem, ouvem e sentem, pois os cinco sentidos (visão, audição, tato, paladar e olfato) são a primeira e fundamental fonte de informação sobre o mundo que nos cerca.

Argumento do erro dos sentidos

> Tudo o que recebi, até presentemente, como o mais verdadeiro e seguro, aprendi-o dos sentidos ou pelos sentidos; ora, experimentei algumas vezes que esses sentidos eram enganosos, e é de prudência nunca se fiar inteiramente em quem já nos enganou uma vez.
>
> DESCARTES, René. *Meditações*. São Paulo: Nova Cultural, 1988. p. 17-18. (Os pensadores).

Voltando-se contra o senso comum (aquilo que a maioria crê), Descartes argumenta que o conhecimento originado das percepções sensoriais não é confiável, pois muitas vezes elas nos enganam. É o argumento do erro dos sentidos.

Quantas vezes você viu ou ouviu uma coisa e depois se deu conta de que havia se enganado? Com frequência as pessoas enxergam coisas distintas em um mesmo local e momento e acreditam terem tido a visão mais real e certeira possível. O mesmo ocorre com os outros sentidos, há muita variação nas percepções individuais.

JEREMY WALTER/EYEEM/GETTY IMAGES

A subjetividade das percepções sensoriais é um tema recorrente na história da filosofia. As coisas são realmente como as percebemos? Onde está a lua dessa imagem? Como você corrigiu essa ilusão de óptica? Fotografia de 2014.

Conexões

3. Na imagem anterior, qual é a percepção imediata trazida por seu sentido da visão a respeito dessa estátua? Observando melhor, o que deve estar ocorrendo realmente? O que fez você chegar a essa conclusão: sua visão ou seu pensamento?

Descartes concluiu que não seria possível fundar uma ciência universal, aplicável a tudo o que existe – que era sua pretensão –, baseando-se nas percepções sensoriais. Só que ignorá-las totalmente não é algo assim tão fácil, como ele mesmo reconhece, dando um passo atrás:

> Mas, ainda que os sentidos nos enganem às vezes no que se refere às coisas pouco sensíveis e pouco distantes, encontramos talvez muitas outras das quais não se pode razoavelmente duvidar, embora as conhecêssemos por intermédio deles: por exemplo, que eu esteja aqui, sentado junto ao fogo, vestido com um chambre, tendo este papel entre as mãos e outras coisas desta natureza. E como poderia eu negar que estas mãos e este corpo sejam meus?
>
> DESCARTES, René. *Meditações*. São Paulo: Nova Cultural, 1988. p. 18. (Os pensadores).

Aqui Descartes confessa sua dificuldade em continuar duvidando dos sentidos quando se trata de algo muito próximo, de toda a circunstância que está vivenciando. Você provavelmente concordará com ele, pois é bastante difícil duvidar de que você tem este livro em suas mãos neste momento e que está lendo estas palavras, não é? Isso parece evidente e claro, que é o critério de verdade adotado por Descartes. O que poderia abalar essa impressão tão natural?

Argumento do sonho

O sonho. De repente, Descartes considera a hipótese de que poderia estar sonhando:

> Quantas vezes ocorreu-me sonhar, durante a noite, que estava neste lugar, que estava vestido, que estava junto ao fogo, embora estivesse inteiramente nu dentro de meu leito? [...] pensando cuidadosamente nisso, lembro-me de ter sido muitas vezes enganado, quando dormia, por semelhantes ilusões.
>
> *Ibidem*. p. 18.

Em outras palavras, com o argumento do sonho o filósofo volta à estaca zero em sua busca de certeza, pois não encontra nada que lhe possa garantir que o que percebe ao seu redor não seja uma ilusão onírica. Às vezes, os sonhos também parecem muito reais, não é mesmo?

© WARNER BROS/COLLECTION CHRISTOPHEL/AGB PHOTO LIBRARY

Cena do filme *Sonhos*, dirigido por Akira Kurosawa, 1990.

Passo 2: Dúvida sobre as ideias que nascem da razão

Descartes decide, então, deixar de lado sua investigação sobre as ideias que nascem dos sentidos para dirigir seu foco sobre aquelas que vêm de outra fonte: a razão. É o caso das **ideias matemáticas**:

> [...] a Aritmética, a Geometria [...], que não tratam senão de coisas muito simples e muito gerais, sem cuidarem muito em se elas existem ou não na natureza, contêm alguma coisa de certo e indubitável. Pois quer eu esteja acordado, quer eu esteja dormindo, dois mais três formarão sempre o número cinco e o quadrado nunca terá mais do que quatro lados; e não parece possível que verdades tão patentes possam ser suspeitas de alguma falsidade ou incerteza.
>
> *Ibidem*. p. 19.

Parece, enfim, que Descartes encontra um tipo de ideia que não lhe desperta dúvidas, pois o conhecimento matemático não dependeria de objetos externos, apenas da razão, e preencheria o critério de verdade por ele estabelecido: a evidência, o conhecimento claro e distinto. Quem pode contestar o resultado considerado correto de uma soma ou equação matemática, ou a clareza dos postulados geométricos? Aparentemente, ninguém. O filósofo sabia disso, pois era um exímio matemático.

Argumento do Deus enganador

Nada de precipitação, disse a si mesmo. Tendo meditado muito sobre o assunto, ele queria preparar-se para enfrentar qualquer objeção e estava certo de que elas viriam. Assim, Descartes avança mais um passo e eleva o grau de exigência, buscando admitir outra dúvida ainda mais radical:

> Todavia, há muito que tenho no meu espírito certa opinião de que há um Deus que tudo pode e por quem fui criado e produzido tal como sou. Ora, quem me poderá assegurar que esse Deus não tenha feito com que não haja nenhuma terra, nenhum céu, nenhum

corpo extenso, nenhuma figura, nenhuma grandeza, nenhum lugar e que, não obstante, eu tenha os sentimentos de todas essas coisas e que tudo isso não me pareça existir de maneira diferente daquela que eu vejo? E, mesmo, como julgo que algumas vezes os outros se enganam até nas coisas que eles acreditam saber com maior certeza, pode ocorrer que Deus tenha desejado que eu me engane todas as vezes em que faço a adição de dois mais três, ou em que enumero os lados de um quadrado, ou em que julgo alguma coisa ainda mais fácil, se é que se pode imaginar algo mais fácil do que isso.

DESCARTES, René. *Meditações*. São Paulo: Nova Cultural, 1988. p. 19. (Os pensadores).

Em outras palavras, por mais certeza que você tenha sobre algo (no caso, o conhecimento matemático), se existe um ser que criou tudo e é onipotente (Deus), esse ser tem poderes para ter criado você de tal maneira que se engane sempre, ou seja, que você (e todo o mundo) pense sempre que $2 + 3 = 5$, quando na verdade isso é uma ilusão. Trata-se do argumento do Deus enganador. Com ele, qualquer ideia, vinda dos sentidos ou da razão, pode ser enganosa.

Passo 3: Dúvida generalizada

Esse argumento se dirigia às pessoas que acreditam na existência de Deus, seja ele a máxima divindade cristã ou de qualquer outra crença ou religião. O filósofo, porém, logo reconhece que ele perde a força imaginada inicialmente entre os teólogos, pois estes poderiam objetar que Deus é um ser perfeito e supremamente bom e lhe repugnaria enganar alguém. Por outro lado, a ideia de uma divindade enganadora também não serviria entre aqueles para quem a ideia de Deus é uma fábula (os ateus).

Argumento do gênio maligno

Assim, para enfrentar tanto os mais crentes como os mais descrentes, Descartes criou um último e poderoso artifício para colocar tudo em dúvida:

Suporei, pois, que há não um verdadeiro Deus, que é a soberana fonte de verdade, mas certo gênio maligno, não menos ardiloso e enganador do que poderoso, que empregou toda a sua indústria em enganar-me. Pensarei que o céu, o ar, a terra, as cores, as figuras, os sons e todas as coisas exteriores que vemos são apenas ilusões e enganos de que ele se serve para surpreender minha credulidade. Considerar-me-ei a mim mesmo absolutamente desprovido de mãos, de olhos, de carne, de sangue, desprovido de quaisquer sentidos, mas dotado da falsa crença de ter todas essas coisas.

Ibidem. p. 20.

Trata-se do argumento do gênio maligno, um ser que não teria a perfeição e a bondade de Deus, como defendem crentes e teólogos, mas que seria muito poderoso e cheio de estratégias para fazer com que qualquer pessoa se iluda e se engane sobre tudo. Chega-se, assim, à **generalização da dúvida**: o mundo é colocado entre parênteses.

UNIVERSAL HISTORY ARCHIVE/UIG/FOTOARENA – MUSEU DE BELAS ARTES, LYON.

O Bem e o Mal (detalhe), de Andre Jacques Victor Orsel, 1832. Óleo sobre tela, 307 cm × 205 cm. No imaginário do mundo atual, quem poderia ser "gênio maligno"?

Não que Descartes de fato acreditasse na existência desse ser. Estudiosos da obra cartesiana costumam interpretar o gênio maligno como um artifício psicológico e metodológico que o filósofo usou para manter seu espírito alerta e não sucumbir à tentação de aceitar qualquer ideia como verdadeira, mas seguir buscando algum conhecimento evidente e indubitável.

O gênio maligno poderia ser entendido, portanto, como uma figura simbólica de qualquer outra coisa, pessoa ou ideia que seja capaz de nos levar ao erro. Qual seria a vantagem de manter esse estado psicológico? A vantagem de não nos enganarmos facilmente acreditando conhecer com certeza algo que ainda é incerto.

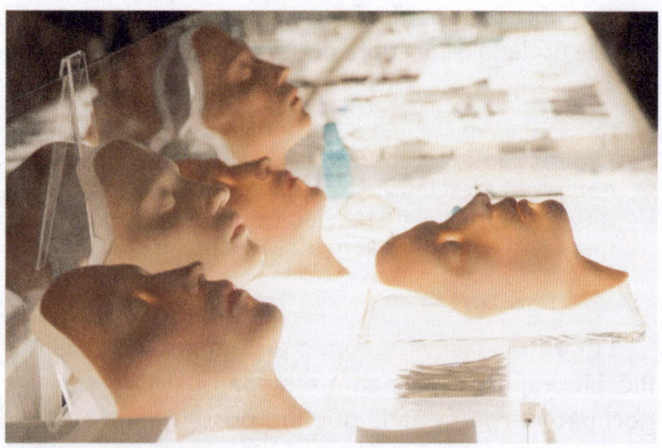

© DNA FILMS/FILM/COLLECTION CHRISTOPHEL/ AGB PHOTO LIBRARY

Cena do filme *Ex Machina*, dirigido por Alex Garland, 2015. O cinema volta com frequência a esta questão: se os robôs podem ser tão parecidos conosco, em que somos diferentes?

Passo 4: Descoberta da primeira certeza

Submerso na dúvida hiperbólica, mergulhado no nada, Descartes segue buscando. Como em um jogo de xadrez, procura uma saída para a exigência autoimposta de um gênio maligno que quisesse enganá-lo sempre. Tem, então, a seguinte intuição com relação a seu próprio ato de duvidar e de pensar:

> Eu então, pelo menos, não serei alguma coisa? [...] há algum, não sei qual, enganador mui poderoso e mui ardiloso que emprega toda a sua indústria em enganar-me sempre. Não há, pois, dúvida alguma de que sou, se ele me engana; e, por mais que me engane, não poderá jamais fazer com que eu nada seja, enquanto eu pensar ser alguma coisa.
>
> DESCARTES, René. *Meditações*. São Paulo: Nova Cultural, 1988. p. 23-24. (Os pensadores).

Em outras palavras, o filósofo percebe que, se um ser enganador o enganava, ele, Descartes, algo tinha de ser enquanto era enganado. E, se duvidava, também devia ser algo que existia enquanto duvidava, mesmo que não tivesse corpo. Essa reflexão é resumida de maneira mais clara em sua obra *Discurso do método:*

> [...] enquanto eu queria assim pensar que tudo era falso, cumpria necessariamente que eu, que pensava, fosse alguma coisa. E, notando que esta verdade: eu penso, logo existo, era tão firme e tão certa que todas as mais extravagantes suposições dos céticos não seriam capazes de a abalar, julguei que podia aceitá-la, sem escrúpulo, como o primeiro princípio da Filosofia que procurava.
>
> *Ibidem*. p. 46.

Observe que o próprio ato de pensar, sem importar os conteúdos, não pode ser colocado em dúvida por aquele que duvida. Tente duvidar que está pensando agora, neste mesmíssimo instante... Você verá que, enquanto duvida que está pensando, está pensando, pois é impossível duvidar sem pensar. Portanto, se você pensa, algo (que é você) deve existir para produzir esse pensamento. Daí a conclusão de Descartes, uma das mais célebres frases da história da filosofia: "Penso, logo existo", que ficou conhecida como *cogito* (forma reduzida de *Cogito, ergo sum,* a mesma frase em latim).

Essa foi a primeira certeza de Descartes: a de existir como "coisa que pensa" enquanto pensa. Ele não podia ainda concluir que há uma coisa corporal, mas pôde afirmar que existe uma coisa pensante. A partir dessa certeza, o filósofo trataria de alcançar outras certezas, como a existência de Deus e do mundo material, na sequência de suas meditações.

Como o estudo dessas certezas excede os propósitos deste capítulo, sugerimos que você, se ficou curioso ou curiosa, leia a sequência das reflexões do filósofo na obra *Meditações*.

Palavras finais

Depois do estudo da dúvida metódica de Descartes, acreditamos que você tenha compreendido um pouco mais sobre o que é filosofar e como se filosofa.

Você deve ter percebido, entre outras coisas, como é importante suspender o juízo e pesquisar mais profundamente um assunto antes de emitir uma opinião sobre ele. Tudo o que nos parece evidente em determinado instante pode ser percebido como falso ou incerto se analisado em outro instante, com mais rigor e à luz de novas descobertas. Isso ocorreu muitas vezes na história da ciência.

Na medicina, por exemplo, até a década de 1980 acreditava-se que o leite era bom para quem tinha úlcera gástrica, pois aliviava seus sintomas, mas os médicos passaram a proibir seu consumo aos enfermos após vários estudos mostrarem que o leite podia agravar a doença. Converse com seu professor de Biologia e pesquise sobre o assunto para saber as razões dessa mudança de orientação – e note que muitas vezes chegamos a conclusões incorretas... mesmo sendo cientistas.

Por último, um conselho: às vezes pode acontecer de que as conclusões às quais chega um filósofo ou filósofa nos causem frustração. Tanto em filosofia como na vida em geral, é importante não ser precipitado nem preconceituoso, como recomendou o próprio Descartes, principalmente quando se trata de aprender. E é isso o que você está fazendo agora: aprendendo a aprender, aprendendo a filosofar.

Assim, considere, primeiramente, que a filosofia é algo para toda a vida. Muitos temas ou explicações oferecidos por determinado pensador ou pensadora fazem mais sentido em certas etapas de nossa existência do que em outras. Se algumas pistas fornecidas não parecem ser úteis ou significativas em um momento, é possível guardá-las em um cantinho da memória até surgir o momento adequado de resgatá-las. Percebendo isso você pode se tornar um cientista de sua própria experiência.

ALBUM/FOTOARENA – MUSEU DE ARTE MODERNA, BARCELONA

A Pilar, de Isidre Nonell, 1907. Óleo sobre tela, 55 cm × 45,5 cm. Como disse Sócrates em seu julgamento em Atenas, "a vida sem reflexão não vale a pena ser vivida".

1. A primeira virtude do filósofo, dizia Platão, é o espanto (*thaumázein*, em grego), a curiosidade insaciável, a capacidade de admirar e problematizar as coisas. Interprete essa afirmação, relacionando-a com o que você entendeu sobre a importância de duvidar, de perguntar e sobre a atitude filosófica.

2. Explique a regra básica que não se deve esquecer ao filosofar, a da razão.

3 Leia e interprete o texto a seguir. Depois, responda à questão.

> Para ser um bom filósofo deve-se ter o desejo forte de saber, combinado à grande cautela em acreditar que se sabe; também se deve possuir a acuidade lógica e o hábito do pensamento exato. Tudo isso, claro, é uma questão de grau. A incerteza, em particular, pertence, até certo ponto, ao pensamento humano; podemos reduzi-la indefinidamente, embora jamais possamos aboli-la por completo. Em consequência, a filosofia é uma atividade contínua, e não uma coisa pela qual podemos conseguir uma perfeição final, de uma vez por todas.
>
> RUSSELL, Bertrand. *Fundamentos de filosofia*. Rio de Janeiro: Zahar, 1977. p. 9.

Montaigne e/ou Descartes concordariam com as afirmações do filósofo britânico Bertrand Russell no texto acima? Transcreva os trechos que sustentam sua resposta.

4. O exercício da dúvida realizado por Descartes é conhecido como "dúvida metódica" ou como "dúvida radical ou hiperbólica"? Por quê?

5. Como Descartes pretendia distinguir as ideias duvidosas para eliminá-las?

6. Diferencie as "ideias que nascem dos sentidos" das "ideias que nascem da razão". Exemplifique.

7. O *cogito* é a primeira certeza de Descartes, que rompe com a dúvida hiperbólica. Explique como o filósofo chegou a ele.

Conversa filosófica

8. **Atitude indagadora**

Faça a seguinte análise:

a) você se considera uma pessoa questionadora, isto é, que costuma levantar problemas ou dúvidas sobre as coisas (explicações, normas, crenças etc.)?

b) como reagem as pessoas (na escola, em casa, entre amigos) quando você expressa suas incertezas?

Depois, reúna-se com os colegas para compartilhar suas experiências, percepções e conclusões.

9. **Cegueira**

> *O pior cego é aquele que não quer ver.*
>
> Provérbio popular.

> Viver sem filosofar é o que se chama ter os olhos fechados sem nunca os haver tentado abrir.
>
> DESCARTES, René. *Princípios da filosofia*. São Paulo: Rideel, 2007. Prefácio.

a) Interprete essas duas afirmações, observando suas semelhanças e diferenças.

b) Depois, em grupo, apresente suas conclusões aos colegas e discutam sobre a seguinte questão: o que as pessoas, às vezes, não querem ver e por quê?

Para pensar

Leia estes dois textos, que falam de criança, mas com propósitos distintos. O primeiro, do filósofo espanhol **Manuel García Morente** (1886-1942), é uma breve reflexão sobre a atitude filosófica. O segundo, de Michel de Montaigne, traz suas opiniões sobre a educação.

Texto I

Abrir-se ao mundo como uma criança

Para abordar a filosofia, para entrar no território da filosofia, é absolutamente indispensável uma primeira disposição de ânimo. É absolutamente indispensável que o aspirante a filósofo sinta a necessidade de levar a seu estudo uma disposição infantil.

Em que sentido faço esta paradoxal afirmação de que convém que o filósofo se puerilize? Faço-a no sentido de que a disposição de ânimo para filosofar deve consistir essencialmente em perceber e sentir por toda a parte [...] problemas, mistérios; admirar-se de tudo, sentir profundamente o arcano [enigmático] e misterioso de tudo isso; colocar-se ante o Universo e o próprio ser humano com um sentimento de admiração, de curiosidade infantil como a criança que não entende nada e para quem tudo é problema.

Aquele para quem tudo resulta muito natural, para quem tudo resulta muito fácil de entender, para quem tudo resulta muito óbvio, nunca poderá ser filósofo.

GARCÍA MORENTE, Manuel. *Fundamentos de filosofia*. São Paulo: Mestre Jou, 1970. p. 33-34.

Texto II

Da educação das crianças

Tudo se submeterá ao exame da criança e nada se lhe enfiará na cabeça por simples autoridade e crédito. Que nenhum princípio, de Aristóteles, dos estoicos ou dos epicuristas, seja seu princípio. Apresentem-se-lhe todos [os princípios] em sua diversidade e que ele [o jovem] escolha se puder. E se não o puder que fique na dúvida, pois só os loucos têm certeza absoluta em sua opinião.

"Não menos que saber, duvidar me apraz" [Dante Alighieri]. Porque se por reflexão própria [o jovem] abraçar as opiniões de Xenofonte e Platão, elas deixarão de ser deles e se tornarão suas. Quem segue outrem não segue coisa nenhuma; nem nada encontra, mesmo porque não procura. "Não estamos sob o governo de um rei; que cada qual se governe a si próprio" [Sêneca]. Que ele [o jovem] tenha ao menos consciência de que sabe. Não se trata de aprender os preceitos desses filósofos, e sim de lhes entender o espírito. Que os esqueça à vontade, mas que os saiba assimilar. A verdade e a razão são comuns a todos e não pertencem mais a quem as diz primeiro do que a quem as diz depois. Não é mais segundo Platão, do que segundo eu mesmo, que tal coisa se enuncia, desde que a compreendamos e a vejamos da mesma maneira. As abelhas libam [sugam] flores de toda espécie, mas depois fazem o mel que é unicamente seu e não do tomilho ou da manjerona. Da mesma forma, os elementos tirados de outrem, ele [o jovem] os terá de transformar e misturar para com eles fazer obra própria, isto é, para forjar sua inteligência. Educação, trabalho e estudo não visam senão a formá-la. Que ponha de lado tudo aquilo de que se socorreu e mostre apenas o que produziu.

MONTAIGNE, Michel de. *Ensaios*. São Paulo: Abril Cultural, 1980. p. 77-78. (Os Pensadores).

1. O que quis dizer García Morente quando afirma que para filosofar é importante "puerilizar-se", ter uma disposição infantil?
2. Reflita sobre a proposta educativa contida no fragmento de Montaigne. Trata-se de uma proposta autoritária ou liberal? Há espaço para a dúvida? O autor valoriza a certeza absoluta? A educação pode ser determinante na forma de pensar das pessoas? Disserte sobre essas questões.

Sessão de cinema

Descartes (1974, Itália, direção de Roberto Rossellini)

Obra sobre a vida de Descartes e a sua busca pelo conhecimento. Traz o processo de escritura e publicação de alguns de seus livros e os debates em torno de suas ideias.

Dúvida (2008, Estados Unidos, direção de John Patrick Shanley)

Filme ambientado em escola católica de um bairro nova-iorquino que recebe seu primeiro estudante negro. A trama se dá em torno do sermão de um padre sobre a dúvida, em um duelo com as certezas morais de uma madre superiora.

A autoestima por Montaigne (2000, Reino Unido, direção de Celia Lowenstein)

Episódio da série *Filosofia: um guia para a felicidade*, com reflexões de Montaigne sobre o ser humano e seus conselhos práticos. Escrito e apresentado pelo filósofo suíço Alain de Botton (1969-).

Horton e o mundo dos Quem (2008, Estados Unidos, direção de Jimmy Hayward e Steve Martino)

Animação baseada em livro homônimo de Dr. Seuss (1954). O elefante Horton conversa com uma partícula de pó, onde vive uma comunidade microscópica que ninguém acredita existir. O lema de Horton é: "Toda pessoa é uma pessoa, não importa seu tamanho".

Matrix (1999, Estados Unidos, direção dos irmãos Wachowski)

Ficção científica em que o mundo é dominado por máquinas que se alimentam da energia dos seres humanos, enquanto estes vivem uma realidade virtual (matrix), um mundo ilusório criado por essas inteligências artificiais, embora de fato estejam adormecidos em seus casulos.

CAPÍTULO

3 Diálogo e entendimento

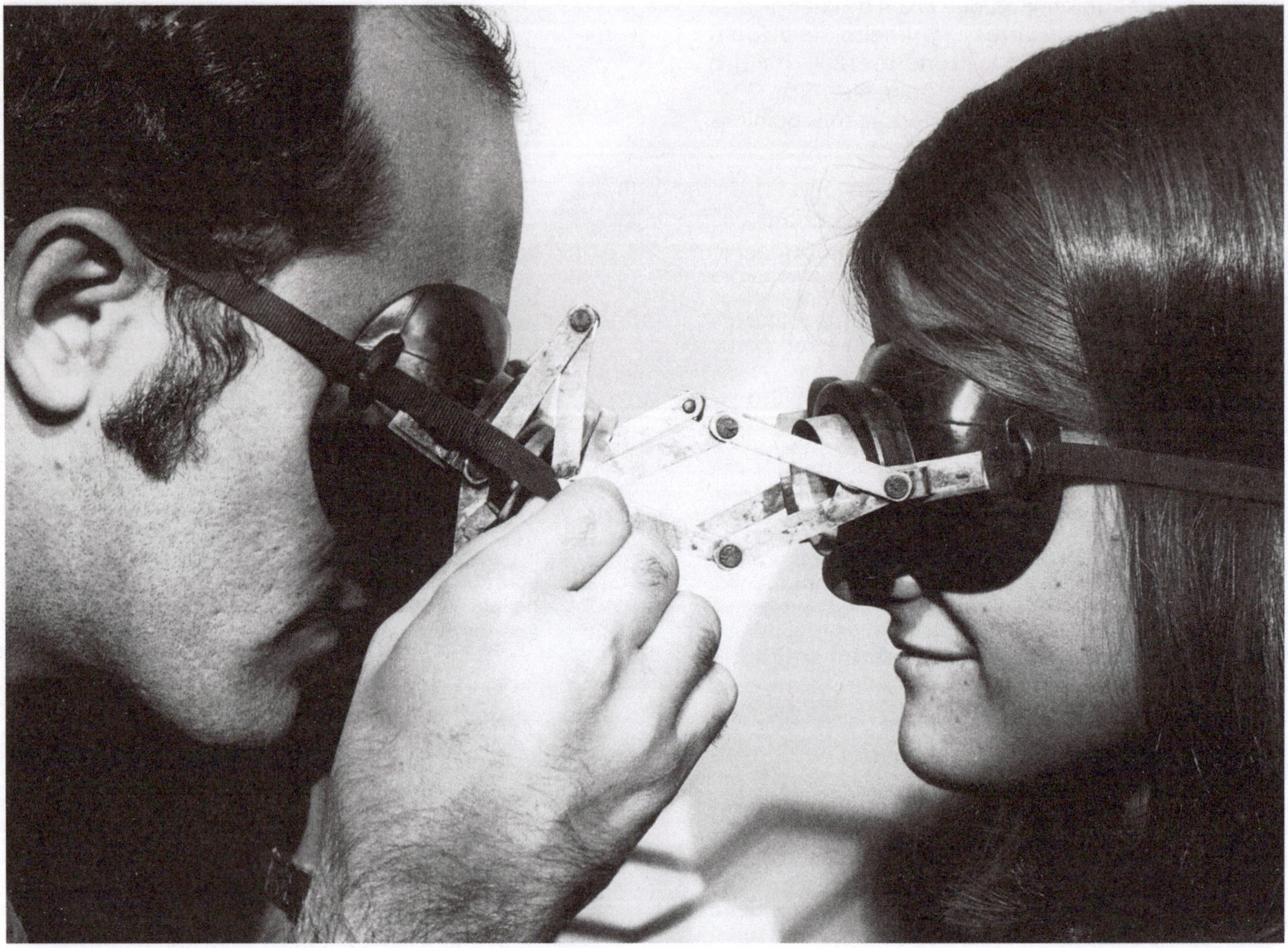

FOTÓGRAFO DESCONHECIDO. AGRADECIMENTO – ASSOCIAÇÃO CULTURAL "O MUNDO DE LYGIA CLARK"

Diálogo de Óculos, de Lygia Clark, 1968.

Questões filosóficas

- Qual é a força das palavras?
- O que conhecemos verdadeiramente?
- Como se constroem entendimentos?
- O que é pensar criticamente?

Conceitos-chave

diálogo, entendimento, linguagem, conhecimento, crença, diálogo socrático, dialética, ironia, maiêutica, pensamento crítico

- **Que diálogo é esse? Conjecture.**

Daremos agora outro passo na compreensão e na prática do pensamento crítico e do filosofar, abordando o tema da capacidade humana de dialogar e construir entendimentos.

A palavra "entendimento" quer dizer basicamente "compreensão, maneira de ver". Mas também se usa para significar "consenso, acordo", como quando dizemos que duas pessoas chegaram a um entendimento.

Pois bem, o diálogo é importante nos dois sentidos. Ele nos ajuda tanto na tarefa subjetiva de dar significado à realidade (compreendê-la), como no esforço intersubjetivo de construir pontes com as pessoas (chegar a acordos). E para alcançar esses objetivos existe uma poderosa ferramenta: a arte de fazer perguntas fundamentais. É o que veremos em seguida.

CAMINHOS DO ENTENDIMENTO
O poder da palavra e do diálogo

Situação filosófica

Os três cientistas

Um astrônomo, um físico e um matemático estavam passando férias na Escócia. Olhando pela janela do trem eles avistaram uma ovelha preta no meio de um campo. "Que interessante", observou o astrônomo, "na Escócia todas as ovelhas são pretas". Ao que o físico respondeu: "Não, nada disso! Algumas ovelhas escocesas são pretas". O matemático olhou para cima em desespero e disse: "Na Escócia existe pelo menos um campo, contendo pelo menos uma ovelha e pelo menos um lado dela é preto".

SINGH, Simon Lehna. *O último teorema de Fermat*. Rio de Janeiro: Record, 1999. p. 147.

ANDRÉ TOMA

Analisando a situação: uma boa conversação

Qual dos três cientistas fez a afirmação mais precisa e correta? Se você pensou que foi o matemático, acertou. Essa anedota é contada em um livro sobre matemática para destacar justamente essa característica das ciências exatas, especialmente da lógica matemática: o rigor e a precisão antes de aceitar qualquer afirmação. Trata-se de um princípio que integra o pensamento crítico e que orientará nosso percurso neste capítulo. Comecemos com uma análise da situação, guiando-nos por perguntas.

Quem são os interlocutores desse diálogo fictício e onde ele ocorre?

O diálogo ocorre em um trem, que cruza a Escócia. Envolve um astrônomo, um físico e um matemático, que têm em comum o fato de serem cientistas, isto é, indivíduos que se empenham em desenvolver um conhecimento o mais exato possível sobre seus objetos de estudo.

Que evento produz uma quebra, mobilizando os viajantes?

O fluir monótono da viagem é quebrado pela visão de uma ovelha negra no meio do campo escocês, provavelmente porque as ovelhas mais comumente conhecidas são de cor branca. Isso os leva a pensar sobre o que estão vendo e a enunciar suas conclusões a esse respeito, buscando cada vez maior precisão.

Como podemos analisar e avaliar a conclusão de cada um?

Observe que esse diálogo constitui uma **paródia** das três ciências que esses personagens representam, satirizando suas peculiaridades:

- A conclusão do astrônomo é evidentemente precipitada, pois não se pode fazer tamanha generalização a partir de um único caso (uma tendência muito comum nas pessoas).
- O físico também se precipita, pois saber que existe um caso de ovelha negra na Escócia não implica a existência de outros casos iguais ("algumas ovelhas", como ele diz). Essa poderia ser a única ovelha negra nesse país.
- Já o matemático concebe um enunciado rigorosamente lógico e preciso, com tudo o que é possível afirmar com certeza a partir da experiência limitada que haviam tido: o que se havia visto era apenas um campo, uma ovelha e que essa ovelha era preta de um lado (pois ninguém viu o outro lado). O matemático ainda teve o cuidado de usar a expressão "pelo menos", deixando aberta a possibilidade de que exista(m) outro(s) campo(s) com outra(s) ovelha(s) com um lado negro, sem negar que o outro lado dela seja também negro.

Que questões ou problemas filosóficos podemos encontrar nesse diálogo?

Há pelo menos duas questões. Uma se refere à importância de identificar os dados ou as informações que os interlocutores verdadeiramente detêm (e não aquelas que eles pensam deter). A outra questão se refere à necessidade de articular de maneira cuidadosa e lógica os dados disponíveis dentro de um raciocínio para que este seja válido e contribua para uma boa conversação.

Somos seres linguísticos

A breve análise que fizemos teve como propósito chamar sua atenção para o potencial de uma boa conversação. Você deve ter percebido que, por meio do diálogo, os interlocutores de nossa historieta foram superando alguns tropeços iniciais e alcançando progressivamente um pensamento mais claro e uma expressão linguística mais precisa em relação ao que podiam afirmar sobre a experiência que haviam tido.

Quando estudamos no capítulo anterior a dúvida metódica de Descartes, observamos algo semelhante: o filósofo francês também viveu o processo de estranhar e questionar seus conhecimentos prévios por meio de uma conversação, só que realizada de maneira interna. Por isso a obra denomina-se *Meditações*, pois trata-se do registro escrito de suas reflexões, de seu diálogo interior. Certamente o filósofo também tinha em mente outros interlocutores, seus argumentos e contra-argumentos, mesmo sem designá-los.

Não é isso o que fazemos às vezes quando temos um problema ou uma questão que nos desafia? Não ficamos remoendo internamente uma resposta e já avaliando o que algum interlocutor ou interlocutora nos dirá como objeção? E só interrompemos esse fluxo de pensamentos quando chegamos a uma resposta ou solução com a qual estamos satisfeitos.

Paródia: imitação ou caracterização cômica, satírica, caricaturesca de alguma coisa. É interessante notar a etimologia grega dessa palavra: *para*, "ao lado", e *ode*, "canto", ou seja, "canto paralelo".

CAMILLE PISSARRO – MUSEU METROPOLITANO DE ARTE, NOVA YORK

Duas mulheres camponesas, de Camille Pissarro, 1891-1892. Óleo sobre tela, 89,5 cm × 116,5 cm. A imagem sugere proximidade e compreensão entre as trabalhadoras. Por meio da linguagem e do diálogo construímos a realidade à nossa volta.

Como afirmam diversos estudiosos, somos seres fundamentalmente linguísticos. Vivemos mergulhados na linguagem tanto quanto em nossos corpos e em nossas emoções. Por meio do diálogo (interno ou externo), construímos boa parte do que somos e do mundo à nossa volta; consolidamos nossas crenças, nossas ações e nossa cultura (temas que estudaremos mais detidamente nos Capítulos 6 e 8). Como expressou o neurobiólogo e educador chileno **Humberto Maturana** (1928-):

> Penso que, apesar de ser o aspecto racional aquele que nos diferencia de outros animais, o humano se constitui quando surge a linguagem, dentro da linhagem hominídea à qual pertencemos, na conservação de um modo particular de viver o entrelaçamento do emocional e do racional, o qual se expressa em nossa habilidade de resolver nossas diferenças emocionais e racionais conversando. Por isso considero central para a compreensão do humano, tanto no aspecto da saúde como no do sofrimento psíquico ou somático, entender a participação da linguagem e das emoções naquilo que na vida cotidiana conotamos com a palavra "conversar".
>
> A palavra "conversar" vem da união de dois radicais latinos; *cum* quer dizer "com" e *versare*, "dar voltas", de modo que conversar em sua origem significa "dar voltas com" outro. É por isso que [...] minha pergunta será: O que ocorre nesse "dar voltas juntos" daqueles que conversam, e o que acontece aí com as emoções, a linguagem e a razão?

MATURANA, Humberto. Ontología del conversar. *In: Desde la biología a la psicología*. Buenos Aires: Lumen, 2003. p. 86. [Tradução nossa].

O diálogo nas ciências

No campo das ciências em geral, esse "dar volta juntos" é fundamental. O cientista não trabalha isolado ou apenas com sua equipe. Ele observa, mede e testa seus objetos de estudo, mas também necessita conhecer outras pesquisas, trocar informações com seus pares de diferentes centros científicos, nacionais e internacionais. Precisa ler o que escrevem, publicar seus próprios artigos e debater com o mundo acadêmico, fazendo e recebendo críticas.

Para isso, existem diversos mecanismos, como revistas científicas especializadas na publicação de estudos relativos a áreas específicas, bem como congressos e simpósios onde as comunidades acadêmicas e científicas se encontram e discutem questões polêmicas.

Nenhuma pesquisa ou teoria é aceita sem um rigoroso exame da comunidade de cientistas, de forma pública. E, mesmo quando aprovada e reconhecida, toda teoria estará sempre sujeita a futuras revisões quando surgirem novas pesquisas que coloquem em evidência outras perguntas, outras perspectivas e diferentes formas de analisar um problema. Ou seja, no mundo acadêmico e científico, a conversação é contínua. Para o astrofísico estadunidense **Carl Sagan** (1934-1996):

> Uma das razões do sucesso da ciência é que ela tem um mecanismo incorporado [esse diálogo crítico constante com a comunidade de cientistas] que corrige os erros em seu próprio seio. Talvez alguns considerem esta caracterização demasiado ampla, mas, para mim, cada vez que exercemos a autocrítica, cada vez que comprovamos nossas ideias à luz do mundo exterior, estamos fazendo ciência. Quando somos autoindulgentes e acríticos, quando confundimos nossas esperanças com os fatos, caímos na pseudociência e na superstição. [...]
>
> [...] Na ciência não há perguntas proibidas, não há temas demasiado sensíveis ou delicados para ser explorados, não há verdades sagradas. Essa abertura a novas ideias, combinada com o escrutínio mais rigoroso e cético possível de todas as ideias, separa o joio do trigo. Não importa quão inteligente, venerada ou querida seja a pessoa. Ela deve demonstrar suas ideias perante a crítica firme e especializada. Valorizam-se a diversidade e o debate. Encoraja-se a formulação de opiniões em disputa, substantivamente e em profundidade.

SAGAN, Carl. *El mundo y sus demonios*: la ciencia como una luz en la oscuridad. Barcelona: Planeta, 2000. p. 37-41. [Tradução nossa].

A palavra nas relações humanas

Não menos importante é o papel do diálogo no contexto das relações humanas. O mundo é composto por uma pluralidade de sujeitos, com pontos de vista e quereres distintos e, muitas vezes, em conflito. O mesmo ocorre em relação a diferentes grupos sociais, étnicos ou religiosos, sem esquecer os enfrentamentos entre países (ou entre grupos de interesse nacionais e internacionais) que levam a guerras, trazendo muito sofrimento a suas populações.

Por tudo isso, podemos perceber que a qualidade de nossas vidas, individual e coletiva, depende, em grande parte, de nossa capacidade de construir entendimentos com pessoas próximas e distantes, com nossa comunidade e com outras comunidades, em nosso país e com outros países e culturas. É o que nos diz a ex-senadora e escritora franco-colombiana Íngrid Betancourt (1961-):

> Com nossa palavra podemos reivindicar outras relações, outros compromissos, outras soluções. Podemos aceitar acordos comerciais não tão bons para nós, mas que sejam mais justos. Podemos buscar maiores investimentos solidários e menos rendimentos especulativos. Podemos oferecer mais diálogo e menos imposições pela força. Podemos, sobretudo, não nos resignar.
>
> Porque resignar-se é morrer um pouco, é não fazer uso da possibilidade de escolher, é aceitar o silêncio. A palavra, por sua vez, precede a ação, prepara o caminho, abre portas. Hoje devemos mais que nunca usar a voz para romper grilhões.
>
> Tenho a profunda convicção de que, quando falamos, estamos modificando o mundo. [...] As grandes transformações de nossa história sempre foram anunciadas antes. Assim chegou o homem à Lua, assim caiu o muro de Berlim, assim se acabou com o *apartheid*. Eu espero que assim desapareça também o terrorismo.

BETANCOURT, Ingrid. Premio príncipe de Asturias de la concordia 2008. *Fundação Princesa de Asturias*, 2008. Disponível em: <http://www.fpa.es/es/premios-princesa-de-asturias/premiados/2008-ingrid_betancourt.html?texto=discurso&especifica=0>. Acesso em: 15 jul. 2020. [Tradução nossa].

Embaixadora britânica nas Nações Unidas conversa com refugiados de etnia *rohingya* em um assentamento na cidade de Cox's Bazar, Bangladesh, em 2018. Eles escaparam de Mianmar, país acusado de promover o genocídio do povo de etnia *rohingya*.

Reflexo do poder da palavra – que se opõe ao poder da imposição e da força bruta – é a existência de diversas organizações criadas com o propósito de promover o diálogo entre as nações e a cooperação internacional. A principal delas, com 193 países-membros, é a **Organização das Nações Unidas** (ONU).

Criada em 1945, a ONU atua no sentido de colaborar com a paz mundial e o desenvolvimento econômico e social das nações, defender o cumprimento dos direitos humanos, apoiar a proteção do meio ambiente, oferecer ajuda humanitária em situações de desastres naturais e conflitos, entre outros objetivos de promoção da convivência pacífica e do bem-estar global. Um dos principais instrumentos de atuação de seus representantes é o diálogo.

Leia a seguir o texto do Programa das Nações Unidas para o Desenvolvimento (PNUD) sobre a importância do diálogo para a prevenção de conflitos:

> **O diálogo é um processo inclusivo.** [...] o diálogo reúne um conjunto diverso de vozes para criar um microcosmo da sociedade em geral. Para obter uma mudança sustentável, as pessoas devem desenvolver um senso de apropriação comum do processo e converter-se em partes interessadas na identificação de novos enfoques para abordar desafios comuns.
>
> **O diálogo implica aprender e não apenas conversar.** O processo não implica somente sentar-se em volta de uma mesa, mas também modificar a forma em que as personas falam, pensam e se comunicam entre si. Diferentemente de outros tipos de discussão, o diálogo requer que a autorreflexão, o espírito de indagação e a mudança pessoal estejam presentes. Os participantes devem estar dispostos a tratar as causas fundamentais de uma crise e não apenas os sintomas que surgem na superfície. [...]
>
> **O diálogo reconhece a humanidade mútua.** Os participantes devem estar dispostos a mostrar empatia com os demais, reconhecer tanto suas diferenças como suas áreas de coincidência, além de demonstrar capacidade para a mudança. [...]
>
> **O diálogo enfatiza uma perspectiva de longo prazo.** Outras formas de conversação tendem a focar mais os sintomas do que as causas fundamentais dos problemas. Encontrar soluções sustentáveis requer tempo e paciência. O processo pode ser extremamente lento e gradual, podendo levar de dez minutos a dez anos – é comum que intervenções únicas não funcionem no tratamento das causas profundamente arraigadas de um conflito ou para uma abordagem completa de assuntos complexos.

IMPORTANCIA del diálogo para la prevención de conflictos y la construcción de paz. *Programa das Nações Unidas para o Desenvolvimento (PNUD)*, 2009. Disponível em: <https://www.undp.org/content/dam/undp/library/crisis%20prevention/Spanish/dialogue_conflict_spanish.pdf>. Acesso em: 6 ago. 2020. p. 2-3. [Tradução nossa].

Conexões

1. Pesquise:
   a) a situação excepcional vivida por Íngrid Betancourt entre 2002 e 2008;
   b) o papel desempenhado pela ONU no processo de paz na Colômbia.
2. Depois, releia o texto acima do PNUD e discuta com os colegas sobre as vantagens e desvantagens do diálogo no âmbito político internacional.

DIÁLOGO SOCRÁTICO
A arte de fazer perguntas

Se é tão importante ser capaz de levar uma conversação enriquecedora ou um diálogo crítico e democrático em reuniões, negociações ou outros encontros, o que podemos fazer para desenvolver essa habilidade? Seguindo a tradição filosófica, nosso primeiro passo deve ser o de adotar uma atitude de humildade intelectual.

Sem humildade, não seremos capazes de reconhecer o lado problemático de nossas falas e de nossos pensamentos. Dizemos "problemático" porque nós, os seres humanos, temos de modo geral uma tendência "natural" de colocar-nos no centro do mundo e de mostrar uma confiança ingênua no que sabemos, ao mesmo tempo que não consideramos a perspectiva do outro. Tendemos a um pensamento egocêntrico, e isso é um problema quando se busca o entendimento, em seus dois sentidos.

Você já parou para observar a quantidade de coisas que acreditamos conhecer sem nunca termos pesquisado ou refletido seriamente sobre elas? Se observarmos nossas conversas diárias, por exemplo, notaremos que usamos muitas palavras acreditando não apenas conhecer plenamente o que elas querem dizer, como também que, ao empregá-las, estamos todos falando da mesma coisa.

Mas será que eu e você, quando dialogamos, estamos pensando exatamente na mesma coisa ao dizer "amor", "democracia" ou "justiça"? Será que entendemos de verdade o que significam essas palavras? Mais ainda: será que existe um único significado para essas palavras?

Se analisarmos um pouco mais profundamente tais conversações, notaremos também que, na maioria das vezes, nos expressamos como se conhecêssemos o que é bom e o que é mau, certo e errado, justo e injusto, belo e feio, agradável e desagradável, útil e inútil.

Não é isso o que ocorre quando emitimos nossa opinião em relação a um alimento, um filme, uma música, uma atitude, uma pessoa – entre tantos outros exemplos –, mesmo não tendo refletido detalhadamente sobre o assunto? Em tais situações, tão comuns, está implícito o fato de que acreditamos saber o que é bom, justo, correto ou melhor não apenas para nós, mas também para os outros e para toda a sociedade. No entanto, será que conhecemos verdadeiramente o que acreditamos conhecer?

UNDP/AFP

Agricultor do Iêmen conversa com representante do Programa das Nações Unidas para o Desenvolvimento (PNUD), em 2019. O programa apoia os produtores desse país. Observe a forma amistosa e igualitária como dialogam os dois interlocutores.

> A humildade é uma virtude humilde: ela até duvida que seja uma virtude. Quem se gabasse da sua [humildade] mostraria simplesmente que ela lhe falta.
>
> Isso todavia não prova nada: não nos devemos gabar, nem nos orgulhar, de nenhuma virtude, e é isso que a humildade ensina. Ela torna as virtudes discretas, como que despercebidas de si mesmas, quase negadas. Inconsciência? É antes uma consciência extrema dos limites de qualquer virtude, e de si. Essa discrição é o sinal – ele mesmo discreto – de uma lucidez sem falha e de uma exigência sem fraquezas.
>
> COMTE-SPONVILLE, André. *Pequeno tratado das grandes virtudes*. São Paulo: Martins Fontes, 1996. p. 153.

O exemplo de Sócrates

Há mais de 24 séculos, essa era a principal questão para o filósofo grego **Sócrates** (c. 469-399 a.C.): o que conhecemos verdadeiramente. Sócrates é considerado por muitos um modelo a ser seguido quando se filosofa. Nascido em Atenas, na Grécia Antiga, filho de uma parteira e de um escultor, usou o diálogo e a arte de fazer perguntas como ferramentas para ajudar a iluminar a mente de seus interlocutores. Não deixou nada escrito, cabendo a seus discípulos, especialmente Platão, a tarefa de narrar seus diálogos (estudaremos com mais detalhes o pensamento de Sócrates e de Platão no Capítulo 11).

Apesar de ser considerado um homem sábio por muitos de sua época, Sócrates costumava adotar uma posição de humildade intelectual em suas conversações, afirmando sua própria ignorância a respeito de temas que a maioria das pessoas acredita conhecer e pedindo a ajuda de seus interlocutores que diziam conhecer bem esses assuntos.

"Só sei que nada sei", dizia o filósofo. O único conhecimento que admitia possuir era a arte de perguntar. Esse era seu método de filosofar e investigar sobre as coisas e os assuntos humanos. E assim nasceu o chamado diálogo socrático, que será nosso grande **paradigma** neste capítulo.

As duas etapas do diálogo

O diálogo socrático, da forma como foi praticado por Sócrates – e depois por Platão – é uma progressão marcada por duas etapas distintas de questionamento.

No início dos diálogos, Sócrates costuma apresentar-se como quem deseja aprender com seu interlocutor, fazendo-lhe perguntas sucessivas. Por isso, essa primeira parte é chamada de **ironia**, palavra de origem grega cujo sentido primitivo era "interrogação fingindo ignorância".

Essa etapa também é conhecida como **refutação** porque as questões do filósofo vão evidenciando, paralelamente, as contradições e os problemas das respostas de seu interlocutor. Desse modo, ele vai refutando, contestando, negando as concepções que o outro tinha sobre determinado assunto e, ao mesmo tempo, demolindo seu orgulho, sua arrogância e sua presunção de saber.

Na segunda parte do diálogo, liberto do orgulho e da pretensão de que tudo sabe, o interlocutor está em condições de iniciar o caminho de reconstrução de suas próprias ideias. Novamente, Sócrates lhe propõe, com grande habilidade, uma série de questões, ajudando-o a trazer à luz suas próprias conclusões. Devido a isso, essa fase do diálogo socrático é chamada de **maiêutica**, cujo sentido primitivo é a "arte de ajudar a dar à luz, a parir".

O diálogo socrático também costuma ser referido como dialética socrático-platônica, ou simplesmente **dialética** (palavra que em sua origem grega significava "arte da discussão").

Explicando o método

No diálogo denominado *Teeteto*, escrito por Platão, o próprio personagem Sócrates explica seu método dialógico (em forma de diálogo) ou dialético. Na seguinte análise, procuramos destacar suas principais características e estrutura, passo a passo, para que você possa compreendê-lo e praticá-lo.

Estabelecer um diálogo amistoso

Sócrates – E nunca ouviste falar, meu gracejador, que eu sou filho de uma parteira famosa e imponente, Fanerete?

Teeteto – Sim, já ouvi.

S. – Então, já te contaram também que eu exerço essa mesma arte?

T. – Isso, nunca.

S. – Pois fica sabendo que é verdade; porém não me traias; ninguém sabe que eu conheço semelhante arte, e por não o saberem, em suas referências à minha pessoa não aludem a esse ponto; dizem apenas que eu sou o homem mais esquisito do mundo e que lanço confusão no espírito dos outros. A esse respeito já ouviste dizerem alguma coisa?

T. – Ouvi.

S. – Queres que te aponte a razão disso?

T. – Por que não?

PLATÃO. *Teeteto e Crátilo*. 3. ed. Belém: EDUFPA, 1973. p. 28-29.

Observe que tudo se inicia com um diálogo amistoso, de igual para igual. Nesse trecho, Sócrates sugere que teria herdado a profissão de sua mãe, que era parteira. Por essa razão, o filósofo denominava seu próprio método, sua arte de perguntar, pelo nome de maiêutica, "ciência ou arte do parto". O que ele queria dizer com isso?

Paradigma: aquilo ou aquele que serve de exemplo, modelo ou referência.

Sócrates com discípulo e Diotima, de Franz Caucig, antes de 1810. Óleo sobre tela, 121,5 cm × 173,5 cm. No diálogo *O banquete*, de Platão, Sócrates explica que tudo o que sabia sobre o amor (*eros*, em grego) havia aprendido com Diotima, a filósofa e sacerdotisa de Mantineia.

Ser um parteiro de almas

> S. – A minha arte obstétrica tem atribuições iguais às das parteiras, com a diferença de eu não **partejar** [servir de parteiro] mulher, porém homens, e de acompanhar as almas, não os corpos, em seu trabalho de parto. Porém a grande superioridade da minha arte consiste na faculdade de conhecer de pronto se o que a alma dos jovens está na iminência de conceber é alguma quimera e falsidade ou fruto legítimo e verdadeiro.
>
> PLATÃO. *Teeteto e Crátilo*. 3. ed. Belém: EDUFPA, 1973. p. 30.

Desse modo, Sócrates começa a expor pormenorizadamente a analogia que há entre sua prática e a de sua mãe: o filósofo seria um "parteiro" de almas, não de corpos. Ou seja, seu trabalho é o de ajudar a dar à luz pensamentos e distinguir, por meio do senso crítico, os bons dos ruins, os corretos dos incorretos, os válidos dos inválidos.

Propor perguntas penetrantes

> S. – Neste particular, sou igualzinho às parteiras: estéril em matéria de sabedoria, tendo grande fundo de verdade a censura que muitos me assacam, de só interrogar os outros, sem nunca apresentar opinião pessoal sobre nenhum assunto, por carecer, justamente, de sabedoria. E a razão é a seguinte: a divindade me incita a partejar os outros, porém me impede de conceber. Por isso mesmo, não sou sábio, não havendo um só pensamento que eu possa apresentar como tendo sido invenção de minha alma e por ela dado à luz.
>
> *Ibidem*. p. 30.

Aqui o filósofo repete, com outras palavras e enfaticamente, o que sempre dizia: "Só sei que nada sei". Seu grande dom seria o de saber formular as perguntas adequadas para ajudar as pessoas a conceberem, por elas mesmas, uma opinião fundamentada sobre os diversos temas. Assim, aprendemos com ele que, para filosofar, a pessoa não deve crer que já sabe tudo. Isso a impediria de seguir questionando, buscando, ascendendo. Em filosofia, mais valem perguntas agudas, penetrantes, do que respostas que instituam a conclusão pronta, o silêncio, o fim da conversação.

Lembre-se de que o significado próprio da palavra "filósofo" é "amigo ou amante da sabedoria". Portanto, ele a busca, cuida, quer. Não a tem, não a possui. Nesse sentido, Sócrates pode ser entendido como o paradigma do "bom" filósofo.

> [...] aquele acreditava saber e não sabia, enquanto eu, ao contrário, como não sabia, também não julgava saber, e tive a impressão de que, ao menos numa pequena coisa, fosse mais sábio que ele, ou seja, porque não sei, nem acredito sabê-lo.
>
> PLATÃO. Defesa de Sócrates. *In*: *Apologia de Sócrates*. São Paulo: Nova Cultural, 2000. p. 71. (Os pensadores).

Construir um conhecimento progressivo

> S. – Porém os que tratam comigo, suposto que alguns no começo pareçam de todo ignorantes, com a continuação de nossa convivência, quantos a divindade favorece, progridem admiravelmente, tanto no seu próprio julgamento como no de estranhos.
>
> PLATÃO. *Teeteto e Crátilo*. 3. ed. Belém: EDUFPA, 1973. p. 30.

Ele quer dizer, portanto, que seus interlocutores vão progredindo, vão avançando pouco a pouco no caminho de um conhecimento sólido e consistente sobre as coisas. Ou seja, aquele que se faz as perguntas adequadas em sua vida pode ampliar a consciência que tem de si mesmo, dos outros e das coisas, o que o ajudará a experimentar uma vida mais inteligente e sábia.

AKG-IMAGES/ALBUM/FOTOARENA – COLEÇÃO PARTICULAR

A morte de Sócrates, autoria desconhecida, 1842. Retrata o momento em que Sócrates, acompanhado de seus discípulos, toma cicuta (veneno mortal), após ser condenado pelo tribunal de Atenas como corruptor da juventude, por, supostamente, introduzir falsos deuses.

Manter uma prática constante

S. — O que é fora de dúvida é que nunca aprenderam nada comigo; neles mesmos é que descobrem as coisas belas que põem no mundo, servindo, nisso tudo, eu e a divindade como parteira. E a prova é o seguinte: muitos desconhecedores desse fato e que tudo atribuem a si próprios, ou por me desprezarem ou por injunções de terceiros, afastam-se de mim cedo demais. O resultado é alguns expelirem antes do tempo, em virtude das más companhias, os germes por mim semeados, e estragarem outros, por falta da alimentação adequada, os que eu ajudara a pôr no mundo, por darem mais importância aos produtos falsos e enganosos do que aos verdadeiros, com o que acabam por parecerem ignorantes aos seus próprios olhos e aos de estranhos. Foi o que aconteceu com Aristides, filho de Lisímaco, e a outros mais.

PLATÃO. *Teeteto e Crátilo*. 3. ed. Belém: EDUFPA, 1973. p. 30-31.

Nesse trecho, Sócrates alerta para o perigo de se chegar a certezas de forma precipitada, abandonando a dúvida filosófica e o diálogo antes do tempo. Ele se refere certamente aos discípulos "apressadinhos", mas podemos estender sua advertência, por analogia, a todos aqueles que, depois de certo tempo de experiência de vida, acreditam ingenuamente saber sobre as coisas em geral. Quase todos nós somos um pouco assim. A prepotência daqueles que se creem os "donos da verdade" é um fato bastante comum.

Como saber quando se está "pronto"? Talvez o que Sócrates queira dizer é que devemos seguir praticando a dúvida e a conversação filosófica durante toda a nossa vida, qualquer que seja nossa idade.

Aceitar a dor das descobertas

S. – Quando voltam a implorar insistentemente minha companhia, com demonstrações de arrependimento, nalguns casos meu demônio familiar me proíbe reatar relações; noutros o permite, voltando estes, então, a progredir como antes. Neste ponto, os que convivem comigo se parecem com as parturientes: sofrem dores lancinantes e andam dia e noite desorientados, num trabalho muito mais penoso do que o delas. Essas dores é que minha arte sabe despertar ou acalmar. É o que se dá com todos. [...]

Ibidem. p. 31.

Ou seja, a atividade filosófica está vinculada a certa dor, a certo grau de incerteza, inquietude e angústia. É a dor da dúvida, do "parto" do conhecimento, do ampliar da consciência. Por exemplo, quando uma pessoa vê pela primeira vez algo que nunca tinha conseguido ver antes e percebe que esteve enganada todo o tempo, essa visão pode ser bastante desestabilizadora. Não é fácil admitir um erro e assumir as consequências. Contudo, com a prática reflexiva contínua, essa pessoa poderá progredir no sentido de uma consciência mais plena, reorganizar sua compreensão do mundo e alcançar, como vimos anteriormente, a felicidade de uma vida orientada de maneira mais justa e sábia.

Dialética ou diálogo socrático					
Ironia ou refutação			Maiêutica		
Humildade intelectual	Perguntas penetrantes	Dor das descobertas	Parto de ideias	Prática constante	Conhecimento progressivo
Diálogo amistoso e respeitoso →					

Emoções e laços de amizade na adolescência

Nada mais próprio do período da adolescência do que a dor da dúvida e das descobertas, essa inquietude que às vezes nem nos deixa dormir. Queremos ficar sós ou isolados da família. Ao mesmo tempo, o que mais nos atrai é estar com nossos pares ou iguais, isto é, colegas, amigos ou gente de nossa idade.

De fato, segundo afirmam estudos em psicologia, o forte vínculo da criança com seus pais diminui bastante na adolescência, sendo substituído por uma maior atração pelo mundo social externo. Isso parece fazer parte do processo de evolução da espécie humana e de seus mecanismos de preservação desde nossos mais antigos ancestrais.

Há milhares de anos, quando a expectativa de vida devia ser muito baixa, acredita-se que os adolescentes iniciavam bem cedo o processo de preparação para sobreviver sem os cuidados dos adultos. E o faziam junto com seus pares, animando-se e protegendo-se mutuamente. Saíam em bandos a caçar e a explorar novos territórios em busca de alimentos e abrigo para si e a comunidade. Passavam por grandes aventuras, mas também corriam muitos riscos. Isso fazia parte de uma espécie de rito de passagem (da dependência da infância para a autonomia da vida adulta), que se manteve em muitas culturas até nossos dias.

Acredita-se atualmente que, no processo evolutivo da espécie humana, esse impulso gregário de autopreservação tenha ficado codificado em nossa biologia, especialmente no sistema límbico: uma área encefálica constituída por várias estruturas, que se forma durante a vida uterina e responde pela memória, os instintos de sobrevivência, as emoções básicas e a sociabilidade.

Durante a adolescência, exames de imagem têm mostrado que ocorre uma maior atividade do sistema límbico em comparação com outras épocas da vida humana. Parece a reativação de um "programa" antigo. Daí as emoções fortes, o grande envolvimento social e a necessidade de estar com os colegas para compartilhar experiências e descobertas, tristezas e alegrias, gerando fortes laços de amizade.

Assim nascem também as chamadas culturas juvenis – formas de experiências e de expressão coletiva dos jovens por meio da construção de estilos diferenciados, não apenas no que tange à aparência e à forma de vestir, como também à maneira de viver.

O problema é que esse impulso por vinculação social com frequência se transforma em pressão – a chamada "pressão dos pares". O jovem muitas vezes participa das atividades com os colegas simplesmente porque teme não ser aceito pelo grupo, ou por não conseguir pensar por si próprio. Desse modo, é frequente que participe de atividades que colocam em risco sua saúde física e mental ou que cometa maluquices que não cometeria se estivesse só ou em outra etapa de sua vida.

Para contrabalançar esses excessos, é muito importante a atividade que se desenvolve no córtex pré-frontal, onde se encontram as redes neuronais envolvidas nos processos de formação de juízos, controle de impulsos, tomada de decisões, resolução de problemas, planejamento e previsão de consequências. A questão é que sua formação se inicia justamente na adolescência e só se completa na idade adulta.

Por isso é tão importante que você compreenda os processos pelos quais está passando e pratique a introspecção e o diálogo crítico. Não apenas para estimular o desenvolvimento adequado dessa parte do cérebro, mas também porque, se você for capaz de entender as circunstâncias pelas quais está passando ou passou, fará de sua vida um relato coerente, único e irrepetível, conquistando a confiança interior e a estabilidade exterior que todos desejamos.

1. Imagine que um jovem faz a seguinte afirmação: "Tenho que me vestir assim, de maneira extravagante, para poder ser como aqueles que tentam ser diferentes. Tento ser como todos que não querem ser iguais aos demais". Depois reflita:
   a) como essa frase se relaciona com os conceitos trabalhados no quadro da página anterior? Qual é sua ironia?
   b) você sente que outros jovens dos grupos com os quais você convive exercem alguma influência ou pressão sobre sua maneira de ser, vestir-se e agir? Em quê?
   c) você se percebe como participante de alguma cultura juvenil? Como é ela? Descreva alguns costumes dos jovens do mundo atual, que você compartilha ou não, como: estilos, modos de se vestir, preferências musicais e de lazer, formas de se relacionar, maneiras de viver etc.

2. Pesquise sobre culturas juvenis de outros períodos da história, como a geração de 1968, os *hippies*, os *punks*. Que características principais apresentam ou apresentaram? Qual é ou foi sua bandeira principal? Resuma sua pesquisa na forma de uma tabela e apresente-a aos colegas.

PERGUNTAS FUNDAMENTAIS
Para um pensar crítico e democrático

O diálogo socrático continua sendo uma fonte de inspiração para aqueles que desejam desenvolver um pensamento crítico, havendo hoje em dia formulações didáticas que o tornam mais acessível a pessoas de todas as idades e campos de atuação. Antes de abordá-las, vejamos um pouco mais sobre o que é pensar criticamente e sua utilidade.

Todo mundo pensa e sabe o que é pensar, pois é parte da nossa natureza; vivemos mergulhados em pensamentos. A questão é a qualidade dessa conversação ou narração interna, que determina grande parte de nossos sentimentos e ações. Se observarmos atentamente nossos pensamentos, veremos que podem apresentar alguns problemas, como serem parciais, confusos, preconceituosos etc. É aí que entra a necessidade do pensamento crítico.

Não se trata apenas de um saber teórico; há uma utilidade prática no pensamento crítico, pois grande parte de nossa existência depende de como usamos nossa mente e de como interagimos com os outros e o seu pensar. Para isso, uma habilidade essencial é saber fazer perguntas.

Vejamos então uma série de distinções e estratégias, propostas pelo filósofo e educador estadunidense **Richard W. Paul** (1948-2015), que nos ajudarão a desenvolver a capacidade de pensar e dialogar criticamente por meio de perguntas fundamentais. Paul é uma das maiores referências no campo dos estudos contemporâneos sobre o pensamento crítico. Seu trabalho constitui, em grande parte, uma síntese de concepções oriundas da tradição filosófica desde Sócrates e de outras áreas do saber, como a psicologia, a sociologia e a linguística.

> A qualidade de nossas vidas é determinada pela qualidade de nossos pensamentos. Por sua vez, a qualidade de nosso pensamento é determinada pela qualidade de nossas perguntas, já que as perguntas são a maquinaria, a força que propulsa o pensamento.
>
> PAUL, Richard W.; ELDER, Linda. *El arte de formular preguntas esenciales*. California: Critical Thinking Foundation, 2003. p. 2-5. [Tradução nossa].

Formas de pensar

Quando as pessoas enfrentam questões ou problemas em suas vidas – sejam eles de cunho pessoal ou coletivo, especulativo ou concreto –, elas tendem a pensar de distintas maneiras. Sem entrar em possíveis explicações para essas diferenças, podemos dizer que há três formas básicas de pensar:

- **Ingênua** – a pessoa não gosta muito de pensar nem pesquisar, mas se comporta como se conhecesse bem os temas em questão, absorvendo acriticamente o que dizem a maioria das pessoas, seu círculo mais próximo, os meios de comunicação de massa, as mídias sociais etc.;
- **Egoísta** – a pessoa gosta de pensar, mas só o suficiente para satisfazer seus próprios desejos, defender as aspirações de seu grupo, exibir-se, ganhar uma discussão ou qualquer outro interesse próprio, escolhendo seletivamente as informações que dão sustentação ao seu ponto de vista;
- **Razoável** – a pessoa gosta de pensar e quer entender a si mesma e o mundo à sua volta; procura ser justa e sensata, reconhecendo as próprias limitações tanto quanto as dos outros; busca colocar-se no lugar de seu interlocutor e dialogar de maneira lógica e racional.

Cada indivíduo se encaixa mais em um desses três tipos, podendo variar conforme a situação. Observe, porém, que é somente a forma razoável de pensar que favorece o desenvolvimento do diálogo crítico e democrático, o que se pode cultivar com vontade e persistência.

Por isso, o primeiro passo que devemos dar quando pensamos sobre uma questão é reconhecer nosso "natural" viés autorreferente: nossa tendência a nos colocar como ponto de referência e a selecionar, elaborar e privilegiar suposições, informações e interpretações egocêntricas, isto é, aquelas que nos satisfazem ou convêm (bem como ao grupo do qual fazemos parte). Isso nos impede de ver o ponto de vista do outro, suas razões, direitos e necessidades, bem como ser autocríticos e reconhecer os limites de nosso próprio pensar.

Conexões

3. Reflita sobre a sua forma predominante de pensar. Qual é o impacto dessa maneira de ser? O que aconteceria com o mundo se todas as pessoas tivessem a mesma tendência que você?

Tipos de questão

O segundo aspecto que devemos observar quando enfrentamos uma questão ou pergunta consiste em identificar a qual tipo ela pertence, no sentido de saber se envolve múltiplas possibilidades de resposta, se aponta para uma resposta única e definitiva ou se é controvertida – especialmente quando participamos de um diálogo ou debate. Vejamos cada uma delas:

- **Questões de um único sistema** – têm uma resposta correta e definitiva dentro de um sistema (conhecimento), mesmo que desconhecida. Predominam nas **ciências naturais** e **matemáticas**, mas também na apuração de **fatos**. Exemplos:
  — Quanto é 12 + 10?
  — Qual é a fórmula química da água?
  — A que velocidade dirigia o motorista?
  — Quem é o pai da criança?
- **Questões de sistemas em conflito** – têm respostas que competem entre si (juízos), pois envolvem dois ou mais sistemas incongruentes ou que se confrontam, como teorias e visões de mundo. Demandam avaliação e debate. Predominam nas **humanidades** (ciências humanas e sociais, economia, literatura, arte etc.). Exemplos:
  — Qual é o melhor sistema econômico?
  — É justo que as mulheres ganhem menos que os homens?
  — Que podemos fazer para proteger o meio ambiente sem descuidar da economia?
- **Questões sem sistema** – têm respostas derivadas de escolhas **subjetivas**, preferências pessoais. Exemplos:
  — Qual é a melhor cantora atual para você?
  — De que cor você mais gosta?

Elementos do pensamento

O aspecto central do pensamento crítico consiste em identificar as falhas de um pensamento ou posicionamento e tratar de esclarecê-las ou corrigi-las. Portanto, nosso passo seguinte deve ser a análise propriamente dita do pensamento (nosso, de um interlocutor ou escritor etc.), colocando a atenção nas partes que o constituem.

Veja abaixo um modelo com os oito elementos fundamentais de um pensamento bem construído. Utilize as perguntas básicas correspondentes a cada um para identificá-los. Se em um diálogo, por exemplo, você não conseguir identificar alguns desses elementos no argumento do seu interlocutor, é possível que você não o tenha entendido totalmente ou que de fato o pensamento tenha lacunas. Seja qual for o caso, faça perguntas a seu interlocutor que ajudem os dois a identificar e esclarecer esses pontos, melhorando a conversação.

Elementos do pensamento

Elementos		Perguntas básicas
1. Propósito	Todo pensamento reflete uma intenção ou propósito.	— Qual é o propósito ou a meta dessa conversação? — O que se quer alcançar quando se diz isso?
2. Pergunta	Todo pensamento responde a um problema principal, que pode ser traduzido em uma pergunta. A identificação dessa pergunta nos ajuda a desdobrar o problema.	— Que pergunta ou dúvida estamos respondendo aqui? — Podemos reformular a pergunta para torná-la mais clara?
3. Informações	Todo pensamento parte de uma base de informação. Podem ser dados, fatos, experiências, evidências, conhecimentos.	— Que tipo de informação se utiliza na questão proposta? — De que informação se necessita para responder a ela? — As informações empregadas são suficientes e de qualidade?
4. Conceitos	Todo pensamento envolve a utilização de conceitos-chave, ideias básicas que o definem e dão forma a ele.	— Qual é o conceito ou a ideia central do pensamento? — Compreendo bem esse conceito? — Há algum problema ou alguma discussão em torno desse conceito?
5. Pressuposições	Todo pensamento traz implícitas pressuposições, isto é, suposições prévias que a pessoa assume como certas sem se dar conta ou questionar-se (sistemas de crenças, ideologias e visões de mundo).	— O que esse pensamento toma como certo? — Que suposições sustentam esse pensamento? — Há algo errado com essas suposições?
6. Inferência	Todo pensamento busca inferir, ou seja, chegar a conclusões e significados a partir dos elementos de que dispõe.	— Qual é a conclusão desse pensamento? — Como se chegou a essa conclusão? — Essa conclusão é lógica?
7. Ponto de vista	Todo pensamento se expressa a partir de um ponto de vista ou perspectiva. É como se observa a questão.	— A partir de que ponto de vista se aborda a questão? — Há outras perspectivas razoáveis possíveis?
8. Implicações	Todo pensamento pode ter implicações e consequências não consideradas diretamente na questão.	— O que pode ocorrer se esse raciocínio está correto? — Que consequências práticas podemos esperar dessa decisão?

As perguntas do quadro da página anterior são meras referências. Você deve adaptá-las a cada caso e reformulá-las várias vezes até conseguir a resposta que esclareça o elemento buscado. Podem ser aplicadas ao refletir sobre um problema, um filme, um livro, ao elaborar uma redação, ao conversar com os colegas, ao debater em uma reunião etc. Observe como é importante saber escutar (o outro ou seus próprios pensamentos) para poder identificar todos esses elementos.

Qualidades do pensamento

Por último, quando analisamos um pensamento, além de identificar os elementos que o constituem, devemos também observar como se apresentam, isto é, avaliar sua qualidade, seguindo certos padrões intelectuais. Por exemplo: você identifica o propósito de uma reunião, mas percebe que ele não ficou claro para todo mundo, de tal maneira que procura torná-lo mais explícito e compreensível para o grupo.

Veja abaixo um modelo com oito características positivas ou qualidades que contribuem para tornar bem-elaborado um pensamento. Você deve usá-las como quesitos – critérios de avaliação do pensamento (seu ou de outros). Se notar que algumas dessas características não estão adequadamente contempladas, poderá formular uma série de perguntas que ajudarão a melhorá-lo.

Qualidades do pensamento

Qualidades		Perguntas básicas
1. Clareza	Um pensamento claro facilita a compreensão do que se diz e não dá margem a confusões. Exemplo: se uma pergunta não é clara, nem sabemos o que responder.	— Poderia dar um exemplo? — Poderia reformular a sua pergunta? — Poderia ser mais claro?
2. Precisão	Um pensamento pode ser claro, mas impreciso. Exemplo: "Você precisa emagrecer". Não sabemos a razão nem quantos quilos.	— Qual é o motivo preciso? — Quanto exatamente? — Poderia ser mais específico?
3. Correção/ Veracidade	Um pensamento pode ser claro e preciso, mas incorreto ou inverídico. Exemplo: "Sócrates viveu à mesma época que Jesus".	— Você verificou esse dado? — Qual é sua fonte? — Como posso confirmar isso?
4. Relevância	Um pensamento pode ser claro, preciso, exato, mas irrelevante para a questão tratada. Exemplo: "Fulano é um bom candidato ao governo porque sempre foi um pai amoroso".	— Que relação tem isso com a pergunta? — Se tem, o que acrescenta para a reflexão? — Comprova nossa posição?
5. Profundidade	Um pensamento pode ter todas as qualidades anteriores, mas ser superficial. Exemplo: tratar uma questão complexa, como a discriminação racial, abordando apenas um fator causador.	— A pergunta foi abordada em toda a sua complexidade? — Há aspectos ou dificuldades que foram ignorados?
6. Amplitude	Um pensamento pode ter todas as qualidades anteriores, mas ser restrito a um único ponto de vista ou perspectiva. Exemplo: analisar a economia a partir de uma única corrente econômica, sem considerar as críticas de correntes divergentes.	— Não seria bom examinar outras perspectivas? — Deveria considerar também as críticas dos adversários? — Há outras formas de pensar sobre esse assunto?
7. Lógica	Um pensamento pode ter várias qualidades anteriores, mas ser ilógico, isto é, suas partes não se sustentam entre si (assunto que trataremos no próximo capítulo). Exemplo: "Todo gato tricolor é fêmea. Esse gato não é tricolor. Portanto, esse gato é macho".	— Esse pensamento faz sentido? — Existe relação entre o que disse antes e depois? — Como se chegou a essa conclusão? — Como posso melhorar esse raciocínio?
8. Imparcialidade	Um pensamento pode ter várias qualidades anteriores, mas ser parcial ao dar maior relevo a um dos lados em uma disputa ou investigação. Exemplo: julgar um réu considerando apenas as provas contra ele e ignorando as que o inocentam, por acreditar previamente que ele é culpado.	— Essa opinião é justa e imparcial? — Havia uma ideia preconcebida sobre esse tema? — Há conflitos de interesses das pessoas envolvidas nesta negociação?

OFICINA DE FILOSOFIA

1. Sintetize a interpretação de que os seres humanos são fundamentalmente linguísticos.
2. Explique o papel do diálogo na construção do conhecimento científico.
3. Por que é tão importante o diálogo nas relações humanas? Como o diálogo pode auxiliar nos acordos políticos e na cooperação entre países?
4. Dê exemplos de coisas que acreditamos conhecer sem nunca termos pesquisado ou refletido seriamente sobre elas.
5. Qual era o único saber que Sócrates admitia ter? Qual seria o grande mérito desse saber?
6. Para que serve o pensamento crítico?
7. Qual é o papel das perguntas em um diálogo?

Conversa filosófica

8. Linguagem e realidade

Reúna-se com os colegas para debater esta tirinha. Que situação ela retrata? Quantos interlocutores existem? Há entendimento entre eles? Que realidade estariam construindo os personagens?

CALVIN & HOBBES, BILL WATTERSON © 1986 WATTERSON/DIST. BY ANDREWS MCMEEL SYNDICATION

9. Conhecimento e dúvida

Reúna-se com os colegas para dialogar sobre os sentidos possíveis da seguinte frase:

> Este é o primeiro paradoxo da aprendizagem: para aprender se deve partir da ignorância, do não saber; mas admitir que não sabemos é uma ameaça à nossa autoestima e imagem pública. Nossa cultura aprecia o conhecimento (verdadeiro ou aparente) mais que a vontade de aprender.

KOFMAN, Fredy. *Metamanagement*: La nueva conciencia de los negocios. Buenos Aires: Granica, 2003. v. 1. p. 122. [Tradução nossa].

No diálogo, identifiquem os elementos básicos e as qualidades do pensamento e façam perguntas uns aos outros (use as duas tabelas das páginas anteriores como referência).

Para pensar

Leia um trecho de *Eutífron*, um diálogo de Platão que é um modelo do método socrático. Depois responda às questões.

Diálogo com Eutífron

[Resumo do início do diálogo: À porta do tribunal de Atenas, Sócrates encontra Eutífron, conhecido como grande entendido em temas religiosos. Este conta que havia apresentado uma acusação de homicídio contra o próprio pai. A vítima era um servo que, embriagado, tinha degolado outro servo. O pai prendeu o homicida em um fosso, sem maiores cuidados, enquanto aguardava orientação jurídica, e ele acabou falecendo de frio e inanição. Por isso, Eutífron julgava que seu pai teria se tornado um homicida também, por omissão, e que ao acusá-lo estava agindo de maneira piedosa, isto é, conforme o dever para com os deuses.]

Sócrates: – Por Zeus, Eutífron, julgas saber com tanta precisão a opinião dos deuses a respeito do que é e não é piedoso que não receies que, havendo as coisas sucedido como afirmas, possas cometer uma crueldade movendo esse processo contra teu pai?

Eutífron: – Assim, Sócrates, eu não teria utilidade e Eutífron não se distinguiria do mais comum dos homens se não tivesse conhecimento de todas essas coisas com precisão.

S.: – Perceberás [...] quão proveitoso para mim seria tornar-me teu discípulo, especialmente antes da ação judicial [Sócrates era acusado de inventar novos deuses e desacreditar os antigos].

[...]

S.: – Explica-me, então, o que consideras piedoso e ímpio [não piedoso].

E.: – Digo que é piedoso isso mesmo que farei agora, pois em se tratando de homicídios ou roubos sacrílegos, ou qualquer outro crime, a piedade impõe o castigo do culpado, seja este pai, mãe ou outra pessoa qualquer; não agir assim é ímpio. [...]

S.: – Pode ser que o seja, mas também existem muitas outras coisas, Eutífron, consideradas piedosas.

E.: – Evidentemente que sim.

S.: – Recorda, porém, que não te pedi para demonstrar-me uma ou duas dessas coisas, dessas que são piedosas, mas que me explicasses a natureza de todas as coisas piedosas. Porque disseste, salvo engano, que existe algo característico que faz com que todas as coisas ímpias sejam ímpias, e todas as coisas piedosas, piedosas. Recordas-te?

E.: – Recordo-me.

S.: – Pois bem, esse caráter distintivo é o que desejo que me esclareças, a fim de que, analisando-o com atenção e servindo-me dele como parâmetro, possa afirmar que tudo o que fazes, ou um outro, de igual maneira é piedoso, enquanto aquilo que se distingue disso não o é.

E.: – Se é isso o que queres, dir-te-ei imediatamente.

S.: – Em verdade, é só isso que desejo.

E.: – É piedoso tudo aquilo que é agradável aos deuses, e ímpio o que a eles não agrada.

S.: – Ótimo, Eutífron, respondeste agora como eu esperava que o fizesses, se o que afirmas é correto, embora eu não o saiba. Mas é evidente que me mostrarás que o que declaras é a pura verdade.

E.: – Sim, claro.

S.: – Muito bem, consideremos o que vamos dizer. Uma coisa e um homem que são agradáveis aos deuses são piedosos, ao passo que uma coisa e um homem detestados pelos deuses são ímpios. [...]

E.: – Sim.

[...]

S.: – E não afirmaste também, Eutífron, que os deuses lutam entre si, que apresentam diferenças e detestam uns aos outros?

E.: – Sim, afirmei.

S.: – Mas quais são essas divergências que causam esses ódios e essas cóleras, estimado amigo?

[...]

S.: – Então, qual seria o assunto que, por não ser passível de decisão, causaria entre nós inimizade e nos tornaria reciprocamente irritados? Pode ser que não esteja a teu alcance, mas considera, pelo que estou dizendo, se se trata do justo e do injusto, do belo e do feio, ou do bom e do mau. Com efeito, não é por causa disso que, justamente devido às nossas diferenças e por não poder conseguir uma decisão unânime, nos convertemos em inimigos uns dos outros [...]?

E.: – De fato, Sócrates, eis aqui a divergência mais frequente e também as causas que lhe dão origem.

S.: – Não acontecem igualmente as mesmas divergências entre os deuses e pelos mesmos motivos?

E.: – Com toda a certeza.

[...]

S.: – E não é verdade que aquilo que cada um deles julga bom e justo é também o que ama, e que o contrário lhe desagrada?

E.: – Sim.

S.: – Mas são as mesmas coisas, como afirmas, que uns reputam justas e outros injustas. De suas divergências acerca disso é que se originam as guerras e as discórdias entre eles, não é?

E.: – De fato.

S.: – Temos de afirmar, por conseguinte, que as mesmas coisas são amadas pelos deuses e que lhes são ao mesmo tempo agradáveis e desagradáveis.

E.: – Parece que sim.

S.: – O que significa, Eutífron, que algumas coisas poderão ser ao mesmo tempo piedosas e ímpias.

E.: – É possível.

S.: – Então, estimado amigo, não respondeste à minha pergunta. Pois pedi que me explicasses o que é [...] piedoso e ímpio. Porém vimos que o que agrada a alguns deuses pode desagradar a outros; portanto, querido Eutífron, não seria de espantar que aquilo que fazes ao castigar teu pai fosse agradável para Zeus, mas detestável para Cronos e Urano [...] e, da mesma maneira, agradável e desagradável para uns e outros deuses que divergem a respeito disso.

PLATÃO. Eutífron: ou da religiosidade. *In*: *Diálogos*. São Paulo: Nova Cultural, 2004. p. 39-44.

Identifique no texto acima:

a) a questão discutida no diálogo;

b) que tipo de questão é essa (sem sistema, de um único sistema ou de sistemas em conflito);

c) os problemas encontrados por Sócrates nas duas respostas oferecidas por Eutífron;

d) a etapa da dialética socrática a que corresponde esse trecho;

e) pelo menos três elementos básicos do pensamento, segundo o modelo de Richard W. Paul.

Sessão de cinema

Doze homens e uma sentença (1957, Estados Unidos, direção de Sidney Lumet; 1997, Estados Unidos, direção de William Friedkin)

Doze jurados se reúnem para decidir se um jovem porto-riquenho é culpado ou não pelo assassinato do seu pai. Um dos jurados não tem certeza da culpabilidade, mas a decisão deve ser unânime. Assim, inicia-se uma conversação que revela muito sobre cada jurado.

Sócrates (1974, Itália, direção de Roberto Rossellini)

A partir de diálogos escritos por Platão, o filme traz a representação do final da vida de Sócrates, o seu julgamento e a sua condenação à morte. A obra conta com consagrados diálogos socráticos, como *Eutífron*, *Hípias*, *Apologia*, *Críton* e *Fédon*.

CAPÍTULO 4

Lógica e argumentação

ELECTA/LEEMAGE/AFP – PINACOTECA DE BRERA, MILÃO

São Pedro e São Paulo, de Daniele Crespi, século XVII. Óleo sobre tela, 44 cm × 55 cm.

- **O que fazem os dois apóstolos acima? Estão debatendo? O que ocorre em um debate de ideias?**

Você já deve ter entendido a importância de pensar e argumentar de forma ordenada, encadeando as ideias de maneira lógica para chegar a conclusões válidas e justificadas. Isso é fundamental no pensamento crítico e na prática filosófica.

Mas o que é um "encadeamento lógico"? Como e quando é possível se valer de um encadeamento lógico? Podemos dizer que existem formas "mais corretas" de raciocinar? E de argumentar? Ou existem regras que nos ajudem a evitar certos erros de raciocínio?

Vejamos nas próximas páginas o que podemos descobrir a esse respeito, especialmente com o auxílio da lógica.

Questões filosóficas

- O que é um raciocínio ou argumento?
- O que é a consequência lógica?
- O que é um argumento válido?
- Que método de argumentação é melhor?

Conceitos-chave

lógica, raciocínio, argumento, consequência lógica, inferência, premissa, conclusão, termo, proposição, forma, conteúdo, validade, verdade, fato, opinião, universal, particular, silogismo, falácia

VOCÊ SABE ARGUMENTAR?
A importância do raciocínio lógico

Situação filosófica

ANDRÉ TOMA

Em uma delegacia de polícia

— Alguma novidade, Fagundes? – pergunta a delegada.

— Sim, as câmeras de segurança registraram que o jornalista entrou no prédio por volta do meio-dia. Seu corpo foi encontrado pouco antes das duas da tarde – relata o investigador.

— Portanto, o assassinato dele ocorreu em algum momento nesse intervalo – conclui a delegada. — E todos os suspeitos estavam no jornal nesse intervalo?

— Sim, exceto Lana, que saiu pouco depois das onze.

— Então o lógico é descartá-la – diz a contragosto a delegada, que continua cismada com Lana. — Algo mais?

— Mais nada. Mas prepare-se que vem chuva amanhã – avisa Fagundes.

— Deu na previsão do tempo?

— Nada disso. É que o meu joelho doeu a tarde inteira. Sempre que ele dói chove.

Analisando a situação: tipos de raciocínio

Temos aqui um diálogo entre dois funcionários da polícia: uma delegada e um investigador. Ambos têm a função de investigar infrações penais e seus autores, para que a lei seja cumprida. Podemos dizer que, de certo modo, a finalidade de seu trabalho é distinguir o verdadeiro do falso, e assim descobrir a verdade sobre os fatos. Somente com a verdade se pode fazer justiça. Vejamos o que mais conseguimos descobrir sobre a situação.

Qual é o tema do diálogo?

O tema principal é a investigação policial sobre a morte de um jornalista, embora no final o diálogo desvie para o tema da previsão do tempo, com um raciocínio inesperado.

Que raciocínios se desenvolvem na conversação?

Há três raciocínios ou encadeamentos lógicos. No primeiro, a partir dos fatos conhecidos, conclui-se que o assassinato ocorreu entre as 12 e as 14 horas. No segundo, que Lana não poderia ter assassinado o colega, pois não estava no jornal na hora do crime. No terceiro, que vai chover no dia seguinte com base na dor que Fagundes costuma sentir no joelho quando vai mudar o tempo.

Que problema esse diálogo inspira, focalizando a diferença entre esses raciocínios?

Podemos dizer que o diálogo confronta dois modos ou métodos de encadeamento lógico. Observe que os dois primeiros raciocínios partem de elementos conhecidos para extrair deles uma informação que antes não se detinha explicitamente (método dedutivo); já o terceiro parte de um dado obtido por experiência individual e o generaliza na forma de uma previsão (método indutivo). Portanto, o diálogo nos permite observar essa diferença e nos estimula a questioná-la: quais são as características e as possibilidades de cada método? É o que veremos neste capítulo.

Nossa capacidade de raciocinar

Raciocinar é uma ação do pensamento que realizamos quase o tempo todo, mesmo sem perceber. Basta alguém perguntar por que você disse ou fez algo que logo surge em sua mente um arsenal de razões. Até mesmo na decisão mais banal, como tomar ou não tomar banho antes de dormir, estamos avaliando os elementos que temos para chegar a uma conclusão – ou seja, estamos raciocinando.

De modo geral, as pessoas têm confiança em sua capacidade de pensar corretamente, chegando a brigar e romper relações com quem pensa diferente e tem posições distintas. Contudo, será que articulamos sempre bem nossos raciocínios? Quando expressamos em palavras nossas opiniões, será que construímos argumentos que as sustentam? Você consegue dialogar e argumentar com segurança, defendendo logicamente as suas posições?

Pode ser que sim, mas com frequência as pessoas não sabem se justificar de modo consistente e, quando precisam fazê-lo, é comum que descubram que não tinham muita consciência de suas razões ou estavam raciocinando de forma equivocada.

Ser capaz de expor um raciocínio, argumentando com correção e desenvoltura, é uma habilidade desejável para qualquer pessoa nas mais diversas situações. Percebemos isso claramente quando queremos convencer alguém sobre algo (uma compra, um passeio etc.), expor nosso ponto de vista em uma discussão ou defender nossos ideais em público. Isso sem mencionar o valor do raciocínio lógico na hora de resolver um problema matemático ou financeiro.

ALBUM/FOTOARENA – MUSEU NACIONAL, POZNAN, POLÔNIA

A partida de xadrez, de Sofonisba Anguissola, 1555. Óleo sobre tela, 72 cm × 97 cm. A pintora italiana retrata suas irmãs disputando uma partida de xadrez. A imagem surpreende, porque no século XVI não era costume estimular o desenvolvimento do raciocínio lógico e da visão estratégica nas mulheres. Quais seriam as causas e as consequências desse costume?

Para os cientistas, de modo geral, as demonstrações rigorosas são fundamentais: não há ciência sem elas. E quando se trata de justiça, como vimos em nossa historieta, é crucial desenvolver um raciocínio correto sobre os fatos conhecidos, seja na hora de juntar provas e evidências, de defender a inocência ou a culpa do réu ou de definir sua sentença. Em qualquer uma dessas situações, é de grande utilidade o uso dos princípios básicos da lógica.

O que é a lógica

A lógica é uma área da filosofia em que se estudam os raciocínios ou argumentos. Podemos dizer que a preocupação principal dos estudiosos dessa disciplina concentra-se na relação que se estabelece, quando raciocinamos, entre o que sabemos ou colocamos como hipótese (o ponto de partida) e aquilo que concluímos (o ponto de chegada).

Se você se observar quando raciocina, perceberá que desenvolve mentalmente um processo em que escolhe e "manipula" certas informações buscando obter, a partir delas, outra informação. Tal processo é o que geralmente chamamos de **raciocínio**, mas a denominação mais específica e técnica é **inferência**. Inferir quer dizer "chegar a algum juízo ou ideia a partir de outros juízos ou ideias".

Assim, para o lógico interessa saber se a conclusão de um raciocínio constitui realmente uma consequência dos dados conhecidos e utilizados ou das hipóteses levantadas. Quando isso ocorre, temos razões que conduzem validamente à **conclusão** desse raciocínio, de tal maneira que essa conclusão pode estar adequadamente justificada.

Por isso, a lógica – ao mesmo tempo em que se constitui em uma área de investigação filosófica – é um instrumento importante no estudo e na prática da filosofia. Recorde que, para filosofar, precisamos justificar tudo o que dizemos.

Observação

Os raciocínios são associações de ideias, mas nem toda associação de ideias é um raciocínio. Por exemplo, se alguém pensa "Está frio" e logo depois "O chocolate acabou", temos apenas uma associação de ideias, não um raciocínio explícito.

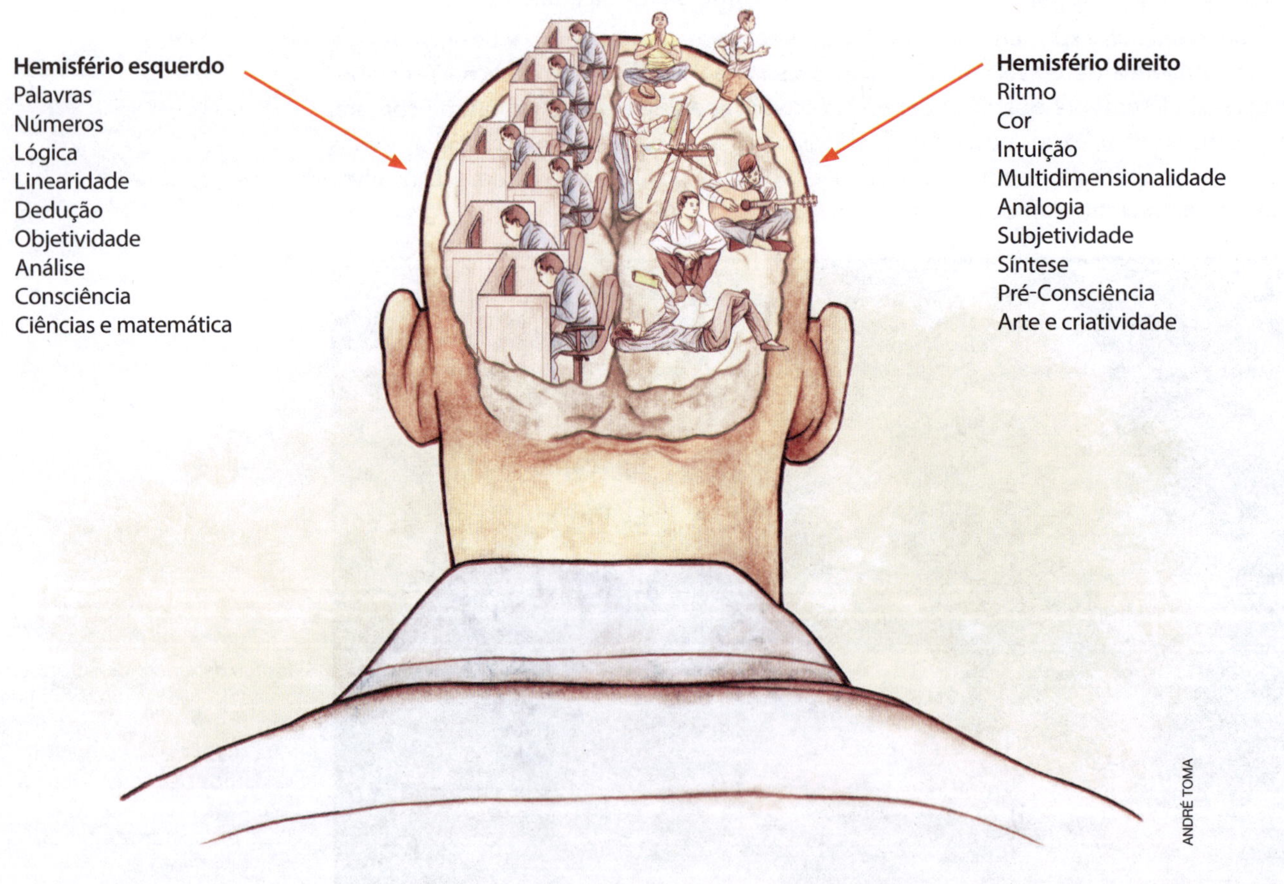

Representação alegórica dos hemisférios cerebrais e suas funções, de acordo com a neurobiologia. Observe que a linguagem verbal e o raciocínio lógico são processos que se desenvolvem basicamente no lado esquerdo do cérebro.

Raciocínio ou argumento?

Raciocinar e argumentar são, enfim, experiências básicas de nossa existência e vale a pena filosofar sobre elas. Comecemos então analisando os próprios conceitos de raciocínio e argumento. Até aqui temos usado os dois termos quase como sinônimos, mas para o estudo deste capítulo é necessário fazermos uma distinção entre o significado de cada um.

O raciocínio, propriamente dito, é um processo mental no qual se interconectam ideias para se chegar a algum entendimento, solução ou decisão sobre determinado assunto. Geralmente, nem percebemos que estamos raciocinando, mas há momentos em que nos empenhamos em um raciocínio com toda a atenção, como quando resolvemos um problema de matemática. Em qualquer situação, porém, trata-se de uma experiência privada, isto é, não posso saber exatamente como alguém raciocinou quando diz ou faz algo sem explicitar suas razões.

O argumento, propriamente dito, é a expressão verbal ou simbólica de um raciocínio. Nesse caso, sim, podemos avaliar as razões que levaram a determinada fala, ação ou conclusão, razão pela qual o argumento é o principal objeto de estudo da lógica desde seu surgimento.

Conexões

1. Releia a situação filosófica deste capítulo e identifique as inferências que se apresentam. Observe o que ocorre em sua mente quando expõe cada uma dessas inferências.
2. Resolva o seguinte enigma lógico, procurando construir um bom argumento a favor de sua resposta: São cinco horas da manhã e Diego está saindo para pescar com amigos. Ele precisa pegar um par de meias, mas não pode acender a luz para não acordar o irmão. Ele sabe que na gaveta há dois pares de meias azuis, dois pares de meias bege e dois pares de meias cinza, mas elas estão todas soltas. Apressado, ele coloca o mínimo de meias em sua mochila, com a certeza de que, com elas, formará um par correto. Quantas meias ele leva?

Estrutura básica dos argumentos

Os argumentos são formados por uma ou mais sentenças estruturadas com o propósito de apoiar, justificar ou provar a verdade ou validade de outra sentença. Assim, sua conformação básica costuma ser dividida em duas partes:

- **Premissa(s)** – nome dado à(s) sentença(s) que forma(m) o ponto de partida de um argumento.
- **Conclusão** – nome dado à sentença que supostamente deriva das premissas de um argumento e que corresponde a seu ponto de chegada.

Tomemos como exemplo a seguinte inferência: "Lucila deve ter 18 anos porque é dois anos mais velha que sua irmã" (E_1). Perceba que há, nela, um dado não explicitado, mas que pode ser deduzido: "A irmã de Lucila tem 16 anos". Assim, com todos esses elementos, chegamos ao seguinte argumento:

Exemplo 1 (E_1)

Lucila é dois anos mais velha que a irmã. (1)	→ premissa 1 ou P_1
A irmã tem 16 anos. (2)	→ premissa 2 ou P_2
Portanto, Lucila deve ter 18 anos. (3)	→ conclusão

Observe que nesse argumento as sentenças 1 e 2 – as premissas – expressam as informações conhecidas ou que se supunham conhecidas. Já a sentença 3 – a conclusão – é uma afirmação que expressa uma informação nova, deduzida das premissas anteriores.

Outro aspecto a ser destacado é que, na lógica clássica, os argumentos são formados apenas por sentenças **declarativas**, isto é, aquelas que declaram, afirmam ou negam algo, podendo, por essa razão, ser consideradas verdadeiras ou falsas (como "Lucila tem 18 anos", "Chove", "Ela é cearense"). Essas sentenças declarativas ocuparão a função de premissa ou de conclusão, como vimos no argumento do exemplo 1.

Dicas para identificar argumentos

- As **conjunções conclusivas** (como "portanto", "logo", "então", "desse modo", "assim" etc.) costumam indicar as conclusões de um raciocínio.
- **Conjunções ou locuções conjuntivas** do tipo "porque", "já que", "pois" e "uma vez que" podem ser bons indicadores de razão, isto é, das premissas.
- Os argumentos podem estar **encadeados** uns com os outros, de tal maneira que o que é a conclusão de um argumento torna-se a premissa do argumento seguinte.
- As pessoas costumam "saltar" ou omitir alguma premissa considerada óbvia ou deduzível. Às vezes, pode ser muito importante identificar as **premissas implícitas**.
- Enfim, a correta compreensão do texto será sempre fundamental na identificação dos argumentos.

Proposições e termos

Por questões didáticas, falamos até aqui em "sentenças". Contudo, no contexto da lógica, o correto é dizer que os argumentos são formados por **proposições** ou **enunciados**, e isso ocorre por uma boa razão. Observe que, nas línguas, uma mesma ideia pode ser dita de diversas maneiras. Por exemplo, "Ela pintou a mesa" e "A mesa foi pintada por ela" são duas sentenças distintas, mas possuem praticamente o mesmo significado.

Dito de outra maneira, essas sentenças são formulações distintas da mesma proposição, e o que importa para a lógica é o que a sentença propõe ou enuncia. Daí a preferência pelos termos "proposição" ou "enunciado". Alguns especialistas também fazem distinções entre esses dois termos, mas nesta obra utilizaremos ambos indistintamente, como grande parte dos lógicos.

Assim, podemos dizer que a proposição (ou o enunciado) encontra-se a meio caminho entre o **juízo** – uma operação mental em que se articulam conceitos, ou seja, algo mais psicológico, como o raciocínio – e a **sentença** – algo mais gramatical (cf. RIVANO, Juan. *Lógica elemental*. Santiago: Universitaria, 1985. p. 14).

Os lógicos também fazem uma distinção semelhante entre termo, conceito e palavra: o **termo** situa-se a meio caminho entre o **conceito** (noção ou representação mental de algum objeto ou conteúdo) e a **palavra** (expressão linguística do conceito). Recorde que várias palavras podem remeter ao mesmo conceito.

O que acabamos de ver pode ser sintetizado no seguinte diagrama:

REPRODUÇÃO

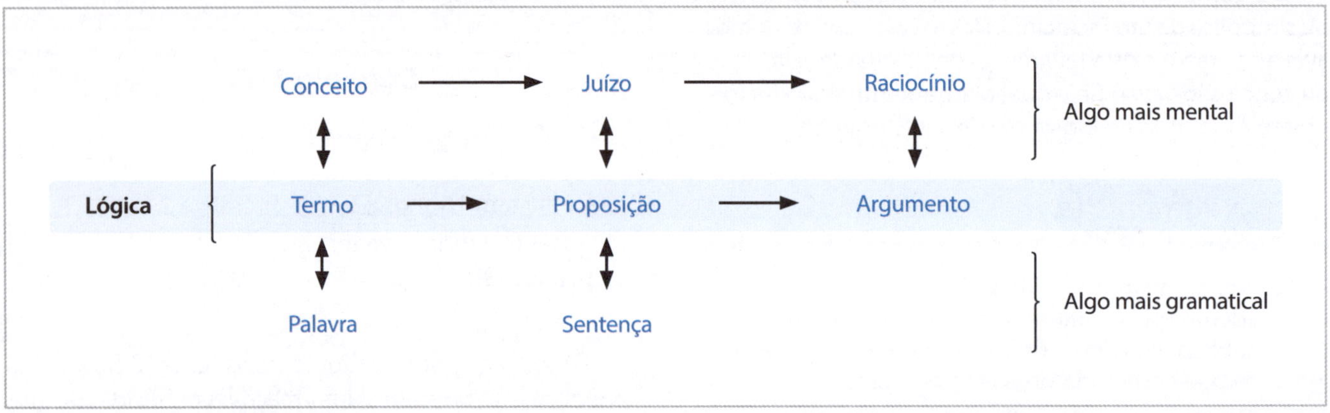

Conexões

ANDRÉ TOMA

3. A sequência acima ilustra os diversos elementos que acabamos de estudar. Por exemplo, podemos dizer que o primeiro quadrinho representa a formação do conceito de cão na mente da garota quando ela encontra esse animal. Que distinções você consegue fazer em cada um dos quadrinhos seguintes?

EXPLORANDO OS ARGUMENTOS
Contribuições da lógica aristotélica

REMBRANDT – MUSEU METROPOLITANO DE ARTE, NOVA YORK

Aristóteles contemplando o busto de Homero, de Rembrandt Harmenszoon van Rijn, 1653. Óleo sobre tela, 143,5 cm × 136,5 cm. O surgimento da filosofia na Grécia Antiga – com seu discurso racional, fundado em argumentos lógicos – constituiu um rompimento progressivo com as explicações míticas reunidas em poemas épicos como a *Ilíada* e a *Odisseia*, de Homero.

Agora que você já tem uma ideia geral do que é um argumento, vamos detalhar alguns elementos básicos da lógica, especificamente aqueles relacionados com a chamada **lógica tradicional**, de origem aristotélica.

Aristóteles (384-322 a.C.) foi o primeiro pensador a realizar um estudo sistemático dos tipos de argumentos. Ele lançou as bases de boa parte do que desenvolveriam diversos outros estudiosos nos séculos seguintes em termos lógicos. Por isso, o filósofo grego é considerado o fundador da lógica (reveja outros aspectos de seu pensamento no Capítulo 1).

Para Aristóteles, a lógica era uma ferramenta ou um instrumento importante na busca do conhecimento verdadeiro, razão pela qual seus escritos sobre esse tema receberam o nome de *Organon*, palavra grega que significa "órgão, engenho, instrumento".

Conteúdo e forma

Talvez você esteja intrigado com as pretensões de Aristóteles e dos lógicos em geral, pois há uma infinidade de raciocínios ou argumentos com elementos diferentes e seria impossível estudá-los todos, um a um. Por isso, é preciso explicar que, no desenvolvimento da lógica, os filósofos foram centrando sua análise cada vez mais na forma dos argumentos – isto é, em sua estrutura – e cada vez menos em seus conteúdos.

Para você entender essa distinção entre forma e conteúdo, leia os exemplos a seguir:

Exemplo 2 (E_2)

Todo ser humano é mortal. → premissa 1 ou P_1
Sócrates é ser humano. → premissa 2 ou P_2
Logo, Sócrates é mortal. → conclusão

Exemplo 3 (E_3)

Todo mamífero é vertebrado. → P_1
A baleia é um mamífero. → P_2
Logo, a baleia é vertebrada. → conclusão

São dois argumentos fáceis de entender. Expressos em linguagem natural (o português), eles abordam assuntos distintos, tendo, portanto, conteúdos diferentes: um trata de Sócrates e sua mortalidade; o outro, de baleias e sua coluna vertebral. Mas, se você observar bem, notará que os dois apresentam a mesma estrutura. Compare:

Todo	ser humano mamífero	é	mortal. vertebrado.
	Sócrates A baleia	é	um ser humano. um mamífero.
Logo,	Sócrates a baleia	é	mortal. vertebrada.

Para ficar mais clara e precisa a forma comum desses dois argumentos, vamos codificá-los da maneira a seguir:

Forma 1 (F_1)

Todo A é B → P_1
c é um A → P_2
Logo, c é B.

Trata-se de uma forma "vazia" de conteúdos, pela qual podemos perceber que E_2 e E_3 pertencem à mesma classe de argumentos, pois têm a mesma forma lógica.

Observação

Em seus tratados de lógica, Aristóteles chegou a substituir, em alguns momentos, os termos por letras nas proposições, como acabamos de fazer. No entanto, foi especialmente a partir do século XIX que os lógicos passaram a usar cada vez mais a **linguagem artificial** ou **formal** – isto é, aquela que emprega letras e símbolos em vez de palavras –, dando origem à chamada **lógica simbólica** ou **matemática**.

Verdade e validade

A distinção entre forma e conteúdo nos abre as portas para a compreensão de outros dois conceitos fundamentais em lógica: validade e verdade. Vejamos este argumento:

Exemplo 4 (E_4)

Todo ser humano é mortal. → P_1
Meu cão é mortal. → P_2
Logo, meu cão é um ser humano.

À primeira vista, o exemplo acima parece ser um argumento semelhante a E_2, pois ambos têm alguns conteúdos em comum. Entretanto, sua conclusão é obviamente falsa, não é? E o que é mais estranho é que P_1 e P_2 são proposições verdadeiras. Será possível que, de proposições verdadeiras, se obtenha uma conclusão falsa?

Sim, é possível, se juntarmos as proposições de maneira não permitida pela lógica. Antes de explicarmos por quê, veja este outro argumento:

Exemplo 5 (E_5)

Todo mineiro é brasileiro. → P_1
Pelé é brasileiro. → P_2
Logo, Pelé é mineiro.

Aqui, a situação se complica ainda mais, pois sabemos que todas as proposições são verdadeiras, incluindo a conclusão, pois Pelé nasceu em Três Corações (MG). No entanto, esse argumento tem algo bem estranho: o fato de alguém ser brasileiro não implica que tenha de ser mineiro, pois o universo de brasileiros é mais amplo do que o de mineiros, contendo também baianos, alagoanos, gaúchos etc. Assim, não por ser brasileiro Pelé é mineiro, mas, sim, o contrário. Isso quer dizer que, embora a conclusão de E_5 seja uma proposição verdadeira, ela não é uma consequência lógica de suas premissas.

Então, o que há de errado com os dois argumentos anteriores? Vamos investigar. Se substituirmos os termos principais de E_4 e E_5 por letras, veremos que a forma lógica de ambos é a mesma:

Forma 2 (F_2)

Todo A é B → P_1
c é um B → P_2
Logo, c é A.

Agora compare F_2 com F_1. Veja que a primeira premissa em ambos é igual, mas, na segunda premissa e na conclusão de F_2, a letra B toma os lugares ocupados pela letra A em F_1. Essa pequena diferença implica que F_1 e F_2 são formas lógicas distintas, de maneira que:

- F_1 é válida, pois corresponde a uma forma de argumento em que a conclusão será sempre uma consequência lógica de suas premissas P_1 e P_2;
- F_2 é inválida, uma vez que isso não ocorre.

Desse modo, o argumento válido pode ser definido como aquele que está estruturado de tal maneira que a conclusão é consequência lógica das premissas. Isso significa que, se estas forem verdadeiras, não é possível que sua conclusão seja falsa.

Observe, portanto, que verdade e validade são dois conceitos totalmente distintos. Em lógica sempre que falamos em:

- **Verdadeiro** ou **falso** – estamos nos referindo ao **conteúdo** das proposições. Por exemplo: "Todo ser humano é mortal" é uma proposição verdadeira; "Meu cão é um ser humano" é uma proposição falsa.
- **Válido** ou **inválido** – estamos considerando as **relações formais** estabelecidas entre as premissas e a conclusão de um argumento. Por exemplo: o argumento E_2 é válido; o argumento E_4 é inválido.

Em resumo, dizemos que uma proposição é falsa ou verdadeira (um argumento, não) e que um argumento é válido ou inválido (uma proposição, não).

Agora podemos compreender a afirmação de que não cabe aos lógicos estabelecer a verdade ou a falsidade das proposições, pois para isso precisariam saber sobre tudo e estabelecer teorias para tudo. Isso seria impossível. Assim, sua tarefa se concentra nos aspectos formais das argumentações. Veja um exemplo que pode deixar isso bem claro:

Exemplo 6 (E_6)

Todo gás nobre não combina com outros elementos. → P_1

O ozônio é um gás nobre. → P_2

Logo, o ozônio não combina com outros elementos.

O lógico dirá que esse é um argumento com a forma F_1 e que, portanto, é válido, o que significa que nunca levará de verdades a falsidades. No entanto, quem poderá afirmar com autoridade se as proposições de E_6 são verdadeiras (atenção: as proposições, não o argumento) é um químico, não um lógico. Por isso, muitas vezes os lógicos formulam os argumentos colocando suas proposições como hipóteses ou suposições. Usando o exemplo anterior (E_6), temos:

Se todo gás nobre não combina com outros elementos.

E se o ozônio é um gás nobre.

Logo, o ozônio não combina com outros elementos.

Observação

O conceito de validade definido até aqui refere-se aos raciocínios ou argumentos **dedutivos**, pois é deles que estamos tratando primeiramente. Mais adiante, estudaremos também os argumentos indutivos, nos quais os termos técnicos "válido" e "inválido" não se aplicam em um sentido estrito.

Correção do argumento

Com frequência, porém, não basta saber se um raciocínio é válido. Precisamos descobrir se sua conclusão é verdadeira de fato, não apenas como hipótese. Então, temos de descobrir se suas premissas são verdadeiras também. Isso ocorre, por exemplo, nas ciências, em que os cientistas devem **demonstrar** suas teses ou conclusões, o que exige argumentos válidos e premissas verdadeiras.

Em nosso último argumento (E_6), por exemplo, se consultássemos um especialista em química ou um bom livro da matéria, descobriríamos que a segunda premissa é falsa, pois o ozônio não é um gás nobre. Portanto, a conclusão é igualmente falsa. Isso quer dizer que, embora E_6 seja um argumento válido, ele não justifica adequadamente sua conclusão, porque utiliza uma premissa falsa. Já no caso de E_5 temos uma situação inversa: embora todas as proposições sejam verdadeiras, o argumento não apresenta uma forma válida.

Assim, dizemos que os argumentos E_5 e E_6 não são corretos porque um argumento só é considerado correto se for válido e, além disso, tiver premissas verdadeiras.

Conexões

4. Revendo os argumentos que vimos até aqui, complete o quadro abaixo com "sim" ou "não", conforme o caso. Procure aplicar os conceitos de verdade, validade e correção.

	E_2	E_3	E_4	E_5	E_6
Todas as premissas verdadeiras					
Argumento válido					
Argumento correto					

Fatos, opiniões e informação falsa

Confirmar a verdade de uma premissa ou informação não é, com frequência, algo tão simples de conseguir. Muitas pessoas acreditam que basta pesquisar na internet e está tudo resolvido, mas em qual informação devem acreditar? A rede mundial de computadores deu voz a todos e difunde informações muito variadas, mas que no geral não são filtradas. E para construir o conhecimento é necessário realizar justamente esse trabalho de seleção e de distinção entre o verdadeiro e o falso.

Portanto, quando lemos ou escutamos uma afirmação, é sempre importante praticar um pouco a nossa já conhecida suspensão do juízo (que estudamos no Capítulo 2). Depois, fazer-nos a seguinte pergunta: essa afirmação refere-se a um fato ou reflete uma opinião?

Fato é algo que aconteceu objetivamente em determinada situação; assim, a informação factual é aquela cuja veracidade pode ser verificada. Por exemplo: em nossa historieta (no início do capítulo), a informação de que Lana não estava no jornal na hora do crime é um fato, pois foi confirmado pelas imagens das câmeras. As provas dos fatos podem vir de diversas fontes, como testemunhos, objetos, registros visuais, escritos ou sonoros etc.

Muitas vezes, no entanto, o que se considera fato em um momento pode revelar-se em outro como um erro de interpretação, uma farsa ou uma mentira. No exemplo acima, poderia descobrir-se depois que a pessoa registrada pelas câmeras não era Lana, mas alguém parecida ou disfarçada, induzindo os detetives ao erro.

Opinião, por sua vez, é o enunciado que reflete um pensamento subjetivo, uma interpretação pessoal sobre algo. Podem ser opiniões baseadas em fatos, mas vão além deles, razão pela qual não podem ser confirmadas da mesma maneira que os fatos. Contudo, isso não invalida as opiniões. Dependendo da situação, necessitamos da opinião de outras pessoas, sobretudo de especialistas – como médicos, advogados, economistas etc. – para tomar uma decisão.

Portanto, quando você tiver acesso a uma matéria em qualquer veículo de comunicação, página na internet ou rede social, ponha atenção a esta distinção: é uma notícia no sentido estrito, ou seja, um relato sobre fatos e acontecimentos, ou contém elementos subjetivos e opinativos. Também não restrinja sua leitura ao título; leia a matéria inteira para ver se a informação está bem fundamentada, se apresenta fontes e respalda o título (pois, para atrair mais leitores, as manchetes costumam ser sensacionalistas, sem preocupação com sua veracidade).

Em seguida, é importante confirmar as informações factuais com outras fontes, pois vivemos em uma época de muita informação fraudulenta e desinformação. Nesse sentido, também é recomendável investigar sobre o grau de confiabilidade desse veículo ou página, quem responde por ele e suas matérias, suas tendências ou preferências (política, econômica, religiosa, culturais etc.), pois tudo isso vai interferir na opinião que emitirá sobre os fatos. Com todas essas distinções, você terá melhores condições de avaliar crítica e logicamente uma informação.

Conexões

5. Pesquise matérias em jornais e revistas e procure identificar pelo menos um exemplo de:

a) informação com características factuais;

b) informação com características opinativas ou interpretativas;

c) informação com características fraudulentas.

Estudo dos termos

Prosseguindo em nossa investigação, para avaliar se uma premissa é falsa ou verdadeira, um requisito indispensável é que você entenda, primeiramente, o que ela enuncia. Isso nos remete imediatamente aos termos que a compõem e à relação que se estabelece entre eles no enunciado de uma proposição.

Aristóteles elaborou um tratado sobre os termos, intitulado *Categoriae* (*Categorias*), que faz parte do *Organon*, no qual define que eles podem ser considerados sob dois aspectos:

- da **extensão** ou **quantidade** – isto é, do conjunto de seres ou coisas aos quais o termo se aplica, podendo ser total (universal) ou parcial (particular). Por exemplo, a extensão do termo "ser humano" é o conjunto de todos os seres que podem ser denominados por esse termo, ou seja, todos os membros da espécie humana (*Homo sapiens*);
- da **compreensão** ou **qualidade** – ou seja, das propriedades dos seres ou das coisas que o termo designa e que fazem que eles sejam o que são. Por exemplo: a compreensão do termo "ser humano" inclui todas as qualidades pertencentes a esse ser (vivente, mortal, animal, vertebrado, mamífero, social, racional etc.).

Proposições categóricas

As proposições, por sua vez, relacionam os termos. Portanto, precisamos aprofundar nossa compreensão sobre essas relações, pois elas serão decisivas na hora de atribuir valores de verdade às proposições (isto é, de julgar se elas são verdadeiras ou falsas).

Aristóteles dedicou um tratado às proposições e aos juízos, denominado *De Interpretatione* (*Da interpretação*), que também faz parte do *Organon*. Nele, o filósofo realiza um estudo exaustivo sobre um tipo especial de enunciado: a proposição categórica.

As proposições categóricas costumam ser definidas como aquelas que estabelecem uma relação entre classes de seres (por exemplo, entre seres humanos e seres mortais), afirmando ou negando que uma classe esteja incluída em uma outra, seja no todo ou em parte. Denomina-se **classe** o conjunto de coisas ou seres que apresentam alguma característica comum. Assim, a proposição "Todo ser humano é mortal" é categórica, pois relaciona a classe dos seres humanos com a classe dos mortais.

Observe que a maioria dos exemplos que utilizamos até agora são proposições categóricas. Nelas, temos a forma geral *S* é *P* (ou *S* não é *P*): a classe situada na posição do sujeito é chamada *S*; a classe situada na posição do predicado é chamada *P*; e a relação entre elas é estabelecida por meio do verbo de ligação "ser".

Quando analisamos as proposições do ponto de vista da qualidade, elas podem ser:

- **Afirmativas** – quando reúnem dois termos (*S* é *P*), afirmando que há uma relação entre eles, ou seja, que a qualidade (o predicado) convém ao sujeito. Exemplos:

  Todo cachorro é mortal.

  Alguns homens são loiros.
- **Negativas** – quando separam dois termos (*S* não é *P*), negando que há uma relação entre eles, ou seja, afirmando que a qualidade (o predicado) não convém ao sujeito. Exemplos:

  Nenhum cavalo é anfíbio.

  Algum sofá não é vermelho.

Quando analisamos as proposições do ponto de vista da quantidade, elas podem ser:

- **Universais** ou **gerais** – quando se referem à extensão total do sujeito. Podem usar os pronomes "todo(s)/toda(s)" ou "nenhum/nenhuma" para explicitar essa condição (são os chamados **quantificadores**). Exemplos:

  Toda criança é inocente.

  Todo animal não é objeto (Nenhum animal é objeto).
- **Particulares** – quando se referem a uma parte da extensão do sujeito. Geralmente, o pronome "alguns" ou "algumas" é usado como quantificador que explicita essa condição. Exemplos:

  Alguns políticos são honestos.

  Algumas mulheres não são vaidosas.

Combinando os dois critérios, temos como resultado quatro tipos de proposições, as quais formam a base da lógica aristotélica:

- **Universal afirmativa** – como em "Todo cachorro é mortal".
- **Universal negativa** – como em "Nenhum animal é objeto".
- **Particular afirmativa** – como em "Alguns homens são loiros".
- **Particular negativa** – como em "Algumas mulheres não são vaidosas".

Observação

Há também enunciados que se referem a um único indivíduo, como em "Sócrates é mortal". Trata-se da chamada **proposição singular**. No entanto, Aristóteles não deu atenção a esse tipo de proposição em seu sistema.

Diagramas de Euler

Para ajudar a compreender algumas das relações possíveis entre pares de termos, tendo em vista suas extensões, vamos utilizar agora uma série de representações gráficas. Elas estão baseadas nos círculos ou diagramas criados pelo matemático suíço Leonhard Euler (1707-1783), no século XVIII.

Considerando *S* e *P* diferentes classes de seres, podemos estabelecer entre eles as seguintes relações básicas da lógica tradicional:

1. Todo *S* é *P*.

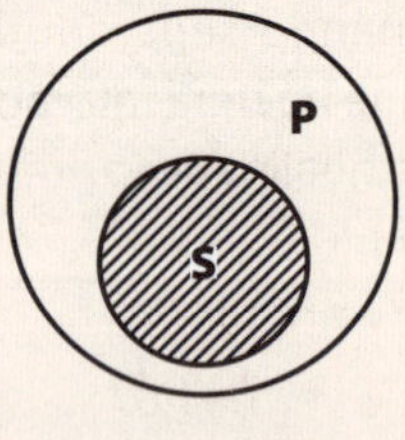

Observe no gráfico que *S* pertence a *P*. Portanto, podemos dizer que todos os membros de *S* são *P*. Exemplo:

S = humanos; *P* = mamíferos

Todos os humanos são mamíferos.

2. Algum *S* é *P*.

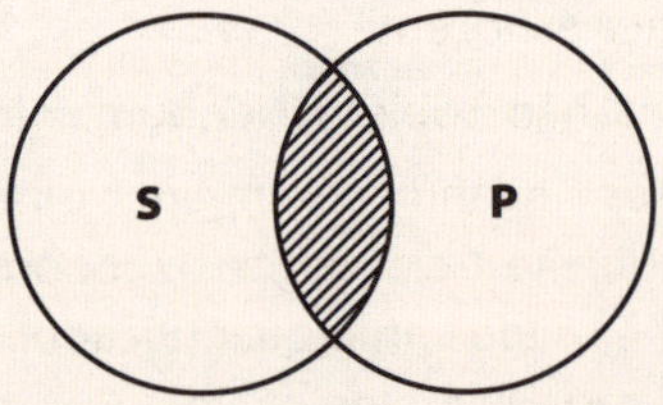

Observe no gráfico que há uma interação parcial entre *S* e *P*. Portanto, podemos dizer que alguns membros de *S* (não todos) são *P*. Exemplo:

S = políticos; *P* = mulheres

Alguns políticos são mulheres.

3. Algum *S* não é *P*.

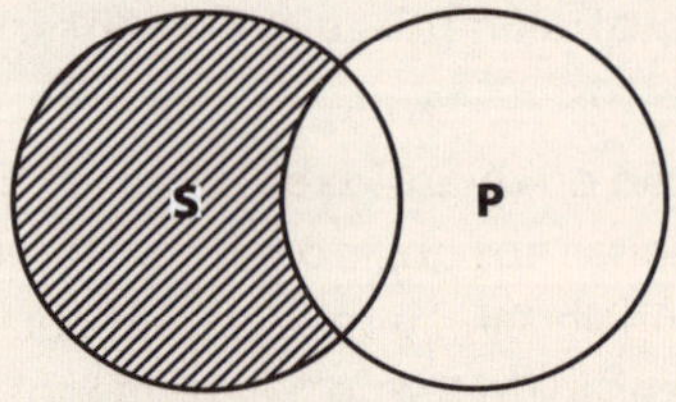

Como no gráfico anterior, a interação é parcial. Portanto, também podemos dizer que alguns membros de *S* (não todos) não são *P*. Exemplo:

S = políticos; *P* = mulheres

Alguns políticos não são mulheres.

4. Nenhum *S* é *P*.

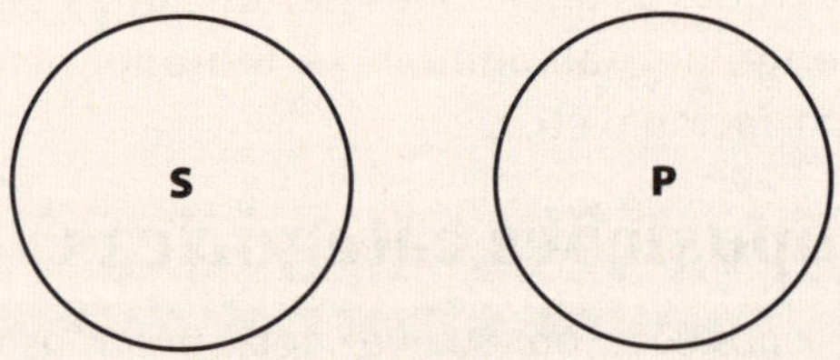

Por último, observe no gráfico que há uma completa diferenciação entre *S* e *P*. Portanto, podemos dizer que nenhum elemento de *S* é *P*. Exemplo:

S = vegetal; *P* = animal

Nenhum vegetal é animal.

Conexões

6. Manchete de um jornal: "Funcionários da empresa aderem aos protestos contra sua privatização". Faça o que se pede:

a) transforme essa manchete em uma proposição categórica;

b) "formalize" a proposição (usando letras) e elabore o diagrama correspondente;

c) destaque os termos da proposição (*S* e *P*), explicitando a extensão de cada um (total ou parcial);

d) identifique o tipo de proposição.

Princípios lógicos fundamentais

Em seus estudos sobre as proposições, Aristóteles também notou que as relações entre os termos (ou conceitos) e entre as proposições (ou juízos) são regidas por certos princípios, isto é, por noções tão evidentes e fundamentais do pensamento que não podemos contrariá-las. São, por isso, indemonstráveis. Vejamos os três princípios fundamentais da lógica.

Princípio de identidade

Se alguém disser "Brasileiro é argentino", você provavelmente vai pensar que essa pessoa está louca ou muito mal informada, pois "é óbvio que brasileiro é brasileiro, argentino é argentino e não se deve misturar as coisas".

Temos, assim, o enunciado *A* é *A*. Então saiba que essa obviedade constitui o princípio de identidade, formulado originalmente pelo filósofo grego **Parmênides** (c. 510-470 a.C.) nos seguintes termos: o ser é (ele mesmo) – ou seja, todo objeto é idêntico a si mesmo.

Observe que o princípio de identidade é **tautológico** (do grego *tauto*, "o mesmo"), pois seu enunciado tem o mesmo conceito para o sujeito e para o predicado, de tal maneira que, se substituirmos *A* por qualquer termo, sempre obteremos uma proposição verdadeira.

LIBRARY OF CONGRESS/CORBIS/VCG/GETTY IMAGES

A fotografia de trabalhadores em uma fábrica de linha de montagem norte-americana, na década de 1930, nos permite refletir sobre o princípio de identidade. Você sabe por quê?

Princípio de não contradição

Suponhamos agora esta situação: um candidato à presidência afirma, em um comício, que seu opositor "é incompetente na gestão pública". Depois, no segundo turno, estabelece uma aliança política com seu ex-adversário e declara que sempre soube que ele "é um grande administrador".

Você não precisa ter estudado lógica para perceber claramente que há uma contradição entre os dois enunciados: ou Fulano é incompetente ou Fulano é bom administrador. Portanto, Fulano não pode ser bom administrador e incompetente ao mesmo tempo.

Essa conclusão se baseia no **princípio de não contradição** (que alguns autores chamam de **princípio de contradição**), o qual estabelece que duas proposições contraditórias (*P* e não *P*) não podem ser ambas verdadeiras nem ambas falsas ao mesmo tempo. Esse princípio também costuma ser formulado da seguinte maneira: para qualquer *A* e para qualquer *B*, é falso que *A* é *B* e não *B* ao mesmo tempo.

PRYZMAT/SHUTTERSTOCK

Quando os sinais que temos – do trânsito ou de uma situação – são contraditórios, não sabemos o que fazer ou pensar. A contradição lógica é imobilizadora. Você já experimentou isso?

Princípio do terceiro excluído

Retornando à situação descrita anteriormente, imagine que uma jornalista, tendo em conta a contradição do candidato, faça-lhe a seguinte pergunta: "O senhor mentiu antes ou está mentindo agora?".

Observe que a jornalista faz essa pergunta por uma boa razão: se o enunciado "Fulano é competente" (*A* é *B*) for verdadeiro, "Fulano é incompetente" (*A* é não *B*) será falso; e se "Fulano é incompetente" (*A* é não *B*) for verdadeiro, "Fulano é competente" (*A* é *B*) será falso. Não há uma terceira opção ou meio-termo, conforme apontou Aristóteles. Portanto, o candidato necessariamente teria feito uma asserção falsa em algum momento, antes ou depois.

Esse raciocínio expressa o princípio do terceiro excluído, o qual estabelece que, para qualquer proposição *P*, é verdade que *P* ou não *P*, e não há uma terceira opção. Esse princípio também costuma ser formulado da seguinte maneira: para qualquer *A* e para qualquer *B*, *A* é *B* ou não *B*, não havendo uma terceira possibilidade.

Observação

No exemplo acima, a jornalista considera que o candidato não apenas disse algo falso, mas que – dadas as circunstâncias – o fez intencionalmente, ou seja, mentiu. Mentir é dizer algo que se sabe falso como se fosse verdadeiro, isto é, com intenção. Situação diferente ocorre quando alguém enuncia uma proposição falsa por ignorância ou por um equívoco de raciocínio, mas acredita estar dizendo a verdade. Portanto, não confunda falsidade (entendida como conceito lógico) com mentira (conceito mais psicológico ou moral): a mentira implica falsidade, mas a falsidade não implica necessariamente mentira.

Quadrado de oposições

Pelo que vimos até agora, você pode perceber que é possível estabelecer diversas relações entre proposições quando elas têm os mesmos termos como sujeito e predicado (*S* e *P*).

Durante a Idade Média, os lógicos criaram um diagrama com as proposições categóricas universais e particulares, afirmativas e negativas, sintetizando as relações possíveis entre elas e facilitando sua compreensão. Trata-se do quadrado de oposições, no qual cada tipo de enunciado é tradicionalmente denominado pelas vogais *A*, *E*, *I* e *O*:

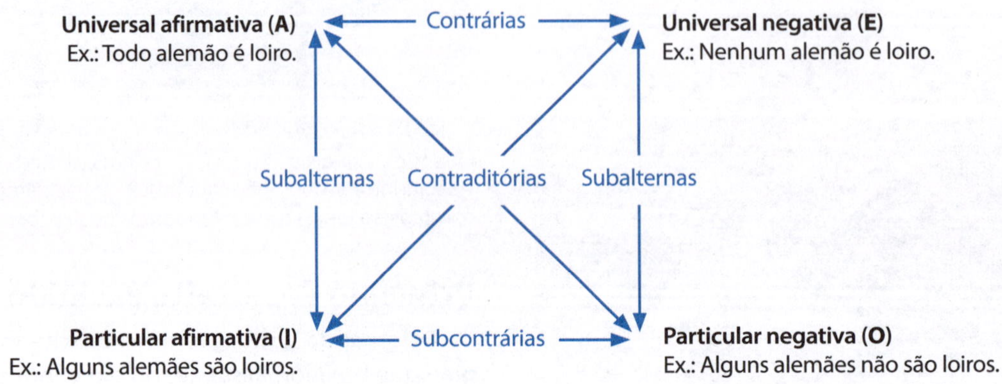

REPRODUÇÃO

Se você raciocinar sobre os exemplos acima, verá que as proposições:

- **Contrárias** (*A* e *E*) enunciam exatamente o contrário uma da outra – o que uma nega, a outra afirma de forma universal, absoluta. Observe que, em qualquer circunstância, não podem ser ambas verdadeiras (se uma é verdadeira, a outra é falsa), mas é possível que ambas sejam falsas em algumas circunstâncias (como no exemplo acima).
- **Contraditórias** (*A* e *O*; *E* e *I*) não enunciam exatamente o contrário uma da outra, mas há contradição, incoerência, incompatibilidade total entre elas. Note que, em qualquer circunstância, não podem ser ambas as proposições verdadeiras ou ambas falsas – ou seja, se uma é verdadeira, a outra é necessariamente falsa e vice-versa.
- **Subcontrárias** (*I* e *O*) enunciam o contrário (no sentido de que uma afirma o que a outra nega), mas não de forma universal. Observe que, por essa "sutil" diferença em relação às proposições contrárias, podem ser ambas verdadeiras ou uma ser verdadeira e a outra falsa, mas não podem ser ambas falsas.
- **Subalternas** (*A* e *I*; *E* e *O*) afirmam (ou negam) do termo particular (*I* e *O*, respectivamente) o que seus pares opostos afirmam (ou negam) do termo universal (*A* e *E*, respectivamente). Dessa diferença resultam combinações variadas: se *A* é verdadeira, *I* é verdadeira; se *A* é falsa, *I* pode ser verdadeira ou falsa; se *I* é verdadeira, *A* pode ser verdadeira ou falsa; e se *I* é falsa, *A* pode ser verdadeira ou falsa. Combinações idênticas ocorrem entre *E* e *O*.

Você não precisa decorar essas regras. O importante é que as aplique nos exemplos e perceba que realmente funcionam. Simule com outras proposições, substituindo *S* e *P* por outros termos. Com a prática, essas relações ficarão bem mais claras.

Conexões

7. Utilizando o quadrado de oposições, crie uma proposição de tipo *A*, usando os termos "cidadão" e "protegido pela Constituição". Depois transforme essa proposição em *E*, *I* e *O*.

ARGUMENTAÇÃO

As distintas formas de raciocinar

FÁTIMA MEIRA/FUTURA PRESS

Movimentação no plenário do Supremo Tribunal Federal (STF), em Brasília (DF), 2019. Fazendo uso da argumentação, os ministros apresentam, em cada sessão, as razões que fundamentam seus votos em relação ao processo em questão.

Depois dessa exploração sobre os termos e as proposições, retornemos ao estudo dos argumentos. Dissemos antes que, quando raciocinamos, escolhemos e "manipulamos" certas informações em um processo que nos leva a outra informação (a conclusão).

Também vimos que, dependendo da maneira como relacionamos essas informações (a forma lógica), nossa argumentação será válida ou inválida. Se for válida e as premissas forem verdadeiras, temos uma prova conclusiva do que foi afirmado (a conclusão).

Essa característica, no entanto, não se aplica a todo tipo de argumentação. Há outros modos de raciocinar que não têm a mesma força demonstrativa, mas são usados com frequência e têm bastante utilidade. Tradicionalmente, destacam-se duas formas de argumentar: uma é conhecida como **dedução**, e a outra, como **indução**. A diferenciação entre elas é fundamental na hora de avaliar as possibilidades e os limites de uma demonstração.

Dedução

A maioria dos exemplos de argumento que vimos até agora são dedutivos. Trabalhamos primeiramente com eles porque, desde Aristóteles, o ideal da lógica tem sido encontrar as condições necessárias para que, de proposições verdadeiras, se obtenham conclusões verdadeiras. E é apenas o **método dedutivo** que oferece essa possibilidade e garantia.

Como vimos, a dedução é um modo de raciocinar, argumentar e demonstrar em que a conclusão é uma consequência lógica das premissas (ou pelo menos a pessoa que o utiliza pensa ser). Isso quer dizer que, *stricto sensu,* dedução e argumento válido se identificam, pois têm a mesma definição – ou seja, toda dedução é um argumento válido e vice-versa. No entanto, se pensarmos na dedução em sentido amplo, também é possível dizer que as pessoas podem "deduzir" erroneamente sempre que usarem esse método com uma forma inválida, o que de fato fazem com muita frequência.

Há, porém, outra maneira de caracterizar a dedução que a diferencia nitidamente da indução (conforme veremos adiante): o argumento dedutivo é aquele que vai do maior ao menor, ou do geral ao particular ou singular, de tal modo que sua conclusão constitui algo que já estava contido, mesmo que implicitamente, nas premissas.

Isso pode ficar mais claro para você se retornarmos à historieta do início do capítulo, de onde é possível extrair o seguinte argumento dedutivo como exemplo:

Exemplo 7 (E_7)

Todos os suspeitos são (ou devem ser) pessoas que estavam no prédio entre 12 e 14 horas. → P_1

Lana não é uma pessoa que estava no prédio entre 12 e 14 horas. → P_2

Logo, Lana não é (ou deve ser) suspeita. → conclusão

Observe que o argumento parte da proposição universal P_1 (iniciada por "todos") e conclui com uma proposição singular, referente a apenas um único indivíduo ("Lana"). Sua forma lógica é "Todo *A* é *B*. *c* não é *B*. Logo, *c* não é *A*" (forma válida). Esse tipo de raciocínio é comum na aplicação das leis científicas (enunciados gerais) a situações específicas (como, por exemplo, quando você resolve um problema de física).

Observação

Costuma-se dizer que os argumentos dedutivos, embora forneçam provas conclusivas de uma proposição, não são ampliativos, tendo em vista que nada acrescentam ao que já se "sabia", ou seja, ao que estava implícito nas premissas. O trabalho do argumento dedutivo seria "apenas" o de explicitar essa informação.

COLLECTION CHRISTOPHEL/AGB PHOTO LIBRARY

Cena do filme *Estrelas além do tempo*, dirigido por Theodore Melfi, 2016. Nela, a matemática e física da Nasa Katherine Johnson (interpretada pela atriz Taraji P. Henson) realiza uma demonstração na lousa, fazendo uso do raciocínio dedutivo.

Indução

A indução, por sua vez, costuma ser caracterizada como um modo de raciocinar que vai do menor ao maior, ou do singular ou particular ao geral, de tal maneira que sua conclusão vai além do que enunciam suas premissas. Nós raciocinamos dessa forma com muita frequência: temos uma experiência, fazemos um juízo sobre ela e o generalizamos, isto é, passamos a aplicá-lo a outras experiências semelhantes. Em nossa historieta, por exemplo, podemos identificar o seguinte argumento indutivo:

Exemplo 8 (E_8)

Um dia meu joelho doeu e depois choveu.	→	P_1
Repetidas vezes meu joelho doeu e depois choveu.	→	P_2
Logo, sempre que meu joelho doer vai chover.	→	conclusão

Esse argumento parte de proposições que enunciam observações relativas a um ou mais momentos (P_1 e P_2) e, por **analogia** (relação de semelhança), a **generaliza** (aplica-a a momentos similares ainda não experimentados). Note também que a conclusão não é uma consequência lógica das premissas, extrapolando as informações disponíveis nelas, ou seja, a conclusão estende a afirmação contida nas premissas além dos seus limites (para todas as situações futuras).

BETTMANN ARCHIVE/GETTY IMAGES - COLEÇÃO PARTICULAR

Um revolucionário no claustro, de E. F. Skinner. Litografia impressa em 1913. O monge e botânico austríaco Gregor Johann Mendel (1822--1884) realizou múltiplas experiências sobre a hibridação (cruzamento entre variedades de uma planta), especialmente com ervilhas. Suas observações o levaram à elaboração das primeiras leis da genética (as chamadas Leis de Mendel). Que tipo de raciocínio ele utilizou?

A indução tem um lugar de destaque na ciência, onde costuma ser aplicada de maneira criteriosa e controlada. Um cientista, por exemplo, observa o momento em que a água entra em ebulição sob determinadas condições e vê que o termômetro marca certa temperatura; depois ele realiza a experiência reiteradas vezes sob as mesmas condições, comprovando que o resultado é sempre o mesmo. Desse modo, ele induz (conclui por indução) que a água sempre entra em ebulição a 100 °C ao nível do mar. Essa conclusão não foi obtida por dedução lógica, e sim por observação (ou seja, indução).

Por isso, costuma-se dizer que o raciocínio indutivo é **ampliativo**, tendo em vista que sua conclusão vai além do enunciado nas premissas. Essa é sua riqueza, mas também sua debilidade, porque a conclusão indutiva será sempre **provável** (provavelmente verdadeira), mas não garantida ou necessária no sentido estritamente lógico-dedutivo. Isso fica bem nítido nos estudos estatísticos, como as pesquisas de opinião:

Exemplo 9 (E_9)

60% dos entrevistados pelo instituto de pesquisa apoiam a nova lei.	→ P
Logo, estima-se que 60% da população apoia a nova lei.	→ conclusão

Note que, no argumento acima, mesmo se a premissa for verdadeira, sua conclusão não será necessariamente verdadeira, mas terá alta probabilidade de ser verdadeira se, e somente se, a pesquisa de opinião foi feita corretamente, seguindo a metodologia científica.

Conexões

8. Identifique em que tipos de raciocínios estão baseadas as seguintes conclusões (dedução ou indução). Explique por quê.

a) Como ele é inglês, pensei que seria mais pontual.

b) Pelo futebol que tem jogado a seleção da Espanha, ela é séria candidata a ganhar a próxima Copa do Mundo.

c) Não vou mais assistir a filmes desse diretor, pois não entendi nada desse filme (ao sair do cinema).

Doutrina do silogismo

Retornando aos argumentos dedutivos, vejamos a teoria que foi o cerne da lógica aristotélica durante muitos séculos: a doutrina do silogismo. Ela reúne e sintetiza todos os conceitos lógicos que estudamos anteriormente.

"Silogismo" é uma palavra de origem grega usada tradicionalmente para designar um argumento formado por três proposições (duas premissas e a conclusão). A teoria sobre os silogismos foi apresentada por Aristóteles na obra *Analytica priora* (*Primeiros analíticos*), que integra o *Organon*.

Silogismo categórico

Há vários tipos de silogismo, mas o principal é o chamado **silogismo categórico**, que se caracteriza por conter:

- três proposições categóricas (na forma *S* é *P* ou *S* não é *P*, como vimos anteriormente);
- três termos, cada um deles usado em apenas duas das proposições.

O argumento abaixo é um exemplo de silogismo categórico em sua forma típica:

Exemplo 10 (E_{10})

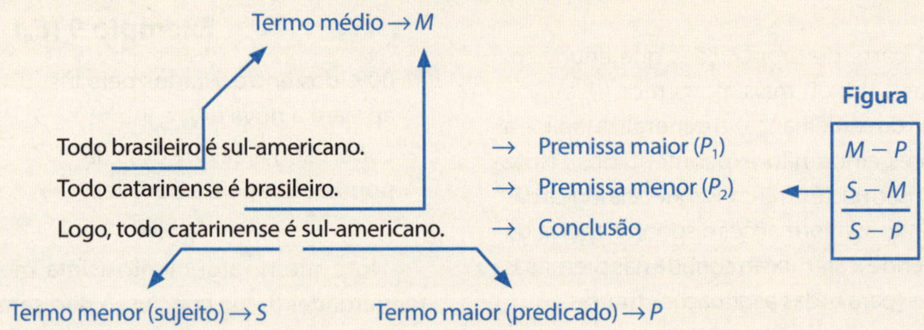

> **Observação**
>
> A forma típica é considerada a forma "pura" de silogismo. Os silogismos categóricos que não têm essa forma podem ser convertidos a ela, em um processo que se denomina **tradução** ou **redução**.

Observe que há três termos – "brasileiro", "sul-americano" e "catarinense" – e cada um aparece apenas em duas proposições. É importante identificar entre eles:

- **o termo maior** ou **extremo maior** – é sempre o termo predicado da conclusão ("sul-americano", no exemplo), sendo por isso referido como *P*. A premissa que o contém será a **premissa maior** (P_1, no exemplo);
- **o termo menor** ou **extremo menor** – é sempre o termo sujeito da conclusão ("catarinense", no exemplo), sendo por isso referido como *S*. A premissa que o contém será a **premissa menor** (P_2, no exemplo);
- **o termo médio** – é o termo que aparece em ambas as premissas, mas não na conclusão ("brasileiro", no exemplo). Cumpre a função de interligar os outros dois termos, encadeando as premissas com a **conclusão**. Costuma ser referido como *M*.

Figuras do silogismo

No entanto, o termo médio pode assumir outras posições em P_1 e P_2 – seja como sujeito ou predicado. Assim, é possível compor quatro formas distintas de argumento, que são as chamadas **figuras do silogismo**. Veja:

Tabela 1: Figuras do silogismo

1ª Figura	2ª Figura	3ª Figura	4ª Figura
M – P	*P – M*	*M – P*	*P – M*
S – M	*S – M*	*M – S*	*M – S*
S – P	*S – P*	*S – P*	*S – P*

Modos de silogismo

Por outro lado, se consideramos os quatro tipos de proposições que vimos antes (*A* – universal afirmativa; *E* – universal negativa; *I* – particular afirmativa; ou *O* – particular negativa), é possível compor 64 combinações distintas de silogismo. Cada uma dessas combinações constitui um modo do silogismo. Veja:

- *AAA*, *AAE*, *AAI*, *AAO* e assim por diante até *AOO*;
- *EAA*, *EAE*, *EAI*, *EAO* e assim por diante até *EOO*;
- *IAA*, *IAE*, *IAI*, *IAO* e assim por diante até *IOO*;
- *OAA*, *OAE*, *OAI*, *OAO* e assim por diante até *OOO*.

Observação

O código *AAA* refere-se a um silogismo formado por três proposições universais afirmativas, enquanto *OOO* corresponde a um silogismo de três proposições particulares negativas. Pratique.

Regras do silogismo

Existem oito regras que ajudam a construir silogismos categóricos formalmente válidos e a identificar os inválidos (conhecidos como **falácias**). Quatro dessas regras referem-se aos termos das proposições do silogismo, e as outras quatro, às próprias proposições (veja na tabela abaixo). Recorde que um argumento válido (ou de forma válida) é aquele em que, caso as premissas sejam verdadeiras, sua conclusão deve ser também verdadeira.

Tabela 2: Regras do silogismo categórico válido

		Regras	Exemplos que violam as regras (falácias formais)
Termos	1	Cada um dos três termos deve ser usado com o mesmo sentido em todo o argumento.	Todo escorpião é insetívoro. Algumas pessoas são escorpião. (signo) Logo, algumas pessoas são insetívoras. Obs.: em rigor, não é um silogismo, pois contém quatro termos (pois escorpião inseto e escorpião signo contam como dois).
Termos	2	O termo médio não pode entrar na conclusão.	Nenhum canídeo é felino. Todo canídeo é carnívoro. Logo, este canídeo não é carnívoro felino. Obs.: em rigor, não é um silogismo.
Termos	3	O termo médio deve aparecer em toda a sua extensão pelo menos uma vez.	Todas as frutas são vegetais. Todas as verduras são vegetais. Logo, todas as verduras são frutas. Obs.: vegetais como fruta ou como verduras são uma parte da extensão total dos vegetais.
Termos	4	Os termos maior e menor não podem ter na conclusão uma extensão maior do que a que têm nas premissas.	Todo ato violento é condenável. Muitos homens cometem atos violentos. Logo, todos os homens são condenáveis. Obs.: a conclusão deveria ser "muitos homens...".
Proposições	5	De duas premissas afirmativas só se pode obter uma conclusão afirmativa.	Todos os canídeos são mamíferos. Todos os mamíferos são vertebrados. Logo, alguns vertebrados não são canídeos. Obs.: a conclusão deveria ser "Alguns vertebrados são...".
Proposições	6	De duas premissas negativas nada se pode concluir necessariamente.	Nenhum pai é insensível. Alguns homens não são pais. Logo, alguns homens são insensíveis. Obs.: prova inconclusiva, conclusão injustificada.
Proposições	7	De duas premissas particulares nada se pode concluir necessariamente.	Alguns comerciantes não são honestos. Alguns imigrantes são comerciantes. Logo, alguns imigrantes não são honestos. Obs.: prova inconclusiva, conclusão injustificada.
Proposições	8	A conclusão segue sempre a parte mais fraca (isto é, a premissa negativa e/ou particular).	Todos os cisnes não são negros. Alguns pássaros são cisnes. Logo, todos os pássaros não são negros. Obs.: a conclusão deveria ser: "Alguns pássaros não são...".

Se construirmos silogismos categóricos com todos os 64 modos para cada uma das quatro figuras, conseguiremos 256 formas de argumentos. No entanto, aplicando as regras da Tabela 2, a maioria delas será inválida, restando apenas 19 silogismos categóricos válidos.

Tabela 3: Silogismos válidos

Figuras	1ª **M** – P S – **M**	2ª P – **M** S – **M**	3ª **M** – P **M** – S	4ª P – **M** **M** – S
Modos	*AAA* *AII* *EAE* *EIO*	*AEE* *AOO* *EAE* *EIO*	*AAI* *AII* *EAO* *EIO* *IAI* *OAO*	*AAI* *AEE* *EAO* *EIO* *IAI*

Fonte: RIVANO, Juan. *Lógica elemental*. Santiago: Universitaria, 1985. p. 117.

Agora você pode entender melhor por que temos dito, desde o início do capítulo, que alguns argumentos têm forma válida e outros não. Se você praticar a identificação das formas válidas e inválidas, verá cada vez com maior clareza essa distinção.

Conexões

9. Comprove que cada um dos exemplos de silogismo da Tabela 2 é inválido. Para isso, copie o quadro abaixo, identificando a figura e o modo de cada um. Depois, compare os resultados com a Tabela 3.

Silogismo	Figura	Modo	Confirma invalidez?
Regra 3	2ª	*AAA*	Sim
Regra 4			
Regra 5			
Regra 6			
Regra 7			
Regra 8			

Falácias

Vimos até aqui como é fácil construir raciocínios que podem parecer corretos, mas não são. Por isso se diz que tão importante quanto saber construir argumentos válidos e corretos é ser capaz de distinguir os que não o são, o que nos leva a tratar agora das chamadas **falácias**.

O termo latino *fallacia* significa "engano, trapaça". Assim, em sua acepção comum, a palavra "falácia" costuma ser usada para referir uma ideia equivocada ou uma crença falsa (ou que se considera assim). No âmbito da lógica, porém, falácia designa qualquer erro de raciocínio ou argumentação, especialmente os enganosos, isto é, aqueles que parecem corretos, mas que, após um exame cuidadoso, se percebe que não o são (cf. COPI, Irving M. *Introdução à lógica*. São Paulo: Mestre Jou, 1978. p. 73).

Falácias formais

Vejamos primeiramente o seguinte exemplo:

Exemplo 11 (E_{11})

Todo gato perfeito tem quatro patas.

Todo gato que conheço tem quatro patas.

Logo, todo gato que conheço é perfeito.

O silogismo categórico acima (E_{11}) pode parecer correto à primeira vista. No entanto, se você prestar atenção um pouco mais, notará que a conclusão é precipitada e injustificada, mesmo que sejam verdadeiras suas premissas: não é possível concluir que todos os gatos que conheço são perfeitos só porque têm quatro patas. As quatros patas são apenas uma das condições de perfeição física nos gatos.

Vejamos então a forma lógica de E_{11}. Observe que ele corresponde à 2ª figura (termo médio como predicado nas duas premissas) e ao modo *AAA* (premissas e conclusão universais afirmativas). Se você consultar a tabela de silogismos válidos, verá que esse modo não é válido na 2ª figura (só na 1ª). Ou seja, nossa impressão de que havia algo estranho com esse argumento confirmou-se. Trata-se de uma falácia formal.

Paradoxo e sofisma

Erros lógicos involuntários podem ocorrer em qualquer área do conhecimento. Quando uma teoria amplamente aceita e comprovada não funciona e se contradiz com o mundo real em algumas situações, isso ocorre muito provavelmente porque há algum tipo de falácia envolvida em sua formulação, como tem sido observado várias vezes na história da ciência. No entanto, enquanto não se descobre qual é essa falácia, o que temos é um **paradoxo**.

Por outro lado, quando o erro lógico é cometido de maneira intencional, com o propósito de envolver psicologicamente e persuadir o interlocutor, ele costuma ser denominado **sofisma**. Contudo, apesar de todas essas nuances semânticas que procuramos destacar, o que temos em todos os casos são, enfim, falácias, ou seja, raciocínios errados.

Falácias não formais

Vimos que um argumento falacioso pode ser identificado, com frequência, por sua forma (falácia formal). Ocorre que, muitas vezes, o problema de um raciocínio não está em sua forma, mas em seu conteúdo. São as chamadas **falácias quanto à matéria** ou simplesmente **falácias não formais**.

Aristóteles tratou especificamente do problema dos argumentos enganosos não formais no tratado situado ao final do *Organon*: as *Refutações sofísticas* (*Sophisticis Elenchis*). Nele, o filósofo procura identificar as falácias (ou sofismas) usadas pelos chamados **sofistas**, destacando seis tipos atribuíveis à linguagem (*in dictione*) e outros sete não relacionados com ela (*ex dictione*).

As **falácias de linguagem** relacionam-se, de modo geral, com problemas de ambiguidade e imprecisão entre os termos ou as proposições. Algumas usam o mesmo termo com acepções distintas; outras os aplicam de maneira imprecisa, como quando tomam um termo como parte em uma premissa e como todo em outra.

Os outros tipos de falácias costumam fazer uso de provas (premissas) pouco relevantes ou totalmente irrelevantes para o tema que pretendem provar ou justificar. Muitas vezes têm o propósito de estimular sentimentos como medo, ódio, reverência ou compaixão, de tal maneira que o fator psicológico acaba preponderando sobre o lógico.

Ao longo do tempo, muitos tipos de argumentos falaciosos foram sendo descritos, somando-se aos já definidos por Aristóteles. Também ganharam nomes, sendo alguns mais conhecidos tradicionalmente por suas designações latinas. Veja na Tabela 4 algumas das falácias mais comuns.

Sofistas: na Grécia Antiga, mestres que vendiam seus conhecimentos práticos de filosofia, especialmente a argumentação retórica. Na interpretação de Platão e Aristóteles, os sofistas transmitiriam todo um jogo de palavras, raciocínios e concepções para driblar as teses de adversários e convencer as pessoas (tema a ser estudado no Capítulo 11).

Tabela 4: Falácias não formais

Nome	Descrição	Exemplos
Falácia de equívoco	Empregar uma palavra ou expressão em sentidos diversos (falácia de linguagem).	O fim de uma coisa é sua perfeição. A morte é o fim da vida. Logo, a morte é a perfeição da vida. Obs.: fim = "finalidade" e "final".
Argumento de autoridade *(argumentum ad verecundiam)*	Citar uma autoridade para sustentar uma proposição quando essa pessoa não é especialista no tema. (Quando se trata de especialista, é mais cabível.)	Votei em fulano porque meu cantor favorito o está apoiando. Nove entre dez estrelas do cinema usam esse sabonete. Logo, ele deve ser muito bom.
Argumento contra o homem *(argumentum ad hominem)*	Argumentar contra a moral, a filiação política etc. da pessoa (o "homem"), quando não é isso que está em questão.	Esse deputado é comunista/direitista etc. Logo, seu projeto de lei é ruim. O réu traía a esposa. Logo, deve ser o assassino.
Petição de princípio *(petitio principii)*	Tomar como explicação ou prova (premissa) justamente aquilo que está por ser explicado ou provado (a conclusão). Assim, o raciocínio gira em um círculo vicioso.	Não tenho fome porque me falta vontade de comer. (E falta-me vontade de comer porque não tenho fome.)
Acidente convertido ou generalização apressada	Supor como regra geral uma situação excepcional.	Se alguns médicos falharam, a medicina não pode ser confiável. Se abrir uma exceção com você, terei que fazer o mesmo com todos.
Falsa causa *(post hoc ergo propter hoc)*	a) Considerar como causa de algo aquilo que o antecedeu no tempo. b) Tomar como antecedente lógico de algo aquilo que não o é necessariamente.	a) Tomei mel e me resfriei. Logo, me resfriei porque tomei mel. b) Se o pai é virtuoso, o filho deve ser virtuoso também.

Se você se familiarizar bem com as formas dos argumentos válidos e com as falácias descritas acima, além de treinar bastante, será muito mais difícil que você caia nas armadilhas dos raciocínios enganosos de agora em diante.

1. Com base na distinção feita no capítulo, quando há um debate sobre algum tema, as pessoas apresentam raciocínios ou argumentos? Justifique.

2. Identifique as premissas e a conclusão de cada um dos seguintes argumentos:

   a) Não é um bom momento para comprar imóveis, pois a demanda é grande, a oferta é pouca e os preços estão no céu.

   b) O ser humano não é completamente livre, tendo em vista que, apesar de ser racional, está sujeito às suas necessidades animais.

3. Caracterize o papel da lógica no contexto da busca de conhecimento.

4. Analise a diferença entre um argumento válido e um argumento correto.

5. Encontre as proposições que podem ser relacionadas logicamente entre si, identificando as relações que se estabelecem entre cada par (contrária, contraditória etc.):

   I. Toda criança necessita de seus pais.
   II. Alguns indivíduos não experimentam a piedade compassiva.
   III. Nenhuma criança precisa dos pais.
   IV. Todo ser humano tem compaixão.
   V. Os genitores não são necessários para alguns de seus filhos.
   VI. A compaixão encontra-se em algumas pessoas.

6. Construa um silogismo válido na 3ª figura e um inválido na 4ª figura.

7. Identifique se os argumentos a seguir são: válidos, com conclusão provavelmente verdadeira ou falaciosos (neste caso, explique o tipo de falácia).

   a) Como a maioria dos países latino-americanos fala espanhol, e o Suriname é um país latino-americano, esse país tem o espanhol como língua oficial.

   b) Ele só pode estar dizendo a verdade, pois não é mentiroso.

   c) O grande aumento de imigrantes residentes na Europa foi seguido de um aumento gritante nas taxas de desemprego nesse continente nos últimos anos. Logo, a imigração é a maior causadora da atual crise europeia de desemprego.

   d) Com base no diagnóstico que fez, o doutor concluiu que a paciente tem seis meses de vida.

   e) Considerando que todos os metais são condutores de eletricidade e que o carbono é um metal, sabemos que o carbono é condutor de eletricidade.

Conversa filosófica

8. Podemos fazer o mal sabendo que é mal?

"Claro que sim. Podemos perfeitamente fazer isso, mesmo estando cientes do que significa. [...] Nem sempre a consciência de que algo é um mal é suficiente para impedi-lo. Todo mundo sabe disso. Porque, às vezes, para fazer um bem a nós mesmos, causamos o mal aos outros" (LABBÉ, B; PUECH, M. *O bem e o mal*. São Paulo: Scipione, 2010. p. 32).

Identifique a tese defendida no texto acima e o argumento (premissas e conclusão) utilizado para justificá-la. Depois, reúna-se com os colegas e procure formular com eles outros argumentos que possam contestá-la e/ou confirmá-la. Busque premissas que levem a uma conclusão contrária ou distinta.

Para pensar

Leia por último este trecho de um dos livros do filósofo italiano Umberto Eco (1932-2016), que traz uma reflexão sobre as regras do discurso. Depois realize a atividade proposta.

A necessidade de normas do discurso

Quando exercemos a racionalidade, expressamos proposições as mais diversas e antes mesmo de se estar certo de que essas proposições são "verdadeiras" é preciso assegurar-se de que os outros as compreendam. É preciso, portanto, elaborar certas regras para falar que sejam comuns a todos; regras de discurso mental que sejam também as regras do discurso expresso. Isso não significa afirmar que quando falamos temos de dizer sempre e somente uma coisa, sem ambiguidade e pluralidade de sentidos. Pelo contrário, é antes racional e razoável reconhecer que existem também discursos (no sonho, na poesia, na expressão dos desejos e das paixões) que querem dizer muitas coisas ao mesmo tempo, inclusive contraditórias entre si.

Mas justamente porque é, felizmente, evidente que falamos também de modo aberto e com muitos sentidos, é necessário, de vez em quando, e para certos propósitos, elaborar normas de discurso que possam ser partilhadas em âmbitos específicos por todos os que decidem adotar os mesmos critérios para usar as palavras e ligá-las entre si, em proposições sobre as quais se possa discutir. [...] A esse tipo de sensatez pertencem tanto as leis lógicas quanto as retóricas (no sentido de uma técnica de argumentação).

ECO, Umberto. *Viagem na irrealidade cotidiana*. Rio de Janeiro: Nova Fronteira, 1984. p. 153-154.

Elabore uma dissertação comentando o texto acima. Considere qual é a tese do autor, quais são seus argumentos, e se você concorda com a opinião dele.

Sessão de cinema

A sala de Fermat (2007, Espanha, direção de Luis Piedrahita e Rodrigo Sopenã)

História de quatro matemáticos que são convidados por um desconhecido para comparecer a um lugar e resolver um complicado enigma. Os quatro personagens descobrem que foram envolvidos em uma armadilha e que precisam decifrar o enigma para sobreviver.

Enigmas de um crime (2008, Espanha/Reino Unido/França, direção de Álex de Iglesia)

Obra de suspense em que um jovem matemático muda para a Inglaterra para estudar sob a orientação de um grande professor de lógica, mas ambos acabam unindo-se na investigação de uma série de crimes que apresentam nexos matemáticos entre si.

Neve Negra (2016, Argentina/Espanha, direção de Martín Hodara)

Após ser acusado de assassinato durante a adolescência, Salvador decide viver sozinho na Patagônia. Décadas depois, ele recebe a visita de seu irmão, que quer vender as propriedades herdadas pelos dois. Após lembranças da adolescência, alguns segredos vêm à tona e as histórias são recontadas.

Os crimes do alfabeto (1965, Reino Unido, direção de Frank Tashlin)

Comédia policial baseada em livro homônimo de Agatha Christie. O famoso detetive belga Hercule Poirot investiga uma série de assassinatos que parecem ser cometidos seguindo uma lógica ligada às iniciais dos nomes das vítimas.

O jogo da imitação (2014, Estados Unidos, direção de Morten Tyldum)

Em 1939, uma recém-criada agência de inteligência britânica recruta Alan Turing para entender códigos nazistas, incluindo o "Enigma", que criptógrafos acreditavam ser inquebrável. A equipe de Turing analisa as mensagens de "Enigma", enquanto ele constrói uma máquina para decifrá-las.

Privacidade hackeada (2019, Estados Unidos, direção de Jehane Noujaim, Karim Amer)

O escândalo da empresa de consultoria Cambridge Analytica e do Facebook é recontado pela história de um professor estadunidense. Ao descobrir que, junto com 240 milhões de pessoas, suas informações pessoais foram hackeadas para criar perfis políticos e influenciar as eleições de 2016 nos Estados Unidos, ele embarca em uma jornada para levar o caso à corte, já que a lei americana não protege suas informações digitais, mas a lei britânica sim.

CAPÍTULO 5

Consciência aberta e integral

THE PRINT COLLECTOR/GETTY IMAGES – MUSEU KROLLER-MULLER, OTTERLO, HOLANDA

Estrada com cipreste e estrela, de Vincent Van Gogh, 1890. Óleo sobre tela, 92 cm × 73 cm.

Questões filosóficas

- O que é a consciência?
- Como se ligam o corpo e a mente?
- Há relação entre consciência e cultura?
- A consciência é sempre a mesma ou evolui?

Conceitos-chave

consciência, identidade, inconsciente, aparelho psíquico, inconsciente coletivo, arquétipo, consciência coletiva, senso comum, desenvolvimento cognitivo, pensamento integral

- **Que percepção da realidade revela a imagem acima? Ampla ou restrita? O que você sente ao observá-la?**

Tudo o que estudamos até agora nos permite dizer que filosofar é uma prática que nos ajuda a estar mais atentos ao que acontece e a fazer menos "tolices"? Parece que sim.

A atitude indagadora desbanaliza o banal, reencanta a vida e amplia nossos horizontes. Também passamos a prestar mais atenção em nossos atos, nossas emoções e nossos pensamentos. A filosofia nos auxilia, enfim, a viver com uma percepção mais aberta e ampla, isto é, com mais consciência.

Mas o que quer dizer "viver com mais consciência"? Comecemos por analisar o que é a consciência.

CONSCIÊNCIA

Perceber o que acontece

Situação filosófica

A ecologista e a psicóloga

— Como está exuberante este bosque! – exclama a psicóloga Sofia chegando ao sítio de Lia.

— Sim, ele está recuperando a rica biodiversidade da Mata Atlântica. Não derrubo nenhuma árvore há anos e plantei muitas espécies nativas, principalmente frutíferas.

— Por que frutíferas, Lia?

— Porque seus frutos atraem pássaros e a fauna local. Assim, eles se alimentam e espalham as sementes em seus excrementos por todos os lados, ajudando a multiplicar a floresta.

— Olha, não tinha pensado nisso! Como seria bom se todos fossem conscientes como você!

— É, mas eu também já fiz muita besteira, vivia roçando tudo achando que isso era limpeza. Lamento até hoje! É que antes eu não tinha consciência.

— Ah, a consciência... sempre ela – conclui rindo Sofia.

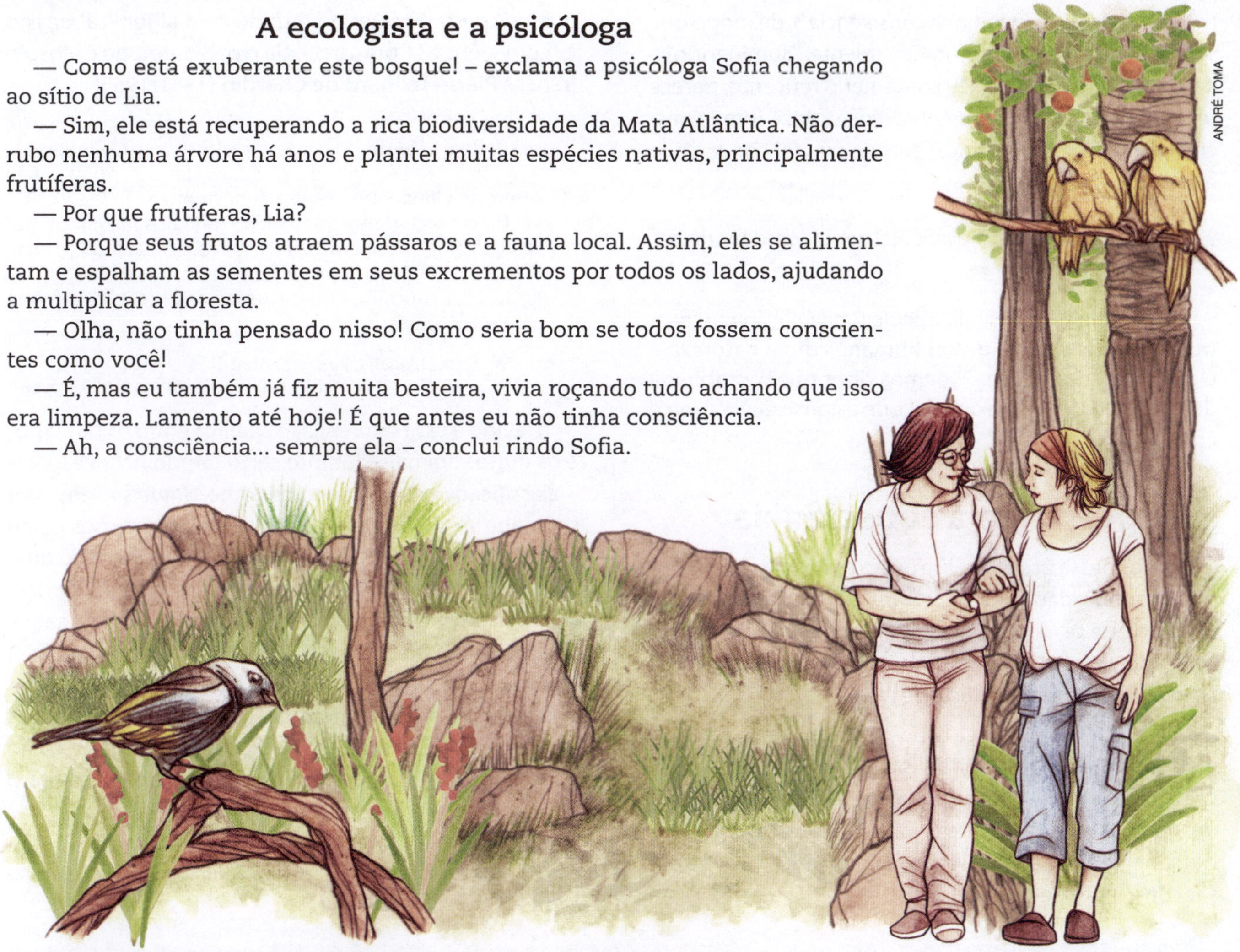

ANDRÉ TOMA

Analisando a situação: focos da atenção

Temos um diálogo entre uma ecologista e uma psicóloga que ocorre em um bioma de floresta tropical ameaçado de extinção: a Mata Atlântica. Observe que a compreensão do que representam essas atividades (a ecologia e a psicologia) nos ajuda a entender o sentido mais profundo dessa simples conversação entre amigas. Vejamos o que mais podemos descobrir.

Qual é o tema do diálogo?

O diálogo trata do tema da natureza e da intervenção humana nos ciclos naturais, destacando sua interação. No entanto, na parte final, o objeto de discussão torna-se, progressivamente, a consciência.

Que momentos podemos distinguir na historieta?

Se tomarmos como referência o "atuar" da consciência das duas interlocutoras, podemos dividir a historieta em cinco momentos sucessivos: (1) ambas mantêm o foco da atenção no tempo presente e no mundo exterior (o bosque, os animais, a conduta humana em relação a eles); (2) Sofia se dá conta de que nunca tinha pensado no que lhe acabava de explicar Lia e seu foco passa a ser interno (reflexivo), tendo o passado (a memória) como pano de fundo; (3) Sofia idealiza um mundo em que as pessoas tenham os mesmos valores ecológicos da amiga, e seu foco volta-se outra vez para o exterior, mas agora apontando para o futuro; (4) Lia faz uma autocrítica ("eu também já fiz muita besteira... não tinha consciência"), de modo que seu foco passa a ser interno novamente, "iluminando" o passado; (5) Sofia, com seu comentário reticente, parece ter chegado a uma compreensão de síntese (uma consciência mais ampla e crítica) entre o que foi conversado e suas experiências prévias.

Que problema(s) filosófico(s) podemos identificar nessa historieta?

Claramente, a possibilidade de uma relação não destrutiva e colaborativa do ser humano com a natureza é um tópico importante. Podemos dizer que o problema de fundo do diálogo é o papel que a consciência exerce em nossas vidas.

Explorando a consciência

Vimos nessa breve análise que o tema da consciência pode ser abordado por diferentes ângulos: consciência de si, do que se pensa, sente e faz; consciência do tempo (passado, presente, futuro); consciência do mundo e dos outros; consciência ecológica e ética.

Esses múltiplos aspectos mostram um pouco da complexidade desse tema. Não é simples conhecer nem explicar o que é a consciência, pois dependemos justamente dela para realizar essa tarefa. Existe uma **recursividade** em saber que se sabe, em sentir que se sente – enfim, em ser consciente de que se é consciente.

A consciência pode ser entendida, portanto, como um fenômeno ligado à mente, esfera em que ocorrem diversos processos psíquicos (pensamento, imaginação, emoção, memória, entre outros) e, especialmente, ao processo de conhecer. Para vários estudiosos, nada caracteriza mais o ser humano do que a consciência, pois é ela que nos permite estar no mundo com algum saber, isto é, "com-ciência". Como assinala o paleontólogo e filósofo francês **Pierre Teilhard de Chardin** (1881-1955):

> O animal sabe. Mas, certamente, ele não sabe que sabe: de outro modo, teria há muito multiplicado invenções e desenvolvido um sistema de construções internas. Consequentemente, permanece fechado para ele todo um domínio do Real, no qual nos movemos. Em relação a ele, por sermos reflexivos, não somos apenas diferentes, mas outros. Não só simples mudança de grau, mas mudança de natureza, que resulta de uma mudança de estado.
>
> CHARDIN, Pierre Teilhard de. *O fenômeno humano*. São Paulo: Cultrix, 1987. p. 187.

Devido a essa diferença específica entre os humanos e os outros animais, durante certo tempo nossa espécie – classificada biologicamente como *Homo sapiens* ("ser que sabe") – foi designada por alguns estudiosos como *Homo sapiens sapiens*: o ser que sabe que sabe. Isso quer dizer que somos capazes de fazer nossa mente debruçar sobre si mesma para tomar posse de seu próprio saber, avaliando sua consistência, seu limite e seu valor. Essa capacidade seria a base – pelos menos em boa parte – das grandes criações humanas, como a ética, o direito, a arte, a ciência e a filosofia. Ou seja, sem consciência, não haveria nada disso (estudaremos mais detidamente o fenômeno humano e a cultura no Capítulo 6).

Recursividade: capacidade que algo tem de aplicar-se sobre si mesmo sucessivas vezes, cada vez usando como base o resultado de sua aplicação anterior.

POH SMITH/SHUTTERSTOCK

Jovem alimenta gaivota em Bang Pu, na Tailândia. Há níveis distintos de autopercepção e consciência em diversas espécies animais. Você sabia que as aves, por exemplo, são muito mais inteligentes e criativas do que se pensa? Pesquise.

No entanto, apesar de ser um aspecto fundamental do ser humano, temos pouca percepção de nossos processos internos no dia a dia. Por exemplo, onde está sua consciência neste momento? Qual é o filme que está passando em sua mente agora? Ele tem pensamentos, imagens, recordações, sentimentos? Ou será a consciência algo distinto, capaz de "observar" todos esses processos? Se for assim, onde se localiza esse "observador"?

É difícil dizer e não há uma resposta definitiva para essas questões entre os estudiosos. Apesar de ser a experiência mais banal que podemos ter, é difícil conceituar e explicar a consciência. Contudo, podemos avançar um pouco em sua compreensão por meio da **introspecção**, isto é, da habilidade que todos temos de voltar-nos para dentro para vivenciar e reconhecer nossos processos internos – o que ocorre dentro de nossa própria mente.

STEVE SKJOLD/ALAMY/FOTOARENA

Estudante pratica meditação em escola de Minnesota, nos Estados Unidos, em 2002. A meditação é um exercício introspectivo em que a pessoa busca manter a atenção na respiração, no corpo ou na própria mente durante algum tempo.

"Quarto escuro": o vazio

Façamos, então, uma experiência. Por alguns minutos, tratemos de ser mais introspectivos, procurando observar a consciência de maneira vivencial e atenta. Primeiro vamos buscar o estado oposto ou a negação da consciência, ou seja, o que acontece conosco quando não estamos conscientes.

Em condições normais, entramos nesse estado todos os dias ao dormir – o que corresponde a cerca de um terço de nossas vidas. Enquanto dormimos, nossos sentidos estão desconectados de tudo o que ocorre à nossa volta, ou dentro de nós mesmos e de nossos corpos. Durante o sono, se não sonhamos, supõe-se que não temos nenhuma sensação, nenhum pensamento ou sentimento, nenhuma lembrança, imaginação ou fantasia. Não percebemos nada.

Algo semelhante parece ocorrer quando perdemos os sentidos em um desmaio. Somos então como um quarto vazio, escuro e silencioso. Parece que nada acontece, há um "apagão". Quando despertamos, esse "quarto" começa de novo a encher-se de "luz" e de "objetos". Voltamos a sentir nossos corpos e diversas impressões e pensamentos passam a preencher nossas mentes. Não é isso que ocorre quando você acorda após um sono profundo?

Também podemos usar a metáfora da escuridão para entender essa frase tão comum: "Eu não sabia, eu não tinha consciência". Nesse caso, não estávamos desacordados no sentido literal da palavra, mas sim no sentido metafórico. Havia um objeto, um sentimento, um conhecimento que estava em um canto escuro de nosso "quarto" e que, por isso, não podíamos vê-lo. De repente, foi "iluminado", passando a integrar a totalidade consciente de nosso ser.

"Saída à luz": a sensação de si e do objeto

Essa integração é explicada pelo neurocientista português António Damásio da seguinte maneira:

> Sempre me fascina o momento exato em que, da plateia, vemos abrir-se a porta que dá para o palco e um artista sair à luz; ou, de outra perspectiva, o momento em que um artista que aguarda na penumbra vê a mesma porta abrir-se, revelando luzes, o palco e a plateia.
>
> Percebi há alguns anos que o poder que esse momento tem de nos emocionar, de qualquer ponto de vista que o examinemos, nasce do fato de ele personificar um instante de nascimento, uma passagem de um limiar que separa um abrigo seguro mas limitador das possibilidade e dos riscos de um mundo mais amplo à frente. [...] tenho a intuição de que sair à luz é também uma eloquente metáfora para a consciência, para o nascimento da mente conhecedora, para a simples mas decisiva chegada [da sensação de si] ao mundo mental. [...]. Escrevo sobre [a sensação de si] e sobre a transição da inocência e ignorância para o conhecimento e o autointeresse.
>
> DAMÁSIO, António. *O mistério da consciência*. São Paulo: Companhia das Letras, 2000. p. 17-18.

Desse modo, segundo Damásio, estar consciente envolve não apenas um ato de conhecer o que acontece, como geralmente se entende: implica, basicamente e como primeiro estágio, um sentir. Por exemplo: enquanto você lê este texto e capta o significado dele, ocorre um processo em seu cérebro que lhe indica que é você e não outra pessoa que está envolvido nesse ato de ler e entender o texto. Esse processo, diz o neurocientista, configura uma "presença" – a "presença" do observador que é você. Ela corresponde, em seu organismo, a uma sensação ou um sentimento. Trata-se de sentir o que acontece quando o ato de apreender algo modifica seu ser (ou seja, os processos físico-químicos que ocorrem dentro de seu cérebro).

Como afirma Damásio, essa "presença" jamais descansa, desde que você desperta até o momento em que dorme. Ela deve estar aí, senão você não está. É o que ocorre em algumas patologias mentais, nas quais a pessoa perde contato com essa "presença". Dizemos que a pessoa se "ausenta", embora esteja acordada e reaja aos estímulos externos até certo ponto de maneira normal, mas automaticamente. Ela estaria tendo, portanto, um distúrbio da consciência.

Assim, no processo de conhecer, a consciência seria o "padrão mental" unificado que se forma quando se conjugam a sensação de si (*self*) e do objeto que se percebe e se torna conhecido. Sem a sensação de si não há consciência nem conhecimento.

REPRODUÇÃO

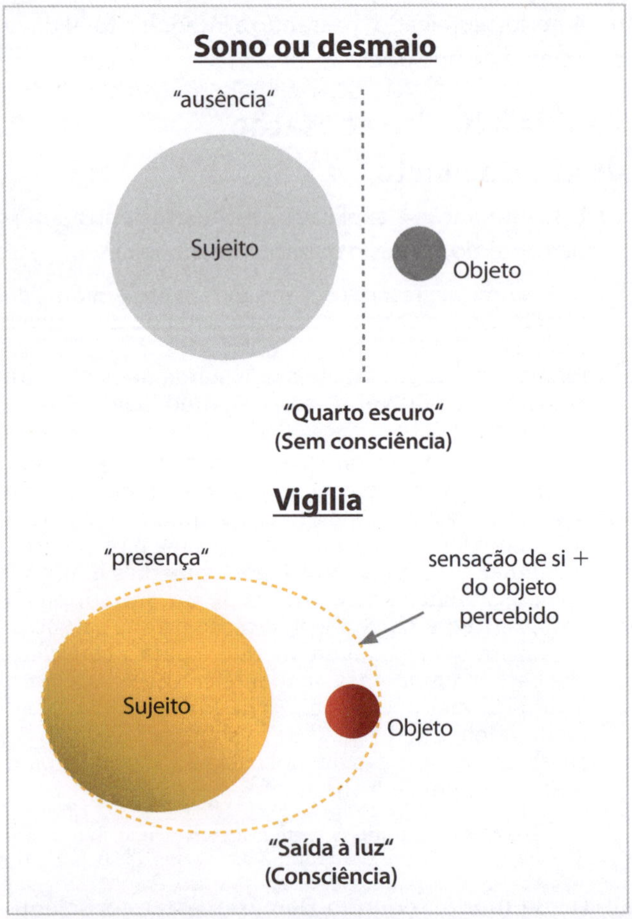

Consciência e identidade

Observe que a sensação de si relaciona-se basicamente com o aqui e agora, com a vivência do presente. Não há um antes ou um depois. É, por exemplo, a experiência de ver neste instante estas letras impressas enquanto você lê este livro, combinada com o sentir que é você que vê, e não outro ser.

Esse é o primeiro passo da experiência de estar consciente, correspondente ao nível mais básico do processo de conhecer. Como afirma Damásio, essa experiência constitui um fenômeno biológico simples, vinculado ao sistema nervoso, e não é exclusivo dos seres humanos.

No entanto, essa **consciência nuclear**, básica, quando se insere em determinado ponto da história de um ser que é capaz de estabelecer relações entre seu passado e seu futuro – como nós, os humanos – em um fluxo contínuo, torna-se uma percepção de si mais elaborada. É assim que surge a consciência do eu, da própria identidade: em outras palavras, a percepção de um conjunto de caracteres próprios que se mantêm no tempo e no espaço do corpo físico, constituindo o si mesmo, por oposição ao outro.

Trata-se de um fenômeno biológico complexo – explica Damásio – vinculado não apenas às emoções, mas também à memória, à linguagem, à razão, e que apresenta o potencial de evoluir durante a vida inteira de um indivíduo.

Por meio desse fenômeno biológico complexo – a **consciência ampliada** – o ser humano também adquire conhecimento de suas transformações durante sua existência, bem como do mundo que o rodeia. Esse fenômeno teria possibilitado não apenas as inúmeras criações humanas, mas também a problematização da própria existência individual – "quem sou eu?", "para que estou aqui?", "o que devo fazer?" – e outras questões ligadas à angústia existencial e à filosofia.

© M. LANKES – IFC PRODUCTIONS – DETOUR FILMPRODUCTION/ ALAMY/FOTOARENA

Retratos de Mason (interpretado por Ellar Coltrane) em três etapas da sua vida, no filme *Boyhood: da Infância à Juventude*, dirigido por Richard Linklater, 2014.

Experiência privada

Observe também que, tanto do ponto de vista biológico como psicológico, a consciência é uma experiência marcadamente privada, que se vive apenas na primeira pessoa. Isso quer dizer que ela pertence apenas ao organismo ou indivíduo que a tem e não pode ser compartilhada diretamente com mais ninguém.

No entanto, à consciência estão muito vinculadas as condutas – e essas sim podem ser observadas por terceiros. Isso significa que as condutas são experiências públicas, ou seja, podem ser percebidas por mais de um indivíduo ou organismo e potencialmente por todos.

É, portanto, pelo que dizem e fazem as outras pessoas que normalmente inferimos que elas, como nós, têm ideias, pensamentos, sensações e sentimentos – tudo o que se relaciona com a consciência, embora não possamos conhecer diretamente o que pensam e sentem.

Problema da relação corpo-mente

Se a consciência constitui um fenômeno mental, qual seria, então, a natureza da mente? De que substância é a mente? Material, imaterial ou alguma outra coisa? Em outras palavras, os fenômenos mentais estão correlacionados com nosso corpo físico, nossa biologia, nosso cérebro – isto é, "nascem" dele? Ou constituem uma instância incorpórea à parte, separada?

Muitas pessoas tendem a pensar que existe uma "mistura" ou uma combinação das duas coisas no processo de estar consciente: algo ocorre no cérebro, mas tem um desdobramento não corpóreo, imaterial, ou vice-versa. Mas será que faz sentido pensarmos em "mistura" ou combinação de duas substâncias totalmente distintas e separadas? Como essas duas instâncias "conversam entre si"? A dimensão corporal determina a consciência, ou será o contrário?

Descartes (1596-1650) foi o primeiro pensador a identificar a mente com a consciência e a distingui-la do cérebro, que seria apenas o assento das diversas faculdades da mente (conforme estudaremos no Capítulo 10).

Não vamos tentar responder a essas questões agora, pois elas relacionam-se com um dos problemas fundamentais e mais discutidos da história da filosofia, que será tratado ao longo do livro. Correspondem às áreas da **filosofia da mente** e da **metafísica**. Assim, não perca de vista essa questão sobre a relação corpo-mente ou matéria-espírito.

© SAMMI LANDWEER

Ensaio do espetáculo *Fúria*, da Lia Rodrigues Companhia de Danças, no Centro de Artes da Maré, na cidade do Rio de Janeiro (RJ), em 2018. Como se expressam e se integram as dimensões corporal, emocional e linguístico-espiritual do ser humano em uma obra artística como essa?

Conexões

1. Sente-se comodamente para realizar este exercício de atenção plena:
   - feche os olhos e respire profundamente várias vezes, procurando relaxar todo o corpo;
   - comece a esvaziar a mente, para deixá-la como uma parede branca, sem nada;
   - toda vez que algo aparecer em sua mente (pensamento, sentimento, lembrança), coloque-o dentro de um balão de gás imaginário e deixe-o flutuar e desaparecer – assim, sua mente volta a ficar vazia; repita esse procedimento por pelo menos dois minutos;
   - por último, abra os olhos e reflita sobre estas questões: "O que" era que observava os conteúdos da mente? Onde estava a sua consciência e o seu "eu"? A consciência é o mesmo que pensamento ou sentimento?

CONSCIENTE E INCONSCIENTE

As contribuições da psicologia e da sociologia

Em algum momento já sentiu que sua mente escondia algo? Por exemplo, quando de repente se recorda de algo triste que aconteceu em sua infância e que havia desaparecido totalmente da sua memória. Ou quando você chora sem saber por quê, diz alguma coisa sem querer ou faz algo que não sabe justificar.

Pois bem, foi a partir da observação dessas e de outras condutas "estranhas" que se formularam algumas das concepções mais impactantes a respeito da consciência no mundo contemporâneo. Referimo-nos especialmente aos trabalhos realizados por Freud, na passagem do século XIX para o século XX.

Freud: o inconsciente

O médico neurologista austríaco **Sigmund Freud** (1856-1939) concebeu uma teoria da mente e da conduta humana – a **psicanálise** – que revolucionou a história do pensamento. Para começar, ele rejeitou a identificação da consciência com o psiquismo, isto é, com o conjunto dos processos psicológicos.

De fato, tendemos a pensar que não existe nada em nossas mentes além daquilo que reconhecemos nelas, como nossos pensamentos, imagens e recordações. Tendemos a acreditar que consciência e mente são a mesma coisa; de fato, muitas vezes usamos os dois termos como sinônimos. Freud afirmou, no entanto, que a maior parte de nossa vida psíquica (o conjunto de atividades da mente) é dominada pelo que chamou de inconsciente. A outra parte, o consciente, seria bastante reduzida e, em grande medida, determinada pela primeira.

Assim, o inconsciente não seria a simples negação abstrata da consciência, uma espécie de "nada" (como na metáfora do "quarto vazio", que usamos antes), e sim uma parte bastante ativa e determinante de nossa mente e maneira de ser, uma parte povoada de "coisas" que existem e acontecem sem que as percebamos.

Na concepção de Freud, a sexualidade (a chamada **libido**) teria um papel central na dinâmica do inconsciente e de toda a vida psíquica. A energia sexual estaria ativa desde a infância, e as vivências sexuais durante essa etapa da existência – traumáticas ou não – teriam um forte impacto no comportamento dos indivíduos durante toda a vida adulta. Os traumas infantis estariam vinculados à etapa do desenvolvimento da criança em que ela se sentiria atraída pelo progenitor de sexo oposto – conceito que ficou conhecido como **complexo de Édipo**.

Psicanálise: teoria da mente e da conduta humana, à qual se vincula a técnica terapêutica de mesmo nome, dirigida a ajudar pessoas que padecem de processos psíquicos patológicos ou disfuncionais. Utiliza o método da associação livre de palavras e ideias para interpretar os conteúdos inconscientes encontrados nas falas, sonhos e fantasias do paciente.

CARLOS PERTUIS – MUSEU DE IMAGENS DO INCONSCIENTE, RIO DE JANEIRO

Obra sem título, de Carlos Pertuis, 1953. Óleo sobre tela, 50 cm × 61 cm. Para Freud, o inconsciente se manifesta de forma simbólica, especialmente em sonhos e na arte. Que símbolos você identifica nessa imagem? Com que estariam associados?

Id, superego e ego

De acordo com a teoria freudiana, o aparelho psíquico humano estaria estruturado em três instâncias ou esferas: *id*, superego e ego.

O *id* é a instância mais antiga do inconsciente e da psique de um indivíduo. Está presente desde seu nascimento. Nele dominam as **pulsões**, isto é, os impulsos corporais e os desejos inconscientes mais primitivos e instintivos, basicamente relacionados com a libido.

Regido pelo princípio do prazer, o *id* empurra o indivíduo a buscar aquilo que lhe traz satisfação e a negar o que lhe traz insatisfação, desconhecendo as demandas da realidade e das normas sociais. Atua de maneira ilógica e contraditória (ver definições no capítulo anterior) e tem nos sonhos seu principal meio de expressão. Apesar disso, o *id* seria o motor oculto do pensamento e da conduta humana.

O superego é outra instância do inconsciente, mas este se forma no processo de socialização da criança, principalmente a partir da interação com os pais e dos "nãos" que ela recebe, explícita ou implicitamente, durante toda a sua infância: "Isso não pode", "Isso é feio", e assim por diante.

Esse conjunto de regras de conduta que a criança absorve de seu meio social vai constituindo um núcleo de forças inconscientes (o superego), que reprime os impulsos inaceitáveis do *id*. Portanto, o superego tem o "papel" de censurar e controlar nossos impulsos instintivos. Ele se expressa em nossa **consciência moral** e relaciona-se com nosso eu ideal (ou ego ideal).

O ego, por sua vez, é a instância consciente e pré-consciente (potencialmente consciente) do aparelho psíquico. Ele interage com o mundo externo, ao mesmo tempo em que recebe as pressões das duas esferas inconscientes (o *id* e o superego).

É regido pelo **princípio da realidade**, ligado às condições e exigências do mundo concreto. Assim, o ego precisa lidar não apenas com as dificuldades da vida cotidiana, mas também resolver de maneira realista os conflitos entre seus desejos internos (as necessidades de prazer imediato do *id*) e seu senso moral (o superego).

Freud também observou que, quando não consegue enfrentar essas demandas conflitantes, o ego geralmente emprega diversos **mecanismos de defesa**, pelos quais os conteúdos censurados pelo superego são reprimidos (recalcados), mas acabam expressando-se de forma indireta na vida da pessoa em sonhos ou por meio de:

- **Ato falho** – situação em que a pessoa diz ou faz algo por engano, sem intenção, mas que, na verdade, constitui a expressão de algum pensamento, juízo ou desejo reprimido.
- **Projeção** – ato de projetar em outra pessoa algo que o indivíduo não aceita e reprime em si mesmo, de forma inconsciente, mas que lhe pertence (sentimentos, desejos, maneira de agir).

De acordo com a teoria freudiana, trazer à consciência esses conteúdos reprimidos e entendê-los ajudaria o indivíduo a lidar com seus medos e inibições e a se adaptar da melhor maneira possível à sua realidade concreta no presente.

Representação gráfica do aparelho psíquico humano segundo a teoria psicanalítica de Freud

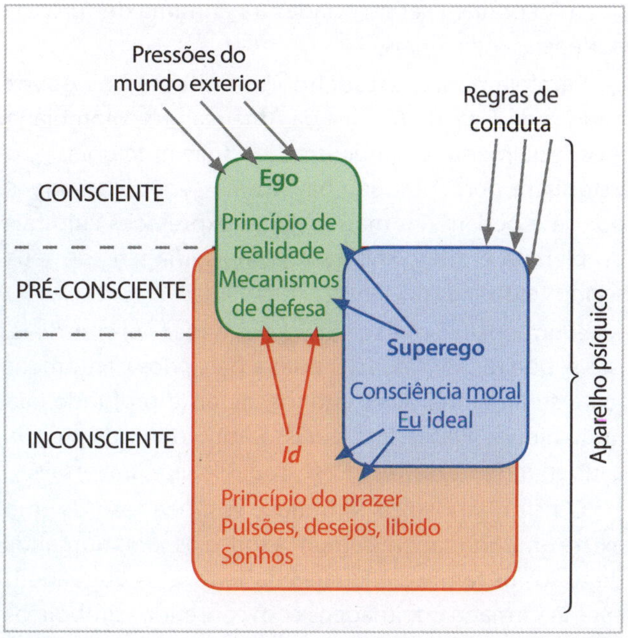

REPRODUÇÃO

Jung: o inconsciente coletivo

Outra contribuição importante para a compreensão da psique humana veio de **Carl Gustav Jung** (1875-1961), um médico psiquiatra suíço que, durante algum tempo, foi colaborador de Freud e admirador de suas teorias. No entanto, os dois discordavam sobre diversas questões. Freud opunha-se, por exemplo, ao interesse de Jung pelas religiões, enquanto este discordava da importância que o colega dava ao impulso sexual e aos traumas ligados à repressão na infância.

Para Jung, a vida psíquica envolveria muitos outros elementos, e seria um **reducionismo** interpretar a maioria de seus eventos como manifestações de caráter sexual. Embora a libido seja também importante na teoria junguiana, ela é entendida como uma energia vital mais ampla e neutra, vinculada não apenas ao sexo, no sentido estrito da palavra.

Reducionismo: tendência a reduzir as explicações sobre fenômenos complexos a seus termos mais simples, tidos como mais fundamentais ou banais; geralmente se refere ao reducionismo materialista-mecanicista (tudo é reduzido à matéria e às leis físico-químicas).

Tais divergências levaram a um rompimento entre os dois, e Jung acabou desenvolvendo suas próprias teorias e sua linha terapêutica, que ficaram conhecidas como **psicologia analítica**. Nela integra elementos vindos de diversas áreas e manifestações culturais, como a antropologia, a arte, a mitologia e a religião.

Teoria dos arquétipos

Jung ampliou o conceito freudiano de inconsciente. Isso se deu a partir da observação dos sonhos relatados por seus pacientes – e em seus próprios sonhos –, nos quais notou a presença de diversas imagens "estranhas" que não podiam ser associadas a nenhuma de suas experiências individuais.

Paralelamente, estudando as culturas dos povos antigos da Ásia, da África e da América pré-colombiana – especialmente o simbolismo de suas mitologias –, o psiquiatra percebeu que havia uma série de imagens que se repetiam nas mais variadas expressões culturais do planeta e que coincidiam com as imagens de seus sonhos e de seus pacientes.

Jung concluiu que se tratava de imagens **primordiais**, isto é, que teriam sido formadas a partir dos pensamentos e sentimentos mais antigos, gerais e profundos da humanidade. Elas teriam, por isso, adquirido vida própria e independente, tornando-se impessoais e universais.

O psiquiatra suíço formulou, então, a tese de que existe uma linguagem comum a todos os seres humanos de todos os tempos e lugares da Terra. Essa linguagem estaria formada por imagens com conteúdos simbólicos muito primitivos – os **arquétipos** –, que refletem algo como a "história evolutiva" de nossa espécie.

Vividos de maneira não consciente por todas as pessoas, os arquétipos constituiriam a camada mais profunda da psique: o chamado **inconsciente coletivo**, pertencente a toda a humanidade. Por isso, segundo Jung, todos os seres humanos apresentam um conjunto de predisposições para perceber, pensar e agir de determinadas maneiras.

Alguns arquétipos se condensam em torno de experiências tão básicas e universais como o nascimento, a morte, a criança, a grande mãe, o velho sábio, o herói e Deus. Jung também identificou as seguintes imagens arquetípicas que refletem a estrutura da própria psique:

- ***Persona*** – a "máscara" que usamos para enfrentar o mundo e conviver com a comunidade, incorporando suas expectativas.
- **Sombra** – o lado sombrio de nossa psique, o "eu escondido", tudo aquilo que não queremos ser e que, por isso, reprimimos.
- ***Anima*** – a imagem feminina contida na psique de um homem.
- ***Animus*** – a imagem masculina contida na psique de uma mulher.
- ***Self*** – a imagem primordial da totalidade do ser, isto é, da essência de um indivíduo em relação a uma dimensão maior, conectado à família, à coletividade, ao planeta e ao cosmos. Seria o arquétipo relativo à "sabedoria" de um ser, no sentido de representar a intencionalidade, o propósito ou o sentido de sua existência.

O inconsciente coletivo também seria a base de sustentação da ação criativa, presente nos grandes pensamentos e nas obras-primas produzidos por indivíduos de todas as épocas.

GRAPHICAARTIS/GETTY IMAGES – COLEÇÃO PARTICULAR

JAMES FISCHER/WARNER BROS. PICTURES/EVERETT COLLECTION/AGB PHOTO LIBRARY

À esquerda, ilustração da fada madrinha da Cinderela, de Edmund Dulac, 1911. Acima, o mago Gandalf (interpretado por Ian Mckellen), em cena do filme *Hobbit: uma jornada inesperada*, dirigido por Peter Jackson, 2012. As artes fazem grande uso dos arquétipos. Devido à sua universalidade, eles ajudam na construção de personagens com os quais os leitores ou o público se identificam e se emocionam, levando-os a mergulhar nesse mundo fictício, para – diria Jung – reencontrar-se consigo mesmos.

Conexões

2. Recorde seus filmes ou desenhos animados preferidos. Que personagens poderiam ser identificados com os arquétipos de Jung? Por quê? Identifique pelo menos dois. Depois reúna-se com os colegas para cada um apresentar o que encontrou e complementar suas observações.

Durkheim: a consciência coletiva

Freud chamou nossa atenção para o fato de que muitos dos conteúdos da consciência são absorvidos por nós desde a mais tenra infância e que, mesmo não sendo totalmente conscientizados, acabam moldando nossa consciência moral (a noção de como devemos agir) e nosso eu ideal (a pessoa que queremos ser), por meio do superego.

Trata-se das normas e visões de mundo que aprendemos da família e do meio social a que pertencemos. Em seu conjunto, podemos dizer que esses elementos culturais constituem outro tipo de consciência, que é coletiva, como apontou um contemporâneo de Freud, o sociólogo francês **Émile Durkheim** (1858-1917):

> O conjunto das crenças e dos sentimentos comuns à média dos membros de uma mesma sociedade forma um sistema determinado que tem vida própria; poderemos chamá-lo consciência coletiva ou comum. Sem dúvida, ela não tem por substrato um órgão único; é, por definição, difusa em toda extensão da sociedade; mas não deixa de ter caracteres específicos que fazem dela uma realidade distinta. Com efeito, é independente das condições particulares em que os indivíduos estão colocados; eles passam, ela permanece. É a mesma no norte e no sul, nas grandes e pequenas cidades, nas diferentes profissões. Da mesma forma, não muda a cada geração, mas, ao contrário, liga umas às outras as gerações sucessivas. Portanto, é completamente diversa das consciências particulares, se bem que se realize somente entre indivíduos. Ela é o tipo psíquico da sociedade, tipo que tem suas propriedades, suas condições de existência, seu modo de desenvolvimento, tudo como os tipos individuais, embora de uma outra maneira.
>
> DURKHEIM, Émile. *Da divisão do trabalho social*. São Paulo: Abril Cultural, 1978. p. 40. (Os Pensadores).

Durkheim concebia, portanto, a existência de uma consciência coletiva como uma realidade distinta do indivíduo, no sentido de que não é minha nem sua, não é pessoal, não "nasce" de nós individualmente. Ela é **intersubjetiva** e pertence a um ou outro grupo social ou à sociedade inteira e passa de geração em geração, podendo ser estudada como um fenômeno específico. No entanto, como a consciência coletiva é absorvida por nós e opera também dentro de nossa mente, ela passa a ser nossa consciência também.

SERGIO PEDREIRA/PULSAR IMAGENS

Estudante em escola de Itaparica (BA), 2019. A educação, como assinalou Durkheim, constitui parte fundamental do sistema de transmissão e manutenção da consciência coletiva em uma sociedade. Por meio dela aprendemos a viver em conformidade com as normas e os valores sociais. Daí a grande importância da educação escolar e da reflexão sobre quais devem ser seus propósitos, como ela deve ser e a quem deve atender.

Quando dizemos, por exemplo, "Precisamos de cidadãos conscientes", "Agiu de acordo com sua consciência" ou "Eu não tinha consciência", estamos falando de uma consciência individual como um saber que envolve não apenas possuir uma informação, mas também "sentir" que essa informação é a mais adequada. E esse sentido de adequação é dado, de modo geral, pela consciência coletiva, que funciona dentro de nós como um **filtro cultural** orientador de nossa percepção: isso é bom, aquilo não é; isso é belo, aquilo é feio; isso pode, aquilo é proibido; e assim por diante.

Em consequência, teríamos dentro de nós dois tipos de consciência, ou, como expressou Durkheim:

> Existem em cada uma de nossas consciências [...] duas consciências: uma é comum com o nosso grupo inteiro e, por conseguinte, não somos nós mesmos, mas a sociedade vivendo e agindo dentro de nós. A outra representa, ao contrário, o que temos de pessoal e distinto, o que faz de nós um indivíduo. [...] Existem aí duas forças contrárias, uma centrípeta e outra centrífuga, que não podem crescer ao mesmo tempo.
>
> Ibidem, p. 69.

Isso quer dizer, por exemplo, que, se eu penso demais de uma perspectiva pessoal (consciência individual, força centrífuga), dando pouco "espaço mental" para o pensar e sentir dos outros, posso sofrer depois a pressão moral advinda do grupo ou da sociedade que se vê afetada (consciência coletiva, força centrípeta). Portanto, de acordo com Durkheim, a coesão social dependeria de "certa conformidade" das consciências particulares à consciência coletiva, a qual se expressa principalmente por meio das **normas morais** e das **normas jurídicas** (leis, regulamentos, contratos, acordos etc.).

A ideia de consciência coletiva ficará cada vez mais clara para você quando abordarmos mais adiante neste capítulo o conceito de senso comum e, no Capítulo 6, os conceitos de ideologia e cultura.

Estátua do filósofo chinês Confúcio (551-479 a.C.), na cidade de Qufu, na China, onde ele nasceu, em fotografia de 2019. O pensamento moral e político de Confúcio – reunido na obra *Os analectos* – influenciou de maneira determinante a visão de mundo e os costumes da China durante milênios. Nesse sentido, *Os analectos* foram tão importantes na conformação da mentalidade e da cultura chinesas como o foi a *Bíblia* nas sociedades ocidentais.

Piaget: o desenvolvimento cognitivo

Retomando o conceito de consciência em termos cognitivos, isto é, no sentido da capacidade de um organismo de dar-se conta, de perceber e conhecer o que acontece, podemos perguntar-nos se a consciência humana se desenvolve e evolui durante nossas vidas. E, se é assim, que fatores influem nesse desenvolvimento.

Um dos maiores especialistas sobre esse tema foi o biólogo e psicólogo suíço **Jean Piaget** (1896-1980). A partir de seus estudos e observações com crianças e adolescentes ele concluiu que o desenvolvimento cognitivo humano ocorre na medida em que se reorganizam os processos e as estruturas mentais de um sujeito como resultado do **amadurecimento biológico** de seu organismo em combinação com as **experiências ambientais** vividas por ele. O que significa isso?

Para Piaget, o ser humano passa por sucessivos estágios de desenvolvimento cognitivo: sensório-motor, do nascimento até por volta dos 2 anos; pré-operacional, por volta dos 2 aos 7 anos; operacional concreto, por volta dos 7 aos 12 anos; e operacional formal, mais ou menos dos 12 anos em diante (veja com mais detalhe esses estágios no Capítulo 9).

Assim, de acordo com Piaget, cada etapa de desenvolvimento incorporaria, reconfiguraria e expandiria as estruturas cognitivas anteriores. Em outras palavras, não se trata apenas de um processo linear de acumulação de conhecimentos, mas principalmente de uma expansão da capacidade cognitiva. Isso que dizer que nossa consciência se desenvolve e evolui durante nossas vidas. No entanto – alerta o pensador –, esse desenvolvimento vai depender em grande parte das interações que tivermos com nosso entorno, podendo ser maior ou menor, bem como adiantar-se ou atrasar-se em relação às faixas etárias definidas como referência.

Conexões

3. Assim como Sócrates, Confúcio usava a conversação como método para ensinar a seus discípulos. Leia o seguinte diálogo entre ele e o duque Ai, governante do país de Lu (na China Antiga). Os comentários são do compilador da obra, Zhu Xi (1130-1200). Confúcio aparece com o nome Kongzi. Depois responda às questões.

> O duque Ai perguntou: "Como agir de modo que o povo me obedeça?". Kongzi respondeu: "Dê oportunidade às pessoas direitas e coloque-as acima das pessoas desonestas, assim o povo obedecerá. Dê oportunidade às pessoas desonestas e coloque-as acima das pessoas direitas, assim o povo não obedecerá".
>
> *Comentários*: [...] Os confucianos acreditavam que o exemplo podia transformar as pessoas e que os defeitos morais eram fruto da ignorância, imperfeições da virtude. Portanto, qualquer um pode se corrigir, desde que viva num bom ambiente e sob o comando de pessoas melhores que ele.
>
> CONFÚCIO. *Os analectos*. São Paulo: Folha de S. Paulo, 2015. p. 75-76.

a) Em seu entendimento, o texto de Confúcio contribui para formar a consciência coletiva de um povo, no sentido dado por Durkheim? Explique sua opinião.

b) Debata com os colegas sobre o conselho acima, de Confúcio. Você concorda com ele? Considera-o útil e aplicável em nossos dias?

CONSCIÊNCIA FILOSÓFICA

A construção de um pensamento integral

Com as diversas distinções que fizemos sobre o tema da consciência, já podemos formular uma definição do que significa "viver com mais consciência". Vimos, primeiramente, que ter consciência é um fenômeno neurológico básico pelo qual somos capazes de perceber o que acontece, em um processo que conjuga uma presença ou um sentimento de si (o *self* ou o eu) e do objeto percebido.

No entanto, Freud nos tirou da ingenuidade de acreditar que nossa mente é pura consciência ao mostrar-nos que nossa percepção do que acontece está grandemente determinada por diversos fatores pessoais inconscientes e semiconscientes (*id*, superego e ego). Depois, Jung ampliou e conectou nossa mente individual a um inconsciente coletivo, que teria se formado desde os primórdios da humanidade e se manifesta de forma simbólica e enigmática em nossas psiques. Durkheim, por sua vez, nos mostrou que as sociedades também conformam suas próprias consciências coletivas, suas próprias visões de mundo. E que nós, como membros desses grupos sociais, absorvemos essas interpretações sem dar-nos conta – ou somos coagidos a segui-las –, vivendo a realidade a partir desses filtros culturais.

Por último, vimos com Piaget que o desenvolvimento da cognição e da consciência constitui um processo não apenas biológico ou genético, mas que depende em grande parte das interações que estabelecemos com o mundo interno e externo até o final de nossos dias. Em resumo, nossas limitações são muitas, mas é possível "viver com mais consciência", progressivamente, a cada instante em nossas vidas, superando aos poucos nossas limitações. Novas conexões neuronais nunca param de se formar se o indivíduo segue aberto e atento a novas experiências.

Dimensões da experiência

Essa é uma tarefa para a qual a filosofia pode auxiliar-nos especialmente, pois se trata de uma disciplina interdisciplinar, que articula experiências e saberes tão diversos como as ciências sociais e humanas, as ciências naturais, a lógica e a linguagem, as artes e a ética, a psicologia e o conhecimento de si e do outro, o pensamento laico e o religioso. Já tivemos, nesta unidade, algumas mostras dessa integração. Essa articulação nos ajuda a construir um **pensamento integral** – uma mente que pensa de maneira a integrar as vivências e os saberes dos diversos âmbitos da existência humana.

Foi nesse sentido, buscando mapear todas as perspectivas possíveis de experiência e conhecimento, que o filósofo estadunidense **Ken Wilber** (1949-) propôs um modelo que conjuga dois pares de opostos – interior-exterior e individual-coletivo, formando quatro dimensões ou quadrantes:

- **Quadrante subjetivo** – corresponde à dimensão interior individual, em que ocorrem experiências privadas, como pensamentos, sentimentos, recordações etc.
- **Quadrante intersubjetivo** – corresponde à dimensão interior coletiva, própria de uma sociedade, em que surgem a cultura, a linguagem, os valores compartilhados etc.
- **Quadrante objetivo** – corresponde à dimensão exterior individual, relativa a qualquer objeto material, mas também ao próprio corpo do indivíduo e o que este expressa publicamente, podendo ser observado ou medido, como condutas, hábitos, pressão arterial, respiração etc.
- **Quadrante interobjetivo** – corresponde à dimensão exterior formada por um conjunto organizado de objetos conectados e interdependentes, como os sistemas econômicos, sociais, governamentais, elétricos, de comunicação, internet.

Quadrantes da Teoria Integral de Ken Wilber

Modelo dos Quatro Quadrantes da Teoria Integral de Ken Wilber

	Interior	Exterior
Individual	**Subjetivo** pensamentos, emoções, memórias, percepcões e sensações	**Objetivo** corpo físico e qualquer objeto que se possa ver, tocar ou medir
Coletivo	**Intersubjetivo** valores, significados, linguagem, relacionamentos e contexto cultural	**Interobjetivo** meio ambiente, sistemas e redes em geral, governo, economia

Wilber observou que as pessoas tendem a privilegiar uma dimensão quando experimentam ou observam a realidade. O mesmo ocorre entre os estudiosos: suas teorias refletem a abordagem de um problema a partir da perspectiva de um quadrante. Freud, por exemplo, formulou uma teoria sobre a interioridade (dimensão subjetiva), enquanto os colegas da psicologia behaviorista preferiram um enfoque calcado nos comportamentos (dimensão objetiva).

Assim, para refletir sobre qualquer questão usando uma abordagem integral, você precisaria conjugar perspectivas dos quatro quadrantes. Por exemplo: como ajudar pessoas com problema de alcoolismo? Começar por entender os fatores que favorecem essa condição, informando-se sobre o perfil psicológico das pessoas com essa doença (dimensão subjetiva), as condições materiais que costumam levá-las a essa fuga no álcool (dimensão objetiva), o círculo de relacionamentos mais próximos a elas que possam estar influenciando seu pensamento e visão de mundo (dimensão intersubjetiva) e, por último, as condições de trabalho e sociais mais amplas a que elas possam estar expostas (dimensão interobjetiva).

Conexões

4. Reúna-se com um grupo de oito colegas, subdivididos em quatro pares, para investigar sobre o problema da violência no mundo atual, usando o modelo dos Quatro Quadrantes da experiência humana, de Ken Wilber. Cada dupla deve cuidar de uma dimensão ou quadrante e discutir as seguintes questões:
   a) quais são as possíveis causas da violência (em relação a seu quadrante)?;
   b) que soluções podem ser propostas para enfrentar essas causas?
   Depois reúnam-se com toda a turma para escutar as conclusões de cada dupla, apresentar sugestões de mudanças e redigir um documento final, para ser apresentado na forma de seminário.

O problema do senso comum

Para desenvolver uma visão mais abrangente e integradora é importante adotar, como ponto de partida, o hábito de questionar as noções do senso comum, isto é, aquilo que a maioria das pessoas pensa e diz, como fazia Sócrates nos diálogos com seus discípulos (como vimos no Capítulo 3). Por que adotar essa atitude? Qual é o problema do senso comum?

Vejamos primeiramente como se forma o senso comum. Na conversa diária entre as pessoas é comum surgir uma série de explicações ou opiniões sobre os mais variados assuntos. Várias dessas ideias muitas vezes conseguem um **consenso**, isto é, obtêm a concordância da maioria da comunidade. Algumas delas acabam sendo transmitidas de boca em boca para outros grupos ou de geração em geração. Outras, divulgadas em jornais, revistas, rádio, televisão e internet, podem se tornar concepções amplamente aceitas por diversos segmentos da sociedade, sendo por isso consideradas "naturais", "necessárias", "verdades absolutas", sem maior análise crítica ou compreensão do assunto.

Esse vasto conjunto de concepções recebe o nome de senso comum. O filósofo belga **Chaim Perelman** (1912-1984) definiu o senso comum como uma série de ideias admitidas por determinado grupo social que acredita que elas são compartilhadas por toda a humanidade. São parte, portanto, do que Durkheim denominou consciência coletiva.

O senso comum reflete o entendimento médio, comum das pessoas, sobre uma infinidade de assuntos: como se comportar, como se vestir em determinadas situações, o que é próprio do homem ou da mulher etc. São usualmente generalizações, cuja origem ou fundamentação inicial já se perdeu. Muitas dessas concepções podem ser encontradas em frases feitas ou em ditados populares, como "Amigos, amigos, negócios à parte", "Deus ajuda quem cedo madruga", "Querer é poder", "Filho de peixe, peixinho é".

Repetidas irrefletidamente no cotidiano, algumas noções do senso comum manifestam **ideias falsas**, **preconceituosas** ou **parciais** da realidade. Outras, no entanto, revelam profunda reflexão sobre a vida – o que chamamos **sabedoria popular**. Há também aquelas que reproduzem determinadas conclusões científicas popularizadas, como "Vitamina C é boa contra resfriado".

O que se verifica nas noções do senso comum é que surgem como resultado de uma aglutinação acrítica (sem exame crítico) de juízos ou concepções. Assim, o que caracteriza basicamente as convicções pertencentes ao senso comum não é a falta de veracidade (capacidade de expressar a verdade ou não), mas sim a **ausência de fundamentação**, ou seja, o fato de que as pessoas não costumam saber o porquê dessas noções. Simplesmente as repetem irrefletida e automaticamente.

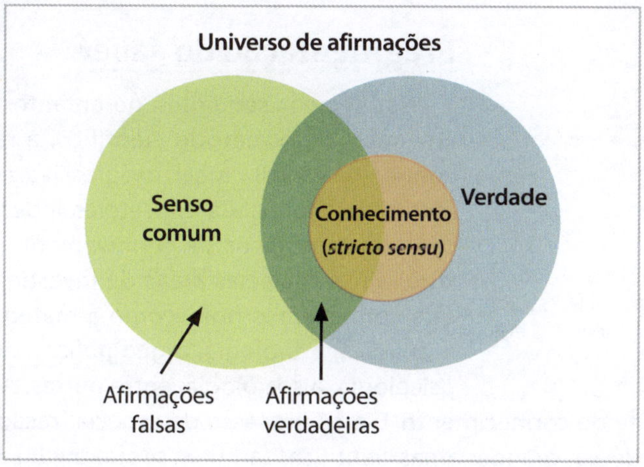

O gráfico ao lado ilustra a ideia de que uma parte das afirmações do senso comum pode ser falsa ou equivocada e outra parte, verdadeira ou acertada. Mas não se saberá a qual grupo pertence uma afirmação enquanto ela não for considerada criticamente. Observe que uma parcela menor das crenças do senso comum vem de conhecimentos científicos ou filosóficos (conhecimento *stricto sensu*, considerado verdadeiro).

Conexões

5. Interprete o gráfico acima, buscando exemplos para cada um de seus elementos.

Visão integradora da filosofia

Se a filosofia nos ajuda a construir uma consciência mais ampla e integral, ela tem não apenas a importantíssima função **crítica** (analítica), como vimos nos capítulos anteriores. Ela realiza também uma função **construtiva** (sintética), pois busca considerar e relacionar o maior número de aspectos e elementos relevantes de uma totalidade, tentando assim organizar uma visão de mundo mais abrangente, profunda e verdadeira ou, pelo menos, mais próxima da verdade. É a sabedoria dos antigos.

> "[A filosofia] é uma prática discursiva (ela procede "por discursos e raciocínios") que tem a vida por objeto, a razão por meio e a felicidade por fim. Trata-se de pensar melhor para viver melhor."
>
> COMTE-SPONVILLE, André. *A felicidade, desesperadamente.* São Paulo: Martins Fontes, 2001. p. 8-9.

ANDRÉ TOMA

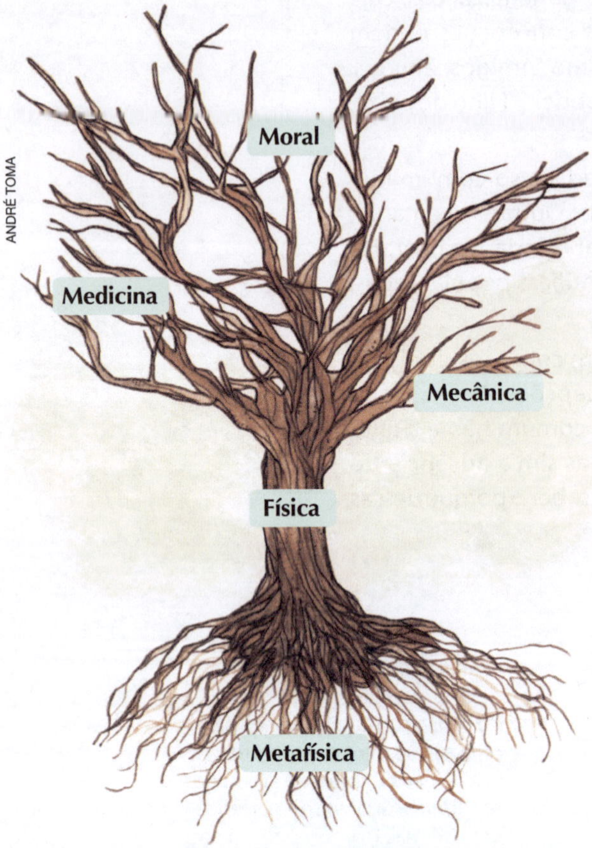

Árvore do saber, de Descartes. Observe que a teologia já não fazia parte de seu projeto científico-filosófico. Você sabe o que isso significava em termos histórico-filosóficos?

Desde seu nascimento na Grécia Antiga, o saber filosófico reunia o conjunto dos conhecimentos racionais desenvolvidos pelo ser humano: matemática, astronomia, física, biologia, lógica, ética, política etc. Não havia separação entre filosofia e ciência. Até mesmo a investigação sobre Deus (a teologia) fazia parte das especulações dos filósofos. Essa visão integradora perdurou até o fim da Idade Média.

Uma expressão dessa integração, que ainda persistiu em boa medida na Idade Moderna, é a metáfora da **árvore do saber**, proposta por Descartes no século XVII. No prefácio de sua obra *Princípios de filosofia*, ele explica que toda a filosofia é como uma árvore, cujas raízes são a metafísica, o tronco é a física e os ramos que saem desse tronco constituem todas as outras ciências, que se reduzem a três principais: a medicina, a mecânica e a moral.

Fragmentação do saber

Nos séculos seguintes, no entanto, com o desenvolvimento do método científico, a realidade a ser conhecida passou a ser progressivamente dividida, recortada, atomizada em setores independentes, em campos específicos de conhecimento. Desse modo, surgiram as diversas áreas de investigação científica que conhecemos hoje, como a matemática, a física, a química, a biologia, a geografia, a antropologia, a psicologia, a sociologia, entre outras. Acabava, assim, a antiga unidade do conhecimento. E esse processo de especialização não parou aí, pois cada uma dessas grandes áreas científicas também se subdividiu em outras mais específicas, sobretudo a partir do século XX. Por isso se diz hoje que vivemos a "era dos especialistas".

No contexto dessa separação, a filosofia não abandonou seus vínculos com os campos de estudo hoje denominados científicos, mas passou a relacionar-se com eles de outro modo. Ela realiza atualmente – notadamente o setor da filosofia da ciência – o trabalho de reflexão sobre os conhecimentos alcançados pelas diversas áreas científicas, questionando a validade de seus métodos, critérios e resultados. Nesse sentido, ela fornece uma importante contribuição para os estudos epistemológicos de cada ciência.

Ao mesmo tempo, por sua perspectiva abrangente, a filosofia ainda representa a possibilidade de integração de todos os saberes. Você poderá ter uma boa ideia da amplitude dos estudos filosóficos consultando o quadro sinótico no final desta unidade. Desse modo, poderá ir familiarizando-se com sua terminologia e ambientando-se com seus temas e organização. Bom trabalho!

Observação

Tenha em conta que a filosofia ocidental não é a única forma de pensar reflexivo sobre a realidade, embora alguns estudiosos reivindiquem que o termo "filosofia" deve ser aplicado apenas à produção filosófica do Ocidente. Diversas culturas da Ásia e do Oriente Médio também desenvolveram pensamentos ricos e abrangentes sobre os diversos aspectos do Universo e da existência – e até mesmo crítico –, podendo perfeitamente ser denominados filosofias.

Mulheres filósofas

Como explicar a pouca presença feminina na história da filosofia e de outras áreas do saber, como da ciência (assunto que estudaremos no Capítulo 17)? Mulheres e homens sempre tiveram o mesmo interesse sobre o mundo, a mesma necessidade de procurar o sentido das coisas e a mesma capacidade de produzir conhecimento. Isso é percebido quando observamos a curiosidade de meninos e meninas por tudo à sua volta, desde a infância. E também quando observamos o desenvolvimento cognitivo das mulheres e dos homens no mundo contemporâneo.

Durante séculos foi vedado às mulheres o direito de aprender a ler e escrever ou receber qualquer educação formal. Quando isso ocorria em alguma família (em geral de elite), a prática não era bem-vista, pois em diversas culturas havia o entendimento de que a missão da mulher era cuidar da casa e da família. A predominância dessa mentalidade dificultou o acesso das mulheres a diversos campos do saber até meados do século XX.

Como teve início essa mentalidade restritiva em relação às mulheres e por que predominou por tanto tempo? Não há uma resposta definitiva. Sabe-se que, historicamente, desde o Neolítico, a maioria das sociedades humanas são patriarcais, ou seja, conferem aos homens um lugar de comando na organização social. A palavra "patriarcal" vem do latim *pater*, que significa "pai", e se refere à posição do homem como chefe da família. A forma de organização social em que predomina a autoridade masculina é chamada de **patriarcado**.

Foi nesse contexto patriarcal que nasceram diversos argumentos, desde a Antiguidade, para justificar a dominação masculina, com destaque para as explicações "biológicas". Segundo essas explicações, certos papéis, direitos e deveres seriam naturais, alguns reservados aos homens, enquanto outros seriam próprios das mulheres. Entre os deveres das mulheres estaria o de obedecer aos homens, principalmente pais, maridos ou irmãos. Aristóteles foi um dos primeiros pensadores a defender a superioridade masculina. Para ele, as mulheres não possuiriam um *logos* (racionalidade) capaz de controlar as emoções e lidar com assuntos complexos, como a administração pública e a reflexão filosófica. Na visão dele, elas se moviam na fronteira entre o humano e o animal.

Aristóteles influenciou diversos autores posteriores, ajudando a consolidar a imagem das mulheres como seres instáveis, frágeis e emotivos por natureza, em contraposição à imagem dos homens como estáveis, fortes e racionais. Foi, sobretudo, a partir do século XVIII que surgiram vozes discordantes dessa interpretação. Tais vozes defendiam basicamente a tese de que os papéis de gênero são **categorias socialmente construídas**, ou seja, não estão determinados pela natureza, e sim pelas culturas às quais pertencemos.

Seja qual for a interpretação, as mulheres não tiveram de modo geral as mesmas oportunidades que os homens, tanto para desenvolver-se quanto para expressar-se intelectualmente. Daí a pouca visibilidade de seus pensamentos até nossos dias. A história daquelas que se destacaram na vida pública e intelectual apenas confirma a regra geral que as excluía.

Entre as mulheres que ocuparam posições importantes, mesmo em sociedades patriarcais como a da Antiga Atenas, destaca-se o caso da filósofa **Diotima de Mantinea** (século V a.C.). Ela teve Sócrates entre seus discípulos, mas por muito tempo acreditou-se ser apenas uma personagem fictícia de Platão. Pensadores modernos, como Descartes, também se referiram a filósofas como suas mestras.

Atualmente, o Centro de História de Mulheres Filósofas e Cientistas de Paderborn, na Alemanha, desenvolve pesquisas com o objetivo de trazer a público o pensamento de mulheres filósofas de vários períodos da história, tendo digitalizado até o momento cerca de três mil manuscritos produzidos por filósofas.

FRANÇOISE DUC PAGES/KIPA/SYGMA VIA GETTY IMAGES

A filósofa francesa Simone de Beauvoir (1908-1986), com sua discípula e conterrânea Elisabeth Badinter (1944-), em 1983. Ambas analisaram e criticaram o lugar subalterno designado para as mulheres nas sociedades.

1. Formule uma definição geral de consciência.
2. Como se forma, no âmbito da consciência, a noção de identidade?
3. Por que se diz que a consciência é uma experiência privada? O que pode torná-la pública?
4. Além de ter de lidar com as dificuldades do mundo, o ego vive pressionado pelo *id* e pelo superego. Interprete essa afirmação.
5. O que são os arquétipos e como Jung chegou à conclusão de sua existência?
6. Qual é o papel da experiência no contexto do desenvolvimento cognitivo, segundo Piaget?
7. Algumas noções do senso comum escondem ideias falsas, parciais ou preconceituosas, enquanto outras revelam profunda reflexão sobre a vida. Como você explica essa aparente contradição?
8. Qual é o benefício de desenvolver um pensamento integral?
9. Comente a explicação para a pouca presença das mulheres na história da filosofia, contida no boxe "Mulheres filósofas".

Conversa filosófica

10. Coisa de louco ou autoconhecimento?

Você acredita que a psicologia pode ajudar um indivíduo a se conhecer melhor? Ou é só para quem está doente da cabeça? Reúna-se em grupo e debata sobre isso com os colegas. Para ajudar na reflexão, leia a seguinte frase, relacionando-a com as teorias do inconsciente de Freud e Jung:

"Conhece-te a ti mesmo e conhecerás o Universo e os deuses". (Frase inscrita no Oráculo de Delfos, situado no templo dedicado ao deus Apolo, na Grécia).

11. Indivíduo ou sociedade?

Reúna-se com colegas e pesquise sobre situações (históricas ou pessoais) em que:

a) a prevalência da consciência individual possa significar (ou significou) uma ameaça à coletividade;

b) a prevalência da consciência coletiva possa implicar (ou implicou) a impossibilidade de busca da felicidade por um indivíduo ou minoria.

Para pensar

Leia, a seguir, dois textos relacionados com nossas possibilidades de chegar a um maior conhecimento e sabedoria. O primeiro é um trecho de uma interpretação filosófica sobre uma obra de ficção infantojuvenil muito conhecida. O segundo é um excerto de um livro escrito pelo pensador francês Edgar Morin (1921-), um dos maiores defensores do pensamento complexo e da integração das disciplinas. Leia-os e depois responda às questões propostas.

Texto I

Desafios e crescimento pessoal

O hobbit é uma história de aventura e também de crescimento pessoal. No começo da narrativa, Bilbo é um *hobbit* convencional, avesso à ação e amante do conforto. À medida que a história progride, ele ganha coragem, sabedoria e autoconfiança. Nesse aspecto, a obra é similar a *O Senhor dos Anéis*. Ambos são contos de enobrecimento dos humildes, como nos informa seu autor J. R. R. Tolkien. Ambos são histórias de pessoas comuns – pequenas aos olhos dos "sábios" e poderosos – que realizam grandes feitos e alcançam estatura heroica ao aceitar desafios, suportar dificuldades e valer-se de inesperadas forças de caráter e de vontade. Qual é a conexão entre o espírito aventureiro e o crescimento pessoal? Como os desafios e os riscos – a disposição para deixar nossas tocas – podem nos tornar indivíduos mais fortes, felizes e confiantes?

BASSHAM, Gregory; BRONSON, Eric. *O hobbit e a filosofia*. Rio de Janeiro: Bestseller, 2012. p. 13.

Texto II

O desafio da complexidade do real

[...] a transdisciplinaridade só representa uma solução quando se liga a uma reforma do pensamento. Faz-se necessário substituir um pensamento que está separado por outro que está ligado. [...] um conhecimento só é pertinente na medida em que se situe num contexto. A palavra, polissêmica por natureza, adquire seu sentido uma vez inserida no texto. O texto em si mesmo adquire seu sentido em seu contexto. Uma informação só tem sentido numa concepção ou numa teoria. Do mesmo modo, um acontecimento só é inteligível se é possível restituí-lo em suas condições históricas, sociológicas ou outras. Pode-se deduzir disso que é primordial aprender a contextualizar e, melhor que isso, a globalizar, isto é, situar um conhecimento num conjunto organizado. [...] O problema crucial de nosso tempo é o da necessidade de um pensamento apto a levantar o desafio da complexidade do real, isto é, de perceber as ligações, interações e implicações mútuas, os fenômenos multidimensionais, as realidades que são, ao mesmo tempo, solidárias e conflituosas.

MORIN, Edgar. *Complexidade e transdisciplinaridade*: a reforma da universidade e do ensino fundamental. Natal: EDUFRN, 1999. p. 13, 42, 55.

1. Identifique o tipo de desafio de que fala cada texto acima. A que problema filosófico se relaciona cada um?
2. Que "prêmio" pode encontrar quem enfrenta esses dois tipos de desafios?
3. Você se considera uma pessoa que gosta de enfrentar desafios? Por quê?

Sessão de cinema

Freud: além da alma (1962, Estados Unidos, direção de John Huston)

Filme sobre o pai da psicanálise, Sigmund Freud, que abarca um período que vai do final de seus estudos na universidade até a formulação da teoria sobre a sexualidade infantil, inter-relacionando vida pessoal e descobertas.

Jornada da alma (2003, França, direção de Roberto Faenza)

Jovem russa com diagnóstico de histeria recebe tratamento em um hospital psiquiátrico de Zurique, na Suíça, tendo por médico o jovem Carl Gustav Jung. Este aplica pela primeira vez o método da associação livre de palavras, obtendo bons resultados.

Nise: o coração da loucura (2015, Brasil, direção de Roberto Berliner)

Obra baseada no livro *Nise: arqueóloga dos mares*, de Bernardo Horta, que apresenta a luta da psiquiatra alagoana Nise da Silveira por usar a arte como ferramenta principal no tratamento de pacientes psiquiátricos.

Bicho de sete cabeças (2001, Brasil, direção de Laís Bodanzky)

Neto é enviado a um manicômio por seu pai, com quem mantém um relacionamento bastante conflituoso. No manicômio, passa por situações cruéis e desumanas. Uma reflexão instigante sobre as fronteiras da sanidade e da loucura.

O começo da vida (2016, Brasil, direção de Estella Renner)

Documentário sobre os primeiros mil dias de vida de uma criança. Médicos e pesquisadores de vários países falam da importância do estímulo e do ambiente nesse período de crescimento para um desenvolvimento saudável do indivíduo.

Uma mente brilhante (2001, Estados Unidos, direção de Ron Howard)

Gênio da matemática passa a ter alucinações, precisando usar da força de sua mente brilhante e lógica para distinguir entre a realidade e a fantasia. Filme baseado na vida de John Forbes Nash, ganhador do prêmio Nobel de Economia em 1994.

1. (UEM-PR)

"O que é um filósofo? É alguém que pratica a filosofia, em outras palavras, que se serve da razão para tentar pensar o mundo e sua própria vida, a fim de se aproximar da sabedoria ou da felicidade. E isso se aprende na escola? Tem de ser aprendido, já que ninguém nasce filósofo e já que filosofia é, antes de mais nada, um trabalho. Tanto melhor, se ele começar na escola. O importante é começar, e não parar mais. Nunca é cedo demais nem tarde demais para filosofar, dizia Epicuro. [...]. Digamos que só é tarde demais quando já não é possível pensar de modo algum. Pode acontecer. Mais um motivo para filosofar sem mais tardar" (COMTE-SPONVILLE, André. *Dicionário filosófico.* São Paulo: Martins Fontes, 2003. p. 251-252).

A partir dessas considerações, assinale o que for correto.

(01) A filosofia é uma atividade que segue a via pedagógica de uma prática escolar, já que não pode ser aprendida fora da escola.

(02) O enunciado relaciona a filosofia com o ato de pensar.

(04) O enunciado contradiz a motivação filosófica contida na seguinte afirmativa de Aristóteles: "Todos os homens têm, por natureza, desejo de conhecer".

(08) Para André Comte-Sponville, quanto antes e com mais intensidade nos dedicarmos à filosofia, mais cedo estaremos livres dela, pois todo assunto se esgota.

(16) A citação do texto afirma que sempre é tarde para começar a filosofar, razão pela qual a filosofia é uma prática da maturidade científica e o coroamento das ciências.

2. (UFU-MG) Em *O Discurso sobre o método,* Descartes afirma:

"Não se deve acatar nunca como verdadeiro aquilo que não se reconhece ser tal pela evidência, ou seja, evitar acuradamente a precipitação e a prevenção, assim como nunca se deve abranger entre nossos juízos aquilo que não se apresente tão clara e distintamente à nossa inteligência a ponto de excluir qualquer possibilidade de dúvida" (REALE, G.; ANTISERI, D. *História da filosofia:* Do humanismo a Descartes. Trad. de Ivo Storniolo. São Paulo: Paulus, 2004. p. 289).

Após a leitura do texto acima, assinale a alternativa correta.

a) A evidência, apesar de apreciada por Descartes, permanece uma noção indefinível.

b) A evidência é a primeira regra do método cartesiano, mas não é o princípio metódico fundamental.

c) Ideias claras e distintas são o mesmo que ideias evidentes.

d) A evidência não é um princípio do método cartesiano.

3. (Unioeste-PR) O Oráculo de Delfos teria declarado que Sócrates (470-399 a.C.) era o mais sábio dos homens. Essa profecia marcou decisivamente a concepção socrática de Filosofia, pois sua verdade não era óbvia:

"Logo ele, sem qualquer especialização, ele que estava ciente de sua ignorância? Logo ele, numa cidade [Atenas] repleta de artistas, oradores, políticos, artesãos? Sócrates parece ter meditado bastante tempo, buscando o significado das palavras da pitonisa. Afinal concluiu que sua sabedoria só poderia ser aquela de saber que nada sabia, essa consciência da ignorância sobre as coisas que era sinal e começo da autoconsciência." (J. A. M. Pessanha)

Sobre a filosofia de Sócrates, é incorreto afirmar que:

a) a filosofia de Sócrates consiste em buscar a verdade, aceitando as opiniões contraditórias dos homens; quanto mais importante era a posição social de um homem, mais verdadeira era sua opinião.

b) a sabedoria de Sócrates está em saber que nada sabe, enquanto os homens em geral estão impregnados de preconceitos e noções incorretas, e não se dão conta disso.

c) o reconhecimento da própria ignorância é o primeiro passo para a sabedoria, pois, assim, podemos nos livrar dos preconceitos e abrir caminho para a verdade.

d) após muito questionar os valores e as certezas vigentes, Sócrates foi acusado de não respeitar os deuses oficiais (impiedade) e corromper a juventude; foi julgado e condenado à morte por ingestão de cicuta.

e) o caminho socrático para a sabedoria deve ser trilhado pelo próprio indivíduo, que deve por ele mesmo reconhecer seus preconceitos e opiniões, rejeitá-los e, através da razão, atingir a verdade imutável.

4. (UFSM-RS) Os processos naturais que contribuem para a extinção de uma civilização são exemplos de males naturais, enquanto as guerras são exemplos de males morais.

O argumento segundo o qual o padrão atual de utilização dos recursos naturais produzirá um desequilíbrio ecológico irreversível é um exemplo de argumento do tipo ... .

O desmatamento indiscriminado das florestas é um exemplo de um mal ... .

Assinale a alternativa que preenche, corretamente, as lacunas, dando sentido ao texto.

a) indutivo – natural
b) dedutivo – natural
c) analógico – natural
d) dedutivo – moral
e) indutivo – moral

5. (UFMG) Leia este trecho:

"Eu quero dizer que o mal [...] não tem profundidade, e que por esta mesma razão é tão terrivelmente difícil pensarmos sobre ele [...] O mal é um fenômeno superficial [...] Nós resistimos ao mal em não nos deixando ser levados pela superfície das coisas, em parando e começando a pensar, ou seja, em alcançando uma outra dimensão que não o horizonte de cada dia. Em outras palavras, quanto mais superficial alguém for, mais provável será que ele ceda ao mal." (ARENDT, H. Carta a Grafton, *apud* ASSY, B. Eichmann. Banalidade do Mal e Pensamento em Hannah Arendt. *In*: JARDIM, E.; BIGNOTTO, N. (org.). *Hannah Arendt, diálogos, reflexões, memórias*. Belo Horizonte: Editora UFMG, 2001. p. 145.)

A partir da leitura desse trecho, redija um texto, argumentando a favor ou contra esta afirmativa: "Para se prevenir o mal, é preciso reflexão".

6. (Enem)

A quem não basta pouco, nada basta.

EPICURO. *Os pensadores*. São Paulo: Abril Cultural, 1985.

Remanescente do período helenístico, a máxima apresentada valoriza a seguinte virtude:

a) esperança, tida como confiança no porvir.
b) justiça, interpretada como retidão de caráter.
c) temperança, marcada pelo domínio da vontade.
d) coragem, definida como fortitude na dificuldade.
e) prudência, caracterizada pelo correto uso da razão.

7. (Enem)

A moralidade, Bentham exortava, não é uma questão de agradar a Deus, muito menos de fidelidade a regras abstratas. A moralidade é a tentativa de criar a maior quantidade de felicidade possível neste mundo. Ao decidir o que fazer, deveríamos, portanto, perguntar qual curso de conduta promoveria a maior quantidade de felicidade para todos aqueles que serão afetados.

RACHELS. J. *Os elementos da filosofia moral*. Barueri: Manole, 2006.

Os parâmetros da ação indicados no texto estão em conformidade com uma:

a) fundamentação científica de viés positivista.
b) convenção social de orientação normativa.
c) transgressão comportamental religiosa.
d) racionalidade de caráter pragmático.
e) inclinação de natureza passional.

8. (Enem)

O filósofo reconhece-se pela posse inseparável do gosto da evidência e do sentido da ambiguidade. Quando se limita a suportar a ambiguidade, esta se chama equívoco. Sempre aconteceu que, mesmo aqueles que pretenderam construir uma filosofia absolutamente positiva, só conseguiram ser filósofos na medida em que, simultaneamente, se recusaram o direito de se instalar no saber absoluto. O que caracteriza o filósofo é o movimento que leva incessantemente do saber à ignorância, da ignorância ao saber, e um certo repouso neste movimento.

MERLEAU-PONTY, M. *Elogio da filosofia*. Lisboa: Guimarães, 1998 (adaptado).

O texto apresenta um entendimento acerca dos elementos constitutivos da atividade do filósofo, que se caracteriza por:

a) reunir os antagonismos das opiniões ao método dialético.
b) ajustar a clareza do conhecimento ao inatismo das ideias.
c) associar a certeza do intelecto à imutabilidade da verdade.
d) conciliar o rigor da investigação à inquietude do questionamento.
e) compatibilizar as estruturas do pensamento aos princípios fundamentais.

9. (Enem)

A maioria das necessidades comuns de descansar, distrair-se, comportar-se, amar e odiar o que os outros amam e odeiam pertence a essa categoria de falsas necessidades. Tais necessidades têm um conteúdo e uma função determinada por forças externas, sobre as quais o indivíduo não tem controle algum.

MARCUSE, H. *A ideologia da sociedade industrial*: o homem unidimensional. Rio de Janeiro: Zahar, 1979.

Segundo Marcuse, um dos pesquisadores da chamada Escola de Frankfurt, tais forças externas são resultantes de

a) aspirações de cunho espiritual.
b) propósitos solidários de classes.
c) exposição cibernética crescente.
d) interesses de ordem socioeconômica.
e) hegemonia do discurso médico-científico.

Grandes áreas do filosofar

A problematização da realidade feita pelos filósofos costuma se dar, de modo geral, a partir dos seguintes pontos de vista: **metafísico** ou **ontológico**, **epistemológico**, **lógico**, **ético**, **político**, **estético** e **linguístico**. Cada um deles constituiu um ramo distinto de estudo filosófico – uma grande área do filosofar.

EPISTEMOLOGIA E FILOSOFIA DA CIÊNCIA

- O termo grego *episteme* designa o conhecimento teórico fundamentado e elaborado com rigor. Opõe-se à *doxa*, o conhecimento comum, obtido sem reflexão, uma mera opinião.
- Em sentido estrito, o termo "epistemologia" designa a disciplina filosófica que estuda a natureza do conhecimento obtido nas diversas ciências. Identifica e avalia os métodos e o modo de operar de cada uma. Busca distinguir a ciência autêntica da pseudociência. Muitas vezes, a epistemologia é identificada com a filosofia da ciência, embora esta constitua um campo de investigação mais vasto.
- Em sentido amplo, o termo "epistemologia" equivale à **teoria do conhecimento** ou **gnosiologia** (do grego *gnosis*, "ação de conhecer"), a área de estudo filosófico sobre o processo de conhecer em geral. Hoje em dia foi absorvida pela área da **filosofia da mente**.

Questões principais

O que é a verdade? O que é o conhecimento? O que é conhecimento científico? Como se conhece? O que pode ser conhecido? Como saber se um conhecimento é verdadeiro? Existem ideias inatas?

Onde encontrar

Mais especificamente nos **Capítulos 9** (O processo de conhecer) e **17** (Ciência e epistemologia), embora suas questões sejam abordadas em vários outros.

ESTÉTICA

- O termo grego *aisthesis* significa "percepção pelos sentidos, sensação". Dele se formou a palavra *aisthetikos*: "que se percebe pelos sentidos".
- Disciplina filosófica que estuda a percepção pelos sentidos, especialmente da percepção do belo e suas formas de representação. Investiga sobretudo as manifestações da arte, os sentimentos que ela expressa e desperta, constituindo também uma **filosofia da arte**.

Questões principais

O que é o belo? O que é uma obra de arte? Existem princípios universais da beleza? A beleza é algo material ou espiritual? Existe diferença entre o belo artístico e o belo natural? O que é o gosto? Gosto se discute?

Onde encontrar

Mais especificamente no **Capítulo 18** (Estética e expressão cultural).

ÉTICA OU FILOSOFIA MORAL

- A palavra grega *ethos* significa "modo de ser, caráter", mas também "hábito, costume". Supõe-se que, da junção dessas semânticas, se originaram os termos grego *ethikos*, "relativo ao modo de ser habitual, aos costumes", e latino *ethica*, "doutrina dos costumes".
- Disciplina filosófica que investiga os diversos **sistemas morais** elaborados pelas sociedades humanas, isto é, as normas, as interdições (proibições) e os valores que orientam a conduta e os costumes dentro de uma comunidade ou cultura.
- Entre seus objetivos principais está o de compreender e explicitar os pressupostos que fundamentam essas normas e esses valores, ou seja, as visões de mundo e as concepções sobre o ser humano e sua existência que sustentam as normas e os valores.

Questões principais

O que é o dever? Como surgem e em que se fundamentam os deveres? Como devemos agir e viver para ser felizes? Existe a liberdade humana? O que é a virtude? E o bem? E o mal? A guerra é um bem ou um mal? Os animais também têm direitos? E o planeta?

Onde encontrar

Mais especificamente no **Capítulo 15** (Ética e responsabilidade), embora suas questões sejam abordadas em vários outros, com destaque para o **Capítulo 1** (Filosofia e a busca da felicidade).

FILOSOFIA DA LINGUAGEM

- Campo de **reflexão filosófica sobre a linguagem** que se ocupa principalmente das relações desta com o pensamento, com o conhecimento da verdade e com o mundo. Também desenvolve reflexões sobre suas origens, transformações e funções. Sua preocupação não é a mesma da linguística, pois mantém certos vínculos com outras áreas filosóficas, principalmente com a metafísica, a lógica e a epistemologia.

Questões principais

O que é significado? E signo? O que é uma palavra? Qual é a função da linguagem? Qual é a origem das línguas? Como a linguagem se relaciona com o mundo? Qual é a relação entre as palavras e as coisas?

Onde encontrar

Mais especificamente no **Capítulo 8** (Linguagem e comunicação).

FILOSOFIA POLÍTICA

- A palavra grega *polis* quer dizer "cidade" (a cidade-Estado da Grécia Antiga). Dela se formou o termo *politike*, **"ciência da cidade"**, isto é, de sua organização e de seu governo, das coisas de interesse do conjunto dos cidadãos.
- Campo de reflexão filosófica sobre as questões políticas e as relações humanas em seu sentido coletivo. Estuda os princípios e mecanismos que fundamentam e explicam a ordem social existente, bem como a melhor maneira de organizar a vida social, suas instituições e suas práticas.

Questões principais

Como surgiu a sociedade? O que é o Estado? É possível uma sociedade sem Estado? O que é justiça? E lei? E igualdade? Por que existem ricos e pobres? Há relação entre ética e política? Por que a guerra? É possível a paz?

Onde encontrar

Mais especificamente no **Capítulo 16** (Política e poder), embora suas questões sejam abordadas em vários outros.

LÓGICA

- A palavra grega *logos* significa originalmente "verbo, palavra". No âmbito filosófico, passou a ser identificada com as ideias de razão, pensamento ou discurso racional e raciocínio. Dessa última acepção derivou o termo grego *logike*, **"ciência do raciocínio"**.
- Disciplina filosófica que estuda os raciocínios ou argumentos com o objetivo de conhecer os princípios e as regras gerais de sua validade e correção.

Questões principais

O que é consequência lógica? O que é um argumento válido? Quando um argumento é verdadeiro? Quando um argumento parece correto, mas não é (as denominadas falácias)?

Onde encontrar

Mais especificamente no **Capítulo 4** (Lógica e argumentação).

METAFÍSICA

- Composta dos termos gregos *metá*, "atrás, depois, além", e *physiká*, "coisas naturais, natureza", a palavra "metafísica" significa "o que vem depois ou além do físico".
- Disciplina filosófica definida tradicionalmente como o **estudo do ser** (tudo o que é) enquanto ser, ou seja, o que algo é em si, suas propriedades, suas causas e seus princípios primeiros. Trata-se da busca da realidade fundamental das coisas, ou seja, de sua essência. É a área mais abstrata da filosofia, aquela que mais se desprende da experiência (conforme expressou o filósofo alemão Immanuel Kant [1724-1804]).

Questões principais

Qual é a origem de tudo? O que é a realidade? Qual é o ser das coisas? Tudo é matéria ou espírito? O que é o tempo? E o ser humano? E a vida? Qual é a natureza de Deus?

Onde encontrar

Mais especificamente no **Capítulo 10** (Visões de mundo e paradigmas), embora diversas teorias metafísicas relevantes sejam tratadas também na **Unidade 3** (A filosofia na história).

UNIDADE 2 Nós e o mundo

Agora você já tem uma boa ideia do que é o filosofar. Então, é hora de mergulhar em alguns temas fundamentais da experiência humana e do pensamento filosófico. São questões que costumam intrigar as pessoas desde a infância e estão relacionadas com a descoberta progressiva do mundo e de nós mesmos.

Iniciaremos com temas que dizem respeito à condição humana (como a linguagem, o amor e o trabalho). Depois, ampliaremos o foco para as diferentes formas de conhecer e conceber o mundo. Então, anime-se e mãos à obra!

Caminhante, são tuas pegadas
o caminho, e nada mais;
caminhante, não há caminho,
se faz caminho ao andar.

Ao andar se faz caminho
e ao voltar a vista atrás
vê-se a senda que nunca
se há de voltar a pisar.

Caminhante, não há caminho,
apenas rastros no mar.

MACHADO, Antonio. Caminante son tus huellas. *Poesías completas*. Madrid: Espasa-Calpe, 1985. p. 223. [Tradução nossa].

Vegetação rasteira com duas figuras, de Vincent van Gogh, 1890. Óleo sobre tela, 49,5 cm × 99,7 cm.

CAPÍTULO 6

O ser humano e suas dimensões

ALBUM/FOTOARENA - GALERIA SABAUDA, TURIM, ITÁLIA

Dança de casamento ao ar livre (detalhe), de Pieter Bruegel, O Velho, c.1600. Óleo sobre painel, 76 cm × 107 cm. Imagem idílica de vivência e convivência humanas.

Questões filosóficas

- O que somos nós, os seres humanos?
- Existe uma natureza humana?
- Quanto de nós é natureza, quanto é cultura?
- O que as diversas culturas têm em comum?

Conceitos-chave

ser humano, natureza humana, condição humana, cultura, biosfera, antroposfera, amor, trabalho, linguagem, etnocentrismo, ideologia, liberdade, antropocentrismo

- **Os seres humanos nascem, crescem, reproduzem-se, envelhecem e morrem, como os seres vivos em geral. Qual seria, então, sua especificidade?**

Nosso ponto de partida para a investigação filosófica da experiência humana no mundo será a condição humana. Refletiremos sobre a essência ou a especificidade do ser humano, sua condição no mundo, suas fortalezas e fragilidades.

Vejamos o que podemos encontrar.

A CONDIÇÃO HUMANA
Um ser entre dois mundos

Podemos falar de mulheres, homens; de crianças, adultos, idosos; de pessoas das mais diversas etnias e com costumes variados. Apesar da imensa diversidade, em todos os casos estamos nos referindo sempre ao ser humano. Isso nos leva à questão inevitável que tem motivado a atenção de tantos filósofos e estudiosos: **o que é o ser humano?**

Comecemos nossa busca considerando o ponto de vista da biologia e da arqueologia. Somos seres vivos pertencentes ao reino animal e, mais especificamente, à espécie denominada *Homo sapiens*. Então, nossa nova pergunta pode ser a seguinte: o que distingue nossa espécie das demais? Ou, em linguagem popular, qual é a diferença entre "gente" e "bicho"?

Humanos e outros animais

Se compararmos o corpo humano com o de outros animais, veremos que o nosso não é tão capacitado quanto o deles para enfrentar uma série de dificuldades. Como ilustra o arqueólogo australiano **Gordon Childe** (1892-1957), não temos, por exemplo, um couro peludo como o do urso para manter o calor corporal em um ambiente frio. O corpo humano também não é excepcionalmente bem-adaptado, como o de alguns animais, à fuga, à autodefesa ou à caça; por isso, não temos a capacidade de correr como uma lebre ou um avestruz. Não temos a coloração protetora do tigre ou a armadura defensiva da tartaruga ou da lagosta. Não temos asas para voar e poder localizar mais facilmente uma presa. Faltam-nos o bico, as garras e a acuidade visual do gavião. No entanto, observa Gordon Childe:

> O ser humano pode ajustar-se a um número maior de ambientes do que qualquer outra criatura, multiplicar-se infinitamente mais depressa do que qualquer mamífero superior, e derrotar o urso-polar, a lebre, o gavião e o tigre, em seus recursos especiais. Pelo controle do fogo e pela habilidade de fazer roupas e casas, o homem pode viver, e vive e viceja, desde os polos da Terra até o Equador. Nos trens e automóveis que constrói, pode superar a mais rápida lebre ou avestruz. Nos aviões e foguetes pode subir mais alto do que a águia, e, com telescópios, ver mais longe do que o gavião.
>
> Mas fogo, roupas, casas, trens, automóveis, aviões e telescópios não são parte do corpo humano. Eles não são herdados no sentido biológico. O conhecimento necessário para sua produção e uso é parte do nosso legado social. Resulta de uma tradição acumulada por muitas gerações e transmitida, não pelo sangue, mas através da linguagem (fala e escrita). É o cérebro grande e complexo, centro de um extenso e delicado sistema nervoso, que permite ao ser humano desenvolver cultura.
>
> CHILDE, Gordon. *A evolução cultural do homem*. Rio de Janeiro: Zahar, 1971. p. 40-41.

Por esse raciocínio, podemos concluir que, diferentemente dos outros animais, os humanos não são apenas seres biológicos produzidos pela natureza. São também seres que modificam a natureza e desenvolvem cultura. E a cultura molda especificamente o comportamento humano.

Isso significa que os humanos são seres **culturais**.

> "Um dos fatos mais importantes sobre nós, seres humanos, pode ser que todos nascemos com o equipamento natural para viver milhares de vidas, mas acabamos vivendo somente uma. [...] A cultura não é apenas um aspecto ornamental da existência humana. Ao contrário, é a condição essencial e específica do ser humano.
>
> GEERTZ, Clifford. *The interpretation of cultures*. New York: Basic Books, 1973. p. 45-46. [Tradução nossa]."

JANE TANSI/ALAMY/FOTOARENA

Cena de um festival de música em Londres, na Inglaterra, em 2018. Apesar de nossas diferenças, pertencemos à mesma espécie: *Homo sapiens*. Sustentar nossa diferença é valorizar a rica diversidade da vida, afastando-se do empobrecimento representado pelas "monoculturas" e pela massificação cultural.

Condutas inatas e aprendidas

Aprendemos em biologia que boa parte do comportamento dos animais está vinculada a reflexos e instintos (padrões inatos, não aprendidos, de conduta), relacionados a estruturas biológicas hereditárias. Assim, o comportamento de um inseto é praticamente igual ao de qualquer outro de sua espécie. É o que observamos, por exemplo, na atividade das abelhas nas colmeias ou das formigas construindo seus ninhos.

No entanto, algumas espécies animais apresentam, além dos modelos comportamentais considerados inatos, algumas reações mais flexíveis, imprevisíveis ou maleáveis, de acordo com as circunstâncias ambientais. Por exemplo, cães e gatos, neles pode-se perceber, muitas vezes, uma certa "personalidade". Ou os chimpanzés e gorilas, nos quais é possível detectar atos inteligentes e uma capacidade elementar de raciocínio.

Agora, se colocamos o ser humano nessa comparação, podemos dizer que existe uma grande diferença entre seu comportamento e o dos animais em geral no que diz respeito a certas habilidades. Para dar um só exemplo, mesmo o chimpanzé mais evoluído possui apenas rudimentos daquilo que lhe permitiria desenvolver a **linguagem simbólica** – como qualquer humano saudável é capaz de fazer – e tudo o que dela resulta: aprender, reelaborar o conteúdo aprendido e promover o novo (invenção).

Linguagem simbólica: sistema de símbolos, isto é, signos que, por convenção (acordo entre as pessoas), representam alguma coisa. Por exemplo, as línguas portuguesa, inglesa etc.

Construção de si mesmo

Dessa forma, a vida de cada animal é, em grande medida, semelhante ao padrão básico vivido por sua espécie. O ser humano, por sua vez, tem, individualmente e como espécie, a capacidade de romper com boa parte de seu passado, questionar o presente e criar a novidade futura.

Não há dúvidas de que todo ser humano apresenta também reflexos e instintos vinculados a estruturas biológicas hereditárias próprias da espécie. Paralelamente, elementos genéticos limitam certas mudanças, e fatores socioeconômicos dificultam ou facilitam aspectos do desenvolvimento humano. Além disso, vários tipos de crenças, ideologias e condicionamentos impedem as pessoas de sequer desejar uma transformação em si mesmas ou à sua volta (conforme veremos adiante).

Mesmo assim, podemos dizer que o ser humano não nasce pronto pelas "mãos da natureza". Como defendem alguns pensadores, a vida de cada indivíduo humano seria um "parto" constante, um processo permanente de nascimento e construção de si mesmo.

O que determina, então, essa diferença entre o animal humano e todos os outros animais?

PIERRE-AUGUSTE RENOIR – GALERIA NACIONAL DE ARTE MODERNA, EDIMBURGO

Uma mulher amamentando uma criança, de Pierre-Auguste Renoir, 1894. Óleo sobre tela, 41,2 cm × 32,5 cm. Mamar é um ato instintivo entre os mamíferos de modo geral. Tanto filhotes de animais como bebês não costumam ter dificuldade em sugar o alimento do seio materno.

Biosfera e antroposfera

Do ponto de vista biológico, a capacidade humana de aprender e inventar, de perceber, interpretar e comunicar o que percebeu, de transformar a si mesmo e o que está ao seu redor parece estar intimamente ligada a propriedades de seu sistema nervoso e, especificamente, de seu cérebro.

Graças à plasticidade (capacidade de modelar-se e ser modelado) de seu sistema nervoso, o organismo do ser humano apresenta condutas inatas e aprendidas. Assim, desenvolveu a consciência reflexiva, a socialização, a linguagem etc.

O ser humano revela-se um ser ao mesmo tempo biológico e cultural. Mediante a cultura, criou para si um "mundo novo", diferente do cenário natural originalmente encontrado. Em outras palavras, dentro da biosfera (a parte do planeta que reúne condições para o desenvolvimento da vida), os humanos foram construindo a antroposfera (a parte do mundo que resulta do ajustamento da natureza às necessidades humanas).

Conexões

1. Identifique elementos do meio em que você vive e da sua experiência cotidiana, distinguindo os que pertencem à biosfera daqueles que fazem parte da antroposfera.

Síntese humana

A antroposfera, criada pelas diferentes culturas, é a morada do ser humano no mundo. Constitui o **cosmo humano**, um espaço construído por conhecimentos e realizações desenvolvidos e compartilhados por diferentes grupos sociais através da história (veremos especificamente o tema da cultura mais adiante neste capítulo).

Isso significa que no ser humano ocorre uma **síntese**, uma integração de características hereditárias e adquiridas, inatas e aprendidas, aspectos individuais e sociais, elementos naturais e culturais. O ser humano está submetido a condições naturais mas, em contraste com outros animais, é capaz de superar várias das limitações impostas pela natureza.

Essa condição parece fazer dos humanos seres inquietos, ambíguos, contraditórios, instáveis e dinâmicos. Um produto da natureza e da cultura e, ao mesmo tempo, um transformador da natureza e da cultura. Criatura e criador do mundo em que vive. Um ser capaz de dominar a natureza em muitos aspectos, mesmo fazendo parte dela. Capaz não só de criar coisas extraordinárias, mas também de destruir de modo devastador. Capaz de acumular um saber imenso, mas permanecer angustiado por dúvidas profundas que o fazem sempre propor a si próprio novas perguntas e novos problemas.

REPRODUÇÃO

O passo reflexivo e a Revolução Cognitiva

De acordo com o filósofo francês **Teilhard de Chardin** (1881-1955), o momento crucial do desenvolvimento do ser humano na Terra foi o "passo da reflexão". Ele afirma:

> A Reflexão [...] é o poder adquirido por uma consciência de se dobrar sobre si mesma [...] não mais apenas conhecer, mas conhecer-se [...]. Ora, quais são as consequências dessa transformação? Elas são imensas. O ser reflexivo [...] torna-se de repente suscetível de se desenvolver numa nova esfera. Na realidade, é um outro mundo que nasce. Abstração, lógica, escolhas e invenções premeditadas, matemáticas, arte, [...] ansiedades e sonhos do amor.
>
> CHARDIN, Teilhard de. *Le phénomène humain*. Paris: Seuil, 1955. p. 180-181. [Tradução nossa].

Esse desenvolvimento da consciência reflexiva também é destacado pelo historiador israelense **Yuval Noah Harari** (1976-), que chamou o momento em que esse processo ocorre de Revolução Cognitiva.

> O surgimento de novas formas de pensar e se comunicar, entre 70 mil anos atrás e 30 mil anos atrás, constitui a Revolução Cognitiva. O que a causou? Não sabemos ao certo. A teoria mais aceita afirma que mutações genéticas acidentais mudaram as conexões internas do cérebro dos [*Homo*] *sapiens*, possibilitando que pensassem de uma maneira sem precedentes e se comunicassem usando um tipo de linguagem totalmente novo.
>
> [...] a característica verdadeiramente única da nossa linguagem não é sua capacidade de transmitir informações sobre homens e leões. É a capacidade de transmitir informações sobre coisas que não existem. Até onde sabemos, só os *sapiens* podem falar sobre tipos e mais tipos de entidades que nunca viram, tocaram ou cheiraram.
>
> Lendas, mitos, deuses e religiões apareceram pela primeira vez com a Revolução Cognitiva.
>
> [...]
>
> **O que aconteceu na Revolução Cognitiva?**

Nova habilidade	Benefícios
Capacidade de transmitir maiores quantidades de informação sobre o mundo à volta dos *Homo sapiens*	Planejamento e realização de ações complexas, como evitar leões e caçar bisões
Capacidade de transmitir grandes quantidades de informação sobre as relações sociais dos *sapiens*	Grupos maiores e mais coesos, chegando a 150 indivíduos
Capacidade de transmitir grandes quantidades de informação sobre coisas que não existem de fato, tais como espíritos tribais, nações [...] e direitos humanos	**a.** Cooperação entre números muito grandes de estranhos **b.** Rápida inovação do comportamento social

> A imensa diversidade de realidades imaginadas que os *sapiens* inventaram e a diversidade resultante de padrões de comportamento são os principais componentes do que chamamos "culturas". [...]
>
> HARARI, Yuval N. *Sapiens*: uma breve história da humanidade. Porto Alegre: L&PM, 2017. p. 30, 32, 45 e 46.

Ponto de transição

Podemos fazer agora a seguinte pergunta: onde acaba, no ser humano, a natureza e começa a cultura? Ou, dito de outra forma: que fator ou elemento determinou no ser humano essa transição da dimensão puramente natural para a cultural?

Esse tema despertou e ainda desperta debates. Alguns estudiosos afirmam que não é possível identificar uma fronteira rígida entre natureza e cultura; para outros, um provável indicador dessa transição foi, em termos históricos, a construção das primeiras ferramentas pelos seres humanos.

A respeito dessa transição, vejamos outras três correntes interpretativas que consideramos relevantes para nossa investigação.

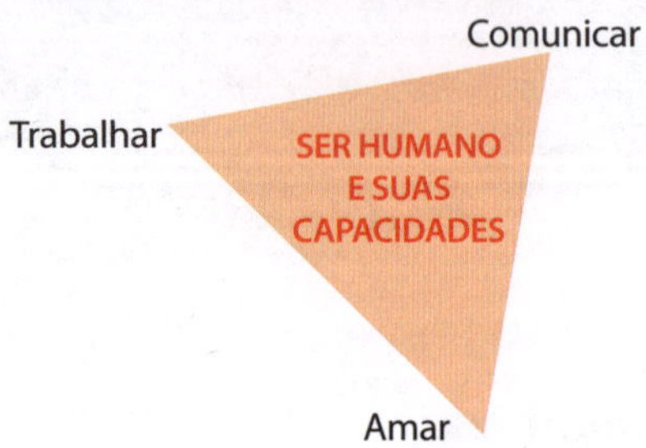

REPRODUÇÃO

Linguagem e comunicação

De acordo com alguns estudos, o fator determinante da transição natureza-cultura é a linguagem. Trata-se de uma corrente que entende o ser humano fundamentalmente como um ser linguístico. Para ilustrar essa concepção, o antropólogo francês **Claude Lévi-Strauss** (1908-2009) faz o seguinte exercício de imaginação:

> Suponhamos que num planeta desconhecido encontremos seres vivos que fabricam utensílios. Isso não nos dará a certeza de que eles se incluem na ordem humana. Imaginemos, agora, esbarrarmos com seres vivos que possuam uma linguagem que, por mais diferente que seja da nossa, possa ser traduzida para nossa linguagem – seres, portanto, com os quais poderíamos nos comunicar. Estaríamos, então, na ordem da cultura e não mais da natureza.

LÉVI-STRAUSS, Claude *apud* CUVILLIER, Armand. *Sociologia da cultura*. Porto Alegre: Globo, 1975. p. 2.

Assim, segundo Lévi-Strauss, o que teria distanciado definitivamente o ser humano da ordem comum dos animais – animais que somos também e nunca deixaremos de ser – e permitido a sua entrada no universo da cultura seria o desenvolvimento da linguagem e da comunicação.

Não se pode negar que a linguagem constitui uma das dimensões mais importantes da existência humana, pois é ela que permite o intercâmbio das experiências e as aquisições culturais. É pela linguagem, por exemplo, que pais e mães comunicam a filhos e filhas não apenas experiências pessoais, mas algo mais amplo: as experiências acumuladas e compartilhadas pela sociedade. De modo inverso, é também por meio da linguagem que o conhecimento individual pode incorporar-se ao patrimônio social (estudaremos com mais detalhe o fenômeno humano da linguagem e da comunicação no Capítulo 8). A linguagem é um instrumento que facilita a difusão da cultura e a formação de uma consciência coletiva. Esta abrange formas variadas de saberes e práticas sociais e individuais que contribuem para o desenvolvimento das culturas.

Amor

Segundo outros teóricos, como o neurocientista chileno **Humberto Maturana** (1928-), é o amor que distingue o ser humano dos outros animais. Isso não significa que outros animais não sejam capazes de demonstrar afeto. Entretanto, há uma capacidade de amar tipicamente humana que possibilita conviver com o outro de forma legítima:

> O amor é o fundamento do social [...]. O amor é a emoção que constitui as ações de aceitar o outro como ser legítimo na convivência [...]. Por isso digo que o amor é a emoção que funda o social. Sem aceitação do outro na convivência, não há fenômeno social.

MATURANA, Humberto. *Emociones y lenguaje en educación y política*. Santiago: Centro de Estudios del Desarrollo/J.C. Sáez Editor, 1997. p. 24. [Tradução nossa].

O amor é uma forma de superação do egoísmo, por isso promove o bem comum e a boa convivência social. Em sentido mais amplo, o "amor amadurecido" é uma resposta ao desafio da existência humana; uma resposta saudável que busca um sentimento de união com outra pessoa, com os demais seres humanos e com a natureza.

Trabalho

Outra vertente interpretativa, fundada pelo filósofo alemão **Karl Marx** (1818-1883), entende que é o trabalho que possibilita a distinção entre ser humano e animais, portanto, entre cultura e natureza. Segundo essa vertente, seria a partir do trabalho – e da forma como se dá o processo de produção da vida material das comunidades humanas – que se desenvolveriam todas as outras formas de manifestação humana:

> Pode-se referir a consciência, a religião e tudo o que quiser como distinção entre os homens e os animais; porém, esta distinção só começa a existir quando os homens iniciam a produção dos seus meios de vida.

MARX, Karl; ENGELS, Friedrich. *A ideologia alemã*. São Paulo: Martins Fontes; Lisboa: Presença, s/d. p. 19.

De acordo com essa visão, portanto, é o modo como os seres humanos constroem sua vida material que dá origem à elaboração da vida espiritual e das relações sociais, formando um conjunto que constitui a cultura. Isso quer dizer também que não podemos falar de cultura no singular, mas sim de **culturas**, pois elas são múltiplas e variáveis, conforme a diversidade dos modos de ser e viver das coletividades humanas (estudaremos com mais detalhes o tema do trabalho no Capítulo 7).

ALBUM/FOTOARENA - COLEÇÃO PARTICULAR

O semeador, de Edvard Munch, 1913. Óleo sobre tela, 90,8 cm × 115,5 cm.

Separação da natureza

O que parecia ser uma vantagem tornou-se um problema: a capacidade humana de criar um mundo novo para si foi levada às últimas consequências com o passar dos séculos, culminando na crise ecológica atual, que ameaça a sobrevivência do planeta e da própria espécie humana.

Considerando-se superior ao resto dos animais e senhor da natureza, o ser humano passou a explorá-los impiedosamente. Negando seu próprio caráter de ser vivente, vem construindo para si um mundo altamente urbanizado e tecnologizado, cada vez mais artificial e separado da natureza. Contudo, nem sempre foi assim. No passado mais distante predominava a percepção de que as pessoas eram parte da natureza e, frequentemente, estavam submetidas aos fenômenos naturais.

Como analisou o historiador da ciência estadunidense **Morris Berman** (1944-), antes da Revolução Científica, ocorrida a partir do século XVI, as pessoas viviam em um "mundo encantado", no qual pedras, árvores e rios eram vistos como portadores e doadores de vida. E elas se sentiam em casa nesse mundo maravilhoso, muitas vezes violento e hostil, mas ordenado (um cosmos). Assim, cada pessoa participava diretamente da trama da vida.

Seu destino individual estava ligado à totalidade, e essa inter-relação conferia sentido à vida de todos. Havia, enfim, entre o ser humano e a natureza uma integração psíquica que há muito deixou de existir.

Com o progressivo "desencantamento" do mundo, vinculado à mentalidade científica vigente – de separação radical entre observador e objeto observado –, o ser humano tornou-se um estranho na natureza: se não sou minhas experiências e minhas conclusões sobre o mundo, não faço parte deste mundo (cf. BERMAN, Morris. *The reenchantment of the world*. Ithaca: Cornell University Press, 1981).

A reação a essa visão de mundo, que coloca o ser humano como centro de todas as coisas e de todos os interesses (**antropocentrismo**) – taxada de reducionista por seus críticos –, tem ocorrido dentro e fora da ciência. Ela se expressa tanto em movimentos ecologistas, socioambientais e de defesa dos direitos dos animais quanto em algumas das novas abordagens da ciência surgidas nas últimas décadas (mais holistas, como veremos no Capítulo 10).

Conexões

2. Como você se relaciona com a natureza? Você se considera parte do mundo natural? Por quê?
3. Você pensa nas consequências que seu consumo traz para o meio ambiente e o equilíbrio ecológico? Procura praticar um **consumo responsável**? Dê exemplos de práticas que contribuem para a sustentabilidade socioambiental, o combate à poluição sistêmica e o consumo responsável.

Consumo responsável: em linhas gerais, é a aquisição de bens e serviços produzidos de forma ética, que leva em conta aspectos ecológicos e sociais. Nesse sentido, é um consumo preocupado com o equilíbrio do meio ambiente e com os direitos humanos, sobretudo dos trabalhadores envolvidos na produção.

CULTURA

As respostas ao desafio da existência

Falamos até agora sobre a distinção entre natureza e cultura. Mas o que queremos dizer exatamente quando usamos a palavra "cultura"? Para responder a essa pergunta, investiguemos primeiro o uso desse vocábulo em alguns contextos.

Os biólogos, por exemplo, referem-se à criação de certos animais como cultura – cultura de micro-organismos, cultura de carpas etc.

Na linguagem cotidiana, dizemos que uma pessoa tem cultura quando frequentou boas escolas e/ou leu bons livros, dominando diversos tipos de conhecimentos (científicos, humanísticos, artísticos etc.).

Na Grécia Antiga, o termo "cultura" adquiriu uma significação toda especial. Correspondia à chamada *paideia*, processo de formação do cidadão pelo qual se realizava o que os gregos consideravam a verdadeira natureza do ser humano, isto é, o desenvolvimento da filosofia (o conhecimento de si e do mundo) e a consciência da vida em comunidade.

Apesar dessas diferentes acepções, podemos perceber em todas a existência de três ideias básicas, articuladas entre si: **desenvolvimento**, **formação** e **realização**. Como veremos a seguir, essas ideias básicas estão também presentes no uso que damos à palavra "cultura".

Diversidade cultural

Empregada por antropólogos, historiadores e sociólogos, cultura corresponde ao conjunto dos modos de vida criados e transmitidos de geração em geração, entre os membros de uma sociedade. Abrange conhecimentos, crenças, artes, normas, costumes e outros elementos desenvolvidos e consolidados pelas coletividades humanas.

RICARDO AZOURY/PULSAR IMAGENS

Mulheres produzem cerâmica em território quilombola de Santa Tereza, em Alcântara (MA), em 2019.

Assim, a cultura pode ser considerada um amplo conjunto de conceitos, símbolos, valores e atitudes que modelam e caracterizam uma sociedade. Envolve o que pensamos, fazemos e temos como membros de um grupo social. Nesse sentido, todas as sociedades humanas, da Pré-História aos dias atuais, possuem uma cultura. E cada cultura tem seus próprios valores, suas próprias "verdades".

Podemos falar, por exemplo, em cultura chinesa ou cultura brasileira (própria de uma nação), cultura cristã ou cultura muçulmana (própria de um grupo religioso), cultura familiar ou cultura juvenil (própria de um grupo de famílias ou conjunto de jovens) etc.

De forma mais filosófica, enfim, podemos definir a cultura como as respostas múltiplas oferecidas por um grupo humano aos desafios da existência. Essas respostas manifestam-se em termos de conhecimento (*logos*), paixão (*pathos*) e comportamento (*ethos*) – isto é, em termos de razão, sentimento e ação.

Tais respostas (linguísticas, mitológicas, artísticas, religiosas, morais etc.), porém, não são iguais, tendo em vista que diferentes grupos humanos enfrentaram diferentes desafios (ambientais, econômicos, sociais etc.). E cada resposta foi gerando novos elementos, que produziram novos desafios. Disso resultou a rica diversidade e pluralidade cultural existente em nosso planeta e que é patrimônio de toda a humanidade.

Características gerais

O arqueólogo estadunidense **Robert Braidwood** (1907-2003) procurou indicar os principais elementos que caracterizam a cultura:

A cultura é duradoura, embora os indivíduos que compõem um determinado grupo desapareçam. No entanto, a cultura também se modifica conforme mudam as normas e entendimentos.

Quase se pode dizer que a cultura vive nas mentes das pessoas que a possuem. Mas as pessoas não nascem com ela; adquirem-na à medida que crescem. Suponha que um bebê húngaro recém-nascido seja adotado por uma família residente nos Estados Unidos, e que nunca digam a essa criança que ela é húngara. Ela crescerá tão alheia à cultura húngara quanto qualquer outro americano.

Assim, quando falo da antiga cultura egípcia, refiro-me a todo o conjunto de entendimentos, crenças e conhecimentos pertencentes aos antigos egípcios. Significa, por exemplo, tanto suas crenças [religiosas] sobre o que faz o trigo crescer quanto sua habilidade para fazer os implementos necessários à colheita. [...] Quando falo de cultura, estou pensando em algo que perdurou através do tempo. Se qualquer egípcio morresse, mesmo que fosse o faraó, isso não afetaria a cultura egípcia daquele momento determinado.

BRAIDWOOD, Robert. *Homens pré-históricos*. Brasília: UnB, 1985. p. 41-42.

Vários estudiosos concordam com os elementos apontados pelo arqueólogo, caracterizando a cultura como:

- adquirida pela aprendizagem, e não herdada pelos instintos;
- transmitida de geração em geração, por meio da linguagem, nas diferentes sociedades;
- criação exclusiva dos seres humanos, incluindo a produção material e não material;
- múltipla e variável, no tempo e no espaço, de sociedade para sociedade.

Cultura e cotidiano

Pensemos agora sobre o cotidiano de cada pessoa e sua relação com o universo cultural de que ela participa.

Vimos que a cultura abrange um conjunto de conceitos, valores e atitudes que modelam uma comunidade. Assim, podemos dizer que todo indivíduo vive sob a influência de diversas culturas, não só de uma, pois participa de distintos grupos sociais e cada um deles lhe imprime sua marca particular.

Vejamos um exemplo. Um brasileiro que tenha uma família, frequente uma igreja e trabalhe com mídias digitais recebe influência de, pelo menos, quatro fontes culturais: a cultura popular brasileira (que pode ser dividida em outras); a cultura familiar, basicamente transmitida por seus pais e avós; a cultura de seu grupo religioso; e a cultura digital.

Um outro exemplo que podemos destacar é a existência de variadas culturas juvenis, ou seja, a expressão de saberes e práticas dos diferentes grupos de jovens. Esses jovens manifestam sua identidade por meio de canções, danças, poemas, vestimentas, modos de falar, linguagem digital etc. As diversas juventudes, com seus comportamentos e valores, talvez pareçam estranhas ou exóticas àqueles que as desconhecem. Porém, o convívio democrático aponta para o acolhimento dessa diversidade tendo como base o respeito a todo ser humano.

TOM VIEIRA FREITAS/FOTOARENA

10º Encontro de *hip-hop* no Memorial da América Latina, em 2016, na cidade de São Paulo (SP).

Vejamos outra questão. Cada universo cultural de que uma pessoa participa influi de forma específica em sua maneira de pensar, sentir e agir, ou seja, em sua forma de ser e perceber a realidade no dia a dia.

Por exemplo, uma mulher que exerça um cargo de chefia em uma grande empresa, com autonomia financeira, pode vir a ter uma vivência social, política e econômica diferente de uma mulher que se dedique especificamente ao trabalho doméstico em sua própria casa e dependa financeiramente de familiares.

Então, se de um lado a cultura é uma criação coletiva dos grupos humanos através do tempo; de outro, cada pessoa também é, em grande medida, uma criação diária e constante da cultura em que vive, desde o instante de seu nascimento. O curioso é que quase não nos damos conta disso, pois a cultura à qual pertencemos é praticamente invisível para nós em nosso cotidiano.

Presença invisível

Em geral, vivemos dentro de nossa cultura em um fluir contínuo, como se o modo de ser fosse igual para todas as pessoas e as diversas coisas do mundo fossem sempre vividas assim, da forma com que nós as experimentamos. Somos como um peixe que nasceu dentro de um aquário e que toma esse ambiente como o mundo e seu modo "aquático" de ser como o único existente.

No entanto, esse estado habitual de nossas vidas vê-se confrontado quando, por exemplo, viajamos para outros estados ou para fora do país. No contato com os habitantes locais, percebemos uma série de diferenças no modo de falar, comer, vestir e relacionar-se. Nesse instante, ocorre em nós um **estranhamento** (observe que as palavras "estranho" e "estrangeiro" têm a mesma origem latina: "o que é de fora").

A percepção desses elementos culturais distintos, que estão "fora de nós", quebra a transparência e a invisibilidade de nossa própria cultura. Temos, então, a possibilidade de "ver" nossas próprias características culturais: como nos vestimos, comemos, pensamos, nos relacionamos etc. Mas, depois que voltamos ao nosso cotidiano, nossa cultura tende a tornar-se novamente transparente e invisível para nós. Retomamos, assim, a "normalidade" de nossas vivências.

A dificuldade de estar consciente da própria cultura é análoga à dificuldade que muitas pessoas costumam ter para reconhecer o próprio sotaque. Para muitos brasileiros

ANTHER MEDIA GMBH/ALAMY/FOTOARENA

O que você acharia de morar em uma casa de totora (uma espécie de junco) feita por você e sua família? E de navegar em um barco também fabricado com essa planta? É o que fazem os povos que habitam ilhas flutuantes, como as do Lago Titicaca, na fronteira entre o Peru e a Bolívia. Fotografia de 2018.

quem tem sotaque são os portugueses e vice-versa. Muitos não conseguem perceber o próprio sotaque, só o do outro, porque escutamos e repetimos, desde a mais tenra idade, um determinado modo de pronunciar as palavras. Como consequência, o indivíduo pensa, mesmo que de forma não consciente: "Eu falo normal. Os outros é que falam esquisito".

Com relação à cultura ocorre algo semelhante. A pessoa percebe e aprende do grupo cultural do qual participa, por imitação e de forma quase inconsciente, boa parte de como deve pensar e agir nas mínimas coisas: o que é bonito ou feio; o que é adequado ou inadequado; o que é possível ou impossível; como é a vida, como são as pessoas; que coisas são importantes; entre tantas outras. Habitualmente, isso ocorre primeiro dentro da própria família e, depois, no contato com a vizinhança, na escola em que estuda, na igreja que frequenta, na empresa onde trabalha etc.

Essa assimilação cultural ocorre de forma tão "transparente" que dificilmente percebemos que estamos aprendendo algo com alguém ou em dada situação. Fora isso, aqueles que nos transmitem esses ensinamentos nem sempre se dão conta de que nos estão repassando sua maneira de ser e de viver, sua concepção de mundo, seu "filtro" da realidade. De modo geral, vivemos nossa própria cultura sem vê-la e, muitas vezes, sem questioná-la.

Problemas da invisibilidade cultural

Essa característica não constitui um problema em si, já que nos é bastante conveniente e útil – cada pessoa não precisa percorrer toda a trajetória realizada por seus ancestrais ou antecessores para enfrentar os desafios da existência, pois já domina "respostas" ou "soluções" que a satisfazem ou à sua comunidade. O problema dessa invisibilidade está no fato de que, como os integrantes de uma cultura compartilham a mesma maneira de ver e viver, comumente se acredita que essa visão compartilhada constitui a única realidade ou a verdade absoluta.

Em virtude disso, corremos o risco de atuar de maneira equivocada e preconceituosa, sendo arrogantes e intolerantes em relação às diferenças, desprezando indivíduos ou grupos culturais com visões distintas das nossas ou entrando em confronto com eles. Essa atitude de intolerância às outras culturas deriva do **etnocentrismo**, que significa considerar a própria cultura como "centro". Pessoas ou grupos etnocêntricos tendem a rejeitar, perseguir e repudiar o que é diferente.

Além disso, podemos ter dificuldades para enfrentar os novos desafios que surjam no interior de nosso grupo social (como a família, a escola, o trabalho etc.) quando as "respostas prontas" de que dispomos (nossa cultura) não servirem para lidar com eles, quando nosso modelo de mundo impedir uma atuação transformadora e criativa.

É hora, então, de colocar em ação a **consciência crítica**, abrir espaço para o estranhamento e a dúvida e voltar a analisar criticamente (conforme vimos na Unidade 1) as ideias e as crenças, os valores, as normas e as condutas que caracterizam nossa cultura. A humanidade se manifesta de diversas formas. Portanto, como apontam estudiosos e educadores, é importante viver a identidade de nossa própria cultura, mas também saber conviver com a pluralidade cultural existente em nosso planeta.

> "Etnocentrismo é uma visão do mundo onde o nosso próprio grupo é tomado como centro de tudo [...]. No plano intelectual, pode ser visto como a dificuldade de pensarmos a diferença; no plano afetivo, como sentimentos de estranheza, medo, hostilidade [em relação ao outro] [...].
>
> ROCHA, Everardo P. Guimarães. *O que é etnocentrismo*. São Paulo: Brasiliense, 1988. p. 5. (Coleção Primeiros Passos)."

Conexões

4. Reflita sobre a cultura (ou culturas) à(s) qual(is) você pertence (por exemplo: cultura familiar, cultura religiosa, cultura brasileira etc.). Procure identificar alguns de seus elementos mais concretos, como a maneira de vestir, e mais abstratos, como a maneira de pensar (ou crenças). Use como referência algumas questões citadas no capítulo, como o que é bonito ou feio, adequado ou inadequado etc.
5. No cotidiano, você evita assumir posturas etnocêntricas? Como? Pense em ações que poderiam ser realizadas na sua escola para promover os direitos humanos, a solidariedade, o respeito às diferenças e às liberdades individuais.

Ideologia

Atualmente, é comum ouvirmos pessoas usando o termo "ideologia" em diferentes situações como: "precisamos combater o viés ideológico" e "defendemos uma política sem ideologia". No entanto, precisamos compreender os significados desse termo para usá-lo de forma mais consciente.

O termo "ideologia" foi criado pelo filósofo francês **Destutt de Tracy** (1754-1836) com o significado original de "ciência das ideias". Nesse sentido, é possível falar em "ideologia liberal ou neoliberal", "ideologia de direita ou de extrema-direita", "ideologia de esquerda ou de extrema-esquerda" etc.

Segundo o sentido cunhado por Destutt de Tracy, podemos deduzir que, em qualquer esfera da vida social, sempre há uma ou mais ideologias operando. Assim, a neutralidade ideológica praticamente não existe.

Acreditar na existência de uma política sem ideologia seria o mesmo que defender uma política sem ideias, o que, evidentemente, não é possível.

De modo geral, em sociedades democráticas, diferentes ideologias coexistem e instigam debates. Esses debates podem enriquecer o pensamento crítico e a pluralidade cultural.

Interiorizar uma concepção de mundo

Além do sentido anterior, a palavra "ideologia" também foi utilizada de um modo mais específico por intérpretes do pensamento de Karl Marx. Nesse caso, podemos dizer que o discurso ideológico pretende estabelecer um conjunto de práticas e saberes que uniformiza as diferentes formas de pensar, sentir e agir. É produzido em centros de poder, mas camufla suas origens e apresenta o bem de alguns como "bem comum". Sua função é transformar uma concepção particular de mundo em "verdade natural ou universal" a ser interiorizada pelas pessoas.

No entanto, o discurso ideológico é dinâmico, modificando-se de acordo com a conveniência dos interesses em jogo. Não está preocupado em ser coerente, mas em ser eficiente. A ideologia fascista de Mussolini, por exemplo, não manteve, ao longo do tempo, uma coerência filosófica. Em certos momentos, Mussolini declarava-se ateu; em outros, participava de cerimônias em que sacerdotes católicos benziam bandeirinhas fascistas. Apesar das incoerências, o fascismo alcançou certo sucesso em conquistar emocionalmente uma legião de seguidores.

JAN VAN EYCK - GALERIA NACIONAL, LONDRES

O casal Arnolfini, de Jan van Eyck, 1434. Óleo sobre painel de carvalho, 82,2 cm × 60 cm. Retrato de rico comerciante com sua esposa, ambos italianos, mas estabelecidos em Flandres, um dos principais centros do mundo burguês. Observe os diversos elementos de afirmação da riqueza e da importância socioeconômica do casal, os quais refletem a ideologia do grupo social ao qual pertencem.

Orientação da vida prática

Há filósofos, como o húngaro **György Lukács** (1885-1971), para os quais as ideologias têm a finalidade fundamental de orientar a vida prática dos indivíduos, fornecendo a base para a resolução de questões concretas do dia a dia. Nesse sentido, elas existem desde que os seres humanos começaram a viver em coletividade e a enfrentar conflitos sociais.

Atualmente, existem diversas ideologias disputando espaços sociais e criando narrativas que legitimem seus valores e interesses. Em regimes ditatoriais, que utilizam ameaças e o terror, é difícil para a maioria das pessoas recusar a ideologia dominante oficial. Em sociedades democráticas, há disputas entre ideologias divergentes. Isso possibilita que as pessoas não sejam forçadas a aderir a uma única tendência ideológica.

Como podemos, então, identificar ideologias e analisá-las de forma crítica? Novamente propomos que a crítica de uma ideologia (ou das várias ideologias) pode ser feita pelo exercício do estranhamento. Nele, os elementos que explicam ou fundamentam determinada realidade (o conjunto de ideias, crenças, valores) não devem ser vistos como dados naturais, óbvios, eternos ou universais. Devem ser analisados, relativizados, examinados com senso crítico e compreendidos como **construções histórico-sociais**.

Conexões

6. Faça um exercício de identificação das ideologias nos espaços sociais em que você circula partindo da experiência do estranhamento. Procure reconhecer o conjunto de ideias e valores que cada uma delas expressa, depois pesquise informações que ajudem a compreender a sua construção histórico-social. Sistematize as informações encontradas e elabore uma análise crítica.
7. Você considera saudável a divergência e a convivência entre diferentes tendências ideológicas? Na sua opinião, conhecer e compreender ideologias diversas pode ampliar sua visão de mundo? Elabore argumentos para sustentar sua posição e discuta com um colega, buscando entender os argumentos utilizados por ele.

ANTROPOLOGIA FILOSÓFICA
Da concepção metafísica à existencial

Retornemos ao nosso objeto de estudo neste capítulo. As interrogações sobre **o que é** o ser humano e **o que significa ser** um ente humano concentraram a atenção de pensadores de todas as épocas, o que permitiu que nosso tema fosse analisado sob diversos ângulos. Vejamos três concepções clássicas sobre a **natureza humana** (isto é, a constituição essencial do ser humano), conformando uma espécie de "antropologia metafísica". Vamos conhecer as concepções formuladas por Platão e Aristóteles, na Grécia Antiga, e por René Descartes, que viveu na França no século XVII.

Natureza essencial

No pensamento de **Platão** (427-347 a.C.), a essência do ser humano é sua **alma**, que é imortal e preexistente ao corpo. A união da alma com o corpo seria acidental (isto é, não necessária), e o corpo limitaria a alma humana como se fosse uma prisão.

Platão também concebia a alma dividida em três partes distintas, que se relacionam entre si: alma concupiscente (vinculada aos desejos), alma irascível (vinculada às paixões) e alma racional (vinculada ao conhecimento). (Reveja essa parte da doutrina platônica, estudada no Capítulo 1.)

Aristóteles (384-322 a.C.), por sua vez, entendia o ser humano como um animal racional, isto é, como um sistema único natureza-racionalidade. Como teria chegado a essa conclusão?

Segundo sua doutrina, os seres humanos, como todos os seres, seriam constituídos de dois princípios inseparáveis: **matéria** e **forma** (conforme estudaremos mais detalhadamente nos Capítulos 10 e 11). A alma – que, para Aristóteles, é o **princípio da vida** – seria a forma do corpo (isto é, seu princípio determinante) e, como qualquer forma, não poderia existir separadamente da matéria.

A alma humana, segundo o filósofo, se caracterizaria fundamentalmente por ser **intelectiva** ou **racional**, mas englobaria também as virtudes da alma **sensitiva** (própria dos animais) e da alma **vegetativa** (própria das plantas). Daí, então, a ideia de animal racional.

Por outro lado, Aristóteles também defendeu a concepção de que o ser humano é **social por natureza**, o que quer dizer que ele só se desenvolve plenamente vivendo em sociedade e atuando como **animal político** (como estudaremos no Capítulo 16).

No século XVII, o filósofo francês **René Descartes** (1596-1650) afirmou, como vimos, que o ser humano é **corpo** e **alma**, porém concebeu essas duas dimensões como radicalmente **distintas** e **separadas** (discordando, portanto, de Aristóteles).

GIUSEPPE ARCIMBOLDO – MUSEU DE ARTE DE DENVER, DENVER

Verão, de Giuseppe Arcimboldo, 1572. Óleo sobre tela, 92 cm × 71 cm. Figura humana composta de frutas e verduras. Faz parte de uma série de quadros sobre as quatros estações do ano e os quatro elementos da natureza (terra, água, ar e fogo), inspirada na antiga doutrina da correspondência entre o macro e o microcosmo, entre o ser humano e o Universo.

O corpo seria constituído pela substância denominada *res extensa*; a alma (ou mente, ou consciência), pela *res cogitans*. O filósofo também afirmou que a alma teria a faculdade de comandar o corpo, mas não conseguiu explicar como isso se daria, tendo em vista que, segundo sua concepção, um corpo só poderia ser movido ou afetado por outro corpo, e a alma não é um corpo. (Veremos o trecho referente a essa doutrina no Capítulo 10.)

A concepção dualista de Descartes provocou grande impacto no mundo filosófico e científico nos séculos seguintes. De acordo com a interpretação de diversos estudiosos, a concepção cartesiana para explicar a relação mente-corpo contribuiu para uma abordagem compartimentada do ser humano que predomina nas ciências, especialmente na medicina, até nossos dias.

Estado natural

A partir da Idade Moderna, alguns pensadores meditaram sobre como poderiam ter sido os primeiros humanos antes da formação das sociedades e dos Estados, justamente para entender o que deu origem a esse processo. Trata-se, portanto, de uma especulação sobre o ser humano em situação pré-social, isto é, no chamado **estado de natureza.** Assim iniciou-se um debate filosófico sobre qual seria a "essência natural" humana. Vejamos as duas concepções mais destacadas a esse respeito.

Egoístas por natureza

No século XVII, o filósofo inglês **Thomas Hobbes** (1588-1679) partiu do pressuposto de que os seres humanos são **egoístas por natureza,** movidos por um desejo incessante de poder, de satisfação de suas concepções individuais de bem. Eles desconfiam de seu semelhante, encarando-o como um concorrente, também ávido por poder. Em sua vontade por poder e mais poder, todo homem é igual ao outro. Desse modo, os seres humanos não são naturalmente sociais, como Aristóteles defendia. Por isso, Hobbes supôs que, sem o poder do Estado, teriam vivido isolados e em luta permanente por seus interesses individuais. Como não havia as garantias de uma sociedade organizada, cada um fazia o que podia para se proteger, pois vigorava a lei do mais forte.

Era, enfim, um estado de **guerra de todos contra todos,** em que "o homem era o lobo do próprio homem". Predominavam o egoísmo natural e o medo da morte. A vida nessas circunstâncias era bruta, desagradável e de curta duração, condição que só chegaria ao fim com a fundação do Estado. Assim, para Hobbes, é **a sociedade que traz paz aos indivíduos.** (As concepções políticas de Hobbes serão estudadas com mais detalhes no Capítulo 16.)

> O sucesso contínuo na obtenção daquelas coisas que [...] os homens desejam [...] é aquilo que os homens chamam Felicidade.
>
> HOBBES, Thomas. *Leviatã*. São Paulo: Martins Fontes, 2003. p. 57.

Bons por natureza

No século XVIII, o filósofo suíço **Jean-Jacques Rousseau** (1712-1778) formulou uma tese bastante distinta, se não oposta à de Hobbes. Para Rousseau, o ser humano em estado de natureza vivia isolado, livre e feliz, guiado por bons sentimentos e em harmonia com seu *habitat* natural. Era o chamado **bom selvagem.** Essa condição teria se modificado apenas no momento em que alguém cercou um terreno e disse que era seu, ou seja, quando surgiu a **propriedade privada.** Somente então teria surgido o estado de guerra mencionado por Hobbes.

Com o surgimento da sociedade e de todas as suas instituições, desapareceu a bondade natural, própria dos selvagens. Portanto, a tese de Rousseau é a de que **a sociedade corrompe os seres humanos.** (A concepção política de Rousseau será estudada com mais detalhes no Capítulo 16.)

Conexões

8. De acordo com suas observações e experiências, você entende que o ser humano é naturalmente egoísta e que a sociedade o melhora ou controla? Ou, para você, o ser humano é naturalmente bom e generoso e a sociedade o corrompe? Fundamente sua opinião.

ELLAN LUSTOSA/FUTURA PRESS

Manifestação em memória dos policiais assassinados entre 2013 e 2014 no Rio de Janeiro (RJ), realizada na véspera do Dia Internacional dos Direitos Humanos, em 2014. A manifestação contou com a instalação de 161 cruzes, número correspondente à quantidade de vítimas.

Realidade concreta e liberdade

Nos últimos dois séculos, diversos pensadores criticaram a busca de uma explicação metafísica abstrata, rígida e universalista para o ser humano, passando a enfatizar a perspectiva da realidade concreta e em **construção contínua** dos indivíduos durante suas existências. Vejamos dois exemplos de grande influência sobre o pensamento contemporâneo.

Condições materiais e históricas

No século XIX, Karl Marx afirmou que não existe o indivíduo fora da vida em sociedade e do tempo – um ser isolado, abstrato e universal, tal como foi concebido por alguns filósofos. Segundo esse pensador, para compreender e explicar os seres humanos, é preciso partir das condições materiais em que cada indivíduo vive ou viveu, ou seja, ter por base sua história concreta e sua existência social.

Assim, para Marx, se há alguma essência no ser humano, ela corresponde ao conjunto de suas **relações sociais**, e estas são determinadas pelas relações produtivas e econômicas. É nesse contexto que os seres humanos constroem o que são como indivíduos. (Veremos com mais detalhes essas concepções de Marx nos Capítulos 7 e 14.)

Existência e condição humana

No século XX, o filósofo francês **Jean-Paul Sartre** (1905--1980) – um dos principais expoentes do **existencialismo** (corrente filosófica que estudaremos no Capítulo 14) – abriu uma exceção à noção metafísica tradicional de que cada coisa tem um ser, uma essência, e que desta resulta sua forma de existir. Ou seja, de acordo com essa concepção antiga, a natureza (ou essência) de um ser determina sua existência.

Sartre dizia que, no caso humano, a existência precede a essência. Isso significa que, para ele, o ser humano, quando nasce, não possui uma natureza pronta e imutável, ele é um **nada**. Só depois, à medida que vai existindo e se definindo, é que passa a **ser** (ser algo). No início, há apenas esse nada, que confere ao ser humano a **liberdade** de escolha e a grande **responsabilidade** de construir a si mesmo dentro das condições encontradas desde seu nascimento.

No entanto, Sartre reconhecia que as pessoas devem enfrentar as condições *a priori* (anteriores, já existentes) de sua existência, ou seja, sua situação histórica, aproximando-se das concepções de Marx. Por exemplo: nascer escravo não é o mesmo que nascer livre. Portanto, para Sartre, não é a natureza humana, mas sim a condição humana (a situação histórica de cada indivíduo no mundo) que impõe limites à sua vida.

> "[...] é impossível achar em cada homem uma essência universal que seria a natureza humana, existe contudo uma universalidade humana de condição. [...] Por condição [entendemos] o conjunto de limites *a priori* [...]. As situações históricas variam [...]. Mas o que não varia é a necessidade para ele de estar no mundo, de lutar, de viver com os outros e de ser mortal."
>
> SARTRE, Jean-Paul. *O existencialismo é um humanismo*. São Paulo: Abril Cultural, 1978. p. 16.

GERMAN LORCA

Fotografia de German Lorca, no Parque D. Pedro, na cidade de São Paulo (SP), em 1949. Segundo o existencialismo de Sartre, mesmo uma pessoa solitária não nasce com uma natureza "pronta", mas necessita do outro para reconhecer sua singularidade.

1. Identifique as frases incorretas. Depois, reescreva-as de forma correta.

a) Os seres humanos nascem prontos pelas "mãos da natureza", pois seu comportamento é determinado somente por estruturas hereditárias.

b) Uma das principais diferenças entre nós, seres humanos, e os outros animais é a grande plasticidade (capacidade de modelar-se e ser modelado) de nosso sistema nervoso, que permite nos adaptarmos a ambientes variados.

c) A antroposfera é independente da biosfera e, por isso, a vida humana se desenvolve sem conexão com as condições ecológicas do planeta.

d) O etnocentrismo se justifica, pois está demonstrado que há uma hierarquia separando culturas superiores de inferiores.

2. Vários pensadores se debruçaram sobre a questão: o que é o ser humano? Leia as concepções apresentadas a seguir e relacione-as a um pensador:

a) O ser humano, em estado de natureza, era um bom selvagem, que encontrava sua liberdade e sua felicidade na vida natural.

b) O ser humano não nasce pronto, ele deve inventar a si mesmo.

c) O ser humano é, por natureza, um animal político, pois ele só se desenvolve plenamente no convívio social.

d) O ser humano, em estado de natureza, luta para preservar a própria vida, utilizando todos os meios de que dispuser, incluindo a violência.

I. Aristóteles.
II. Thomas Hobbes.
III. Jean-Jacques Rousseau.
IV. Jean-Paul Sartre.

3. Analise atentamente as duas obras reproduzidas a seguir. A primeira é um poema do dramaturgo alemão Bertolt Brecht (1898-1956). O poema traz reflexões sobre **o que é natural**. A segunda é uma pintura do artista brasileiro Candido Portinari (1903-1962), que representa uma família de migrantes fugindo da miséria. Em seguida, debata com os colegas:

a) Que recursos artísticos Portinari utilizou para denunciar a miséria na obra *Retirantes*? Analise o cenário, as cores, os personagens etc.

b) Como podemos relacionar o poema de Brecht com a pintura de Portinari? Debata sua resposta com os colegas.

Texto I

Nós pedimos com insistência:
Não digam nunca: isso é natural!
Diante dos acontecimentos de cada dia.
Numa época em que reina a confusão.
Em que corre sangue,
Em que se ordena a desordem,
Em que o arbitrário tem força de lei,
Em que a humanidade se desumaniza.
Não digam nunca: isso é natural!

BRECHT, Bertolt. Citado em: PEIXOTO, Fernando. *Brecht*: vida e obra. Rio de Janeiro: Paz e Terra, 1979. p. 126.

Texto II

Retirantes, de Candido Portinari, 1944. Painel a óleo, 190 cm × 180 cm.

4. Formem grupos para interpretar o excerto a seguir. Depois, respondam às questões.

Tanto na linguagem política prática como na linguagem filosófica, sociológica e político-científica, não existe talvez nenhuma outra palavra que possa ser comparada à ideologia pela frequência com a qual é empregada e, sobretudo, pela gama de significados diferentes que lhe são atribuídos. No [...] múltiplo uso do termo, pode-se delinear [...] dois tipos gerais de significado que Norberto Bobbio se propôs a chamar de "significado fraco" e de "significado forte" da ideologia. No seu significado fraco, ideologia designa [...]: um conjunto de ideias e de valores respeitantes à ordem pública e tendo como função orientar os comportamentos políticos coletivos. O significado forte tem origem no conceito de ideologia de Marx, entendido como falsa consciência das relações de domínio entre as classes, e se diferencia claramente do primeiro porque mantém [...] a noção da falsidade: a ideologia é uma crença falsa. No significado fraco, ideologia é um conceito neutro [...]. No significado forte, ideologia é um conceito negativo [...].

STOPPINO, Mario. Ideologia. *In*: BOBBIO, Norberto (Org.). *Dicionário de Política*. v. 1. Brasília: UnB; São Paulo: Imprensa Oficial do Estado de São Paulo, 2000. p. 585.

a) Como os significados "forte" e "fraco" se relacionam com as concepções de ideologia abordadas no capítulo?

b) No cotidiano de vocês, a palavra "ideologia" é mais utilizada com qual significado ("fraco" ou "forte")? Deem exemplos.

5. Em duplas, leiam os seguintes trechos da Constituição Federal de 1988 e da Lei dos Crimes Ambientais (Lei Federal nº 9.605/98). Depois, respondam às questões.

Texto I

CAPÍTULO VI

DO MEIO AMBIENTE

Art. 225. Todos têm direito ao meio ambiente ecologicamente equilibrado, bem de uso comum do povo e essencial à sadia qualidade de vida, impondo-se ao Poder Público e à coletividade o dever de defendê-lo e preservá-lo para as presentes e futuras gerações.

§ 1º Para assegurar a efetividade desse direito, incumbe ao Poder Público:

[...] VII – proteger a fauna e a flora, vedadas, na forma da lei, as práticas que coloquem em risco sua função ecológica, provoquem a extinção de espécies ou submetam os animais a crueldade.

Constituição da República Federativa do Brasil de 1988.

Texto II

CAPÍTULO V

DOS CRIMES CONTRA O MEIO AMBIENTE

Seção I

Dos Crimes contra a Fauna

Art. 32. Praticar ato de abuso, maus-tratos, ferir ou mutilar animais silvestres, domésticos ou domesticados, nativos ou exóticos:

Pena – detenção, de três meses a um ano, e multa.

Lei nº 9.605, de 12 de fevereiro de 1998.

a) O que os trechos da Constituição e da Lei dos Crimes Ambientais estabelecem em relação aos animais?

b) Que atitudes práticas podemos tomar para combater maus-tratos e crueldade contra os animais?

Conversa filosófica

6. **Diversidade**

Reúna-se com os colegas para discutir o seguinte problema: por que nós, os seres humanos, apesar de pertencermos à mesma espécie biológica, desenvolvemos modos de vida tão diferentes e conflitantes? Depois, elaborem um documento que sintetize as opiniões do grupo, destacando os pontos de maior concordância e discordância e seus respectivos argumentos.

7. **Cultura dos jovens**

Reúna-se com um grupo de colegas para refletir sobre a seguinte questão: na sua avaliação, quais são as características culturais marcantes dos jovens com quem vocês convivem? Procurem identificar suas crenças, seus valores, suas atitudes, suas normas, suas condutas, o visual que adotam etc.

8. **"Glória ou escória?"**

À luz de tudo o que estudamos neste capítulo, interprete esta frase do filósofo francês Blaise Pascal (1623-1662). Depois, debata a respeito dela com um grupo de colegas.

Que quimera é, então, o homem? Que novidade, que monstro, que caos, que motivo de contradição, que prodígio!

PASCAL, Blaise. *Pensamentos*. São Paulo: Abril Cultural, 1984. p. 144. (Os Pensadores).

Para pensar

A seguir, apresentamos dois textos complementares aos estudos que fizemos neste capítulo. No primeiro, o filósofo brasileiro **Roland Corbisier** (1914-2005) apresenta uma interessante visão do ser humano, destacando o ato de perguntar como uma característica marcadamente humana. No segundo, o filósofo francês **Luc Ferry** (1951-) critica a abordagem da ecologia profunda, corrente filosófica que defende o fim da visão antropocêntrica do mundo, no entendimento de que o ser humano pertence ao Universo (não está acima nem fora dele). Leia-os e responda às questões propostas.

Texto I

O ser que pergunta

Normalmente perguntamos sem refletir sobre o próprio perguntar, sem indagar pelo significado dessa operação da inteligência que se acha na raiz de todo conhecimento e de toda ciência. E ao perguntar por perguntar, convertemos essa operação, que nos parece tão banal, tão quotidiana, em tema filosófico, a partir do momento em que passamos a considerá-la do ponto de vista da crítica radical.

Se compararmos, nesse aspecto, o comportamento humano com o do animal, verificaremos que o animal não pergunta, não indaga, limitando-se a responder.

Mas, por que o animal não pergunta? Não pergunta porque não precisa perguntar. E por que não precisa perguntar? Porque, para viver e reproduzir-se, dispõe do instinto que o torna capaz de fazer, embora inconsciente e sonambulicamente, tudo o que é necessário para sobreviver e assegurar a sobrevivência de sua espécie.

O animal não pergunta, limita-se a responder a estímulos e provocações do contexto em que se encontra, a responder imediatamente, fugindo do perigo, quando é ameaçado, e atacando a presa quando está com fome.

Em contraste, o homem pergunta. E, por que pergunta? Porque precisa perguntar. Mas, por que precisa perguntar? Precisa perguntar porque não sabe e precisa saber, saber o que é o mundo em que se encontra e no qual deve viver. Para poder viver, e viver é conviver, com as coisas e com os outros homens, precisa saber como as coisas e os outros homens se comportam, pois sem esse conhecimento não poderia orientar sua conduta em relaçao às coisas e aos homens. Para o ser humano o conhecimento não é facultativo, mas indispensável, uma vez que sua sobrevivência dele depende.

Ora, o que está na origem do conhecimento, tanto filosófico quanto científico? Na origem desse conhecimento está a capacidade, ou melhor, a necessidade de perguntar, de indagar, o que são as coisas e o que é o homem.

CORBISIER, Roland. *Introdução à filosofia*. 2. ed. Rio de Janeiro: Civilização Brasileira, 1986. t. 1. p. 125-127.

Texto II

Crítica à idealização da natureza

Ao instituir a natureza em pessoa jurídica, a ecologia profunda consegue realmente, quando é rigorosa, fazer do universo material, da biosfera ou do cosmo, um modelo ético a ser imitado pelos homens. Como se a ordem do mundo fosse boa em si mesma, emanando toda a corrupção do mundo, portanto, da vaidosa e poluente espécie humana. [...] No entanto, a sacralização da natureza é intrinsecamente insustentável. À semelhança daqueles fanáticos religiosos, hostis a toda intervenção médica que eles supõem ser contrária às intenções divinas, os ecologistas profundos ocultam alegremente tudo o que é detestável na natureza. Desta só retêm o que é harmonia, paz e beleza. É nessa ótica que alguns desqualificam facilmente a categoria dos "nocivos", considerando que tal noção, inteiramente antropocentrista, é um absurdo. Inspirando-se na teologia, eles supõem que a natureza é não só o Ser supremo mas também [...] a entidade perfeita que seria sacrílego pretender modificar ou melhorar. Uma pergunta simples: como explicar então os vírus, as epidemias, os sismos e tudo o mais que tem, com toda razão, o nome de "catástrofe natural"? Alguém dirá que são "úteis"? Mas para quê e a quem? Alguém julgará que possuem as mesmas legitimidades que nós para perseverar em seu ser? Por que não, nesse caso, um direito do ciclone a devastar, dos abalos sísmicos a engolir, dos micróbios a inocular enfermidades? A menos que se adote uma atitude anti-intervencionista em todos os pontos e em todas as circunstâncias, é necessário que se resolva admitir o fato de a natureza, como um todo, não ser "boa em si", mas conter tanto o melhor quanto o pior. Em relação a quem, perguntar-se-á? Ao homem, é claro, que continua sendo, até prova em contrário, o único ser suscetível de enunciar juízos de valor e de, como diz a sabedoria das nações, separar o trigo do joio.

FERRY, Luc. *A nova ordem ecológica*. São Paulo: Ensaio, 1994. p. 173-174.

1. Com base no texto de Corbisier, responda: por que o animal, para viver, não precisa perguntar?
2. Em contraste com o animal, por que o ser humano precisa perguntar?
3. Qual é a contradição irônica entre o que diz Corbisier a respeito do ser humano e a classificação biológica da espécie humana?
4. Defina a visão de mundo de Luc Ferry e sua posição em relação aos ecologistas e especialmente à ecologia profunda.
5. Você concorda com a visão de Luc Ferry? Fundamente sua resposta.

Sessão de cinema

A guerra do fogo (1981, França/Canadá, direção de Jean-Jacques Annaud)

Filme que aborda os primórdios da humanidade.

Blade Runner, o caçador de androides (1982, Estados Unidos, direção de Ridley Scott)

Ficção sobre a vida na Terra no século XXI. A semelhança entre os seres humanos e os androides incomoda e deixa "uma pulga atrás da orelha". Traz também, indiretamente, a questão sobre quem somos nós.

Derzu Uzala (1975, Japão/URSS, direção de Akira Kurosawa)

História sobre a amizade inabalável de dois homens aparentemente muito distintos, um humilde caçador nômade e um militar russo que mapeia a inóspita região da Sibéria. Traz ensinamentos sobre como se relacionar com a natureza por meio do experiente caçador.

Entre os muros da escola (2009, França, direção de Laurent Cantet)

Baseado em livro homônimo de François Bégaudeau que retrata o cotidiano de uma sala de aula em uma escola da periferia de Paris, na qual há estudantes de distintos grupos sociais e diversas culturas e etnias (africana, árabe, asiática e europeia).

Xingu (2012, Brasil, direção de Cao Hamburger)

História de três brasileiros, os irmãos Villas Bôas, que trabalharam com indígenas do interior do Brasil por várias décadas. A atuação deles foi importante para a preservação da cultura desses povos e para a criação do Parque Indígena do Xingu.

CAPÍTULO 7

Amor, trabalho e projeto de vida

Agricultor no trabalho, de René Seyssaud, 1897. Óleo sobre tela, 81 cm × 60 cm. Seyssaud é considerado um precursor do Fauvismo, movimento artístico que surgiu no início do século XX e valorizava o uso de cores vivas.

- **Que ideia de trabalho você forma a partir dessa imagem?**

Agora, focalizaremos duas necessidades humanas fundamentais: o amor e o trabalho. O amor diz mais respeito ao convívio, ao prazer e a nossos laços afetivos. Já o trabalho se refere, sobretudo, ao dever, à manutenção da existência e à construção da sociedade e da cultura. A capacidade de amar e a de trabalhar são essenciais para uma vida plena e saudável.

Questões filosóficas

- O que é amor?
- O que é trabalho?
- O que é alienação?
- Como construir um projeto de vida?

Conceitos-chave

amor, *eros*, *philia*, *agape*, arte de amar, amor líquido, trabalho, exploração do trabalhador, alienação, consumismo, indústria cultural, sociedade do tempo livre, sociedade do desemprego, projeto de vida

AMOR
Concepções filosóficas

Você já deve ter assistido a inúmeros filmes e ouvido canções que falam do amor. Provavelmente, já vivenciou experiências de amor. Pode ser que ame seu namorado ou sua namorada, seus familiares e amigos. Talvez já tenha declarado, por exemplo, que ama comer, dormir, ler, dançar ou jogar futebol. Essas situações nos ajudam a perceber que o amor é um conceito amplo, é uma atitude ou um sentimento que dirigimos a algo ou a alguém. Mas, além dessa noção, o que mais podemos aprender sobre o amor?

O amor é um tema antigo. Segundo o filósofo francês **André Comte-Sponville** (1952 -), desde a Antiguidade, havia três palavras gregas associadas ao amor: *eros*, *philia* e *agape*. Vejamos cada uma delas a seguir.

- ***Eros***: é o desejo despertado pela beleza e pelas virtudes do ser amado. É uma resposta apaixonada às qualidades do outro. A primeira resposta, no plano físico, pode ser o desejo sexual, que, de acordo com Platão, poderia ser aperfeiçoado, de maneira ascendente, em busca da essência, da Beleza absoluta. Nesse sentido, *eros* é o desejo de buscar o que nos falta.
- ***Philia***: é a manifestação do convívio afetuoso, que abrange os laços entre amigos, cônjuges e namorados, pais e filhos. Alguns autores dizem que *philia* se distingue de *eros* por não exigir envolvimento sexual. Outros, como Aristóteles, descrevem a relação entre esposos como *philia*, aqui entendido como a felicidade de amar, em todas as dimensões da vida.
- ***Agape***: amor como caridade e compaixão, que independe das qualidades do ser amado. Foi desenvolvido, principalmente pela tradição filosófica cristã, como o "amor a Deus" e, por extensão, o "amor ao próximo". É um princípio que cria o valor do amor, independentemente do objeto amado. Por isso, é universal e desinteressado.

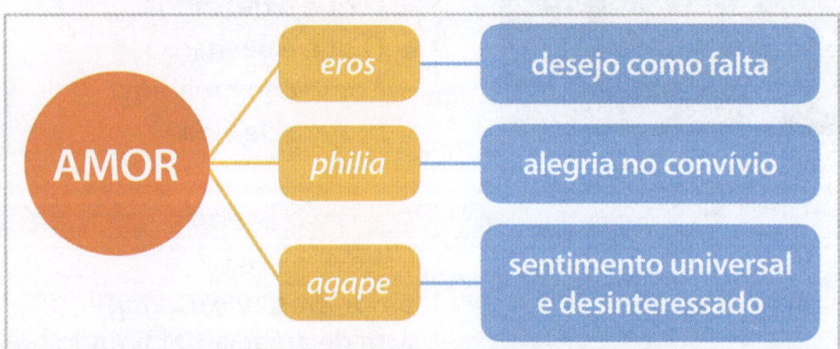

REPRODUÇÃO

Então, o amor pode assumir desde formas mais íntimas, como o amor conjugal, o amor entre pais e filhos, até formas mais amplas de amor, que abrangem laços entre todos os seres humanos.

Agora, vamos nos concentrar em duas acepções de amor: *eros* e *philia*.

Amor infeliz

Platão apresenta o amor como *eros* em sua obra *O banquete*. Nela, o personagem Sócrates define amor como desejo e, para ele, desejo é aquilo que nos falta. Por ser falta, o amor nunca se completa, permanecendo inquieto e ávido por um novo objeto. Esse amor está associado a um sofrimento ou a uma tristeza, que costumam ser referidos em canções e poemas românticos, como nestes versos de Vinicius de Moraes: "Que todo grande amor / Só é bem grande se for triste / Por isso, meu amor / Não tenha medo de sofrer" (MORAES, Vinicius de; JOBIM, Tom. Eu não existo sem você. Intérprete: Elizeth Cardoso. *In*: *Canção do amor demais*. Rio de Janeiro: Columbia, 1958. 1 disco sonoro).

Se desejo é privação, amamos sempre aquilo que não temos e, complementarmente, não temos aquilo que amamos. Essa concepção de desejo como privação leva a um dilema: os casais querem viver juntos porque estão apaixonados; depois, deixam de estar apaixonados justamente porque passaram a viver juntos. Para tentar sair desse dilema, Platão propõe duas soluções.

A primeira, mais simples, é buscar a satisfação eterna, a imortalidade, por meio da procriação ou da criação. A procriação gera filhos, a criação gera obras culturais (políticas, artísticas, científicas, filosóficas). Assim, cada um se imortalizaria quando produz filhos ou obras culturais. Isso, porém, é insuficiente porque os filhos também morrem e as obras culturais podem ser destruídas ou esquecidas.

A segunda solução proposta por Platão é uma busca do ideal que verdadeiramente desperta o amor. Nessa busca, partimos do que é mais concreto e imediato, como a beleza física do ser amado (a aparência do corpo), e vamos nos elevando gradualmente. Assim, alcançaríamos a beleza da alma e, por fim, a essência da Beleza, eterna e imutável.

Ao comentar essas duas soluções de Platão, o filósofo Comte-Sponville aponta que a primeira é um tanto decepcionante e a segunda é exigente em demasia. Ambas representam o amor infeliz, eternamente insatisfeito com o que é atual e presente.

Amor feliz

Uma alternativa à concepção platônica é o amor como *philia*, na linha assinalada por Aristóteles e Espinosa. Para Comte-Sponville, esses filósofos encontraram um caminho para superar a ideia do amor que se alimenta da busca daquilo que não temos e que nos falta. Vejamos essa interpretação.

Amor é desejo, mas desejo não é necessariamente falta, privação, ausência. O desejo como falta é a esperança de realizar algo no futuro. O amor, que é atual e presente, não espera. Amar é a alegria do encontro com o outro. É o amor feliz, que se nutre no processo de amar.

Nesse sentido, o amor se manifesta na alegria de conviver com o ser amado e na amizade entre aqueles que estão juntos. Consiste no prazer de desfrutar o que está presente em nossas vidas. É o contentamento intenso (regozijo) de viver aqui e agora (do latim *hic et nunc*).

> [...] amizade [...] é uma forma de excelência moral [...], além de ser extremamente necessária na vida. De fato, ninguém deseja viver sem amigos, mesmo dispondo de todos os outros bens; achamos até que as pessoas ricas e as ocupantes de altos cargos e as detentoras do poder são as que mais necessitam de amigos; realmente, de que serve a prosperidade sem a oportunidade de fazer benefícios, que se manifesta principalmente e em sua mais louvável forma em relação aos amigos? [...] Os amigos também ajudam os jovens a evitar os erros, e ajudam as pessoas idosas, amparando-as em suas necessidades [...].
>
> ARISTÓTELES. *Ética a Nicômaco*. Brasília: UnB, 1985. p. 153 (1155a).

A arte de amar

Em outra vertente, o filósofo social e psicanalista **Erich Fromm** (1900-1980) entende o amor como uma resposta à questão da condição humana. No Capítulo 6, fizemos algumas considerações sobre as características da condição humana, que, em síntese, pode ser resumida nas seguintes palavras:

> O homem é dotado de razão; é a vida consciente de si mesma; tem consciência de si, de seus semelhantes, de seu passado e das possibilidades de seu futuro. Essa consciência de si mesmo como entidade separada, a consciência de seu próprio e curto período de vida, do fato de haver nascido sem ser por vontade própria e de ter de morrer contra sua vontade, de ter de morrer antes daqueles que ama, ou estes antes dele, a consciência de sua solidão e separação, de sua impotência ante as forças da natureza e da sociedade, tudo isso faz de sua existência apartada e desunida uma prisão insuportável. Ele ficaria louco se não pudesse libertar-se de tal prisão e alcançar os homens, unir-se de uma forma ou de outra com eles, com o mundo exterior.
>
> FROMM, Erich. *A arte de amar*. Belo Horizonte: Itatiaia, s/d. p. 28.

No cotidiano, a palavra "amor" é usada de maneira ambígua e até contraditória. Chamam de amor desde a admiração por uma pessoa até paixões ardorosas; desde a dependência em relação a alguém até a dominação sobre o outro. Para Fromm, o amor autêntico é uma arte que expande nossas potencialidades e as do outro.

Não se trata, porém, de uma união simbiótica, que apaga a identidade de cada um, em que ocorre dominação de um e submissão do outro. É uma união que preserva a integridade das pessoas. Nela, um deve oferecer ao outro alegria, compreensão, prazer e vitalidade.

O amor é uma arte, assim como viver. Como toda arte, o amor exige empenho no aprendizado de uma teoria e de uma prática. No entanto, grande parte das pessoas considera que nada é mais fácil do que amar, apesar de tantos fracassos e decepções nesse campo. O amor implica, para Fromm, um conjunto de atitudes interdependentes: cuidado, responsabilidade, respeito e conhecimento.

BLOCK 2 PICTURES/PARADIS FILMS/ ALAMY/FOTOARENA

Cena do filme *Amor à flor da pele* (2000), de Wong Kar-Wai (Hong Kong). Filme sobre um homem e uma mulher que começam a se envolver amorosamente depois de suspeitarem que estão sendo traídos por seus respectivos cônjuges.

Cuidado (do latim *cogitare*, "dar atenção a") é o interesse legítimo pela vida e pelo crescimento de quem amamos. Nesse sentido, amar é cuidar sem dominar, é unir duas liberdades. O amor seria como uma planta que temos de cuidar e regar, não bastando deixá-la em um vaso esperando que cresça sozinha.

Responsabilidade (do latim *respondere*, "responder") é a resposta voluntária que oferecemos às necessidades do outro. Nesse sentido, não é uma obrigação que vem de fora, pois nasce espontaneamente dentro de nós como atitude solidária em relação à pessoa amada.

Respeito (do latim *respicere*, "olhar para") é a preocupação com o desenvolvimento do outro. Respeitar nada tem a ver com medo ou temor. Quem respeita estimula as potencialidades do outro. Gosta de ver a pessoa amada pensar com sua própria cabeça e andar com seus próprios pés.

Conhecimento (do latim *cognoscere*, "saber") decorre dos elementos anteriores: do cuidado, da responsabilidade e do respeito. Amar implica conhecer de maneira ativa e íntima o outro, para além das aparências. O conhecimento do outro depende do conhecimento de si mesmo. À medida que me encontro e me descubro, também posso encontrar e descobrir o outro.

Amor líquido

Vivemos em uma cultura consumista que estimula atitudes como identificar um produto, desejá-lo, comprá-lo e descartá-lo, substituindo-o por outro. Por vezes, esse consumismo é aplicado às relações afetivas, o que resulta na valorização da "troca de parceiros" em detrimento da "permanência do amor".

O pensador contemporâneo polonês **Zygmunt Bauman** (1925-2017) caracterizou essa situação de fragilidade dos laços humanos como um estado de "amor líquido". Observou que, atualmente, fala-se mais em "conexões" do que em "relacionamentos". Em vez de parcerias, fala-se mais em "redes", que servem tanto para conectar quanto para desconectar. Nesse caso, a característica da relação virtual é a de que, a qualquer instante, pode-se apertar a tecla "delete".

Segundo Bauman, uma cultura consumista, que promete produtos prontos, de uso imediato, e prazeres instantâneos, não favorece a construção amorosa. Isso porque o amor não é o encontro de coisas ou pessoas prontas e completas. O amor revela seu verdadeiro significado na construção do ser amado.

Nos dias atuais, tornou-se cada vez mais fácil a expansão das experiências amorosas. Os episódios amorosos se caracterizam por serem rápidos e intensos. Tais experiências terminam e recomeçam rapidamente e com frequência. Essa repetição demonstra mais uma desaprendizagem do amor do que o aumento da capacidade de amar.

Apesar das dificuldades, o amor representa uma das necessidades mais profundas da experiência humana, que exige humildade, empenho e coragem.

> "Sem humildade e coragem não há amor. Essas duas qualidades são exigidas, em escalas enormes e contínuas, quando se ingressa numa terra inexplorada e não mapeada. E é a esse território que o amor conduz ao se instalar entre dois ou mais humanos."
>
> BAUMAN, Zygmunt. *Amor líquido*. Rio de Janeiro: Zahar, 2004. p. 22.

TRABALHO
A atividade transformadora humana

O que podemos entender por trabalho? Esse é um conceito amplo que abrange dimensões históricas, filosóficas, geográficas, sociológicas etc. Tais dimensões podem ser ilustradas em frases como: "O trabalho produz artefatos úteis, transforma a natureza, gera riquezas", "O trabalho bem remunerado, geralmente, requer capacitação" etc.

A princípio, podemos dizer que trabalho é toda atividade na qual o ser humano utiliza suas energias para satisfazer uma a necessidade ou atingir determinado objetivo, individual ou coletivo. A palavra "energia" tem, aqui, o sentido básico de uma capacidade para realizar uma obra, um projeto, uma ação; enfim, um trabalho. **Energia** vem do grego *en* = "dentro" e *érgon* = "obra, trabalho".

Para alguns filósofos, como Marx, o trabalho é o elemento que distingue o ser humano de outros animais. Uma abelha, por exemplo, constrói sua colmeia com habilidades de um exímio arquiteto. Porém, a diferença entre um arquiteto e uma abelha é que ele cria em sua mente o projeto que pretende executar na realidade. Assim, o trabalho humano envolve transformar os materiais com os quais ele opera de acordo com um projeto previamente concebido.

Desse modo, por intermédio do trabalho, o ser humano acrescenta um mundo novo – a cultura – ao mundo natural já existente (como vimos no Capítulo 6). O trabalho se desenvolve nas relações dos indivíduos com a sociedade e a natureza, caracterizando seus modos de ser e viver, seus saberes e suas práticas.

KRISTO ROBERT/ALAMY/FOTOARENA

Artista produzindo escultura em mármore com martelo e cinzel. Fotografia de 2016.

Trabalho: breve visão histórica

Qual é a função do trabalho ao longo da história? Essa questão pode ser abordada a partir de, pelo menos, duas perspectivas.

Existem trabalhos que permitem ao ser humano expandir suas energias, desenvolver sua criatividade e realizar suas potencialidades. Por meio deles, as pessoas moldam a realidade e, ao mesmo tempo, transformam a si próprias. Assim, dentro dessa visão positiva e ideal, o trabalho promove a realização pessoal, a edificação da cultura e a solidariedade entre os seres humanos.

Além dessa perspectiva podemos reconhecer que o trabalho também tem uma face estressante e desagradável. Como se desenvolveu essa face negativa do trabalho? Podemos apontar que, com a intensificação da desigualdade e da dominação social, o trabalho foi desviado de sua função positiva. Em vez de servir ao bem comum, foi utilizado para o enriquecimento de alguns. De ato de criação, virou rotina de reprodução. De recompensa pela liberdade, transformou-se em castigo ou formas de escravidão. Enfim, em vez de realizar nossos sonhos, às vezes o trabalho fragmenta nossos projetos de vida.

Muitas pessoas pensam em trocar certos trabalhos aborrecedores e rotineiros por atividades alegres e criativas. No entanto, percebemos, na prática, que essas duas faces do trabalho costumam andar juntas. De qualquer modo, o trabalho é um meio, tanto para a sociedade quanto para os indivíduos, que permite alcançar diversos fins, como o desenvolvimento científico e tecnológico e os recursos para suprir necessidades humanas (alimentação, moradia, saúde, lazer).

> A vida é que é boa, não o trabalho. O prazer, não o sofrimento. A liberdade, não a servidão. É por isso que se precisa do trabalho. Para que a vida seja possível ou para que seja mais humana. Portanto, nem idolatria ao trabalho, nem apologia da preguiça.
>
> COMTE-SPONVILLE, André. *A vida humana*. São Paulo: Martins Fontes, 2007. p. 62.

Primeiras sociedades

No decorrer da história das diferentes sociedades, houve muitas maneiras de conceber e organizar o trabalho. De acordo com antropólogos, a primeira divisão de trabalho teria se dado entre homens e mulheres. Determinadas tarefas, como caçar, guerrear, garantir a proteção do grupo, eram mais reservadas aos homens, enquanto os trabalhos domésticos e os cuidados com os filhos destinavam-se principalmente às mulheres. Além do gênero, levava-se em conta também a idade e a força física de cada pessoa.

Nas comunidades em que a sobrevivência dependia da caça e da coleta, ocorriam migrações quando as reservas naturais de uma região tornavam-se insuficientes para o grupo. Por isso essas comunidades tinham um modo de vida nômade. Mas isso não significa que as pessoas dessas comunidades viviam perambulando de um lugar para o outro sem parar.

Quando os grupos humanos desenvolveram a criação de animais e a agricultura, surgiram as comunidades em que predominava um modo de vida sedentário. Isso não significa que as pessoas dessas comunidades permaneciam fixas em um lugar. As migrações humanas sempre existiram.

A capacidade de produzir alimentos em quantidade maior do que a necessária para o consumo imediato possibilitava a troca de produtos com aldeias vizinhas. A organização social dos grupos humanos se modificava conforme mudavam suas habilidades produtivas e suas forças de trabalho.

Antiguidade

Durante a Antiguidade, o **trabalho manual** passou a ser considerado, em várias sociedades, como uma atividade menor, desprezível, que pouco se diferenciava da atividade animal. Valorizava-se o **trabalho intelectual**, próprio dos homens que podiam se dedicar à cidadania, ao ócio, à contemplação e à teoria. Nesse sentido, o filósofo grego Aristóteles dizia:

> [...] a utilidade do escravo pouco difere da dos animais; serviços corporais para atender às necessidades da vida são prestados por ambos, tanto pelos escravos quanto pelos animais domésticos. A intenção da natureza é fazer também os corpos dos homens livres e dos escravos diferentes – os últimos fortes para as atividades servis, os primeiros eretos, incapazes para tais trabalhos mas aptos para a vida de cidadãos. [...]
>
> [...]
>
> Os cidadãos não devem viver uma vida de trabalho trivial ou de negócios (estes tipos de vida são ignóbeis e incompatíveis com as qualidades morais); tampouco devem ser agricultores os aspirantes à cidadania, pois o lazer [ócio] é indispensável ao desenvolvimento das qualidades morais e à prática das atividades políticas.
>
> ARISTÓTELES. *Política*. Brasília: UnB, 1985. p. 19 e 239.

L.PEDICINI/ALBUM/FOTOARENA - MUSEU ARQUEOLÓGICO NACIONAL DE NÁPOLES, NÁPOLES

Placa representando oficina de metalurgia na cidade de Pompeia, na Roma Antiga (c. século I). Desde a Antiguidade, já havia nas sociedades uma divisão do trabalho baseada na especialização de funções: metalúrgicos, ceramistas, agricultores, sacerdotes, soldados etc.

Idade Média

Em muitas sociedades da Europa ocidental, a concepção de trabalho não se alterou substancialmente durante a Idade Média. O trabalho intelectual ainda era o mais valorizado.

A novidade estava em que, de acordo com o cristianismo medieval, o trabalho passou a ser visto como uma forma de sofrimento que serviria de provação e fortalecimento do espírito para alcançar o reino celestial. Assim, **Santo Tomás de Aquino** (1221-1274), teólogo e filósofo cristão, referia-se ao trabalho como um "bem árduo", por meio do qual cada indivíduo se tornaria um ser humano melhor.

MESTRE DE BOCCACCIO DE GENEBRA – MUSEU CONDÉ, CHANTILLY

Calendário produzido por Pietro de Crescenzi (c. 1460), que retrata em doze cenas as atividades laborais realizadas mês a mês ao longo do ano durante a Idade Média, na Europa ocidental. Esse calendário revela como a organização do trabalho estava vinculada aos ciclos naturais e às estações do ano no hemisfério Norte. Você consegue identificar cada tarefa e o mês correspondente?

Idade Moderna

A concepção católica sobre o trabalho sofreu contestação significativa desde a ascensão social da burguesia, na Europa ocidental, a partir do século XVI. Nesse período desenvolveu-se, no campo religioso, o protestantismo. O trabalho foi revalorizado como caminho para o **sucesso econômico** (interpretado agora como um sinal da bênção de Deus). De acordo com certa **ética protestante** (as vertentes calvinistas), o ser humano deveria viver uma vida ativa e lucrativa, pautada pelo trabalho.

O cambista e sua mulher, de Quentin Matsys, 1514. Óleo sobre madeira, 71 cm × 68 cm. O casal compartilha momentos juntos, cada qual em sua tarefa. Ela, com a mão sobre o livro de orações, interrompe sua leitura para observar o marido negociante, que pesa moedas. Como podemos interpretar: contraposição ou união entre o sagrado (a fé) e o profano (o comércio)?

Como analisou o sociólogo alemão **Max Weber** (1864-1920) em sua obra *A ética protestante e o "espírito" do capitalismo,* haveria, inclusive, uma relação entre a tendência à valorização do trabalho e à busca de riqueza e o desenvolvimento do capitalismo nos países nos quais predominava o protestantismo. No entanto, esse sentido do trabalho ficou restrito às classes que conseguiram acumular capital e investir nas atividades produtivas.

O mundo do trabalho sofreu o impacto de inovações tecnológicas relacionadas, por exemplo, à navegação oceânica (caravelas, bússola magnética, astrolábio, mapas geográficos), à impressão tipográfica (tipos móveis criados por Gutemberg) e ao aperfeiçoamento das armas de fogo (morteiros, canhões, espingardas). Afora isso, a conquista da América foi marcada pela instituição de formas compulsórias de trabalho que afetaram cruelmente os povos indígenas e africanos. Quanto aos africanos, o colonialismo europeu desenvolveu o negócio lucrativo da escravidão moderna, controlando o fluxo de escravos da África para a América. Assim, milhões de homens e mulheres foram arrancados de seu continente e separados de seus povos, suas línguas, sua cultura. A escravidão moderna se distinguiu da escravidão antiga e da servidão medieval por tratar o africano cativo como mercadoria, procurando extinguir sua condição humana.

Estima-se que, entre 1531 e 1855, mais de 4 milhões de africanos escravizados foram trazidos para o Brasil. Essa população resistiu à escravidão lutando em revoltas como a dos Malês (1835), formando quilombos como o dos Palmares (1629-1694) e, quando possível, negociando com os senhores.

Idade Contemporânea

Já no século XIX, o filósofo alemão **Friedrich Hegel** (1770-1831) definiu o trabalho como elemento de **autoconstrução** do ser humano. Ele destaca, assim, o aspecto positivo do trabalho que mencionamos antes, isto é, o fato de o indivíduo não apenas se formar e se aperfeiçoar por meio do trabalho, mas também se libertar pelo domínio que exerce sobre a natureza.

Karl Marx, por sua vez, embora reconheça esse aspecto da autoconstrução no trabalho, também apontou seu lado negativo nas sociedades capitalistas. A suposta liberdade do trabalhador se viu abalada quando ele foi destituído dos meios de produção e, sem outra opção para sobreviver, viu-se obrigado a vender sua força de trabalho para os detentores desses meios. Tais meios de produção abrangem, por exemplo: os recursos naturais (terras, subsolo, águas, matérias-primas); os instrumentos de trabalho que transformam esses recursos; as instalações de produção (fábricas, meios de transporte e de comunicação etc.); as instalações de comércio; e os bancos.

Marx destacou também as condições degradantes a que os trabalhadores tiveram de se submeter no sistema da produção capitalista, apontando seus efeitos danosos nos indivíduos. Entre outros, distingue-se o processo de alienação, nosso tópico seguinte.

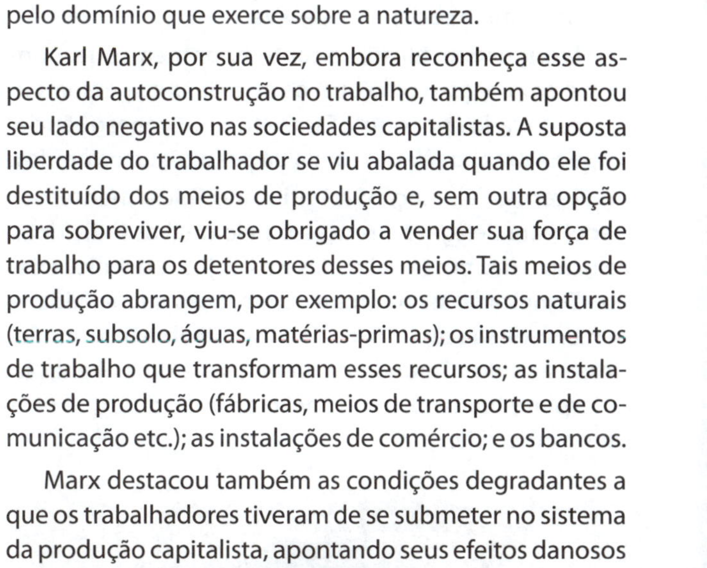

Tecelagem em Hjula, de Wilhelm Peters, 1887-1888. Óleo sobre tela, 85 cm × 117 cm. Observe que o trabalho dessas tecelãs norueguesas, na localidade de Oslo, ainda era bastante manufatureiro (manual e pouco mecanizado) no final do século XIX. Três gerações femininas, provavelmente de uma mesma família, apoiam-se nas tarefas.

ALIENAÇÃO
A pessoa alheia a si mesma

A palavra "alienação" vem do latim *alienare*, "tornar algo alheio a alguém", isto é, "tornar algo pertencente a outro". Hoje, esse termo tem significados distintos, dependendo do contexto em que é usado. Veja alguns exemplos:

- Em **direito**, designa a transferência da propriedade de um bem a outra pessoa. Nesse sentido, costuma-se dizer que "os bens do devedor foram alienados".
- Em **psicologia**, refere-se ao estado patológico do indivíduo que se tornou alheio a si próprio, sentindo-se como um estranho, sem contato consigo mesmo ou com o meio social em que vive.
- Na **linguagem filosófica contemporânea**, corresponde ao processo pelo qual os atos de uma pessoa são controlados por outra. Esses atos, por consequência, são estranhos à autonomia da pessoa que os pratica.

O termo "alienação" foi utilizado inicialmente por Hegel para designar o processo pelo qual os indivíduos colocam suas potencialidades nos objetos por eles criados. Significaria, assim, uma exteriorização da criatividade humana, de sua capacidade de construir obras no mundo. Nesse sentido, o mundo da cultura seria uma alienação do espírito humano, uma criação do indivíduo, que nela se reconheceria.

VINCENT VAN GOGH - MUSEU KRÖLLER-MÜLLER, OTTERLO, PAÍSES BAIXOS

No limiar da eternidade, de Vincent van Gogh, 1890. Óleo sobre tela, 81 cm × 65 cm. Na alienação, a pessoa perde contato consigo mesma, com sua identidade e seu valor. Só lhe resta a sensação de vazio existencial.

Diferentemente de Hegel, o filósofo Marx identificou dois momentos distintos no processo de exteriorização da criatividade:

- **Objetivação** – primeiro momento, que se refere especificamente à capacidade de a pessoa se objetivar, se exteriorizar nos objetos e nas coisas que cria, o que é algo próprio do saber-fazer humano.
- **Alienação** – segundo momento, aquele em que o indivíduo, principalmente no capitalismo, após transferir suas potencialidades para seus produtos, deixa de identificá-los como obra sua. Os produtos "não pertencem" mais a quem os produziu. Com isso, são "estranhos" a ele, no plano psicológico, econômico ou social.

Na sociedade contemporânea, o processo de alienação atinge vários campos da vida humana, impregnando as relações das pessoas com o trabalho, o consumo, o lazer, seus semelhantes e consigo mesmas. Vejamos alguns aspectos dessas relações alienadas nos textos a seguir.

Características da alienação

Adesão incondicional à consciência alheia

Segundo o filósofo francês **Gabriel Marcel** (1889-1973), viver é ter consciência de que algo no mundo depende de mim, e só de mim. Nesse sentido, o alienado não tem uma vida plena, porque, para agir e pensar, depende do outro (o líder político autoritário, o chefe da empresa, o grupo esportivo ao qual pertence).

Vejamos um exemplo extremado da falta de consciência de si mesmo. O marechal nazista Hermann Göring (1893-1946) chegou a dizer que não tinha consciência pessoal: sua consciência se chamava Adolf Hitler.

Despersonalização

Ao perder sua identidade, a pessoa alienada se submete ao que vem de fora. Isso se expressa, por exemplo, no consumismo, na idolatria de pessoas, no fanatismo.

Trata-se de uma forma aguda de despersonalização, em que ocorre um esvaziamento do próprio eu para mergulhar nos padrões do outro. A pessoa alienada se torna estranha a si mesma.

Medo da liberdade e da responsabilidade

O alienado prefere ficar preso à influência do outro e cumprir ordens automaticamente. Com isso, esmaga sua própria liberdade e perde o senso de responsabilidade.

Trabalho alienado

Nas sociedades atuais, observa-se que a produção econômica transformou-se no objetivo imposto às pessoas, isto é, não são as pessoas o objetivo da produção, mas a produção tornou-se o objetivo das pessoas. Nas palavras do filósofo francês **Luc Ferry** (1951-):

> [...] uma empresa que não progrida todos os dias é uma empresa simplesmente destinada à morte. Mas o progresso não tem outro fim além de si mesmo, ele não visa a nada além de se manter no páreo com outros concorrentes.
>
> FERRY, Luc. *Aprender a viver*: filosofia para os novos tempos. Rio de Janeiro: Objetiva, 2007. p. 247.

Essa tendência acentuou-se desde a Revolução Industrial, quando o trabalho na maioria das indústrias tornou-se cada vez mais rotineiro, automatizado e especializado, subdividido em múltiplas operações. Os empresários industriais visavam, com isso, economizar tempo e aumentar a produtividade.

Como exemplificou o economista escocês **Adam Smith** (1723-1790), na fabricação de alfinetes, um operário puxava o arame, outro o endireitava, um terceiro o cortava, um quarto o afiava, um quinto o esmerilhava na outra extremidade para a colocação da cabeça, um sexto colocava a cabeça e um sétimo dava o polimento final.

Essa forma de organização da produção em linhas de operação e montagem teve como principal consequência a fragmentação do trabalho, que conduziu a uma fragmentação do saber, pois o trabalhador perdeu a noção geral do processo produtivo. Como apontou o filósofo francês **Edgar Morin** (1921-), as vantagens da divisão do trabalho trouxeram os inconvenientes da superespecialização e do despedaçamento do saber. O progresso da produção veio acompanhado da cegueira da visão do conjunto.

A alienação do trabalho decorre da execução constante de atividades rotineiras e burocráticas a tal ponto que, nas sociedades desenvolvidas contemporâneas, os seres humanos criaram uma infinidade de coisas novas que os submetem, que os dominam. Paradoxalmente, a criatura (coisas) parece estar acima do criador (seres humanos).

Além disso, ao executar a rotina do trabalho alienado, o trabalhador submete-se a um sistema que, em grande parte, não lhe permite desfrutar financeiramente os benefícios de sua própria atividade, pois a meta é produzir para satisfazer às necessidades do mercado, e não propriamente às do trabalhador.

Enfim, o trabalho alienado costuma ser marcado pelo desprazer, pelo embrutecimento e pela exploração do trabalhador. Vejamos como Marx, em *Manuscritos econômico-filosóficos*, descreveu esse processo:

> Primeiramente, o trabalho alienado se apresenta como algo externo ao trabalhador, algo que não faz parte de sua personalidade. Assim, o trabalhador não se realiza em seu trabalho, mas nega-se a si mesmo. Permanece no local de trabalho com uma sensação de sofrimento em vez de bem-estar, com um sentimento de bloqueio de suas energias físicas e mentais que provoca cansaço físico e depressão. Nessa situação, o trabalhador só se sente feliz em seus dias de folga, enquanto no trabalho permanece aborrecido. [...]
>
> O caráter alienado desse trabalho é facilmente atestado pelo fato de ser evitado como uma praga; só é realizado à base de imposição. [...] É um trabalho que não pertence ao trabalhador mas sim a outra pessoa que dirige a produção.
>
> MARX, Karl. Manuscritos econômicos e filosóficos. *In*: FROMM, Erich. *Conceito marxista do homem*. Rio de Janeiro: Zahar, 1975. p. 93.

JULIAN STRATENSCHULTE/PICTURE ALLIANCE/GETTY IMAGES

Linha de produção robotizada, na cidade de Wolfsburg, na Alemanha, em 2019.

QILAI SHEN/BLOOMBERG/GETTY IMAGES

Fila de funcionários utilizando celulares no horário do almoço em empresa de tecnologia na China, em 2019.

Mercado de personalidades

Atingido pela alienação, o ser humano perde contato com seu eu genuíno, com sua individualidade. Transformado em **mercadoria**, como observou Fromm, o trabalhador sente-se como uma "coisa" que precisa alcançar sucesso financeiro, profissional, intelectual, social, sexual, político, esportivo etc. Como se participasse de uma espécie de "mercado de personalidades". Quando a pessoa consegue se inserir nesse mercado, quando consegue "vender-se", tem a sensação de aceitação e sucesso. Se não consegue se inserir ou se vender, tem a autoestima abalada e mergulha em uma sensação de fracasso.

Dominado por essa orientação mercantil alienante, o indivíduo não mais se identifica com o que é, sabe ou faz. Para ele, não conta sua realização íntima e pessoal, apenas o sucesso em vender socialmente suas qualidades.

As relações sociais também ficam seriamente comprometidas. Cada pessoa vê a outra segundo critérios e valores definidos pelo "mercado de personalidades". O outro passa a valer também como um objeto, uma mercadoria.

Um dos princípios que orientam as relações alienadas nas sociedades contemporâneas pode ser traduzido nestas palavras: "Não se envolva com a vida interior de ninguém". Esse não envolvimento pode levar a situações extremas de ausência de solidariedade social.

Conexões

1. Reflita sobre o que você valoriza nas pessoas e em si mesmo/mesma. Depois, revise criticamente esses seus valores, considerando o conceito de alienação e o de relações sociais alienadas.

Consumo alienado

Como podemos definir o termo "consumo"? Consumir significa utilizar, gastar, dar fim a algo, para alcançar determinado objetivo.

O ser humano necessita de objetos exteriores para sua sobrevivência e sua realização. Por isso, os indivíduos produzem, em sociedade, os objetos para seu consumo.

O que seria consumo alienado? Antes de refletirmos sobre esse conceito, consideremos o brutal abismo socioeconômico que separa ricos e pobres no mundo inteiro.

No mundo contemporâneo, a globalização trouxe benefícios para setores da população (os "incluídos"), mas marginalizou enorme quantidade de pessoas (os "excluídos"). Isso se reflete, por exemplo, na concentração de riqueza no mundo. Há estimativas de que 1% dos mais ricos é dono de metade da riqueza mundial. Contudo, os defensores da globalização apontam que houve uma redução da miséria. Calcula-se que cerca de 1,9 bilhão de pessoas, em 1990, vivia na pobreza extrema; esse número caiu para 700 milhões em 2015.

Essa situação mostra que, enquanto boa parte da humanidade enfrenta o drama agudo da fome, da falta de moradia, do desamparo à saúde e à educação, uma minoria pode se dar ao luxo de esbanjar o supérfluo.

Nesse contexto, podemos falar sobre o consumo alienado, fenômeno que ocorre principalmente entre a parcela da população de bom poder aquisitivo, pois não faz sentido falarmos em consumo alienado entre a multidão de pessoas em condições de miséria.

Relação produção-consumo

Podemos observar que o consumo é também uma forma de produção, pois o consumo nos produz no plano físico (nutrição, saúde etc.) e no plano mais amplo da cultura, quando, por exemplo, escolhemos um tipo de roupa, ouvimos um tipo de música, frequentamos determinado espaço de lazer etc. Nesse sentido, utilizamos frases como: "Você vai se produzir para este evento?" ou "Você está bem produzido hoje".

Percebemos, dessa maneira, que há uma relação intensa entre consumo e produção. Isso fica ainda mais evidente quando se considera que a produção cria não só bens materiais e não materiais, mas também o consumidor para esses bens. Quando se produz algo, é necessário produzir também o consumidor dessa produção. Temos, então, a tríade produção-consumo-consumidor.

Disso decorre que a publicidade (divulgação de produtos nas diversas mídias, como jornal, revista, rádio, TV, internet, *outdoor* etc.) seja elemento fundamental das sociedades capitalistas, uma vez que é por meio dela que se impulsiona nos indivíduos a necessidade de consumir mercadorias. Aí começa uma "roda-viva": a produção abre a possibilidade do consumo, o consumo cria a necessidade de mais produção, e assim por diante. Essa dupla criação de necessidades (a produção criando o consumo e o consumo criando a produção) gera a "reprodução" do sistema capitalista.

Consumo e *status*

Como se desenvolve a alienação no consumo? Para refletir sobre essa questão é importante compreender que os indivíduos se formam interagindo com o mundo objetivo e que consumir significa participar de um patrimônio construído pela sociedade. Assim, além de atender às necessidades individuais, o consumo expressaria a forma pela qual o indivíduo está integrado à sociedade.

No entanto, nas sociedades contemporâneas, observamos a exclusão da maior parte das pessoas do consumo efetivo do patrimônio produzido, em vista das desigualdades econômicas e sociais.

Portanto, o circuito produção-consumo não visa atender prioritariamente às necessidades das pessoas, mas sim às necessidades internas do sistema capitalista, em busca permanente de lucratividade, o que leva à mercantilização de tudo e também de todos.

Nesse sistema, como aponta o sociólogo contemporâneo **Immanuel Wallerstein** (1930-2019) em *O capitalismo histórico*, há algo de absurdo na "lógica capitalista":

> Acumula-se capital a fim de se acumular mais capital. Os capitalistas são como camundongos numa roda, correndo sempre mais depressa a fim de correrem ainda mais depressa. Nesse processo, algumas pessoas sem dúvida vivem bem, mas outras vivem miseravelmente, e mesmo as que vivem bem pagam um preço por isso [...].
>
> WALLERSTEIN, Immanuel. *O capitalismo histórico*. São Paulo: Brasiliense, 1985. p. 34.

De maneira aparentemente contraditória, esses dois aspectos – a exclusão da maior parte das pessoas da possibilidade de consumir e a permanente busca por lucro – estão entrelaçados a tal ponto que o filósofo francês **Jean Baudrillard** (1929-2007) considera que a lógica do consumo no mundo capitalista se baseia exatamente na impossibilidade de que todos consumam.

De acordo com sua análise, o consumo funciona como uma forma de afirmar a diferença de *status* entre os indivíduos. Veja um exemplo simples: o fato de que alguém possui um automóvel de luxo só tem sentido se poucos indivíduos puderem tê-lo. Assim, o objeto adquirido funciona como um signo de prestígio social e uma forma de se diferenciar dos demais. O desejo de ter substitui o vazio do ser.

A propaganda trata de assegurar essa distinção ao associar marcas e grifes a comportamentos e padrões inacessíveis à maioria da população e, mais que isso, impossíveis de serem alcançados em escala mundial, por conta do impacto que isso causaria ao meio ambiente. Essa impossibilidade é, evidentemente, escamoteada, pois não interessa que as pessoas tenham essa informação.

Neofilismo

Nesse tipo de consumo alienado, movido pelo desejo do consumidor de sentir-se uma "exceção" em meio à multidão, é como se a posse de um objeto satisfizesse à perda da própria identidade.

As empresas e seus departamentos de *marketing* sabem disso e se empenham em colocar no mercado produtos que se sucedem com uma rapidez impressionante, os quais são consumidos pelos indivíduos como forma de compensar essa insatisfação que sentem em relação a si próprios. Isso se traduz na busca ansiosa por adquirir o que se deseja, ignorando-se a possibilidade de desejar o que já se adquiriu.

Em outras palavras, o consumidor alienado age como se a felicidade consistisse apenas em uma questão de poder sobre as coisas, ignorando o prazer obtido com aquilo que ele verdadeiramente ama. De acordo com o filósofo alemão **Max Horkheimer** (1885-1973), quanto mais nos preocupamos em exibir poder sobre as coisas, mais as coisas nos dominarão.

Assim, no consumo alienado não existe uma relação direta e real entre o consumidor e o verdadeiro prazer da coisa conquistada, pois o consumo transforma-se em ato obsessivo movido pelo apetite de novidade e de distinção social. Esse desesperado neofilismo (amor obsessivo pelas novidades) afeta praticamente todas as relações que o ser humano é capaz de estabelecer com o mundo exterior.

Evidentemente, o neofilismo desenfreado corresponde aos interesses dos grandes produtores econômicos. Produzir objetos que logo se tornam obsoletos é um princípio fundamental da economia capitalista.

Escapar dessa armadilha do consumo não é um problema a ser resolvido apenas pela consciência e pela vontade individuais. É uma tarefa ampla que envolve a transformação dos valores dominantes em toda a sociedade.

© LUTE

Cartum do chargista brasileiro Lute (outubro de 2015). Representa o rastro de destruição provocado pelo consumismo.

Conexões

2. Você se considera uma pessoa consumista? Conhece pessoas que podem ser chamadas de consumistas? Como acha que é possível modificar esse comportamento? O consumismo pode ser considerado uma forma de compulsão? Observe esta tirinha de Caco Galhardo, publicada em 2009, e responda a essas perguntas.

© CACO GALHARDO

Lazer alienado

E o que dizer de nosso lazer? Será que o processo de alienação na sociedade industrial afeta também a utilização de nosso tempo livre? Vejamos.

A **indústria cultural** e de diversão vende peças de teatro, filmes, livros, *shows*, jornais e revistas como qualquer outra mercadoria. O consumidor alienado compra seu lazer da mesma maneira como compra sua pasta dental ou seu xampu. Consome os "filmes da moda" e frequenta os "lugares badalados", sem um envolvimento autêntico com o que faz.

Agindo desse modo, muitos se esforçam e até pensam que estão se divertindo, querem acreditar nisso. No entanto, por meio da aparente alegria disfarçam a ausência de um verdadeiro prazer.

Isso quer dizer que a lógica capitalista afeta até mesmo a relação do indivíduo com as obras de arte. Reduzidas ao nível de mercadorias, elas passam a obedecer à lei da oferta e da procura. Tornam-se puros "negócios" fabricados pela indústria cultural, expressão criada por Horkheimer e **Theodor Adorno** (1906-1969), pensadores da Escola de Frankfurt (que estudaremos no Capítulo 14).

Assim, até mesmo a arte transforma-se em objeto de consumo padronizado, produzido visando à obtenção de lucros.

ANTÔNIO GAUDÉRIO/FOLHAPRESS

Miragem, fotografia de Antônio Gaudério, 1998. Muitas vezes, o lazer não passa mesmo de uma miragem, uma ilusão. Que ironia há na imagem acima?

PERSPECTIVAS
Tempo livre ou desemprego?

Na análise do processo histórico-social que acabamos de fazer, vimos que o trabalho quase se transformou no oposto daquilo que poderia ser para um indivíduo. Ou seja, de possibilidade de liberdade e realização, tornou-se sinônimo de frustração, submissão e sofrimento.

Essa é a ideia que grande parte das pessoas tem acerca do trabalho, porque, de fato, é dessa forma que ele se apresenta para determinadas classes sociais. O trabalho é tido unicamente como um meio de sobrevivência, como algo penoso pelo qual todos têm de passar, pois "quem não trabalha não come".

Diante do que vimos até aqui, podemos nos questionar: O trabalho é realmente uma categoria fundamental para o ser humano? Ou seja, é por meio do trabalho que o ser humano se constrói?

Não há como responder negativamente a essa questão. Voltemos, então, à nossa pergunta inicial: o que é o trabalho? Será apenas o que uma ordem econômica exploradora reconhece como trabalho? Se o que recusamos é a forma como ele se apresenta – o trabalho forçado, aquele que significa privação e não realização de nossas capacidades –, será possível alcançarmos uma forma mais livre de trabalho?

Sociedade do tempo livre

Essas questões nos levam ao tema do desenvolvimento tecnológico atual. A mecanização e a automatização da produção vêm suprimindo diversas tarefas rotineiras, que eram antes desempenhadas por trabalhadores. Como resultado dessa automatização, é possível imaginar que um dia viveremos em uma sociedade na qual as pessoas possam dispor de mais tempo livre. É a perspectiva que diversos teóricos denominam de sociedade do tempo livre.

De meados do século XIX a finais do século XX, um trabalhador em países como Inglaterra e França vivia, em média, 50 anos e trabalhava, aproximadamente, 120 mil horas ao longo de sua vida.

Hoje, nos países desenvolvidos, o trabalhador vive cerca de 75 anos e trabalha, aproximadamente, 80 mil horas ao longo da vida. Na interpretação do sociólogo italiano **Domenico de Masi** (1938-), poderemos ter no futuro mais tempo para o "ócio criativo". Isso significa que o ser humano se ocuparia de atividades criativas à medida que o esforço físico e o intelectual fossem desempenhados pelas máquinas e por inteligência artificial.

Sociedade do desemprego

A dificuldade de instaurar uma "sociedade do tempo livre" consiste no fato de que a simples automatização, por si só, não garante efeitos positivos. A presença avassaladora de máquinas e inteligência artificial também poderia levar a uma realidade opressiva e antissocial, a uma sociedade do desemprego. As possíveis soluções para impedir o surgimento dessa sociedade opressiva apontam para duas questões gerais: Como evitar que as pessoas percam empregos?; Como criar novos empregos? No mundo atual, essas questões permanecem em aberto.

O desemprego não é um fenômeno novo, das últimas décadas. No entanto, desde meados do século XX, os avanços em informática, robótica e biotecnologia levaram várias profissões ao desaparecimento.

Segundo a Organização para a Cooperação e Desenvolvimento Econômico (OCDE), entre 1995 e 2000, cresceu 20% a demanda, na União Europeia, por trabalhos qualificados que exigem "abstração" e "criatividade". Em contrapartida, houve queda de 20% dos empregos nos quais se executam tarefas substituíveis por máquinas (porteiros virtuais; seguranças por monitoramento remoto; caixas, bancos e correios eletrônicos etc.).

Para evitar o desemprego em massa, uma possibilidade seria reduzir o tempo de trabalho, o que conduziria também à construção de uma sociedade de maior tempo livre. Contudo, uma sociedade de tempo livre e sem desemprego não será uma decorrência espontânea do modelo econômico atual, globalizado, imposto à maioria das pessoas nos países em desenvolvimento.

As sucessivas crises econômicas que o mundo tem vivido e a crescente insatisfação popular em diversos países são evidências da inadequação desse modelo. O que se observa é que ainda vivemos em um mundo marcado por imensos contrastes. De um lado, há realidades socioeconômicas de alto padrão (produtos de grife, aeroportos, edifícios luxuosos etc.) desfrutadas por um restrito grupo de pessoas – os **incluídos**. De outro lado, persistem inúmeros problemas e mazelas, que atingem milhões de seres humanos – os **excluídos**.

Nesse contexto, como na Grécia Antiga, o "ócio criativo" parece ser a condição de apenas uns poucos, não a condição da maioria. Que mudanças socioeconômicas poderiam ser promovidas para a construção de um mundo mais justo, livre e solidário? Pense nisso.

TALES AZZI/PULSAR IMAGENS

Fotografia de 2019 que retrata contraste entre condomínio de luxo e favela em São Paulo (SP). Em qual desses ambientes existe mais oportunidade para desenvolver o "ócio criativo"?

PROJETO DE VIDA
Pensar o futuro no presente

Desenvolver nossa capacidade de amar e de trabalhar é fundamental para construir nosso projeto de vida. Projeto de vida é um planejamento de nosso futuro, baseado em ações e reflexões feitas no presente que levam em conta nossas capacidades, nossos desejos e nossas expectativas. Ele serve para transformar nossos sonhos em objetivos organizados, estabelecendo caminhos que podemos trilhar para atingi-los. Segundo o filósofo francês **Jean-Paul Sartre** (1905-1980), projetar-se significa lançar-se à frente, para o futuro. É a responsabilidade que cada um de nós assume de escolher um modo de ser no mundo. Diante de várias possibilidades de vida, cabe-nos projetar aquela que pretendemos viver.

Podemos dizer que o principal objetivo da educação escolar é viabilizar a concretização de nossos projetos de vida. Esse amplo objetivo se desdobra nas três finalidades da educação estabelecidas na Constituição Federal (art. 205): o desenvolvimento integral da pessoa, a preparação para o exercício da cidadania e a qualificação para o trabalho. São finalidades interdependentes que devem considerar nossas dimensões físicas, emocionais e cognitivas.

Construir um projeto de vida se assemelha a solucionar um difícil quebra-cabeça. Contudo, não existe uma solução certa ou errada, tampouco o resultado dessa construção é imutável. Existem vários projetos de vida, e nenhum deles, em si mesmo, é melhor do que outro. Também não se trata de uma receita que irá prescrever nossas ações sem que possamos alterá-las.

Um projeto de vida pode e deve ser construído ao longo de uma vida. Entretanto, é interessante começar sua elaboração desde a **juventude**, momento de intenso desenvolvimento da autonomia intelectual e moral, nas palavras do pedagogo suíço **Jean Piaget** (1896-1980) (estudaremos sua Teoria Cognitiva no Capítulo 9). Quando percorremos alguns caminhos planejados desde cedo, temos mais tempo para aprender e realizar ajustes.

Construção de um projeto

Cada projeto de vida tem um caráter singular que pode ser pensado por meio de um duplo movimento de reflexão: um voltado para nosso próprio **eu** e outro voltado para o **mundo** em que vivemos. Em outras palavras, podemos considerar práticas como:

- **Autoconhecimento** – refletir profundamente sobre sua identidade e sua potencialidade, sobre suas capacidades física e mental, sobre seus sentimentos, pensamentos e atitudes. Equivale a praticar a expressão inscrita no Oráculo de Delfos: "Conhece-te a ti mesmo". Sócrates recomendava essa prática a seus discípulos por considerá-la uma condição para conhecer e agir no mundo.
- **Autodeterminação** – conhecer e cuidar daquilo que somos, pensamos e sentimos. Para o filósofo francês **Michel Foucault** (1926-1984), é a partir do autoconhecimento e do cuidado de si que desenvolvemos a capacidade de construir nossa vida e, ao mesmo tempo, de nos relacionarmos com os outros. Não se trata, portanto, de agir conforme eventuais necessidades impostas de fora, padrões sociais dominantes ou modismos. Trata-se de administrar nossa identidade e nossas potencialidades, sem isolamento ou egocentrismo.
- **Empatia** – desenvolver sintonia em relação aos outros, seus pensamentos e sentimentos e, com isso, compreender diferentes visões de mundo. Assim, podemos encarar o outro como um **objetivo**, e não como uma **objeção**. Esse outro pode ser não apenas um indivíduo, mas também um coletivo local, mundial ou até mesmo o conjunto dos seres vivos. Por vezes, a palavra "empatia" tem gerado alguma polêmica. Aqui, porém, utilizamos essa palavra tendo como referência sua raiz etimológica grega: *en* ("dentro de") + *patheia* ("sentimento"). Trata-se da busca de compreender o que se passa dentro do outro, e não de concordar necessariamente com o outro. Distingue-se da simpatia (do grego, *syn* + *patheia*, "sentir junto"), que é uma atração ou um envolvimento emocional pelo outro. Empatia não significa perder a si mesmo para idolatrar o outro ou aderir incondicionalmente às razões do outro e à "moral de rebanho".

O exercício da empatia relaciona-se com o diálogo, a resolução de conflitos e a cooperação. A empatia busca a compreensão da alteridade (as condições do outro), a escuta social e a superação das obsessões narcísicas. Nesse sentido, a empatia é fator importante para melhoria da convivência social, tanto nas relações amorosas, familiares, profissionais quanto nos vínculos de amizade. Isso porque a compreensão do outro resulta também no crescimento de si mesmo.

- **Sociabilidade** – cultivar o sentimento coletivo, a cooperação e a solidariedade. Isso implica compreender o outro e desenvolver habilidades voltadas para o convívio respeitoso e plural e, no plano mais amplo, para o exercício da cidadania em prol da construção de uma sociedade justa, livre e democrática.

Projeto profissional

No cotidiano, quando perguntamos para alguém "O que você é ou pretende ser?", é comum ouvirmos respostas do tipo: "Sou ou quero ser médico/comerciante/advogado/professor etc.". Isso mostra que muitas pessoas confundem projeto de vida com carreira profissional.

Vimos que a construção de um projeto de vida abrange o desenvolvimento integral da pessoa, do qual a profissão faz parte. De modo mais preciso, profissão é a atividade econômica que desempenhamos para obter nosso meio de subsistência.

Existem, no mercado de trabalho, inúmeras profissões. Escolher a mais adequada e preparar-se para exercê-la são atitudes fundamentais a serem tomadas pelos jovens. Às vezes, uma profissão mal escolhida traz consequências penosas, com repercussões nos campos psicológico e econômico.

No atual momento da vida brasileira, são imensos os desafios que as pessoas enfrentam para escolher, as profissões que pretendem exercer no futuro, especialmente se considerarmos que o mercado de trabalho passa por profundas mudanças tecnológicas.

Tanto na construção de nosso projeto de vida quanto na escolha da profissão, precisamos equilibrar o que queremos com o que podemos, combinar razão e emoção, habilidades afetivas e cognitivas, levar em conta o eu (**subjetividade**) e o mundo (**objetividade**), pois, quando nos envolvemos em nossas atividades de modo integral, há uma renovação em nós e naquilo que fazemos.

No Japão, o projeto de vida pode ser representado por um ***ikigai***. Essa palavra japonesa pode ser traduzida por "razão de viver", "aquilo que torna a vida valiosa", "o motivo pelo qual despertamos todas as manhãs". Trata-se de um conceito-chave de uma filosofia oriental popular que, segundo especialistas em saúde pública, contribui para que as pessoas vivam mais e melhor.

O *ikigai* expressa um projeto de vida pessoal por meio de mandalas, que relacionam trabalho, contexto social e valores éticos. Observe, a seguir, um modelo de *ikigai* com quatro círculos. Dois deles remetem mais diretamente à pessoa e a sua atividade: "Aquilo que você ama" e "Aquilo em que você é bom". E os outros dois círculos se referem predominantemente às respostas do mundo para a atividade da pessoa: "Aquilo de que o mundo precisa" e "Aquilo que o mundo paga".

Conexões

3. A partir deste modelo de *ikigai*, crie um que expresse seu próprio projeto de vida.

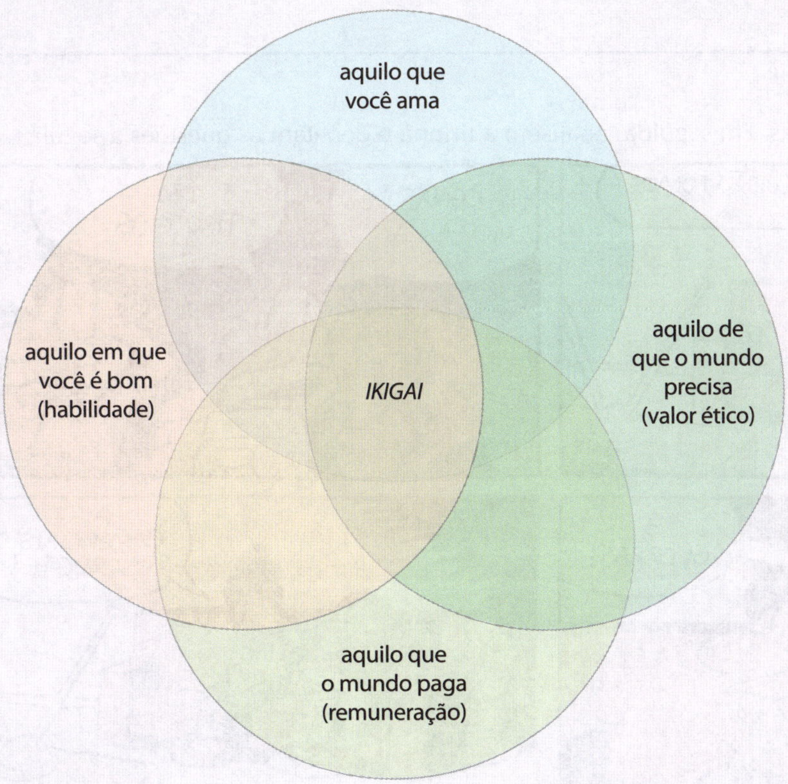

REPRODUÇÃO

1. Leia atentamente as letras de canções reproduzidas a seguir. Depois, reflita com os colegas: qual concepção filosófica de amor (*eros* ou *philia*) dialoga melhor com cada poema? Explique.

Amor

Amemos! Quero de amor
Viver no teu coração!
Sofrer e amar essa dor
Que desmaia de paixão!
[...]

AZEVEDO, Álvares de. "Amor".

Bilhete

Se tu me amas, ama-me baixinho
Não o grites de cima dos telhados
Deixa em paz os passarinhos
Deixa em paz a mim!
Se me queres,
enfim,
tem de ser bem devagarinho, Amada,
que a vida é breve, e o amor mais breve ainda...

QUINTANA, Mário. "Bilhete". *In*: FUKS, Rebecca. Os 15 maiores poemas de amor da literatura brasileira. Cultura Genial. Disponível em: <https://www.culturagenial.com/maiores-poemas-de-amor-literatura-brasileira/>. Acesso em: 23 jun. 2020.

2. O que significa dizer que o trabalho é uma "atividade tipicamente humana"? Argumente.
3. Como tem sido valorizado o trabalho braçal ou manual ao longo da história? Justifique.
4. Comente as diferenças entre a interpretação de Hegel e a de Marx a respeito do trabalho.
5. "O trabalhador só se sente feliz em seus dias de folga, enquanto no trabalho permanece aborrecido." Interprete essa frase de Marx, citada neste capítulo. Você concorda com ela? Por quê?
6. Considerando exemplos de sua vida e de conhecidos, explique como o processo de alienação afeta uma pessoa:
   a) em sua relação consigo mesma;
   b) em sua maneira de relacionar-se com outras pessoas;
   c) em sua forma de consumir;
   d) em suas opções de lazer e entretenimento.
7. Em sua opinião, os avanços tecnológicos vão contribuir para a redução ou o aumento das desigualdades sociais? Para você, essa questão depende de decisões políticas? Por quê?

Conversa filosófica

8. **Cultura televisiva**

Reúna-se em grupos com os colegas. Em seguida, analisem a tirinha e debatam as questões a seguir:

© ADÃO ITURRUSGARAI

Folha de S. Paulo (*Folhinha*), 2001.

- É possível estabelecer uma relação entre a crítica contida nesses quadrinhos e o conceito de alienação?
- Como você avalia a programação dos canais de televisão no Brasil?
- Quem ganha e quem perde com esse modelo?
- Você seria favorável a que houvesse uma legislação sobre os conteúdos veiculados pelas TVs?

9. Sonho e realidade

O escritor e ativista político francês Paul Lafargue (1842-1911) foi um crítico da idolatria interessada do trabalho e um defensor do direito à "preguiça". Leia o trecho a seguir, que expressa sua visão sobre o assunto.

Aristóteles previa que: "Se cada instrumento pudesse executar sua função própria sem ser mandado, ou por si mesmo [...]; se, por exemplo, as rocas das fiandeiras fiassem por si sós, o dono da oficina não precisaria mais de auxiliares, nem o senhor, de escravos". O sonho de Aristóteles é nossa realidade. Nossas máquinas de hálito de fogo, membros de aço, infatigáveis, de uma fecundidade maravilhosa e inesgotável, realizam docilmente, por si sós, seu santo trabalho; no entanto, a mente dos grandes filósofos do capitalismo continua dominada pelo preconceito do assalariado, a pior das escravidões. Ainda não entendem que a máquina é: o redentor da humanidade, o Deus que resgatará o homem das *sordidae artes* ["trabalhos manuais"] e do trabalho assalariado, o Deus que lhe concederá os lazeres e a liberdade.

LAFARGUE, Paul. *O direito à preguiça*. São Paulo: Unesp/Hucitec, 1999. p. 118-119.

Reúna-se com os colegas para debater sobre essa interpretação.

10. Meu trabalho

Imagine como será sua vida daqui a 20 anos. Leve em conta que você começou a construir um projeto de vida durante a juventude, orientado pelo autoconhecimento, pela autodeterminação, pela empatia e pela sociabilização. Reúna-se com os colegas para trocar ideias e refletir sobre as seguintes questões:

a) Como você gostaria que fosse seu relacionamento com familiares e amigos?

b) Que profissão você gostaria de ter? Esse trabalho daria a você uma perspectiva de autoconstrução, alegria e liberdade? Como?

c) No futuro, como gostaria de utilizar seu tempo livre? O que faria para descansar e se descontrair?

d) O que você precisa fazer para realizar seu projeto de vida?

Para pensar

Temos, em seguida, dois textos que tratam da relação da sociedade com as formas de organizar a produção e que representam momentos histórico-sociais separados por quase três séculos. O primeiro texto é um diálogo entre um indígena tupinambá (grupo indígena que povoava grande parte do litoral brasileiro nos séculos XVI e XVII) e Jean de Léry (pastor protestante e escritor francês que viveu no Brasil entre 1556 e 1558). O segundo texto, elaborado em 1848, é parte de uma reflexão de Karl Marx e Friedrich Engels sobre o desenvolvimento da burguesia e do modo de produção capitalista. Leia os dois textos e responda às questões que seguem.

Texto I
Diálogo sobre a produção de bens

Uma vez um velho perguntou-me:

— Por que vindes vós outros, mairs e perôs [franceses e portugueses], buscar lenha de tão longe para vos aquecer? Não tendes madeira em vossa terra?

Respondi que tínhamos muita, mas não daquela qualidade, e que não a queimávamos, como ele supunha, mas dela extraíamos tinta para tingir, tal qual o faziam eles com os seus cordões de algodão e suas plumas.

Retrucou o velho imediatamente:

— E porventura precisais de muito?

— Sim — respondi-lhe — pois no nosso país existem negociantes que possuem mais panos, facas, tesouras, espelhos e outras mercadorias do que podeis imaginar e um só deles compra todo o pau-brasil com que muitos navios voltam carregados.

— Ah! — retrucou o selvagem — tu me contas maravilhas — acrescentando depois de bem compreender o que eu lhe dissera: — Mas esse homem tão rico de que me falas não morre?

— Sim — disse eu — morre como os outros.

Mas os selvagens são grandes discursadores e costumam ir em qualquer assunto até o fim, por isso perguntou-me de novo:

— E quando morre, para quem fica o que deixa?

— Para os filhos se os têm — respondi. — Na falta destes, para os irmãos ou parentes mais próximos.

— Na verdade — continuou o velho, que, como vereis, não era nenhum tolo — agora vejo que, vós mairs, sois grandes loucos, pois atravessais o mar e sofreis grandes incômodos, como dizeis quando aqui chegais, e trabalhais tanto para amontoar riquezas para vossos filhos ou para aqueles que vos sobrevivem! Não será a terra que vos nutriu suficiente para alimentá-los também? Temos pais, mães e filhos a quem amamos; mas estamos certos de que depois da nossa morte a terra que nos nutriu também os nutrirá, por isso descansamos sem maiores cuidados.

LÉRY, Jean de. *Viagem à terra do Brasil*. Belo Horizonte: Itatiaia; São Paulo: Edusp, 1980. p. 169-170.

Texto II
Reflexão sobre o modo de produção capitalista

A burguesia não pode existir sem revolucionar incessantemente os instrumentos de produção, por conseguinte as relações de produção e, com isso, todas as relações sociais. A conservação inalterada do antigo modo de produção era, pelo contrário, a primeira condição de existência de todas as classes industriais anteriores. Essa subversão contínua da produção, esse abalo constante de todo o sistema social, essa agitação permanente e essa falta de segurança distinguem a época burguesa de todas as precedentes. Dissolvem-se todas as relações sociais antigas e cristalizadas, com seu cortejo de concepções e de ideias secularmente veneradas; as relações que as substituem tornam-se antiquadas antes de se consolidarem. Tudo o que era sólido e estável se desmancha no ar, tudo o que era sagrado é profanado e os homens são obrigados finalmente a encarar sem ilusões a sua posição social e as suas relações com os outros homens.

Impelida pela necessidade de mercados sempre novos, a burguesia invade todo o globo terrestre. Necessita estabelecer-se em toda parte, explorar em toda parte, criar vínculos em toda parte.

Pela exploração do mercado mundial, a burguesia imprime um caráter cosmopolita à produção e ao consumo em todos os países. Para desespero dos reacionários, ela roubou da indústria sua base nacional. As velhas indústrias nacionais foram destruídas e continuam a ser destruídas diariamente. São suplantadas por novas indústrias, cuja introdução se torna uma questão vital para todas as nações civilizadas – indústrias que já não empregam matérias-primas nacionais, mas sim matérias-primas vindas das regiões mais distantes, e cujos produtos se consomem não somente no próprio país, mas em todas as partes do mundo. Ao invés das antigas necessidades, satisfeitas pelos produtos nacionais, surgem novas demandas, que reclamam para sua satisfação os produtos das regiões mais longínquas e de climas os mais diversos. No lugar do antigo isolamento das regiões e nações autossuficientes, desenvolvem-se um intercâmbio universal e uma universal interdependência das nações. E isso se refere tanto à produção material como à produção intelectual. As criações intelectuais de uma nação tornam-se patrimônio comum. A estreiteza e a unilateralidade nacionais tornam-se cada vez mais impossíveis; das numerosas literaturas nacionais e locais nasce uma literatura universal.

Com o rápido aperfeiçoamento dos instrumentos de produção e o constante progresso dos meios de comunicação, a burguesia arrasta para a torrente da civilização todas as nações, até mesmo as mais bárbaras. Os baixos preços de seus produtos são a artilharia pesada que destrói todas as muralhas da China e obriga à capitulação os bárbaros mais tenazmente hostis aos estrangeiros. Sob pena de ruína total, ela obriga todas as nações a adotarem o modo burguês de produção, constrange-as a abraçar a chamada civilização, isto é, a se tornarem burguesas. Em uma palavra, cria um mundo à sua imagem e semelhança.

MARX, Karl; ENGELS, Friedrich. *Manifesto comunista*. São Paulo: Boitempo, 1998. p. 43-44.

1. De acordo com a informação contida no texto de Jean de Léry, o que você pode deduzir sobre o modo de produção dos tupinambás? Fundamente sua resposta.
2. Qual é a principal crítica do velho tupinambá à visão europeia sobre o trabalho e a riqueza? Comente.
3. "Impelida pela necessidade de mercados sempre novos, a burguesia invade todo o globo terrestre." Existe semelhança entre o processo descrito nessa afirmação e o atual processo de globalização da economia? Justifique sua resposta.
4. Que ponto ou pontos em comum você pode estabelecer nas críticas expressadas nesses dois textos?

Sessão de cinema

Eles não usam *black-tie* (1981, Brasil, direção de Leon Hirszman)

Filme que retrata as dificuldades de organização dos trabalhadores na época da ditadura brasileira, tendo como foco uma família de operários e seus dilemas.

O *show* de Truman (1998, Estados Unidos, direção de Peter Weir)

Em uma pequena comunidade racionalizada a partir da mais avançada tecnologia, Truman tem sua vida exposta a milhões de telespectadores, além de ter sua imagem vinculada à propaganda de diversos produtos.

Romeu e Julieta (1968, Reino Unido/Itália, direção de Franco Zeffirelli)

Inspirado na peça homônima de William Shakespeare, o filme narra a lírica e trágica história de amor entre dois jovens de famílias rivais.

Tempos modernos (1936, Estados Unidos, direção de Charles Chaplin)

Chaplin "passeia" pela paisagem da indústria moderna, no filme, e mostra a submissão do ser humano à máquina e a substituição do trabalho humano pelo trabalho mecânico, o que leva ao desemprego e à miséria. Mas nos mostra também a solidariedade e a capacidade de gentileza e alegria que resistem à opressão do trabalho.

CAPÍTULO

8 Linguagem e comunicação

ALMEIDA JUNIOR - PINACOTECA DO ESTADO DE SÃO PAULO (SP)

Saudade, de Almeida Júnior, 1899. Óleo sobre tela, 197 cm × 101 cm.

- **O que essa imagem representa e transmite para você? Que elementos pictóricos ajudam a compor esse significado?**

A linguagem é o chão por onde anda a cultura. Ela é aprendida e transmitida pela tradição, mas se transforma ao longo do tempo e varia conforme as sociedades. É, por excelência, um fato cultural que busca retratar a realidade e, ao mesmo tempo, condiciona nossa própria concepção do real.

Neste capítulo, vamos focalizar a linguagem e conhecer algumas teorias sobre suas origens, sua relação com a cultura e sua importância na construção da vida social.

Questões filosóficas

- O que é a linguagem?
- Somos seres naturalmente linguísticos?
- Como se originaram as línguas?
- Qual é a relação entre as palavras e as coisas?

Conceitos-chave

linguagem, comunicação, significado, sentido, linguagem de ação e de reflexão, escuta, interpretação, superinterpretação, origem das línguas, relação palavras e coisas, virada linguística, falsos problemas, jogos da linguagem, atos da fala, behaviorismo, inatismo

O QUE É LINGUAGEM

A construção de sentidos e realidades

STANISLAV KRASILNIKOV/TASS/GETTY IMAGES

Apresentação de dança na cidade de Moscou, Rússia, em 2017. A dança é uma linguagem artística que se expressa pelo movimento corporal.

Comecemos nossa investigação deste capítulo com a tradicional pergunta socrática: "O que é a linguagem?".

Façamos primeiramente uma rápida pesquisa para ver os diversos contextos em que o termo "linguagem" é usado: linguagem verbal (que usa palavras), linguagem jurídica (do direito), linguagem formal, linguagem informal, linguagem artística, linguagem musical, linguagem matemática, linguagem de programação (informática), linguagem corporal ou gestual, linguagem cinematográfica, linguagem dos golfinhos, entre outras. Reflita sobre cada uma dessas expressões e seus significados.

Apesar das diferenças entre todas essas linguagens, podemos dizer que existe um sentido básico que permeia todas elas: é a ideia de um conjunto de **signos**, isto é, de sinais (visuais, sonoros, táteis etc.) que indicam ou remetem a algo distinto deles (objeto, emoção, ideia), de tal maneira que compõem um significado ou um sentido na mente daquele que domina esse **código** (sistema de signos).

Um exemplo paradigmático de linguagem são as línguas e suas respectivas palavras, pois estas remetem a outras coisas (internas ou externas, psíquicas ou físicas), podendo ter um ou vários sentidos. Todos nós dominamos pelo menos uma língua: nossa língua nativa, nossa língua materna.

Quando uma pessoa que conhece o português, por exemplo, lê (signo visual, escrito) ou escuta (signo sonoro) a palavra "árvore", supomos que ela forma em sua mente uma ideia, noção ou imagem que tem como referência uma coisa ou um ser do mundo exterior. Se o termo é "tristeza", supomos a referência a uma ideia, noção ou imagem de algo – no caso, uma emoção – que se dá no mundo interior dela ou de outras pessoas.

Há também palavras que designam construções mentais ainda mais sofisticadas e abstratas, como "correção", "certeza", "qualidade", cujos objetos de referência não são tão claros como os anteriores.

Na **gramática** de uma língua, todas essas palavras são combinadas e articuladas de inúmeras maneiras – mas conforme certas **regras** – para formar significados complexos, tanto em relação ao mundo externo ou ao interno, como a nenhum deles (como no caso da ficção ou da fantasia).

Agora, quando alguém escuta ou lê um termo e não consegue formar uma ideia ou relacioná-lo a algo – porque não o conhecia; porque o termo remete a algo que a pessoa desconhece e não consegue conceber; ou ainda porque pertence a um idioma que ela não domina –, essa palavra não tem sentido, não tem significado para essa pessoa. O mesmo ocorre com os signos de outras linguagens, como as gestuais, as artísticas, as científicas etc.

Existem várias teorias sobre a linguagem, suas origens e seus processos. Os ramos do conhecimento que se dedicam a esses estudos são a **linguística** e a **semiótica**. A filosofia tem um campo de investigação que interage com essas duas ciências: a **filosofia da linguagem**.

Os humanos e sua linguagem

O historiador israelense **Yuval Harari** (1976-) afirma que o sucesso da espécie humana no planeta se deve, provavelmente, ao desenvolvimento da sua linguagem. Não que os outros animais não tenham linguagem. Eles a têm, mas sua linguagem é menos complexa do que a nossa.

A linguagem humana é versátil, pois permite partilhar grande número de informações por meio de uma quantidade limitada de signos (sons e sinais). Pela linguagem, trocamos conhecimentos sobre o mundo que nos rodeia, visando, por exemplo, encontrar alimentos ou abrigo. Também compartilhamos informações sobre nossas relações sociais. Podemos, por exemplo, falar a respeito de quem ama ou odeia alguém, de quem cumpre regras ou trapaceia, de quem é mais inteligente ou mais corajoso etc.

Além de falar sobre o comportamento dos outros, a linguagem nos permite transmitir informações relacionadas ao que não podemos ver, tocar ou cheirar. Com nossa linguagem, criamos lendas, mitos, deuses, religiões e tantas outras coisas intangíveis. Para Harari, essas criações coletivas promovem uma liga social, uma espécie de "cola mítica" entre as pessoas.

Em outras palavras, a linguagem é capaz de se referir ao mundo ficcional e não ficcional, a tal ponto que é difícil distinguir a fronteira entre um e outro. Isso porque tanto a ficção quanto a não ficção, uma influenciando a outra, fazem parte da história. São expressões e reações a um tempo histórico.

Linguagem e cultura

Foi principalmente em razão da linguagem que nos tornamos seres de dois mundos: o mundo cultural e o mundo natural. Assim, há uma natureza da qual fazemos parte e que inclui, por exemplo, florestas, rios e animais. Fora isso, graças à linguagem, construímos coletivamente realidades imaginadas como Estados, religiões, corporações, que marcam nossa cultura.

Queremos insistir nesse ponto: a linguagem tem a capacidade de inventar ficções, de criar seres que não existem na realidade física, concreta. Para entender melhor isso, vejamos o caso das empresas. Elas são entidades jurídicas que, tal como nós, pessoas físicas, nascem, vivem e morrem. Nascem com o registro de seu contrato social. Vivem por meio dos atos que praticam, como vender e comprar. Morrem quando são dissolvidas por deliberação de seus membros ou decisão judicial.

É curioso observar que, quando usamos a expressão "mundo corporativo", estamos nos referindo ao mundo empresarial. Contudo, a palavra "corporação" deriva de *corpus* (em latim, "corpo"), e é exatamente isso que falta às corporações, pois elas são ficções jurídicas, destituídas de um corpo físico.

Também é importante observar que os entes culturais referidos pela linguagem se tornaram poderosos a ponto de interferirem na própria natureza. Em outras palavras, a realidade física natural está vinculada aos entes culturais.

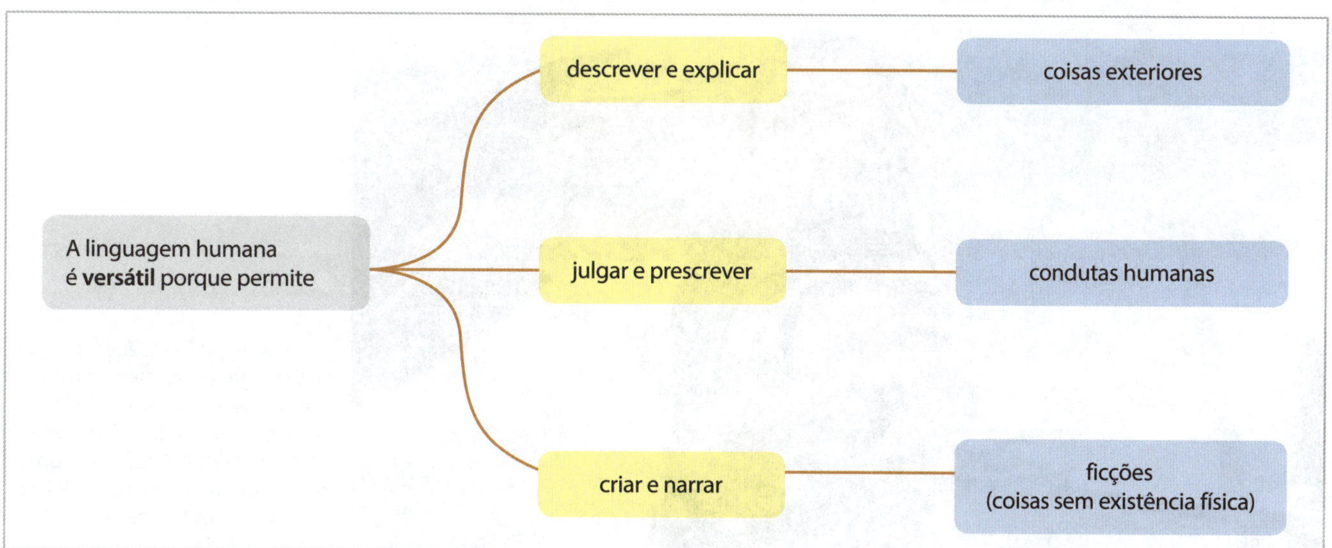

REPRODUÇÃO

Linguagem na história

Avancemos um pouco mais em nossa investigação. Quais seriam, portanto, os eventos considerados marcantes na história da linguagem e da comunicação, aqueles que tiveram o poder de abrir novas possibilidades para a humanidade?

Certamente, um dos primeiros foi o processo de criação das línguas, porém não há conhecimentos históricos suficientes a esse respeito (voltaremos a esse tema mais adiante neste capítulo). Há outros, por outro lado, que puderam ser estudados e que, por isso, são mais conhecidos, como a criação do alfabeto, a invenção da imprensa e, em nossos dias, o desenvolvimento da linguagem eletrônica e de todas as suas mídias.

Vejamos uma interpretação do impacto da criação do alfabeto partindo do exemplo do caso grego, pois é aquele que mais se vincula à cultura ocidental. Seguiremos, em linhas gerais, a análise do pensador chileno contemporâneo **Rafael Echeverría** (1913-1996), apresentada em sua obra *Ontologia da linguagem*.

Criação do alfabeto

Antes da criação e da adoção do alfabeto na Grécia Antiga, eram os poetas que transmitiam, oralmente, muitos aspectos da cultura. A juventude aprendia o que era piedade, amor e traição por meio de histórias míticas e épicas, isto é, de narrações sobre as aventuras e desventuras de seres humanos, heróis e deuses. Por exemplo, para se tornar sábio, o jovem tinha de agir como lhe contavam que Odisseu agia; para ser corajoso, devia fazer o que lhe diziam que Aquiles fazia. Esses personagens foram descritos em dois dos mais conhecidos poemas épicos da Grécia Antiga, a *Ilíada* e a *Odisseia*, atribuídos ao poeta Homero, que registrou por escrito muitas das histórias e narrativas da tradição oral envolvendo deuses, heróis e seres fantásticos da mitologia grega.

Desse modo, linguagem e ação estavam estreitamente ligadas. Podemos dizer que o ato de falar tinha o poder de promover determinadas coisas, indicar modelos a serem atingidos. Era uma **linguagem de ação**, baseada no relato de acontecimentos reais ou imaginários.

A partir do século IX a.C., desenvolveu-se o alfabeto grego (que tinha como base o fenício), o que facilitou a propagação da linguagem escrita na Grécia Antiga, dando início a uma transformação de grandes consequências. Aos poucos, o relato oral passou a conviver com o texto escrito. A expressão escrita – feita letra a letra, palavra por palavra, linha a linha –, começou a exercer influência na forma de pensar das pessoas, que por sua vez caracterizou-se cada vez mais pela **linearidade racional**.

ARTERRA/UNIVERSAL IMAGES GROUP/GETTY IMAGES - COLEÇÃO PARTICULAR

Pedra de Terpon esculpida em grego jônico, datada de 450 a.C a 425 a.C.

Com isso, a linguagem de ação – característica do relato oral centrado nos acontecimentos – foi sendo gradativamente suplantada pela **linguagem de ideias** ou **linguagem de reflexão**. Passou-se a perguntar "O que é a sabedoria?", "O que é a coragem?", sem recorrer mais aos exemplos dos personagens míticos e épicos.

Assim, os poetas, declamadores e oradores foram deixando a tarefa de educar a juventude, trocados por filósofos, preceptores e professores. A narrativa épica deixou de ser a fonte exclusiva dos exemplos e modelos, cedendo espaço para os tratados filosóficos e científicos. Valorizou-se cada vez mais o **pensar**, em detrimento de outras formas de **ação**. O mesmo ocorreu com a **teoria**, em lugar da **prática**; o **ser**, em vez do **devir**. O papel ativo da linguagem foi sendo aos poucos esquecido.

© WARNER BROS/COURTESY EVERETT COLLECTION/AGB PHOTO LIBRARY

Cena do filme *Troia*, 2004, dirigido por Wolfgang Petersen, com o ator Brad Pitt interpretando Aquiles. Filho da divindade Tétis com um mortal, Aquiles era um grande guerreiro e personificava a bravura, mas também a fúria descontrolada.

Invenção da imprensa

A partir do século XV, outro invento, a imprensa criada por **Johannes Gutenberg** (c. 1400-1468), provocou nova revolução. Os livros, antes manuscritos, passaram a ser impressos e tornaram-se produtos que podiam ser obtidos com mais facilidade, favorecendo a educação, a expansão da alfabetização e a divulgação das ideias filosóficas e científicas.

Com a imprensa de Gutenberg, gradualmente, o texto escrito se tornou mais acessível e relevante nas sociedades europeias, o que intensificou a mudança de mentalidade iniciada com o advento do alfabeto. Como assinalou um especialista no tema, o estadunidense **Walter Ong** (1912-2003), em *Oralidade e cultura escrita*:

> Um conhecimento mais profundo da oralidade primitiva ou primária permite-nos compreender melhor o novo mundo da escrita, o que ele verdadeiramente é e o que os seres humanos funcionalmente letrados realmente são: seres cujos processos de pensamento não nascem de capacidades meramente naturais, mas da estruturação dessas capacidades, direta ou indiretamente, pela tecnologia da escrita. Sem a escrita, a mente letrada não pensaria e não poderia pensar como pensa, não apenas quando se ocupa da escrita, mas normalmente, até mesmo quando está compondo seus pensamentos de forma oral. Mais do que qualquer outra invenção individual, a escrita transformou a consciência humana.
>
> ONG, Walter. *Oralidade e cultura escrita*. Campinas: Papirus, 1998. p. 93.

Segundo Ong, a linguagem escrita também separou o autor do discurso (ou texto) de seus "ouvintes" (ou leitores), dificultando ou impossibilitando a interação e a interlocução – que antes eram comuns – entre os oradores e a comunidade.

CHRISTIANE OELRICH/PICTURE ALLIANCE/GETTY IMAGES

Réplica da imprensa criada por Gutenberg exposta no Museu Internacional da Reforma Protestante, em 2017, em Genebra, na Suíça. A invenção aperfeiçoou a técnica de impressão com caracteres móveis, conhecida desde a Antiguidade na China e no Japão.

PIERRE-AUGUSTE RENOIR - MUSEU D'ORSAY, PARIS

A leitora, de Pierre-Auguste Renoir, 1874. Óleo sobre tela, 46,5 cm × 38,5 cm. A leitura enriquece nosso repertório cultural e pode ser uma fonte de lazer e prazer. Você tem o hábito de ler? Quais são seus livros favoritos?

Linguagem digital

Algo semelhante às duas revoluções anteriores está acontecendo nas últimas décadas como resultado do desenvolvimento da internet e da linguagem digital. Essa linguagem se manifesta em mídias como computadores, *tablets*, *smartphones* e tantas outras tecnologias que surgem em curto intervalo de tempo, enquanto outras rapidamente se tornam obsoletas.

Em tese, o problema da distância para a comunicação praticamente acabou. As notícias chegam às pessoas quase simultaneamente aos acontecimentos e, cada vez mais, diferentes culturas se interpenetram, convertendo as mudanças em um aspecto permanente da vida atual. Como resultado, o mundo transformou-se em uma "aldeia global", expressão criada pelo teórico da comunicação **Marshall MacLuhan** (1911-1980) na década de 1970.

O sociólogo espanhol **Manuel Castells** (1942-) apontou, em sua obra *Redes de indignação e esperança*, que as mídias digitais se tornaram instrumentos de contestação e mobilização coletiva no século XXI. Com isso, abriu-se um espaço para a participação de diferentes sujeitos em lutas sociais de alcance local e mundial. Segundo Castells, os novos movimentos sociais organizados por meio da internet desencadearam processos de **empoderamento** e **autonomia comunicativa** dos cidadãos, sobretudo dos jovens.

Contudo, a internet não é, em si mesma, boa ou ruim. Pode ser instrumento tanto de transformação social quanto de manutenção de privilégios. Pode ampliar a consciência de grupos marginalizados ou servir à dominação dos poderosos.

Quais os efeitos da popularização da internet? Ainda não sabemos. O debate sobre o impacto das novas tecnologias comunicacionais permanece em aberto.

EMANUELE CREMASCHI/GETTY IMAGES

Grupo de chinesas tiram uma *selfie* em comemoração ao Ano-Novo Chinês, em 2018, em Milão, na Itália. Os novos suportes eletrônicos de obtenção de informação e de comunicação em "tempo real" estão gerando um impacto cultural que ainda não é possível dimensionar.

Conexões

1. Você utiliza a internet para manifestar sua insatisfação com os problemas da região ou do país onde mora? E para propor soluções? Debata com seus os colegas sobre os usos positivos da internet, identificando formas de difundir ideias e intervir na realidade por meio da comunicação virtual.

Seres linguísticos

Esse breve retrospecto histórico nos leva à seguinte pergunta: "Por que a linguagem e suas transformações causam tanto impacto nas sociedades humanas?".

Tudo parece indicar que somos seres fundamentalmente linguísticos, como afirmam diversos estudiosos (conforme vimos nos Capítulos 3 e 7). De acordo com essa linha interpretativa, é por meio da linguagem que construímos boa parte do que somos e do mundo à nossa volta. Vejamos isso com mais detalhes.

De maneira geral, podemos dizer que quase tudo o que experimentamos, desde a infância, do mundo exterior e do contato com as outras pessoas, é captado por nossos canais sensoriais, traduzido em termos linguísticos e armazenado em nossa mente, formando uma parte do **repertório cognitivo** de que dispomos. A outra parte desse repertório resulta de processos internos, como a percepção de nosso corpo e de nossas emoções, bem como das relações que estabelecemos entre os diversos conteúdos linguísticos.

Nesse processo, a linguagem constitui um instrumento natural poderoso que filtra e confere sentido a nossas experiências.

> Toda forma de conferir sentido, toda forma de compreensão ou de entendimento pertence ao domínio da linguagem. Não há lugar fora da linguagem a partir do qual possamos observar nossa existência. É precisamente por meio do mecanismo de "reconstrução linguística" [...] que conseguimos ter acesso a fenômenos não linguísticos [das dimensões corporal e emocional].
>
> ECHEVERRÍA, Rafael. *Ontología del lenguaje*. Santiago: Dolmen, 1997. p. 33. [Tradução nossa].

IDRIS AHMED/ALAMY/FOTOARENA

Intervenções em muro que separa o território palestino do israelense. Os diversos registros , verbais e não verbais, expressam o desconforto da população com a existência desse muro. Fotografia de 2018.

Assim, é por intermédio da linguagem que:

- **identificamos, classificamos e entendemos nossas inumeráveis experiências do dia a dia** – quando pensamos, por exemplo, "este é um lince, aquela é uma onça", "tenho frio (mas faz calor!)", "sinto-me oprimido", "que gostoso!";
- **expressamos essas experiências às outras pessoas** – quando dizemos para alguém "o lince me fascina mais que a onça", "acho que estou com febre", "ele é um ditador", "chocolate é uma delícia";
- **reconhecemos as experiências alheias** – quando dizemos ou pensamos "ele não consegue discernir entre um lince e uma onça", "ela parece doente", "lamento que você tenha sido injustiçada", "chocolate lhe dá alergia";
- **estabelecemos vínculos e acordos sociais** – quando, por exemplo, assinamos um contrato ou acordo ou dizemos "sim", "aceito", "concordo", "prometo";
- **nos transformamos** – quando, por exemplo, compreendemos algo e dizemos "Basta!", procurando mudar a maneira de ser, pensar ou agir;
- **promovemos transformações na sociedade** – quando dizemos "Basta!" para uma situação que envolve a coletividade, elaboramos projetos que pretendem mudar essa situação ou votamos favorável à realização deles;
- **conferimos sentido a nossa existência** – quando, por exemplo, buscamos e vamos encontrando respostas para perguntas clássicas como "Quem sou?", "De onde venho?", "Para onde vou?".

Em resumo, vivemos quase o tempo todo na linguagem, praticamente sem nos darmos conta disso.

Linguagem como filtro

Vejamos agora por que dizemos que a linguagem funciona como um filtro.

Quando aprendemos a falar, ou seja, quando nossos familiares ou pessoas mais próximas nos ensinam a língua do país ou da comunidade a que pertencemos, sem perceber estamos aprendendo, junto com as palavras, a **classificar os seres e as coisas**. Por exemplo, quando entram duas pessoas em uma casa: as outras pessoas que estão na casa falam "papai" para uma delas e, para a outra, falam "vovó". Da mesma forma as pessoas classificam as coisas quando, por exemplo, nomeiam determinado objeto de "bola" ou diferenciam objetos parecidos: "este aqui é azul, aquele lá é verde".

De maneira semelhante, vamos ouvindo e aprendendo a fazer outras distinções (classificações ou categorizações) mais emocionais, psíquicas, éticas, abstratas, como "triste", "feio", "certo", "errado", "amor", "desejo" etc. Todas elas vão se articulando em estruturas linguísticas mais complexas, relacionadas com a gramática de cada língua. Por exemplo: "O céu é azul", "Fulano sentiu inveja", "Sou tímida".

Desse modo, por meio de códigos e sistemas linguísticos ensinados pela comunidade – sendo, por isso, categorias socioculturais –, vamos aprendendo a organizar internamente as inumeráveis vivências que temos da realidade ou do que acontece durante a nossa vida.

Limitando o real

Uma característica desse processo é que as palavras sempre circunscrevem, abstraem, enfim, limitam a realidade que pretendem denominar. Assim, uma pessoa pode ser denominada, qualificada ou classificada em diversos momentos ou por diferentes indivíduos, de várias maneiras – "mãe", "irmã", "filha", "chefe", "adorável", "horrível" etc. –, embora ela possa "ser" tudo isso ao mesmo tempo.

O que muda é o observador ou a perspectiva distinta que este adota em relação à pessoa em momentos diferentes. Se o observador é o filho dela, ele a vê como "mãe"; se é um funcionário, ele a enxerga como "chefe", e assim por diante. Será a partir dessa observação ou perspectiva que cada um se relacionará com a pessoa em questão.

Essa é uma das maneiras pelas quais a linguagem atua como filtro do real. A realidade será sempre muito mais ampla do que uma ou muitas palavras conseguem significar, e com frequência nos esquecemos disso.

Determinando o real

Como produto sociocultural, a linguagem atua não apenas como um filtro que limita, mas também como um filtro que determina o que somos capazes de perceber e entender de nossas experiências da realidade.

Vejamos um exemplo extremo para que você compreenda essa afirmação. Na língua falada pelos maidus, grupo indígena do oeste dos Estados Unidos, existem apenas três palavras para designar as cores. Uma delas, *lak*, refere-se ao que identificamos como vermelho; a segunda, *tit*, ao verde e azul; e a terceira, *tulak*, ao amarelo, laranja e marrom. Assim, enquanto nós, que falamos português, distinguimos uma blusa amarela de outra marrom como roupas de cores distintas, os maidus as percebem e classificam como sendo da mesma cor.

Vemos, nesse caso, que a língua, ao estabelecer certo número de distinções cromáticas, determina o que é possível ver. Sem passar por um processo de reaprendizado da classificação das cores, os maidus normalmente conseguirão distinguir menos cores do que nós. Mas não fiquemos muito convencidos. Especialistas afirmam que o sistema visual humano é potencialmente capaz de estabelecer milhões de distinções cromáticas, e nosso vocabulário pessoal em relação às cores é imensamente inferior a isso.

Carregando implicitamente categorizações e interpretações do real, a língua pode também nos confundir. Quando dizemos, por exemplo, "ele veste calça azul", "o leite é branco", "as árvores são verdes", somos levados a crer que as coisas "têm" cores ou "são" de determinada cor. Essa é uma crença do senso comum. No entanto, os especialistas dizem que a cor não é uma propriedade física dos objetos, mas sim uma sensação interna, que aprendemos a categorizar como cor. Desse modo, azul, branco, verde ou qualquer outra cor são apenas os nomes que damos a determinadas sensações visuais. Essas sensações estão vinculadas à maneira como nosso sistema nervoso funciona quando entra em contato com estímulos físicos externos, por meio de nosso sistema de visão.

No entanto, mesmo quando sabemos de tudo isso, fica difícil acreditar no que dizem os cientistas, dada a força da experiência intuitiva, sacramentada pela linguagem.

© PAULO BRUSCKY

Intervenção poética de Paulo Bruscky, em 2008. Que significados tem aqui a palavra "trem" nesse caso? Podemos dizer que há um alerta para o descompasso entre a linguagem e as coisas?

Conexões

2. Encontre uma posição relaxada e, em total silêncio, observe suas sensações, suas emoções e seus pensamentos. Existe alguma maneira de perceber e compreender sua existência agora, neste instante, que não passe pelo filtro da linguagem? Relate sua experiência e suas conclusões.

Linguagem como ação

Os exemplos que acabamos de ver são uma pequena amostra de que a linguagem não é apenas um meio que nos permite descrever a realidade, como se o real estivesse aí, sempre "pronto e acabado", e o papel da linguagem fosse unicamente o de refleti-lo como um espelho – ou seja, um papel passivo. Ela é bem mais que isso. Como elemento sociocultural que impõe limites às nossas possibilidades de perceber as coisas e que, às vezes, nos confunde fornecendo "pistas erradas" sobre nossas experiências, ela também é **ação.**

A linguagem, contudo, é ativa não apenas no sentido negativo, restritivo, de filtro. Ela também é ativa em um sentido positivo, gerativo, pois contribui para gerar "realidades".

Criando a si mesmo

Dissemos antes que, por meio de códigos e sistemas linguísticos, aprendemos a organizar internamente as inumeráveis vivências do que nos acontece durante a vida. Quase sem notar, vamos dizendo a nós mesmos: "isso é assim, isso é de outra maneira", "isso eu sou, isso eu não sou", "isso eu quero, isso eu não quero", "isso eu posso fazer, isso eu não posso fazer" etc.

Você pode perceber, portanto, que, a partir do domínio linguístico, cada um de nós é um **observador** que formula interpretações das experiências que tem (mesmo que de maneira pouco consciente) e com elas vai modelando a própria **identidade**, a forma particular de ser e de agir. Em outras palavras, as interpretações que cada observador dá a suas experiências geram, ao mesmo tempo, o tipo de observador que ele se torna. E o tipo de observador que ele se torna vai caracterizar as interpretações que será capaz de fazer.

Vamos ilustrar essa ideia. Tomemos como exemplo uma pessoa que, após alguns "fracassos" ou "frustrações" (que são interpretações de sua experiência), passa a observar-se de determinado modo, repetindo para si mesma: "sou tímida". Ao adotar esse discurso, estará forjando suas próprias identidade e realidade futuras. Se ela acredita que é tímida, não terá outra opção senão conduzir-se com timidez diante dos outros e repetir os "fracassos" anteriores.

Isso significa que existe uma circularidade constante entre o que pensamos ou dizemos (nossas interpretações sobre as coisas e nós mesmos), a maneira como atuamos e a identidade que forjamos. É nessa circularidade linguística que, em grande parte, **criamos e recriamos** constantemente a nós mesmos, podendo tanto reforçar modelos antigos como promover nossa própria **transformação.**

Intervindo no mundo

Por meio da linguagem também **comunicamos** às outras pessoas nossos desejos, nossas opiniões e nossas decisões, podendo **intervir** no fluir dos acontecimentos.

Quando você diz, por exemplo, "abra a porta, por favor", "vamos", "sim", "não", "aceito", "chega!", pode estar contribuindo para que ocorra desde uma simples ação coordenada até a criação de um futuro distinto para muitas pessoas. Essa é outra maneira em que a linguagem é ação.

A escuta como interpretação

A linguagem é a base da comunicação (do latim *communicatio*, "ação de tornar algo comum a muitos"). Com frequência, a comunicação é definida como transmissão ou compartilhamento de informações por meio de sons ou sinais. Para funcionar, essa transmissão ou esse compartilhamento dependem da **escuta.**

Escutar, em sentido amplo, é a capacidade de conferir sentido (**interpretar**) a uma informação. Para interpretar, mobilizamos conceitos, experiências, sentimentos etc. Escutar é mais abrangente do que simplesmente ouvir.

Outros animais também ouvem e reagem a sons. Mas escutar envolve interpretar sons, silêncios, gestos, posturas corporais, expressões faciais. Trata-se, por isso, de uma capacidade tipicamente humana, que é fundamental ao convívio social.

Escuta e democracia

Para interpretar informações é necessário que o código faça parte do universo cultural dos comunicadores. Isso ocorre porque, dependendo do universo cultural, o mesmo gesto, por exemplo, pode ser interpretado de diferentes formas.

Além da interpretação, a escuta pressupõe o respeito mútuo. Isso significa estar aberto a ouvir e avaliar, inclusive, mensagens com as quais não concordamos.

O escutar é, portanto, um convite à vida democrática, ao debate de ideias e à busca de consensos (as principais características dos regimes democráticos serão abordadas no Capítulo 16).

Conexões

3. Você procura escutar o que os outros têm a dizer, mesmo que não concorde com eles? Você se considera aberto a novos argumentos que possam mudar sua opinião a respeito de um assunto? Pense em situações da sua vida cotidiana.
4. Em um mundo em que a maioria quer falar e poucos se dispõem a ouvir, discuta com os colegas o papel da escuta na comunicação.

Interpretar e superinterpretar

A pessoa que interpreta atribui sentidos à mensagem que recebe. No entanto, esses sentidos atribuídos não podem ser aleatórios. Eles devem manter nexos com a mensagem. Nexos que nos ajudem a demonstrar por que uma mensagem significa uma coisa e não outra. Um texto, por exemplo, não é "um piquenique onde o autor entra com as palavras e os leitores com o sentido" (ECO, Umberto. *Interpretação e superinterpretação*. São Paulo: Martins Fontes, 2001. p. 28). Extrapolar o que foi dito sem nenhum critério não é interpretar, mas **superinterpretar**.

FILOSOFIA DA LINGUAGEM

Algumas concepções principais

Na história da filosofia, diversos problemas relativos à linguagem foram identificados e investigados, dando origem a várias doutrinas. Uma das questões mais antigas a respeito da linguagem refere-se a quando e como surgiram as línguas.

Origem das línguas

De acordo com a tradição religiosa judaico-cristã, a capacidade de nomear as coisas teria sido conferida por Deus aos seres humanos por intermédio de Adão. Assim, no início dos tempos, haveria apenas uma língua, que todos falavam e por meio da qual se entendiam.

No entanto, conforme a narrativa bíblica, certo dia os homens decidiram construir uma torre tão alta que tocasse o céu, a chamada Torre de Babel. Deus não gostou da prepotência humana e os castigou duramente: fez com que, de repente, ninguém mais conseguisse entender o que o outro dizia. A confusão gerada foi tão grande que a construção da torre teve de ser interrompida, e seus construtores dispersaram-se pelo mundo. Desse modo teria surgido a diversidade dos povos e das línguas (cf. GÊNESIS, 11,1-9).

A explicação bíblica é, portanto, a de que todas as línguas teriam surgido de uma só. Trata-se da chamada **língua adâmica**. A maioria dos linguistas não acredita na hipótese de que todas as línguas possam ter derivado de uma única fonte, embora boa parte de seus estudos aponte para origens comuns entre diversas línguas.

A Torre de Babel, de Pieter Bruegel, 1563. Óleo sobre painel, 114 cm × 155 cm. Arqueólogos e demais estudiosos têm se dedicado à busca de vestígios da Torre de Babel e à investigação de outros aspectos dessa lenda bíblica. Observe que o pintor holandês Bruegel se utiliza de diversos elementos de sua época – o século XVI – para compor a imagem, pois ninguém sabe como era a torre, onde foi construída e se realmente existiu.

Outra hipótese conhecida sobre a origem das línguas, mais ao agrado do pensamento científico moderno, foi formulada pelo filósofo suíço **Jean-Jacques Rousseau** (1712-1778) inicialmente no *Discurso sobre a origem e os fundamentos da desigualdade entre os homens* e, depois, no *Ensaio sobre a origem das línguas*. Nesses textos, Rousseau especula que a primeira forma de linguagem dos seres humanos teria sido o que ele denominou **grito da natureza**, usado pelos primeiros humanos em situações de grande perigo ou de muita dor física.

O aumento do contato entre os seres humanos pré-históricos teria suscitado a necessidade de exprimir outros sentimentos. Eles buscaram, então, **sinais** e **gestos** mais diversificados para expressá-los e multiplicaram as **inflexões de voz**. Desse modo, a expressão linguística entre os diversos grupos humanos teria evoluído gradualmente, até constituir formas mais complexas e abstratas de comunicação e dar origem às diversas línguas. Para Rousseau:

A inteligência, a técnica, a história têm origem no contato com o obstáculo, quando o homem deixa a tepidez constante da floresta primitiva e se encontra exposto a "verões ardentes" ou a "invernos longos e rudes". [...] Linguagem e sociedade estão tão ligadas – conforme a tradição clássica e a doutrina de Hobbes – que, se se admite que o homem de não sociável tornou-se sociável, é preciso igualmente conjeturar que o homem, de não falante, tornou-se falante. Pois o homem não é originalmente dotado da palavra. A linguagem não é algo que o homem soube exercer de imediato: é uma aquisição, mas uma aquisição tornada possível por disposições presentes desde a origem e por muito tempo inexploradas. Entre todas as criaturas, o homem é o único que tem por natureza o poder de sair de seu estado primitivo. Ao mesmo título que a instituição social, a linguagem é um efeito tardio de uma faculdade primitiva: é o resultado de um desenvolvimento protelado. Natural em sua origem, ela constitui uma antinatureza em seus resultados. O perigoso privilégio do homem é ter em sua própria natureza a fonte dos poderes pelos quais se oporá à sua natureza e à Natureza.

STAROBINSKI, Jean. *Jean-Jacques Rousseau*: transparência e obstáculo. São Paulo: Companhia das Letras, 1991. p. 311.

Rousseau vincula, portanto, linguagem à sociedade. Sendo a palavra a primeira instituição social, como afirmou o filósofo, ela é também – como a sociedade – o resultado de uma característica exclusivamente humana, uma disposição primitiva: a **perfectibilidade**, isto é, a capacidade de enfrentar obstáculos ou situações excepcionais e de desenvolver recursos virtuais, aperfeiçoando-se. No entanto, foi essa mesma capacidade ou natureza que, no entendimento de Rousseau, levou os seres humanos a criar, paradoxalmente, uma "antinatureza", que é a sociedade.

JAN THIJS/PARAMOUNT PICTURES/EVERETT COLLECTION/AGB PHOTO LIBRARY

Cena do filme *A chegada* (2016, Estados Unidos, dirigido por Denis Villeneuve). Filme de ficção científica sobre uma renomada linguista que procura traduzir a linguagem de seres alienígenas e desvendar o motivo de sua chegada à Terra.

Relação entre palavras e coisas

Outra discussão clássica no âmbito da filosofia da linguagem refere-se à relação entre as palavras e as coisas. Eis a questão: os nomes que damos às coisas são meras convenções – algo acordado, estipulado entre os membros de uma comunidade de forma arbitrária – ou são parte de uma suposta natureza eterna e essencial das coisas? A primeira opção é chamada de **convencionalista**; a segunda, de **naturalista**.

Desde a Antiguidade, os gregos já debatiam essa questão. No diálogo *Crátilo,* de Platão, um dos interlocutores, Hermógenes, defende a posição convencionalista, enquanto o outro, Crátilo, apoia a naturalista.

Pela boca de Sócrates, Platão parece tentar uma conciliação entre as duas teses, pois admite certos aspectos de cada uma. De um lado, concorda que a linguagem é uma criação humana e, nesse sentido, é convencional: a mesma coisa pode ser chamada por nomes diferentes nas diversas línguas. De outro lado, argumenta que, como existe uma ordem no mundo, há uma ordem nas coisas, e a linguagem deve seguir essa ordem para melhor representar suas essências.

Assim, mesmo variando de uma língua para outra, cada palavra deve representar a essência daquilo que nomeia – a palavra "mesa", por exemplo, deve corresponder ao que Platão considera a ideia essencial de mesa, existente no mundo das ideias (tema abordado nos Capítulos 1 e 10 e que estudaremos com mais detalhes no Capítulo 11).

Questão dos universais

Durante a Idade Média, o debate sobre a relação entre as palavras e as coisas concentrou-se em um tipo específico de palavra: os universais, isto é, palavras que nomeiam conceitos gerais ou classes de seres, como "humanidade", "ave", "rosa" (em um sentido genérico) etc.

A discussão envolvia a seguinte questão: se captamos pelos sentidos coisas singulares, por que as expressamos com palavras universais? Por exemplo, quando dizemos "gosto mais de cão que de gato", não estamos falando de determinado cão ou gato, mas sim de cão e gato em um sentido geral, universal. Que relação existe, então, entre as coisas singulares e a forma universalizada como as expressamos? Os universais existem na realidade ou apenas no pensamento?

Surgiram duas posições antagônicas sobre a questão dos universais: a **realista**, que defendeu a tese de que os universais existem de fato, e a **nominalista**, que sustentou a tese contrária, ou seja, de que os universais não existiriam em si mesmos, pois seriam apenas palavras sem uma existência real (tema que será tratado com mais detalhes no Capítulo 12.)

A virada linguística

No início do século XX, desenvolveu-se outro movimento filosófico que, pela análise lógica da linguagem, procurou esclarecer o sentido das palavras e das expressões (conceitos, enunciados, uso contextual) e seu uso no discurso científico e filosófico, em busca de maior precisão. Por isso, ficou conhecido de modo geral como **filosofia analítica**.

Esse movimento passou por várias etapas, voltando-se para questões específicas em cada uma delas. Nesse processo, duas vertentes principais de investigação filosófica se destacam: o **positivismo lógico**, centrado nos fatos e na lógica para a construção de uma epistemologia científica (conforme veremos no Capítulo 14), e a **filosofia da linguagem**, mais atenta à linguagem informal e cotidiana.

A filosofia analítica surgiu com o reconhecimento de que o sentido e a linguagem desempenham papel fundamental na filosofia. Tanto assim que muitos dos problemas filosóficos poderiam ser considerados pseudoproblemas, pois não passariam de equívocos ou mal-entendidos originados justamente do uso ambíguo das palavras e das construções linguísticas.

Essa preocupação teve como precursor o lógico e matemático alemão **Johann Gottlob Frege** (1848-1925). Percebendo o uso de expressões geradoras de equívocos na linguagem comum, Frege propôs a constituição de uma **linguagem formal** que restringisse seus inconvenientes e suas imprecisões. Essa proposta foi abraçada por vários pensadores, que se lançaram nessa tarefa, o que resultou em um grande desenvolvimento da lógica, de um lado, e no surgimento do pensamento analítico, de outro.

Entre os nomes mais destacados desse movimento estão **Bertrand Russell** (1872-1970), **Ludwig Wittgenstein** (1889-1951) e **John Langshaw Austin** (1911-1960) – que estudaremos em seguida – além do britânico **Gilbert Ryle** (1900-1976), entre outros. A Grã-Bretanha e outros países de língua inglesa foram os principais palcos desse movimento filosófico.

Paralelamente, ao lançar luz sobre diversos aspectos da linguagem, a filosofia analítica também teve impacto no pensamento de filósofos de outras correntes, que passaram a atentar mais para o fenômeno linguístico, como foi o caso de **Jürgen Habermas** (1929-) pertencente à Escola de Frankfurt (que estudaremos no Capítulo 14). Foi a chamada virada linguística da filosofia contemporânea, pois a linguagem passou a ser um dos principais campos de investigação filosófica.

Russell: a análise lógica da linguagem

Um admirador da obra de Frege, o filósofo e matemático britânico Bertrand Russell foi o principal expoente da corrente analítica, a qual dominou o cenário filosófico de língua inglesa durante o século XX.

KEYSTONE-FRANCE/GAMMA-KEYSTONE/GETTY IMAGES

Nascido no País de Gales (Grã-Bretanha), Russell escreveu mais de 60 livros sobre temas como teoria do conhecimento, ciência, educação, política, lógica, matemática e história da filosofia. Participou ativamente das questões sociais de sua época, lutando em prol das liberdades democráticas, da educação, da emancipação feminina e do desarmamento nuclear. Recebeu o Prêmio Nobel de Literatura em 1950. Fotografia da década de 1960.

Seu trabalho intelectual iniciou-se no campo dos estudos lógico-matemáticos. Em conjunto com o filósofo e matemático inglês **Alfred North Whitehead** (1861-1947), Russell escreveu os três volumes de *Principia Mathematica*, publicados entre 1910 e 1913, obra considerada por muitos estudiosos como uma das mais importantes contribuições à lógica desde os trabalhos de Aristóteles. A tese central desenvolvida nesse estudo consiste em demonstrar que "toda a matemática pura advém dos princípios da lógica pura". Portanto, há uma identidade entre lógica e matemática.

Posteriormente, Russell ampliou essa tese ao buscar estabelecer os fundamentos lógicos do conhecimento científico em geral. Prosseguindo no projeto de apontar os pressupostos lógicos da racionalidade, submeteu a linguagem humana à análise lógica, contribuindo para o surgimento e o desenvolvimento da filosofia analítica.

Nesse empreendimento, Russell convenceu-se de que grande parte dos problemas filosóficos se convertem em **falsos problemas** (ou seja, desaparecem) quando os analisamos e descobrimos que constituem apenas ambiguidades, imprecisões ou equívocos produzidos pela linguagem cotidiana. São os chamados **erros de linguagem.**

Portanto, a tarefa fundamental da filosofia seria investigar, em termos lógicos, conceitos e proposições linguísticas para saber de que estamos realmente falando quando questionamos ou afirmamos isso ou aquilo e se não há aí um erro de linguagem. Sua principal ferramenta nessa tarefa seria a análise lógica (se necessitar, reveja o Capítulo 4).

Assim, a filosofia analítica promoveria uma espécie de "terapia linguística", desmontando as armadilhas ocultas da linguagem. Vejamos como Russell ilustra o método analítico com um exemplo (embora ressalve que não aceita este argumento em particular):

> Acontece com frequência de alguém se perguntar quando tudo iniciou. O que deu partida ao mundo, de que início adquiriu o seu curso? Em vez de darmos uma resposta, examinemos primeiro a formulação da pergunta. A palavra central, na pergunta, é início. Como se emprega essa palavra no discurso corrente? Para responder a esta indagação secundária, precisamos examinar o tipo de situação em que ordinariamente usamos essa palavra. Talvez pudéssemos pensar num concerto sinfônico e dizer que o seu início será às oito horas. Antes do início, poderíamos jantar na cidade, e depois do concerto voltar para casa. O importante é observar que faz sentido perguntar o que aconteceu antes do início e o que ocorreu depois. Um início é um ponto no tempo, que marca uma fase de algo que acontece no tempo. Se retomarmos agora a questão filosófica fica claro que, neste caso, empregamos a palavra início de modo completamente diferente, porque não se pretende que jamais perguntássemos o que aconteceu antes do início de todas as coisas. Na verdade, explicando assim, podemos ver o que há de errado com a pergunta. Perguntar por um início sem nada que o preceda, é como perguntar por um quadrado redondo. Depois de compreendermos isso, deixaremos de fazer essa pergunta, porque compreenderemos que não tem sentido.
>
> RUSSELL, Bertrand. *História do pensamento ocidental.* Rio de Janeiro: Ediouro, 2003. p. 494-495.

Wittgenstein: jogos de linguagem

Na construção da filosofia analítica, Russell teve um importante colaborador: o filósofo, matemático e linguista austríaco Ludwig Wittgenstein, que havia sido discípulo do pensador britânico. Depois, porém, afastou-se de seu mestre ao desenvolver uma concepção totalmente distinta sobre o papel da linguagem, o que o levou a abandonar o projeto propriamente analítico. Por essa razão, seu percurso filosófico costuma ser dividido em duas grandes fases: a da análise lógica e a dos jogos de linguagem.

Na primeira fase, mais influenciado pelo pensamento de Russell, Wittgenstein intensificou a busca por uma **estrutura lógica** que pudesse dar conta do funcionamento da linguagem, concepção desenvolvida em sua obra *Tractatus logico-philosophicus*.

Para o filósofo, a estrutura da linguagem (totalidade de proposições) deveria corresponder à realidade (totalidade dos fatos). Em seus próprios termos, "a totalidade dos pensamentos verdadeiros é uma figura do mundo". Ou seja, a estrutura do mundo determinaria a estrutura da linguagem quando esta é verdadeira. Nesse caso, a linguagem seria um "retrato" do mundo.

PRISMATIC PICTURES/BRIDGEMAN IMAGES/KEYSTONE BRASIL – COLEÇÃO PARTICULAR

Nascido em Viena, Áustria, no seio de uma família abastada, Wittgenstein formou-se em engenharia mecânica, mas, depois da leitura de *Principia Mathematica*, de Russell e Whitehead, voltou-se para a matemática, a lógica e a filosofia. Viveu muitos anos na Inglaterra, naturalizando-se britânico. Fotografia de 1947.

Em sua segunda fase, Wittgenstein deu um giro de 180º e afastou-se dessa compreensão de que a verdade da proposição deve ser verificada na experiência do mundo real. Passou a afirmar a impossibilidade de uma redução legítima entre um conceito lógico (entendido como proposição) e um conceito empírico (relacionado com a realidade). Em outras palavras, a linguagem não poderia ser a captura conceitual da realidade e a representação do objeto. E sua função não é a mera descrição dos fatos, como a maioria das pessoas crê.

O grande problema da filosofia teria surgido com Platão, que pensava nas palavras apenas como nomes próprios, como se cada termo correspondesse a um objeto. Isso teria sido um equívoco que arrastou grande parte dos pensadores posteriores que debateram temas lógicos e linguísticos.

De acordo com Wittgenstein, a linguagem comum possui uma riqueza de espécies e tipos de frases que são usados em situações específicas (mandar, pedir, relatar, descrever, inventar, agradecer etc.) e formam os "jogos de linguagem", que se produzem socialmente, e não individualmente. Desse modo, é a linguagem que passa a determinar, de certo modo, a concepção da realidade, não o contrário.

Com essa perspectiva, o filósofo abandonou a intenção de fazer da linguagem comum a "pintura da realidade", como ele mesmo havia dito anteriormente. O termo linguístico não poderia mais ser explicado por meio de uma análise lógica, mas apenas a partir de seu **uso social**. É assim que cada palavra pode significar coisas distintas em contextos distintos, como "legal", "bacana", "maneiro", "massa" ou mesmo "amor", "bondade", "justiça", entre uma infinidade de palavras.

Na obra *Investigações filosóficas*, Wittgenstein compara a linguagem a uma caixa de ferramentas. Para ele, não se trata mais de considerá-la falsa ou verdadeira, mas de saber usá-la. Por isso, a tarefa da filosofia seria apenas a de usar adequadamente a linguagem, conhecendo seus limites e calando-se diante do que não pode ser falado.

J. BORGES – MEMORIAL J. BORGES, BEZERROS, PERNAMBUCO

Cantoria de Violas, de J. Borges, 1990. Xilogravura, 32 cm × 52 cm.

Austin: atos da fala

O filósofo britânico John L. Austin foi outro que criticou a concepção predominante de que o principal papel – para não dizer o dever – da linguagem é descrever os fatos, a realidade. Ele também foi o primeiro que destacou explicitamente a qualidade ativa da linguagem.

Austin identificou na linguagem dois tipos de enunciados, os **constatativos** e os **performativos**. Os constatativos comunicam uma informação, afirmando-a ou negando-a, como nas frases: "o dia está claro", "o carro quebrou". Os performativos realizam uma ação pelo simples fato de serem enunciados, como: "eu os declaro marido e mulher".

Em um estudo mais aprofundado dos enunciados performativos, Austin formulou a teoria dos atos da fala. Segundo ele, ato da fala é toda ação que se realiza quando se diz algo. De acordo com essa teoria, há três tipos básicos de atos da fala:

- **Ato locucionário** – ação de locucionar, falar algo, independentemente do que se queira dizer. O simples ato de falar já é uma ocorrência no mundo, uma ação. Por exemplo, dizer "O telefone está tocando?".
- **Ato ilocucionário** – ação que se quer alcançar quando se diz algo, a qual pode não aparecer de forma explícita na frase. Por exemplo, quando dizemos "O telefone está tocando?", a nossa intenção pode não ser a pergunta feita diretamente, mas um recurso bem-humorado para chamar a atenção das outras pessoas da casa para o fato de que o telefone toca e alguém deve atendê-lo.
- **Ato perlocucionário** – ação ou efeito provocado em outra pessoa quando se diz algo. Por exemplo, quando dizemos "O telefone está tocando?", alguém da casa pode simplesmente responder "Sim, está tocando", ou entender a ironia, caso ela exista, e levantar-se para atendê-lo.

Vemos, portanto, que a comunicação não é algo tão simples assim. Ela está diretamente vinculada às relações e interações que se estabelecem entre as pessoas e a outras variáveis.

Gramática: adquirida ou inata?

Outra discussão importante concernente à linguagem – e mais ligada ao campo da linguística – pode ser assim resumida: A formação e o aprendizado das línguas dependem exclusivamente da interação social ou estão assentadas em estruturas biológicas da espécie humana, geneticamente transmitidas e modificadas pela relação com o meio social?

A interpretação predominante até algumas décadas atrás era a primeira, conhecida como **condutista** ou **behaviorista**. O behaviorismo (termo derivado do inglês *behavior*, "conduta", "comportamento") é uma doutrina do campo da psicologia que enfatiza a ideia de que toda conduta é moldada no contato com o meio, como ocorre em um trabalho de condicionamento ou adestramento.

Para o behaviorismo, tanto a formação das línguas como o aprendizado de seu léxico e de sua gramática podem ser considerados respostas aos estímulos externos, sendo por isso observáveis. Entre os mais conhecidos formuladores do behaviorismo estão o linguista estadunidense **L. Bloomfield** (1887-1949) e o psicólogo também estadunidense **B. F. Skinner** (1904-1990).

Interpretação bastante distinta formulou o filósofo, linguista e matemático estadunidense **Noam Chomsky** (1928-), que defende uma interpretação **inatista**. Para ele, a linguagem é uma capacidade humana natural, inscrita no DNA: todos nós nascemos com ela. Apoiando-se em conhecimentos da neurobiologia e das ciências cognitivas, Chomsky afirmou que o sistema nervoso central e o córtex cerebral estão programados não apenas para os aspectos fisiológicos da fala (como todos concordam), mas também para a organização da língua.

Essa tese se confirma, segundo Chomsky, na observação de como as crianças aprendem a falar. Mesmo quando não contam, em seu ambiente, com estímulos muito favoráveis a esse aprendizado, a maioria delas apresenta um domínio razoável da língua materna por volta dos dois anos de idade. Isso é ainda mais surpreendente se pensarmos que as línguas em geral possuem estruturas complexas de regras gramaticais e variações semânticas, às quais a criança começará a ser formalmente introduzida apenas alguns anos mais tarde. Como interpretar esse fato?

A explicação estaria na existência do que Chomsky denominou **gramática universal**, ou seja, um modelo ou padrão linguístico básico ao qual se amoldam todas as línguas e que faria parte do patrimônio genético de nossa espécie. Fazendo parte da estrutura biológica do ser humano, essa gramática seria, portanto, anterior ao aprendizado de qualquer gramática específica. Não se identificaria com nenhuma língua particular, mas seria **subjacente** a todas.

Subjacente: que jaz por baixo, que está na base, nas profundezas.

DAVID OXBERRY/COMPASSIONATE EYE FOUNDATION/GETTY IMAGES

Bebês em relação comunicativa. Em poucos anos, eles dominarão uma complexa gramática. Existiria uma base genética que possibilita essa aquisição? Fotografia de 2017.

OFICINA DE FILOSOFIA

1. Identifique as frases incorretas. Depois, reescreva-as de forma correta.

a) A linguagem nos permite identificar e classificar nossas experiências cotidianas; compartilhar experiências com outras pessoas; firmar vínculos e acordos sociais; transformar a nós mesmos e a sociedade; e atribuir sentido à nossa existência.

b) O pensador chileno contemporâneo Rafael Echeverría defende a tese de que a criação do alfabeto na Grécia Antiga dificultou o desenvolvimento do pensamento reflexivo e racional, dos tratados filosóficos e científicos.

c) A linguagem é simplesmente um meio para descrever a realidade, que está pronta e acabada, atuando de forma passiva, sem filtrar nossas experiências de vida.

d) Por meio da linguagem, podemos gerar realidades, sobretudo quando interpretamos nossas experiências e modelamos nossa identidade e também quando expressamos nossas ideias a respeito de um assunto e, com isso, interferimos em um fluxo de acontecimentos.

e) Escutar implica receber passivamente uma informação e interpretá-la aleatoriamente, sem nenhum critério.

2. A respeito das diversas concepções filosóficas de linguagem, relacione o pensamento com o pensador.

a) Uma "terapia linguística" consiste na análise lógica da linguagem esclarecendo equívocos e mal-entendidos originados do uso ambíguo e impreciso das palavras.

b) A língua é uma criação convencionada pelos seres humanos e também expressa uma natureza eterna e essencial das coisas que designa.

c) A linguagem não é a captura conceitual da realidade, mas sim uma atividade, um jogo, que adquire significado no uso social.

d) Os universais são apenas palavras sem existência real e o que existe são apenas coisas singulares.

e) A palavra foi a primeira instituição social, adquirida e aperfeiçoada pelo ser humano desde que passou da vida isolada primitiva para o convívio em sociedade.

I. Platão.
II. Bertrand Russell.
III. Jean-Jacques Rousseau.
IV. Ludwig Wittgenstein.
V. Nominalistas.

3. Observe a ilustração do artista gráfico holandês M. C. Escher (1898-1972) e reflita. Em sua opinião, essa imagem pode ser considerada uma **metáfora** da circularidade linguística humana? Justifique.

Metáfora: palavra ou imagem usada fora do seu sentido literal ou contexto original para expressar outra ideia, com a qual possui uma relação de semelhança.

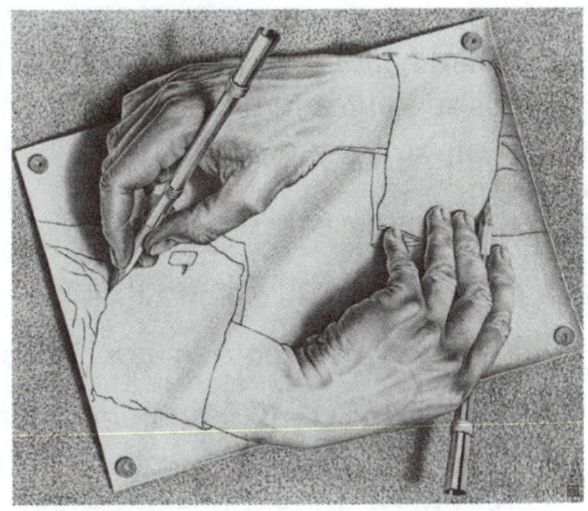

Mãos que desenham, M. C. Escher, 1948. Litografia, 33,2 cm × 28,2 cm.

4. A linguagem permite "gerar realidades" ao conferir novos significados para nossas experiências. Um exemplo disso pode ser demonstrado quando pensamos nos diversos usos que podem ser sugeridos a um mesmo objeto. Um tijolo, por exemplo, pode servir como peso de papel, para construir uma casa ou, quando moído, para obter um pó vermelho (Cf. KNELLER, George F. *Arte e ciência da criatividade*. São Paulo: Ibrasa, 1971. p. 80). Agora, tente sugerir diversos usos para dois objetos: uma borracha e um palito de fósforo. Escreva suas sugestões, em seguida, compare com a lista criada por um colega. Quais são os usos mais criativos e originais que vocês deram à borracha e ao palito de fósforo?

5. Quando Bertrand Russell diz que o maior desafio para qualquer pensador é enunciar o problema de tal modo que possa permitir uma solução, ele revela uma preocupação típica da filosofia analítica.

Analise essa afirmação, considerando aspectos do pensamento do filósofo inglês e as características da filosofia analítica.

6. Interprete este comentário de Russell sobre Wittgenstein:

> O Wittgenstein tardio [...] parece ter-se tornado cansado do pensamento sério e ter inventado uma doutrina que faria uma tal atividade desnecessária. Eu não acredito por um momento que a doutrina que tem estas consequências preguiçosas seja verdade [...].

RUSSELL, B. My philosophical development *apud* WILLINSKY, J. Chapter 9: Wittgenstein's Dictionary. *Counterpoints*, v. 184, p.187-219, 2001. Disponível em: <http://www.jstor.org/stable/42976662>. Acesso em: 31 mar. 2020. [Tradução nossa].

Qual é a crítica feita por Russell às teorias desenvolvidas por seu discípulo Wittgenstein? Justifique sua interpretação com base nas visões dos dois filósofos sobre o papel da linguagem.

7. Uma campanha utiliza a linguagem para comunicar-se com determinado público a respeito de um assunto. Pensando nisso, formem grupos e produzam um cartaz para uma campanha sobre saúde voltada para jovens. A campanha pode abordar um dos seguintes temas:
   - alimentação saudável;
   - sono, descanso e lazer;
   - prática de atividades físicas;
   - desenvolvimento da concentração.

   Pesquisem o tema escolhido em fontes confiáveis. Depois, com base na pesquisa, criem textos e imagens (desenhos, fotomontagens, memes) para o cartaz. Por fim, sob orientação do professor, compartilhem o cartaz em um mural ou rede social da escola.

8. O *rap* é uma linguagem musical cuja sigla refere-se à expressão inglesa *rythm and poetry* ("ritmo e poesia"). Sua principal característica é a fala ritmada e rimada construída com expressões usadas nas ruas. O *rap* surgiu como uma forma de resistência cultural dos afro-americanos. Geralmente, suas letras narram acontecimentos cotidianos e denunciam a opressão sofrida por quem mora nas periferias de grandes cidades. Os compositores e intérpretes de *rap* são chamados de *rappers* ou MC's (Mestres de Cerimônias). No Brasil, são comuns *raps* que têm como base o samba ou sons eletrônicos.

   Levando tudo isso em consideração, formem grupos e criem um *rap* denunciando alguma injustiça social vivenciada no Brasil atual. Depois, apresente o *rap* criado aos seus colegas em sala de aula.

Conversa filosófica

9. **O poder da linguagem**

   Discuta com os colegas as considerações do texto a seguir:

   > Basta pensar nas infinitas oportunidades em que uma pessoa, um grupo, um país mudaram de direção e alteraram sua história porque alguém disse o que disse. Da mesma maneira, reconhecemos que a história (individual ou coletiva) poderia ter sido muito diferente do que foi se alguém tivesse se calado, se não tivesse dito o que disse.
   >
   > ECHEVERRÍA, Rafael. *Ontología del lenguaje*. Santiago: Dolmen, 1997. p. 33. [Tradução nossa].

   Procurem relacionar fatos históricos e acontecimentos pessoais que confirmem tal reflexão.

10. **Erros de linguagem**

    De modo semelhante ao que propôs Russell, seria possível pensar que muitos problemas em nossas vidas não passam de falsos problemas, como resultado de imprecisões da linguagem, isto é, problemas de interpretação e de comunicação em nossas relações com outras pessoas? Reúna-se com os colegas para debater essa questão.

11. **Limites do mundo**

    Wittgenstein afirmou, na obra *Tractatus logico-philosophicus*, que os limites da linguagem de uma pessoa são os limites de seu mundo. Discuta com os colegas os possíveis significados dessa afirmação.

Para pensar

A seguir, temos o trecho de um artigo, publicado em um jornal paulista, no qual o autor relaciona um aspecto da fala informal com um tema tratado neste capítulo. Leia-o com atenção e responda às questões propostas.

A gramática universal

— Davi-ê, vem ver eu jogar no computador! Agora eu já consigo passar para a fase dois.

— Ian-(h)ê, a mamãe tá chamando pra almoçar!

Essas são frases típicas de meus filhos gêmeos, Ian e David, agora com quatro anos e meio. Já há alguns meses venho prestando atenção no "ê" que eles pospõem aos próprios nomes quando chamam um ao outro. Até procurei hipóteses alternativas, mas estou cada vez mais convicto de que esse "ê" por eles utilizado marca um vocativo, um caso de declinação que se perdeu no português. Prova-o o fato de que a intrigante letrinha desaparece em estruturas nas quais o nome próprio se torna sujeito ou objeto, como: — O David me mordeu. Ou — Papai-ê, briga com o Ian que ele me bateu..

O que chama a atenção aqui é que eles não deveriam ter a menor noção do que seja uma declinação. Eu juro que nunca tentei ensinar-lhes latim ou grego clássico, línguas que preservam a característica de alterar a "terminação" dos nomes dependendo da função sintática que desempenhem na sentença [...].

Ainda que não o saibam, os meninos não só estão pensando gramaticalmente como ainda resgataram de forma intuitiva uma distinção da qual no português só ficaram resquícios. Tal experiência reforçou ainda mais minhas simpatias pela teoria da Gramática Universal, segundo a qual seres humanos já nascem equipados com um "software" linguístico em seus cérebros, isto é, dotados de alguns princípios gramaticais comuns a todos os idiomas. Essa ideia não é exatamente nova. Ela existe pelo menos desde Roger Bacon (c. 1214-1294), o "pai" do empirismo e "avô" do método científico, mas foi desenvolvida e popularizada pelo linguista norte-americano Noam Chomsky. Embora ainda seja objeto de acres disputas, vem ganhando apoio da neurociência.

Há de fato boas evidências em favor da tese. A mais forte delas é o fato de que a linguagem é um universal humano. Não há povo sobre a terra que não tenha desenvolvido uma, diferentemente da escrita, que foi "criada" de forma independente não mais do que meia dúzia de vezes em toda a história da humanidade. Também diferentemente da escrita, que precisa ser ensinada, basta colocar uma criança em contato com um idioma para que ela o aprenda quase sozinha. Mais até, o fenômeno das línguas crioulas mostra que pessoas expostas a pídgins (jargões comerciais normalmente falados em portos e que misturam vários idiomas) acabam desenvolvendo, no espaço de uma geração, uma gramática para essa nova linguagem. Outra prova curiosa é a constatação de que bebês surdos-mudos "balbuciam" com as mãos exatamente como o fazem com a voz as crianças falantes.

[...]

E, se a linguagem como a compreendemos é essencialmente humana, iniciativas como a do Seti (Busca por Inteligência Extraterrestre, na sigla inglesa) são um desperdício de recursos. Seria como se os elefantes lançassem uma procura por outros seres dotados de tromba no universo e descartassem como inferiores toda e qualquer espécie sem o apêndice.

Outro ponto curioso e que me interessa particularmente é o que diz respeito ao domínio da gramática. Se ela é inata e todos a possuímos, não faz muito sentido classificar como "pobre" a sintaxe alheia. Na verdade, aquilo que nos habituamos a chamar de gramática, isto é, as prescrições estilísticas que aprendemos na escola são o que há de menos essencial no complexo fenômeno da linguagem. Não me parece exagero afirmar que sua função é precipuamente social, isto é, distinguir dentre aqueles que dominam ou não um conjunto de normas mais ou menos arbitrárias que se convencionou chamar de culta. Nada contra o registro formal, do qual, aliás, tiro meu ganha-pão. Mas, sob esse prisma, não faz tanta diferença dizer "nós vai" ou "nós vamos". Se a linguagem é a resposta evolucionária à necessidade de comunicação entre humanos, o único critério possível para julgar entre o linguisticamente certo e o errado é a compreensão ou não da mensagem transmitida. Uma frase ambígua seria mais "errada" do que uma que ferisse as caprichosas regras de colocação pronominal, por exemplo.

SCHWARTSMAN, Hélio. A gramática universal. *Folha de S.Paulo*, 3 ago. 2006. Disponível em: <http://www1.folha.uol.com.br/folha/pensata/helioschwartsman/ult510u356184.shtml>. Acesso em: 31 mar. 2020.

1. Que fato cotidiano surpreendeu o autor do artigo? Por quê?
2. Que suposição faz o autor e que hipótese explicativa relaciona com ela?
3. Cite alguns argumentos usados pelo autor do artigo para sustentar essa hipótese.
4. Você concorda com as observações críticas que o autor deriva de sua hipótese explicativa?

Sessão de cinema

Língua: vidas em português (2002, Brasil/Portugal, direção de Victor Lopes)

Documentário sobre a língua portuguesa e as vivências culturais dos povos lusófonos ao redor do mundo, com a participação dos escritores José Saramago (português), Mia Couto (moçambicano), João Ubaldo Ribeiro (brasileiro), entre outros falantes da língua.

Nell (1994, Estados Unidos, direção de Michael Apted)

Filme que narra a história de um médico que tenta ajudar uma jovem a integrar-se à sociedade, pois ela vivia isolada em uma casa na floresta desde o seu nascimento, sem nenhum contato social até então, exceto com a mãe enferma e já morta.

O enigma de Kaspar Hauser (1974, Alemanha, direção de Werner Herzog)

Um garoto é criado em um porão, longe de qualquer contato com outro ser humano, até cerca de 15 anos. Sem saber falar, andar e desconhecendo sua própria identidade, ele é levado para a cidade, onde se torna objeto de curiosidade e desprezo da população local.

Um filme falado (2003, Itália/França/Portugal, direção de Manoel de Oliveira)

Professora de história viaja com a filha em uma espécie de passeio por uma parte da história das civilizações, no qual a linguagem e as línguas desempenham papel especial.

CAPÍTULO 9

O processo de conhecer

KALI NINE LLC/GETTY IMAGES

Garoto observa, com uma lupa, a casca de uma árvore. Fotografia de 2017.

Questões filosóficas

- O que é conhecimento?
- De onde se origina fundamentalmente o conhecimento?
- Como é a relação do sujeito com o objeto do conhecimento?
- O que podemos conhecer?

Conceitos-chave

conhecimento, representação, verdade, sujeito, objeto, realismo, idealismo, empirismo, racionalismo, apriorismo, dogmatismo, ceticismo, criticismo, teoria cognitiva, criatividade

- **Conhecer é nascer sem parar. Você sente prazer no processo de conhecer? Como costuma ser a sua experiência com o conhecimento?**

Neste capítulo, vamos abordar mais um aspecto da relação do ser humano com o mundo: o conhecimento, tema que concentrou a atenção de boa parte do debate filosófico por muitos séculos.

Você conhecerá uma série de reflexões e distinções sobre esse tema que depois o ajudarão a enveredar pela história da filosofia.

EPISTEMOLOGIA
A investigação sobre o conhecer

Epistemologia é o campo de estudos filosóficos que se dedica à questão do conhecimento. Essa área também é conhecida como **teoria do conhecimento**, **crítica do conhecimento** ou **gnosiologia**.

No entanto, o que queremos dizer quando falamos em conhecimento?

A palavra "conhecimento" pode ter diferentes sentidos, conforme a situação em que é usada. Vejamos alguns exemplos:

> "Pelo que conheço da vida desse casal, eles vivem brigando."

Aqui, conhecer tem o sentido de estar familiarizado, ter algumas informações.

> "Conheço este bairro desde minha infância, e ele sempre teve esse jeito alegre."

Nesse exemplo, conhecer se refere à memória, às lembranças construídas em torno de uma coisa.

> "Ainda não conheço sua casa." / "Prazer em conhecê-lo."

Aqui, o sentido de conhecer é de visitar ou ser apresentado a uma coisa ou pessoa.

> "O estudante demonstrou seus conhecimentos matemáticos ao resolver a equação de 2o grau."

Conhecimento, nesse caso, significa ter uma compreensão clara e consciente sobre determinado assunto aprendido.

Neste capítulo, iremos estudar predominantemente o sentido de conhecer do último exemplo. Conhecer com o sentido de constatar, perceber, compreender, conceber de forma verídica ou adequadamente.

Se alguém diz para outra pessoa, por exemplo, "navio", e "aparece" na mente desse interlocutor algo que corresponde ao objeto navio, ele tem algum conhecimento desse objeto. Contudo, se dizem "navio" e vem à mente dele algo que não corresponde ao objeto navio (por exemplo, um pato), ele não tem esse conhecimento. Então, isso significa que o objeto navio não "aparece" na mente do interlocutor de forma adequada ou verídica (como o objeto é de fato).

Pode parecer simples, mas não é bem assim. Existem graus distintos de conhecimento e também há muito engano e ilusão naquilo que uma pessoa pensa conhecer. Portanto, é preciso ir bem mais "fundo" nesse assunto para tentar entender o processo de conhecer.

Foi o que fizeram diversos filósofos, em sua busca incessante por compreender a si mesmos e o mundo à sua volta. Nesse intento, chegaram à conclusão de que era necessário investigar primeiro a própria faculdade de conhecer do ser humano, antes de confiar plenamente na percepção e na compreensão que alcançavam das coisas.

Conexões

1. Em quais situações você costuma utilizar a palavra **conhecer**? Quais sentidos você atribui a essa palavra? Se necessário, consulte um dicionário para responder.

XINHUA/MENG DELONG/AFP

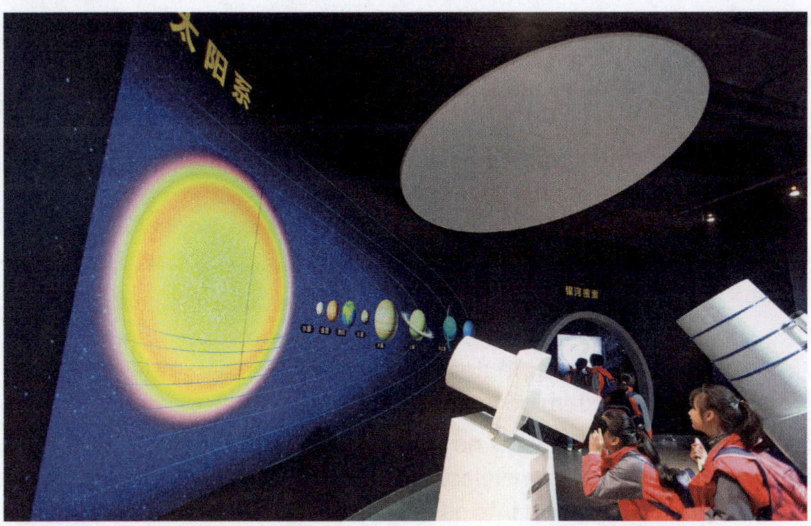

Jovens estudantes em visita ao Museu de Ciência e Tecnologia de Yangzhou, China, em 2019. Preservar a curiosidade sobre o mundo ao longo da vida é condição necessária para a busca de conhecimento.

Questões epistemológicas

Desde a Antiguidade grega, grande parte dos filósofos voltou-se para o problema do conhecimento e das questões básicas que o envolvem, dando origem a diversas teorias epistemológicas.

Apesar dessa diversidade, podemos dizer que as questões que concentraram a atenção desses filósofos foram principalmente as seguintes:

- **relação sujeito-objeto** – como é a atividade do sujeito que busca o conhecimento em relação ao objeto que pretende conhecer;
- **fontes primeiras** – qual é a origem ou o ponto de partida do conhecimento;
- **processo do conhecer** – como os dados se transformam em ideias, em juízos etc.;
- **possibilidades do conhecimento** – o que podemos conhecer de forma verdadeira.

Cada teoria do conhecimento constitui, portanto, uma reflexão filosófica que procura investigar as origens ou os fundamentos, as possibilidades, a extensão e o valor do conhecimento.

Apesar de constituir uma reflexão antiga, foi somente a partir da Idade Moderna que a epistemologia passou a ser tratada como uma das disciplinas centrais da filosofia. Nesse processo de valorização da questão do conhecimento, colaboraram de forma decisiva, além de Descartes, os filósofos John Locke e Immanuel Kant, conforme veremos adiante.

Representacionismo

Conceber o conhecimento como uma apresentação verídica ou adequada de algo ao pensamento significa dizer o seguinte: conhecer é representar alguma coisa exterior à mente.

O conhecimento seria uma representação que consistiria em obter uma "imagem" ou "reprodução" do mundo externo, projetada na consciência. Conhecer um pássaro, por exemplo, seria formar uma representação, uma "imagem adequada" desse pássaro em nossa mente.

Nesse entendimento, a mente constitui uma espécie de "espelho da natureza" – metáfora sugerida pelo filósofo estado-unidense **Richard Rorty** (1931-2007), um crítico da interpretação representacionista do conhecimento. Assim, para conhecer as coisas como elas realmente são bastaria "polir" metodicamente esse "espelho" (a mente e seus processos), como tentaram fazer a filosofia e a ciência moderna.

Relação sujeito-objeto

Portanto, de acordo com a visão tradicional e representacionista do conhecimento, há basicamente dois polos no processo de conhecer:

- o **sujeito** conhecedor (nossa consciência, nossa mente);
- o **objeto** conhecido (a realidade, o mundo, os inúmeros fenômenos).

Dependendo do papel que uma teoria do conhecimento atribui a cada um desses polos, podemos classificá-la como **realista** ou **idealista**. Vejamos cada uma dessas possibilidades.

Realismo

De acordo com as teorias realistas do conhecimento, as percepções que temos dos objetos são reais, ou seja, correspondem de fato às características presentes nesses objetos. Por exemplo, as formas e cores que o sujeito percebe no pássaro são cores e formas que o pássaro realmente possui em si. Observe que a concepção do senso comum é basicamente realista.

Assim, no realismo mais ingênuo (ou menos crítico), o conhecimento ocorre por uma apreensão imediata das características dos objetos, isto é, os objetos mostram-se ao sujeito que os percebe como realmente são, determinando o conhecimento que então se estabelece.

Há, no entanto, outras formas mais críticas de realismo, que problematizam a relação sujeito-objeto, porém mantêm a ideia básica de que o objeto é determinante no processo de conhecimento.

Observação

Diversos pensadores contemporâneos questionaram o representacionismo, bem como as visões epistemológicas que polarizam sujeito-objeto. Esse questionamento deu origem a outras correntes de interpretação sobre o processo de conhecer, como o **pragmatismo** (que veremos adiante) e a **fenomenologia** (que estudaremos no Capítulo 14).

Idealismo

Já nas teorias idealistas do conhecimento, é o sujeito que predomina em relação ao objeto, isto é, a percepção da realidade é produzida pelas nossas ideias, pela nossa **consciência**. Em outras palavras, os objetos seriam "construídos" de acordo com a capacidade de percepção do sujeito.

Como consequência dessa interpretação, o que existe realmente é a representação que o sujeito faz do objeto. Por exemplo, as formas e cores que o sujeito percebe no pássaro nada mais são que ideias ou representações desses atributos; não entra em questão se elas realmente existem no pássaro.

Também no idealismo há posições mais ou menos radicais em relação à afirmação do sujeito como elemento determinante na relação de conhecimento.

FONTES PRIMEIRAS
Razão ou sensação?

Vejamos agora outra questão básica enfrentada pela epistemologia: qual é a fonte, o ponto de partida dos conhecimentos? De onde se originam as ideias, os conceitos, as representações?

De acordo com as respostas dadas a esse problema, destacam-se basicamente duas correntes filosóficas: o **racionalismo** e o **empirismo**. Existe também a contribuição de Kant, que conjuga de alguma maneira essas duas correntes. Vejamos cada uma.

Racionalismo

A palavra "racionalismo" deriva do latim *ratio*, que significa "razão", e é empregada em diversos sentidos. No contexto das teorias do conhecimento, racionalismo designa a doutrina que atribui exclusiva confiança à **razão humana** como instrumento capaz de conhecer a verdade. Como advertia um dos principais filósofos racionalistas, René Descartes, não devemos nos deixar persuadir senão pela evidência de nossa razão (conforme vimos no Capítulo 2).

Essa preferência se deve principalmente à compreensão, pelos racionalistas, de que a experiência sensorial é uma fonte permanente de erros e confusões sobre a complexa realidade do mundo. Assim, para eles, somente a razão humana, trabalhando de acordo com os **princípios lógicos**, pode atingir o conhecimento verdadeiro, capaz de ser universalmente aceito.

Para o racionalismo, os princípios lógicos fundamentais seriam **inatos**, isto é, já estariam na mente do ser humano desde o nascimento. Daí a razão ser concebida como a fonte básica do conhecimento.

Empirismo

A palavra "empirismo" tem sua origem no grego *empeiria*, que significa "experiência". As teorias empiristas defendem a tese de que todas as nossas ideias são provenientes da experiência e, em última instância, de nossas **percepções sensoriais** (visão, audição, tato, paladar, olfato).

Portanto, para defensores do empirismo, não existem ideias inatas. Como afirmava um dos principais teóricos dessa corrente, o filósofo inglês **John Locke** (1632-1704), nada vem à mente sem ter passado antes pelos sentidos.

Isso quer dizer que, ao nascermos, nossa mente é como um papel em branco (ou uma tábula rasa, expressão usada pelo pensador), desprovida de qualquer ideia (estudaremos com mais detalhes o pensamento de Locke no Capítulo 13).

De onde provém, então, o vasto conjunto de ideias que existe na mente humana? Locke responde: da **experiência**. A experiência, segundo o filósofo, fundamenta o conhecimento por meio de duas operações:

- **sensação** – que leva para a mente as várias e distintas percepções das coisas, sendo, por isso, bastante dependente dos sentidos;
- **reflexão** – que consiste nas operações internas da nossa mente, pelas quais se desenvolvem as ideias primeiras fornecidas pelos sentidos.

> Afirmo que estas duas, a saber, as coisas materiais externas, como objeto da sensação, e as operações de nossas próprias mentes, como objeto da reflexão, são, a meu ver, os únicos dados originais dos quais as ideias derivam.
>
> LOCKE, John. *Ensaio acerca do entendimento humano*. 2. ed. São Paulo: Abril Cultural, 1978. p. 160.

MIRAMAX/EVERETT COLLECTION/AGB PHOTO LIBRARY

Cena do filme *Ensaio sobre a cegueira* (2008, Brasil, Japão e Canadá, direção: Fernando Meirelles). Baseado no romance homônimo de José Saramago, o filme narra a história de uma epidemia de cegueira que leva ao colapso social. Como os sentidos afetam nossa maneira de pensar e de agir?

Contribuição de Kant

Nem todos os filósofos aderiram ao racionalismo ou ao empirismo. Alguns buscaram um meio-termo para essas visões tão opostas. É o caso do **apriorismo kantiano**, formulado pelo filósofo alemão **Immanuel Kant** (1724-1804).

Kant afirmava que todo conhecimento começa com a experiência, mas que ela sozinha não nos dá o conhecimento. Ou seja, é preciso um trabalho do sujeito para organizar os dados da experiência. Assim, o filósofo buscou saber como é o sujeito *a priori*, isto é, antes de qualquer experiência. Concluiu que o ser humano possui certas faculdades ou estruturas, as quais ele denomina **formas da sensibilidade e do entendimento**, que não apenas possibilitam a experiência, mas também determinam o conhecimento.

Para Kant, portanto, a experiência fornece a **matéria** do conhecimento (os seres do mundo), enquanto a razão organiza essa matéria de acordo com suas formas próprias, as estruturas existentes *a priori* no pensamento – daí o nome apriorismo. Isso significa que o sujeito acaba sendo o centro do processo de conhecer, e não o objeto, motivo pelo qual essa doutrina é também conhecida como **idealismo transcendental** (estudaremos com mais detalhes o pensamento de Kant no Capítulo 13).

CLAUDE MONET – MUSEU NACIONAL DE ARTE OCIDENTAL, TÓQUIO

CLAUDE MONET – COLEÇÃO PARTICULAR

CLAUDE MONET – COLEÇÃO PARTICULAR

Série *Álamos*, de Claude Monet, 1891. Da esquerda para a direita: *Álamos ao sol*; *Álamos, outono*; *Álamos, inverno*. Óleo sobre tela, respectivamente: 93 cm × 73,5 cm; 92 cm × 73 cm; 100 cm × 73,5 cm. Claude Monet não retrata as árvores (a coisa em si, no dizer de Kant), mas o modo como elas são apreendidas pelo pintor conforme as estações do ano (o fenômeno).

POSSIBILIDADES
O que podemos conhecer?

Vejamos por último uma das mais importantes questões da epistemologia: Somos capazes de conhecer a verdade? É possível ao sujeito apreender o objeto? Afinal, quais são as possibilidades do conhecimento humano?

As respostas dadas a essas questões levaram ao surgimento de duas correntes básicas e antagônicas na história da filosofia. Uma é o **ceticismo**, que diagnostica a impossibilidade de conhecermos a verdade. A outra é o **dogmatismo**, que defende a possibilidade de conhecermos a verdade.

Conceito de verdade

O que queremos dizer por verdade? Que verdade é essa da qual tratam tantos pensadores? A palavra "verdade" tem o sentido básico de uma correspondência entre o que se pensa ou se diz e a realidade que se quer conhecer ou expressar. É o mesmo que **conhecimento verdadeiro.**

No entanto, quando os diversos filósofos que tratam da temática do conhecimento falam em "conhecer a verdade", estão se referindo não só a esse sentido básico, mas também – e principalmente – à ideia de conhecer como o objeto é em sua **essência**, ou seja, sua **realidade intrínseca**. Trata-se de conhecer o **ser**, a realidade essencial e metafísica das coisas (conforme estudaremos no Capítulo 10).

Se, por exemplo, um pássaro parece azul para algumas pessoas e verde-azulado para outras, qual será a cor verdadeira desse pássaro? Será possível conhecer a verdade?

Vejamos algumas das respostas dadas a essa pergunta. Destacaremos, além das correntes do ceticismo e do dogmatismo, uma terceira posição, o **criticismo**, que tenta superar o impasse criado por essas posições antagônicas.

Dogmatismo

Uma doutrina é dogmática quando defende a possibilidade de atingirmos a verdade. Essa interpretação pode seguir duas variantes:

- **Dogmatismo ingênuo** – tendência que confia plenamente nas possibilidades do nosso conhecimento (predominante no senso comum). Não vê problema na relação sujeito conhecedor e objeto conhecido. Crê que, sem grandes dificuldades, percebemos o mundo tal qual ele é.
- **Dogmatismo crítico** – tendência que defende nossa capacidade de conhecer a verdade mediante um esforço conjugado de nossos sentidos e de nossa inteligência. Assim, confia que, por meio de um trabalho metódico, racional e científico, o ser humano torna-se capaz de conhecer a realidade do mundo. Um dos autores mais importantes dessa tendência é René Descartes.

© CHAGALL, MARC/AUTVIS, BRASIL, 2019 – MUSEU SOLOMON R. GUGGENHEIM, NOVA YORK

O violinista verde, de Marc Chagall, 1923-1924. Óleo sobre tela, 198 cm × 108,6 cm. A relatividade da experiência sensorial: como explicam diversos estudiosos, a percepção das cores não é apenas um fenômeno físico e neurológico, que varia entre as pessoas e entre as espécies, mas também cultural.

Ceticismo

Uma doutrina é cética quando coloca em dúvida a possibilidade de conhecermos a verdade, ou nega essa possibilidade. Essa interpretação também pode seguir duas vertentes básicas, uma absoluta e outra relativa. Vejamos cada uma delas.

Ceticismo absoluto

Muitos consideram o filósofo grego **Górgias** (c. 485-380 a.C.) o pai do ceticismo absoluto. Ele defendia as seguintes ideias: o ser não existe; se existisse, não poderíamos conhecê-lo; e, se pudéssemos conhecê-lo, não poderíamos comunicá-lo aos outros.

Outros estudiosos apontam o filósofo grego **Pirro** (365-275 a.C.) como o fundador do ceticismo absoluto. Por isso, chama-se muitas vezes o ceticismo de **pirronismo**. Pirro afirmava ser impossível ao ser humano conhecer a verdade devido a duas fontes principais de erro: os sentidos e a razão. Segundo ele, os nossos conhecimentos são provenientes dos sentidos (visão, audição, olfato, tato, paladar), mas estes não são dignos de confiança. O filósofo considerava também que as diferentes e contraditórias opiniões manifestadas pelas pessoas sobre os mesmos assuntos revelam os limites de nossa inteligência, razão pela qual jamais alcançaremos a certeza de qualquer coisa.

O ceticismo absoluto despertou muita oposição. Seus críticos consideram-no uma doutrina radical, estéril e contraditória. Radical porque nega totalmente a possibilidade de conhecer. Estéril porque não leva a nada. Contraditória porque, ao dizer que nada é verdadeiro, acaba afirmando que pelo menos existe uma verdade, isto é, o conhecimento de que nada é verdadeiro.

PETER MALLET/BLAIN/SOUTHERN © TIM NOBLE AND SUE WEBSTER/AUTVIS, BRASIL, 2019

Da esquerda para a direita: *The individual; The youngman*, de Sue Webster e Tim Noble. Utilizando entulho, os artistas britânicos construíram sombras de pessoas. As obras expostas em Londres, em 2012, nos fazem refletir sobre o fato de que a aparência projetada não corresponde à essência que lhe deu origem.

Ceticismo relativo

Como o próprio nome diz, o ceticismo relativo consiste em negar apenas parcialmente nossa capacidade de conhecer a verdade. Ou seja, apresenta uma posição moderada em relação às possibilidades de conhecimento se comparado ao ceticismo absoluto. Entre as doutrinas que manifestam um ceticismo relativo, destacamos as seguintes:

- **Subjetivismo** – doutrina que considera o conhecimento uma relação puramente subjetiva e pessoal entre o sujeito e a realidade percebida. O conhecimento limita-se às ideias e representações elaboradas pelo sujeito pensante, sendo impossível alcançar a objetividade. O subjetivismo surgiu com o pensamento do sofista grego **Protágoras** (c. 490-415 a.C.), que dizia que "o homem é a medida de todas as coisas", ou seja, a verdade é uma construção humana, ela não está nas coisas.
- **Relativismo** – doutrina que considera a não existência de verdades absolutas, mas apenas verdades relativas a certo tempo, a determinado espaço social, enfim, a um contexto histórico.
- **Probabilismo** – doutrina que propõe que nosso conhecimento é incapaz de atingir a certeza plena; tudo o que podemos alcançar é uma verdade provável. Essa probabilidade pode ser digna de maior ou menor credibilidade, mas nunca chegará ao nível da certeza completa, da verdade absoluta.
- **Pragmatismo** – doutrina que concebe os humanos como seres práticos, ativos, não apenas como seres pensantes. Por isso, para nós, verdadeiro é aquilo que é útil, eficaz, que dá certo, que serve aos interesses das pessoas em sua vida prática; isto é, o que chamamos de verdade é mais a correspondência do pensamento com o objetivo a ser atingido do que com o objeto propriamente dito. Um dos expoentes dessa corrente é o filósofo estadunidense Richard Rorty.

> [O pragmatista é] capaz de tantas descrições quantos forem os objetivos a serem atendidos. [...] todas as descrições [...] são avaliadas de acordo com sua eficácia enquanto instrumentos a serviço de objetivos, e não por sua fidelidade ao objeto descrito.
>
> [...] tudo o que alguém faz com alguma coisa é usá-la. Interpretar alguma coisa, conhecer alguma coisa, penetrar em sua essência, e assim por diante, tudo isso são apenas diversas formas de descrever um processo para fazê-la funcionar.
>
> RORTY, Richard. A trajetória do pragmatista. *In*: ECO, Umberto. *Interpretação e superinterpretação*. São Paulo: Martins Fontes, 2001. p. 109-110.

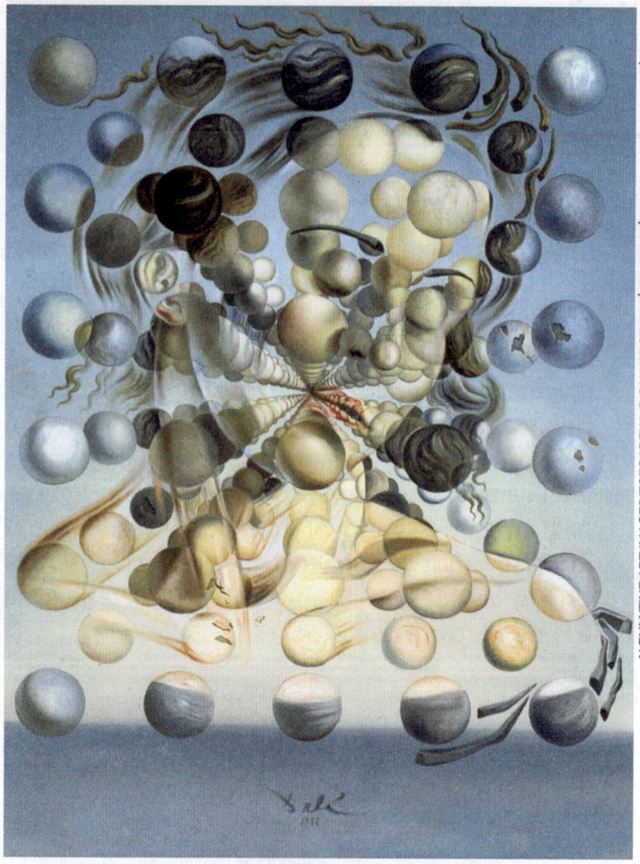

Galátea das esferas, de Salvador Dalí, 1952. Óleo sobre tela, 65 cm × 54 cm. O pintor surrealista Salvador Dalí compõe uma imagem feminina com a junção de várias esferas. Isso pode ser associado a um processo de conhecer no qual desvendamos as pequenas partes que formam um todo ou um todo formado por pequenas partes.

Criticismo

O criticismo foi uma teoria elaborada por Kant para superar o impasse entre o ceticismo e o dogmatismo. Tal como o dogmatismo, o criticismo kantiano sustenta a possibilidade do conhecimento, mas desenvolveu uma postura crítica sobre o que o nosso entendimento pode conhecer e o que não pode. Ou seja, em sua teoria admite a possibilidade de conhecer, mas esse conhecimento é limitado e ocorre sob condições específicas, apresentadas por Kant na obra *Crítica da razão pura*, publicada em 1781 e revista pelo autor em 1787.

Depois de Kant, muitos outros pensadores se debruçaram sobre o problema do conhecimento, trazendo novas contribuições a essa questão. Um desses pensadores foi o suíço Jean Piaget, que desenvolveu a teoria da **epistemologia genética** (como veremos adiante neste capítulo).

Como você pode perceber, da mesma forma que nos outros temas que estudamos anteriormente, a questão do conhecimento é mais um assunto que escapa a uma palavra final e definitiva.

TEORIA DE KANT

Os conhecimentos universais e necessários

Em sua obra *Crítica da razão pura*, Kant investigou os processos cognitivos envolvidos na construção do saber e distinguiu duas formas básicas de conhecimento: o empírico e o puro.

O **conhecimento empírico** (*a posteriori*) é aquele que se refere aos dados fornecidos pelos sentidos, isto é, que é **posterior à experiência**. Por exemplo, para fazer a seguinte afirmação ou juízo: "Este livro tem a capa verde", foi necessário ter primeiro a experiência de ver o livro e assim conhecer a sua cor. Logo, trata-se de um conhecimento posterior à experiência. Isso significa que a capa de um livro não é necessária e universalmente verde. Há, por exemplo, livros com capas de diversas cores.

Já o **conhecimento puro** (*a priori*) é aquele que não depende de quaisquer dados dos sentidos, ou seja, que é **anterior à experiência**, nascendo puramente de uma operação racional da mente. Por exemplo, a afirmação "Duas linhas paralelas jamais se encontram no espaço" não se refere a esta ou àquela linha paralela, mas a todas, pois, sempre que duas linhas forem paralelas, elas necessariamente não se encontrarão no espaço (se elas se encontrassem, não seriam paralelas). Trata-se, portanto, de um conhecimento **necessário** e **universal**. Além disso, é uma afirmação que, para ser válida, não depende de nenhuma condição específica ou experiência anterior.

Tipos de juízo

Os juízos, por sua vez, são classificados por Kant em dois tipos: os analíticos e os sintéticos.

O **juízo analítico** é aquele em que o predicado já está contido no conceito do sujeito. Ou seja, basta analisar o sujeito para deduzir o predicado. Tomemos, por exemplo, a afirmação "O quadrado tem quatro lados". Analisando o sujeito dessa afirmação, o "quadrado", deduzimos necessariamente o predicado: "tem quatro lados". Kant também chamava os juízos analíticos de **juízos de elucidação**, pois o predicado simplesmente elucida algo que já estava contido no conceito do sujeito.

O **juízo sintético** é aquele em que o predicado não está contido no conceito do sujeito. Nesse juízo, acrescenta-se ao sujeito algo de novo, que é o predicado (produzindo-se uma síntese entre eles). Assim, os juízos sintéticos enriquecem nossas informações e ampliam o conhecimento. Por isso, Kant também os denominava **juízos de ampliação**. Por exemplo, na afirmação "Os corpos se movimentam", por mais que analisemos o conceito "corpo" (sujeito), não extrairemos dele a informação representada pelo predicado "se movimentam".

Valor dos juízos

Por fim, analisando o valor de cada juízo, Kant distingue três categorias:

- **Juízo analítico** – como no exemplo da afirmação "O quadrado tem quatro lados", é um juízo universal e necessário, mas serve apenas para elucidar ou explicitar aquilo que já se conhece do sujeito. A rigor, é apenas importante para se chegar à clareza do conceito já existente, mas não conduz a conhecimentos novos.
- **Juízo sintético *a posteriori*** – como no exemplo da afirmação "Este livro tem a capa verde", amplia o conhecimento sobre o sujeito, mas sua validade está sempre condicionada ao tempo e ao espaço em que se dá a experiência; portanto, não constitui um juízo universal e necessário.
- **Juízo sintético *a priori*** – como no exemplo da afirmação "Duas linhas paralelas jamais se encontram no espaço" (e em outras da matemática e da geometria), acrescenta informações novas ao sujeito, possibilitando uma ampliação do conhecimento. Como não está limitado pela experiência, é um juízo universal e necessário. Por isso, Kant conclui que se trata do juízo mais importante para a ciência, motivo pelo qual a matemática e a física, por trabalharem com juízos sintéticos *a priori*, se constituiriam em disciplinas científicas por excelência.

Estruturas do sentir e do conhecer

Kant buscou saber como é o sujeito *a priori*, isto é, o sujeito antes de qualquer experiência. Concluiu que existem no ser humano certas estruturas que possibilitam a **experiência** (as formas *a priori* da sensibilidade) e determinam o **entendimento** (as formas *a priori* do entendimento). Trata-se do chamado **apriorismo**.

As formas *a priori* da **sensibilidade** são o **tempo** e o **espaço**. Kant afirma que percebemos e representamos a realidade sempre no tempo e no espaço. Essas duas noções constituem "intuições puras", existem como estruturas básicas na nossa sensibilidade e são elas que permitem a experiência sensorial.

As formas *a priori* do **entendimento** são os dados captados por nossa sensibilidade e organizados pelo entendimento de acordo com certas **categorias**. As categorias são "conceitos puros" existentes *a priori* no entendimento, tais como causa, necessidade, relação e outros, que servirão de base para a emissão de juízos sobre a realidade.

Limites do entendimento

O conhecimento, portanto, seria o resultado de uma interação entre o sujeito que conhece (de acordo com suas próprias estruturas *a priori*) e o objeto conhecido. Isso significa que não conhecemos **as coisas em si mesmas** (o ser em si). Só conhecemos **as coisas tal como as percebemos** (o ser para nós). Em outras palavras, as coisas são conhecidas de acordo com as estruturas mentais do sujeito.

Desse modo, a filosofia kantiana buscou superar o impasse criado entre o racionalismo e o empirismo, pois edificou uma teoria segundo a qual o conhecimento seria o resultado desses dois âmbitos: a sensibilidade, que nos oferece os dados dos objetos, e o entendimento, que determina as condições pelas quais o objeto é pensado.

A virada cognitiva

Agora que você aprendeu algumas teorias do conhecimento, vamos situar nossos estudos historicamente.

Podemos dizer que predominou entre os filósofos da Antiguidade e da Idade Média uma visão de que o mundo era uma fonte natural a ser decifrada pelo conhecimento humano.

Conhecer, nesse sentido, resultaria do processo de descobrir, desvelar; enfim, compreender os dados da realidade. Costumava-se mesmo dizer que o cientista era aquele que sabia "ler o livro da natureza". Essas concepções tinham como pressuposto a existência de verdades prontas e universais que podiam ser ordenadas pelo conhecimento por meio do esforço intelectual adequado. Para esses filósofos, havia uma precedência do objeto sobre o sujeito que garantiria a objetividade das ciências e da filosofia. Então, a verdade consistiria no esforço de adequar o pensamento à realidade, o que, em latim, foi celebrizado na frase "*verum est adaequatio rerum et intellectus*" ("a verdade é a adequação entre a coisa e o pensamento").

A partir da Idade Moderna, vários eventos históricos contribuíram para uma mudança dessas concepções. Com o Renascimento, por exemplo, a concepção de que o centro do mundo era Deus (teocentrismo) foi cedendo lugar ao humanismo (antropocentrismo). Nessa época, o astrônomo polonês Nicolau Copérnico (1473-1543) descobriu que a Terra não era o centro imóvel do universo. Sua descoberta, publicada na obra *Das revoluções das esferas celestes*, em 1543, resultou de um grande esforço intelectual para vencer as aparências que os sentidos humanos fornecem sobre a realidade.

Posteriormente, Kant comparou seu papel na filosofia ao de Copérnico na astronomia. Como vimos, antes da elaboração da teoria kantiana, predominava a concepção de que **os objetos regulavam o conhecimento**. Kant inverteu essa concepção ao afirmar que **era o conhecimento que regulava a compreensão dos objetos**. Isso porque o sujeito detém a capacidade de formular sínteses cognitivas (juízos sintéticos *a priori*). Além disso, a ordenação dos fenômenos do mundo não é um dado natural, mas deve ser produzida pelo sujeito.

> "Ao se interrogar sobre nossa capacidade de fabricar "sínteses", "juízos sintéticos", Kant simplesmente apresentava o problema da ciência moderna [...], ou seja, saber como se elaboram as leis que estabelecem associações, ligações coerentes e esclarecedoras entre fenômenos dos quais a ordenação não é mais dada, mas deve ser introduzida por nós, de fora."
>
> FERRY, Luc. *Aprender a viver*. Rio de Janeiro: Objetiva, 2007. p. 125.

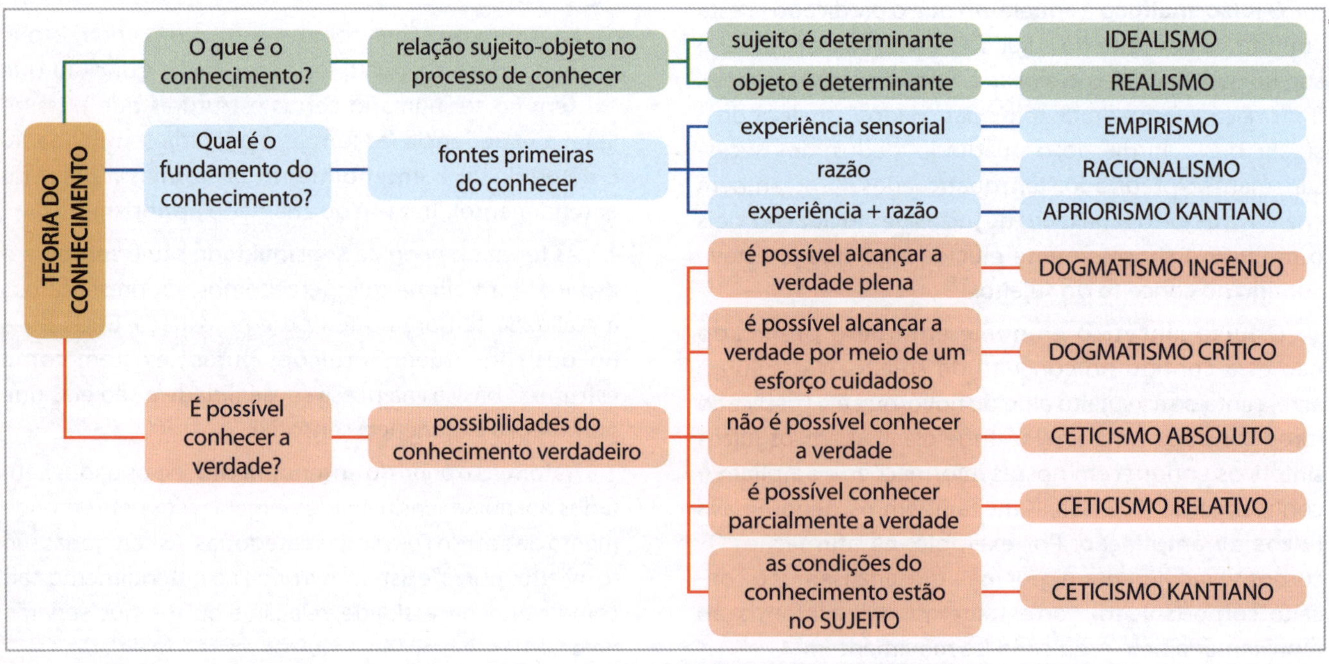

REPRODUÇÃO

CONHECER

Agir, pensar e sentir

A inversão de Kant abriu caminho para uma mudança de atitude em relação ao conhecimento. No mundo contemporâneo, difundiu-se, então, a visão de que o conhecimento não é um dado pronto do mundo para ser captado ou descoberto pelo sujeito.

Aos poucos, consolidou-se a visão de que o conhecimento é uma construção humana, assim como tantas outras realizações culturais. Conhecer deixou de ser mera decifração racional de fenômenos para tornar-se uma atividade ampla protagonizada pelo sujeito. Uma atividade que implica fornecer respostas ao desafio da existência em termos racionais (*logos*), emocionais (*pathos*) e éticos (*ethos*). Essas dimensões do conhecer podem ser ilustradas pelo gráfico abaixo.

REPRODUÇÃO

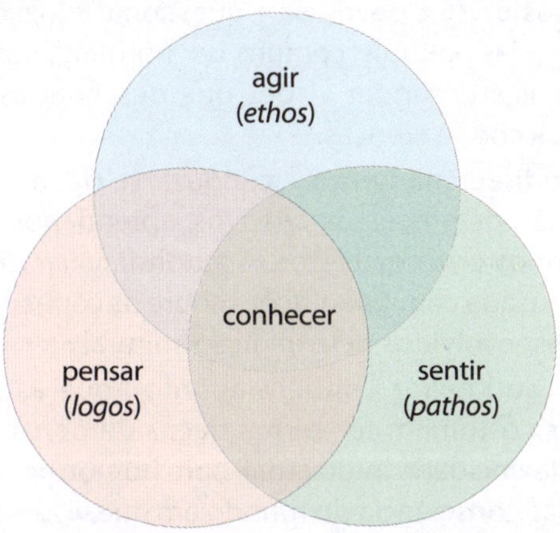

Com os desdobramentos da Revolução Industrial, o objetivo do conhecimento não se restringiu apenas ao acúmulo de informações. Conhecer foi mais associado à criatividade, à invenção, à comunicação e à construção de sentidos.

Epistemologia de Piaget

No mundo contemporâneo, desenvolveu-se o **construtivismo**, uma teoria segundo a qual o conhecimento é uma construção resultante da interação entre o sujeito e o meio físico e social. O mais importante representante do construtivismo foi o pedagogo francês do século XX, Jean Piaget (1896-1980), fundador da psicologia genética.

Para Piaget, a vida cognitiva é indissociável da vida afetiva, sendo que os **sentimentos** atribuem objetivos à conduta e a **inteligência** fornece os meios para a realização desses objetivos. De acordo com sua teoria cognitiva, o ser humano, desde o nascimento, vivencia um processo de desenvolvimento intelectual, afetivo e moral que pode ser dividido em quatro grandes estágios:

- **Estágio sensório-motor** (do nascimento até por volta dos 2 anos) – corresponde ao período anterior ao uso da linguagem, quando a criança manifesta esquemas mentais simples, marcados pela associação entre **percepção sensorial** e **ações motoras**, tais como sugar, abrir e fechar a mão, puxar e jogar pequenos objetos, locomover-se etc. Aqui, a criança "tudo relaciona a seu corpo como se ele fosse o centro do mundo, mas um centro que a si mesmo ignora" (PIAGET, Jean. *A epistemologia genética*. Petrópolis: Vozes, 1973. p. 15). No plano da moralidade, a criança vive o período da **anomia**, isto é, da ausência de normas. É a fase pré-moral, na qual a consciência ainda não é capaz de compreender e aceitar normas morais.
- **Estágio pré-operacional** (por volta dos 2 aos 7 anos) – corresponde ao período em que, gradativamente, a criança começa a empregar a **linguagem**, mas permanece **centrada em si mesma**. Por isso, não consegue manter diálogos efetivos com o outro, apenas formas de monólogo interior (consigo mesma) ou coletivo (junto com o outro). Ou seja, ela fala consigo ou com outras pessoas sem, no entanto, interagir plenamente com elas. Nessa fase, um cabo de vassoura pode "virar" um cavalo, uma bicicleta, um automóvel e, em seguida, perder todo o significado que lhe havia sido atribuído, transformando-se em uma espada ou em qualquer outra coisa. A criança recusa ter a satisfação de seus desejos adiada, geralmente não gosta de compartilhar brinquedos e resiste às restrições à sua liberdade de agir. No plano moral, a criança começa a entrar no período da **heteronomia**, isto é, da norma externa, que vem de fora, do outro, do adulto. A consciência passa a aceitar algumas normas, mas sem absorvê-las e incorporá-las como atos de compreensão abrangente.
- **Estágio das operações concretas** (por volta dos 7 aos 12 anos) – corresponde ao período em que, com o pensamento ainda guiado por objetos **concretos**, a criança passa do monólogo ao diálogo, a uma troca mais efetiva de ideias com o outro. Às atividades individuais, somam-se os esportes coletivos; a criança adquire mais sociabilidade, demonstra maior capacidade para obedecer a normas que regulam jogos ou brincadeiras. O desejo de vencer se traduz em competitividade, mas a derrota frequentemente ainda não é aceita e se manifesta em reações de choro, agressividade e raiva. No campo moral, a criança vai consolidando o período da heteronomia.
- **Estágio das operações formais** (por volta dos 12 anos em diante) – corresponde ao período em que a criança adquire capacidade para dispensar a referência a objetos concretos, passando ao **pensamento formal abstrato**. Isso lhe permite formular hipóteses, pressupor coisas e deduzir sequências de causas e efeitos.

Para raciocinar em uma operação de adição, a criança não precisa mais contar seus dedos, pedrinhas, laranjas, maçãs etc. Ocorre então o desenvolvimento do **raciocínio hipotético-dedutivo**, que permitirá ao ser humano pensar além das coisas que estão diante de seus sentidos (visão, audição etc.). A partir desse estágio, desenvolve-se o pensamento sobre temas complexos e amplos, como os tratados pela arte, ciência e filosofia. No plano moral, além de assimilar e compreender as normas externas, a consciência também começa a elaborar códigos de conduta próprios. É o surgimento da **autonomia** e da capacidade de fazer escolhas. Abre-se a porta para o questionamento e a possibilidade de transformações do modo de ser e de viver em determinados contextos históricos. A diferença em relação ao estágio anterior é que "a norma passa a ser refletida, criticada, questionada em sua validade, reinterpretada e redefinida pelos membros do grupo, que pode, inclusive, decidir modificá-la consensualmente" (FREITAG, Bárbara. *Sociedade e consciência*: um estudo piagetiano na favela e na escola. São Paulo: Cortez/Autores Associados, 1984. p. 50).

OLEKSANDRA MYKHAILUTSA/SHUTTERSTOCK

As crianças costumam expressar seu potencial criativo com grande liberdade.

Conexões

2. Você conhece crianças que estejam em algum dos estágios de desenvolvimento intelectual, afetivo e moral identificados por Piaget? Caso conheça, em qual dos estágios você acha que a criança está? Pense em situações que justifiquem sua resposta.

Criatividade: inventar o mundo

No século XX, à medida que o conhecimento foi associado à invenção do mundo, a criatividade ganhou relevância e tornou-se um conceito-chave da educação contemporânea. Para o educador e filósofo inglês **George F. Kneller** (1908-), podemos promover a criatividade estimulando nos jovens atitudes como:

- **Originalidade** – esforçar-se para ter ideias novas. Isso não significa apenas criar algo inédito, nunca antes pensado por ninguém. Ser original significa, sobretudo, criar algo que é novo "para nós", pois é importante o esforço de trilhar um caminho próprio para redescobrir o que outros já haviam descoberto antes. Nesse sentido, a criação de algo original é uma atividade que exige concentração, clareza, raciocínio lógico etc.
- **Apreciação do novo** – dar valor às novidades científicas, artísticas e filosóficas. De forma semelhante, deve-se valorizar soluções "diferentes" e "inusitadas", ligadas ao assunto estudado.
- **Espontaneidade** – encorajar a expressão espontânea de ideias, conforme elas vêm à mente, para depois avaliar sua relevância. Registrar o fluxo de ideias ajuda a desenvolver a confiança na própria capacidade criativa.
- **Curiosidade e pesquisa** – questionar situações consideradas naturais, comuns ou "normais", bem como buscar e entender visões que desafiam as nossas convicções e crenças.
- **Autodirecionamento** – conduzir-se de forma autônoma nos processos criativos, aprendendo com os próprios erros e acertos. A autonomia criativa deve ser dosada com orientações sobre os conhecimentos já desenvolvidos pela tradição cultural.

George Kneller também apontou que as pessoas criativas costumam ter certos traços de personalidade como: flexibilidade intelectual, bom humor, persistência para criar, consciência do mundo em que vive, ceticismo relativo sobre as ideias que recebe, abertura a novas experiências e confiança na própria capacidade criativa.

A educação voltada para a criatividade, em vez de centrar-se na transmissão de conhecimentos prontos e acabados, valoriza a curiosidade, a autonomia, a investigação e a imaginação.

> Criamos quando descobrimos e exprimimos uma ideia, um artefato ou uma forma de comportamento que seja nova para *nós*. Digo "nova para *nós*" porque a descoberta por uma pessoa, daquilo que foi revelado por outros ainda representa uma realização criadora.
>
> KNELLER, George F. *Arte e ciência da criatividade*. São Paulo: Ibrasa, 1973. p. 16.

Conexões

3. Você se considera uma pessoa criativa? Por quê?
4. Na sua opinião, quais atividades escolares estimulam a criatividade? Explique.

OFICINA DE FILOSOFIA

1. Defina, com as suas palavras, os termos escritos abaixo. Depois, explique o elemento comum capaz de uni-los:
   - representacionismo;
   - realismo;
   - idealismo;
   - racionalismo;
   - empirismo;
   - dogmatismo;
   - ceticismo.

2. Explique o conceito de verdade. Pense em situações do seu cotidiano nas quais essa palavra é utilizada.

3. Para o filósofo francês Jacques Maritain (1882-1973), aqueles que duvidam plenamente da possibilidade de conhecer "só poderiam filosofar guardando um silêncio absoluto – mesmo no interior de suas almas" (MARITAIN, Jacques. *Introdução geral à filosofia*. Rio de Janeiro: Agir, 1989. p. 120). Comente essa afirmação.

4. Como o apriorismo e o criticismo de Kant procuraram superar os impasses entre racionalismo e empirismo e entre ceticismo e dogmatismo?

5. Na interpretação tradicional (muito difundida no senso comum), o conhecimento perfeito é aquele em que a representação é idêntica à realidade, como a imagem de um espelho. De acordo com a teoria kantiana, as coisas existem para nós não como são, mas como as percebemos. Levando isso em conta, interprete a pintura a seguir e responda às questões.

© PHOTOTHÈQUE R. MAGRITTE/AUTVIS, BRASIL, 2019 – COLEÇÃO PARTICULAR

Perspicácia (autorretrato), de René Magritte, 1936. Óleo sobre tela, 54 cm × 65 cm.

   a) É possível relacionar a pintura de Magritte com a concepção do conhecimento como representação?

   b) Em sua opinião, as representações podem ser idênticas à realidade? Justifique.

6. Tendo como base a teoria de Kant, corrija as frases seguintes e justifique suas correções:

   a) O juízo analítico conduz a conhecimentos novos; por isso, também é chamado de juízo de ampliação.

   b) O juízo sintético é aquele em que o predicado já está contido no sujeito, isto é, basta analisar o sujeito para deduzir o predicado.

7. Não podemos conhecer o ser em si, apenas o ser para nós. Justifique essa afirmação com base na teoria kantiana.

8. Em que sentido a revolução impulsionada por Kant no âmbito da filosofia pode ser comparada à iniciada por Copérnico na astronomia?

9. Segundo a teoria de Piaget, podemos dizer que, de modo geral, uma criança com menos de 10 anos está pronta para ser responsabilizada moralmente por suas ações? Justifique sua resposta.

10. Leia atentamente alguns trechos de provérbios tidos como expressão da sabedoria popular. A seguir, responda às questões:
    - "Para bom entendedor, meia palavra basta";
    - "Em terra de cego, quem tem um olho é rei";
    - "Nem tudo que reluz é ouro";
    - "Não existe rosa sem espinho";
    - "Pense duas vezes antes de agir".

    a) Você já conhecia esses provérbios? Com qual deles você mais concorda? Por quê?

    b) Escolha dois desses provérbios e explique seus significados.

    c) Qual dos provérbios citados assemelha-se a este outro: "As aparências enganam"?

    d) Debata: o que vem primeiro, agir ou pensar? Agir e pensar não são complementares?

Conversa filosófica

11. Realismo *versus* idealismo

Qual doutrina faz mais sentido para você: a realista ou a idealista? Reflita sobre essa questão considerando sua maneira de se relacionar e compreender o mundo e qual epistemologia traz implícita. Depois reúna-se com os colegas e procure argumentar sobre sua escolha defendendo sua posição.

12. Razão ou experiência

"Penso, logo existo". Esse conhecimento a que chegou Descartes está fundado na razão ou na experiência? Reúna-se com os colegas para debater esse tema.

13. Senso comum e conhecimento

A noção de conhecimento do senso comum é, em geral, realista e dogmática, embora as pessoas não se deem conta disso. Você concorda com essa afirmação? Fundamente sua opinião. Depois reúna-se com os colegas para debater esse assunto.

Para pensar

Os textos a seguir tratam do tema da origem do conhecimento na visão de três filósofos dos séculos XVII e XVIII: René Descartes, David Hume e Immanuel Kant. Leia-os atentamente e responda às questões.

Texto I

A luz da razão

A certeza de pensar

Assim, porque os nossos sentidos nos enganam às vezes, quis supor que não havia coisa alguma que fosse tal como eles nos fazem imaginar. [...] E, enfim, considerando que todos os mesmos pensamentos que temos quando despertos nos podem também ocorrer quando dormimos, sem que haja nenhum, nesse caso, que seja verdadeiro, resolvi fazer de conta que as coisas que até então haviam entrado no meu espírito não eram mais verdadeiras que as ilusões de meus sonhos. Mas, logo em seguida, percebi que, enquanto eu queria assim pensar que tudo era falso, seria necessário que eu, que pensava, fosse alguma coisa. E, notando que esta verdade: *eu penso, logo existo*, era tão firme e tão certa que todas as mais extravagantes suposições dos céticos não seriam capazes de a abalar, julguei que podia aceitá-la, sem escrúpulo, como o primeiro princípio da Filosofia que procurava.

A substância pensante

Depois, examinando com atenção o que eu era, e vendo que podia supor que não tinha corpo algum e que não havia qualquer mundo, ou qualquer lugar onde eu existisse, mas que nem por isso podia supor que não existia; e que, ao contrário, pelo fato mesmo de eu pensar em duvidar da verdade das outras coisas seguia-se mui evidente e mui certamente que eu existia; [...] compreendi por aí que era uma substância cuja essência ou natureza consiste apenas no pensar, e que, para ser, não necessita de nenhum lugar, nem depende de qualquer coisa material. De sorte que esse eu, isto é, a alma, pela qual sou o que sou, é inteiramente distinta do corpo e, mesmo, que é mais fácil de conhecer do que ele, e, ainda que este nada fosse, ela não deixaria de ser tudo o que é. [...]

As ideias de Deus e da alma

Mas o que leva muitos a se persuadirem de que há dificuldade em conhecer a Deus e mesmo também em conhecer o que é sua alma é o fato de nunca elevarem o espírito além das coisas sensíveis e de estarem de tal modo acostumados a nada considerar senão imaginando, que é uma forma de pensar particular às coisas materiais, que tudo quanto não é imaginável lhes parece não ser inteligível. E isto é assaz manifesto pelo fato de os próprios filósofos terem por máxima, nas escolas, que nada há no entendimento que não haja estado primeiramente nos sentidos, onde todavia é certo que as ideias de Deus e da alma jamais estiveram. E me parece que todos os que querem usar a imaginação para compreendê-las procedem do mesmo modo que se, para ouvir os sons ou sentir os odores, quisessem servir-se dos olhos; exceto com esta diferença ainda: que o sentido da vista não nos garante menos a verdade de seus objetos do que os do olfato ou da audição; ao passo que a nossa imaginação ou os nossos sentidos nunca poderiam assegurar-nos de qualquer coisa, se o nosso entendimento não interviesse.

DESCARTES, René. *Discurso do método*. São Paulo: Nova Cultural, 1987. Quarta parte. p. 46-49. (Os Pensadores).

Texto II

As ideias são cópias das impressões e sensações

As experiências sensíveis

[...] quando analisamos nossos pensamentos ou ideias, por mais complexos e sublimes que sejam, sempre descobrimos que se resolvem em ideias simples que são cópias de uma sensação ou sentimento anterior. Mesmo as ideias que, à primeira vista, parecem mais afastadas dessa origem mostram, a um exame mais atento, ser derivadas dela. A ideia de Deus, correspondendo a um Ser infinitamente inteligente, sábio e bom, surge das reflexões que fazemos sobre as operações de nossa própria mente, aumentando sem limites essas qualidades de bondade e sabedoria. Podemos prosseguir esse exame tanto quanto desejarmos, e sempre descobriremos que todas as ideias que examinamos são copiadas de uma impressão semelhante. Aqueles que afirmam que essa posição não é universalmente verdadeira, nem sem exceções, têm apenas um único e bastante fácil método de refutá-la: apresentar uma ideia que em sua opinião não seja derivada dessa fonte. Caberá então a nós, se quisermos sustentar nossa doutrina, indicar a impressão ou percepção viva que lhe corresponda.

HUME, David. *Investigação acerca do entendimento humano*. São Paulo: Nova Cultural, 1989. Seção II. p. 14.

Texto III

Da distinção entre conhecimento puro e empírico

As fontes do conhecimento

Não há dúvida de que todo o nosso conhecimento começa com a experiência [...].

Mas embora todo o nosso conhecimento comece com a experiência, nem por isso todo ele se origina justamente da experiência. Pois poderia bem acontecer que mesmo o nosso conhecimento de experiência seja um composto daquilo que recebemos por impressões e daquilo que a nossa própria faculdade de conhecimento (apenas provocada por impressões sensíveis) fornece de si mesma, cujo acréscimo não distinguimos daquela matéria-prima antes que um longo exercício nos tenha chamado a atenção para ele e nos tenha tornado aptos a abstraí-lo.

Os conhecimentos *a priori* e *a posteriori*

Portanto, é uma questão que requer pelo menos uma investigação mais pormenorizada e que não pode ser logo despachada devido aos ares que ostenta, a saber, se há um tal conhecimento independente da experiência e mesmo de todas as impressões dos sentidos. Tais conhecimentos denominam-se *a priori* e distinguem-se dos empíricos, que possuem suas fontes *a posteriori*, ou seja, na experiência.

[...] por conhecimentos *a priori* entenderemos não os que ocorrem independente desta ou daquela experiência, mas absolutamente independente de toda a experiência. Opõem-se os conhecimentos empíricos ou aqueles que são possíveis apenas *a posteriori*, isto é, por experiência.

KANT, Immanuel. *Crítica da razão pura*. São Paulo: Abril Cultural, 1979. Introdução. p. 23-24. (Os Pensadores).

1. Identifique a posição de cada um desses três filósofos no que se refere à origem do conhecimento. Justifique sua resposta usando trechos dos textos citados.
2. Como Descartes refuta o empirismo usando as ideias de Deus e da alma?
3. De acordo com Hume, como desenvolvemos a ideia de Deus, refutando o argumento de Descartes?
4. O que são, de acordo com Kant, conhecimentos *a priori* e conhecimentos *a posteriori*? Qual é a sua origem? Procure exemplos.
5. Após o estudo e o entendimento desses três textos, o que você pensa sobre a origem do conhecimento? Qual argumentação você considerou mais convincente? Reúna-se com os colegas para debater sobre esse tema.

Sessão de cinema

Gênio indomável (1997, Estados Unidos, direção de Gus Van Sant)

História de um garoto prodígio em matemática que, apesar de sua inteligência, tem grandes problemas de relacionamento na sua vida social.

O menino que descobriu o vento (2019, Reino Unido/Malawi, direção de Chiwetel Ejiofor)

Baseado no livro de memórias de William Kamkwamba, *The Boy Who Harnessed The Wind*, o drama narra a história de um menino que cria estratégias para salvar seu vilarejo e mudar a realidade de seu povo, que passa por um grave racionamento de comida e água.

Sete anos no Tibet (1997, Estados Unidos, direção de Jean-Jacques Annaud)

Filme baseado na história real de um alpinista austríaco egocêntrico que viajou à Ásia para escalar uma montanha em busca de glória. Lá, iniciou uma jornada de autoconhecimento ao entrar em contato com a cultura budista tibetana.

Verdades e mentiras (1973, França, direção de Orson Welles)

O filme discute de maneira filosófica as ideias de verdade e falsidade, de cópia e originalidade e de realidade e ilusão. Parte de questionamentos sobre a produção de um famoso falsificador de quadros, indagando sobre a própria ilusão da linguagem cinematográfica.

CAPÍTULO 10

Visões de mundo e paradigmas

Cosmogonia da face, de Victor Brauner, 1961. Óleo sobre tela, 65 cm × 54 cm.

- **O que o artista trata de representar na imagem acima? É uma realidade parecida com o mundo como o conhecemos?**

Questões filosóficas

- Como surgiu tudo?
- Como são essencialmente as coisas?
- Qual é o lugar do ser humano no Universo?
- Como se relaciona o corpo e a mente?

Conceitos-chave

visão de mundo, realidade, natureza, cosmos, metafísica, ontologia, cosmogonia, cosmologia, materialismo, idealismo, monismo, dualismo, paradigma, ciência moderna, ciência pós-moderna, mecanicismo, reducionismo materialista, holismo, pensamento complexo

Encerrando esta unidade, vamos ampliar nosso foco ao máximo para abordar o problema do mundo ou da realidade. Desde épocas remotas, o ser humano se faz perguntas tão famosas como a tríade: "Quem somos?", "De onde viemos?, " Para onde vamos?". A tarefa de respondê-las estimulou a investigação de múltiplos cenários.

Dos mitos mais antigos à ciência atual, uma diversidade de narrativas foi construída ao longo do tempo, por distintos povos e culturas, para explicar tudo o que existe. Assim nasceram diversas metafísicas, visões de mundo e paradigmas, conforme veremos adiante.

PROBLEMA DO MUNDO
Como são as coisas realmente?

Deitado em seu berço, um bebê olha encantado um móbile colorido girando sobre si, enquanto suga prazerosamente os dedinhos do pé, em um processo de descoberta do próprio corpo e do mundo ao seu redor. Suas expressões corporais e seus olhinhos atentos e curiosos parecem querer dizer: "O que é isso que experimento a cada instante?" "O que é essa coisa que escuto e vejo, que sinto pelo nariz, pela boca ou por toda a pele?" "Como tudo isso funciona?".

Com o passar dos anos, essa criança tende a perder esse impulso para a descoberta direta da realidade, à medida que for consolidando suas próprias interpretações do real, em conjunto com as narrativas que for absorvendo da sociedade e da cultura em que vive – ou seja, sua **visão de mundo** ou **cosmovisão**.

Visões de mundo

De modo geral, visão de mundo é um conjunto de concepções sobre como são as coisas e a realidade – do Universo aos seres humanos, sua conduta e relações. Podemos identificar diferentes visões de mundo nas diversas sociedades, formuladas e transmitidas por práticas culturais, concepções religiosas, filosóficas e científicas ao longo da história, conforme veremos a seguir.

Na esfera das religiões, por exemplo, o cristianismo concebe o mundo de uma maneira que difere, em diversos aspectos, das concepções do hinduísmo, as quais, por sua vez, diferem das crenças dos povos indígenas, e assim sucessivamente. Suas visões de mundo não são idênticas, embora possam ter elementos semelhantes.

De maneira quase imperceptível, as visões de mundo têm um grande impacto em nossas vidas, pois funcionam como um guia mental sobre o que é real, possível, bom e belo. Tudo o que não se enquadre nesse guia está fadado a ser considerado fantasioso, impossível, feio etc. – ou será simplesmente ignorado por nós.

As cosmovisões também se traduzem em **hábitos** e **modos de ser**. Em outras palavras, a visão de mundo não é apenas uma maneira de entender a realidade, mas também uma maneira de **estar no mundo**, como expressou o filósofo alemão **Martin Heidegger** (1889-1976).

Por suas pretensões de abarcar a totalidade, as visões de mundo constituem **sistemas fechados**, isto é, sistemas que não aceitam o que vem de fora, as outras visões de mundo. Por isso, é comum haver tanto conflito entre grupos com cosmovisões distintas, especialmente quando eles adotam concepções antagônicas, pois sempre pode surgir alguma questão que faz sentido e está respondida em um sistema, mas não em outro.

É o que ocorre, por exemplo, na pergunta "Como surgiu tudo?". Para o cristianismo, a resposta correta é que o mundo foi criado por Deus, porque é isso o que diz a Bíblia. No entanto, para aqueles que não compartilham a pressuposição epistemológica de que a Bíblia é a fonte de toda a verdade, essa resposta não satisfaz. Talvez proponham, como alternativa, a teoria científica do *big bang* (ver boxe "*Big bang*: a origem do Universo", ao final do capítulo), a qual, para um cristão, poderá parecer absurda. O que está ocorrendo aí é um **choque entre cosmovisões**.

SALLY ANSCOMBE/DIGITAL VISION/GETTY IMAGES

Criança olha atentamente as raízes de uma planta. Assim começamos nossa investigação sobre a realidade. Nossas primeiras descobertas são motoras e sensoriais. Somos como um papel em branco, que vai sendo preenchido por elas. Com o tempo, quase não voltamos mais à experiência direta, apenas às ideias e interpretações que formamos dela. Fotografia de 2016.

Metafísica: o estudo do ser

Ao longo da história, diferentes teorias sobre o mundo foram elaboradas, constituindo o campo de investigação mais radical da filosofia: a metafísica. Seus estudos buscam a compreensão da realidade fundamental das coisas, ou seja, sua essência. Aristóteles definiu-a como a **ciência do ser enquanto ser**, aquela que vem antes e fundamenta todos os outros conhecimentos, a filosofia primeira.

A palavra "metafísica", porém, não existia ainda na época em que as primeiras teorias desse campo filosófico foram concebidas. Acredita-se que teria surgido no século I a.C. com a expressão grega *tà metà tà physiká*, que quer dizer "[as obras] depois da física [de Aristóteles]", passando a ser usada como unidade semântica (*metaphysiká*) somente a partir da Idade Média.

Durante o século XVII, no entanto, cunhou-se um novo termo, "ontologia" (do grego *óntos*, "ser" + logia), que significa literalmente estudo do ser (enquanto ser). A partir do século XVIII, a ontologia começou a ser entendida, por alguns estudiosos, como uma disciplina independente da metafísica, uma vez que esta incluía também outras investigações (cosmológicas, teológicas, epistemológicas), não apenas as ontológicas.

Apesar dessa distinção, ainda hoje as palavras metafísica e ontologia são empregadas com frequência como sinônimos em diversos contextos.

O que é o ser?

O que é isso que chamamos de "ser"? O que quer dizer a enigmática expressão "ser enquanto ser"?

Definir o substantivo "ser" no contexto filosófico é uma tarefa delicada, pois se trata de um conceito bastante abstrato. Cada pensador deu sua pincelada, tirou ou acrescentou algo nesse conceito. Contudo, podemos dizer, de maneira simplificada, que "ser" é um termo genérico usado para se referir a qualquer "coisa que é", qualquer "coisa que existe": homem, mulher, pássaro, pedra, avião etc. Cada um deles constitui um **ser** ou **ente**. Essa é a primeira acepção de ser.

Normalmente, como cada ser "se apresenta" a nós de maneira caracteristicamente própria e distinta, tendemos a pensar que cada ser é **algo** caracteristicamente próprio e distinto um do outro. Por exemplo: como o pássaro "se apresenta" a nós de uma maneira tal que não se confunde com a maneira de "se apresentar" de uma pedra ou uma mesa, pensamos que ele é algo caracteristicamente próprio e distinto.

Assim, se todas as "coisas" são de maneiras caracteristicamente próprias e distintas, acabamos inferindo que cada uma delas "tem" algo que lhe é **inerente**, **intrínseco** e **essencial**, e que a constitui e determina. Portanto, o termo "ser" também pode ser definido, *stricto sensu*, como aquilo que uma coisa (um ente) é ou "tem" que lhe é próprio e que não depende de outros seres ou de quaisquer circunstâncias. Essa é a segunda acepção de ser.

O ser, nesse último sentido, ficou conhecido mais tarde no jargão filosófico como **coisa em si**, expressão adotada pelo filósofo alemão Immanuel Kant no século XVIII.

Inerente: que está em algo (ou alguém), fazendo parte dele de maneira inseparável.

Intrínseco: que vem de dentro e faz parte de algo (ou alguém) como próprio (por oposição a extrínseco, que vem de fora).

DEA/G. DAGLI ORTI/GETTY IMAGES © SALVADOR DALÍ, FUNDACIÓGALA-SALVADOR DALÍ, AUTVIS, 2019 – COLEÇÃO PARTICULAR

Cisnes refletindo elefantes, de Salvador Dalí, 1937. Óleo sobre tela, 51 cm × 77 cm. Distintas intuições do mundo podem levar a distintas interpretações sobre o ser e o real. É o que parece querer dizer esta obra surrealista, que nos traz uma visão crítica (e irracional) da realidade. O que é essencial e verdadeiro nessa paisagem? O que é ilusão?

Desse modo, articulando a primeira acepção de ser com a segunda, podemos entender que o estudo do "ser enquanto ser" é o estudo daquilo que existe em seus termos mais essenciais e absolutos. Por isso dizemos que a metafísica é a busca da realidade fundamental de qualquer coisa ou de tudo. É a tentativa de saber como são as coisas essencialmente, livres das aparências. Essa busca seguiu diferentes caminhos, como veremos a seguir.

Concepções centrais da metafísica

Pois bem, como são essencialmente as coisas?

Experimente olhar para o que há ao seu redor neste instante como se estivesse fazendo isso pela primeira vez e com a intenção de conhecer como é verdadeiramente o mundo. Comece por problematizar a maneira pela qual as pessoas veem a realidade.

Na Antiguidade, foi isso que os primeiros filósofos gregos fizeram. Eles procuraram descobrir não apenas a **origem** de tudo o que existe, mas também seu propósito ou sua **finalidade**. Alguns se perguntaram sobre a **constituição** de cada coisa, ou de todas as coisas, e se havia uma relação, ordem ou hierarquia entre tudo o que existe. Outros se voltaram para os **processos** observados na realidade, como o crescimento e o envelhecimento, vinculados ao passar do tempo (como veremos ainda neste capítulo e no Capítulo 11).

Enfim, a partir de distintas intuições do mundo, esses primeiros filósofos procuraram encontrar a **essência** da realidade (ou do ser), suas **causas** e suas **propriedades fundamentais**. Desse modo, foram criados alguns dos conceitos centrais da filosofia – que foram retomados, reformulados ou contestados ao longo do tempo – sendo empregados nos diversos campos de estudo filosófico, e também não filosófico, até nossos dias.

Conexões

1. Experimente fazer o que fizeram os primeiros filósofos. Escolha algum ser (uma mesa, uma casa, uma pessoa, uma instituição etc.) e procure investigar o que ele realmente é. Siga basicamente este roteiro para sua investigação: origem, finalidade, constituição fundamental, características essenciais, características não essenciais.

Substância

Quando observamos as coisas em busca de sua natureza intrínseca, fundamental, essencial, tendemos a pensar naquilo que, em filosofia, se designa substância.

A palavra "substância" vem do latim *substantia*, que significa "o que está ou permanece sob, por debaixo", isto é, como "suporte, sustentáculo". No contexto da ontologia, foi usada por alguns filósofos para denominar o substrato ou o suporte fundamental de um ser, aquilo sem o qual ele não é. Nesse sentido, substância equivale à essência. Assim, a substância de um ser seria a realidade necessária e constante desse ser.

Número 34, de Jackson Pollock, 1949. Em seu expressionismo abstrato e antifigurativista, o artista coloca em xeque a tessitura do real. Que sensações ou ideias despertam em você essa pintura?

Ao conceito de substância opõe-se o de **acidente**, pois este se refere àquilo que faz parte de um ser, mas sem o qual o ser continua sendo. Por exemplo: o tamanho de um triângulo é um acidente, pois o triângulo não precisa ser grande ou pequeno para ser triângulo.

Não se trata, portanto, da substância como a entendemos de modo geral, ou seja, uma entidade material qualquer (por exemplo, leite ou cal), que pode ser concebida também física ou quimicamente (por exemplo, cálcio ou óxido de cálcio). Na metafísica, especula-se a respeito da substância de qualquer coisa: dos corpos, dos pensamentos, das palavras ou mesmo de Deus.

Observação

A definição formulada aqui é restrita e simplificada. Vários filósofos, principalmente Aristóteles, detalharam o conceito de substância de acordo com suas perspectivas, conferindo-lhe diversos matizes. Acreditamos, porém, que essa definição básica é suficiente, por ora.

Devir ou vir a ser

Quando pensamos que todo ser deve ter uma substância (uma realidade necessária e constante), estamos observando a **permanência** nas coisas, aquilo que não varia (ou que supomos não variar). Por exemplo: os três lados do triângulo, a brancura do leite, a mortalidade dos seres vivos. Essa foi a tendência predominante da filosofia (e, depois, das ciências) desde Sócrates.

No entanto, alguns filósofos, como é o caso do filósofo grego Heráclito (que estudaremos no Capítulo 11), olharam para o Universo e tiveram uma intuição distinta. Eles focalizaram sua atenção sobre a **mudança**. Nesse caso, em vez de realizar uma reflexão sobre o ser, desenvolveram uma reflexão sobre o vir a ser.

"Vir a ser" ou "devir" são termos sinônimos que se referem ao processo de transformação dos seres e das coisas, ao conjunto de mudanças que se manifestam à medida que o tempo passa: da semente à árvore; do ovo à galinha; da criança, ao adulto, ao idoso. E à morte que a tudo segue. "Talvez nada permaneça no Universo, tudo seja devir", pensaram alguns estudiosos.

Nesse caso, se podemos falar em "essência" da realidade, ela seria a **impermanência**. Essa intuição originou um tipo de reflexão sobre o mundo centrada na relação entre opostos, que apresenta uma visão **dialética** da realidade, conforme veremos mais adiante neste capítulo (na metafísica de Hegel).

Conexões

2. Observe o mundo à sua volta: os lugares, os objetos, as pessoas, as plantas e os animais. Compare-os com o que eram tempos atrás quando você era criança, por exemplo. Na sua percepção, o que parece ser fundamental: a permanência do ser ou a mudança do devir? Por quê?

Causa e causalidade

Até agora estávamos trabalhando alguns conceitos metafísicos vinculados à pergunta "o quê?": "O que é tal coisa?", "O que é essencial nela e o que não é?". No entanto, quando olhamos o mundo e seus fenômenos para procurar entendê-los, também tendemos a perguntar "por quê?". Ao fazer isso, estamos investigando as causas, que na metafísica seriam as **causas primeiras**, isto é, fundamentais.

O próprio Aristóteles afirmava não acreditar conhecer nada antes de ter compreendido o seu porquê (sua primeira causa). Para isso, distinguiu quatro tipos de causa: **material**, **eficiente**, **formal** e **final** (veja cada uma delas em detalhe no Capítulo 11).

Modernamente, no entanto, quando falamos em causa, em geral estamos nos referindo àquilo que dá origem ou induz a algo mais. Esse "algo mais" é o **efeito**: justamente aquilo que queremos compreender e que nos remete a uma causa, por exemplo – um vidro quebrado (o efeito) pode nos remeter a uma bola chutada contra ele (a causa).

Causa e efeito seriam, portanto, coisas ou fenômenos que supomos vinculados por uma relação de causalidade, isto é, de "influência" do primeiro (a causa) sobre o segundo (o efeito).

Assim, a busca pela causa traz implícita a noção de que todo ser, fenômeno ou acontecimento deve ter sido originado ou determinado por outro ser ou acontecimento que o precede no tempo. Trata-se do chamado **princípio de causalidade**, o qual sustenta que todo fenômeno tem uma causa.

O princípio de causalidade acabou tornando-se um dos princípios fundamentais do pensamento moderno e contemporâneo, especialmente nas ciências.

Fim e finalismo

Na outra ponta da investigação sobre a realidade, podemos situar a pergunta "para quê?", formulada quando buscamos o fim das coisas, em outras palavras, o objetivo para o qual apontam os seres, os acontecimentos ou as ações.

ARQUIVO/ESTADÃO CONTEÚDO; ARQUIVO/ESTADÃO CONTEÚDO; EDUARDO KNAPP/FOLHAPRESS

A escritora brasileira Lygia Fagundes Telles em distintos momentos de sua vida. Observe que ela foi mudando, embora continuasse sendo a mesma pessoa. A mudança, ou o movimento do real, é uma das principais questões da metafísica – e fonte de angústia constante para os mortais.

Alguns pensadores procuraram encontrar as múltiplas finalidades que os seres possam ter, bem como o fim último do Universo ou da existência. Conceberam, assim, doutrinas denominadas **finalistas**.

No finalismo, o fim tende a adquirir um estatuto especial, pois assume o lugar de princípio explicativo para a existência, a organização e as transformações dos seres. Como interpretou o filósofo cristão Tomás de Aquino, o fim é aquilo por que algo é – a sua razão de ser. Desse modo, o finalismo vincula-se ao conceito de causa final, de Aristóteles.

As doutrinas finalistas também são conhecidas como **teleológicas**, palavra derivada do substantivo grego *télos*, que significa "fim". Muitas vezes, o termo *télos* é usado em um sentido genérico em referência ao ponto para o qual se move ou tende a mover-se uma coisa ou realidade.

As concepções finalistas ou teleológicas sobre o mundo são comuns nas religiões e praticamente ignoradas nas ciências, pois estas operam dentro de uma cosmovisão materialista (conforme veremos a seguir), na qual não tem sentido pensar que o mundo tenha uma finalidade. Na filosofia, a discussão sobre os fins ganhou maior relevância, fora da metafísica, em questões ligadas à ética e ao ser humano e sua existência.

PHILIPPE DESMAZES/AFP/GETTY IMAGES

Dançarinos sul-africanos na cerimônia de abertura da Cúpula Mundial sobre Desenvolvimento Sustentável de 2002, realizada na Vila Ubuntu, em Johanesburgo (África do Sul). *Ubuntu* é uma palavra das línguas zulu e xhosa que significa aproximadamente "eu sou porque nós somos". Expressa a cosmovisão de alguns povos africanos, baseada na interdependência de tudo o que existe, ou seja, minha existência depende da existência de todos os outros (seres humanos e natureza).

Conexões

3. Pesquise o conceito de *ubuntu* no contexto da filosofia africana e procure:

a) analisar a concepção ontológica que o conceito de *ubuntu* explicita;

b) discutir com os colegas como essa visão ontológica conduz a uma concepção ética e política (maneira de agir e conviver) que lhe é inerente;

c) avaliar criticamente essa concepção, comparando-a com a visão de mundo predominante na comunidade onde você vive.

DO MITO À CIÊNCIA MODERNA
Concepções de mundo através da história

Agora que você já tem uma ideia geral sobre a investigação da realidade efetuada pela metafísica, vejamos algumas explicações sobre o mundo formuladas por diversos grupos humanos ao longo da história.

As mais antigas explicações sobre o Universo conhecidas estão presentes nas lendas e nos mitos das culturas egípcia, indiana, chinesa, grega, romana, asteca, maia, entre outras. São as chamadas **cosmogonias** ou **cosmogêneses** (são exposições sobre a origem e a formação do Universo).

Os mitos e sua função

Em seu significado original, o termo "mito" refere-se às narrativas tradicionais, pertencentes à cultura de um povo, que utilizam elementos simbólicos para explicar a realidade e dar sentido a suas vidas.

De acordo com o especialista romeno em história das religiões **Mircea Eliade** (1907-1986), "o mito conta uma história sagrada; ele relata um acontecimento ocorrido no tempo primordial [...]. O mito narra como, graças às façanhas dos Entes Sobrenaturais, uma realidade passou a existir [...]." (ELIADE, Mircea. *Mito e realidade*. São Paulo: Perspectiva, 2007. p. 11).

Para um dos grandes estudiosos das mitologias, o psiquiatra suíço Carl Gustav Jung (1875-1961), os mitos estariam relacionados com os arquétipos do inconsciente coletivo – memória arcaica da humanidade (reveja mais informações a respeito no Capítulo 5). Portanto, seriam conteúdos arquetípicos da psique humana que se exteriorizavam em determinadas culturas sob a forma de mitos.

Por intermédio de rituais sagrados que representavam as narrativas míticas, era possível para diversos grupos humanos renovar suas alianças com esses conteúdos (concebidos sob a forma de diversas divindades e seres sobrenaturais) e alcançar uma sensação de amparo diante dos perigos da existência. Os mitos também tinham a função de transmitir os saberes e valores desejados por essas sociedades e condensavam suas concepções a respeito do Universo.

No mundo contemporâneo, apesar de predominar uma visão racional e materialista da realidade, o mito ainda tem lugar privilegiado em diversas partes do planeta, especialmente entre os povos de cultura indígena e africana.

Cosmogonia grega

No caso específico dos gregos, havia um conjunto de deuses primordiais que representava, segundo a narrativa mítica, o surgimento do **cosmos** ("Universo ordenado", conforme estudamos no Capítulo 1).

DENILSON BANIWA

Cobra canoa da transformação, de Denilson Baniwa, 2017. Mural de 3 m × 5 m. Mito amazônico das etnias Tukano e Desano que explica como a humanidade surgiu: uma espécie de embarcação submarina em forma de cobra (a cobra-canoa) trouxe em seu ventre nossos ancestrais, os quais foram baixando à terra ao longo do rio e deram origem às comunidades ribeirinhas.

De acordo com o poema *Teogonia* ("origem dos deuses"), de Hesíodo, escrito por volta de VIII a.C., a primeira divindade teria sido **Caos** (o abismo, o vazio indeterminado e ilimitado), em seguida, apareceram **Gaia** (a Terra), **Tártaro** (o mundo subterrâneo, de trevas profundas) e **Eros** (o amor). De cada uma dessas divindades vieram outras e, da união entre elas, nasceram outras mais, conformando assim várias estirpes de deuses e deusas, heróis e heroínas e outras entidades.

Vemos, portanto, como as forças e os fenômenos da natureza estavam simbolicamente representados em seres divinos ou sobrenaturais, geralmente concebidos com imagem humana (antropomorfizados). Assim, a cosmogonia grega contida nos mitos equivale praticamente à **genealogia** de suas divindades.

UNIVERSAL IMAGES GROUP/GETTY IMAGES

Friso do Partenon, templo do século V a.C., localizado na Acrópole de Atenas, Grécia. Nele vemos Poseidon, Apolo e Artêmis participando de um encontro de deuses.

Conexões

4. Jung considerava importante o indivíduo trabalhar internamente seus próprios símbolos e mitos. Por isso estimulava as pessoas a refletirem sobre si mesmas, tendo como referência a seguinte pergunta: "Qual é o mito que você vive?". Para isso:

a) pesquise diversas mitologias e identifique o mito que mais reflete sua maneira de ser;

b) analise o aspecto da realidade ou o valor que ele representa e por que você se identifica com ele;

c) compartilhe suas descobertas com a classe, utilizando diferentes formas expressivas (como texto, desenho, dança, música, vídeo, cartaz etc.) para apresentar a narrativa do mito escolhido.

Genealogia: estudo que visa encontrar a origem e a história de um indivíduo ou de um grupo; a relação entre esses indivíduos e seus antepassados. Por extensão, na filosofia, esse estudo analisa as concepções dos acontecimentos que determinaram ou favoreceram a formação de certas ideias, valores ou crenças.

Primeiras cosmologias

A partir do século VII a.C., os primeiros filósofos gregos – conhecidos como **pré-socráticos** – iniciaram um processo de ruptura com as explicações míticas e antropomórficas do Universo. Dedicaram-se a investigar diretamente o mundo físico, a natureza (*physis*, em grego), e a construir uma cosmologia, ou seja, uma explicação sobre a origem, a formação e as principais características do cosmos. Nada – ou bem pouco – de deuses ou histórias familiares. A nova tendência era buscar argumentos baseados na observação do mundo natural e no uso da razão para formar um sistema coerente de concepções.

Busca da *arché*

A investigação empreendida pelos pensadores pré-socráticos caracterizou-se principalmente pela busca da *arché*, palavra grega que significa literalmente "o que está na frente, a origem, o começo". A *arché* pode ser entendida como:

- **realidade primeira** que deu origem a tudo o que existe;
- **substrato** fundamental que compõe as coisas;
- **força** ou **princípio** que determina todas as transformações que ocorrem nas coisas.

Como vimos, a ideia de que todos os seres da natureza provêm ou participam de uma unidade primordial já estava presente nas diversas cosmogonias. No entanto, a busca da *arché* dos primeiros filósofos trouxe a novidade, entre outras, de superar o **antropomorfismo** da perspectiva mítica, procurando identificar elementos naturais (ou não sobrenaturais) que explicassem racionalmente a realidade.

Qual era a *arché* para cada pensador pré-socrático? Tales dizia ser a **água**; Anaximandro, o ***ápeiron*** ("o indeterminado"); Anaxímenes, o **ar**; Xenófanes, a **terra**; Heráclito, o **fogo**; Pitágoras, os **números**; Parmênides, **o ser**; Empédocles, os **quatro elementos** (terra, água, ar e fogo); Demócrito, os **átomos** (estudaremos a maioria desses filósofos no Capítulo 11).

Metafísicas gregas clássicas

No século IV a.C., período clássico da filosofia grega, começa a formulação das primeiras grandes teorias metafísicas propriamente ditas, com destaque para as concepções de Platão e Aristóteles. Daremos destaque aqui a aspectos do dualismo platônico e da cosmologia aristotélica, contudo essas concepções não podem ser isoladas do conjunto do pensamento desses dois filósofos, que serão estudados mais detalhadamente no Capítulo 11.

Dualismo platônico

Como vimos (no Capítulo 1), a metafísica platônica é dualista, pois entende a realidade composta de dois mundos separados:

- **mundo sensível** – correspondente à matéria, temporário e ilusório;
- **mundo inteligível** – correspondente às ideias, eterno e verdadeiro.

Apesar de seu dualismo, Platão supôs a existência de uma terceira instância, a qual teria operado apenas na criação do mundo. Como argumenta o filósofo no diálogo *Timeu*, tudo o que foi gerado deve ter tido um princípio gerador, uma causa. Portanto, o Universo (o mundo sensível) teria surgido por obra de um **demiurgo** – palavra de origem grega que significa "aquele que faz, constrói".

De acordo com essa doutrina, para construir o Universo o demiurgo agiu como um "artesão": buscou as ideias eternas do mundo inteligível como modelo e, com elas, deu forma à matéria indeterminada, criando assim o mundo sensível. Isso quer dizer que as ideias e a matéria já existiam antes, compondo, junto com o demiurgo, as três realidades fundamentais da cosmogênese platônica.

Cosmologia aristotélica

Aristóteles, por sua vez, apresentou concepções sobre o mundo semelhantes às de Platão – pois afinal havia sido seu discípulo –, no entanto, essas concepções resultaram em um sistema metafísico totalmente distinto, original e abrangente. Para o filósofo, haveria dois princípios inseparáveis em todas as coisas:

- **matéria** – princípio indeterminado, mas determinável pela forma;
- **forma** – princípio determinado e determinante da matéria.

Para explicar a origem do Universo, a complexa teoria elaborada por Aristóteles defende que o mundo é **eterno** (sem princípio nem fim). Contudo, um **primeiro motor imóvel** o teria colocado em movimento, por sua força de atração (veja a explicação completa dessas concepções no Capítulo 11).

Aristóteles também sintetizou e sistematizou a cosmologia grega de sua época, suas contribuições, na obra *Sobre o céu*, a qual se tornaria um dos tratados de maior influência na história da cosmologia, tendo sido adotada no mundo ocidental por mais de 18 séculos.

Trata-se de um modelo de Universo extremamente organizado e racional. Nele, a Terra ocupa um lugar privilegiado – o centro (**geocentrismo**). No entanto, é ao mesmo tempo o lugar de menor perfeição (ideia vinculada à concepção platônica do mundo corruptível da matéria). O Universo seria **finito** espacialmente e composto de diversas **esferas concêntricas**. A menor seria a da Terra; a maior, a das estrelas fixas. A esfera correspondente à Lua dividiria o espaço em duas regiões, com qualidades totalmente distintas:

- **mundo sublunar** – região terrestre, mutável e imperfeita, composta dos elementos terra, água, ar e fogo;
- **mundo supralunar** – região celeste, imutável e perfeita, composta do elemento éter, na qual habitariam os deuses.

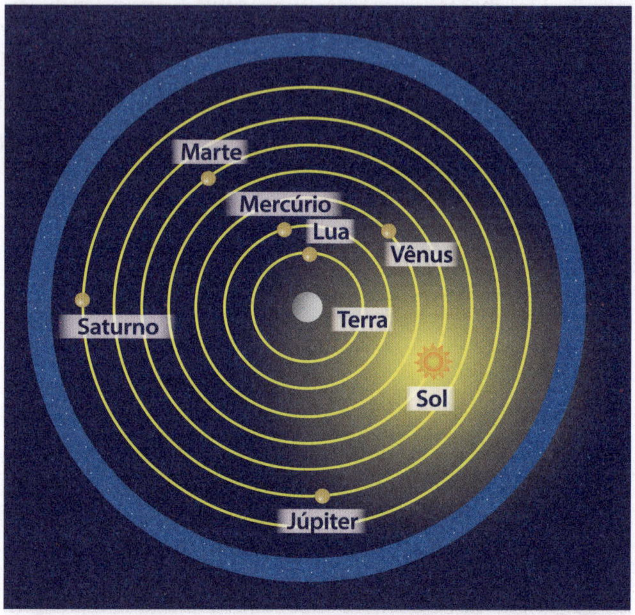

Representação simplificada do sistema geocêntrico concebido pelo astrônomo grego Cláudio Ptolomeu (c. séculos I ao II d.C.). Estava baseado, em boa parte, no modelo de Universo descrito por Aristóteles. Apesar de algumas vozes contrárias, o geocentrismo predominou na astronomia da Grécia Antiga e da Europa Medieval.

Organizado hierarquicamente, o cosmos aristotélico apresentava a noção de **espaço qualitativo**: cada corpo (ou ser) teria uma qualidade e um lugar que lhe seriam próprios, e a esse lugar ele tenderia por natureza. Por exemplo, quando atiramos uma pedra para cima e ela volta ao chão, isso ocorre porque esse é seu **lugar natural**. Pela mesma razão, a água tende a descer, enquanto o ar e o fogo tendem a subir.

Durante a Idade Média, a concepção aristotélica do Universo foi assimilada pelos pensadores cristãos e adotada oficialmente pela Igreja católica. Essa concepção garantia um posto privilegiado para o ser humano (no centro da criação), além de permitir que Deus pudesse ser identificado com o primeiro motor e tivesse seu lugar natural no céu (fora do mundo), do qual podia comandar sua obra. Não havia, portanto, conflito com as escrituras sagradas, que ganhavam em racionalidade com o modelo aristotélico.

Cosmogonia judaico-cristã

As grandes tradições religiosas existentes também surgiram na Antiguidade e oferecem explicações sobre a origem do mundo e sobre como são as coisas. Tais explicações se baseiam em **verdades reveladas**: assim se denominam as concepções consideradas verdadeiras pelo fato de constarem dos textos sagrados de cada religião, no entendimento de que estes reúnem as revelações oferecidas pela própria divindade (como nas religiões monoteístas – judaísmo, cristianismo e islamismo) ou as descobertas alcançadas por um ser iluminado (como o Buda, no budismo).

Duzentos ou trezentos anos atrás, essas concepções compartilhavam plenamente, com a filosofia e a ciência, o espaço das explicações sobre o Universo e a vida consideradas válidas pela maioria das pessoas no mundo ocidental. E, em várias culturas, os limites entre filosofia e religião continuam sendo até hoje muito tênues.

No caso do cristianismo – crença predominante no mundo ocidental desde a Idade Média, apesar da crescente **laicização** das sociedades contemporâneas –, sua cosmogonia baseia-se nos relatos bíblicos, especialmente aquele contido no livro do *Gênesis*.

De acordo com essa escritura, Deus criou o Universo e tudo o que nele existe a partir do nada. Primeiro foram o céu e a Terra. Depois vieram a luz, o dia e a noite, os mares e os continentes, as plantas e os animais. Por último, criou o homem e a mulher, à sua imagem e semelhança, para que dominassem sobre a Terra e sobre todas as formas de vida nela existentes. "E viu Deus tudo quanto tinha feito, e eis que era muito bom" (GÊNESIS. 1-31). O mundo era um jardim agradável e prazeroso (éden ou paraíso).

No entanto, os dois primeiros humanos (Adão e Eva) descumpriram uma ordem divina – não comer da árvore do conhecimento –, e toda a humanidade paga por esse pecado até hoje e o final dos tempos.

Laicização: processo de tornar-se laico, independente de influência religiosa.

LUCAS CRANACH – SOCIEDADE BÍBLICA, LONDRES

Deus e sua criação, de Lucas Cranach. c. 1530. Ilustração para a Bíblia de Lutero. Xilogravura colorida.

Conexões

5. Faça um paralelo entre o demiurgo de Platão, o primeiro motor de Aristóteles e o Deus cristão, destacando semelhanças e diferenças.

Concepções da ciência moderna

A partir do século XV, iniciou-se uma série de transformações nas sociedades europeias (políticas, econômicas, sociais) comumente relacionadas com a construção de uma nova mentalidade, isto é, uma nova maneira de entender as coisas, o mundo. No plano cultural, o movimento que acompanhou, expressou e sustentou essas mudanças ficou conhecido como **Renascimento** (séculos XV e XVI). Foi também nesse contexto que se assentaram os fundamentos da chamada ciência moderna (momento histórico que estudaremos com mais detalhe no Capítulo 13).

Iniciou-se, então, uma verdadeira "revolução espiritual", pois as novas teorias de filósofos e cientistas não apenas modificaram as antigas explicações da natureza e do real (baseadas, em boa medida, no aristotelismo), como também forçaram progressivamente uma reforma nas estruturas do pensamento dos indivíduos, isto é, uma mudança na maneira de entender as coisas, da qual somos herdeiros.

Essa revolução esteve vinculada, em boa medida, à física e à astronomia, cujos sucessivos êxitos em explicar a realidade concreta contribuíram para que o **racionalismo materialista** se tornasse a visão de mundo predominante nas sociedades ocidentais contemporâneas.

Espaço homogêneo e infinito

Uma das primeiras "novidades" trazidas pela astronomia do início da Idade Moderna foi a **teoria heliocêntrica**, que propôs uma leitura de mundo que reorganizou o Universo físico e dissolveu a antiga noção de cosmos, geocêntrica, formulada desde os antigos gregos.

A concepção geocêntrica do Universo coincide, basicamente, com a percepção do senso comum, pois se trata de uma representação daquilo que podemos observar diretamente: nós aqui, no centro (o ponto fixo, a referência), com os astros girando à nossa volta. No entanto, como apontou o sacerdote e astrônomo polonês **Nicolau Copérnico** (1473-1543), em sua obra *Da revolução das esferas celestes*, o que vemos com nossos próprios olhos é apenas o movimento **aparente** dos astros. O movimento **real** é o da Terra – e, claro, dos demais astros – girando em torno do Sol (heliocentrismo).

REPRODUÇÃO

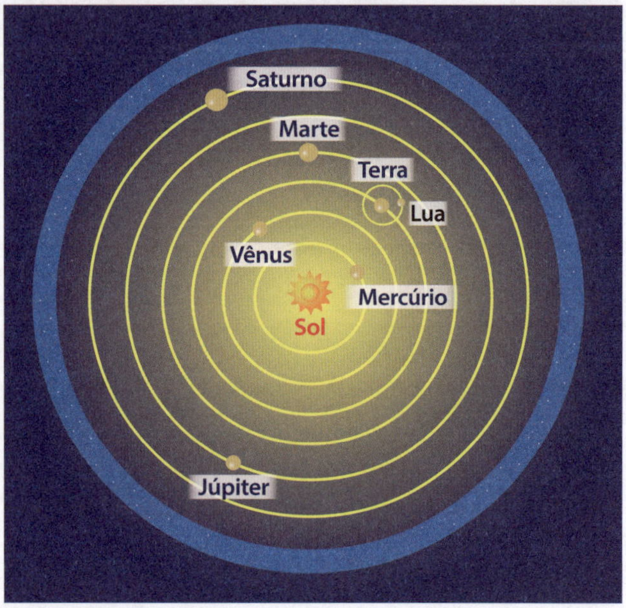

Representação simplificada do mundo heliocêntrico. A ideia do Sol como centro do Universo foi sendo dissolvida nos séculos seguintes. Hoje o que se sabe é que essa estrela é o centro gravitacional (não geométrico) apenas do sistema solar.

Ora, se a Terra não está no centro de tudo, a noção aristotélica de **espaço hierarquizado**, como vimos antes, deixou de fazer sentido. Assim, progressivamente, essa concepção foi sendo substituída pela de um **espaço homogêneo**, ou seja, um espaço em que os lugares são equivalentes, sem um ponto fixo ou referencial, sem uma hierarquia entre os lugares e as coisas.

O Sol, por sua vez, não se converteu no novo ponto fixo, pois o heliocentrismo de Copérnico constituiu apenas o primeiro passo de um processo de descentralização e expansão do mundo. Aos poucos muitos foram abraçando a tese de que o Universo é **infinito** (questão que se mantém aberta até hoje), de tal maneira que seu centro poderia estar em qualquer parte.

Observação

A tese heliocêntrica não constituiu totalmente uma novidade; segundo alguns historiadores, **Aristarco de Samos** (c. séculos IV-III a.C.) já a defendia na Antiguidade. Contudo, foi a partir do sistema proposto por Copérnico que o heliocentrismo começou a ser aceito, investigado e aperfeiçoado por seus seguidores, destruindo completamente a cosmologia medieval.

Matematização da natureza

Os pensadores modernos também desenvolveram uma visão da natureza baseada na **geometrização** do espaço; portanto, na matematização dos fenômenos naturais.

Essa expressão deve-se ao fato de que os cientistas foram abandonando a abordagem tradicional, fundada no estudo das qualidades dos corpos e de suas causas (orientação aristotélica), e passaram a observar mais atentamente as regularidades entre as propriedades dos corpos ou fenômenos, adotando o viés **quantitativo**. Por exemplo, o fenômeno do movimento começou a ser pensado em termos das relações espaço-tempo (velocidade) e impulso-duração (aceleração), expressas em linguagem geométrica ou matemática.

Assim, com o advento dessa nova mentalidade, conhecer o mundo começou a ter um novo significado. Essa mudança foi acompanhada pelo desenvolvimento da ciência moderna e ficou magistralmente registrada nas palavras do italiano **Galileu Galilei** (1564-1642), físico e astrônomo, que naquela época se designava **filósofo natural**, pois ainda não havia a separação entre filosofia e ciência:

> A filosofia encontra-se escrita neste grande livro que continuamente se abre perante nossos olhos (isto é, o universo), que não se pode compreender antes de entender a língua e conhecer os caracteres com os quais está escrito. Ele está escrito em língua matemática, os caracteres são triângulos, circunferências e outras figuras geométricas, sem cujos meios é impossível entender humanamente as palavras; sem eles nós vagamos perdidos dentro de um obscuro labirinto.

GALILEI, Galileu. *O ensaiador*. São Paulo: Abril, 1978. p. 119. (Os Pensadores).

Conexões

6. Encontre, nos componentes de ciências naturais, exemplos concretos do processo de geometrização ou matematização da natureza, ocorrido desde o início da Idade Moderna. Depois, reflita sobre a crítica feita pelo filósofo alemão Edmund Husserl (1859-1938) aos rumos tomados pelas ciências, por ter deixado de lado o "mundo da vida", isto é, todas as intuições (conhecimento imediato dos objetos) que não podem ser medidas e quantificadas.

Mecanicismo: a grande máquina

Com o físico e astrônomo inglês **Isaac Newton** (1642-1727) floresceu plenamente a revolução do pensamento no campo da investigação do Universo, aliando de maneira definitiva a matematização da natureza à experimentação.

O mundo passou a ser visto como uma grande máquina, cujas partes poderiam ser conhecidas por meio da observação, da elaboração de hipóteses e da realização de experiências para confirmá-las. Entre as principais características desse mecanismo natural gigante estava o **princípio de parcimônia**: a ideia de que é tolice fazer com mais aquilo que se pode fazer com menos.

WILLIAM BLAKE – TATE BRITAIN, LONDRES

Newton, de William Blake, 1795. Monotipia colorida, 43 cm × 57 cm. O poeta e pintor romântico inglês Blake (1757-1827) foi um crítico do materialismo científico. Daí sua ironia ao representar Newton como um geômetra divino.

> Não se hão de admitir mais causas das coisas naturais do que as que sejam verdadeiras e, ao mesmo tempo, bastem para explicar os fenômenos de tudo.
>
> A natureza, com efeito, é simples e não se serve de luxo de causas supérfluas das coisas.
>
> NEWTON, Isaac. *Princípios matemáticos da filosofia natural*. São Paulo: Abril, 1979. p. 18. (Os Pensadores).

METAFÍSICAS DA MODERNIDADE

O debate entre materialistas e idealistas

Para compreender as concepções metafísicas da modernidade, precisamos entender primeiramente alguns conceitos básicos. O primeiro deles está relacionado com a noção de **substância**, isto é, com o substrato necessário e constante dos seres. Nesse sentido, existem duas correntes divergentes: o materialismo (ou fisicalismo) e o idealismo.

É **materialista** qualquer concepção ou doutrina que tem, implícita ou explicitamente, a matéria (ou algum princípio físico, por exemplo, o átomo ou a energia) como a realidade primeira e fundamental de tudo o que existe. Uma pessoa estritamente materialista (no sentido filosófico) é aquela que tende a acreditar que é possível explicar, a partir da matéria, todos os fenômenos naturais e mentais, até mesmo sociais.

O materialismo moderno serve-se com frequência do **mecanicismo**, isto é, da noção de que os fenômenos se explicam por um conjunto de causas mecânicas, como uma engrenagem.

O **idealismo**, por sua vez, compreende qualquer doutrina que concebe, implícita ou explicitamente, que o pensamento, a ideia ou algum princípio imaterial (isto é, de outra ordem que não a da matéria). Esse constitui a realidade primeira e fundamental de tudo o que existe, ou seja, uma realidade independente e distinta da matéria, mas tendo precedência (anterioridade e maior importância) sobre esta. Essa concepção do idealismo também pode ser qualificada como **espiritualista** ou **imaterialista**, conforme o caso.

Há vários tipos de materialismo e idealismo, como veremos ao longo deste livro.

PRISMA BILDAGENTUR/UNIVERSAL IMAGES GROUP/GETTY IMAGES

Mergulhador percorre cavernas submarinas do Lago Marovo, nas Ilhas Salomão, em 2016. O ser humano busca entender e explicar o mundo há milênios. No entanto, apesar de tanto esforço e desenvolvimento científico-tecnológico, você sabia que o solo lunar é mais conhecido que os oceanos e o fundo do mar? Pesquise.

Por outro lado, como nem todas as concepções ou teorias sobre o mundo sustentam a ideia da existência de apenas um princípio fundamental, as metafísicas também podem ser classificadas como **monistas** ou **dualistas.**

A palavra "monismo" deriva do grego *monos*, que significa "único, isolado". Assim, é monista qualquer concepção ou doutrina que considere que tudo o que existe pode ser reduzido (convertido, simplificado) a um **princípio único** ou a uma realidade fundamental. Se é a matéria, temos um monismo materialista; se é a mente ou o espírito, temos um monismo idealista ou espiritualista.

As teorias dos primeiros pensadores pré-socráticos, que vimos brevemente, são exemplos claros de monismo. As explicações monistas tendem a compor grandes sistemas, em que todas as esferas da existência estariam interligadas pelo princípio fundamental.

Já o **dualismo** se refere a qualquer concepção ou doutrina que defenda a existência de dois princípios primeiros (duas substâncias ou realidades fundamentais) no Universo, irredutíveis entre si. Em outras palavras, uma realidade não pode ser convertida ou fundamentada na outra. Existem vários tipos de dualismo, mas geralmente o termo refere-se à contraposição mente-corpo, espírito-matéria.

Vejamos agora algumas das principais teorias da realidade que contribuíram para a matriz de valores e concepções de mundo da modernidade. Comecemos pela que foi, talvez, a de maior influência: a doutrina dualista de René Descartes, filósofo que já estudamos em capítulos anteriores (se necessário, reveja os Capítulos 2, 6 e 9).

Dualismo cartesiano

Durante o século XVII – época do chamado **grande racionalismo** –, Descartes concebeu uma metafísica de muita influência até nossos dias. Trata-se da concepção de mundo que separa radicalmente matéria e espírito, ou corpo e mente, conhecida como dualismo cartesiano.

O filósofo francês estava decidido a romper com a herança cultural do passado (aristotélico-tomista) e a começar tudo novamente desde os fundamentos, com o propósito de estabelecer "algo de firme e de constante nas ciências" (releia o trecho sobre a dúvida metódica no Capítulo 2). Para alcançar esse objetivo, empregou o método da dúvida e chegou a questionar até mesmo o que parecia mais indubitável: a existência do mundo e de si mesmo. Desse modo, ele buscava chegar a uma **primeira certeza**, que atuaria como um novo centro ou um novo ponto fixo a partir do qual construiria toda a sua filosofia.

A primeira certeza que Descartes alcançou em sua dúvida metódica foi o *cogito*, isto é, o "Penso, logo existo". Portanto, ele sabia que existia como "coisa pensante". A partir daí, tratou de alcançar outras certezas. Primeiro, precisou provar a existência de Deus, para depois demonstrar como se podia conhecer o mundo exterior. Nessa tarefa, ele foi construindo sua teoria da realidade, estruturada em três classes de substâncias ou coisas (em latim, *res*):

- **substância infinita** (*res infinita*) – cuja propriedade essencial é a infinitude; trata-se de Deus, ser que criou todas as coisas;
- **substância pensante** (*res cogitans*) – ativa, cuja propriedade essencial é o entendimento; corresponde à esfera do eu (ou consciência), entendido como sujeito de toda a atividade do intelecto;
- **substância extensa** (*res extensa*) – passiva, cuja propriedade essencial é a extensão no espaço (comprimento, largura e profundidade), com formas e movimento; trata-se do mundo corpóreo, material.

No entanto, concordando com a doutrina católica, Descartes concebia que Deus é um ser **transcendente**, isto é, encontra-se fora, separado de sua criação. Desse modo, no mundo em que vivemos existiriam apenas as duas substâncias finitas (*res cogitans* e *res extensa*), que seriam essencialmente distintas e separadas. Daí o conhecido dualismo da metafísica cartesiana.

Mecanicismo e determinismo natural

A *res cogitans*, ou substância pensante, seria exclusivamente humana. Portanto, todo o mundo exterior ao pensamento – ou seja, os objetos corpóreos, a natureza – seria constituído apenas de substância extensa, que é incapaz da ação. Assim, os corpos só se movem quando são acionados por outro agente (ou causa eficiente) de forma mecânica.

Isso quer dizer que, para Descartes, o mundo material é como uma **grande máquina**, que recebeu seu primeiro impulso de Deus. Essa quantidade de movimento, imprimida pela substância infinita, permaneceria indefinidamente constante. Para o filósofo, mesmo os animais são comparáveis a máquinas.

RYGER/SHUTTERSTOCK

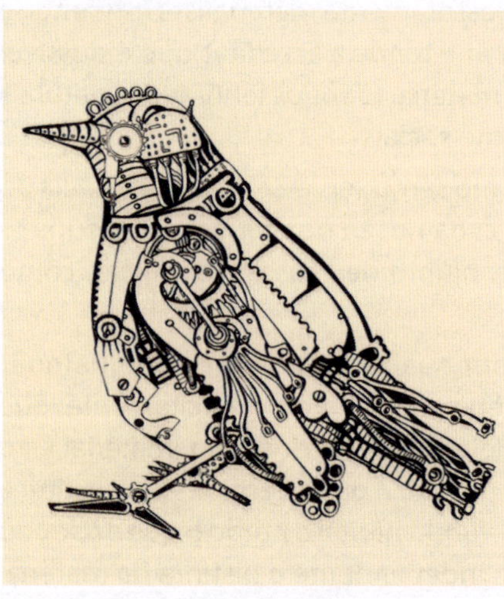

Na concepção mecanicista de Descartes, os pássaros, por exemplo, apresentam um funcionamento tão perfeito quanto o de um relógio, cujo mecanismo preciso o torna capaz de contar as horas de melhor forma que nós mesmos.

Conexões

7. Quais são as consequências práticas de uma interpretação como a de Descartes? Há uma "coisificação" dos animais? Como eles são tratados hoje em dia, especialmente aqueles cuja criação é dirigida para a indústria de alimentos? Pesquise sobre os movimentos de defesa dos animais e suas principais ideias. Qual é sua posição a respeito? Argumente.

Separação mente-corpo

O ser humano, por sua vez, seria composto de **corpo** e **alma**, *res extensa* e *res cogitans*. Como todos os corpos, nosso corpo estaria submetido às **leis mecânicas naturais**, de causa e efeito, predeterminadas. Já nossa alma teria as faculdades do entendimento e da vontade, conferindo-nos a capacidade de iniciativa própria e de liberdade, além de sermos capazes de interagir com o corpo e comandá-lo.

Como se dá essa interação entre alma e corpo? De que maneira a alma pode fazer o corpo realizar aquilo que ela quer? Esse foi um dos principais problemas da doutrina dualista concebida por Descartes, uma vez que, segundo ela, essas duas substâncias seriam radicalmente distintas e separadas.

Assim, surgiu a seguinte questão: como se relacionaria a mente com o corpo, se a alma não é um corpo (uma substância extensa), tendo em vista que, de acordo com a teoria cartesiana, um corpo só poderia ser movido por outro corpo contíguo no espaço?

Descartes lançou a hipótese de que a alma está sediada em uma **pequena glândula localizada no meio do cérebro** e que, por meio dela, se comunicaria com o corpo. Contudo, como se relacionaria a alma com essa glândula, se continuamos tendo *res cogitans* de um lado e *res extensa* do outro?

Desse modo, a concepção dualista do ser humano tornou-se um problema filosófico clássico (para não dizer, também, científico), discutido entre seus contemporâneos e herdado pela posteridade. A tendência seria a volta ao monismo ontológico: materialista, idealista ou espiritualista.

Materialismo hobbesiano

Entre os que criticaram o dualismo cartesiano, está o filósofo inglês **Thomas Hobbes** (1588-1679). Contemporâneo de Descartes e leitor de suas obras, Hobbes discordava da ideia de que a realidade pudesse estar constituída de duas substâncias, bem como de que o pensamento fosse uma delas. Para ele, nada era imaterial, de tal forma que desenvolveu uma concepção metafísica totalmente **materialista**.

Tudo é corpo

Analisando as *Meditações metafísicas* de Descartes, Hobbes aceitou que da proposição "penso" se devia deduzir "existo". No entanto, discordava da concepção de que o pensar fosse evidência de uma realidade separada e distinta do corpo, da existência de uma substância espiritual. Foi o que expressou a Descartes em uma de suas objeções, na qual argumenta que, assim como é impossível conceber qualquer ato sem um sujeito, também não se pode conceber um pensamento sem uma coisa que pense. Portanto, concluiu Hobbes, uma coisa que pensa é uma coisa corporal.

Em outras palavras, Hobbes concordava que pensar era uma evidência de que algo existia. Contudo, existia como **corpo**, pois para ele o que se chama "espírito" não seria outra coisa senão o resultado do movimento em certos órgãos corporais. Como explica em sua obra *Sobre o corpo*, quando os corpos exteriores afetam o corpo humano e agitam os **sentidos**, estes transmitem ao cérebro esse movimento ou essa agitação, que é então enviado ao coração. A partir do coração começaria um movimento inverso, em direção ao exterior, que produziria as **sensações** propriamente ditas e, delas, as **ideias** que constituem o conhecimento.

MADS PERCH/GETTY IMAGES

Movimento e expressão linguístico-corporal. Na visão de Hobbes, o ser humano é essencialmente um corpo natural em movimento, que sente e que tem a especificidade da linguagem e, por conseguinte, do pensamento. Fotografia de 2012.

Determinismo

Assim, a partir das noções de corpo e movimento, o filósofo inglês explicou a realidade em geral. Todos os corpos – incluindo os pensamentos – estariam sujeitos, segundo ele, aos nexos causais que determinam seus movimentos. **Nada se move por si próprio**, seja por uma propensão natural de seguir sua natureza ou essência (como na física aristotélica), seja de forma aleatória (e livre). **Tudo é movido**, no sentido de que todo movimento é sempre uma reação ou um efeito a um agente externo ao corpo (ou causa).

O mecanicismo que Descartes havia adotado para compreender o mundo exterior (a *res extensa*) foi universalizado por Hobbes, abrangendo o material e o que geralmente se considera espiritual. Todo o real existiria no espaço e seria corpo – ou corpo em movimento. Até mesmo a vontade humana não seria livre, pois o querer algo não passaria de uma reação interna a uma ação (ou estímulo) do mundo externo.

Desse modo, sem lugar para o acaso e a liberdade, o materialismo hobbesiano caracterizou-se por um profundo **determinismo**, isto é, pela noção de que todos os fenômenos – materiais e psíquicos – estão interligados e determinados por relações profundas de causa e efeito (outros aspectos do pensamento de Hobbes são abordados nos Capítulos 6 e 13).

Idealismo hegeliano

No século XIX, o filósofo alemão **Friedrich Hegel** (1770-1831) concebeu uma ontologia radicalmente distinta, se não oposta ao materialismo hobbesiano. Para ele, o mundo seria o desdobramento de um espírito abrangente (ou absoluto) que se estaria realizando no tempo (ou história). Desse modo, Hegel identificava a **ideia** ou o **espírito** com toda a realidade, conduzindo a um **idealismo absoluto**.

O real é racional

Hegel entendia a realidade como um processo análogo ao pensamento. Por isso dizia que "tudo que é real é racional, tudo que é racional é real". Com essa afirmação, ele sintetizava as seguintes noções:

- **A realidade possui racionalidade ou identifica-se com ela.** O mundo é a atuação ou realização progressiva de uma razão (ou ideia, ou espírito, ou absoluto, ou Deus), presente tanto na natureza como no ser humano e em suas construções culturais. Portanto, o mundo não é o reino do acaso, em que os fatos se dão de forma aleatória, mas sim o desdobramento do *logos* ou da espiritualidade racional. Por isso, "o real é racional".
- **A razão possui realidade ou identifica-se com ela.** Se o real é racional, inversamente, a razão não seria apenas um processo abstrato no qual as ideias equivalem a puras representações ou imagens do mundo, como se costuma pensar. Elas fazem parte da estrutura profunda do real, de tal maneira que quanto maior a racionalidade, mais forte ou elevada a realidade (noção de que a quantidade se transforma em qualidade). Por isso, "o racional é real".

Desse modo, Hegel rompeu com a distinção tradicional entre consciência e mundo, sujeito e objeto, ideal e real, espírito e matéria. Para ele, a realidade se identificaria totalmente com o espírito (ou ideia, ou razão), e a racionalidade seria o fundamento de tudo o que existe, inclusive da natureza. O ser humano, por sua vez, constituiria a manifestação mais elevada dessa razão, que estaria dentro dele e ao mesmo tempo acima dele, pois a racionalidade cósmica movimentaria o mundo.

Movimento dialético do real

Quando Hegel concebe a realidade como espírito, quer destacar que ela não é apenas uma substância (uma coisa permanente, rígida). Ela é principalmente um **sujeito**, um ser com vida própria, que pode atuar. Portanto, entender a realidade como espírito é entendê-la nesse seu atuar constante – como **movimento** ou **processo**, e não como coisa ou substância inerte. É entendê-la como **devir**.

Mas como é esse movimento do real? De acordo com Hegel, esse movimento tem uma característica específica: ele se dá por contradições autossuperadoras contínuas. Isso quer dizer que cada momento surge do anterior e prepara o seguinte, em um processo de embate e superação em que sempre o anterior tem de ser negado. O filósofo usa o seguinte exemplo da natureza para ilustrar esse processo:

> O botão desaparece no florescimento, podendo-se dizer que aquele é rejeitado por este; de modo semelhante, com o aparecimento do fruto, a flor é declarada falsa existência da planta, com o fruto entrando no lugar da flor como a sua verdade. Tais formas não somente se distinguem, mas cada uma delas se dispersa também sob o impulso da outra, porque são reciprocamente incompatíveis. Mas, ao mesmo tempo, a sua natureza fluida faz delas momentos da unidade orgânica, na qual elas não apenas não se rejeitam, mas, ao contrário, são necessárias uma para a outra, e essa necessidade igual constitui agora a vida do inteiro.
>
> HEGEL, Friedrich. *Fenomenologia do espírito*. Petrópolis: Vozes. p. 6.

Fazendo uma analogia, podemos dizer que, para Hegel, o real se move como uma espiral: em cada giro, vai em um sentido e volta no sentido contrário, mas sem nunca regressar ao mesmo ponto e fechar o círculo, pois prossegue em um novo giro, situado um degrau acima, e assim sucessivamente. Trata-se, portanto, de uma concepção evolucionista da realidade.

Assim, podemos ver como a realidade não é estática, mas dinâmica. Os momentos se contradizem entre si, sem, no entanto, perderem a unidade do processo, que leva a um crescente autoenriquecimento. Esse desenvolvimento, que se faz por meio do embate e da superação de contradições, foi chamado por Hegel de **dialética**.

O movimento dialético se processa em três momentos: o primeiro, do **ser em si**; o segundo, do **ser outro** ou **fora de si**; e o terceiro (que seria o retorno), do **ser para si**. Usando novamente o exemplo do reino vegetal – a semente seria o em-si da planta, todavia ela deve morrer como semente para sair fora de si e poder se desdobrar na planta para si.

Por motivos didáticos, esses três momentos do real são comumente chamados de **tese**, **antítese** e **síntese** (embora alguns estudiosos afirmem que Hegel nunca usou essa terminologia). Como o mover do mundo é contínuo, cada momento final, que seria a síntese, torna-se a tese de um movimento posterior, de caráter mais evoluído.

Assim, a dialética do mundo pode ser representada como uma **espiral**, como um movimento circular que não se fecha nunca, seguindo evolutivamente em direção ao **infinito**.

Conexões

8. Depois de estudar as diversas teorias do mundo abordadas neste capítulo, como você definiria sua maneira de entender a realidade, em termos ontológicos? Você se classificaria como materialista, idealista ou dualista? Reúna-se com um grupo de colegas para expor sua posição.

TENDÊNCIAS CONTEMPORÂNEAS
A emergência de um novo paradigma

As questões metafísicas que acabamos de estudar não têm, atualmente, o mesmo prestígio do passado como campo de investigação, mas, apesar disso, elas estão presentes no cotidiano de todas as pessoas e em seu estar no mundo. Nossos modos de ver, pensar e agir sempre trazem implícitas "escolhas" ontológicas, isto é, respostas sobre como são as coisas que são invisíveis a nós mesmos.

Essas respostas são nossos pressupostos, que em seu conjunto fundamentam nossas visões de mundo e funcionam como **paradigmas**. Em cada época predomina um paradigma. No mundo contemporâneo, especialmente na cultura ocidental em que vivemos, predomina o **reducionismo materialista**, cujas origens remontam especialmente ao pensamento de Descartes.

Reducionismo materialista

A combinação do **racionalismo** (a razão como ferramenta epistemológica) com o **materialismo** (a matéria como fundamento ontológico) encontrou solo fértil no campo das ciências e se impôs de maneira crescentemente hegemônica, especialmente a partir do século XIX. Isso pode parecer "normal" quando se trata das ciências da natureza – como a física, a química e a biologia –, que lidam de modo direto com a matéria e os fenômenos naturais. Contudo, o que dizer das ciências do ser humano, como a psicologia e a sociologia? É possível relacionar pensamentos, emoções e condutas sociais com elementos ou substâncias corporais?

Cada vez mais, áreas como a genética e as neurociências têm tentado mostrar que sim, alcançando certo êxito nessa tarefa. A tendência de relacionar o corporal ou material com o psíquico, o inanimado com o animado, é uma consequência lógica da **ontologia materialista**, que considera a natureza como realidade única e, consequentemente, o ser humano como um ser que não necessita de nada além de sua natureza física para ser explicado.

O materialismo tende, portanto, ao **reducionismo mecanicista**, isto é, à maneira de pensar segundo a qual o **todo** (por exemplo, uma máquina ou um animal) pode ser explicado pelas **partes** nas quais ele se reduz (por exemplo, as peças que compõem a máquina ou os órgãos que formam o animal). Há aí o entendimento de que "a soma das partes equivale ao todo". Se conhecemos as partes, conhecemos o todo.

De acordo com o enfoque do reducionismo materialista, cada parte poderia ser convertida sucessivamente em níveis de organização inferiores, até chegar ao nível das substâncias materiais ou unidades físicas mais elementares. Em outras palavras, a biologia poderia ser reduzida à química e, depois, à física, uma vez que a vida não passaria de uma reunião de substâncias químicas, e estas, de uma combinação de átomos ou de partículas subatômicas.

Isso quer dizer que a **física** seria a ciência básica: aquela que fundamentaria todo o conhecimento sobre o mundo, visto que lidaria com as "verdadeiras" unidades ontológicas do real. Daí a atração e o interesse que despertam nas pessoas as descobertas.

SCIENCE PHOTO LIBRARY – SPL/FOTOARENA

Representação de uma colisão de fótons, criada por computação gráfica. A confirmação da existência quase certa do bóson de Higgs em 2012 abriu novos horizontes para compreender a formação do Universo após o *big bang*.

Enfoques não reducionistas

O paradigma reducionista-mecanicista estabelecido com o surgimento da ciência moderna tem encontrado dificuldades para ser mantido, principalmente em algumas áreas de investigação, como a biologia, a ecologia, a psicologia, a sociologia e a linguística – e mesmo na física.

Desde o final do século XIX surgiram vozes discordantes desse modelo de interpretação e investigação do mundo. Contudo, foi principalmente nas últimas décadas que aumentou significativamente o número de adeptos de abordagens não reducionistas no campo científico, razão pela qual se costuma falar no surgimento de um **novo paradigma** científico, ou de uma **ciência pós-moderna**.

Nessas novas abordagens, o todo tende a ser entendido como **sistema** – como estrutura organizada de elementos inter-relacionados. Assim, para ser adequadamente compreendido, o todo não pode ser dividido, e suas partes, isoladas. Elas devem ser entendidas conjuntamente nas **relações** que estabelecem entre si, sempre tendo como referência o todo. Essa tendência é conhecida, de modo genérico, como **holismo** (do grego *hólos*, "total", "inteiro", "completo").

No entanto, há também aqueles – como o filósofo e sociólogo francês **Edgar Morin** (1921-) – que defendem a tese de que, para compreender a **complexidade** do mundo, é preciso adotar ao mesmo tempo as perspectivas do todo e das partes, ou seja, holista e reducionista, sem privilegiar uma em detrimento da outra (tema que será estudado com mais detalhe no Capítulo 17).

ADLI GHAZALI/ANADOLU AGENCY/GETTY IMAGES

Vista panorâmica da enorme cascata artificial cercada de vegetação tropical no interior do aeroporto Jewel Changi, em Cingapura, 2019. A arquitetura biofílica nos espaços urbanos é uma tendência contemporânea. Biofilia significa etimologicamente "amor à vida". Você acha que a biofilia é uma boa ideia? Representa uma mudança de visão de mundo e de paradigma?

Big bang: a origem do Universo

A mudança de paradigma no campo científico tem se expressado notadamente na física, a "ciência-modelo", na qual surgiram no último século concepções revolucionárias a respeito do mundo – entre elas a teoria da relatividade, a física quântica, o princípio de incerteza, a lei de entropia, as teorias do caos e das supercordas.

Foi nesse contexto que surgiu a explicação sobre a origem do Universo que tem a maior aceitação no mundo científico contemporâneo: a **teoria do *big bang*** (da "grande explosão").

Desde o início do século XX, vários cientistas e estudiosos contribuíram direta ou indiretamente para sua concepção. Ela parte de diversas observações – efetuadas por meio dos mais potentes telescópios –, entre as quais a de que as galáxias estão se afastando de nós em todas as direções. Por isso, concluiu-se que o mundo está em expansão.

Tentando explicar essa expansão, os defensores da teoria do *big bang* argumentam que ela é o resultado de uma espécie de explosão de uma "partícula" ou "átomo" primordial, uma "massa" extremamente quente e tão densa que concentraria toda a matéria e a energia do Universo. Essa explosão teria ocorrido há cerca de 14 bilhões de anos, formando o Universo.

UNIVERSAL IMAGES GROUP/GETTY IMAGES

Dança gravitacional entre duas galáxias na constelação Cão Maior, 40 milhões de anos atrás, em imagem do telescópio espacial Hubble. A força de atração entre elas estimula o surgimento de novas estrelas. Imagem de 2012.

Papel do observador

Com os novos paradigmas da época atual, o mundo tende a ser concebido de maneira menos linear, ordenada ou determinista, havendo mais espaço para o **acaso** e o **caos**. Nas novas teorias, a matéria **sutilizou-se** progressivamente (de corpos a átomos, a partículas, a ondas, a energia), e conceitos que antes pareciam abstratos, como o de **informação**, estão se tornando fundamentais para explicar certos fenômenos físicos.

Sutilizar(-se): tornar(-se) mais fino, mais rarefeito, mais imaterial.

Nesse sentido, o sujeito da experiência e do conhecimento – o **observador** – ganhou papel determinante no surgimento do real. É o que diz a teoria da relatividade e o que a mecânica quântica leva a pensar. Sem o observador, tudo existiria como potência. O observador seria aquele que converte as ondas de possibilidades em eventos e objetos reais. Assim, em vez de uma causalidade "ascendente" – que vai das partículas elementares, aos átomos, células, cérebro e pensamento –, poderíamos falar de uma causalidade "descendente", que iria da mente às partículas elementares.

Desse modo, a **consciência** tenderia a recuperar um lugar privilegiado no mundo, mas há muita polêmica a esse respeito. Primeiramente, porque o reducionismo materialista ainda é hegemônico. Depois, porque não é necessário saltar de um extremo ao outro, isto é, sair da posição de defender que tudo é explicável a partir da matéria para agora afirmar que é a consciência que determina tudo (leia adiante o texto *Do reducionismo ao paradigma complexo*, na seção "Para pensar"). De qualquer forma, ressurge – e com muita força – o velho debate entre materialismo e idealismo, que parece não ter fim. Você gostaria de participar dele?

Em cima e embaixo, de M. C. Escher, 1947. Litografia, 40,6 cm × 20,5 cm. O artista holandês ficou famoso por criar jogos visuais, brincando com o espaço tridimensional, as perspectivas e as metamorfoses do real. Nessa obra, qual é o papel do observador? Que reflexão ontológica inspira?

CONCEPÇÕES DE MUNDO

- **Mitos**
  - Cosmogonias egípcia, indiana, chinesa, grega, romana, asteca, maia etc.
- **Primeiras cosmologias**
  - Pré-socráticos
    - Busca da *arché* (água, terra, ar, fogo, números etc.)
- **Metafísicas gregas clássicas**
  - Platão
    - Dualismo: mundo sensível e mundo inteligível
  - Aristóteles
    - Cosmologia: mundo sublunar e mundo supralunar
- **Concepções da ciência moderna**
  - Copérnico, Galileu, Newton
    - Espaço homogêneo e infinito
    - Matematização da natureza
    - Mecanicismo (Grande Máquina)
- **Metafísicas da modernidade**
  - Descartes
    - Dualismo
    - Separação mente-corpo
    - Mecanicismo e determinismo
  - Hobbes
    - Materialismo absoluto
    - Determinismo
  - Hegel
    - Idealismo absoluto
    - O real é racional
    - Movimento dialético do real
- **Tendências contemporâneas**
  - Reducionismo materialista
  - Enfoque não reducionista (protagonismo do observador)

OFICINA DE FILOSOFIA

1. De que maneira a metafísica problematiza o mundo? O que se pretende conhecer por meio dessa reflexão?

2. Diferencie o significado metafísico da palavra "substância" de seu significado comum.

3. Como o conceito de vir a ser (ou devir) se contrapõe ao de substância?

4. Reflita sobre a afirmação a seguir:

   Nada acontece sem que haja uma causa ou, pelo menos, uma razão determinante, quer dizer, qualquer coisa que possa servir para dar razão *a priori*, por que isso é existente e não existente e por que isso é assim e não de outra maneira.

   LEIBNIZ, G. W. *In:* LALANDE, André. *Vocabulário técnico e crítico da filosofia*. 10. ed. Porto: Rés Editora, s.d. v. I., p. 172.

   Relacione essa citação, do filósofo alemão G. W. Leibniz (1646-1716), com o princípio correspondente.

5. Em que consistiu a busca da *arché*, empreendida pelos primeiros filósofos gregos?

6. Como era fundamentalmente a realidade para Platão e para Aristóteles?

7. Interprete esta afirmação:

   A dissolução do cosmo significa a destruição de uma ideia, a ideia de um mundo de estrutura finita, hierarquicamente ordenado [...].

   KOYRÉ, Alexandre. *Estudos de história do pensamento científico*. Rio de Janeiro: Forense Universitária; Brasília: UnB, 1982. p. 154.

8. Dê exemplos de teorias da realidade monistas e dualistas. Justifique cada uma delas.

9. A que nos referimos quando dizemos que Descartes concebeu uma ontologia dualista? Detalhe essa concepção e seus problemas.

10. Hobbes universalizou o mecanicismo de Descartes. Está correta essa afirmação? Por quê?

11. Por que dizemos que "Hegel concebeu uma ontologia radicalmente distinta, se não oposta ao materialismo hobbesiano"?

12. Destaque os principais conceitos da ontologia hegeliana contidos nessa citação:

    O que é verdadeiro não é nem o ser nem o nada, mas a passagem, e a passagem já efetuada, do ser ao nada e deste àquele. Mas [...] o ser e o nada diferem absolutamente um do outro, sendo inseparados e inseparáveis, desaparecendo cada um no seu contrário. Sua verdade consiste, pois, neste movimento de desaparição direta de um no outro: no devir.

    HEGEL, Friedrich. *In:* RUSS, Jacqueline. *Dicionário de filosofia*. São Paulo: Scipione, 1991. p. 68.

13. Que novas abordagens do mundo vêm surgindo no campo científico, na chamada ciência pós-moderna?

14. Na teoria do *big bang*, o surgimento do Universo não está vinculado a nenhum deus ou força divina. Essa afirmação é correta? Justifique sua resposta.

Conversa filosófica

15. Finalismo

Aristóteles defendia uma doutrina finalista da realidade. Para ele, toda vida animal e vegetal, em seus processos biológicos de crescimento e reprodução, expressa justamente a finalidade contida em sua própria natureza. Ou seja, seus fins tornam-se suas próprias causas (ou causa final).

Você concorda com a ideia de que tudo na natureza tem uma finalidade? Por exemplo:

a) que o boi tem uma natureza própria para servir de alimento para o ser humano?

b) que o ser humano, com sua inteligência, apareceu para dominar o planeta?

c) que cada pessoa nasce com um propósito que não depende de sua vontade?

Reúna-se com os colegas para trocar ideias e refletir sobre essa questão.

16. Mundo hierarquizado ou homogêneo

Relacione as visões de mundo antiga (de espaço hierarquizado) e moderna (de espaço homogêneo) com as sociedades antigas, medievais e modernas europeias. Para isso, pesquise sobre a estrutura social na Grécia, na Europa medieval e na Europa moderna, buscando responder a estas duas questões:

a) É possível estabelecer um paralelo entre as concepções a respeito do mundo natural e social que se desenvolveram nesses períodos?

b) O que se ganhou e o que se perdeu com a dissolução do cosmos grego?

Reflita a respeito e, depois, reúna-se com os colegas para apresentar sua pesquisa e debater sobre suas conclusões.

Para pensar

No texto a seguir Edgar Morin defende a necessidade de construirmos uma nova maneira de pensar o mundo em sua complexidade. Leia o fragmento e responda às questões.

Do reducionismo ao paradigma complexo

Para compreender o problema da complexidade é preciso saber primeiro que há um paradigma simplificador. [...]

[...] o paradigma simplificador é um paradigma que põe ordem no universo, expulsa dele a desordem. A ordem se reduz a uma lei, a um princípio. A simplicidade vê o uno, ou o múltiplo, mas não consegue ver que o uno pode ser ao mesmo tempo múltiplo. Ou o princípio de simplicidade separa o que está ligado (disjunção), ou unifica o que é diverso (redução).

Tomemos o homem [o ser humano] como exemplo. O homem é um ser evidentemente biológico. É ao mesmo tempo um ser evidentemente cultural, metabiológico e que vive num universo de linguagem, de ideias, e de consciência. Ora, estas duas realidades, a realidade biológica e a realidade cultural, o paradigma de simplificação nos obriga a disjuntá-las ou a reduzir o mais complexo ao menos complexo. Vamos, pois, estudar o homem biológico no departamento de biologia, como um ser anatômico, fisiológico etc., e vamos estudar o homem cultural nos departamentos das ciências humanas e sociais. Vamos estudar o cérebro como órgão biológico e vamos estudar a mente, *the mind*, como função ou realidade psicológica. Esquecemos que um não existe sem a outra, ainda mais que um é a outra ao mesmo tempo, embora sejam tratados por termos e conceitos diferentes.

[...]

Pode-se diagnosticar, na história ocidental, a hegemonia de um paradigma formulado por Descartes. Descartes separou de um lado o campo do sujeito, reservado à filosofia, à meditação interior, e de outro lado o campo do objeto em sua extensão, campo do conhecimento científico, da mensuração e da precisão. Descartes formulou muito bem esse princípio de disjunção, e essa disjunção reinou em nosso universo. Ela separou cada vez mais a ciência da filosofia. Separou a cultura dita humanista, a da literatura, poesia, artes, da cultura científica. A primeira cultura, baseada na reflexão, não pode mais se alimentar nas fontes do saber objetivo. A segunda cultura, baseada na especialização do saber, não pode mais se refletir nem pensar a si própria.

O paradigma simplificador (disjunção e redução) domina nossa cultura hoje e é hoje que começa a reação contra seu domínio. Mas não é possível tirar, eu não posso tirar, não pretendo tirar de meu bolso um paradigma complexo. Um paradigma, ao ser formulado por alguém, por Descartes, por exemplo, é, no fundo, o produto de todo um desenvolvimento cultural, histórico, civilizatório. O paradigma complexo resultará do conjunto de novas concepções, de novas visões, de novas descobertas e de novas reflexões que vão se acordar, se reunir. Estamos numa batalha incerta e não sabemos ainda quem será o vencedor. Mas pode-se dizer, desde já, que se o pensamento simplificador se baseia no predomínio de dois tipos de operações lógicas, disjunção e redução, que são ambas brutais e mutiladoras, então os princípios do pensamento complexo serão necessariamente princípios de conjunção e de implicação.

MORIN, Edgar. *Introdução ao pensamento complexo.* Porto Alegre: Sulina, 2007. p. 59-77.

1. Por que Morin chama o paradigma atual de simplificador? É porque ele opera por disjunção e redução? Explique esses conceitos.
2. Em que sentido a filosofia e as humanidades são importantes para as ciências em geral, e vice-versa? Discuta essa posição do autor.
3. Para Morin, os princípios do pensamento complexo devem ser de conjunção e implicação. Reflita sobre possíveis maneiras de a filosofia e as ciências humanas ajudarem nessa tarefa.

Sessão de cinema

Avatar (2009, Estados Unidos, direção de James Cameron)

Ficção científica ambientada em um planeta habitado por uma espécie humanoide que possui uma cultura de estreita relação com a natureza. Nesse cenário de rica e estranha biodiversidade, um grupo de cientistas terrestres desenvolve o projeto Avatar, que visa solucionar a crise energética na Terra. Obra que suscita uma reflexão, tanto ética como metafísica, sobre o ser humano e a natureza.

Ponto de mutação (1990, Alemanha, direção de Bernt Capra)

Filme baseado em ideias de livro homônimo de Fritjof Capra. Uma cientista, um político e um poeta encontram-se em um castelo medieval na França e discutem acerca de questões científicas e existenciais, em uma reflexão profunda e sensível sobre os rumos da ciência e da humanidade.

Quem somos nós? (2004, Estados Unidos, direção de William Arntz, Betsy Chasse, Mark Vicente)

Misto de documentário e ficção sobre como uma fotógrafa surda lida com sua condição, aborda de maneira não ortodoxa diversos conceitos da física quântica, da neurobiologia, da psicologia, da espiritualidade etc.

1. (Unesp-SP) "Em troca dos artigos que enriquecem sua vida, os indivíduos vendem não só seu trabalho, mas também seu tempo livre. As pessoas residem em concentrações habitacionais e possuem automóveis particulares com os quais já não podem escapar para um mundo diferente. Têm gigantescas geladeiras repletas de alimentos congelados. Têm dúzias de jornais e revistas que esposam os mesmos ideais. Dispõem de inúmeras opções e inúmeros inventos que são todos da mesma espécie, que as mantêm ocupadas e distraem sua atenção do verdadeiro problema, que é a consciência de que poderiam trabalhar menos e determinar suas próprias necessidades e satisfações." (HERBERT MARCUSE, filósofo alemão, 1955.)

   Caracterize a noção de liberdade presente no texto de Marcuse, considerando a relação estabelecida pelo autor entre liberdade, progresso técnico e sociedade de consumo.

2. (UEM-PR) A linguagem verbal é um sistema de símbolos que permite aos seres humanos ultrapassarem os limites da experiência vivida e organizar essa experiência sob forma abstrata, conferindo sentido ao mundo.

   Assinale o que for **correto**.

   (01) A linguagem humana, da mesma forma que as linguagens de computador, é altamente estruturada e, por isso, inflexível; não fosse assim, a comunicação entre as pessoas seria impossível.

   (02) A linguagem oral é o único meio à disposição do homem para sua comunicação e o estabelecimento de relações com os outros indivíduos.

   (04) A formação do mundo cultural depende fundamentalmente da linguagem. Pela linguagem, o homem deixa de reagir somente ao presente imediato, podendo pensar o passado e o futuro e, com isso, construir o seu projeto de vida.

   (08) Os nomes são símbolos ou representações dos objetos do mundo real e das entidades abstratas. Como representações, os nomes têm o poder de tornar presente para nossa consciência o objeto que não está dado aos sentidos.

   (16) O homem é a única espécie animal dotada da capacidade de linguagem mediante a palavra e faz uso de símbolos, isto é, refere-se às coisas por meio de signos convencionados, enquanto na linguagem de outros animais os signos são índices.

3. (UEMA) "um dos traços marcantes da reflexão que hoje repensa o político é a consciência de que é preciso ir aos fundamentos civilizacionais e espirituais da crise que vivemos. Esta crise é a expressão de uma sociedade fragmentada, de uma civilização que dissociou corpo e espírito, luz e mistério, ser humano e Cosmo. Na busca sempre crescente de estabelecer um controle e dominação sobre a natureza, sobre os outros homens e sobre os próprios ritmos da vida, perdemos uma dimensão essencial da experiência humana: aquela que o pensador grego Heráclito (século VI a.C.) expressou quando disse: A morada do homem é o extraordinário." (UNGER, Nancy Mangabeira. *O encantamento do humano*: ecologia e espiritualidade. São Paulo: Loyola, 1991. p. 15.)

   Marque a alternativa correta que indica uma possível superação dessa crise.

   a) Esta crise evidencia cada vez mais que a dominação do homem pelo homem caminha junto com a dominação da natureza, destruindo-a, só podendo ser superada através da utilização, pelo homem, da razão cognoscitiva.

   b) O reducionismo apenas à razão instrumental dificilmente levará à superação dessa crise. Seria necessária uma transformação interior e uma mudança de consciência dos membros da sociedade.

   c) A afirmação de que o homem deve ser o mestre e o senhor da Natureza, possibilitando o controle do Cosmo e a consequente superação dessa crise.

   d) A concepção do homem moderno vislumbra a ideia de que o homem está inserido dentro de um Cosmo em perfeita harmonia, tendo como consequência a superação dessa crise.

   e) O raciocínio dedutivo e o pensamento controlador, centralizado, possibilitam um repensar apontando para a harmonia da Pólis e o Cosmo, indicando a superação da crise.

UNIDADE 3
A filosofia na história

Os três filósofos, de Giorgione, 1505-1509. Óleo sobre tela, 123 cm × 144 cm.

GIORGIONE - MUSEU DE HISTÓRIA DA ARTE DE VIENA, ÁUSTRIA

O tempo é um elemento importante em nossas vidas, pois nos ajuda a estruturar e organizar nossas experiências e informações. Assim, vamos seguir pelos caminhos da história e realizar uma viagem de mais de 2 600 anos de pensamento filosófico.

O conteúdo desta unidade está organizado de acordo com a periodização histórica tradicional do mundo ocidental (filosofias antiga, medieval, moderna e contemporânea). Desse modo, veremos alguns dos principais filósofos de cada época, para conhecer um pouco mais suas ideias, o contexto em que elas surgiram, o que as motivou (seus problemas) e como se articularam com as concepções de outros pensadores.

Prepare-se para navegar pelo espaço e pelo tempo e entrar em contato com distintas visões de mundo. Procure relacioná-las com o mundo atual dando-lhe um sentido que contribua para a compreensão que você tem da vida em nosso planeta.

CAPÍTULO

11 Pensamento grego

RAFAEL SANZIO – PALÁCIO APOSTÓLICO, CIDADE DO VATICANO

Escola de Atenas, Rafael Sanzio c. 1510-1512. Encontro imaginário entre os grandes pensadores da Antiguidade.

Questões filosóficas

- Qual é o fundamento de todas as coisas (a *arché*)?
- A realidade essencial é dinâmica ou estável?
- Como é essencialmente o ser humano?

Conceitos-chave

arché, mito, *logos*, razão, pólis, devir, ser, sofista, dialética, dualismo platônico, teoria das ideias, mito da caverna, hilemorfismo teleológico, teoria das quatro causas, primeiro motor

- **Observe detalhadamente a imagem acima e quem são seus personagens. Por que teria sido dado esse nome à obra? Pesquise sobre o tema.**

O pensamento grego marcou profundamente a cultura ocidental. Por isso, há afirmações de que existe pouca coisa no mundo ocidental que não seja grego em sua origem.

Na Grécia Antiga, a consciência mítica começou a perder espaço para a consciência racional. Dessa tradição filosófica derivaram todas as ciências.

Inicialmente, a atenção dos filósofos gregos voltava-se para o tema da *physis* (ou natureza). No entanto, a partir do século V a.C., esses filósofos passaram a se interessar pelo ser humano, especialmente as relações que estabelecem entre si (a vida política e social) e com o mundo em geral (o conhecimento).

Quais foram os principais filósofos da época? O que buscavam compreender? Quais explicações elaboraram para suas perguntas? É o que veremos em seguida.

PÓLIS E FILOSOFIA
Os primeiros filósofos gregos

Na história do pensamento ocidental, o nascimento da filosofia na Grécia entre os séculos VII e VI a.C. promoveu a passagem do **saber mítico** (alegórico) ao **pensamento racional** (*logos*). Essa passagem ocorreu durante um longo processo histórico, sem rompimento brusco e imediato com as formas de conhecimento utilizadas no passado.

Como vimos no Capítulo 10, durante muito tempo os primeiros filósofos gregos compartilharam de crenças míticas, enquanto desenvolviam o conhecimento racional que caracterizaria a filosofia. De acordo com o historiador François Châtelet (1925-1985), essa transição do mito à razão significa, por um lado, que havia uma lógica do mito e, por outro lado, que o pensamento filosófico absorveu algo do poder mítico.

Conforme analisa o historiador francês Pierre Grimal (1912-1996), em *A mitologia grega*:

> O mito se opõe ao *logos* como a fantasia à razão, como a palavra que narra à palavra que demonstra. *Logos* e mito são as duas metades da linguagem, duas funções igualmente fundamentais da vida do espírito. O *logos*, sendo uma argumentação, pretende convencer. O *logos* é verdadeiro, no caso de ser justo e conforme à "lógica"; é falso quando dissimula alguma burla secreta (um sofisma). Mas o mito tem por finalidade apenas a si mesmo. Acredita-se ou não nele, conforme a própria vontade, mediante um ato de fé, caso pareça "belo" ou verossímil, ou simplesmente porque se quer acreditar. O mito, assim, atrai em torno de si toda a parcela do irracional existente no pensamento humano; por sua própria natureza, é aparentado à arte, em todas as suas criações.
>
> GRIMAL, Pierre. *A mitologia grega*. 3. ed. São Paulo: Brasiliense, 1982. p. 8-9. (Primeiros Voos).

A força da mensagem dos mitos reside, portanto, na capacidade que eles têm de sensibilizar estruturas profundas, inconscientes, do psiquismo humano, como vimos no Capítulo 5.

Segundo análise do historiador e filósofo francês Jean-Pierre Vernant (1914-2007), o momento histórico da Grécia Antiga em que se afirma a utilização do *logos* (razão) para resolver os problemas da vida estaria vinculado ao surgimento da pólis, cidade-Estado grega.

A pólis foi uma nova forma de organização social e política, desenvolvida entre os séculos VIII e VI a.C., na qual os cidadãos passaram a dirigir os destinos da cidade. Entendida como criação dos próprios cidadãos, e não dos deuses, a pólis podia ser explicada e organizada de forma racional, isto é, de acordo com a razão.

PETER PAUL RUBENS – MUSEU DO PRADO, MADRI

Saturno devorando seu filho, de Peter Paul Rubens, 1636. Óleo sobre tela, 182,5 cm × 87 cm. De acordo com a mitologia greco-romana, Saturno destronou seu pai, Urano, que era um deus ancestral. Depois, Saturno passou a comer os próprios filhos recém-nascidos, do sexo masculino, para que eles não tomassem seu trono. Que significados pode ter esse mito?

Os pré-socráticos

Conforme a tradição histórica, a fase inaugural da filosofia grega é conhecida como período pré-socrático, isto é, anterior a Sócrates ou à sua filosofia. Assim, esse período abrange o conjunto das reflexões filosóficas desenvolvidas desde Tales de Mileto, no século VII a.C., até o século V a.C.

Cabe ressaltar, porém, que alguns filósofos chamados "pré-socráticos" foram contemporâneos de Sócrates, sendo assim designados porque mantiveram o tipo de investigação de seus predecessores, centrado na **natureza** (como vimos no Capítulo 10). Sócrates, por sua vez, inaugurou outro tipo de reflexão, voltado ao **ser humano**, dando início à tradição clássica da filosofia grega (como veremos adiante neste capítulo).

É difícil conhecer o pensamento do período pré-socrático em toda a sua dimensão, pois são poucos os escritos encontrados de seus pensadores, e até mesmo suas datas de nascimento e morte são incertas.

Mundo grego durante os séculos VIII e VI a.C.

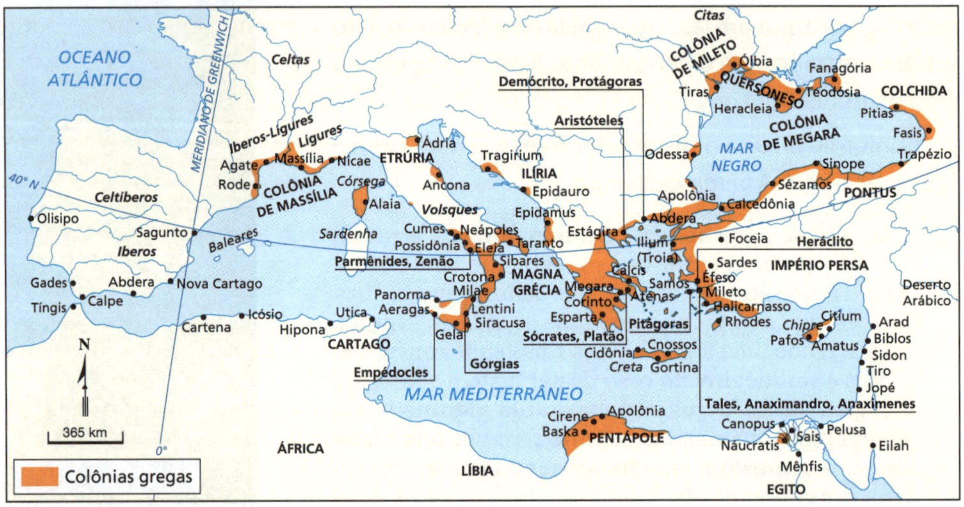

ERICSON GUILHERME LUCIANO

Elaborado com base em: ALBUQUERQUE, Manoel Mauricio de *et al. Atlas histórico escolar*. 7. ed. Rio de Janeiro: Faname, 1977. p. 75.

Dentre os objetivos desses primeiros filósofos, destaca-se a construção de uma "cosmologia" – explicação racional e sistemática das características do Universo – que substituísse a antiga "cosmogonia" – explicação sobre a origem do Universo baseada nos mitos.

Assim, com base na razão, e não na mitologia, os primeiros filósofos gregos tentaram encontrar o "princípio substancial" ou a "substância primordial" (a *arché*, em grego) existente em todos os seres, a "matéria-prima" de que são feitas todas as coisas (reveja o trecho sobre a busca da *arché* no Capítulo 10).

Pensadores de Mileto

No vasto mundo grego, a filosofia teve como berço a cidade de Mileto, situada no litoral da Jônia, região hoje pertencente ao território da Turquia. Caracterizada por múltiplas influências culturais e por um rico comércio, Mileto abrigou os três primeiros pensadores da história ocidental a quem atribuímos a denominação **filósofos**. São eles: Tales, Anaximandro e Anaxímenes.

Tales de Mileto (c. 623 – 546 a. C) é tido como o pensador que deu início à indagação racional sobre o Universo. Por meio da observação dos fenômenos naturais, ele concluiu que a **água** seria a *arché* (substância primordial, a origem única de todas as coisas), pois ela permanece basicamente a mesma em todas as transformações dos corpos, apesar de assumir diferentes estados (sólido, líquido e gasoso). É nesse sentido que Tales afirmava: "Tudo é água".

Nos dias atuais, com os avanços da ciência, a resposta encontrada por Tales para a questão da origem de tudo pode parecer ingênua. Apesar disso, ele buscou um princípio racional explicativo da realidade (a *arché*) por meio da observação da natureza. É esse caminho racional que torna Tales o primeiro filósofo grego, como argumentou o alemão **Friedrich Nietzsche** (1844-1900), no texto da seção "Para pensar" deste capítulo.

Partindo das concepções de Tales, um de seus discípulos, **Anaximandro** (c. 610-547 a.C.), chegou a outra conclusão. Defendia que a *arché* era algo que transcendia os limites do observável, ou seja, não se situava em uma realidade ao alcance dos sentidos, como a água. Por isso, denominou-a *ápeiron*, termo grego que significa "o indeterminado", "o infinito" no tempo.

Já **Anaxímenes** (c. 588-524 a.C.), discípulo de Anaximandro, considerou que a *arché* era o **ar**, quase inobservável, mais sutil que a água, mas que ao mesmo tempo nos anima, nos dá vida, como testemunha nossa respiração. Infinito e ilimitado, penetrando todos os vazios do Universo, o ar seria menos indeterminado que o *ápeiron*. Também seria um princípio ativo, gerador de movimento, como nos ventos.

Pitágoras de Samos

Ao contrário dos filósofos de Mileto, **Pitágoras de Samos** (c. 570-490 a.C.), que era um profundo estudioso da matemática, defendeu a tese de que todas as coisas são **números**.

Conta-se que, para chegar a essa tese, primeiro ele teria percebido que a harmonia dos acordes musicais correspondia a certas proporções aritméticas. Supôs, então, que as mesmas relações estariam na natureza. Unindo essa suposição aos seus conhecimentos de astronomia – com os quais podia, por exemplo, calcular antecipadamente o deslocamento dos astros –, Pitágoras concebeu a ideia de um cosmo harmônico, regido por relações matemáticas (teoria da harmonia das esferas).

Se para Pitágoras "tudo é número", isso quer dizer que o princípio fundamental (a *arché*) seria a estrutura numérica, matemática, da realidade. Observe que, com Pitágoras, pela primeira vez na história da filosofia ocidental se introduzia, na explicação da realidade, um elemento mais formal, fundado na ordem e na medida. As doutrinas pitagóricas tiveram grande influência sobre Platão e o platonismo. Recordemos que se atribui a Pitágoras o uso da palavra "filosofia" pela primeira vez (como vimos no Capítulo 1).

Conexões

1. Em sua opinião, seria possível estabelecer alguma relação entre o pensamento de Pitágoras e a ciência moderna? Por quê?

Heráclito: o vir a ser

Heráclito (c. 535-475 a.C.) foi um pensador da cidade de Éfeso, também na Jônia. Ele, assim como os pensadores de Mileto, observou que a realidade é dinâmica e que a vida está em constante transformação. No entanto, diferentemente dos milésios (que buscavam na mudança aquilo que permanece), Heráclito refletiu sobre **o que muda**.

O filósofo de Éfeso afirmou que tudo flui, nada persiste nem permanece o mesmo, e que "**O ser não é mais que o vir a ser**". Para ilustrar esse princípio, Heráclito dizia que ninguém se banha duas vezes nas águas do mesmo rio, pois o rio, que flui, muda incessantemente.

UNIVERSAL HISTORY ARCHIVE/GETTY IMAGES - COLEÇÃO PARTICULAR

Heráclito escreveu sob a forma de **aforismos**, isto é, frases curtas, marcantes, às vezes paradoxais. Desenvolveu um pensamento assistemático e polêmico. Gravura, c. 1800.

Heráclito também observou, como seus predecessores, a atuação dos **opostos** na natureza (frio e calor, seco e úmido etc.), mas radicalizou essa observação, conferindo papel essencial ao conflito em sua cosmologia. Desenvolveu, assim, uma visão da realidade profundamente "agonística" (do grego *agonistikós*, "relativo a luta"), pois, para ele, o fluxo constante da vida seria impulsionado justamente pela **luta de forças contrárias**: a ordem e a desordem, o bem e o mal, o belo e o feio, a construção e a destruição, a justiça e a injustiça, o racional e o irracional, a alegria e a tristeza etc.

Daí sua famosa afirmação: "a luta (guerra) é a mãe, a rainha e o princípio de todas as coisas". É pela luta das forças opostas que o mundo se modifica e evolui. Por essa razão, Heráclito imaginou que, se devia haver um elemento primordial da natureza, teria de ser o **fogo**, governando o constante movimento dos seres com chamas vivas e eternas.

Pela importância que deu ao movimento, a escola heraclitiana de pensamento é chamada de **mobilista**. Apesar de não ter sido muito bem-visto entre seus contemporâneos, Heráclito é considerado um dos mais destacados filósofos pré-socráticos e o primeiro grande representante do **pensamento dialético**. Inspirou filósofos como Hegel, Nietzsche e Heidegger, entre outros.

Conexões

2. Reflita sobre a afirmação de Heráclito de que não podemos entrar duas vezes no mesmo rio. Observando a vida, você consegue perceber que nossa experiência cotidiana, o que vemos, ouvimos, sentimos, é um fluxo permanente de impressões que nunca são totalmente iguais?

Parmênides: o ser é

As diversas cosmologias que acabamos de estudar despertaram, na época, novas questões. Por que tanta divergência? Por que tantas opiniões contrárias?

Foi assim que surgiu na cidade de Eleia, na Magna Grécia, outra forma de reflexão sobre a realidade, a qual se oporia tanto à preponderância fisicista dos pensadores de Mileto como ao mobilismo de Heráclito. Trata-se da chamada **escola eleática**, da qual **Parmênides** (c. 510--470 a.C.) foi o principal expoente.

Parmênides entendia que o equívoco das pessoas e dos outros pensadores era conceder importância demais aos dados fornecidos pelos **sentidos** (recorde-se de que, conforme vimos no Capítulo 2, Descartes diria algo parecido mais de dois mil anos depois). Embora também percebesse pela via sensorial a mudança e o movimento no mundo, Parmênides achava contraditório buscar a essência (a *arché*) naquilo que não é essencial, buscar a permanência naquilo que não permanece (a mudança, o movimento), ou supor que aquilo que é permanente pudesse se converter em algo impermanente.

DEAGOSTINI/GETTY IMAGES – COLEÇÃO PARTICULAR

Parmênides pertencia a uma família nobre da cidade de Eleia. Para muitos, foi o principal filósofo pré--socrático, exercendo grande impacto no pensamento de Platão, que o chamava de Grande Parmênides. Suas reflexões sobre o ser constituíram os primeiros passos da ontologia e da lógica.

Assim, Parmênides optou por escutar o que lhe dizia a **razão** – e não os sentidos, que o faziam sentir a mudança – e proclamou que existe **o ser** e que não é concebível sua não existência. Em suas palavras: "**O ser é e o não ser não é**". Tentemos compreender melhor essa frase, aparentemente óbvia:

- "**O ser é**" – expressa a ideia de que o ser (ou aquilo que é) **é eternamente**, pois o ser constitui, para ele, a substância permanente das coisas. Portanto, o ser é de maneira **imutável** e **imóvel**, e é o único que existe. O ser é a *arché* de Parmênides, não identificada com nenhum elemento natural, sensível, mas, ao mesmo tempo, equivalente a toda corporeidade, com tudo o que existe, pois o ser é **uno**, **pleno**, **contínuo** e **absoluto**.
- "**O não ser não é**" – traz a ideia de que o não ser (a negação do ser) não é, não há ser, substância, essência. Portanto, é nada, não existe. Essa é uma conclusão lógica, pois, se o ser é tudo, o não ser só pode não existir. Para Parmênides, o não ser se identificaria com a **mudança** (o devir), pois mudar é justamente não ser mais aquilo que era nem ser ainda algo que é.

Em vista dessa formulação, Parmênides é considerado o primeiro filósofo a expor **o princípio de identidade** (A = A) e **de não contradição** (se A = A, é impossível, ao mesmo tempo e na mesma relação, A = não A), cuja argumentação seria depois mais bem desenvolvida por **Aristóteles** (como vimos no Capítulo 4).

Em seu poema filosófico *Sobre a natureza* (nessa época, a maioria dos pensadores ainda escrevia sob a forma de poemas), Parmênides expôs que dois caminhos para a compreensão da realidade estavam sendo trilhados. O primeiro é o da **verdade**, da razão, da essência. O segundo é o da **opinião**, da aparência enganosa, que ele considerava a via de Heráclito.

Quando a realidade é pensada pelo caminho da aparência, tudo se confunde em movimento, pluralidade e devir. De acordo com Parmênides, essa via precisaria ser evitada para não termos de concluir que "o ser e o não ser são e não são a mesma coisa", o que seria um contrassenso, uma formulação ilógica.

Considera-se que foi a partir dessa discussão sobre os contrários, sobre o ser e o não ser, que se iniciaram as reflexões da **lógica** e da **ontologia**, quando esses dois campos de investigação filosófica ainda estavam intimamente relacionados.

Zenão

Discípulo de Parmênides, **Zenão de Eleia** (c. 488--430 a.C.) elaborou argumentos para defender a doutrina de seu mestre. Pretendia demonstrar com eles que a própria noção de **movimento** era inviável e contraditória.

Desses argumentos, talvez o mais célebre seja o **paradoxo de Zenão**, que se refere à corrida de Aquiles (herói grego que, segundo a mitologia, era muito veloz) contra uma tartaruga. Ele pode ser narrado da seguinte maneira:

- Se à tartaruga fosse dada uma vantagem, por sua lentidão, e ela saísse à frente de Aquiles – digamos 10 m –, ele rapidamente cobriria esse trecho. Nesse ínterim, porém, a tartaruga também teria se deslocado e já estaria um pouco adiante (calculemos 1/10 m).

- Quando Aquiles percorresse essa nova distância entre ele e a tartaruga, ela, que continuaria se movendo, já estaria um pouco mais à frente (cerca de 1/100 m). Quando ele outra vez cobrisse essa diferença, ela estaria 1/1 000 m adiante, e assim sucessivamente.
- Por esse raciocínio, a tarefa de Aquiles se repetiria ao infinito, tendo por base a hipótese de que o espaço pode ser dividido infinitamente, ou seja, ele nunca ultrapassaria a tartaruga e ela venceria a corrida.

Ora, na observação que fazemos do mundo por meio de nossos sentidos, é evidente que o argumento de Zenão não corresponde à realidade. Por isso, é chamado de "paradoxo", isto é, um raciocínio que parece correto e bem fundamentado, mas cujo resultado entra em contradição com a experiência do mundo real (conforme estudamos no Capítulo 4).

Geralmente, isso ocorre porque se trata, na realidade, de uma **falácia**, ou seja, um raciocínio logicamente equivocado que leva a uma conclusão errônea, com aparência de verdadeira. Contudo, enquanto não se sabe se existe e onde está a falácia, o que temos é um paradoxo.

Os argumentos usados por Zenão demonstram as dificuldades pelas quais o pensamento racional passou para compreender conceitos como movimento, espaço, tempo e infinito, entre tantos outros.

Os paradoxos de Zenão foram debatidos durante séculos por filósofos, físicos e matemáticos. Hoje já existe um cálculo que demonstra que Aquiles alcançou a tartaruga.

PENSAMENTO CLÁSSICO

A democracia ateniense

Entre os séculos VI e IV a.C., as cidades da Grécia Antiga atingiram seu apogeu político, econômico e cultural. Essa época, chamada de Período Clássico, teve como palco principal a cidade de Atenas.

Foi em Atenas que nasceu a democracia, forma de governo baseada no princípio da isonomia, isto é, na ideia de que todos os cidadãos têm o mesmo direito perante as leis. É preciso ressaltar, no entanto, que há várias diferenças entre as democracias atuais e a antiga democracia ateniense. Uma delas é que apenas uma pequena parte da população masculina adulta tinha sua cidadania reconhecida em Atenas. Além disso, tratava-se de uma sociedade escravista em que mulheres, escravos e jovens menores de 21 anos não tinham direitos políticos. Nem mesmo os estrangeiros (os metecos, pessoas não nascidas em Atenas), que residiam em grande número na cidade, podiam participar da vida democrática.

Por outro lado, apesar dessas limitações, a democracia ateniense era uma democracia direta, isto é, cada cidadão tinha não apenas direito ao voto, mas também à palavra. As discussões se davam na chamada **ágora**, principal praça pública da cidade, onde todos os cidadãos se reuniam em assembleia.

Desse modo, propiciando a participação de um número maior de habitantes na discussão sobre temas práticos e públicos, a instituição democrática ateniense favoreceu também o desenvolvimento de uma cultura que valorizava o uso da palavra e da razão. As habilidades argumentativas e dialéticas dos cidadãos tornaram-se um bem cada vez mais apreciado. Foi nesse contexto que apareceram os **sofistas** e **Sócrates**.

Ruínas da antiga Ágora de Atenas, na Grécia. Fotografia de 2019.

Da ágora grega à praça digital

No final do século XX, o filósofo **Pierre Lévy** (1956-) afirmou que as novas tecnologias poderiam ser utilizadas para criar ágoras virtuais, nas quais milhões de pessoas poderiam interagir em tempo real. A ágora virtual seria um espaço público digital voltado para a troca de conhecimentos e a realização de debates qualificados.

Essa "praça digital" poderia aprimorar a democracia, tornando mais direta a participação política do cidadão. Lévy imaginou a ágora virtual como uma possibilidade de encurtar a distância entre governantes e governados conferindo, assim, legitimidade às democracias contemporâneas.

No século XXI, a praça digital tornou-se realidade por meio das mídias sociais, que se popularizaram como forma de pressão política. Por sua força, o "barulho" das mídias sociais preocupa os detentores do poder. Como todo instrumento, as mídias sociais podem ser utilizadas de vários modos.

De um lado, por exemplo, essas mídias trazem o benefício da multiplicação das vozes e dão visibilidade aos interesses de diversos grupos no debate público. De outro lado, as mídias sociais trazem também os males da manipulação pública em formato de *fake news*. O poder das notícias falsas atingiu um nível inédito na barbárie da difamação e intolerância.

Nascida na ágora grega, a filosofia tem muito a contribuir para trazer racionalidade ao debate na praça digital. Ela estimula a argumentação lógica e o diálogo democrático, que consiste na arte de falar e escutar com respeito à dignidade humana. Com isso, a filosofia contribui para a produção de consensos (do latim, *cum* + *sensus*, com o sentido de "percepção em conjunto").

Por causa de seu caráter integrador, a filosofia contribui para avaliar o que temos em busca do que queremos (nossos objetivos comuns). Por isso, ela é fundamental na construção de um amanhã mais justo, livre e solidário.

Sofistas: a retórica

Os sofistas pertenciam, em geral, à periferia do mundo grego. Eram professores viajantes que vendiam seus ensinamentos, empregando a **exposição** ou o **monólogo** como método de ensino.

Conforme o interesse dos estudantes, davam aulas de eloquência e de sagacidade mental ou ensinavam elementos úteis para o sucesso nas atividades públicas e privadas. Alguns deles diziam-se mestres em qualquer assunto: da arte de fazer sapatos à ciência política, além da arte de como viver bem na pólis grega. Por isso eram chamados de **sofistas**, palavra de origem grega que quer dizer "grande mestre ou sábio", algo como "supersábios".

Entre os ensinamentos dos sofistas, destacavam-se aqueles que tinham como principal objetivo o desenvolvimento da habilidade da argumentação, além do domínio de doutrinas divergentes. Alguns estudiosos afirmam que os sofistas buscavam transmitir a seus discípulos todo um jogo de palavras, raciocínios e concepções úteis em um debate para driblar as teses dos adversários e convencer as pessoas.

O momento histórico vivido pela civilização grega – uma época de lutas políticas e intenso conflito de opiniões nas assembleias democráticas – favoreceu o desenvolvimento desse tipo de atividade em Atenas. Por isso, muitos cidadãos sentiam a necessidade de aprender **retórica** ou **oratória** para conseguir persuadir as pessoas em assembleias e, muitas vezes, fazer prevalecer seus interesses individuais e de seu grupo social.

Essas características dos ensinamentos dos sofistas favoreceram o surgimento de concepções filosóficas **relativistas** sobre as coisas. Como vimos anteriormente, para o relativismo não há uma verdade única, absoluta (ou, se ela existe, não podemos conhecê-la). Assim, a "verdade" seria algo relativo ao indivíduo, ao momento histórico, a um conjunto de fatores, circunstâncias e consensos dentro de uma sociedade (reveja o conceito de relativismo no Capítulo 9).

Heróis ou vilões?

Como vimos, o termo "sofista" teve originalmente um significado positivo. Entretanto, com o decorrer do tempo, ganhou o sentido de "enganador" ou "impostor", devido sobretudo às críticas de Platão, cujo pensamento estudaremos adiante.

Desde então, a sofística (ou arte dos sofistas) foi considerada apenas uma atitude viciosa do espírito, uma arte de manipular raciocínios, produzir o falso, iludir os ouvintes, sem nenhum amor pela verdade. A palavra "verdade", em grego, é *aletheia*, que significa "manifestação daquilo que é", "o não oculto". Nesse sentido, opõe-se a *pseudos*, que significa "o falso", "aquilo que se esconde, que ilude". Os sofistas pareciam não buscar a *aletheia*, contentando-se com *pseudos*.

Retórica ou **oratória**: arte de falar e argumentar em público.

Por isso, hoje a palavra "sofisma" é utilizada para designar um raciocínio aparentemente correto, mas que na realidade é falso ou inconclusivo, geralmente formulado com o objetivo de convencer alguém (como vimos no Capítulo 4).

Entretanto, abordagens mais recentes sobre a atuação dos sofistas procuram mostrar que o relativismo de suas teses se fundamenta em uma concepção flexível sobre os seres humanos, a sociedade e a realidade, e esta não pode, portanto, ser reduzida a um único sistema. Assim, não existiriam valores ou verdades absolutas.

É importante destacar, por último, que não existe uma doutrina sofística única. O que há são alguns aspectos comuns entre as concepções de certos sofistas, como **Protágoras** (c. 480-410 a.C.), **Górgias** (c. 487-380 a.C.) e outros, o que permitiu serem considerados um conjunto ou corrente.

Protágoras foi um dos mais importantes sofistas. Tinha como princípio básico a ideia de que **o homem é a medida de todas as coisas**. Ao longo do tempo, essa frase recebeu várias interpretações. Entre elas, a visão de que o mundo é aquilo que cada indivíduo ou grupo social consegue perceber que é. A realidade é relativa a cada um (indivíduo, grupo social, cultura), ou seja, depende de suas disposições, suas concepções, seus modos de ser e de viver. A essa visão relativista de Protágoras contrapunham-se os filósofos que buscavam conhecer a essência das coisas.

Górgias de Leontini foi um dos grandes oradores da Grécia. Ele afirmava que um bom orador é capaz de convencer qualquer pessoa sobre qualquer coisa. Górgias afirmava que:

- o ser não existe;
- se existisse, não poderia ser conhecido;
- mesmo que fosse conhecido, não poderia ser comunicado a ninguém.

Desse modo, aprofundando o subjetivismo relativista de Protágoras, atingiu um **ceticismo absoluto**.

Sócrates: a dialética

O ateniense **Sócrates** (469-399 a.C.) é tradicionalmente considerado um marco divisório da história da filosofia grega. Por isso, os filósofos que o antecederam são chamados de pré-socráticos e os que o sucederam, de pós-socráticos. O próprio Sócrates, porém, não deixou nada escrito. O que se sabe dele e de seu pensamento vem dos textos de seus discípulos e de seus adversários.

ALBUM/FOTOARENA - MUSEU HERMITAGE, SÃO PETERSBURGO, RÚSSIA

Imortalizado nos diálogos de Platão, Sócrates tornou-se um mestre e um exemplo da conduta ética até os dias atuais.

Sócrates era filho de um escultor e de uma parteira – dupla herança que o levou a buscar esculpir, simbolicamente, uma representação autêntica do ser humano e a ajudar seus discípulos a dar à luz suas próprias ideias (conforme vimos mais detidamente no Capítulo 3).

O estilo de vida de Sócrates assemelhava-se, exteriormente, ao dos sofistas, embora não "vendesse" seus ensinamentos. Desenvolvia o saber filosófico em praças públicas conversando com os jovens, sempre dando demonstrações de que era preciso unir a vida concreta ao pensamento. Unir o saber ao fazer, a consciência intelectual à consciência prática ou moral.

Assim como os sofistas, Sócrates concentrou-se na **problemática do ser humano**. No entanto, diferentemente deles, Sócrates se opôs ao relativismo quanto à questão da moralidade e ao uso da retórica para atingir interesses particulares.

Debate com sofistas

Embora em sua época tenha sido confundido com os sofistas, Sócrates travou uma polêmica profunda com esses filósofos. Ele procurava um fundamento último para as interrogações humana. O que é o bem? O que é a virtude? O que é a justiça? Já os sofistas, segundo seus críticos, assumiam os dados empíricos como ponto de partida, sem se preocupar com a investigação de uma essência (da virtude, da justiça, do bem etc.).

A pergunta fundamental de Sócrates era: qual é a essência do ser humano ou o que o ser humano é essencialmente? Sua resposta apontava para a ideia de que o ser humano é sua **alma**, entendida aqui como a sede da **razão**, o nosso **eu consciente** (que inclui a consciência intelectual e a consciência moral), pois é o que nos distingue de todos os outros seres da natureza.

Por isso, o autoconhecimento era um dos pontos básicos da filosofia socrática. "Conhece-te a ti mesmo", frase inscrita no Oráculo de Delfos, era a recomendação primordial feita por Sócrates a seus discípulos.

Um corruptor da juventude?

Sócrates não dava importância à condição socioeconômica de seus discípulos. Dialogava com ricos e pobres, cidadãos e escravos. O que importava eram as qualidades interiores de cada pessoa, indispensáveis ao processo de autoconhecimento.

Como não fazia distinção entre seus interlocutores e questionava tudo, incluindo crenças e valores comuns, foi considerado uma ameaça social, um subversivo. Interessado na prática da virtude e na busca da verdade, contrariava os valores dominantes da sociedade ateniense. Por isso, recebeu a acusação de ser **injusto com os deuses da cidade** e de **corromper a juventude**. No final do processo foi condenado a beber cicuta (veneno mortal extraído de uma planta de mesmo nome).

Diante dos juízes, Sócrates assumiu uma postura imperturbável, de quem nada teme. Permanecia absolutamente em paz com sua própria consciência.

> Algum de vós poderia talvez altercar-me: "Sócrates, não te envergonhas de haveres exercido tal atividade, que agora coloca em risco tua vida?" Eu responderia a este: "Não falas bem se pensas que alguém, tendo a capacidade de fazer algum bem, mesmo sendo pequeno, deva calcular os riscos de vida ou de morte e não deva olhar o injusto e se pratica as ações de homem honesto e corajoso ou de infame e mau.
>
> Estás enganado, se pensas que um homem de bem deve ficar pesando, ao praticar seus atos, sobre as possibilidades de vida ou de morte. O homem de valor moral deve considerar apenas, em seus atos, se eles são justos ou injustos, corajosos ou covardes".
>
> PLATÃO. Apologia de Sócrates. *In: Diálogos*. São Paulo: Nova Cultural, 2004. p. 80.

Foi assim que Sócrates procurou caracterizar sua vida. Construiu uma personalidade corajosa, guiando sua conduta pelo critério de justiça que encontrou como correto. Viveu conforme sua própria consciência. Morreu sem ter renunciado a seus mais caros valores morais.

JACQUES-LOUIS DAVID – MUSEU METROPOLITANO DE ARTE, NOVA YORK

A morte de Sócrates, de Jacques-Louis David, 1787. Óleo sobre tela, 1,29 m × 1,96 m. Na prisão, o filósofo conversa com seus discípulos sobre o tema da imortalidade da alma e estende a mão para a taça com o líquido mortal.

Conexões

3. Comente as palavras de Sócrates durante seu julgamento, relacionando-as com a filosofia proposta por ele, posicionando-se a respeito. Você acredita que sua atitude é um exemplo a ser seguido?

PLATÃO
Alicerces da filosofia ocidental

Platão (427-347 a.C.) pertencia a uma das mais nobres famílias atenienses. Seu nome verdadeiro era Arístocles, mas, devido a sua constituição física, recebeu o apelido de Platão, termo grego que significa "de ombros largos".

Foi discípulo de Sócrates, a quem considerava o mais sábio e o mais justo dos homens. Depois da morte de seu mestre, Platão empreendeu inúmeras viagens, período em que ampliou seus horizontes culturais e amadureceu suas reflexões filosóficas. Por volta de 387 a.C. retornou a Atenas, onde fundou sua própria escola filosófica, a Academia, nos jardins construídos por seu amigo Academus.

A maior parte do pensamento platônico nos foi transmitida por intermédio da fala de Sócrates nos **diálogos socráticos**, escritos pelo próprio Platão. Seu pensamento é tão vasto e influente que foi celebrizado na expressão: "Toda filosofia ocidental são notas de rodapé a Platão". Vejamos algumas concepções de suas teorias sobre a realidade e o conhecimento (conheceremos suas concepções políticas no Capítulo 16).

Teoria das ideias

Como grande parte dos pensadores de sua época, Platão também enfrentou o impasse criado pelos pensamentos de Parmênides e Heráclito, ou seja, sobre o problema da permanência e da mudança, da unidade e da multiplicidade.

Em sua doutrina, conhecida como teoria das ideias, Platão procurou resolver esse impasse propondo uma **ontologia dualista**. Assim, para ele existiriam duas realidades diametralmente opostas:

- **Mundo sensível** (*kósmos horatós*, em grego) – corresponde à matéria e compõe-se das coisas como as percebemos na vida cotidiana (isto é, pelas sensações), as quais surgem e desaparecem continuamente. Assim, as coisas e os fatos do mundo sensível são temporários, mutáveis e corruptíveis (o mundo de Heráclito).
- **Mundo inteligível** (*kósmos noetós*, em grego) – corresponde às ideias, que são sempre as mesmas para o intelecto, de tal maneira que nos permitem experimentar a dimensão do eterno, do imutável, do perfeito (o mundo de Parmênides). Todas as ideias derivariam da **ideia do bem**.

Observe que a concepção dualista de Platão opera uma mudança radical em relação aos pensadores anteriores ao situar o ser verdadeiro fora ou separado do mundo sensível.

Dualismo platônico

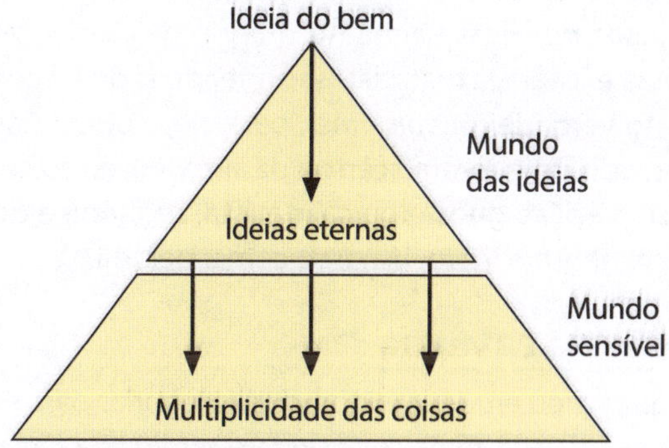

REPRODUÇÃO

Essa separação entre o mundo sensível e as ideias perfeitas não ocorria no pensamento dos filósofos pré-socráticos, que buscavam a *arché* das coisas nas próprias coisas, nem em Sócrates, para quem a essência ou o ser verdadeiro também se encontrava nas coisas (como vimos anteriormente e no Capítulo 10).

Isso significa que, para esses filósofos, o ser verdadeiro é **imanente**, isto é, encontra-se neste mundo ou se confunde com ele; enquanto, para Platão, é **transcendente**, ou seja, encontra-se separado dele.

Processo de conhecimento

A teoria das ideias também costuma ser estudada em seus aspectos epistemológicos, como **teoria do conhecimento**. Isso porque nessa doutrina Platão propõe que conhecer a verdade implica um processo de passagem progressiva do mundo sensível (das **sombras** e **aparências**) para o mundo das ideias (das **essências** ou dos **seres verdadeiros**).

A primeira etapa desse processo é dominada pelas sensações advindas dos sentidos. Essas impressões sensíveis são responsáveis pela **opinião** (*doxa*) que temos da realidade, isto é, o saber que se adquire sem uma busca metódica.

O **conhecimento**, porém, para ser autêntico, deve ultrapassar a esfera das impressões sensoriais, o plano da opinião, e penetrar na esfera racional da sabedoria, o mundo das ideias. Para atingir esse mundo, o ser humano não pode ter apenas "amor às opiniões" (filodoxia); precisa possuir um "amor ao saber" (filosofia).

O **método** proposto por Platão para realizar essa passagem e atingir o conhecimento autêntico (*epistéme*) é a **dialética**. Equivalente aos diálogos críticos de Sócrates, a dialética socrático-platônica consiste, basicamente, na contraposição de uma opinião à crítica que podemos fazer dela, ou seja, na afirmação de uma tese qualquer seguida de uma discussão e negação dessa tese, com o objetivo de purificá-la dos erros e equívocos, permitindo uma ascensão até as ideias verdadeiras (conforme vimos mais detalhadamente no Capítulo 3).

Para Platão, nesse processo vamos recordando as verdades eternas e imutáveis que já haviam sido contempladas por nossa alma no mundo das ideias, antes de nossa existência material. Isso quer dizer que o conhecimento verdadeiro (*epistéme*), para ele, é uma imagem do passado, uma **reminiscência** da alma. Portanto, temos uma concepção gnosiológica **inatista**, segundo a qual o conhecimento é inato, já nasce com a pessoa.

O mito da caverna

Platão criou em seus textos várias alegorias para expor suas doutrinas. A mais conhecida é o **mito da caverna**, que nos ajuda a entender a evolução do processo de conhecimento.

De acordo com essa alegoria, desde pequenos, os homens são prisioneiros em uma caverna escura amarrados de tal maneira que os obriga a permanecer sempre de costas para a abertura da caverna. Nunca saíram e nunca viram o que há fora dela. No entanto, devido à luz de um fogo que entra por essa abertura, podem contemplar na parede do fundo da caverna a projeção das sombras dos seres que passam em frente ao fogo lá fora. Acostumados a ver somente essas projeções, assumem a ilusão do que veem – as sombras do real – como se fosse a verdadeira realidade.

Se saíssem da caverna e vissem as coisas do mundo iluminado, não as identificariam como verdadeiras ou reais. Isso levaria um tempo. Estando acostumados às sombras, às ilusões, teriam de habituar os olhos à visão do real: primeiro olhariam as estrelas da noite, depois as imagens das coisas refletidas nas águas tranquilas, até que pudessem encarar diretamente o Sol e enxergar a fonte de toda a luminosidade.

ANDRÉ TOMA

Representação artística do mito da caverna. Esse mito é uma alegoria criada por Platão para se referir ao processo de conhecimento.

Conexões

4. Você consegue estabelecer uma analogia (relação de semelhança) entre o mito da caverna e algum espaço ou meio do mundo contemporâneo urbano? Há alguma situação ou elemento do cotidiano que recorde a prisão em que vivem os homens submetidos às ilusões da caverna? Justifique.

ARISTÓTELES

Bases do pensamento lógico e científico

Aristóteles (384-322 a.C.) foi um dos mais expressivos filósofos gregos da Antiguidade. Há informações de que teria escrito mais de uma centena de obras sobre variados temas, das quais restam apenas 47, embora nem todas de autenticidade comprovada. Desempenhou papel extraordinário na organização do saber grego, acrescentando-lhe uma contribuição que impactou a história do pensamento ocidental.

Filho de Nicômaco, médico do rei da Macedônia, Aristóteles foi para Atenas com 18 anos e ingressou na Academia de Platão, na qual permaneceu cerca de vinte anos, com uma atuação crescentemente expressiva. Com a morte de Platão, em 347 a.C., a destacada competência de Aristóteles o qualificava para assumir a direção da Academia. Entretanto, seu nome foi deixado de lado porque ele era considerado estrangeiro (meteco) pelos atenienses, pois nasceu em Estagira, na Macedônia.

DEAGOSTINI/GETTY IMAGES – MUSEU NACIONAL ROMANO, PALAZZO

Aristóteles foi um homem de estudo e pesquisa. Seus discípulos do Liceu ficaram conhecidos como peripatéticos (os que passeiam) devido ao hábito do filósofo de ensinar ao ar livre.

O filósofo ficou decepcionado com o episódio, o que o motivou a deixar a Academia e partir para a Ásia Menor. Pouco tempo depois foi convidado para ser professor de Alexandre, filho de Felipe II, rei da Macedônia. O relacionamento entre Aristóteles e Alexandre foi interrompido quando este assumiu a direção do império macedônico, em 340 a.C.

Por volta de 335 a.C., Aristóteles regressou a Atenas e fundou sua própria escola filosófica, conhecida como Liceu, em homenagem ao deus Apolo Lício. Nesse local, permaneceu ensinando durante aproximadamente 12 anos.

Em 323 a.C., após a morte de Alexandre, os sentimentos antimacedônicos ganharam força em Atenas. Devido a sua notória ligação com a corte macedônica, Aristóteles passou a ser perseguido. Decidiu, então, abandonar novamente Atenas, dizendo querer evitar que os atenienses "pecassem duas vezes contra a filosofia" (a primeira vez teria sido com Sócrates).

Apaixonado por biologia, dedicou inúmeros estudos à observação da natureza e à classificação dos seres vivos. Tendo em vista a elaboração de uma visão científica da realidade, desenvolveu a **lógica** para servir de ferramenta do raciocínio (como vimos no Capítulo 4).

Da sensação ao conceito

Segundo Aristóteles, a finalidade básica das ciências seria desvendar a constituição essencial dos seres, procurando defini-la em termos reais.

Ao abordar a realidade, o filósofo reconhecia a multiplicidade dos seres percebidos pelos sentidos como elementos do real. Assim, tudo o que vemos, pegamos, ouvimos e sentimos teria realidade para Aristóteles.

Por isso ele rejeitava a teoria das ideias de Platão, segundo a qual os dados transmitidos pelos sentidos não passariam de distorções, sombras ou ilusões da verdadeira realidade existente no mundo das ideias. Para Aristóteles, a observação da realidade por nossos sentidos leva-nos à constatação da existência real de inúmeros seres individuais, concretos, mutáveis.

Método indutivo

Assim, para Aristóteles, a ciência deveria partir da realidade sensorial (**empírica**) para buscar nela as estruturas essenciais de cada ser. Em outras palavras, por meio da **existência** do ser individual, devemos atingir sua **essência**, seguindo um processo de conhecimento que caminharia do individual e específico para o universal e genérico.

O filósofo entendia, portanto, que o ser individual, concreto, único, constitui o objeto da ciência, mas não é o seu propósito. A finalidade da ciência deve ser a compreensão do **universal**, visando estabelecer definições essenciais que possam ser utilizadas de modo generalizado.

Desse modo, a **indução** (operação mental que vai do particular ao geral) representa, para Aristóteles, o processo intelectual básico de aquisição de conhecimento. É por meio do método indutivo que o ser humano pode atingir conclusões científicas, conceituais, de âmbito universal.

Hilemorfismo teleológico

Mais interessado na vida natural que seu mestre, Aristóteles formulou uma teoria da realidade que identificava dois princípios básicos e uma causa final em todos os seres, que ficou conhecida como "hilemorfismo teleológico". Em grego, *hilé* significa "matéria"; *morphé* remete a "forma"; *telos* quer dizer "finalidade" e *logos* refere-se a "razão, explicação". Para explicar essa teoria, é preciso relacionar conceitos de física e de metafísica aristotélica.

Se observarmos a natureza como fazia esse pensador, veremos que ela tem ciclos constantes e regulares. As plantas e os animais nascem, crescem e morrem. Cada organismo constitui um todo orgânico, ordenado e coeso. Apesar da diversidade e da multiplicidade de entes, parece haver uma ordem interna e externa a cada um deles que conduz à sucessão dos acontecimentos.

Portanto, ficava difícil para Aristóteles conceber que o inteligível estivesse totalmente separado da realidade concreta, perceptível aos nossos sentidos, pertencendo a outro mundo, como dizia Platão. Por que não pensar que o inteligível está aqui mesmo, neste mundo, e que opera dentro das próprias coisas?

DEA/G. CIGOLINI/DE AGOSTINI/GETTY IMAGES – PALÁCIO APOSTÓLICO, CIDADE DO VATICANO

Detalhe do afresco *Escola de Atenas*, de Rafael Sanzio, c. 1510-1512. Nessa obra, Platão é representado apontando o dedo para o alto, para indicar o mundo das ideias. Aristóteles está com a mão espalmada para baixo, parecendo mostrar sua preferência pela observação da realidade concreta.

Matéria e forma

Aristóteles era um grande observador da natureza – considerado por muitos o primeiro biólogo que existiu – e achava que o sensível e o inteligível deviam estar unidos. Somente a análise ontológica permitiria identificá-los e separá-los, mas essa separação seria apenas conceitual, pois, na realidade mesma, o sensível e o inteligível andariam sempre juntos. Para o filósofo, "as coisas são o que são em sua própria natureza", ou seja, o ser verdadeiro deve ser **imanente**.

Seguindo essa linha de raciocínio, Aristóteles concebeu a noção de que todas as coisas estariam constituídas de dois princípios inseparáveis:

- **matéria** (*hylé*, em grego) – o princípio indeterminado dos seres, mas que é determinável pela forma;
- **forma** (*morphé*, em grego) – o princípio determinado em si próprio, mas que é determinante em relação à matéria.

Assim, tudo o que existe é composto de matéria e forma, daí o nome **hilemorfismo** para designar essa doutrina. Note, porém, que é a forma que faz as coisas serem o que são, enquanto a matéria constitui apenas o substrato que permanece. Nos processos de mudança, é a forma que muda; a matéria mantém-se sempre a mesma. Por exemplo: se um anel de ouro é derretido para converter-se em uma corrente de ouro, muda-se a forma (de anel para corrente), mas mantém-se a matéria (ouro).

Como você pode perceber, apesar de revalorizar o sensível, Aristóteles não desprezava totalmente a concepção de ideias eternas de seu mestre, mas a trazia de volta a este mundo, batizava-a com outro nome (forma) e a complementava com o que supôs faltar para que ela pudesse explicar todas as classes de seres e as mudanças do real.

Potência e ato

Aristóteles também retomou o problema da permanência e da mudança (a clássica polêmica entre Heráclito e Parmênides) e realizou uma reviravolta: sem questionar o estatuto da mudança em si, procurou analisar a **realidade que muda** (o ser imbricado no não ser), entendendo que o movimento existe e que não se encontra fora das coisas.

Desse modo, observou que uma semente não é uma planta, assim como um livro não é uma planta. No entanto, a semente pode tornar-se uma árvore, enquanto o livro não pode. Isso quer dizer que, segundo a concepção aristotélica, devemos distinguir em todo ser:

- **ato** – manifestação atual do ser, aquilo que ele já é (por exemplo, a semente é, em ato, uma semente);
- **potência** – possibilidades do ser (capacidade de ser), aquilo que ainda não é, mas que pode vir a ser (por exemplo, a semente é, em potência, a árvore).

Conforme essa concepção, todas as coisas naturais são ato e potência, isto é, são algo e podem vir a ser algo distinto. Uma semente pode tornar-se uma árvore se encontrar as condições para isso, do mesmo modo que uma árvore que está sem flores pode se tornar, com o tempo, uma árvore florida, manifestando em ato aquilo que já continha intrinsecamente como potência. Enfim, potência e ato explicam a mudança no mundo, o movimento e a transitoriedade das coisas.

Relacionando essas dualidades de princípios nos seres (matéria e forma; potência e ato), podemos observar um paralelismo entre matéria e potência; entre forma e ato: a matéria indeterminada é o ser em potência; a forma é o ser em ato.

Substância e acidente

Por outro lado, em virtude de certas condições climáticas, uma árvore frutífera pode não vir a dar frutos (o que contraria sua potência de dar frutos) ou as folhas da árvore podem estar queimadas ou ressecadas, em consequência de um clima seco.

Aristóteles classifica esses casos, ou qualidades do ser, como **acidentes**, ou seja, algo que ocorre no ser, mas que não faz parte de seu ser essencial. Isso significa que, para o filósofo, devemos distinguir em todos os seres existentes o que neles é:

- **Substancial** – atributo estrutural e essencial do ser; aquilo que mais intimamente o ser é e sem o qual ele não é. Assim, todo ser tem sua substância, de modo que devem existir tantas substâncias quantos seres existam (pluralismo ontológico).
- **Acidental** – atributo circunstancial e não essencial do ser; aquilo que ocorre no ser, mas que não é necessário para definir a natureza própria desse ser.

Conexões

5. Exercite a distinção aristotélica entre substância e acidente em vários elementos de sua vida cotidiana. Comece pelos seguintes conceitos: democracia, cidadão; professor, estudante. O que seria substancial e acidental em cada um deles, tendo como referência a situação brasileira? Depois, tente fazer o mesmo com outras coisas, outros seres ou conceitos de sua escolha.

Quatro causas dos seres

Observe agora que, quando falamos de uma semente que se transforma em árvore e em um anel de ouro que se converte em uma corrente de ouro, estamos nos referindo a duas classes distintas de seres. No primeiro caso, temos um **ser natural**, no qual a mudança (ou movimento) ocorre por um princípio interno, **intrínseco**, conforme explicou Aristóteles. No segundo caso, por sua vez, temos um **ser artificial**, cuja transformação (ou movimento) se dá por um princípio externo, **extrínseco.**

Em outras palavras, os seres naturais modificam-se, basicamente, de acordo com sua própria natureza, enquanto os seres artificiais dependem em boa medida de elementos externos para que isso ocorra.

Há, portanto, princípios intrínsecos e extrínsecos que levam os seres ao movimento, à passagem da potência ao ato. Esses princípios são o que o filósofo denominou **causas.** Aristóteles distinguiu quatro tipos de causas fundamentais, explicadas no exemplo a seguir.

Teoria das quatro causas

Exemplo: cópia romana do *Discóbolo*, estátua criada pelo grego Míron.

LIANEM/ALAMY/FOTOARENA

Causa material: matéria de que é feita uma coisa. No caso, o mármore utilizado na confecção da estátua.

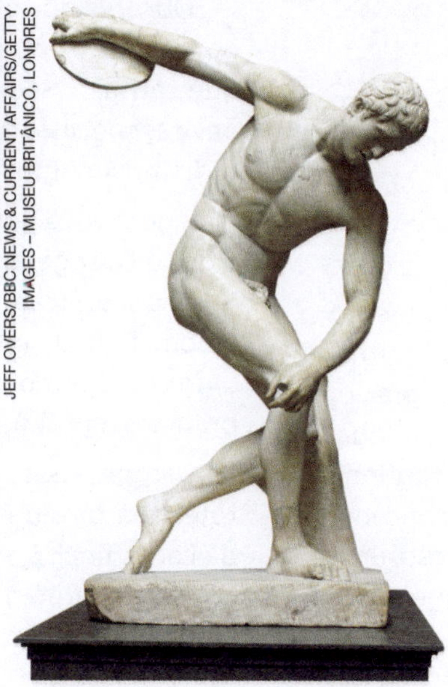

JEFF OVERS/BBC NEWS & CURRENT AFFAIRS/GETTY IMAGES – MUSEU BRITÂNICO, LONDRES

Causa eficiente: aquele que produz diretamente a coisa, que transforma a matéria tendo em vista uma forma. A causa eficiente dessa estátua foi um escultor que a criou.

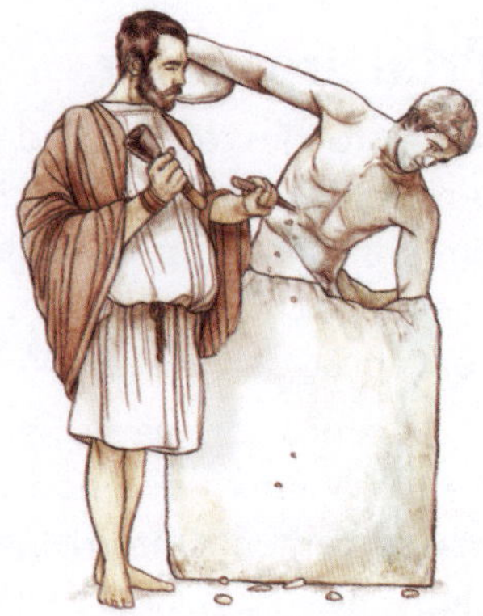

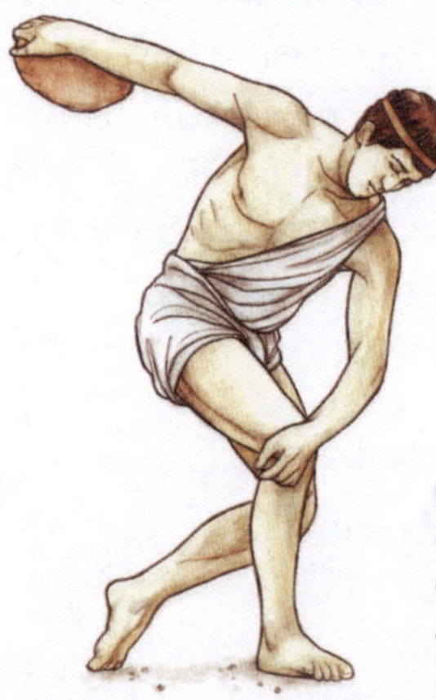

Causa formal: forma, configuração específica de uma coisa. No caso, a forma é de um atleta lançador de discos.

Causa final: o objetivo, a finalidade ou a razão de ser de uma coisa. No caso, a intenção do escultor pode ser, por exemplo, homenagear o lançador de discos.

ILUSTRAÇÕES: ANDRÉ TOMA

Nos seres artificiais (como a estátua acima), todas essas causas intervêm, sendo as duas últimas extrínsecas a esses seres.

Nos seres naturais, a causa eficiente não ocorre, pois eles podem surgir e ser o que são por natureza, isto é, fazem-se por si mesmos, não dependendo de uma causa externa.

> “Para o racionalismo grego, de Platão a Aristóteles e outros, conhecer significava entender as causas.”
>
> ECO, Umberto. *Intepretação e superinterpretação.* São Paulo: Martins Fontes, 2001. p. 31.

Mundo finalista

Será que a causa final se dá também nos seres naturais? Aristóteles entendia que sim. Para ele, as vidas animal e vegetal, em seus processos biológicos de crescimento e de reprodução, estariam expressando justamente a finalidade contida em sua própria natureza. Nesse sentido, a causa final sobrepõe-se à causa formal nos seres naturais, identificando-se mutuamente.

Para Aristóteles, a **causa final é a mais importante de todas**, pois é ela que articula todas as outras causas. Isso fica claro no exemplo da estátua do atleta lançador de discos – no infográfico anterior –, cuja finalidade (causa final) era a de exaltar o lançador de discos. O escultor (causa eficiente) necessita ter um objetivo para trabalhar, pois "todo agente obra por um fim". Com esse objetivo em mente, o escultor escolherá a pedra mais adequada (causa material) e uma figura para entalhar.

Primeiro motor

Aristóteles refletiu ainda sobre a questão da **origem do mundo**. Para ele, o mundo é **eterno**, isto é, nunca teve um princípio e nunca terá um fim, tendo em vista que as próprias noções de princípio e de fim contrariam sua concepção de **movimento**.

Vejamos por que ele pensava assim. Se o movimento é a passagem da potência ao ato (em que varia a forma, mas se mantém a matéria), isso implica que há sempre um algo antes (do qual se parte) e um algo depois (ao qual se chega), como o anel que se converteu em correntinha ou a semente, em árvore. Portanto, é impossível conceber o "começar" do mundo sem entrar em contradição, uma vez que faltaria o ponto de partida do movimento (o algo antes que possibilita o movimento). É igualmente inconcebível o "terminar" do mundo, pois nesse caso faltaria o ponto de chegada do movimento. Aristóteles, então, concluiu que o mundo é um **movimento eterno**, sem começo nem fim.

O problema dessa conclusão é que ela não explica totalmente o problema do movimento do mundo, pois tudo que se move deve ter sido colocado em movimento por algo (um agente motor), que, por sua vez, foi colocado em movimento por algo mais, e assim por diante. Essa sequência não pode continuar infinitamente, pois deve se deter em algum ponto ou em algo (que seria a causa primeira do movimento). Assim, ponderou Aristóteles, "tem de haver algo que seja eterno, substância e ato, e que mova sem mover-se" (ARISTÓTELES. *Metafísica*. Porto Alegre: Globo, 1969. XII, 7, 1072a). É então que o filósofo formula a doutrina do **primeiro motor** ou **motor imóvel**, a causa primeira de todo movimento.

Observe que o primeiro motor só poderia ser imóvel, porque, do contrário, precisaria de algum outro motor que causasse seu mover. Portanto, para ser o primeiro, deve ser necessariamente imóvel, apesar de causador de todo movimento existente no mundo.

Agora você pode estar se perguntando: "Como pode algo imóvel gerar movimento?". Aristóteles respondeu que é por **atração**, pois todas as coisas tendem àquilo que é bom, belo ou inteligente, e o primeiro motor – entendido como ato puro e perfeição – é tudo isso, ou seja, o primeiro motor funciona como **causa final** do mundo.

Vemos, assim, por que a concepção de mundo aristotélica é considerada teleológica, pois há uma primazia da causa final. É, enfim, o para quê, a finalidade, o *télos*, aquilo que determina a passagem da potência ao ato, comandando o movimento do real.

FILOSOFIAS HELENÍSTICA E ROMANA

A busca da felicidade interior

Em 338 a.C., o rei Filipe da Macedônia comandou um exército que conquistou a Grécia. A partir desse momento, teve início o **período helenístico**, cujo auge foi a expansão militar do império macedônico, sob a liderança de Alexandre Magno. O período helenístico caracterizou-se por um processo de interação entre a cultura grega clássica e a cultura dos povos orientais conquistados.

O mesmo processo se deu no campo filosófico. As escolas platônica (Academia) e aristotélica (Liceu) – dirigidas, respectivamente, pelos discípulos de Platão e Aristóteles – continuaram abertas e em plena atividade, mas os valores gregos começaram a mesclar-se com as mais diversas tradições culturais.

O helenismo deixou marcas duradouras nos territórios conquistados por Alexandre Magno. O desenvolvimento da filosofia, das ciências e das artes foi impulsionado pelas trocas culturais entre gregos e orientais. A cultura helenística, posteriormente, foi transmitida ao mundo islâmico e, por meio dele, retornou à Europa ocidental.

Do público ao privado

No plano político, a antiga liberdade do cidadão grego, exercida no contexto de autonomia de suas cidades, foi desfigurada pelo domínio macedônico, ocorrendo um declínio da participação do cidadão no destino da pólis.

Nesse contexto, as preocupações coletivas da pólis cederam lugar às preocupações pessoais, a reflexão política enfraqueceu-se e a vida privada tornou-se o centro das investigações filosóficas.

As principais correntes filosóficas desse período vão tratar da **intimidade**, da **vida pessoal** e **interior** do ser humano. Formulam-se, então, diversos modelos de conduta, "artes de viver", "filosofias de vida".

Parece que a principal preocupação dos filósofos era proporcionar às pessoas desorientadas e inseguras com a vida social alguma forma de paz de espírito, de felicidade interior em meio às atribulações da época. Um dos principais filósofos desse período, **Epicuro** (341-270 a.C.), aconselhava as pessoas a se afastar dos perigos e da intranquilidade da vida política e a buscar a felicidade na vida privada. "Viva oculto" era um de seus mandamentos.

Entre as principais tendências desse período, destacam-se o epicurismo, o estoicismo e o pirronismo (as duas primeiras foram trabalhadas mais detidamente no Capítulo 1; o pirronismo foi tratado no Capítulo 9, quando abordamos o ceticismo absoluto).

Pensamento romano

O último período da filosofia antiga corresponde, em termos históricos, à fase de expansão militar de Roma (desde as Guerras Púnicas, iniciadas em 264 a.C., até a decadência do Império Romano, em fins do século V da Era Cristã).

Trata-se de um período longo em anos, mas pouco notável no que diz respeito à originalidade das ideias filosóficas. Na visão de Bertrand Russell (1872-1970), quando os romanos conquistaram os gregos, reconheceram que tinham muito a aprender com eles. Segundo Russell,

> os gregos eram, sob vários aspectos, [...] superiores: [...] na arte, na literatura, na filosofia. Depois das guerras púnicas, os jovens romanos passaram a admirar os gregos. Aprenderam a língua grega, copiaram a arquitetura grega, empregaram escultores gregos. Os deuses romanos foram identificados com os deuses da Grécia. [...] Os poetas latinos adotaram o metro grego [forma rítmica da poesia], os filósofos latinos, as teorias gregas.
>
> RUSSELL, Bertrand. *História da filosofia ocidental*. Livro I. São Paulo: Editora Nacional, 1969. p. 322.

Portanto, podemos dizer que a atividade filosófica romana esteve mais voltada à tarefa de assimilar e desenvolver as contribuições culturais herdadas da Grécia clássica, principalmente, do que à tarefa de criar novos caminhos para a filosofia.

Entre os principais pensadores desse período, destacaram-se: **Cícero** (106-43 a.C.), grande orador e defensor da República em Roma, responsável pela retransmissão de grande parte da terminologia filosófica grega para o latim; **Sêneca** (c. 4 a.C.-65), máximo representante do estoicismo romano; **Plutarco** (c. 46-122), biógrafo, historiador e moralista; e **Plotino** (c. 205-270), maior expoente do neoplatonismo.

A progressiva penetração do **cristianismo** no Império Romano em declínio é uma das características fundamentais desse período. A difusão e a consolidação do cristianismo, pela Igreja Católica, atuaram na dissolução da força da filosofia grega clássica, que passou a ser qualificada como **pagã** (própria dos povos não cristãos). O pensamento que surgiu então será o tema do próximo capítulo.

G. NIMATALLAH/DEA/ALBUM/FOTOARENA – MUSEU ARQUEOLÓGICO NACIONAL, ATENAS

Estela (placa funerária) representando a ama e sua serva, c. 380 a.C. O medo da morte foi um dos principais temas do período helenístico.

OFICINA DE FILOSOFIA

1. Em grupo, leiam as frases de Pierre Grimal e façam o que se pede:

Frase I

> *Logos* e mito são as duas metades da linguagem, duas funções igualmente fundamentais da vida do espírito.

Frase II

> Acredita-se ou não nele [o mito], conforme a própria vontade, mediante um ato de fé, caso pareça "belo" ou verossímil, ou simplesmente porque se quer acreditar.
>
> GRIMAL, Pierre. *A mitologia grega*. 3. ed. São Paulo: Brasiliense, 1982. p. 8-9. (Primeiros Voos).

a) Expliquem as frases I e II com suas palavras e procurem relacioná-las com alguns mitos do mundo atual.

b) Compartilhem suas reflexões com a turma e escutem as apresentações dos demais grupos.

c) Debatam os pontos de vista e exemplos trazidos pela turma.

2. Em contraste com o período pré-socrático, marcado por reflexões cosmológicas, qual foi a grande preocupação do período socrático?

3. Os filósofos pré-socráticos Tales de Mileto e Pitágoras de Samos desenvolveram teoremas geométricos que são utilizados até os dias atuais. Explique, com suas palavras, a ideia central desses teoremas. Caso considere necessário, peça auxílio ao professor de Matemática.

4. Comente as divergências fundamentais entre Parmênides e Heráclito sobre a realidade do ser.

5. Crie um desenho ou fotomontagem inspirando-se na seguinte frase do sofista Protágoras: "O homem é a medida de todas as coisas". Sua criação pode expressar uma concordância ou discordância em relação à frase.

6. O que Sócrates fez para ser considerado um elemento perturbador da democracia ateniense? Comente.

7. A teoria das ideias de Platão é outra tentativa de conciliar o grande debate da filosofia grega entre Parmênides e Heráclito? Explique.

8. Como Aristóteles explica o movimento e a mudança das coisas?

9. Explique os quatro tipos de causas fundamentais que levariam à passagem de uma cadeira de balanço em potência para uma em ato.

Conversa filosófica

10. Filosofia pré-socrática e mito

A filosofia nasceu promovendo a passagem do saber mítico ao saber racional, sem, entretanto, romper com todas as estruturas explicativas do mito. Que elementos míticos você pode identificar no pensamento dos filósofos pré-socráticos? Pesquise e reflita sobre o assunto. Depois discuta esse tema com um grupo de colegas.

11. Filosofia e cidadania

Segundo Jean-Pierre Vernant, a filosofia grega é filha da pólis. Por isso, para o grego, o *Homo sapiens* é *Homo politicus*, aquele que decide os destinos da sociedade em que vive. Hoje, a filosofia está distanciada de suas origens, isto é, não mais constitui uma prática comum entre os cidadãos, que pouco debatem e quase nada decidem sobre as grandes questões da vida pública.

Seria possível cada cidadão, como um filósofo, voltar a expressar e a discutir suas opiniões em espaço público? O que precisaria mudar? Discuta esse assunto com os colegas.

12. Mundo finalista

Você concebe que todos os seres do Universo possam ter uma finalidade intrínseca? Pesquise sobre esse assunto e debata com um grupo de colegas a concepção finalista de Universo de Aristóteles.

Para pensar

Apresentamos a seguir um texto sobre os pré-socráticos e depois pequenos textos que ilustram a importância desses pensadores. Leia-os e responda às questões que seguem.

Texto I

Os pré-socráticos e a ciência

A ciência se inicia com problemas.

Um problema significa que há algo errado ou não resolvido com os fatos.

O seu objetivo é descobrir uma ordem invisível que transforme os fatos de enigma em conhecimento. [...]

Aqui somos forçados a viajar séculos para trás, para os tempos em que nossos pais, os gregos, começaram a pensar sobre o mundo e a se fazerem as perguntas com que os cientistas lutam até hoje. Porque as perguntas que eles fizeram não admitiam uma resposta única e final. Eram como portas que, uma vez abertas, vão dar numa outra porta, muito maior, é verdade, que por sua vez dá em outra, indefinidamente. E aqui estamos nós abrindo portas com as perguntas que geraram as nossas chaves. Vamos seguir o seu pensamento.

Você já notou que a nossa experiência cotidiana, o que vemos, ouvimos, sentimos, é um fluxo permanente de impressões que não se repete nunca? "Tudo flui, nada permanece. Não se pode entrar duas vezes num mesmo rio", dizia Heráclito de Éfeso.

A despeito disso – e aqui está algo que é muito curioso – nós somos capazes de falar sobre as coisas, de ser entendidos, de ter conhecimento.

Nunca mais haverá nuvens idênticas àquelas que produziram o temporal de ontem. A despeito disto serei capaz de identificar nuvens como nunca existiram antes e dizer que delas a chuva virá. Também nunca mais terei uma laranjeira como aquela que morreu de velhice. Mas serei capaz de identificar uma outra da mesma qualidade e de prever quanto tempo levará para começar a dar os seus frutos.

Como explicar que o meu discurso sobre as coisas não fique colado às suas aparências? Parece que, ao falar, eu sou capaz de enunciar verdades escondidas, ausentes do visível, expressivas de uma natureza profunda das coisas. Tanto assim que, quando falo, pretendo que estou dizendo a verdade não apenas sobre aquele momento transitório, mas também sobre o passado e o futuro. Laranjas são doces, a água mata a sede, as estrelas giram em torno da Terra, o quadrado da hipotenusa é igual à soma dos quadrados dos catetos: estas não são afirmações sobre o sensório imediato. Elas têm pretensões universais.

Esta foi a grande obsessão da filosofia grega: estabelecer um discurso que falasse sobre a natureza íntima das coisas, que permanece a mesma em meio à multiplicidade de suas manifestações. [...]

A leitura da filosofia grega nos introduz, passo a passo, às diferentes fases desta busca, a partir dos filósofos milesianos que achavam que as coisas mantinham sua unidade em meio à multiplicidade porque, lá no fundo, todas se reduziam a um mesmo suco, uma mesma essência. Progressivamente houve uma passagem desta posição, que explica a unidade em termos de substância, para uma outra que considera que a questão fundamental são as relações e funções.

ALVES, Rubem. *A filosofia da ciência*. São Paulo: Brasiliense, 1993. p. 40-41.

Texto II

Sobre Tales

A filosofia grega parece começar com uma ideia absurda, com a proposição: a água é a origem e a matriz de todas as coisas. Será mesmo necessário determo-nos nela e levá-la a sério? Sim, e por três razões: em primeiro lugar, porque essa proposição enuncia algo sobre a origem das coisas; em segundo lugar, porque o faz sem imagem e fabulação; e, enfim, em terceiro lugar, porque nela, embora apenas em estado de crisálida [estado latente, prestes a se transformar], está contido o pensamento: "Tudo é Um". A razão citada em primeiro lugar deixa Tales ainda em comunidade com os religiosos e supersticiosos, a segunda o tira dessa sociedade e no-lo mostra como investigador da natureza, mas, em virtude da terceira, Tales se torna o primeiro filósofo grego.

NIETZSCHE, Friedrich. *A filosofia na época trágica dos gregos*. *In*: SOUZA, J. Cavalcante de (org.). *Pré-socráticos*. São Paulo: Abril Cultural, 1978. p. 10. (Os Pensadores).

Texto III

Sobre Heráclito

Heráclito diz em alguma passagem que todas as coisas se movem e nada permanece imóvel. E, ao comparar os seres com a corrente de um rio, afirma que não poderia entrar duas vezes num mesmo rio. Heráclito retira do universo a tranquilidade e a estabilidade, pois isso é próprio dos mortos; e atribui movimento a todos os seres, eterno aos eternos, perecível aos perecíveis.

PLATÃO. Crátilo. *In*: SOUZA, J. Cavalcante de (org.). *Pré-socráticos*. São Paulo: Abril Cultural, 1978. p. 77. (Os Pensadores).

Texto IV
Sobre Parmênides

O ser É; o não ser Não é. [...] Este princípio, descoberto por Parmênides, é o princípio lógico da identidade. Parmênides tem uma importância histórica imensa para a filosofia ocidental. Mas desde Parmênides, e por sua culpa, temos do ser uma concepção estática em lugar de uma concepção dinâmica.

A própria ciência física sente-se apertada dentro do conceito parmenídico da realidade. Mas o que não entra de maneira alguma dentro de tal conceito do ser é a ciência do homem. A concepção do homem como uma essência quieta, imóvel, eterna, e que se trata de descobrir e conhecer [...] tem que ser substituída por outra concepção de vida na qual o estático, o quieto, o imóvel, o eterno da definição parmenídica não nos impeça de penetrar por baixo e chegar a uma região vital, a uma região vivente, onde o ser [...] seja precisamente o contrário: um ser ocasional, um ser circunstancial, um ser que não se deixe espetar numa cartolina como a borboleta pelo naturalista.

Parmênides tomou o ser, espetou-o na cartolina há vinte e cinco séculos e lá continua ainda, preso na cartolina, e agora os filósofos atuais não veem o modo de tirar-lhe o alfinete e deixá-lo voar livremente.

Este voo, este movimento, esta funcionalidade, esta concepção de vida como circunstância, como chance, como resistência que nos revele a existência de algo anterior à posse do ser, algo do qual Parmênides não podia ter ideia, é isto que o homem tem que conquistar. Mas antes de reconquistá-lo reconheçamos que um filósofo que influenciou durante vinte e cinco séculos de maneira tão decidida o curso do pensamento filosófico merece algo mais que as poucas páginas que lhe costumam dedicar os manuais de filosofia.

GARCÍA MORENTE, Manuel. *Fundamentos de filosofia*. São Paulo: Mestre Jou, 1970. p. 70-77.

1. O educador brasileiro Rubem Alves (1933-2014) estabelece uma relação entre o início da filosofia e o início da ciência. Que relação é essa?
2. Como esse autor sintetiza a evolução da filosofia grega em seus primórdios?
3. Interprete as razões apontadas pelo filósofo alemão Friedrich Nietzsche para levarmos a sério a proposição de Tales de que "a água é a origem e a matriz de todas as coisas".
4. Justifique com trechos do texto de Platão a seguinte afirmação: "Heráclito proclama o permanente fluir da realidade. O ser é sempre dinâmico".
5. Interprete o significado da frase de Platão: "Heráclito retira do universo a tranquilidade e a estabilidade".
6. Interprete a afirmação do filósofo espanhol Manuel García Morente (1886-1942): "A própria ciência física sente-se apertada dentro do conceito parmenídico da realidade". Por que "apertada"? Como a física tem compreendido a realidade física através do tempo?
7. Segundo García Morente, a ciência do ser humano não se encaixa de maneira nenhuma no conceito parmenídico da realidade. Por quê? O que ele propõe?
8. O que significa, para você, assumir uma concepção não estática da vida? Você acha que existe algo de permanente e eterno, que nunca muda nem deve mudar? Discuta o permanente e o transitório em sua vida.

Sessão de cinema

Animatrix (2003, Estados Unidos/Japão, vários diretores)

Nove curta-metragens inspirados no mundo do filme *Matrix*, dirigido pelas irmãs Wachowski. Essas animações permitem reflexões que relacionem o mito da caverna de Platão ao mundo contemporâneo.

A rede social (2010, Estados Unidos, direção de David Fincher)

Drama biográfico que relata a ascensão meteórica de Mark Zuckerberg, criador do Facebook, uma das redes sociais mais famosas do mundo. O filme traz o retrato de uma geração que nasceu com o *boom* da internet.

Pi (2002, Estados Unidos, direção de Darren Aronofsky)

Ficção científica e suspense sobre matemático genial e antissocial que procura o número capaz de explicar toda realidade. Pode ser associado à busca dos pré-socráticos pela *arché*, sobretudo Pitágoras.

O círculo (2017, Emirados Árabes/Estados Unidos, direção de James Ponsoldt)

Funcionária de uma companhia tecnológica vive um dilema moral ao se envolver em um projeto que deixa vulneráveis os limites de privacidade de usuários.

Orfeu (1999, Brasil, direção de Cacá Diegues)

Reconta o mito grego de Orfeu e Eurídice, uma história de amor no contexto do carnaval do Rio de Janeiro. O roteiro é inspirado na peça *Orfeu da Conceição*, de Vinicius de Moraes.

CAPÍTULO 12

Pensamento cristão

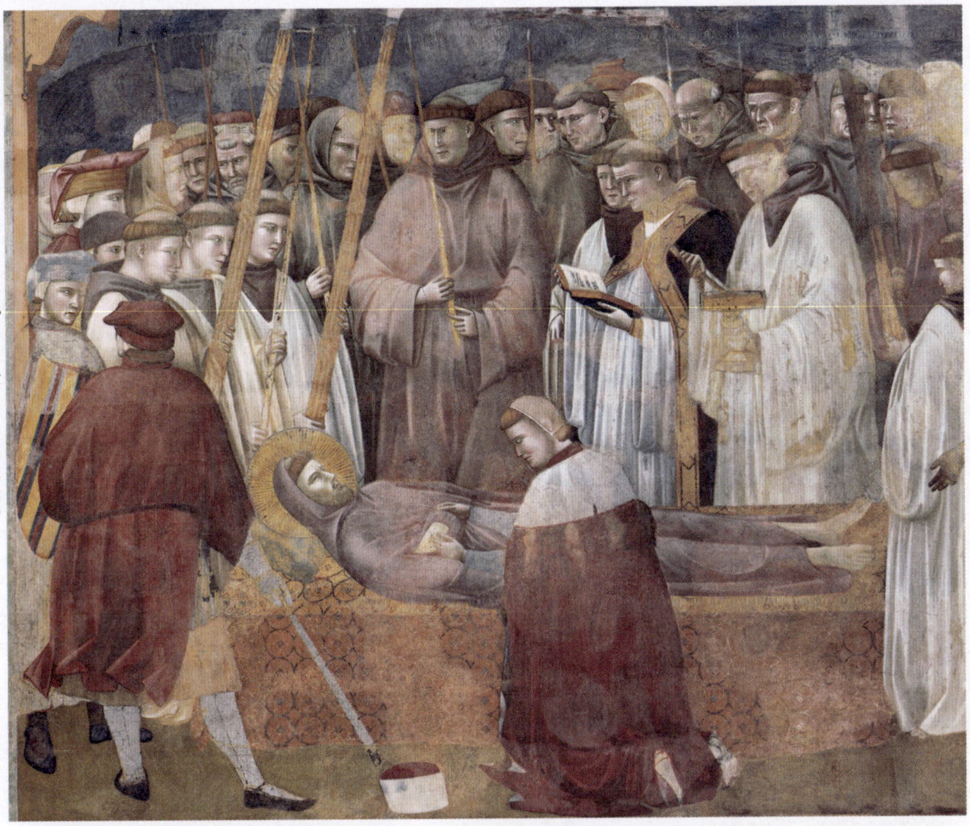

Detalhe do afresco *Cenas da vida de São Francisco: verificação dos estigmas*, de Giotto, 1300. Monges e autoridades da Igreja Católica buscam no corpo de São Francisco de Assis os sinais da revelação; portanto, de sua santidade.

- **O que transmitem as expressões dos rostos dessa imagem? O que é estigma e revelação no contexto do catolicismo? Pesquise sobre o tema.**

A queda do Império Romano do Ocidente foi provocada pelas invasões germânicas. Esses acontecimentos desencadearam transformações profundas que marcaram a formação da Europa medieval. Contudo, isso não significou o fim da cultura greco-romana.

Durante a época medieval, pela ação da Igreja Católica, a religião cristã sobreviveu e cresceu vigorosamente. As pessoas convertidas ao cristianismo não se denominavam europeus, mas cristãos. Só a partir do século XIV o conceito geográfico foi se firmando, substituindo, aos poucos, a noção de cristandade. Uma curiosidade: na mitologia grega, Europa era o nome de uma princesa fenícia, raptada por Zeus, que a levou à ilha de Creta. Ali se uniram e geraram filhos, entre os quais Minos, futuro rei de Creta. No entanto, não há tese segura que explique as razões pelas quais o continente europeu adquiriu esse nome.

No território da cristantade medieval, foram desenvolvidas vinculações entre a consciência religiosa (cristã) e a consciência racional (filosófica), que estudaremos neste capítulo. Será possível conciliar religião e filosofia ou mesmo religião e ciência? Essa é uma questão antiga e polêmica que sempre volta à tona, até mesmo nos meios científicos atuais. Por isso, você não pode deixar de participar desse debate.

Questões filosóficas

- É possível conciliar a fé com a razão?
- Por que o ser humano erra?
- Qual é o valor das boas ações?
- A alma é superior ao corpo?
- Qual é a relação entre as palavras e as coisas?
- A vida surgiu ao acaso ou faz parte de um plano maior?

Conceitos-chave

fé, razão, cristianismo, verdades reveladas, salvação, patrística, escolástica, boas obras, graça, pelagianismo, pecado, questão dos universais, realismo, nominalismo, ser, essência

PERÍODO MEDIEVAL

Filosofia e cristianismo

Ao longo do século V d.C., o Império Romano do Ocidente sofreu ataques constantes dos denominados **povos bárbaros**. Os violentos confrontos com os germânicos levaram ao esfacelamento do poder de Roma. Desde então, desenvolveu-se uma nova estruturação da vida social europeia, que corresponde ao período medieval.

A territorialidade da Europa medieval foi marcada por três grandes heranças: a romana, a germânica e a cristã. Foi a Igreja Católica a principal articuladora dessas três heranças, preservando muitos elementos da cultura greco-romana e consolidando a fé cristã nos espaços do antigo Império, além de anexar, posteriormente, outras regiões da Europa.

Antes do ataques a Roma, vários povos germânicos haviam migrado e se integrado à sociedade romana. Nesse processo, Roma foi concedendo cidadania àqueles que se enquadravam às suas condições culturais e jurídicas. Com o fim do Império, formaram-se diversos reinos germânicos. O reino dos francos deu origem ao Império Carolíngio, que assumiu o cristianismo como religião oficial e tornou-se importante difusor da fé católica. Então, a antiga oposição entre romanos e bárbaros deu lugar a um novo contraste entre fiéis (seguidores do catolicismo) e infiéis.

Apoiada em seu crescente poder religioso, a Igreja exerceu papel político fundamental no território da cristandade. Desempenhou, às vezes, a função de conciliadora das lideranças cristãs, contornando rivalidades internas da nobreza feudal. Conquistou também riqueza material. Calcula-se que a Igreja tenha se tornado dona de aproximadamente um terço das áreas cultiváveis da Europa ocidental, em uma época em que a terra era a principal base da economia.

No plano da cultura, a influência da Igreja foi tão ampla que a **fé cristã** se tornou o pressuposto (isto é, o antecedente necessário) de quase toda a vida intelectual. Isso marcou exponencialmente o pensamento filosófico produzido nesse período. Em vista disso, vamos conhecer alguns elementos básicos da fé cristã.

Cristianismo

Sabemos que o cristianismo é uma religião que surgiu em uma província oriental do Império Romano, a partir do ano 1 de nossa era, com os seguidores dos ensinamentos de Jesus Cristo. Os cristãos consideram a *Bíblia* seu livro sagrado, composto de um conjunto de livros agrupados em duas grandes partes: o Velho Testamento (livros considerados sagrados também pelo **judaísmo**) e o Novo Testamento (livros que têm como tema central a figura de Cristo).

O desenvolvimento inicial do cristianismo ocorreu juntamente com a edificação da Igreja Católica, instituição que se constituiria como única representante da fé cristã na Europa ocidental por muitos séculos, até o início da Idade Moderna. O final do Império Romano e a Idade Média foram épocas de grande penetração da filosofia grega entre as autoridades e as camadas mais cultas da população.

Devido a essa relação, boa parte da **doutrina cristã** integra elementos de diversas correntes do pensamento grego. A tarefa de construir essa doutrina foi realizada pelos **padres da Igreja** e outros expoentes eclesiásticos, com o propósito de explicar e justificar diversos aspectos de sua fé. Nesse processo, porém, não se poderia, de modo algum, contrariar as verdades reveladas por Deus aos humanos ou as interpretações das escrituras sagradas que foram sendo estabelecidas pela Igreja.

Povos bárbaros: para os romanos, "bárbaros" eram os povos que habitavam fora das fronteiras do Império e falavam outras línguas que não o latim, sua língua oficial.

Judaísmo: religião monoteísta segundo a qual o Deus único e universal estabeleceu uma "aliança" com o povo judeu (ou hebreu). Essa religião marcou profundamente a história e a cultura hebraica.

Padres da Igreja: denominação dada aos primeiros pensadores e escritores da Igreja Católica, especialmente aqueles que viveram entre os séculos IV e VIII. A palavra "padre" aqui significa "pai", no sentido de que foram eles que formularam os primeiros conceitos da fé e da tradição católicas.

MANUEL COHEN/AFP

Abadia de Sainte-Foy, no sul da França, em 2019. De estilo românico, sua construção iniciou-se por volta de 1041. Reúne importante acervo de relíquias (objetos de santos ou partes de seus corpos) e obras de arte. Como instituição mais rica e influente da Idade Média, a Igreja Católica financiou e inspirou grande parte da produção artística e cultural desse período.

Nos primeiros séculos de nossa era, as obras de Platão e as de Aristóteles haviam desaparecido. Assim, as principais concepções gregas absorvidas pelo cristianismo nesse período vieram de escolas filosóficas helenísticas e greco-romanas, com destaque para o **estoicismo** (que estudamos no Capítulo 1) e o **neoplatonismo**. Este surgiu por volta do século III, sintetizando a filosofia de Platão e certos elementos místicos, como a metafísica hindu. O neoplatonismo propunha como realidade suprema o Uno, do qual emanariam todas as outras realidades, sendo a primeira delas o *logos*. Seu principal expoente foi **Plotino** (c. 205-270).

Doutrinas do Oriente

Séculos antes do surgimento da religião cristã, também se produziram, no Oriente e no Oriente Médio, grandes reformas no pensamento filosófico-religioso de algumas das civilizações mais antigas do planeta, com impacto comparável ao do cristianismo no Ocidente.

É que nesse período viveram homens considerados sábios ou profetas, que se tornaram grandes líderes espirituais de seus povos. Eles criticaram, reformularam ou reinterpretaram os livros sagrados, os mitos, os ídolos e muitas das crenças arcaicas de suas civilizações. Alguns deles foram: na Pérsia (atual Irã), **Zoroastro** (c. século VII a.C.); na Palestina, os profetas **Isaías**, **Jeremias** e **Ezequiel** (entre os séculos VIII e VI a.C.); na China, **Confúcio** e **Lao-Tsé** (séculos VI-V a.C.); na Índia, **Buda** (c. 563-483 a.C.).

Observe que foi mais ou menos nessa mesma época que nasceu e floresceu a filosofia na Grécia. Por isso, o filósofo alemão **Karl Jaspers** (1883-1969) batizou esse período de Era Axial (relativo a eixo), pois quase ao mesmo tempo foram "plantados" novos eixos conceituais e morais em culturas tão distintas do Oriente e do Ocidente.

CM DIXON/HERITAGE IMAGES/GETTY IMAGES - COLEÇÃO PARTICULAR

HISTORICA GRAPHICA COLLECTION/HERITAGE IMAGES/GETTY IMAGES - COLEÇÃO PARTICULAR

PRISMA/ALBUM/ FOTOARENA - MUSEU HERMITAGE, SÃO PETERSBURGO

Da esquerda para a direita: Zoroastro ou Zaratustra, mítico fundador da corrente filosófico-religiosa denominada **zoroastrismo**; Confúcio, sábio chinês criador de uma doutrina ético-religiosa conhecida como **confucionismo**; Buda (ou Sidarta Gautama), sábio de origem indiana ou nepalesa, cujos ensinamentos deram origem ao **budismo**.

Fé *versus* razão

O cristianismo, como a maioria das religiões, baseia-se na **fé**, ou seja, na crença irrestrita ou adesão incondicional às **verdades reveladas** por Deus a alguns intermediários – relatadas nas Sagradas Escrituras (*Bíblia*) e interpretadas segundo a autoridade da Igreja.

De acordo com a doutrina católica, a fé em si mesma seria a fonte mais elevada das verdades reveladas, especialmente aquelas consideradas essenciais ao ser humano e que dizem respeito à sua **salvação**. Nesse sentido, o teólogo e bispo de Milão, **Santo Ambrósio** (c. 340-397), uma das figuras eclesiásticas mais influentes do século IV, teria afirmado: "Toda verdade, dita por quem quer que seja, é do Espírito Santo".

Isso significa que toda investigação filosófica ou científica não poderia, de modo algum, contrariar as verdades estabelecidas pela fé católica. Ou seja, os filósofos não precisavam mais se dedicar à busca da verdade, pois ela já teria sido revelada por Deus aos seres humanos. Restava-lhes apenas demonstrar racionalmente as verdades da fé.

Não foram poucos, porém, aqueles que dispensaram até mesmo essa comprovação racional da fé. Foi o caso de religiosos que desprezavam a filosofia grega, sobretudo porque viam nessa forma pagã de pensamento uma porta aberta para o pecado, a dúvida, o descaminho e a **heresia**.

Salvação: no contexto do cristianismo, libertação do castigo eterno, imposto por Deus a todo ser humano, pelo pecado original e os pecados cometidos durante a vida. Essa libertação seria uma concessão divina, conduzindo a um estado de felicidade eterna da alma.

Heresia: qualquer ação, palavra ou doutrina contrária ao que foi estabelecido pela Igreja, em termos de fé. Em sua origem grega, heresia significava "escolha, opção, uma preferência por uma doutrina (e não outra)". Herege era a pessoa que escolheu determinada heresia.

No entanto, houve também aqueles que defenderam o conhecimento da filosofia grega, percebendo a possibilidade de utilizá-la como instrumento do cristianismo. Conciliado com a fé cristã, esse estudo permitiria à Igreja enfrentar os descrentes e derrotar os hereges empregando as armas da argumentação lógica. O objetivo seria convencê-los, tanto quanto possível, pela razão, para depois fazê-los aceitar a imensidão dos mistérios divinos, somente acessíveis pela fé.

Filosofia medieval cristã

Assim, desenvolveu-se uma produção filosófico-teológica, que pode ser dividida em quatro momentos principais:

- **Séculos I e II** – início do cristianismo, quando os **padres apostólicos** e seus discípulos disseminaram a palavra de Cristo, sobretudo em relação a temas morais. Entre eles, destacou-se Paulo de Tarso (ou São Paulo), pelo volume e valor literário de suas epístolas (cartas dirigidas às primeiras comunidades cristãs, escritas pelos apóstolos).
- **Séculos III e IV** – período marcado pela **apologia**, isto é, defesa e elogio do cristianismo contra a filosofia pagã, feita por padres e escritores eclesiásticos. Entre os apologistas, destacaram-se Orígenes, Justino e Tertuliano (este último o mais intransigente na defesa da fé contra a filosofia grega).
- **Meados do século IV ao século VIII** – período em que se desenvolveu a **patrística**, filosofia cristã que pretendeu conciliar a razão e a fé, com destaque para o pensamento de Agostinho (ou Santo Agostinho) e a influência da filosofia platônica.
- **Século IX ao XVI** – período em que desenvolveu a **escolástica**, que buscou uma sistematização da filosofia cristã, sobretudo por meio da interpretação da filosofia de Aristóteles, com destaque para o pensamento de Tomás de Aquino (ou Santo Tomás de Aquino).

Com ênfase nas questões teológicas, essa produção filosófica centrou-se em temas como o dogma da Trindade, a encarnação de Deus-filho, a liberdade e a salvação, a relação entre fé e razão, entre outros. Vamos estudar neste livro os dois momentos mais importantes da filosofia medieval no contexto da cristandade: a patrística e a escolástica.

Observação

Há também uma produção filosófica medieval que progressivamente se desvinculou da tradição cristã (Roger Bacon, Guilherme de Ockham, entre outros), bem como uma filosofia não europeia e não cristã (Avicena, Averróis, Maimônides, entre outros).

PATRÍSTICA

A matriz platônica de apoio à fé

Como acabamos de ver, a partir do século IV os primeiros padres da Igreja empenharam-se na elaboração de diversos textos sobre a revelação e a fé cristãs, cujo conjunto ficou conhecido como **patrística** (por terem sido escritos principalmente por grandes padres da Igreja).

Uma das principais correntes da filosofia patrística, inspirada na filosofia greco-romana, tentou munir a fé de argumentos racionais, ou seja, buscou a conciliação entre o cristianismo e o pensamento pagão. Seu principal expoente foi Agostinho, posteriormente consagrado santo pela Igreja Católica.

Santo Agostinho

Aureliano Agostinho (354-430) nasceu em Tagaste e faleceu em Hipona, ambas cidades da província romana da Numídia, na África, e que hoje pertencem à Argélia. Nesta última cidade viria a ocupar o cargo de bispo da Igreja Católica.

Professor de retórica em escolas romanas, Agostinho despertou para a filosofia com a leitura de **Cícero** (106-43 a.C.), orador e político romano que viveu nos últimos séculos antes da Era Cristã e se caracterizou por seu ecletismo, tendência filosófica que buscava um acordo entre os ensinamentos de distintas escolas (platônica, aristotélica, hedonista etc.).

Posteriormente, teve influência do **maniqueísmo**, doutrina persa que afirmava ser o Universo dominado por dois grandes princípios opostos, o **bem** e o **mal**, em uma incessante luta entre si.

Já insatisfeito com o maniqueísmo, Agostinho, mais tarde, passou a lecionar em Roma e, depois, em Milão. Nesse período entrou em contato com o **ceticismo** e, posteriormente, com o **neoplatonismo**. Então cresceu e aprofundou-se nele uma grande crise existencial. Foi nesse período crítico que se sentiu atraído pelas pregações de Santo Ambrósio. Pouco tempo depois, converteu-se ao cristianismo e tornou-se seu grande defensor pelo resto da vida.

Santo Agostinho em sua cela, de Sandro Botticelli, 1480. Afresco, 152 cm × 112 cm. Além dos muitos escritos que produziu, o filósofo presidia o culto público diariamente e dedicava-se a pregações. Exerceu grande influência no pensamento cristão ocidental e polemizou com aqueles que contrariavam a ortodoxia da doutrina cristã de sua época.

Superioridade da alma

Em sua obra, Agostinho argumenta em favor da supremacia do espírito sobre o corpo (a matéria). Para ele, a alma foi criada por Deus para reinar sobre o corpo, dirigindo-o para a prática do bem.

O pecador, entretanto, utilizando-se do **livre-arbítrio** (conceito que veremos adiante), costumaria inverter essa relação, fazendo o corpo assumir o governo da alma. Provocaria, com isso, a submissão do espírito à matéria, o que seria equivalente à subordinação do eterno ao transitório, da essência à aparência.

A verdadeira liberdade, para Agostinho, estaria na harmonia das ações humanas com a vontade de Deus e seria obtida pelo caminho ascendente, que vai do mundo exterior dos sentidos ao mundo interior do espírito. Ser livre é servir a Deus, diz o filósofo, pois o prazer de pecar é a escravidão. Ser livre é fazer o que se deve, inspirado no amor verdadeiro a Deus.

> “A alma manda ao corpo, e este imediatamente lhe obedece; a alma dá uma ordem a si mesma, e resiste! Ordena a alma à mão que se mova, e é tão grande a facilidade, que o [que é] mandado mal se distingue da execução.
>
> SANTO AGOSTINHO. *Confissões*. São Paulo: Abril Cultural, 1984. p. 140. (Os Pensadores).”

Boas obras ou graça divina?

Segundo o filósofo, o ser humano, ao andar pela trilha do pecado, só consegue retornar aos caminhos de Deus e da salvação mediante duas condições: seu esforço pessoal de vontade e a concessão da graça divina. Sem a graça de Deus, o ser humano nada pode conseguir. Essa graça, no entanto, é concedida aos predestinados à salvação. Somente pessoas escolhidas por Deus recebem a graça divina.

A questão da graça, expressa por Agostinho, marcou profundamente o pensamento cristão. A **doutrina da predestinação** foi mais tarde adotada por alguns ramos da teologia protestante, especialmente o calvinismo.

Na mesma época de Agostinho, outro teólogo, o monge **Pelágio** (360-420), afirmava que a boa vontade e as boas obras humanas seriam suficientes para a salvação individual. Seus ensinamentos constituíram a doutrina do **pelagianismo**, contra a qual Agostinho se opôs de forma enérgica.

As teses de Agostinho prevaleceram dentro da Igreja Católica. No concílio de Cartago do ano de 417, o papa Zózimo condenou o pelagianismo como heresia e adotou a concepção agostiniana que conferia eficácia fundamental à graça divina, sem a qual a boa vontade das pessoas não conseguiria triunfar sobre o pecado.

O pelagianismo, de certo modo, conservava a noção grega de autonomia da vida moral humana, isto é, a noção de que o indivíduo pode salvar-se por si só (sendo bom e fazendo boas obras). Essa noção chocava-se com a ideia de submissão do ser humano ao Deus cristão, defendida pela Igreja.

O pensamento cristão dominante, influenciado por Agostinho, enfatizava o “voltar-se a si”. Cultivando a interioridade, o indivíduo encontraria seu vínculo com o Mestre Interior (Deus), que irradia luz no íntimo da nossa alma. Com essa luz, o ser humano poderia vislumbrar as verdades essenciais e eternas.

Conexões

1. Reflita sobre o valor das boas obras, independentemente da questão religiosa. Quanta importância você dá para as ações das pessoas? Você entende que alguém que procura agir sempre corretamente e realizar boas obras, como ajudar os mais necessitados, torna-se um ser melhor? Ou você crê que as ações são apenas uma expressão do que a pessoa já é e tem, isso é, ela não muda com suas ações, quer essas sejam boas ou más.

Liberdade e pecado

Outro aspecto fundamental da filosofia agostiniana é o entendimento de que a **vontade** não é uma função específica ligada ao intelecto, conforme diziam os gregos. Ela é um impulso que nos inclina, desde nosso nascimento, às paixões pecaminosas. Agostinho reiterava, assim, as palavras do apóstolo Paulo: "não faço o bem que quero, mas o mal que não quero. Ora, se faço o que não quero, não sou eu quem age, mas o pecado que habita em mim" (ROMANOS 7: 19-20). Portanto, para o filósofo medieval, a **liberdade humana** derivaria de uma vontade viciada que alimenta o pecado – não da razão que tende a discernir o que é bom do que é mau.

Agostinho contrapõe-se, então, ao **intelectualismo moral**, que teve sua expressão máxima em Sócrates (recorde que, no pensamento socrático-platônico, há uma hegemonia da alma racional e a pessoa poderia chegar ao bem por meio da ascensão dialética, isto é, pela razão e pelo conhecimento). Sobre o pecado, o pensador cristão comenta:

> O ouro, a prata, os corpos belos e todas as coisas são dotadas dum certo atrativo. O prazer de conveniência que se sente no contato da carne influi vivamente. Cada um dos outros sentidos encontra nos corpos uma modalidade que lhes corresponde. Do mesmo modo a honra temporal e o poder de mandar e dominar encerram também um brilho, donde igualmente nasce a avidez e a vingança. [...] A vida neste mundo seduz por causa duma certa medida de beleza que lhe é própria, e da harmonia que tem com todas as formosuras terrenas.
>
> Por todos estes motivos e outros semelhantes, comete-se o pecado, porque, pela propensão imoderada para os bens inferiores, embora sejam bons, se abandonam outros melhores e mais elevados, ou seja, a Vós, meu Deus, à vossa verdade e à vossa lei.
>
> SANTO AGOSTINHO. *Confissões*. São Paulo: Abril Cultural, 1984. p. 33. (Os Pensadores).

Por isso, para Agostinho, o ser humano não pode ser autônomo, isto é, deliberar livremente sobre sua conduta, pois sempre estará inclinado ao mal e a praticar o pecado. Somente com a graça divina ele poderá se salvar.

ALBRECHT DÜRER – GALERIA DE ARTE DE ONTÁRIO, TORONTO

Adão e Eva, de Albrecht Dürer, 1504. Gravura em metal, 24, 7 cm × 19, 1 cm. Segundo a tradição bíblica, Adão e Eva cometeram o **pecado original** ao desobedecer à ordem divina de não comer o fruto da árvore proibida. Para Santo Agostinho, desde então a humanidade carrega a culpa de ter contrariado a vontade de Deus.

Precedência da fé

Agostinho também discutiu a diferença entre fé cristã e razão, afirmando que a fé nos faz crer em coisas que nem sempre entendemos pela razão. Inspirando-se no profeta bíblico Isaías, dizia ser necessário **crer para compreender**, pois a fé ilumina os caminhos da razão, e a compreensão nos confirma a crença posteriormente. Isso significa que, para Agostinho, a fé revela verdades ao ser humano de forma direta e intuitiva. Depois vem a razão, desenvolvendo e esclarecendo aquilo que a fé já antecipou. Portanto, há para ele uma precedência da fé sobre a razão.

> [...] creio tudo o que entendo, mas nem tudo que creio também entendo. Tudo o que compreendo conheço, mas nem tudo que creio conheço.
>
> SANTO AGOSTINHO. *De magistro*. São Paulo: Nova Cultural, 1987. p. 319. (Os Pensadores).

Influência helenística

Vemos, assim, que o pensamento agostiniano reflete, em grande medida, os principais passos de sua trajetória intelectual anterior à conversão ao catolicismo, quando sofreu a influência do pensamento helenístico.

Do **maniqueísmo**, o filósofo herdou uma concepção dualista no âmbito moral, simbolizada pela luta entre o bem e o mal, a luz e as trevas, a alma e o corpo. Nesse sentido, dizia que o ser humano tem uma inclinação natural para o mal, para os vícios, para o pecado. Insistia na concepção de que já nascemos pecadores (pecado original) e somente um esforço consciente pode nos fazer superar essa deficiência "natural". Considerava o mal como o afastamento de Deus, defendendo a necessidade de uma intensa educação religiosa, com a finalidade de reduzir essa distância.

Do **ceticismo**, ficou a permanente desconfiança nos dados dos sentidos, isto é, no conhecimento sensorial, que nos apresenta uma multidão de seres mutáveis, flutuantes e transitórios.

Do **platonismo**, Agostinho assimilou a concepção de que a verdade, como conhecimento eterno, deveria ser buscada intelectualmente no "mundo das Ideias". Por isso defendeu a via do **autoconhecimento**, o caminho da **interioridade**, como instrumento legítimo para a busca da verdade. Assim, somente o íntimo de nossa alma, iluminada por Deus, poderia atingir a verdade das coisas. Da mesma forma que os olhos do corpo necessitam da luz do sol para enxergar os objetos do mundo sensível, para ele, os "olhos da alma" necessitam da luz divina para visualizar as verdades eternas da sabedoria.

ESCOLÁSTICA

A matriz aristotélica até Deus

Voltando ao contexto histórico, no século VIII, Carlos Magno, rei dos francos coroado imperador do Ocidente em 800 pelo papa Leão III, organizou o ensino e fundou escolas ligadas às instituições católicas. Com isso, a cultura greco-romana, em boa parte guardada nos mosteiros, voltou a ser mais divulgada, passando a ter influência marcante nas reflexões da época. Era o período da **renascença carolíngia**.

Adotou-se nessas escolas a educação romana como modelo. Começaram a ser ensinadas matérias como o *Trivium* (gramática, retórica e dialética) e o *Quadrivium* (geometria, aritmética, astronomia e música). Todas elas, no entanto, estavam submetidas à **teologia**.

Com o ambiente cultural dessas escolas e o surgimento posterior das primeiras universidades europeias (a partir do século XI), desenvolveu-se uma produção filosófico-teológica denominada **escolástica** (palavra derivada de escola).

A escolástica não abandonou, em um primeiro momento, a filosofia platônica, especialmente o neoplatonismo. Contudo, a partir do século XIII, o **aristotelismo** influenciou o pensamento escolástico, marcando-o profundamente. Isso ocorreu em razão da descoberta de muitas obras de Aristóteles, desconhecidas até então, e da tradução para o latim de textos aristotélicos.

BRIDGEMAN IMAGES/KEYSTONE BRASIL – MUSEU CONDÉ, CHANTILLY, FRANÇA

Alegoria das artes liberais, de Biagio d'Antonio, século XV. Óleo em painel, 20 cm × 10 cm. De baixo para cima: **Donato** (ou Prisciano) com a gramática, à esquerda da porta da sabedoria; **Cícero** com a retórica; **Aristóteles** com a dialética; **Tubalcain** com a música; **Ptolomeu** com a astronomia; **Euclides** com a geometria; e **Pitágoras** com a matemática.

Renascença carolíngia: refere-se ao estímulo dado à atividade cultural (letras, arte, educação) que marcou o governo de Carlos Magno. A obra realizada nessa época muito contribuiu para a preservação e a transmissão da cultura da Antiguidade clássica.

Os filósofos islâmicos

A expansão dos árabes ocorreu a partir do século VII, quando iniciaram uma série de guerras para difundir o islamismo. Eles dominavam a navegação pelo mar Mediterrâneo, pelo oceano Índico, pelo mar Vermelho e pelo golfo Pérsico. Percorriam, em caravanas de camelos, regiões da África e da Ásia. Em razão disso, criaram e reelaboraram produções culturais de diversos povos.

Primeiro conquistaram parte do Oriente, onde entraram em contato com a cultura grega, que influenciava essas regiões desde Alexandre Magno. Depois, em 711, dominaram grande parte da península Ibérica e, a começar dessa região, passaram a exercer uma influência notável sobre vários setores da cultura europeia. Foi, por exemplo, por intermédio dos árabes que chegaram à Europa inventos de povos orientais, como a bússola, a pólvora e o papel. Na matemática, introduziram os algarismos hindus, que ficaram conhecidos como arábicos, e o numeral zero. Além disso, descobriram substâncias químicas como o ácido sulfúrico, o salitre e o álcool.

No campo filosófico, os árabes ajudaram a preservar e a desenvolver o pensamento da Antiguidade clássica. Filósofos como **Avicena** (980-1037) e **Averróis** (1126-1198) traduziram e comentaram diversas obras de Aristóteles, no campo da lógica, física, metafísica e ética. Mais tarde, os textos em árabe foram traduzidos para o latim e difundiram-se na Europa medieval.

PICTURES FROM HISTORY/AKG-IMAGES/ ALBUM/ FOTOARENA – COLEÇÃO PARTICULAR

UNIVERSAL IMAGES GROUP/GETTY IMAGES – COLEÇÃO PARTICULAR

À esquerda, retrato do filósofo e médico persa Avicena. À direita, retrato de Averróis, que nasceu e viveu em Córdoba, Espanha, durante a ocupação muçulmana da península Ibérica (séculos VIII-XV).

Relação entre fé e razão

No período escolástico, a busca de harmonização entre a fé cristã e a razão manteve-se como problema básico de especulação filosófica. Nesse contexto, a escolástica pode ser dividida em três fases:

- **Primeira fase** (do século IX ao fim do século XII) – confiança na perfeita harmonia entre fé e razão.
- **Segunda fase** (do século XIII ao princípio do século XIV) – elaboração de grandes sistemas filosóficos, merecendo destaque as obras de Tomás de Aquino. Nessa fase, considera-se que a harmonização entre fé e razão pode ser parcialmente obtida.
- **Terceira fase** (do século XIV até o século XVI) – declínio da escolástica, marcada por disputas que realçam as diferenças entre fé e razão.

Estudo da lógica

Além de apresentar o traço fundamental da filosofia medieval, que é a referência às questões teológicas, a escolástica promoveu significativos avanços no estudo da lógica.

Um dos filósofos que mais contribuíram para o desenvolvimento dos estudos lógicos nesse período foi o romano **Boécio**, que, embora tenha vivido de 480 a 524, é considerado o primeiro dos escolásticos. Ele aperfeiçoou o quadrado de oposições ou quadrado lógico (que estudamos no Capítulo 4). Também foi o primeiro a introduzir a **questão dos universais**, problema filosófico longamente discutido durante todo o período da escolástica.

Questão dos universais

Essa questão surgiu no contexto em que se desenvolveu o método escolástico de investigação. Como observou o historiador francês Jacques Le Goff (1924-2014), esse método privilegiava o estudo da **linguagem** (objeto das três matérias do *Trivium*) para depois passar ao exame das **coisas** (que compunha as quatro matérias do *Quadrivium*).

Desse modo, em algum momento, surgiu a seguinte pergunta: "Qual a relação entre as palavras e as coisas?".

"Rosa", por exemplo, é o nome de uma flor. Quando a flor morre, a palavra "rosa" continua existindo. Nesse caso, a palavra fala de uma coisa inexistente, de uma ideia geral. Essa ideia geral (o conceito de rosa) existiria independentemente das flores particulares que existem no mundo? A discussão sobre a existência ou não das ideias gerais ficou conhecida como a questão dos universais (abordada brevemente no Capítulo 8).

Tal debate envolveu não apenas problemas linguísticos, gnosiológicos e metafísicos, mas também teológicos, dando origem a duas posições antagônicas básicas: o realismo e o nominalismo.

Realismo

Os adeptos do **realismo** sustentavam a tese de que os universais existem de fato, ou seja, as ideias universais têm modelos a partir dos quais se criam as coisas boas e as coisas belas. Os termos universais seriam, portanto, **entidades metafísicas**, essências separadas das coisas individuais.

Essa posição foi defendida, por exemplo, pelo abade beneditino e arcebispo inglês **Santo Anselmo** (1035-1109), o qual acreditava que as ideias universais existiriam na mente divina.

O filósofo e bispo francês **Guilherme de Champeaux** (1070-1121) também adotou essa interpretação realista ao propor que entre o universo das coisas e o universo dos nomes há uma analogia tal que, quanto mais universal for o termo gramatical, maior será seu grau de participação na perfeição original da ideia. Assim, por exemplo, o substantivo "brancura" teria uma perfeição maior do que o adjetivo "branco", que se refere a um ente singular. Ou seja, na mesma linha de raciocínio de Platão, o termo universal "brancura" seria mais perfeito do que qualquer coisa branca existente.

Nominalismo

Os defensores do **nominalismo**, por sua vez, sustentavam a tese de que os termos universais, como "beleza" e "bondade", não existem em si mesmos, pois são somente palavras, sem existência real. Para os nominalistas, o que há são apenas os seres singulares, e o universal não passa, portanto, de um nome, uma convenção.

Essa era a posição do filósofo francês **Roscelin de Compiègne** (1050-1120), para quem só existiria a **individualidade** – logo, anulam-se os termos universais. Roscelin também negava que Deus pudesse ser uno e trino ao mesmo tempo (segundo um dos dogmas da Igreja Católica, a chamada Santíssima Trindade), porque para ele cada pessoa da trindade seria uma individualidade separada.

Realismo moderado

Entre essas duas posições contrárias surgiu uma terceira, o realismo moderado, sustentado por **Pedro Abelardo** (1079-1142). Para esse filósofo francês, só existem as realidades singulares, mas é possível buscar semelhanças entre os seres individuais, por meio da abstração, de maneira tal a gerar os conceitos universais.

AKG-IMAGES/ALBUM/FOTOARENA - SAMMLUNG ARCHIV FÜR KUNST UND GESCHICHTE, BERLIM

Pedro Abelardo, de Friedrich Wilhelm Bollinger, 1820. Gravura, 9,3 cm × 7,2 cm. Abelardo desenvolveu reflexões no campo da lógica e mostrou-se um humanista no campo da ética. Defendia que era necessário "entender para crer", cultivando a razão.

Esses conceitos não seriam, de acordo com Abelardo, nem entidades metafísicas (posição do realismo), nem palavras vazias (posição do nominalismo), mas discursos mentais, isto é, **categorias lógico-linguísticas** que fazem a mediação, a ligação entre o mundo do pensamento e o mundo do ser.

A questão dos universais é importante porque possibilitou avanços em relação à investigação sobre o conhecimento e seus vínculos com a realidade, além de um alto nível de desenvolvimento lógico-linguístico. Isso estimulou o fortalecimento de uma razão autônoma em relação à teologia, já por volta do século XII.

Santo Tomás de Aquino

A filosofia de **Tomás de Aquino** (1226-1274), conhecida por **tomismo**, também teve o objetivo claro de não contrariar a fé, empenhando-se em organizar um conjunto de argumentos para demonstrar e defender as revelações do cristianismo.

ERICH LESSING/ALBUM/FOTOARENA - MUSEU DO LOUVRE, PARIS

Tomás de Aquino, de Justus van Gent, c. 1475. Óleo em madeira, 114 cm × 76,3 cm. Aquino nasceu em Nápoles, ao sul da Itália, e foi proclamado pela Igreja Católica como Doutor Angélico e Doutor por Excelência. É considerado um dos maiores filósofos do cristianismo.

Tomás de Aquino reviveu em grande parte o pensamento aristotélico em busca de argumentos que explicassem os principais aspectos da fé cristã. Assim, fez da filosofia de Aristóteles um instrumento a serviço da solução dos problemas teológicos que enfrentava, ao mesmo tempo que transformou essa filosofia em uma síntese original. Sobre Tomás de Aquino, escreveu o filósofo católico francês Jacques Maritain (1882-1973):

> Não só transportou para o domínio do pensamento cristão a filosofia de Aristóteles na sua integridade, para fazer dela o instrumento de uma síntese teológica admirável, como também e ao mesmo tempo super-relevou e, por assim dizer, transfigurou essa filosofia. Purificou-a de todo vestígio de erro [...] sistematizou-a poderosa e harmoniosamente, aprofundando-lhe os princípios, destacando as conclusões, alargando os horizontes, e se nada cortou, muito acrescentou, enriquecendo-a com o imenso tesouro da tradição latina e cristã.

MARITAIN, Jacques. *Introdução geral à filosofia*. Rio de Janeiro: Agir, 1989. p. 65.

Princípios do ser

Vamos, agora, examinar alguns princípios do ser formulados por Tomás de Aquino com base nas ideias de Aristóteles (reveja o Capítulo 11). Esses princípios, que ressaltam a importância da **realidade sensorial**, estão apresentados no quadro a seguir.

Princípios do ser

	Caracterização	Explicação
Princípio da não contradição	Não existe nada que possa ser e não ser ao mesmo tempo e sob o mesmo ponto de vista.	O **ser é** ou **não é**.
Princípio da substância	Substância é a essência de uma coisa, sem a qual ela não seria aquilo que é. Acidente é a qualidade não essencial, acessória do ser.	É possível distinguir, nos seres, a **substância** e o **acidente**.
Princípio da causa eficiente	Todos os seres que captamos pelos sentidos são seres contingentes e não possuem em si mesmos a causa eficiente de suas existências.	A causa eficiente do ser contingente é outro ser, chamado de ser **necessário**.
Princípio da finalidade	Todo ser contingente existe em razão de uma finalidade, de uma "razão de ser".	O ser contingente possui uma **causa final**.
Princípio do ato e da potência	O ato representa a existência atual do ser, aquilo que está realizado e determinado. A potência representa a capacidade real de o ser se transformar. Encerra aquilo que não se realizou mas pode se realizar.	Todo ser contingente possui duas dimensões: o **ato** e a **potência**. A mudança é a passagem da potência ao ato.

Ao combinar a doutrina cristã com a filosofia aristotélica, Tomás de Aquino acrescentou elementos estranhos ao aristotelismo, como o conceito de criação do mundo, a noção de um deus único e a ideia de que o vir a ser (a passagem da potência ao ato) não é autodeterminado, mas procede de Deus.

Ser e essência

Uma novidade trazida por Tomás de Aquino é a distinção entre o **ser** (ou a existência) e a **essência**, o que implicou a divisão da metafísica em duas partes: a do ser em geral e a do ser pleno, que é Deus.

De acordo com o filósofo, em todas as criaturas o ser (ou existir) é diferente de sua essência. Para um ser humano, por exemplo, existir é continuar sendo sua essência (um ser humano); quando ele deixa de existir, sua essência desaparece. O único ser realmente pleno, no qual o ser (ou existir) e a essência se identificam, é Deus. Deus é ato puro. Não há o que realizar ou atualizar em Deus, pois ele é completo.

Por isso, Tomás de Aquino dizia que "Deus **é** Ser", enquanto "o mundo **tem** ser". Ou seja, Deus é o Ser que existe como fundamento da realidade das outras essências, as quais, uma vez existentes, participam de seu Ser. Já nas outras criaturas, o ser é diferente da essência, pois são seres não necessários. É Deus que permite às essências realizarem-se em entes, em seres existentes.

Provas da existência de Deus

Provar racionalmente a existência de Deus é uma tarefa difícil mesmo para aqueles que n'Ele acreditam. Dificuldade, porém, não significa impossibilidade. Para muitos pensadores, a existência de Deus seria indemonstrável, mas não impossível. Tentando superar essa dificuldade, Tomás de Aquino propõe cinco provas da existência de Deus, apresentadas na obra *Suma teológica*. Essas provas estão fundamentadas na existência do mundo e na experiência (ou seja, são provas *a posteriori*). A ideia básica é a de que, se existe o efeito (o mundo), existe a causa (um ser transcendente, Deus). Vejamos quais são os fundamentos dessa concepção:

- **Primeiro motor (1ª prova)** – tudo aquilo que se move é movido por outro ser. Esse outro ser, por sua vez, para se mover, necessita também ser movido por outro ser, e assim sucessivamente. Se não houvesse um primeiro ser movente, cairíamos em um processo indefinido. Logo, conclui Tomás de Aquino, é necessário chegar a um primeiro ser movente que não seja movido por nenhum outro. Esse ser é Deus.
- **Causa eficiente (2ª prova)** – todas as coisas existentes no mundo não têm em si a causa eficiente de suas existências. Devem ser consideradas efeitos de alguma causa. Tomás de Aquino afirma ser impossível remontar indefinidamente à procura das causas eficientes. Logo, é necessário admitir a existência de uma primeira causa eficiente, responsável pela sucessão de efeitos. Essa causa primeira é Deus.
- **Ser necessário e ser contingente (3ª prova)** – esse argumento, uma variante do segundo, afirma que todo ser contingente, do mesmo modo que existe, pode deixar de existir. Se todas as coisas que existem podem deixar de ser, então, em algum momento, nada existiu. Contudo, se assim fosse, também agora nada existiria, pois aquilo que não existe somente começa a existir em razão de algo que já existia. Então, é preciso admitir que há um ser que sempre existiu, um ser absolutamente necessário, que não tenha fora de si a causa de sua existência, mas, ao contrário, que seja a causa da necessidade de todos os seres contingentes. Esse ser necessário é Deus.
- **Graus de perfeição (4ª prova)** – em relação à qualidade de todas as coisas existentes, pode-se afirmar que há graus diversos de perfeição. Assim, estabelecemos que tal coisa é melhor que outra, ou mais bela, ou mais poderosa, ou mais verdadeira etc. Ora, se uma coisa tem "mais" ou "menos" determinada qualidade positiva, isso supõe que deva existir um ser com o máximo dessa qualidade, no nível da perfeição. Devemos admitir, então, que existe um ser com o máximo de bondade, de beleza, de poder, de verdade, sendo, portanto, um ser máximo e pleno. Esse ser é Deus.
- **Finalidade do ser (5ª prova)** – todas as coisas brutas, que não têm inteligência própria, existem na natureza cumprindo uma função, um objetivo, uma finalidade, como a flecha orientada pelo arqueiro. Devemos admitir, então, que existe algum ser inteligente que dirige todas as coisas da natureza para que cumpram seu objetivo. Esse ser é Deus.

WILLIAM BLAKE – MUSEU BRITÂNICO, LONDRES

O primeiro dia, de William Blake, 1794. Gravura, 36 cm × 25,7 cm. Assim como Tomás de Aquino buscou provar a existência de Deus (o Deus cristão), vários pensadores tentaram demonstrar em suas metafísicas a necessidade racional de haver uma realidade criadora ou fundadora de tudo o que existe. Seria um "Deus dos filósofos", da ordem ou racionalidade. Séculos depois, William Blake buscou retratar, de forma crítica, essa concepção de Deus.

Conexões

2. Nas últimas décadas, deparando-se com a complexa "engenhosidade" da natureza e do cosmo, diversos cientistas (físicos, químicos, biólogos etc.) têm colocado em dúvida, cada um a seu modo, o entendimento predominante no mundo da ciência de que o Universo e toda a vida são o resultado de um acaso materialista. Haveria uma inteligência, consciência ou intencionalidade por trás de tudo o que existe? Pesquise sobre o tema e comente a respeito.

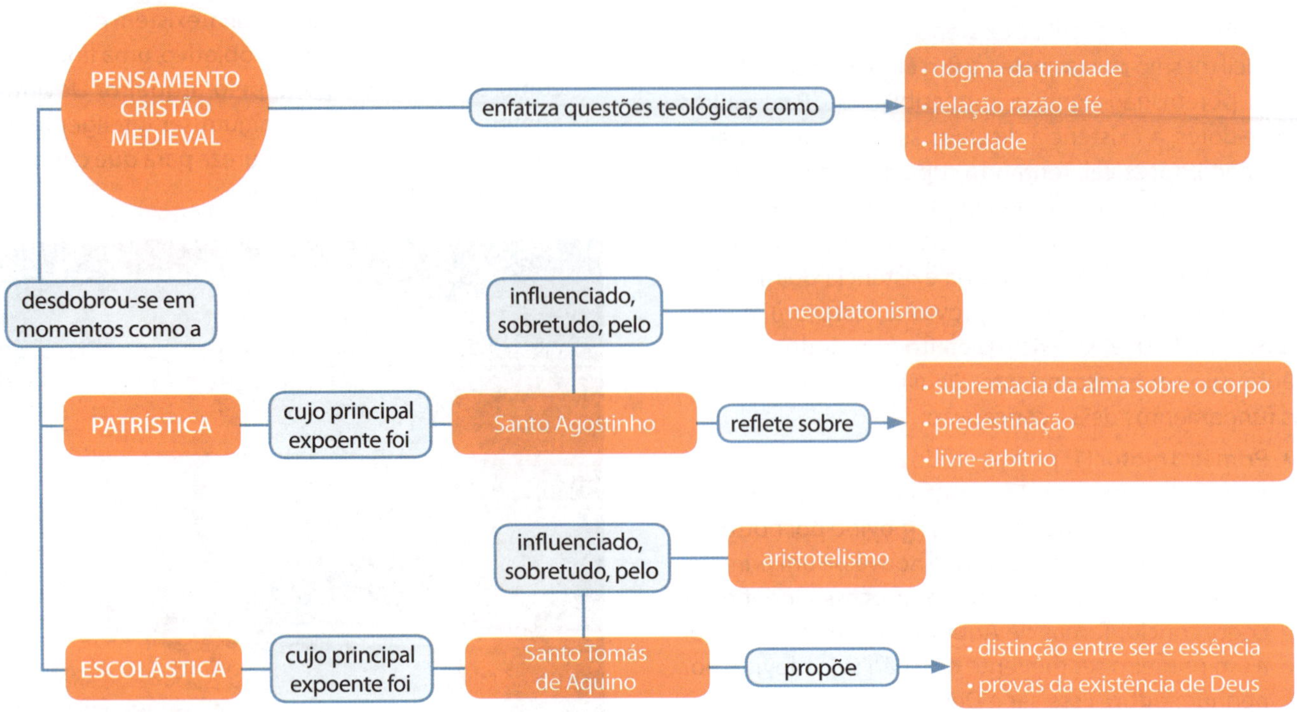

A escolástica pós-tomista

A partir do século XIV, podemos destacar acontecimentos históricos que assinalam momentos de crise na Europa medieval. A peste bubônica (também conhecida como peste negra) vitimou cerca de um terço da população europeia, tendo um surto expressivo entre 1347 e 1350. Também ocorreu um grave rompimento dentro da Igreja Católica conhecido como Grande Cisma do Ocidente (1378-1417). Nesse período, a Igreja teve dois papas, um em Roma e outro em Avignon, na França. Além disso, o período foi marcado por constantes guerras entre líderes feudais, que destruíram plantações e saquearam aldeias. Muitos camponeses, ao perderem suas terras, começaram a praticar pequenos serviços e a mendicância como forma de vida. Um dos principais conflitos foi a Guerra dos Cem Anos (1337-1453), na qual franceses e ingleses disputaram, entre outras coisas, a rica região de Flandres. A divisão religiosa do catolicismo, o drama da fome, as epidemias e as guerras provocaram, de modo geral, um sentimento de angústia e medo da morte nas populações europeias.

Certas artes desse período, como as danças populares, os torneios, as caçadas, os bailes de máscaras, procuraram compensar os dramas da realidade. O espetáculo das festas eram uma forma de fazer esquecer as dificuldades da vida. Pesquisas no campo das **ciências naturais** também passaram a ser realizadas, o que abriu caminho para o desenvolvimento da ciência moderna.

Esses são alguns dos fatos que marcaram o fim da Idade Média, coincidindo também com a perda da hegemonia do pensamento tomista. Nesse cenário, o inglês **Guilherme de Ockham** (1280-1349) proclamou uma distinção absoluta entre fé e razão. Para Ockham, a filosofia não seria serva da teologia, e a teologia não poderia sequer ser considerada ciência, pois seria tão somente um corpo de proposições mantidas não pela coerência racional, mas pela força da fé.

Pensador empirista e nominalista, Ockham combateu a metafísica tradicional e empenhou-se na construção do método de pesquisa científica moderna. Entre suas contribuições mais conhecidas, destaca-se a chamada **navalha de Ockham** ou **princípio da parcimônia** (reveja esse conceito estudado no Capítulo 10).

DOMINGIE/AKG-IMAGES/ALBUM/FOTOARENA – PINACOTECA NACIONAL, SIENA

Detalhe de *São Boaventura,* de Domenico Beccafumi, c. 1536 - 1540. Óleo sobre madeira, 40 cm × 30 cm. São Boaventura temia que a filosofia suplantasse a teologia e que a razão se tornasse mais importante que a revelação. Por isso, reagiu contra a filosofia tomista e buscou recuperar a tradição platônica agostiniana.

FILÓSOFAS
Pensadoras medievais

Durante a Idade Média, predominou a visão de que as mulheres seriam inferiores aos homens, devendo ser consideradas frágeis, emotivas e instáveis. Segundo algumas interpretações difundidas da *Bíblia,* as mulheres, representadas pela figura de Eva, eram culpadas de ter trazido a maldade e a imperfeição ao mundo. Hoje, muitos estudos analisam essas ideias criticamente, destacando que elas contribuíram para justificar a dominação masculina, assim como para silenciar as visões de mundo e a produção intelectual das mulheres ao longo do tempo.

Apesar das dificuldades que enfrentaram, algumas mulheres medievais ocuparam posições importantes na política, na economia, nas artes e na intelectualidade, atuando como bibliotecárias, professoras e copistas. No desenvolvimento do pensamento medieval, vamos destacar duas filósofas: Hildegarda de Bingen (1098-1179) e Cristina de Pisano (1364-c.1430).

Hildegarda de Bingen

Hildegarda de Bingen nasceu em Bermersheim, na Alemanha, e foi enviada ainda criança para um mosteiro de beneditinas. Ali se tornou monja e, depois, abadessa. Mais velha, Hildegarda disse ter recebido, por meio de visões, o "encargo de Deus" de escrever e pregar fora do mosteiro. Autorizada pela Igreja Católica, ela assumiu essa incumbência, tornando-se socialmente reconhecida como médica, compositora musical, escritora, oradora e filósofa.

Hildegarda tinha uma concepção holística do mundo, de modo a examinar os fenômenos tendo em vista o todo e as relações entre suas partes. Vimos, no Capítulo 10, que essa é uma tendência de investigação adotada por cientistas contemporâneos. Nesse sentido, a filósofa defendia que o homem e a mulher eram complementares. A mulher, porém, seria ontologicamente mais perfeita do que o homem, pois Eva (a primeira mulher) foi criada da costela de Adão, substância superior ao barro, que deu origem ao próprio Adão.

Segundo a medievalista **Barbara Newman** (1953-), Hildegarda foi a primeira mulher a ser reconhecida como autoridade em teologia cristã. Apesar de sua contribuição intelectual, os privilégios dos homens dentro da hierarquia eclesiástica e na sociedade europeia medieval se mantiveram sem abalos nesse período.

Cristina de Pisano

Cristina de Pisano nasceu em Veneza, na Itália, mas mudou-se ainda jovem para a França, onde se educou na corte real de Carlos V. Seu marido e seu pai faleceram de forma repentina. Para sustentar os filhos, Pisano se tornou escritora profissional e logo foi reconhecida por seu talento literário, principalmente na poesia. Também escreveu obras de política e moral, como *A cidade das damas* (1405), *Livro das três virtudes* (1405) e *Livro do corpo político* (1406-1407).

Segundo a filósofa contemporânea **Simone de Beauvoir** (1908-1986), Cristina de Pisano seria a primeira mulher a defender os direitos femininos. Pisano criticou intelectuais de sua época que consideravam as mulheres naturalmente inferiores aos homens. Ela sustentava que mulheres e homens pertenciam, igualmente, ao corpo político, de modo que o governo deveria promover o bem de todos. A filósofa medieval dizia que:

> [...] se fosse um hábito mandar as meninas à escola e [...] ensiná-las as ciências, como o fazem com os meninos, elas aprenderiam e compreenderiam as sutilezas de todas as artes e de todas as ciências tão perfeitamente quanto eles.

PISANO, C. *A cidade das damas*. Florianópolis: Editora Mulheres, 2012. p. 176.

BIBLIOTECA BRITÂNICA, LONDRES

Retrato de Cristina de Pisano, que ilustra *O livro da rainha*. Representa a figura de uma mulher exercendo atividade intelectual.

Cristina Pisano argumentava que as mulheres eram indispensáveis ao equilíbrio da sociedade e, por isso, deveriam ter acesso à educação. No final de sua vida, Pisano escreveu versos em homenagem a **Joana D'Arc** (c. 1412-1431), figura militar que lutou ao lado dos franceses na Guerra dos Cem Anos contra o domínio inglês, driblando os limites impostos à participação das mulheres na esfera pública. Anos depois de ser condenada à morte na fogueira (com apenas 19 anos de idade) por um tribunal inquisitorial, Joana passou a ser considerada heroína e foi canonizada como santa pela Igreja Católica.

OFICINA DE FILOSOFIA

1. Leia com atenção este texto do bispo São Gregório de Tours (século VI), que se dispôs a escrever uma história dos francos:

> Os povos se enfureceram selvagemente; a fúria dos reis cresceu; igrejas foram assaltadas pelos heréticos e defendidas pelos católicos.
>
> No entanto, nesses tempos em que o estudo das letras declinou e desapareceu nas cidades da Gália, não mais se encontram estudiosos da literatura para descrever os acontecimentos dessa época. Por isso, procurei escrever para as gerações futuras a memória do passado.

TOURS, São Gregório de. *História dos francos*. Prefácio. Disponível em: <http://www.fordham.edu/halsall/basis/gregory-hist.asp>. Acesso em: 12 ago. 2019. [Tradução nossa].

Agora, responda:

a) A quais acontecimentos históricos o texto se refere?

b) Nesse contexto histórico, qual o papel desempenhado pela Igreja no plano cultural?

2. Segundo Santo Ambrósio, toda verdade, dita por quem quer que seja, é do Espírito Santo. Em que contexto surgiu essa concepção e como ela afetou a investigação filosófica?

3. Karl Jaspers batizou a época em que surgiu a filosofia de Era Axial. Que razões o levaram a isso?

4. Em que consistiu a filosofia patrística? Qual era seu objetivo?

5. Explique a relação que Agostinho estabelece entre corpo e espírito.

6. Que papel tem a vontade humana no pensamento agostiniano?

7. De que maneira o conceito de graça divina, defendido por Agostinho, rompe com a ética pagã?

8. Explique a chamada questão dos universais. Qual posição você adotaria nessa discussão? Justifique.

9. Inserida no movimento escolástico, a filosofia de Tomás de Aquino já nasce com objetivos preestabelecidos: não contrariar a fé. Explique essa afirmação e ilustre com pelo menos um exemplo do texto.

10. Qual é a diferença, estabelecida por Tomás de Aquino, entre ser em geral e ser pleno?

11. Santo Tomás de Aquino elaborou cinco provas para demonstrar racionalmente a existência de Deus. Reveja cada uma delas. Qual seria, para você, a prova que apresenta a melhor argumentação? E qual seria a menos convincente? Justifique.

Conversa filosófica

12. Tolerância religiosa

A tolerância religiosa é um valor importante das sociedades contemporâneas ocidentais. Grande parte dos países têm leis que defendem a liberdade de culto, que inclusive consta da Declaração Universal dos Direitos Humanos. Sobre esse assunto, reúna-se com os colegas e debata:

a) O que significa tolerância religiosa? Por que ela é valorizada hoje?

b) As sociedades sempre tiveram liberdade de culto?

c) Vocês acham que religião é um assunto que não se discute? A religião é diferente de outros temas? Por quê?

d) Pesquisem na internet o texto da Declaração Universal dos Direitos Humanos e identifiquem alguns princípios relacionados à garantia da liberdade religiosa, assim como à promoção da justiça, da igualdade e da fraternidade.

e) Reflitam sobre os possíveis entraves para a realização desses princípios nas sociedades contemporâneas.

13. Crer e entender

Os pensadores cristãos confrontaram frequentemente fé e razão, cada um à sua maneira. Santo Agostinho foi enfático ao afirmar que é necessário crer para compreender. Santo Anselmo, por exemplo, dizia:

> Na verdade, não procuro antes compreender para crer, mas creio para compreender. Pois também creio nisto: "se não acreditar, não compreenderei".

SANTO ANSELMO. *Proslogion seu Alloquium de Dei existentia*. Covilhã: Universidade da Beira Interior, 2008. p. 11.

Em grupos, debatam as relações entre crença e compreensão baseando-se nas seguintes questões:

a) Na sua interpretação, qual é a diferença entre crer e entender?

b) Vocês precisam primeiro acreditar em alguma coisa para conseguir entendê-la ou necessitam compreendê-la antes para poder acreditar nela?

14. Deus e filosofia

Um filósofo não cristão, o britânico Bertrand Russell (1872-1970), questionou os méritos de Tomás de Aquino, considerando-os insuficientes para justificar sua imensa reputação. Para Russell:

> Há pouco do verdadeiro espírito filosófico em Aquino [...]. Não está empenhado numa pesquisa cujo resultado não possa ser conhecido de antemão. Antes de começar a filosofar, ele já conhece a verdade; está declarada na fé católica. Se, aparentemente, consegue encontrar argumentos racionais para algumas partes da fé, tanto melhor; se não, basta-lhe voltar de novo à revelação. A descoberta de argumentos para uma conclusão dada de antemão não é filosofia, mas uma alegação especial. Não posso, portanto, admitir que mereça ser colocado no mesmo nível que os melhores filósofos da Grécia ou dos tempos modernos.

RUSSELL, Bertrand. *História da filosofia ocidental.* 4. ed. Brasília: UnB; São Paulo: Nacional, 1982. v. 2, p. 174. (Pensamento Científico).

Reúna-se com os colegas para discutir a crítica de Bertrand Russell a Tomás de Aquino. Para você, ela é válida? Justifique.

Para pensar

Neste texto, Umberto Eco (1932-2016) aponta importantes aspectos do papel cultural de Tomás de Aquino, empenhado em conciliar o cristianismo com uma visão mais racional do mundo. Leia-o e responda às questões.

O papel de Santo Tomás de Aquino

Platão e Agostinho tinham dito tudo o que era necessário para compreender os problemas da alma, mas quando se tratava de saber o que seja uma flor ou o nó nas tripas que os médicos de Salerno exploravam na barriga de um doente, e por que era saudável respirar ar fresco numa noite de primavera, as coisas se tornavam obscuras. Tanto que era melhor conhecer as flores nas iluminuras dos visionários, ignorar que existiam tripas, e considerar as noites de primavera uma perigosa tentação. Desse modo dividia-se a cultura europeia, quando se entendia o céu, não se entendia a terra. Se alguém ainda quisesse entender a terra deixando de lado o céu, a coisa ia mal. [...]

A essa altura os homens da razão aprendem dos árabes que há um antigo mestre (um grego) que poderia fornecer uma chave para unificar esses membros esparsos da cultura: Aristóteles. Aristóteles sabia falar de Deus, mas classificava os animais e as pedras, e se ocupava com o movimento dos astros. Aristóteles sabia lógica, preocupava-se com psicologia, falava de física, classificava os sistemas políticos. [...]

Tomás [...] não era nem herege nem revolucionário. Tem sido chamado de "concordista". Para ele tratava-se de afinar aquela que era a nova ciência com a ciência da revelação, e de mudar tudo para que nada mudasse.

Mas nesse plano ele aplica um extraordinário bom senso e (mestre em sutilezas teológicas) uma grande aderência à realidade natural e ao equilíbrio terreno. Fique claro que Tomás não aristoteliza o cristianismo, mas cristianiza Aristóteles. Fique claro que nunca pensou que com a razão se pudesse entender tudo, mas que tudo se compreende pela fé: só quis dizer que a fé não estava em desacordo com a razão, e que, portanto, era até possível dar-se ao luxo de raciocinar, saindo do universo da alucinação. E assim compreende-se por que na arquitetura de suas obras os capítulos principais falam apenas de Deus, dos anjos, da alma, da virtude, da vida eterna: mas no interior desses capítulos tudo encontra um lugar, mais que racional, "razoável". [...]

Não se esqueça de que antes dele, quando se estudava o texto de um autor antigo, o comentador ou o copista, quando encontravam algo que não concordava com a religião revelada, ou apagavam as frases "errôneas" ou as assinalavam em sentido dubitativo, para pôr em guarda o leitor, ou as deslocavam para a margem. O que faz Tomás, por sua vez? Alinha as opiniões divergentes, esclarece o sentido de cada uma, questiona tudo, até o dado da revelação, enumera as objeções possíveis, tenta a mediação final. Tudo deve ser feito em público, como pública era justamente a *disputatio* na sua época: entra em função o tribunal da razão.

Que depois, lendo com atenção, se descubra que em cada caso o dado de fé acabava prevalecendo sobre qualquer outra coisa e guiava o deslindar da questão, ou seja, que Deus e a verdade revelada precediam e guiavam o movimento da razão laica, isso foi esclarecido pelos mais agudos e aficionados estudiosos tomistas, como Gilson. Nunca ninguém disse que Tomás era um Galileu. Tomás simplesmente fornece à Igreja um sistema doutrinário que a concilia com o mundo natural. [...] Antes dele se afirmava que "o espírito de Cristo não reina onde vive o espírito de Aristóteles", em 1210 estão ainda proibidos os livros de filosofia natural do filósofo grego, e as proibições continuam nas décadas seguintes enquanto Tomás manda traduzir esses textos por seus colaboradores e os comenta. Mas em 1255 toda a obra de Aristóteles está liberada.

ECO, Umberto. *Viagem na irrealidade cotidiana*. Rio de Janeiro: Nova Fronteira, 1984. p. 335-336; 339-340.

1. Segundo o escritor, linguista e filósofo italiano Umberto Eco, na cultura medieval europeia, antes dos estudos aristotélicos, "quando se entendia o céu, não se entendia a terra". Interprete o significado dessa afirmação.
2. Qual foi a importância da redescoberta da filosofia de Aristóteles para o pensamento medieval, segundo Eco? Justifique.
3. Quais os méritos de Tomás de Aquino apontados pelo autor do texto? Explique.

Sessão de cinema

Em nome de Deus (1988, Inglaterra/Iugoslávia, direção de Clive Donner)

Baseado em fatos reais, a narrativa se passa no século XII, entre o final da Idade Média e início do Renascimento, e enfoca o romance de Abelardo e Heloísa. Retrata o clima das discussões filosóficas e mostra o ambiente universitário na Universidade de Paris, entre 1114 e 1118, época em que Abelardo lecionou na instituição e viveu o célebre e dramático romance com a estudante Heloísa. Segundo as normas da época, os professores não poderiam ter relações como os estudantes.

O destino (1997, Egito/França, direção de Youssef Chahine)

No século XII, em Córdoba, os escritos do filósofo Averróis chocam os islâmicos. Para apaziguar a situação, o califa Al Mansour ordena que todas as suas obras sejam queimadas. Então, os discípulos do filósofo decidem fazer cópias manuscritas de suas obras, para levá-las para além das fronteiras do Islã.

O nome da rosa (1986, Itália/França/Alemanha, direção de Jean-Jacques Annaud)

Adaptação para o cinema da obra homônima do pensador italiano Umberto Eco. Trata-se de uma trama ambientada no século XIII, que traz à tona algumas das questões centrais que caracterizam a Idade Média: a relação entre a doutrina cristã, a filosofia e a ciência; a atitude intolerante da ala mais ortodoxa da Igreja diante das divergências dentro do próprio credo; a questão das heresias; as diferenças entre as diversas orientações no seio do cristianismo; o processo da Inquisição.

O sétimo selo (1957, Suécia, direção de Ingmar Bergman)

Filme que mostra um pouco da vida na Europa do século XIII, assolada pela peste negra. Tem como personagem central um soldado recém-chegado das Cruzadas, que joga xadrez com a morte e se envolve com um grupo de atores mambembes que percorrem as cidades e vilas. Através desses personagens e suas perambulações, o filme apresenta aspectos da religiosidade medieval, sobretudo em relação à morte.

CAPÍTULO

13 Pensamento moderno

LEEMAGE/CORBIS VIA GETTY IMAGES – MUSEU DO LOUVRE, PARIS

O astrônomo, de Jan Vermeer, 1668. Óleo sobre tela, 50 cm x 45 cm. O retrato de cientistas era um tema popular na pintura holandesa do século XVII.

- **Que elementos da imagem indicam que se trata de um astrônomo? Pesquise como um astrônomo constrói seu conhecimento.**

Agora, vamos estudar aspectos relevantes da Idade Moderna que, tradicionalmente, corresponde ao período que vai de meados do século XV ao século XVIII. Essa época foi marcada por transformações importantes na mentalidade, na economia, na política e também na filosofia.

No campo filosófico, desenvolveram-se correntes como o grande racionalismo, o empirismo britânico e o Iluminismo, que impactam o debate intelectual até hoje.

Questões filosóficas

- Qual é o lugar do ser humano no Universo?
- Quais são as bases de um conhecimento seguro?
- Deus é imanente ou transcendente?
- Existem ideias inatas?
- Como chegamos a conclusões gerais a partir do particular?

Conceitos-chave

antropocentrismo, humanismo, racionalismo, teoria dos ídolos, método indutivo, idealismo, Deus imanente, empirismo, ideias inatas, tábula rasa, contratualismo, livre-iniciativa, Iluminismo, liberalismo econômico, maioridade humana

IDADE MODERNA
A revalorização do ser humano e da natureza

Vamos começar nossa investigação situando, brevemente, o contexto histórico em que surgiu o pensamento moderno. Vejamos algumas das transformações que marcaram a Idade Moderna:

- **Capitalismo** – passagem do feudalismo para formas econômicas capitalistas. Essa passagem vinculou-se à expansão comercial e financeira que foi caracterizada pela ascensão social da burguesia e de valores como o individualismo e a competitividade.
- **Estados nacionais** – formaram-se em contraposição a duas características medievais: a fragmentação política dos feudos e das cidades (comunas); e a autoridade supranacional da Igreja sobre a cristandade europeia. Superando essas características, os Estados nacionais se desenvolveram em torno do fortalecimento político das monarquias, que dispunham de funcionários e forças militares próprios para administrar um território e sua população. Em lugar da suserania feudal (relação senhor-vassalo), as monarquias desenvolveram a noção de soberania, pela qual o rei (soberano) tinha o poder de fazer valer suas decisões perante seus súditos.
- **Renascimento** – movimento de renovação artístico-cultural associado ao humanismo.
- **Reformas religiosas** – rupturas da territorialidade cristã dominada pela Igreja Católica. Surgem novas igrejas cristãs, que, por sua vez, provocam uma contrarreforma católica.
- **Expansão marítimo-comercial** – grandes navegações que viabilizaram a colonização das Américas, ampliando os limites do mundo conhecido pelos europeus.

Esses marcos do início da Idade Moderna não ocorreram simultaneamente nem em todos os locais, tampouco afetaram todas as pessoas da mesma forma.

Tais acontecimentos contribuíram para modificar, em várias regiões, o modo de ser, viver e perceber o mundo. Isso se expressou nas artes, ciências e filosofias.

A visão **teocêntrica** (Deus como centro) que predominou na cristandade medieval foi relativizada pela tendência **antropocêntrica** (ser humano como centro). Nesse sentido, o humanista florentino **Pico della Mirandola** (1463-1494) acreditava que Deus tinha dado ao ser humano o poder de atribuir sentido à própria vida e, com isso, construir a si mesmo.

Durante a Idade Moderna há o desenvolvimento do **racionalismo** e de uma **filosofia laica** (não religiosa), que se mostrariam, de modo geral, mais otimistas em relação à capacidade racional de intervir no mundo, organizar a sociedade e aperfeiçoar a vida humana.

Observação

Como assinalamos antes, para fins de estudo, temos adotado nesta obra a periodização histórica tradicional, em que os acontecimentos europeus são a principal referência. Reconhecemos, no entanto, que essa divisão cronológica apresenta problemas em acomodar toda a produção do que geralmente se costuma designar **filosofia moderna.** Alguns pensadores do período medieval, por exemplo, poderiam perfeitamente estar incluídos neste capítulo.

DEA/G DAGLI ORTI/AGB PHOTO LIBRARY – MUSEU GRANET, AIX-EN-PROVENCE, FRANÇA

Mercado, de Hendrik van Steenwyk, c. 1550-1603. Cena de uma cidade nos Países Baixos (Holanda). Os Países Baixos foram a primeira nação europeia a adotar uma forma republicana de governo no período moderno.

Renascimento

O movimento cultural que contribuiu para essas transformações é conhecido como **Renascimento** (séculos XV e XVI) e envolveu artistas e intelectuais de diversas áreas. Tal movimento recebeu esse nome porque se inspirou no **humanismo** – movimento iniciado em meados do século XIV por intelectuais que defendiam o estudo da cultura greco-romana e o reavivamento de certos ideais de exaltação do ser humano e seus atributos, tais como a **razão** e a **liberdade**. Era, portanto, um renascer ou redespertar desses ideais. Como, porém, nenhuma cultura renasce fora de seu tempo, o resultado desse movimento não poderia ser o de um mero retorno à Antiguidade clássica.

FERNANDA CALFAT/GETTY IMAGES

Cena da peça *Hamlet*, de William Shakespeare, apresentada em um parque da cidade de Nova York, em 2019. As constantes adaptações da obra de Shakespeare testemunham a atualidade de seus temas.

Ao propiciar a expansão de uma **mentalidade racionalista**, o Renascimento criou as bases conceituais e de valores que favoreceriam o desenvolvimento da ciência no século XVII. Revelando maior disposição para investigar os problemas do mundo, o indivíduo moderno aguçou seu espírito de observação sobre a natureza, dedicou mais tempo à pesquisa e às experimentações, abriu a mente ao livre exame do mundo.

Essas atitudes contrapunham-se fortemente à mentalidade medieval típica, influenciada pelo pensamento contemplativo e mais submissa às chamadas verdades inquestionáveis da fé. O pensador moderno buscaria não somente conhecer a realidade, descobrir as leis que regem os fenômenos naturais, mas também exercer controle sobre ela. O objetivo era prever para prover, como se diria depois.

Ameaças à nova mentalidade

A transição para a mentalidade científica moderna não foi, porém, um processo súbito e sem resistências. Forças ligadas ao passado medieval lutavam duramente contra as transformações que se desenvolviam, organizando listas de livros proibidos (o *Index*) e punindo, entre outros, muitos pensadores da época.

Foi nesse contexto que vários pioneiros da ciência moderna foram perseguidos pela **Inquisição** – tribunal instituído pela Igreja Católica com o fim de descobrir e julgar os responsáveis pela propagação e prática de heresias (concepções contrárias aos seus dogmas, como vimos no capítulo anterior).

Criada em 1232 pelo papa Gregório IX, a Inquisição estendeu-se por vários reinos cristãos que correspondem hoje a Portugal, Itália, França, Alemanha e, especialmente, Espanha. Depois de um período em que reduziram suas atividades, os tribunais inquisidores voltaram a funcionar com toda força em meados do século XVI, diante do avanço do protestantismo.

Ética e política

Além do desenvolvimento do pensamento científico, com implicações evidentes no campo filosófico, os pensadores do período do Renascimento abordaram questões envolvendo outros temas tão importantes, como a natureza humana, a moral e a política. Nesse último âmbito, destacou-se especialmente o italiano **Nicolau Maquiavel** (1469-1527), que iniciou uma nova fase do pensamento sobre o poder ao abandonar o enfoque ético-religioso e propor uma abordagem mais realista da política (como veremos no Capítulo 16).

MASSIMO PIZZOTTI/GETTY IMAGES – MUSEUS DO VATICANO, CIDADE DO VATICANO

Detalhe do afresco *Criação de Adão*, de Michelangelo, 1508-1512. Obra pintada no teto da Capela Sistina, no Vaticano, na Itália.

Francis Bacon: saber é poder

Nascido em Londres, **Francis Bacon** (1561-1626) pertencia a uma família de nobres. Depois de concluir seus estudos em Cambridge, iniciou, em 1577, sua carreira política, por meio da qual conquistaria os mais importantes postos do reino britânico.

STOCK MONTAGE/GETTY IMAGES - COLEÇÃO PARTICULAR

Gravura colorizada do retrato de Francis Bacon, que criou uma metodologia de investigação científica. Embora tenha compreendido que a pesquisa experimental seria responsável pelos rumos e avanços da ciência, ele próprio não realizou experimentos e descobertas científicas.

Bacon realizou uma obra científica de inegável valor e é considerado um dos fundadores do **método indutivo de investigação científica**. Atribui-se a ele também a criação do lema "saber é poder", que revela sua firme disposição de fazer dos conhecimentos científicos um instrumento prático de controle da natureza com vistas à expansão da prosperidade humana.

Bacon concebia a ciência como técnica. Por isso, preocupava-se com a utilização dos conhecimentos científicos na vida prática, manifestando grande entusiasmo pelos avanços técnicos que se difundiam em sua época, como a bússola, a pólvora e a imprensa. Revelava igualmente sua aversão ao pensamento meramente contemplativo e abstrato, característico da escolástica medieval.

Para o filósofo, a ciência deveria valorizar a **pesquisa experimental**, visando proporcionar resultados objetivos para o ser humano. No entanto, ele alertava que, para isso, era necessário que os cientistas se libertassem daquilo que denominava **ídolos**.

Teoria dos ídolos

O termo "ídolo" vem do grego *eidolon* ("imagem, simulacro, fantasma") e costuma ser usado para se referir aos objetos que representam seres divinos em algumas crenças religiosas, sendo por isso alvo de culto e adoração. Daí derivou a acepção comum hoje de pessoa cultuada, seguida e admirada, geralmente um artista. Bacon, porém, usava a palavra "ídolo" com o sentido específico de erro enraizado, falsa noção, preconceito e mau hábito mental.

Em sua obra *Novum organum* (expressão latina que significa "novo instrumento"), o filósofo destaca quatro gêneros de ídolos que entorpecem a mente humana e prejudicam a ciência:

- **Ídolos da tribo** – as falsas noções provenientes das próprias limitações da natureza humana. Exemplo: pensar que algo é pequeno quando está longe.
- **Ídolos da caverna** – as falsas noções do ser humano como indivíduo (alusão ao mito da caverna de Platão, que estudamos no Capítulo 11). Exemplo: achar deselegante determinado comportamento com o qual não estamos acostumados.
- **Ídolos do mercado ou do foro** – as falsas noções provenientes da linguagem e da comunicação. Exemplo: entender que alguém disse uma coisa quando ela disse outra.
- **Ídolos do teatro** – as falsas noções provenientes das concepções filosóficas, científicas e culturais vigentes. Exemplo: as noções de alguns povos indígenas, na época dos primeiros contatos com os europeus, de que as mortes ocasionadas por doenças infecciosas eram castigos de seus deuses, quando, na realidade, eles não tinham imunidade contra o vírus da varíola ou do sarampo.

Conexões

1. Você consegue imaginar algo que poderia ser considerado uma falsa noção derivada de uma limitação individual (ídolo da caverna)? Dê um exemplo e debata com os colegas.

Método indutivo

Para combater os erros provocados pelos ídolos, Francis Bacon propôs o método indutivo de investigação, baseado no exame rigoroso dos fenômenos naturais. Esse método obedeceria a etapas como:

- observação atenta e rigorosa da natureza para a coleta de informações;
- organização racional dos dados recolhidos empiricamente;
- formulação de explicações gerais (hipóteses) que possam levar à compreensão do fenômeno estudado;
- comprovação ou não da hipótese formulada mediante experimentações repetidas, em novas circunstâncias.

Bacon dizia que aquele que inicia uma investigação com muitas certezas acaba cheio de dúvidas, mas aquele que começa com dúvidas pode terminar com algumas certezas.

Assim, a grande contribuição de Francis Bacon para a história da ciência moderna foi apresentar o conhecimento científico como resultado de um método de investigação capaz de conciliar a observação dos fenômenos, a elaboração racional das hipóteses e a experimentação controlada para comprovar as conclusões.

GRANDE RACIONALISMO
O conhecimento parte da razão

Durante o século XVII, cresceu a confiança no poder da razão para produzir conhecimentos mais sistemáticos e rigorosos (filosóficos e científicos). Por isso, a produção filosófica dessa época costuma ser denominada grande racionalismo.

Conforme vimos antes, no campo das teorias do conhecimento, **racionalismo** designa a doutrina que privilegia o papel da razão no processo de conhecer a verdade (reveja o trecho a esse respeito no Capítulo 9). Abordaremos em seguida dois dos principais filósofos racionalistas desse período: René Descartes e Baruch Espinosa.

Descartes: "penso, logo existo"

René Descartes (1596-1650) nasceu em La Haye, França, em uma família de prósperos burgueses. Decepcionado com a formação tomista-aristotélica que recebera no colégio jesuíta de La Flèche, decidiu buscar a ciência por conta própria, esforçando-se por decifrar o "grande livro do mundo". Em suas inúmeras viagens pela Europa, estabeleceu contatos com vários sábios de seu tempo.

UNIVERSAL HISTORY ARCHIVE/UIG/ GETTY IMAGES – COLEÇÃO PARTICULAR

Litografia de René Descartes, c. 1840. Ele foi bastante cauteloso na exposição de suas ideias. Autocensurou vários trechos de suas obras para evitar tanto a repressão da Igreja Católica como a reação fanática dos protestantes.

Abordamos a dúvida metódica cartesiana no Capítulo 2 e o dualismo proposto por Descartes nos Capítulos 6 e 10. Vejamos, agora, outras concepções básicas de seu pensamento, como seu idealismo, racionalismo e método.

Descartes concluiu que o pensamento (ou a consciência) é algo mais certo e seguro que qualquer corpo, pois, para ele, a matéria só pode ser conhecida por meio de deduções racionais.

Essa é uma concepção **idealista**, tanto em termos ontológicos como epistemológicos, pois prioriza o ser pensante em contraposição à matéria, bem como a atividade do sujeito pensante em relação ao objeto pensado.

Descartes também era um **racionalista** convicto. Recomendava que desconfiássemos das percepções sensoriais, responsabilizando-as pelos frequentes erros do conhecimento humano. Dizia que o verdadeiro conhecimento das coisas externas devia ser conseguido pelo trabalho lógico da mente. Nesse sentido, considerava que, no passado, entre todos os indivíduos que buscaram a verdade nas ciências, "só os matemáticos puderam encontrar algumas demonstrações, isto é, algumas razões certas e evidentes" (DESCARTES, René. *Discurso do método*. São Paulo: Nova Cultural, 1987. p. 39).

Descartes atribuía, portanto, grande valor à matemática como instrumento de compreensão da realidade. Ele próprio foi um grande matemático, considerado um dos criadores da **geometria analítica** – sistema que tornou possível a determinação de um ponto em um plano mediante duas linhas perpendiculares fixadas graficamente (as **coordenadas cartesianas**).

HERITAGE IMAGES/HULTON FINE ART COLLECTION/GETTY IMAGES – MUSEU DA HISTÓRIA DA FRANÇA, VERSALHES

Detalhe da obra *Rainha Cristina, cercada por sua corte*, de Pierre-Louis Dumesnil, século XVIII. Na imagem, Descartes apresenta um trabalho de geometria à rainha da Suécia. Em fins de 1649, Descartes aceitou o convite da jovem monarca para se estabelecer em Estocolmo e ministrar-lhe lições. Ao final de um mês de estadia, no entanto, desenvolveu uma pneumonia que em poucos dias o levou à morte, aos 53 anos de idade.

Método cartesiano

Da sua obra *Discurso do método*, podemos destacar quatro regras básicas, consideradas por Descartes capazes de conduzir o espírito na busca da verdade. Tais regras estão descritas a seguir.

- **Regra da evidência** – só aceitar algo como verdadeiro desde que seja absolutamente evidente por sua **clareza** e **distinção**. As ideias claras e distintas seriam encontradas na própria atividade mental, independentemente das percepções sensoriais externas. Devido a elas, Descartes propôs a existência das **ideias inatas** (com as quais nascemos), que são plenamente racionais. Alguns exemplos são as ideias matemáticas, as noções gerais de extensão e movimento, a ideia de infinito etc.
- **Regra da análise** – dividir cada uma das dificuldades surgidas em tantas partes quantas forem necessárias para resolvê-las melhor.
- **Regra da síntese** – reordenar o raciocínio indo dos problemas mais simples para os mais complexos.
- **Regra da enumeração** – realizar verificações completas e gerais para ter absoluta segurança de que nenhum aspecto do problema foi omitido.

Herança cartesiana

O pensamento de Descartes influiu profundamente no pensamento posterior. Sua concepção dualista do ser humano ainda é sentida em diversos campos do conhecimento. Seu método contribuiu grandemente para uma visão reducionista da realidade (reveja o que é o reducionismo consultando o Capítulo 10).

Sua tentativa, porém, de reconstruir o edifício do conhecimento talvez não tenha obtido resultados tão fecundos quanto o efeito demolidor que causou. Por isso, podemos dizer – como alguns de seus comentadores – que Descartes celebrizou-se não propriamente pelas questões que resolveu, mas, sobretudo, pelos problemas que formulou; os quais foram herdados pelos filósofos posteriores. As filosofias de Espinosa, Leibniz e Malebranche são exemplos disso, pois foram construídas com base na meditação dos problemas postos por Descartes e seguindo estruturas provenientes do pensamento cartesiano.

Espinosa: Deus é natureza

Baruch Espinosa (1632-1677) nasceu na Holanda, filho de imigrantes judeus de origem hispano-portuguesa. Em sua filosofia, desenvolveu um **racionalismo radical**, caracterizado principalmente pela crítica às superstições religiosa, política e filosófica.

FINE ART IMAGES/HERITAGE IMAGES/GETTY IMAGES - BIBLIOTECA HERZOG AUGUST, WOLFENBÜTTEL, ALEMANHA

Retrato de *Baruch Espinosa*, autoria desconhecida, século XVII. Para Espinosa, a ética é a ciência prática daquilo que é. A felicidade corresponderia, desse modo, à compreensão lógica do mundo e da vida, o que se alcançaria pelo amor intelectual do verdadeiro Deus, que é imanente ao real. Há, portanto, como em Giordano Bruno, um panteísmo em seu pensamento, pois identifica Deus com a totalidade das coisas.

De acordo com o filósofo, a fonte de toda superstição é a imaginação. Incapaz de compreender a verdadeira ordem do Universo, a imaginação credita a realidade a um Deus transcendente e voluntarioso, nas mãos de quem os seres humanos não passam de joguetes. Assim, a partir da superstição religiosa, se desenvolveriam as superstições políticas e filosóficas.

Para combater essas superstições em sua origem, Espinosa escreveu o texto *Ética*, no qual busca provar, como em uma **demonstração geométrica** (isto é, com definições, axiomas e postulados, dos quais se segue uma série de teoremas e corolários), a natureza racional de Deus, que se manifesta em todas as coisas.

Segundo o filósofo, Deus não criou o mundo nem está fora do mundo: ele é o próprio Universo. Por isso, dizia "*Deus sive Natura*" ("Deus ou Natureza") e propunha a equação Deus = Natureza. Trata-se, portanto, de um Deus **imanente**, que está inseparavelmente contido e implicado em toda a realidade.

Vejamos, então, de forma simplificada, como Espinosa chegou a essa conclusão, bastante perturbadora para a época e que lhe causou muitas perseguições.

Monismo espinosano

Para entendermos a concepção de Deus de Espinosa e o porquê de sua imanência, devemos compreender primeiramente seu conceito de **substância**:

> III. Por substância entendo o que existe em si e por si é concebido, isto é, aquilo cujo conceito não carece do conceito de outra coisa do qual deva ser formado.
>
> ESPINOSA, Baruch. *Ética*. São Paulo: Abril Cultural, 1979. p. 78. (Os Pensadores).

Sua definição de substância está apoiada, portanto, na de Descartes, para quem a substância é aquilo que não precisa de nada fora de si mesmo para existir. No entanto, com base nesse entendimento, Espinosa chegou a uma conclusão distinta da do filósofo francês. Enquanto Descartes concluiu que existem duas substâncias (o corpo e a alma), Espinosa deduziu que somente a **totalidade** das coisas não depende de nada fora de si para ser o que é (uma totalidade).

Para entender esse raciocínio, pense, por exemplo, que a existência de uma coisa, para ser explicada, sempre remete a outra coisa, e esta a outra, e assim sucessivamente. Depois, considere que todas essas coisas sempre estarão dentro do mundo, constituindo sua totalidade. Assim, somente a totalidade – que contém todas as coisas, umas remetendo às outras – não remeteria a algo além de si, pois, se remetesse, não seria totalidade.

Isso quer dizer que a única substância verdadeira – isto é, à qual se pode atribuir esse nome – é a totalidade das coisas ou, dito de outra maneira, a totalidade de tudo é uma única substância. Trata-se, portanto, de uma concepção **monista** da realidade, que considera que tudo o que existe está fundado em uma única realidade ou substância (reveja o trecho a esse respeito no Capítulo 10).

Necessitamos, agora, entender outros dois conceitos de Espinosa:

> IV. Por atributo entendo o que o intelecto percebe da substância como constituindo a essência dela. [...]
>
> VI. Por Deus entendo o ente absolutamente infinito, isto é, uma substância que consta de infinitos atributos, cada um dos quais exprime uma essência eterna e infinita.
>
> ESPINOSA, Baruch. *Ética*. São Paulo: Abril Cultural, 1979. p. 78. (Os Pensadores).

Por essas definições, é possível ver que, apesar de contrariar as conclusões de Descartes, Espinosa tinha outra premissa semelhante à do francês: a concepção de que Deus é infinito. Isso significa que a **infinitude** é um atributo de Deus, uma qualidade que faz parte de sua essência, conforme sua definição de atributo. Ora, se analisarmos o conceito de infinitude, veremos que se trata de um atributo muito especial, pois corresponde a um conceito matemático que exprime a ausência de quaisquer limites e que, por isso, não depende de alguma outra coisa para ser explicado.

Dessa forma, se a infinitude faz parte da essência de Deus, se Deus é infinito, ele não tem limitações; quer dizer, não há nada que ele não seja, senão ele seria finito. Aquilo que é infinito, justamente por não conhecer fronteiras ou limites, abrange a totalidade das coisas, que é a única substância do mundo. Chegamos, assim, por dedução, à conclusão de que Deus é a única e verdadeira substância do mundo, que é a totalidade das coisas, as quais são, por sua vez, a própria natureza.

Deus imanente

Assim, como substância única, no mesmo ato em que Deus cria a si mesmo – pois existir faz parte de sua essência –, ele cria também, continuamente, todas as coisas, que são **efeitos** de sua potência infinita (também denominados **modos da substância**). Deus (ou Natureza), então, pode ser compreendido sob dois aspectos:

- **natureza naturante** – a substância e seus atributos como atividade eterna e infinita causadora do real;
- **natureza naturada** – a totalidade dos efeitos ou modos da atividade da Natureza naturante.

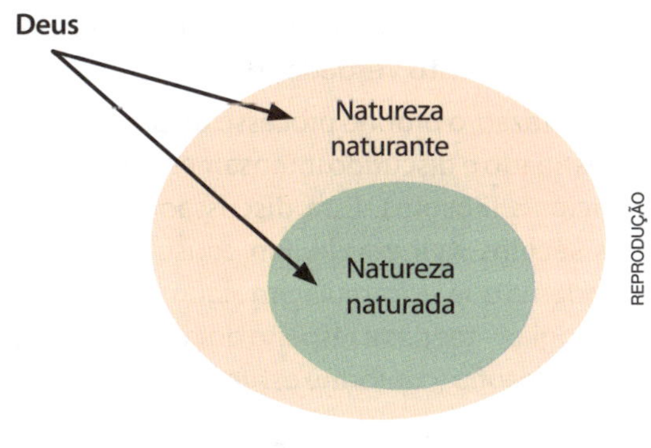

Representação gráfica simplificada do conceito de Deus em Espinosa, um Deus imanente.

A concepção de Deus elaborada por Espinosa contraria a tradição teológica que concebe Deus como o criador do mundo a partir do nada, isto é, um ser transcendente, que existe fora e acima de toda a sua criação. Para Espinosa, Deus é imanente, ou seja, integra o mundo enquanto causa e efeito, criador e criatura. Daí a concepção espinosana de Deus como totalidade das coisas.

No interior desse entendimento profundamente racionalista, Espinosa não deu espaço para tragédia nem mistérios: tudo se tornaria compreensível à luz da razão. A filosofia seria o conhecimento racional de Deus. Não haveria livre-arbítrio, uma vez que Deus se identifica com a natureza universal; portanto, tudo o que existe é **necessário** e não pode ser transgredido, pois faz parte da natureza divina. A liberdade humana consistiria, então, na consciência dessa necessidade.

União corpo e alma

Evidentemente, Espinosa se opôs ao dualismo cartesiano. Para ele, o ser humano não seria uma união de duas substâncias, como pensara Descartes. Na ontologia monista espinosana, a alma e o corpo constituem **modos distintos** da mesma e única substância (Deus ou Natureza). Isso quer dizer que são efeitos ou expressões finitas da atividade de atributos da substância infinita. Disso decorrem a união entre corpo e alma e a comunicação imediata, sem intermediação, entre eles.

Além disso, não haveria uma relação hierárquica entre os dois, pois, segundo Espinosa, corpo e alma exprimem simultaneamente a atividade de atributos substanciais de potência e realidade equivalentes. Desse modo, sua filosofia rompia outra vez com a tradição, que desde Platão havia concebido uma relação de superioridade ou comando da alma sobre o corpo.

EMPIRISMO BRITÂNICO
O conhecimento parte da experiência

O desenvolvimento da ciência moderna nos séculos XVI e XVII inseriu-se em um contexto de questionamento sobre os critérios e os métodos para a elaboração de um **conhecimento verdadeiro**.

Por essa razão, o próprio processo de conhecer passou a ser investigado e discutido intensamente por boa parte dos principais filósofos. Essa discussão concentrou-se entre os séculos XVII e XVIII. Em consequência, foi na Idade Moderna que se formularam algumas das principais epistemologias – teorias a respeito do conhecimento – da história da filosofia (conforme estudamos no Capítulo 9).

Processo de conhecer

Recordemos que as duas principais vertentes que se destacaram no início dessa discussão filosófica foram a racionalista e a empirista:

- **Racionalista** – defendia basicamente a tese de que o conhecimento obtido pela razão (e fundamentalmente em seu uso lógico-dedutivo) é mais confiável do que aquele que se obtém pela experiência sensível, desqualificando o valor da experiência no processo de conhecer a verdade.
- **Empirista** – considerava um erro desqualificar totalmente a experiência, com base na tese de que qualquer conhecimento se origina, em última análise, da experiência.

Algum tempo depois, em pleno Iluminismo, o filósofo alemão Immanuel Kant entraria nesse debate, realizando uma espécie de síntese das duas correntes em sua doutrina **apriorista** (ver Capítulo 9).

Ideias inatas

O início do debate esteve vinculado ao pensamento de René Descartes, o primeiro e principal expoente do racionalismo moderno.

Já vimos que, para o filósofo francês, o verdadeiro conhecimento das coisas externas seria atingido por meio do trabalho lógico-dedutivo da mente, ou seja, a partir de uma ideia evidente e certa poderiam ser deduzidas outras sucessivamente.

Um dos principais argumentos de Descartes para justificar essa concepção era sua suposição a respeito da existência de ideias fundadoras do conhecimento, as chamadas **ideias inatas**. Trata-se de ideias que teriam nascido com o sujeito pensante e que, por isso, dispensariam a percepção de um objeto exterior para se formarem no pensamento. Os conceitos matemáticos e a noção de Deus seriam exemplos de ideias inatas, segundo Descartes.

Entre os principais defensores do **inatismo** no processo de conhecimento, destacam-se Platão, na Antiguidade, e Santo Agostinho, na Idade Média, além do próprio Descartes, na filosofia moderna.

JOHANNES VERMEER – GALERIA NACIONAL DE ARTE, WASHINGTON

A menina com chapéu vermelho, de Jan Vermeer, c. 1665-1667. Óleo sobre tela, 28,8 cm × 18 cm. O pintor teria traçado a imagem projetada na câmara escura e depois copiado o padrão de luzes e sombras, de forma a alcançar uma imagem "fotográfica", fiel à impressão fornecida pela visão do próprio objeto.

Reação empirista

A filosofia cartesiana, principalmente a tese da existência de ideias inatas, provocou forte reação de vários pensadores. Alguns deles passaram a defender justamente a tese oposta, isto é, de que o processo de conhecimento depende sempre da **experiência** e dos **sentidos**, pelo menos como ponto de partida, em sua origem última, e que consequentemente não existiriam ideias inatas.

Assim diversas doutrinas modernas **empiristas** surgiram (recorde que a palavra "empirista" vem do grego *empeiria*, "experiência"). Entre os principais defensores de epistemologias empiristas, destacam-se Aristóteles, na Antiguidade, e Santo Tomás de Aquino, na Idade Média, além dos pensadores que estudaremos em seguida.

O palco inicial do empirismo moderno ocorreu durante o século XVII nas ilhas britânicas, notadamente na Inglaterra, onde a filosofia se afasta do padrão especulativo (cartesiano) e se lança cada vez mais ao concreto, à experiência, à ciência.

Paralelamente, no plano social, um longo processo revolucionário foi desencadeado por choques entre os que defendiam a manutenção do absolutismo e os que defendiam a limitação do poder monárquico. Ao fim desse processo, conhecido como **Revolução Gloriosa** (1688-1689), grande parte da burguesia conquistou não apenas poder econômico, mas também poder político e ideológico, impondo o fim do absolutismo monárquico na Inglaterra.

Para alguns estudiosos, essa ascensão da burguesia estaria relacionada, no plano epistemológico, ao empirismo (valorização da experiência concreta, da investigação natural) e, no plano político e econômico, ao liberalismo (respeito à liberdade individual, fim do absolutismo monárquico, incentivo à livre-iniciativa, crítica à intervenção estatal nos mercados).

Entre os principais representantes do **empirismo britânico**, destacam-se Francis Bacon, Thomas Hobbes, John Locke e David Hume.

Hobbes: o Universo é físico

Thomas Hobbes (1588-1679) nasceu em Westport, Inglaterra. No período da revolução liberal inglesa, apoiou o rei Carlos I, que acabou derrotado e decapitado. Após esse episódio, Hobbes sofreu perseguição política em seu país e, por isso, exilou-se na França, onde entrou em contato com a filosofia de Descartes.

DEA PICTURE LIBRARY/DEAGOSTINI/GETTY IMAGES - GALERIA NACIONAL DE RETRATOS, LONDRES

Thomas Hobbes, de John Michael Wright, c. 1669-1670. Óleo sobre tela, 66 cm × 54,6 cm. O pensamento de Hobbes ficou mais conhecido nos âmbitos da ética e da filosofia política, notadamente pelo debate sobre sua doutrina a respeito da natureza humana ("o homem é o lobo do próprio homem") e sua defesa do absolutismo.

O pensamento de Hobbes foi influenciado pelas ideias de Bacon e Galileu. Como eles, abandonou as grandes pretensões metafísicas (a busca da essência do ser) e procurou investigar as causas e propriedades das coisas. Para Hobbes, a filosofia seria a **ciência dos corpos**, isto é, de tudo que tem existência material. Os **corpos naturais** seriam estudados pela filosofia da natureza; os **corpos artificiais** ou **Estado**, pela filosofia política. O que não é corpóreo deveria ser excluído da reflexão filosófica.

Como vimos antes, para o filósofo inglês, toda a realidade poderia ser explicada por meio de dois elementos: o **corpo**, entendido como o elemento material que existe independentemente do nosso pensamento; e o **movimento**, que pode ser determinado matemática e geometricamente. Trata-se, portanto, de uma concepção **materialista** e **mecanicista** da realidade.

As ideias ou os pensamentos não seriam nada mais que imagens das coisas impressas na "fantasia corporal". Isso quer dizer que, para Hobbes, o processo de conhecimento inicia-se pela **sensação** – uma concepção empirista, como podemos perceber.

Uma consequência dessa doutrina é que, no pensamento de Hobbes, não há lugar para o **acaso** e a **liberdade** (mudanças não condicionadas), porque os movimentos resultam necessariamente dos nexos causais que lhes dão origem (reveja as concepções de Hobbes estudadas nos Capítulos 6 e 10, que ampliam esta exposição; a teoria política hobbesiana será estudada com mais detalhes no Capítulo 16).

Locke: conhecer depende da experiência

O filósofo **John Locke** (1632-1704) nasceu em Wrington, Inglaterra. Durante os tempos de universidade, decepcionou-se com o aristotelismo e com a escolástica medieval, enquanto tomava contato com o pensamento de Francis Bacon e René Descartes. Problemas políticos obrigaram-no a sair de seu país, em 1675, e exilar-se na França e, posteriormente, na Holanda. Regressou à Inglaterra somente em 1688, durante a Revolução Gloriosa, que levou Guilherme de Orange ao trono da Inglaterra. A partir de então, pôde dedicar-se livremente às atividades intelectuais.

FINE ART IMAGES/HERITAGE IMAGES/GETTY IMAGES - MUSEU HERMITAGE, SÃO PETERSBURGO, RÚSSIA

John Locke, de Sir Godfrey Kneller, 1697. Óleo sobre tela, 76 cm × 64 cm. Locke manifestou interesse por diversos campos de estudo, como teologia e filosofia, mas formou-se em medicina. Seu pensamento empirista e liberal inspirou diversos filósofos do Iluminismo, como Montesquieu e Voltaire.

Com o *Ensaio acerca do entendimento humano*, Locke tornou-se o principal representante do empirismo britânico e uma referência nos estudos epistemológicos. Nessa obra, combateu a doutrina cartesiana segundo a qual o ser humano possui **ideias inatas**. Ao contrário de Descartes, o filósofo inglês defendia que nossa mente, no instante do nascimento, é como uma **tábula rasa**.

O substantivo "tábula" significa "tábua" ou "placa de madeira" ou de outro material; o adjetivo "rasa" quer dizer "plana, lisa". Assim, a expressão "tábula rasa" usada por Locke tem o significado de "tábua lisa", na qual nada foi escrito nem gravado. Quando nascemos, nossa mente seria como um papel em branco, sem nenhuma ideia previamente escrita.

Assim, Locke retomava a tese empirista segundo a qual nada existe em nossa mente que não tenha sua origem nos sentidos. Para ele, as ideias que possuímos são adquiridas ao longo da vida mediante a experiência sensível imediata e seu processamento interno.

Desse modo, o conhecimento seria constituído basicamente por dois tipos de ideias resumidas a seguir.

- **Ideias da sensação** – são nossas primeiras ideias, aquelas que chegam à mente por meio dos sentidos, isto é, quando temos uma experiência sensorial, constituindo as sensações. Essas ideias seriam moldadas pelas qualidades próprias dos objetos externos, como podemos observar nas ideias de amarelo, branco, quente, frio, mole, duro, amargo, doce etc.
- **Ideias da reflexão** – são aquelas que resultam da combinação e da associação das sensações por um processo de reflexão, de tal maneira que a mente vai desenvolvendo outra série de ideias que não poderiam ser obtidas das coisas externas. Seriam ideias como: a dúvida, a hipótese, a crença, o argumento.

Assim, a reflexão seria nosso "sentido interno", que se desenvolve quando a mente se debruça sobre si mesma, analisando suas próprias operações. Das ideias simples, a mente avança em direção a ideias cada vez mais complexas. Contudo, para Locke, aquilo que chega à mente, vindo do exterior, é um objeto de sensação e aquilo que é trabalhado, internamente, pela mente é um objeto de reflexão.

O filósofo admitia, no entanto, que nem todo conhecimento se originava exclusivamente da experiência sensível. Esse era o caso, por exemplo, do conhecimento matemático, que tinha fontes abstratas. Nesse sentido, Locke não era um empirista radical (estudaremos a teoria política de John Locke no Capítulo 16).

Hume: o hábito conduz a vida

Por último, vejamos algumas das principais concepções de **David Hume** (1711-1776), filósofo de grande impacto em pensadores posteriores. Nascido em Edimburgo, na Escócia, Hume ocupou importante posição na diplomacia inglesa. Realizou diversas viagens a países europeus, como França e Áustria, estabelecendo contato com pensadores destacados da época, entre eles Adam Smith e Jean-Jacques Rousseau.

FINE ART IMAGES/HERITAGE IMAGES/GETTY IMAGES - GALERIA NACIONAL DA ESCÓCIA, EDIMBURGO

David Hume, de Allan Ramsay, 1766. Óleo sobre tela, 76,2 cm × 63,5 cm. Hume era ateu, apesar de viver em uma sociedade na qual predominava a crença em Deus. Curiosamente escreveu *História natural da religião* (1757), considerada a primeira obra de sociologia da religião.

Crítico do racionalismo dogmático do século XVII e do inatismo cartesiano, em sua obra *Investigação acerca do entendimento humano*, Hume defendeu outra tese segundo a qual todo conhecimento deriva da experiência sensível. Ele dizia que tudo o que há em nossa vida psíquica são **percepções**, as quais dividiu em duas categorias:

- **impressões** – referem-se aos dados fornecidos pelos sentidos, como as impressões visuais, auditivas, táteis.
- **ideias** – referem-se às representações mentais (memória, imaginação etc.) derivadas das impressões sensoriais.

Assim, toda ideia é uma re(a)presentação de alguma impressão. Essa representação pode possuir diferentes graus de fidelidade. Alguém que nunca teve uma impressão visual – um cego de nascença, por exemplo – jamais poderá ter uma ideia de cor nem mesmo uma ideia pouco fiel.

Hume entendia também que as impressões e ideias se sucedem continuamente na vida psíquica do ser humano, combinando-se por semelhança ou contiguidade. Esse processo de **associação de ideias** explicaria, enfim, todas as operações mentais.

Como vimos, a **indução** ou o **raciocínio indutivo** vai do particular para o geral. Assim, as conclusões indutivas são produzidas pelo seguinte processo mental: partindo de percepções repetidas que nos chegam da experiência sensorial, saltamos para uma conclusão geral, da qual não temos experiência sensorial (reveja o trecho a esse respeito no Capítulo 4).

Hume chamou também a atenção para o fato de que a **conclusão indutiva**, por maior que seja o número de percepções repetidas do mesmo fato, não possui fundamento lógico – ou seja, sempre será um salto do raciocínio. Para o filósofo, esse "salto" seria impulsionado pelo **hábito**.

O hábito nasce com as reiteradas percepções de um fato, as quais nos levam a crer que aquilo que ocorreu no passado se repetirá no futuro. Assim, por exemplo, cremos que o Sol nascerá amanhã porque até hoje ele sempre nasceu. No entanto, em termos lógicos, nada garante essa certeza, pois não podemos observar o futuro nascer do Sol.

Como explicou Hume, somente o **raciocínio dedutivo**, utilizado na matemática, fundamenta-se em uma lógica racional:

> As proposições deste gênero podem descobrir-se pela simples operação do pensamento e não dependem de algo existente em alguma parte do universo. Embora nunca tenha havido na natureza um círculo ou um triângulo, as verdades demonstradas por Euclides conservarão sempre sua certeza e evidência.
>
> HUME, David. *Investigação acerca do entendimento humano*. São Paulo: Nova Cultural, 1989. p. 77.

Legado epistemológico

Ao questionar a validade lógica do raciocínio indutivo, a obra de Hume legou um importante problema para os teóricos do conhecimento (os epistemologistas). Afinal, é principalmente com base em experiências particulares que se chega às conclusões gerais representadas pelas leis científicas.

Revelando um **ceticismo teórico**, Hume concluiu que o conhecimento científico – que ostenta a bandeira da mais pura racionalidade – também está ancorado em bases não racionais, como a crença e o hábito intelectual.

Isso significa que, desconfiando das posições arraigadas pela força do hábito, o cientista deveria – de acordo com Hume – nunca renunciar ao estudo da natureza, mas sempre apresentar suas teses como **probabilidades**, não como certezas irrefutáveis. Tal atitude epistemológica, estendida ao convívio social, tornaria os indivíduos mais tolerantes, democráticos e abertos.

ILUMINISMO
A razão em busca de liberdade

Para entendermos o que foi o Iluminismo e sua produção filosófica, devemos recorrer à história e considerar, mesmo que brevemente, o contexto socioeconômico, político e cultural em que ele surgiu.

Nos séculos XVII e XVIII, houve uma grande expansão do **sistema capitalista** em diversos países europeus, acompanhada pela crescente ascensão social da **burguesia** e por sua tomada de consciência como classe social.

Apesar disso, no plano sociopolítico, em diversos países europeus subsistia o **Antigo Regime**, que se caracterizava pela organização social baseada em estamentos (clero, nobreza e grupos de trabalhadores, com mobilidade quase nula), pelas instituições políticas e jurídicas que legitimavam a desigualdade entre pessoas de diferentes estamentos e pelo absolutismo monárquico (simbolizado pela frase do bispo Jacques Bossuet: "um rei, uma fé, uma lei").

Uma exceção no cenário sociopolítico europeu foi a instalação de uma **monarquia constitucional** na Inglaterra a partir da Revolução Gloriosa. Isso significa que o poder do governante era limitado pelas leis e pelo Parlamento. Ali se dizia que "o rei reina, mas não governa". Nesse **liberalismo inglês**, havia maior liberdade de expressão política e religiosa, o que foi admirado por alguns filósofos iluministas. De certo modo, o regime inglês inspirou a **Independência dos Estados Unidos** (1776) e a **Revolução Francesa** (1789-1799).

Paralelamente, o **racionalismo** conseguia cada vez mais adeptos no mundo cultural, transmitindo a confiança na razão como principal instrumento do ser humano para enfrentar os desafios da vida e equacionar os problemas que o rodeavam. Reforçava essa convicção o desenvolvimento da **Revolução Industrial**, com seus avanços tecnológicos e impactos sociais. O **sucesso da ciência** em campos como a química, a física e a matemática inspirou filósofos de todas as partes (veja mais sobre impactos sociais da Revolução Industrial e seus desdobramentos no mundo contemporâneo no Capítulo 7).

JOSEPH WRIGHT OF DERBY – GALERIA NACIONAL, LONDRES

Experimento com um pássaro em uma bomba de ar, de Joseph Wright, 1768. Óleo sobre tela, 183 cm × 244 cm. Um pássaro se debate asfixiado dentro de um globo de vidro, sob a ação de um cientista.

Conexões

2. Que sensações o jogo de luz e sombra utilizado pelo pintor desperta em você? Que experimento essa pintura retrata? Como reagem as pessoas? Qual poderia ser sua mensagem (ou problema)?

Foi nesse contexto que se desenvolveu o movimento cultural do século XVIII denominado **Iluminismo, Ilustração** ou **Filosofia das Luzes**. Embora suas primeiras manifestações tenham ocorrido na Inglaterra, o Iluminismo se consolidou na França e, dali, se difundiu por outras regiões da Europa, especialmente Alemanha.

Revolução Industrial: complexo de transformações socioeconômicas que alterou a vida de sociedades da Europa ocidental e de outras regiões do mundo a partir de meados do século XVIII.

Características do Iluminismo

Os pensadores do Iluminismo procuraram exaltar e defender, além de outros valores, a **liberdade** e a **igualdade** entre as pessoas, a **tolerância** entre distintas religiões ou formas de pensamento e o direito à **propriedade privada**.

De acordo com a análise do filósofo e sociólogo **Lucien Goldmann** (1913-1970), a preocupação com esses temas estaria vinculada, em boa medida, com a atividade econômica desenvolvida pela burguesia – o **comércio** –, de modo que os valores iluministas constituiriam também **valores burgueses**.

O Iluminismo não foi, porém, um movimento coeso e uniforme, embora tenha tido como uma de suas principais características a **crítica social**. Por isso, não podemos definir todos os pensadores iluministas como "ideólogos da burguesia". Muitos iluministas defenderam a aristocracia e seus valores.

Filosofia nas ruas e nos salões

Abandonando os círculos filosóficos fechados, os iluministas circulavam pelas ruas e pelos salões, buscando conquistar pessoas por meio de seus discursos. Para esses filósofos propagandistas, como escreveu o pensador alemão **Ernst Cassirer** (1874-1945), "a razão não era o cofre da alma onde se guardavam verdades eternas, mas era a força espiritual, a energia, capaz de nos conduzir ao caminho da verdade" (CASSIRER, Ernst. *Filosofía de la Ilustración*. México: Fondo de Cultura Económica, 1963. p. 21).

BRIDGEMAN IMAGES/FOTOARENA - MUSEU CONDÉ, CHANTILLY

Madame d'Épinay lendo, de Carmontelle, 1759. Aquarela em papel, 28 cm × 17 cm. Madame d'Épinay tornou-se conhecida por suas relações afetivas com Rousseau e seus diálogos intelectuais com Diderot, D'Alembert e outros pensadores da época. Criou um célebre salão literário no Château de la Chevrette.

Assim, eles enfatizaram a capacidade humana de, pelo uso da razão, conhecer a realidade e intervir nela, a fim de organizá-la racionalmente de modo a assegurar uma vida melhor para as pessoas. Eles defendiam que o processo de ilustração (isto é, de esclarecer-se, de adquirir conhecimento, de instruir-se) trazia embutida a proposta de libertar o ser humano dos medos irracionais, das superstições e das crendices do "tempo das sombras", levando-o a questionar as tradições vulgares e a construir, de maneira autônoma, uma nova ordem racional para a sociedade.

Podemos dizer, enfim, que os iluministas se destacaram nesse esforço de generalizar e aplicar as doutrinas críticas e analíticas aos diversos campos da atividade humana, ampliando os ideais de conhecimento forjados no grande racionalismo (o racionalismo do século XVII). Não se tratava mais de uma racionalidade abstrata, mas de uma razão concreta, "empirista", voltada para as questões práticas da existência.

O enciclopedismo

Um marco importante do Iluminismo foi a publicação de uma obra de 33 volumes, denominada ***Enciclopédia***, do grego *enkyklos paideía*, "ensino circular, panorâmico". Essa obra pretendia reunir e resumir os principais conhecimentos da época nos campos científico e filosófico. Organizada pelos pensadores franceses **Denis Diderot** (1713-1784) e **Jean le Rond D'Alembert** (1717-1783), a obra contou com a colaboração de muitos autores, os quais ficaram conhecidos como **enciclopedistas**. Entre eles, destacaram-se Buffon, Montesquieu, Turgot, Condorcet, Voltaire, Holbach e Rousseau.

A *Enciclopédia* exerceu grande influência sobre o pensamento da época, constituindo-se também em uma importante vitrine para o pensamento político burguês. Em linhas gerais, seus artigos caracterizaram-se por um espírito irônico, defendendo o **racionalismo**, a **independência do Estado** em relação à Igreja e a **confiança no progresso** humano por meio das realizações científicas e tecnológicas.

O enciclopedismo foi, portanto, uma expressão essencial do espírito iluminista, de sua multiplicidade de doutrinas e, fundamentalmente, de sua aversão aos grandes sistemas filosóficos, como os construídos pelos pensadores da Antiguidade ou por Descartes e Espinosa no século anterior.

Observação

Uma das características marcantes da história do pensamento humano, em diversas épocas e sociedades, foi desenvolver visões dualistas como civilização/bárbarie, campo/cidade, corpo/espírito, emoção/razão, esclarecimento/obscurantismo. Quando mergulhamos no pensamento reducionista bipolar, temos como tendência "demonizar" o lado antagônico. O Iluminismo, de modo geral, acreditava que a "luz da razão" seria capaz de combater a ignorância, os preconceitos e os erros da superstição. Hoje, as ciências humanas e sociais procuram desenvolver o jogo das interações, o pensamento complexo, superando essas bipolaridades esquemáticas.

Rousseau: a sociedade corrompe

Vejamos agora um pouco do pensamento de um dos principais nomes do Iluminismo: o filósofo e escritor **Jean--Jacques Rousseau** (1712-1778). Embora tenha nascido em Genebra, na Suíça, no seio de uma família calvinista de origem francesa, foi na França – país para o qual se transferiu em 1742 – onde escreveu suas grandes obras, contribuindo também com o enciclopedismo.

PHOTO12/UNIVERSAL IMAGES GROUP/GETTY IMAGES – MUSEU DE SAINT QUENTIN, SAINT-QUENTIN, FRANÇA

Jean-Jacques Rousseau, de Quentin de La Tour, século XVIII. Pastel em papel, 47 cm × 38 cm.

O conjunto de sua produção filosófica, no entanto, não se enquadra totalmente nas características do movimento iluminista. Apesar de defender a liberdade e combater os vícios sociais, não renegou sua formação cristã, criticando os excessos racionalistas de sua época, motivo pelo qual costuma ser considerado uma figura de transição do Iluminismo e um precursor do Romantismo.

Rousseau elaborou reflexões sobre diversos temas, como ciências, artes, educação e línguas. Contudo, na história da filosofia, seu nome está especialmente vinculado a suas investigações acerca das **instituições sociais e políticas**, reunidas nas obras *Discurso sobre a origem e os fundamentos da desigualdade entre os homens* (1755) e *Do contrato social* (1762).

No primeiro texto, Rousseau aborda um tema clássico, o ser humano em **estado de natureza** – isto é, antes de viver em sociedade –, e critica seus predecessores – como Hobbes e Locke – por imaginarem um estado natural que lhes convinha para justificar seus modelos prediletos de governo: a monarquia absolutista, no caso do primeiro; o Estado liberal, no caso do segundo. Assim, para Rousseau, propuseram um estado de guerra ou de proprietários, respectivamente, pintando o "homem natural" com as cores da sociedade desigual e injusta que todos conhecemos (veja mais detalhes sobre essas concepções de Hobbes, Locke e Rousseau nos Capítulos 6 e 16).

O filósofo franco-suíço afirma, em contrapartida, que é possível conjecturar sobre um estado de natureza totalmente distinto, adotando, para isso, outro método de descoberta: uma meditação interior nas profundezas da floresta. Por meio dela, Rousseau chega a uma imagem do estado de natureza que reconhece ser apenas uma hipótese, não um fato histórico, mas uma hipótese plausível e não menos verossímil do que as outras.

De acordo com sua descrição, o ser humano em estado natural vivia isolado, livre e feliz, guiado por bons sentimentos e em harmonia com seu hábitat. Ligado a sua natureza animal, tinha os sentidos mais desenvolvidos que o intelecto, e suas únicas paixões eram o **amor de si** (entendido como uma paixão inata que leva cada animal à autopreservação) e a **piedade** (definida como uma repugnância inata por ver o sofrimento alheio). Rousseau revivia, assim, o mito do **bom selvagem**, presente em vários relatos de viagem de exploradores daquela época e que seria tema de várias obras literárias.

Apesar de sua proximidade dos outros animais, o ser humano se distinguiria destes, segundo o filósofo, por ser um pouco mais livre em relação aos instintos e por apresentar uma característica fundamental: a capacidade ou potencialidade de mudar seu estado ou sua condição para melhor (aperfeiçoar-se) ou pior (como foi o caso da vida em sociedade), o que não ocorre com os outros animais, pois estes se mantêm sempre iguais. Trata-se da chamada **perfectibilidade** humana.

A primeira desigualdade

Como se desenvolveu, então, a desigualdade entre os seres humanos? Segundo o filósofo, a desigualdade surgiu por um encadeamento de circunstâncias funestas, iniciadas no momento em que alguém cercou um terreno e disse que era seu, dando origem à **propriedade privada**. Era a primeira desigualdade, a desigualdade de posses ou fortuna.

Daí surgiram disputas e guerras. Os ricos, buscando garantir suas posses, e os demais, acreditando estar mais seguros assim, chegaram a um acordo para formar a sociedade civil e estabelecer leis de convivência (o chamado **contrato social**). Foi aí que despontaram todos os tipos de desigualdade social. Eleitos inicialmente, os primeiros dirigentes impuseram-se como governantes hereditários, acumulando cada vez mais privilégios, poder e fortuna. Assim, o homem teria nascido livre, mas viveria acorrentado por toda parte.

Podemos dizer resumidamente que, com o surgimento da sociedade e de todas as suas instituições, desapareceu a bondade natural, própria dos selvagens, bem como sua liberdade. A tese de Rousseau, portanto, é a de que o estado social não é natural no ser humano e o **corrompe**, tornando-se indispensável a partir de certo momento (vamos estudar o contrato social de Rousseau com mais detalhes no Capítulo 16).

Algumas contribuições iluministas

Montesquieu e a separação dos três poderes

O jurista francês Charles-Louis de Secondat, mais conhecido como barão de **Montesquieu** (1689-1755), escreveu *O espírito das leis*. Nessa obra, formula a teoria da separação dos poderes do Estado em Legislativo, Executivo e Judiciário, como forma de evitar abusos dos governantes e de proteger as liberdades individuais. Para ele, todo indivíduo investido de poder é tentado a abusar dele. Haveria, assim, grandes riscos de tirania "se uma mesma pessoa – ou uma mesma instituição do Estado – exercesse os três poderes: o de fazer as leis, o de ordenar a sua execução e o de julgar os conflitos entre os cidadãos" (MONTESQUIEU, Charles S. *O espírito das leis*. São Paulo: Martins Fontes, 1996. p. 168).

Voltaire e a defesa da tolerância

O poeta, dramaturgo e filósofo francês **François-Marie Arouet**, conhecido pelo pseudônimo **Voltaire** (1694-1778), foi talvez o mais característico e famoso pensador do Iluminismo e uma referência para os demais. Com seu estilo literário irônico e vibrante, destacou-se pelas críticas que fez à prepotência dos poderosos, ao clero católico e à intolerância religiosa. Concordava, entretanto, com certa necessidade social da crença em Deus, chegando a dizer que se Deus não existisse seria preciso inventá-lo.

Em termos políticos, não foi propriamente um democrata, mas sim defensor de uma monarquia respeitadora das liberdades individuais, governada por um soberano esclarecido. Voltaire, aparentemente, concordava com o princípio: posso não concordar com nenhuma das palavras que você diz, mas defenderei até a morte seu direito de dizê-las.

Adam Smith e o livre mercado

O economista e filósofo escocês **Adam Smith** (1723-1790) foi um dos maiores expoentes da economia clássica e o principal teórico do liberalismo econômico. Em sua obra *Ensaio sobre a riqueza das nações*, criticou a política mercantilista, baseada na intervenção e regulamentação excessiva do Estado na vida econômica.

Para ele, a economia deveria ser dirigida pelo jogo livre da oferta e da procura de mercado. O mercado se autorregularia, dando conta das necessidades sociais, desde que deixado em paz consigo mesmo, sem intervenções dos governantes.

Adam Smith também defendeu a tese de que o trabalho em geral representa a verdadeira fonte de riqueza para as nações, devendo ser conduzido pela livre-iniciativa dos particulares.

FINE ART IMAGES/HERITAGE IMAGES/GETTY IMAGES – FUNDAÇÃO VOLTAIRE, OXFORD (INGLATERRA)

Ceia dos filósofos, de Jean Huber, 1772-1773. Óleo sobre tela, 60 cm × 80,5 cm. Reunião de intelectuais na casa de Voltaire (sentado ao centro, de mão levantada). Apaixonado pela literatura, o filósofo francês foi um assíduo frequentador dos lugares onde se encontravam os mais destacados pensadores e artistas da época.

Conexões

3. Voltaire refere-se a certa necessidade social da crença em Deus. Também é bastante conhecida a frase do romancista russo **Fiódor Dostoiévski** (1821-1881): "Sem Deus tudo seria permitido". Reflita sobre essa concepção das religiões como fontes doadoras de normas e coesão social.

Kant: ouse saber

Vejamos, por último, aquele que é considerado o maior filósofo do Iluminismo alemão e um dos principais pensadores de todos os tempos. Trata-se de **Immanuel Kant** (1724-1804), nascido em Königsberg, cidade da Alemanha. Homem metódico e de hábitos arraigados, lecionou durante 40 anos na Universidade de Königsberg. Morreu aos 80 anos, sem nunca ter se afastado das imediações de sua pequena cidade natal.

AKG-IMAGES/ALBUM/FOTOAREA – MUSEU NACIONAL SCHILLER, MARBACH AM NECKAR (ALEMANHA)

Immanuel Kant, de Johann Becker, 1768. Parece que Kant foi em sua vida prática um homem tão metódico como em sua vida intelectual. Conta-se que tinha um horário estabelecido para cumprir tarefas como dormir, acordar e caminhar para o trabalho na universidade.

Para Kant, a filosofia deveria responder a quatro questões fundamentais:

- **O que posso saber?** – Os estudos de Kant partiram da investigação sobre as condições nas quais se dá o conhecimento (o que posso saber), realizando um exame crítico da razão em sua obra mais célebre: *Crítica da razão pura* (ver Capítulo 9). Nela, confessa que Hume o havia despertado, pela primeira vez, de seu "sonho dogmático" (a ilusão de que a razão pode conhecer como são as coisas em si), levando-o a instituir o que ficou conhecido como "tribunal da razão".
- **Como devo agir?** – Seu exame do agir humano (isto é, sobre a ética, que corresponde a sua segunda pergunta) deu origem basicamente à *Crítica da razão prática* e à *Fundamentação da metafísica dos costumes* (como será estudado no Capítulo 15).
- **O que posso esperar?** – A terceira pergunta remetia ao futuro e à religião, e Kant, fiel ao espírito das Luzes, subordina a religião à razão e à lei moral, o que ele expôs em vários textos, como no *Religião nos limites da simples razão*.
- **O que é o ser humano?** – Essa questão ampla se desdobra na resposta às questões anteriores: o ser humano é aquele que, com autonomia, busca compreender as condições de seu conhecimento, da sua forma de agir e daquilo que pode esperar.

Outro aspecto importante da obra de Kant são suas reflexões a respeito da estética, presentes na *Crítica da faculdade do juízo* (como será estudado no Capítulo 18).

Maioridade humana

Em seu texto *O que é ilustração*, Kant sintetiza sua expectativa de que o ser humano desenvolva sua autonomia intelectual e vença vícios morais que induzam à subserviência política e social, atingindo assim a maioridade.

No texto a seguir, Kant descreve o processo de ilustração como a saída do ser humano de sua "menoridade", ou seja, um momento em que o indivíduo, como uma criança que cresce e amadurece, torna-se consciente da força e da independência (**autonomia**) de sua inteligência para fundamentar sua própria maneira de agir, sem a tutela ou doutrinação de outrem. Veja as palavras do próprio Kant sobre a questão da maioridade humana:

> A ilustração [*Aufklärung*, em alemão] é a saída do homem de sua menoridade, da qual ele é o próprio responsável. A menoridade é a incapacidade de fazer uso do entendimento sem a condução de um outro. O homem é o próprio culpado dessa menoridade quando sua causa reside não na falta de entendimento, mas na falta de resolução e coragem para usá-lo sem a condução de um outro. *Sapere aude!* [Ousai saber!]. "Tenha coragem de usar seu próprio entendimento!" – esse é o lema da ilustração.
>
> Preguiça e covardia são as razões pelas quais uma tão grande parcela da humanidade permanece na menoridade mesmo depois que a natureza a liberou da condução externa [...]; e essas são também as razões pelas quais é tão fácil para outros manterem-se como seus guardiões. É cômodo ser menor. Se tenho um livro que substitui meu entendimento, um diretor espiritual que tem uma consciência por mim, um médico que decide sobre a minha dieta e assim por diante, não preciso me esforçar. Não preciso pensar se puder pagar: outros prontamente assumiram por mim o trabalho penoso. Que a passagem à maioridade seja tida como muito difícil e perigosa pela maior parte da humanidade [...] deve-se a que os guardiões de bom grado se encarregam da sua tutela. Inicialmente os guardiões domesticam o seu gado, e certificam-se de que essas criaturas plácidas não ousarão dar um único passo sem seus cabrestos: em seguida, os guardiões lhes mostram o perigo que as ameaça caso elas tentem marchar sozinhas. [...] É muito difícil para um indivíduo isolado libertar-se da sua menoridade quando ela tornou-se quase a sua natureza [...]. Mas que o público se esclareça a si mesmo é muito perfeitamente possível; se lhe for assegurada a liberdade, é quase certo que isso ocorra... Sempre haverá alguns pensadores independentes, mesmo entre os guardiões das grandes massas, que, depois de terem-se libertado da menoridade, disseminarão o espírito de reconhecimento racional tanto de sua própria dignidade quanto da vocação de todo homem para pensar por si mesmo. [...]
>
> Enquanto essa reforma não ocorrer, novos preconceitos servirão, tão bem quanto os antigos, para atrelar as grandes massas não pensantes. Entretanto, nada além da liberdade é necessário à ilustração: na verdade, o que se requer é a mais inofensiva de todas as coisas às quais esse termo pode ser aplicado, ou seja, a liberdade de fazer uso público da própria razão a respeito de tudo [...].

KANT, Immanuel. O que é a ilustração. *In*: WEFFORT, Francisco (org.). *Os clássicos da política*. São Paulo: Ática, 1990. v. 2, p. 83-85.

Conexões

4. Quem seriam os "guardiões" ou tutores da consciência dos indivíduos citados por Kant? Como você entende que eles controlariam a consciência das pessoas?
5. Quem mais você consideraria os "guardiões da consciência" nos tempos atuais? Pense em pessoas que convivem com você no cotidiano.

OFICINA DE FILOSOFIA

1. Em contraste com os valores dominantes na Idade Média, destaque alguns valores, algumas atitudes e/ou algumas características da mentalidade da Idade Moderna.

2. No Renascimento foram valorizados o ser humano e a natureza. Como se expressou essa revalorização no campo do pensamento? Identifique exemplos no texto do capítulo.

3. Que regras propõe Descartes para dirigir o espírito na busca da verdade? Explique-as.

4. O que diferencia as superstições religiosas da ideia correta de Deus, segundo a concepção de Espinosa?

5. Como Espinosa entende a substância?

6. Quais são os dois aspectos pelos quais Deus pode ser compreendido?

7. Como Espinosa entende o ser humano no contexto de sua ontologia?

8. O filósofo e matemático Blaise Pascal (1623-1662) viveu na época do grande racionalismo, mas foi um crítico contundente da confiança excessiva depositada nos poderes da razão. Com base nessa informação, interprete a seguinte frase de Pascal procurando destacar a complementaridade entre razão e emoção.

   > O coração tem suas razões, que a razão não conhece [...].
   >
   > BASCAL, Blaise. *Pensamentos*. São Paulo: Abril Cultural, 1984. p. 107. (Os Pensadores).

9. Sintetize em que discordavam racionalistas e empiristas na discussão sobre o processo de conhecimento.

10. No pensamento de Hobbes não há lugar para a liberdade. Justifique essa afirmação.

11. Explique a tese epistemológica da seguinte afirmação e identifique a que doutrina filosófica ela se contrapõe: A mente humana, no instante do nascimento, é como uma tábula rasa, isto é, uma folha em branco.

12. Para Hume, um cego de nascimento jamais poderia ter uma ideia de cor. Explique essa impossibilidade a partir da teoria humana do conhecimento.

13. Hume entendia que o hábito fundamenta muitas ideias consideradas verdadeiras sobre a realidade e os fatos. Justifique essa tese e dê um exemplo.

14. Caracterize a filosofia produzida durante o Iluminismo. Exemplifique com aspectos do pensamento dos iluministas.

15. O que é a perfectibilidade humana e que papel ela teve no surgimento da vida social?

16. Segundo Kant, o que significa a "menoridade" do ser humano? Por que o ser humano escolhe viver assim?

17. Qual é o caminho proposto por Kant para tirar o ser humano dessa condição de menoridade? Comente essa proposta.

Conversa filosófica

18. Saber é poder

Francis Bacon entendia que "saber é poder". Reflita sobre essa afirmação. Você acha que o conhecimento é fonte de poder? Pense nos vários tipos de conhecimento (político, tecnológico etc.) e nos vários meios de poder. Depois, reúna-se com os colegas para trocar ideias e debater o tema.

19. Limite das teses científicas

Considerando a recomendação de Hume de que os cientistas apresentem suas teses como probabilidades e não como certezas irrefutáveis:

a) qual é a diferença entre probabilidade e certeza?

b) você concorda com essa recomendação? Justifique com exemplos concretos. Depois, reúna-se com os colegas para debater sobre esse tema.

20. Progresso como mito

Com o desenvolvimento da Revolução Industrial e o sucesso da ciência, surgiu nas sociedades europeias o "mito do progresso". Reflita sobre esse tema individualmente e depois com os colegas, considerando as seguintes questões:

a) O que é o progresso?

b) No mundo de hoje, você entende que o progresso é um mito? Em que sentido? Por quê?

c) A humanidade tem progredido? Em que termos?

21. Valores democráticos

Dos valores destacados no texto que marcaram o Iluminismo, quais, em sua opinião, são os mais necessários para uma sociedade democrática? Justifique, dê exemplos e apresente-os aos colegas.

Para pensar

No texto a seguir, você verá uma análise sobre como os fundadores da ciência e da filosofia modernas (Galileu, Descartes etc.) atuaram de modo decisivo para dissolver a ideia grega de cosmo, consagrada sobretudo na física aristotélica. Leia o texto e responda às questões.

Texto I
A revolução científica moderna

Não tentarei, aqui, explicar as razões e as causas que provocaram a revolução espiritual do século XVI. Para nossas finalidades, basta descrevê-la, caracterizar a atitude mental ou intelectual da ciência moderna através de dois traços que se completam um ao outro. São eles: 1) a destruição do cosmo e, consequentemente, o desaparecimento, na ciência, de todas as considerações baseadas nessa noção; 2) a geometrização do espaço, isto é, a substituição, pelo espaço homogêneo e abstrato da geometria euclidiana, da concepção de um espaço cósmico qualitativamente diferenciado e concreto, o espaço da física pré-galileana. Podem-se resumir e exprimir essas duas características da seguinte maneira: a matematização (geometrização) da ciência.

Texto II
A dissolução do cosmo grego

A dissolução do cosmo significa a destruição de uma ideia, a ideia de um mundo de estrutura finita, hierarquicamente ordenado [...] Essa ideia é substituída pela ideia de um universo aberto, indefinido e até infinito, unificado e governado pelas mesmas leis universais, um universo no qual todas as coisas pertencem ao mesmo nível do ser, contrariamente à concepção tradicional que distinguia e opunha os dois mundos do céu e da Terra. Doravante, as leis do céu e as leis da Terra se fundem. A astronomia e a física tornam-se interdependentes, unificadas e unidas. Isso implica o desaparecimento, da perspectiva científica, de todas as considerações baseadas no valor, na perfeição, na harmonia, na significação e no desígnio. Tais considerações desaparecem no espaço infinito do novo universo. É nesse novo universo, nesse novo mundo, onde uma geometria se faz realidade, que as leis da física clássica encontram valor e aplicação.

A dissolução do cosmo, repito, me parece a revolução mais profunda realizada ou sofrida pelo espírito humano desde a invenção do cosmo pelos gregos. É uma revolução tão profunda, de consequências tão remotas, que, durante séculos, os homens – com raras exceções, entre as quais Pascal – não lhe apreenderam o alcance e o sentido. Ainda agora, ela é muitas vezes subestimada e mal compreendida.

Texto III
A reforma das estruturas do pensamento

O que os fundadores da ciência moderna, entre os quais Galileu, tinham de fazer não era criticar e combater certas teorias erradas, para corrigi-las ou substituí-las por outras melhores. Tinham de fazer algo inteiramente diverso. Tinham de destruir um mundo e substituí-lo por outro. Tinham de reformar a estrutura de nossa própria inteligência, reformular novamente e rever seus conceitos, encarar o ser de uma nova maneira, elaborar um novo conceito do conhecimento, um novo conceito da ciência, e até substituir um ponto de vista bastante natural – o do senso comum – por um outro que, absolutamente, não o é.

Isso explica por que a descoberta de coisas e de leis, que hoje parecem tão simples e tão fáceis que são ensinadas às crianças – leis do movimento, lei da queda dos corpos –, exigiu um esforço tão prolongado, tão árduo, muitas vezes vão, de alguns dos maiores gênios da humanidade, como Galileu e Descartes.

KOYRÉ, Alexandre. *Estudos de história do pensamento científico*. Rio de Janeiro: Forense Universitária; Brasília: UnB, 1982. p. 154-155.

1. Segundo o autor do texto, quais são os dois traços característicos que marcam a ciência moderna?
2. "Doravante, as leis do céu e as leis da Terra se fundem." O que Koyré quis dizer com essa frase? O que causou essa fusão?
3. A que se refere o autor quando diz que a ciência moderna teve "até [de] substituir um ponto de vista bastante natural – o do senso comum – por outro que absolutamente não o é"?

Sessão de cinema

Amadeus (1984, Estados Unidos, direção de Milos Forman)

Baseado na peça homônima, de Peter Shaffer, o filme é inspirado na vida do compositor austríaco Wolfgang Amadeus Mozart (1756-1791). Quem narra a história é o personagem que dá vida a outro musicista, o italiano Antonio Salieri (1775-1807), compositor da corte do imperador e um homem bastante religioso, que relembra a época conflituosa em que ele e Mozart viveram nas cortes europeias do século XVIII.

Danton: o processo da revolução (1982, França/Polônia, direção de Andrzej Wajda)

Visão da Revolução Francesa a partir da ótica liberalizante de Danton contra as posições mais radicais de Robespierre, dois nomes destacados do processo revolucionário desse período.

CAPÍTULO

14 Pensamento contemporâneo

ALBUM/FOTOARENA © LYONEL FEININGER, VEGAP/AUTVIS, BRASIL, 2020 – MUSEU THYSSEN-BORNEMISZA, MADRI

Arquitetura II (ou *O homem de Potin*), de Lyonel Feininger, 1921. Óleo sobre tela, 101 cm × 80,5 cm.

Questões filosóficas

- As sociedades humanas evoluem?
- Como é a dinâmica das transformações da realidade?
- Qual é o sentido da existência humana?
- O que caracteriza a razão contemporânea?
- Quais as relações entre a linguagem e o mundo?
- Como são as relações de poder no mundo atual?

- **Pesquise sobre o contexto histórico dos "anos felizes" nos Estados Unidos, época em que o quadro acima foi pintado. Depois identifique elementos da obra que mostram uma valorização da vida urbana no começo do século XX.**

Conceitos-chave

romantismo, positivismo, idealismo alemão, dialética marxista, luta de classes, vontade de potência, niilismo, existencialismo, fenomenologia, Escola de Frankfurt, razão instrumental, indústria cultural, ação comunicativa, pós-moderno, micropoderes, sociedade disciplinar, logocentrismo, desconstrução

Neste capítulo, abordaremos aspectos do pensamento contemporâneo (séculos XIX, XX e XXI), em que ocorreu uma diversificação tanto nos temas quanto na forma de fazer filosofia.

Alguns pensadores, no compasso de seus antecessores, mantiveram a confiança na razão e no progresso humano. Outros, porém, caminharam para uma direção diferente: reagiram ao otimismo tecnológico e científico e denunciaram os problemas produzidos pela nova ordem social em construção.

Você verá que a produção filosófica da contemporaneidade foi múltipla e variada, como já havia ocorrido nos séculos anteriores. Contudo, agora muitas das certezas desmoronaram-se, levando consigo esperanças contidas no projeto de modernidade, especialmente aquelas idealizadas pelo Iluminismo. O que levou a essa mudança? Vejamos um panorama desse período.

O MUNDO CONTEMPORÂNEO
Aspectos históricos do século XIX aos dias atuais

Vamos fazer um breve balanço da Era Contemporânea identificando acontecimentos relevantes e mentalidades predominantes no século XIX, no século XX e nos dias atuais.

A princípio, podemos dizer que o século XIX foi marcado pelo desdobramento de dois grandes eventos:

- **Revolução Francesa** (1789-1799) – no plano político, contribuiu para o fim do absolutismo monárquico e a ascensão da burguesia. Essa revolução está associada à construção de um novo modelo de sociedade, que permitiu a passagem do súdito ao cidadão e à difusão de ideais de liberdade, igualdade e fraternidade.
- **Revolução Industrial** (entre o final do século XVIII e meados do século XIX) – responsável por promover imensas transformações econômicas, tecnológicas e sociais. Entre essas transformações, percebemos que, de modo geral, foram surgindo máquinas que substituíam antigas ferramentas; nasciam fábricas no lugar das oficinas de artesãos; e, além das tradicionais fontes de energia (como água, vento e força muscular), passou-se a utilizar o carvão, a eletricidade e o petróleo. Essas transformações também deram origem, no campo social, a conflitos entre os operários das fábricas e a burguesia industrial.

Em linhas gerais, o século XIX foi um período de vigorosas convicções. Havia um clima de confiança no progresso tecnológico e científico. Os empresários capitalistas festejavam as vantagens da expansão comercial e industrial. Os artistas românticos difundiam por meio de suas obras o valor dos sentimentos nacionais. Em outra frente, os socialistas criticavam a exploração capitalista e defendiam a construção de um mundo menos desigual. No âmbito da filosofia, encontramos no século XIX pensadores que permaneciam confiantes no poder da razão.

EUGÈNE DELACROIX - MUSEU DO LOUVRE, PARIS

A liberdade guiando o povo, de Eugène Delacroix, 1830. Óleo sobre tela, 2,6 m × 3,25 m. A obra faz uma alegoria da Revolução de 1830, na qual o rei absolutista francês Carlos X foi deposto. O que representa a figura feminina central, com a bandeira francesa na mão?

Romantismo

Surgido no final do século XVIII, o Romantismo foi um movimento cultural que envolveu as artes e a filosofia, predominando durante a primeira metade do século XIX. Expandiu-se pela Europa e por outras regiões do mundo, assumindo características peculiares em cada sociedade.

Podemos dizer que o Romantismo captou precocemente a noção de que a racionalização e a mecanização do mundo industrial ameaçavam a expressão plena das pessoas, uma vez que somos constituídos de razão e emoção.

Em linhas gerais, o movimento caracterizou-se pela exaltação do **indivíduo** – sua subjetividade e suas emoções –, da **natureza** e da **pátria**.

O desenvolvimento do **nacionalismo**, da valorização da língua nativa e das tradições nacionais, além do anseio por **liberdade individual**, foram ideais que se tornaram "bandeiras" importantes para os povos que lutavam pela independência de seus países, na Europa e na América.

Entre os grandes nomes do Romantismo, destacaram-se Novalis, Schiller e Goethe na literatura; Beethoven, Schumann, Brahms, Schubert e Chopin na música.

JOHANN HEINRICH WILHELM TISCHBEIN - MUSEU STÄDEL, FRANKFURT

Goethe na campanha romana, de Johann Heinrich Wilhelm Tischbein, 1787. Óleo sobre tela, 1,64 m × 2,06 m. O escritor Goethe (1749-1832) é um dos mais destacados da literatura alemã.

Parece que foram poucas as convicções vigorosas do século XIX que subsistiriam intactas no século XX. Por isso, esse mundo contemporâneo mais recente foi caracterizado como uma "era de incertezas", para usar a expressão do economista John Kenneth Galbraith (1908-2006).

Talvez essa mudança de atitude tenha se iniciado, no plano intelectual, logo na passagem entre os dois séculos, quando Freud fundou a **psicanálise** e surgiram as **psicologias do inconsciente**, debilitando a hegemonia da razão.

Quase ao mesmo tempo, na **física**, Einstein formulou a **teoria da relatividade** e, algum tempo depois, Heisenberg enunciou o **princípio da incerteza**, lançando as bases de uma progressiva mudança nos paradigmas científicos (ver Capítulos 10 e 17).

Isso quer dizer que a incerteza (as probabilidades) passou a ocupar lugar de destaque no mundo das ciências.

Mundo de contradições

Além disso, durante o século XX ocorreram eventos trágicos, nos quais a **irracionalidade** alcançou dimensões gigantescas. Duas guerras mundiais derramaram sangue em uma escala jamais vista na história. A barbárie nazista assombrou o mundo pela sua crueldade. A Guerra Fria, entre os Estados Unidos e a União Soviética, polarizou grande parte do planeta. Em 1991, com o colapso da URSS, teve fim a bipolarização entre soviéticos e norte-americanos. Teve início, então, uma nova ordem multipolar em que se destacam novos centros de poder mundiais como China, India, Rússia, Brasil etc.

Em termos tecnológicos, depois da Segunda Guerra Mundial (1939-1945), houve um avanço vertiginoso na área. Telescópios hiperpotentes exploraram os confins do Universo. Naves espaciais iniciaram a conquista do cosmo. A engenharia genética registrou avanços antes restritos aos livros de ficção. A tecnologia da informação (internet, computadores, celulares etc.) chegou à vida cotidiana de milhões de usuários em todo o mundo.

No entanto, essas tecnologias também trouxeram a corrida armamentista, a ameaça da destruição atômica e a degradação ambiental. Além disso, o desenvolvimento tecnológico pouco contribuiu para a diminuição das profundas **desigualdades sociais** no planeta. Calcula-se que, ainda hoje, cerca de 80% da renda mundial esteja concentrada nas mãos de 15% da população e que mais da metade da humanidade enfrente problemas de desnutrição, falta de moradia, desamparo à saúde e à educação.

Impressões antagônicas

Como consequência dessas contradições, as impressões dos grandes intelectuais sobre os séculos XX e XXI são díspares e, por vezes, antagônicas. Alguns consideram que vivemos uma época inédita pela vastidão dos dramas humanos, dos massacres e das guerras. Levam em conta, por exemplo, estimativas como a de que 187 milhões de mortes foram provocadas nesse período por decisão humana – o equivalente a mais de 10% da população mundial em 1900.

Outros pensadores, por sua vez, destacam nos séculos XX e XXI não apenas o grande desenvolvimento tecnocientífico, mas também importantes conquistas sociais, como a progressiva emancipação feminina. De acordo com o pensador Norberto Bobbio (1909-2004), a "revolução da mulher" foi a mais importante do século XX. Se esses avanços não tivessem ocorrido – dizem alguns –, a população mundial não teria crescido mais de três vezes nesses cem anos, pois saltou de aproximadamente 1,7 bilhão de pessoas em 1900 para cerca de 6 bilhões em 2000. Em 2020, a população mundial ultrapassa 7,7 bilhões de pessoas.

SÉCULO XIX
Principais correntes filosóficas

Abordaremos agora a atividade filosófica desenvolvida no século XIX, que foi bem diversificada.

Alguns pensadores mantiveram-se no compasso de seus antecessores, guiados pela confiança na razão e no progresso humano.

Outros, porém, reagiram com muita convicção contra esses valores, denunciando os problemas desse projeto e as situações concretas que apontavam seus limites, como as imensas desigualdades sociais.

Vamos estudar, a seguir, as principais correntes e pensadores que marcaram a atividade filosófica no século XIX, incluindo o positivismo de Auguste Comte, o idealismo de Hegel, o materialismo de Marx, o niilismo de Nietzsche.

Positivismo

Paralelamente ao Romantismo, e opondo-se em boa medida a ele, desenvolveu-se o positivismo, que consiste em uma doutrina filosófica assentada na confiança no progresso científico, com grande penetração em diversas sociedades ocidentais. O positivismo foi criado por Auguste Comte.

PICTURES FROM HISTORY/AKG-IMAGES/ALBUM/FOTOARENA - CHAPELLE DE L'HUMANITÉ, PARIS

Auguste Comte, de Louis Jules Etex, c. 1850. Óleo sobre tela. Comte viveu um amor platônico por uma mulher casada, Clotilde de Vaux, transformando-a em musa inspiradora de uma seita denominada Religião da Humanidade, cujos "santos" eram pensadores como Dante, Shakespeare, Galileu e Adam Smith.

Auguste Comte (1798-1857) nasceu em Montpellier, na França, quando ainda transcorria a Revolução Francesa. Desde cedo revelou grande capacidade intelectual e memória prodigiosa. Aos 16 anos de idade, ingressou na Escola Politécnica de Paris, onde estudou matemática e ciência.

Sua doutrina, o positivismo, fundou-se na valorização do método das **ciências positivas** (baseadas nos fatos concretos e na experiência – ou seja, empíricas) e na recusa das discussões metafísicas.

Crítico das filosofias "negativas" (como as elaboradas por Rousseau e por Voltaire) e abstratas (como a teoria kantiana), Comte se propôs – em seu *Discurso sobre o espírito positivo* – a desenvolver uma **filosofia positiva**, isto é, comprometida com a realidade, a utilidade, a certeza, a precisão, a organização e a relatividade (do conhecimento científico, que deve seguir se aperfeiçoando).

De acordo com Comte, o método positivo de investigação tem por objetivo a pesquisa das **leis gerais**, que são relações constantes entre os fenômenos naturais. Assim, o positivismo diferencia-se do empirismo puro porque não reduz o conhecimento científico apenas aos fatos observados. É na elaboração de leis gerais que reside o grande ideal das ciências. **Ver para prever** tornou-se o lema da ciência positiva. Isso consistia em estudar o que é para concluir o que será.

Lei dos três estados

Na obra *Curso de filosofia positiva*, Comte apresentou sua lei dos três estados, que pretende resumir a evolução histórica e cultural da humanidade. Vejamos a seguir como ele fundamenta sua teoria:

- **Estado teológico ou fictício** – representaria o ponto de partida da inteligência humana, no qual os fenômenos do mundo são vistos como produzidos por seres sobrenaturais. O ponto culminante desse estado deu-se quando o ser humano substituiu o politeísmo (numerosas divindades independentes) pelo monoteísmo (ação providencial de um Deus único).

- **Estado metafísico ou abstrato** – representaria o momento em que a crença nos poderes de seres sobrenaturais foi substituída pela criação de entidades abstratas que pretendem explicar a origem, a essência e o destino final de todos os seres.
- **Estado científico ou positivo** – representaria o estágio definitivo da evolução racional da humanidade, no qual, pelo uso combinado do raciocínio e da observação, o ser humano passou a explicar os fenômenos. Nesse estágio, a imaginação e a argumentação filosófica ficam subordinadas à explicação científica da realidade.

Reforma da sociedade

Tendo Comte vivido na França pós-revolucionária, a questão social também foi importante em sua reflexão. Um dos temas centrais de sua obra filosófica é a necessidade de uma reconstrução da sociedade. Essa reconstrução consistia, sobretudo, na regeneração das opiniões (ideias) e dos costumes (ações) das pessoas. Tratava-se, portanto, de uma **reestruturação intelectual** dos indivíduos, e não de uma revolução das instituições sociais, como propunham filósofos socialistas.

A reforma da sociedade proposta por Comte deveria obedecer aos seguintes passos: reorganização intelectual, depois moral e, por fim, política. As transformações impulsionadas pelas ciências visariam ao progresso. No entanto, o progresso deveria subordinar-se à ordem. Temos então um novo lema positivista, aplicado à sociedade: **ordem e progresso**.

Hegel: o idealismo absoluto

Uma vertente de pensamento bastante distinta do positivismo de Comte, mas estreitamente ligada ao Romantismo, foi o **idealismo alemão**. Desenvolvido entre o final do século XVIII e a primeira metade do século XIX, teve em **Georg Wilhelm Friedrich Hegel** (1770-1831) seu máximo expoente.

Nascido em Stuttgart, Alemanha, Hegel construiu uma obra que costuma ser apontada como o ponto culminante do racionalismo. Talvez nenhum outro pensador tenha conseguido elaborar, como ele, um sistema filosófico tão abrangente, pois buscou respostas para o maior número de questões, tentando reconciliar a filosofia com a realidade.

Nosso primeiro passo na compreensão do pensamento hegeliano será entender o movimento filosófico do qual ele participou. No entanto, o que é mesmo o idealismo?

FINE ART IMAGES/ALBUM/FOTOARENA – MUSEUS ESTATAIS DE BERLIM, BERLIM

Retrato de Friedrich Hegel, de Jakob Schlesinger, 1831. Óleo sobre tela, 36 cm × 28,8 cm. Segundo o filósofo alemão Herbert Marcuse, o sistema hegeliano constitui a última grande expressão do idealismo cultural que buscava fazer do pensamento o refúgio da razão e da liberdade.

Como vimos antes, uma doutrina é idealista quando concebe a noção de que o sujeito tem um papel mais determinante que o objeto no processo de conhecimento. Há vários tipos de idealismo. Platão, por exemplo, costuma ser considerado o principal idealista da Antiguidade, devido a sua teoria das ideias (como abordado nos Capítulos 1 e 11). Descartes, por sua vez, expressou plenamente seu idealismo na formulação do *cogito* (como estudamos nos Capítulos 2 e 13). O mesmo fez Kant, que afirmou – na *Crítica da razão pura* – que das coisas só conhecemos *a priori* aquilo que nós mesmos colocamos nelas (concepção estudada nos Capítulos 9 e 13).

O idealismo de Hegel toma como ponto de partida a teoria kantiana e as filosofias de **Johann Gottlieb Fichte** (1762-1814) e **Friedrich Schelling** (1775-1854). Para Hegel, a realidade é um processo análogo ao pensamento e **o real é racional** e **o racional é real**. Segundo o filósofo, o movimento da realidade apresentaria momentos que se contradizem, sem, no entanto, perder a unidade do processo, que leva a um crescente autoenriquecimento. Trata-se do **movimento dialético** do real.

Esses momentos se sucederiam com um movimento em **espiral**, ou seja, um movimento circular que não se fecha. Assim, cada momento final, que seria a síntese, torna-se a tese de um movimento posterior, de caráter mais avançado (reveja essas concepções de Hegel na exposição mais detalhada do Capítulo 10).

Saber absoluto

De acordo com Hegel, para compreender a dialética da realidade é necessário que a razão se afaste do entendimento comum e se coloque no ponto de vista do **absoluto**. A consciência que consegue isso atinge a razão ou o saber absoluto, ou seja, supera o entendimento finito e adquire a certeza de ser toda a realidade. Desse modo, alcança a unidade entre **ser** e **pensar**, harmonizando a subjetividade com a objetividade.

O pensamento de Hegel apresenta-se, desse modo, como um grande sistema, que permite pensar tanto a natureza, ou a realidade física, quanto o espírito, tendo como fio condutor dessa reflexão totalizante a relação entre **finito** e **infinito**.

Nesse contexto, o trabalho da filosofia seria o de superar o entendimento finito e limitado das coisas finitas e limitadas para alcançar o saber absoluto, que é o saber da **coisa em si**. Seria o caminhar da consciência rumo ao infinito, a busca da infinitude a partir da finitude.

Hegel procurou apresentar, em sua obra, o caminho do conhecimento finito ao conhecimento absoluto, o qual se daria em vários campos do saber, tanto em relação à natureza como ao espírito.

No que concerne à natureza, rompeu com a visão romântica, que a divinizava, proclamando a absoluta superioridade do espírito, que se realiza na história dos seres humanos por meio de sua **liberdade**.

Em relação ao espírito, o filósofo distinguiu três instâncias:

- **espírito subjetivo** – que se refere ao indivíduo e à consciência individual;
- **espírito objetivo** – que se refere às instituições e aos costumes historicamente produzidos pelos seres humanos, expressão da liberdade humana;
- **espírito absoluto** – que se manifesta na arte, na religião e na filosofia como espírito que compreende a si mesmo.

Filosofia e história

Para Hegel, os conflitos, as guerras, as injustiças, as dominações de um povo sobre outro são compreendidos como contradições ou momentos negativos que funcionam como mola dialética que move a história. No plano da dialética hegeliana, esses momentos corresponderiam à **antítese**, que se contrapõe à **tese**, fazendo surgir uma etapa superior, que seria a **síntese**.

Portanto, se para o filósofo tudo o que é real é racional, e tudo o que é racional é real – como vimos antes –, todas as coisas existentes, mesmo as piores, fazem parte de um plano racional e, portanto, têm um sentido no processo histórico. Esse conceito hegeliano recebeu inúmeras críticas, já que pode levar a certo conformismo ou a uma passividade diante das injustiças sociais.

> No que diz respeito ao indivíduo, cada um é filho de seu tempo. Do mesmo modo, a filosofia é seu tempo apreendido em pensamentos. Não é sensato crer que a filosofia possa ir além de seu tempo presente, do mesmo modo que imaginar que um indivíduo possa saltar por cima de seu tempo. [...]
>
> A ave de Minerva [a filosofia] alça seu voo ao entardecer.
>
> HEGEL, Friedrich. *Principios de la filosofía del derecho*. Buenos Aires: Sudamerica, 1968. p. 35 e 37. [Tradução nossa].

Legado de Hegel

Entre os seguidores de Hegel, houve uma divisão em dois grupos: os **neo-hegelianos de direita** e os **neo-hegelianos de esquerda**, que fizeram ajustes em aspectos de sua filosofia de modo a adequá-la a seus projetos políticos.

No entanto, a profundidade de seu pensamento e a radicalidade de seus conceitos despertaram reações extremas e diversas, algumas delas tão revolucionárias que levaram a novas maneiras de fazer e pensar a filosofia, como nos casos de Marx e Nietzsche, que estudaremos em seguida.

Marx: o materialismo dialético e histórico

Karl Marx (1818-1883) nasceu na cidade alemã de Trier, no seio de uma família judaica, e tornou-se um dos pensadores de maior influência sobre a reflexão contemporânea. Como afirmou o pensador francês Raymond Aron, se a grandeza de um filósofo fosse medida pelos debates que suscitou, nenhum deles nos últimos séculos poderia ser comparado a Marx.

Nos tempos da universidade, Marx revelou entusiasmo pelo estudo do direito, da filosofia e da história. Formado em filosofia, não conseguiu seguir a carreira universitária como professor devido a questões políticas.

FINE ART IMAGES/HERITAGE IMAGES/GETTY IMAGES – BIBLIOTECA DO ESTADO RUSSO, MOSCOU

Karl Marx, ao defender a emancipação dos trabalhadores, foi um dos primeiros filósofos a romper com uma longa tradição de intelectuais que se inclinavam para as elites. Ele dizia: "A cabeça desta emancipação é a filosofia; seu coração, o proletariado". Fotografia produzida antes de 1875.

Em 1844, conheceu **Friedrich Engels** (1820-1895) em Paris, e ambos se tornaram amigos inseparáveis por toda a vida. Em 1848, lançaram o célebre *Manifesto comunista*. Seguindo o lema de que a filosofia deve ser também prática, participaram juntos de diversas atividades políticas e escreveram várias obras, que lhes custaram duras perseguições dos governos constituídos. O conjunto de suas ideias foi depois interpretado e desenvolvido por outros pensadores, ficando conhecido como **marxismo**.

Materialismo dialético

Na juventude, Marx participou do grupo dos neo-hegelianos de esquerda, que tinha à época, como uma de suas principais figuras, o também alemão **Ludwig Feuerbach** (1804-1872). Em síntese, Feuerbach defendeu que a filosofia deveria partir do **ser** concreto, isto é, do ser humano considerado um ser **natural** e **social**. Além disso, foi um crítico das religiões, afirmando que não foi Deus quem criou os seres humanos, e sim os seres humanos quem criaram Deus, ao projetar suas melhores qualidades nele. Isso representava uma posição filosófica tipicamente **materialista**. Essas e outras ideias de Feuerbach teriam grande impacto no pensamento de Marx, que depois buscou ampliá-las e especificá-las, demarcando seu próprio materialismo.

Em sua crítica ao idealismo hegeliano, Marx afirma que Hegel inverteu a relação entre o que é determinante (a realidade material) e o que é determinado (as representações e os conceitos acerca dessa realidade). A filosofia idealista seria, portanto, uma grande mistificação, pois pretende entender o mundo real, concreto, como manifestação de uma razão absoluta. Apesar de suas críticas ao pensamento de Hegel, Marx recuperou a ideia de processo histórico e movimento dialético, porém, como afirma no posfácio da segunda edição de *O capital*, "meu método dialético não só difere do hegeliano, mas é também a sua antítese direta".

Marx considerava que, no pensamento de Hegel, a dialética se torna um instrumento de legitimação da realidade. Já no pensamento de Marx, a dialética leva à possibilidade de negação dessa realidade porque compreende o movimento como elemento constitutivo do real. Essa concepção ficou conhecida como **materialismo dialético**. Em outras palavras, para ele, a dialética permite compreender a história em seu movimento, em que cada etapa é vista não como algo estático e definitivo, mas como algo transitório, que pode ser transformado pela ação humana.

Marx não concebe uma história que anda sozinha, guiada por uma razão ou um espírito, como supunha Hegel. Para Marx, os seres humanos fazem a história, transformando a realidade social, "mas não a fazem como querem; não a fazem sob circunstâncias de sua escolha e sim sob aquelas com que se defrontam diretamente, legadas e transmitidas pelo passado" (MARX, Karl. O *18 Brumário de Luís Bonaparte*. São Paulo: Abril Cultural, 1978. p. 329. Os Pensadores).

Com isso, Marx opõe-se ao chamado voluntarismo histórico, pois nem tudo muda conforme a vontade humana. Ao contrário, a vontade humana transforma as coisas em sintonia com as condições históricas concretas.

> "Os filósofos se limitaram a interpretar o mundo diferentemente, cabe transformá-lo.
>
> MARX, *Teses contra Feuerbach*, 11ª tese. São Paulo: Abril Cultural, 1978. p. 53. (Os Pensadores)."

Materialismo histórico

Marx procurou compreender a história real dos seres humanos em sociedade a partir das condições materiais nas quais eles vivem. Essa concepção foi chamada posteriormente por Engels de **materialismo histórico**. De acordo com Marx, os seres humanos não podem ser pensados de forma abstrata. Isso significa que o modo como os indivíduos se comportam, agem, sentem e pensam vincula-se às suas relações sociais. Essas relações, por seu lado, são determinadas pela forma de produção da vida material, ou seja, pela maneira como os seres humanos produzem os meios necessários para a sustentação das sociedades.

Em *A ideologia alemã*, escrita em conjunto com Engels, Marx desenvolve essa reflexão dizendo que aquilo que os indivíduos são depende das condições materiais pelas quais produzem suas vidas. Há, porém, uma interação entre a existência material e a consciência dos seres humanos. De um lado, as formas concretas de existir influenciam a formação de determinadas consciências. De outro, o desenvolvimento da consciência humana (instituições, religiões, filosofias, normas jurídicas, sistemas políticos etc.) também é capaz de modelar as formas concretas da existência social.

Capital e trabalho

Compreende-se aí a importância que Marx deu à análise do **trabalho** (ver Capítulo 7). Ele reconhece o trabalho como atividade fundamental do ser humano e analisa os fatores que, no capitalismo, o tornaram uma atividade por vezes aborrecida e alienada. Essa concepção de trabalho aparece em vários textos de Marx e, de forma mais rigorosa, em sua obra *O capital*. Nesse livro, o filósofo expõe a lógica do modo de produção capitalista, em que a força de trabalho é transformada em uma mercadoria com dupla face: de um lado, é uma mercadoria como outra qualquer, "comprada" por meio do salário; de outro, é a única mercadoria que **produz valor**, ou seja, que **reproduz o capital**.

Modo de produção

Modo de produção é a maneira como se organiza a produção material em determinado estágio do desenvolvimento social. Essa maneira depende do desenvolvimento das **forças produtivas** (a força de trabalho humano e os **meios de produção**, tais como máquinas, ferramentas, recursos naturais, matérias-primas etc.) e da forma como se articulam as **relações de produção**. Como exemplo de modo de produção, podemos citar: o escravismo, na Antiguidade; o feudalismo, na Idade Média; e o capitalismo, na Idade Moderna.

A passagem de um modo de produção a outro, segundo o filósofo, acontece no momento em que o nível de desenvolvimento das forças produtivas entra em contradição com as relações sociais de produção. Nesse momento, surgem as possibilidades objetivas de transformação desse modo de produção.

Conexões

1. A opressão dos seres humanos por outros seres humanos iniciou-se muito antes da existência do sistema capitalista. Como observou Marx, "iniciou-se com a opressão da mulher pelo homem".

Luta de classes

De acordo com Marx, a luta de classes sociais é, efetivamente, o motor da história. Por isso, Marx e Engels escreveram:

> A história de todas as sociedades que existiram até nossos dias tem sido a história das lutas de classes. Homem livre e escravo, patrício e plebeu, senhor e servo, mestre de corporação e aprendiz; numa palavra, opressores e oprimidos, em constante oposição, têm vivido numa guerra ininterrupta, ora franca, ora disfarçada; uma guerra que terminou sempre, ou por uma transformação revolucionária da sociedade inteira, ou pela destruição das duas classes em luta.
>
> MARX, Karl; ENGELS, Friedrich. *Manifesto comunista*. São Paulo: Ched, 1980. p. 8.

De acordo com Marx, o capitalismo também criou uma classe revolucionária: o **proletariado**, que, pela definição do filósofo, é a classe de trabalhadores assalariados modernos destituídos dos meios de produção que se veem obrigados a vender sua força de trabalho para viver.

O pensamento de Marx teve um grande impacto no mundo contemporâneo e suas ideias são objeto de estudos e acaloradas discussões.

Nietzsche: filosofia "a golpes de martelo"

Friedrich Nietzsche (1844-1900) nasceu em Rocken, uma localidade da Alemanha atual. Filho de um culto pastor protestante, estudou grego, latim, filologia e teologia. Aos 24 anos, tornou-se professor titular de filologia na Universidade da Basileia. Ainda jovem, começou a sentir os sintomas de uma doença que o levaria progressivamente à deterioração física, a episódios de perda da consciência e a crises de loucura no final da vida.

BETTMANN ARCHIVE/GETTY IMAGES

Nietzsche realizou uma crítica radical e impiedosa à tradição filosófica e aos valores da civilização ocidental. Junto com Marx e Freud, foi considerado um dos três "mestres da suspeita" pelo filósofo francês Paul Ricoeur (1913-2005). Fotografia de 1873.

Diferentemente da maioria dos filósofos, Nietzsche escreveu boa parte de suas obras sob a forma de **aforismos**. Aforismo é uma máxima, isto é, uma sentença curta que exprime um conceito, um conselho ou um ensinamento.

Os aforismos do filósofo tratam de diversos temas, como religião, moral, artes, ciências etc. Seu conjunto revela uma crítica profunda e impiedosa à civilização ocidental. Crítica à massificação, à visão de mundo burguesa, ao conservadorismo cristão (que ele chamava "moral de rebanho") etc. Dessa crítica surgiu também a questão do valor da existência humana.

Influência de Schopenhauer

Um dos filósofos que mais exerceu influência na filosofia de Nietzsche foi **Arthur Schopenhauer** (1788-1860), também alemão. Nietzsche sentiu-se profundamente atraído por suas reflexões filosóficas depois da leitura de *O mundo como vontade e representação*.

Schopenhauer foi um continuador da reflexão kantiana e um crítico veemente dos desdobramentos metafísicos que ela teve. Seus ataques dirigiram-se especialmente a Hegel, a quem definiu como "charlatão" e "acadêmico mercenário", por ter construído uma filosofia que, em sua opinião, servia aos interesses do Estado prussiano. Recordemos que, ao englobar as situações históricas como desdobramentos do espírito objetivo, Hegel acabava legitimando todas as formas de governo e instituições, mesmo as mais nefastas. Para Schopenhauer, a história não é racionalidade e progresso, mas sim um **acaso cego** e enganoso.

Ele também defendeu que tudo o que o mundo inclui ou pode incluir é inevitavelmente dependente do sujeito e não existe senão para o sujeito. O mundo é, portanto, representação. A representação do mundo seria, para Schopenhauer, como uma "ilusão". Alcançar a essência das coisas seria possível apenas por meio do *insight* intuitivo, uma espécie de iluminação. Nesse processo, a arte teria grande relevância, pois pela atividade estética o sujeito se desprenderia de sua individualidade para fundir-se no objeto, em uma entrega pura e plena.

Para Schopenhauer, a essência do mundo seria a **vontade** (ou a **vontade de viver**). Entendida como um princípio presente em todas as coisas da natureza, a vontade seria uma pulsão ou um impulso cego, carente de fundamentos ou motivos. No ser humano, essa vontade torna-se **desejo consciente**, o qual, se não satisfeito, provoca **sofrimento**. No entanto, o desejo satisfeito gera **tédio**, na medida em que alcançamos e temos o que já não desejamos. Assim, a vida oscilaria do sofrimento ao tédio como um pêndulo.

Essa vontade insaciável – como força que impulsiona todo indivíduo a afirmar sua existência sem pensar nos demais – seria a origem das lutas entre os seres humanos; portanto, a origem de todas as dores e todos os sofrimentos aos quais as pessoas estão condenadas. Assim, para Schopenhauer, a felicidade não passaria da cessação momentânea dessas privações.

Vontade de potência

A visão **pessimista** que Schopenhauer tinha da vida acabou decepcionando Nietzsche, pois este entendia a felicidade verdadeira como um sentimento pleno. Isso o levou a romper com o pensamento schopenhaueriano e o tornou um de seus críticos mais contundentes. Apesar disso, algumas de suas concepções guardariam certas semelhanças com as de Schopenhauer. Um exemplo é o conceito de **vontade de potência**, com o qual Nietzsche passa a explicar o mundo e a vida. Em sua obra *Assim falou Zaratustra*, a vontade de potência é identificada com:

> [...] vontade orgânica; ela é própria não unicamente do homem, mas de todo ser vivo; mais ainda: exerce-se nos órgãos, tecidos e células, nos numerosos seres vivos microscópicos que constituem o organismo. Atuando em cada elemento, encontra empecilhos nos que o rodeiam, mas tenta submeter os que a ela se opõem e colocá-los a seu serviço. Manifestando-se ao deparar resistências, desencadeia uma luta que não tem pausa ou fim possíveis.
>
> MARTON, Scarlett. *Nietzsche*: a transvaloração dos valores. São Paulo: Moderna, 1993. p. 62.

Termo ambíguo, dadas as características assistemáticas da escritura nietzschiana, a vontade de potência deu margem a distintas interpretações. Muitos reduziram a vontade de potência a uma tese biológica que tentava justificar o espírito de competição dos seres humanos e seu apetite por poder, tendo inclusive sido utilizada pelo nazismo na defesa de suas pretensões dominadoras.

Hoje em dia, porém, predomina a interpretação de que a vontade de potência refere-se não apenas a um **conjunto de pulsões competitivas**, sem outra finalidade que não seja a própria vida, mas também a um **impulso de afirmação da vida** na direção de uma transcendência criadora, que conduziria a uma plenitude existencial.

Apolíneo e dionisíaco

Em sua obra, Nietzsche também criticou a tradição da filosofia ocidental com base em Sócrates, a quem acusa de ter negado a intuição criadora da filosofia anterior, pré-socrática. Nessa análise, o filósofo alemão estabelece a distinção entre dois princípios: o **apolíneo** e o **dionisíaco**, segundo os deuses gregos Apolo (deus da razão, da clareza, da ordem) e Dioniso (deus da aventura, da música, da fantasia, da desordem), respectivamente.

Para Nietzsche, esses dois princípios ou essas duas dimensões complementares da realidade (o apolíneo e o dionisíaco) foram separados na Grécia socrática, que, optando pelo culto à razão, secou a seiva criadora da filosofia, contida na dimensão dionisíaca. Para o filósofo, o mundo seria o reino das misturas, das turbulências, das complexidades, razão pela qual se opôs às cisões separadoras entre alto e baixo, superior e inferior, ideal e real, sensível e inteligível, como ocorreu a partir do período clássico do pensamento grego antigo.

Genealogia da moral

Posteriormente, Nietzsche desenvolveu uma crítica intensa dos **valores morais**, propondo uma nova abordagem: a **genealogia da moral**, isto é, o estudo da formação histórica dos valores morais. Sua conclusão foi de que o **bem** e o **mal** não constituem noções absolutas, no entendimento de que as concepções morais são elaboradas pelos seres humanos a partir dos interesses humanos. Ou seja, são produtos histórico-culturais.

Apesar de sua origem humana, essas concepções são impostas pelas religiões (o judaísmo e o cristianismo) como se fossem produtos da "vontade de Deus", portanto, valores absolutos. Esses valores carregaram as pessoas com as noções e os sentimentos de dever, culpa, dívida e pecado. O resultado foi a configuração de indivíduos medíocres, tímidos, insossos, não criativos, depauperados e submissos.

Por isso, Nietzsche denunciou a existência de uma "moral de rebanho" na civilização cristã e burguesa, pois essa moral estaria baseada na submissão irrefletida e acomodada de grande parte das pessoas aos valores dominantes.

> O que é tacitamente aceito por nós; o que recebemos e praticamos sem atritos internos e externos, sem ter sido por nós conquistado, mas recebido de fora para dentro, é como algo que nos foi dado; são dados que incorporamos à rotina, reverenciamos passivamente e se tornam peias [amarras que prendem os pés] ao desenvolvimento pessoal e coletivo. Ora, para que certos princípios, como a justiça e a bondade, possam atuar e enriquecer, é preciso que surjam como algo que obtivemos ativamente a partir da superação dos dados. [...] Para essa conquista das mais lídimas [autênticas] virtualidades do ser é que Nietzsche ensina a combater a complacência, a mornidão das posições

adquiridas, que o comodismo intitula moral, ou outra coisa bem soante. [...].

CANDIDO, Antonio. O portador. *In: Nietzsche:* obras incompletas. São Paulo: Abril Cultural, 1978. p. 411. (Os Pensadores).

Portanto, para o filósofo, se cada pessoa compreender que os valores presentes em sua vida são construções humanas, estará no dever de refletir sobre suas concepções morais e questionar o valor de seus valores, enfrentando o desafio de viver por sua própria conta e risco.

Niilismo

Segundo a análise de Nietzsche, no momento em que o cristianismo deixou de ser a "única verdade" para se tornar uma das interpretações possíveis do mundo (o que se deu a partir da Idade Moderna), toda a civilização ocidental e seus valores absolutos também foram postos em xeque. Nesse contexto, ocorreu uma escalada do **niilismo**.

De acordo com o filósofo, o niilismo moderno assenta-se, em grande parte, na ideia da morte de Deus. Em sua obra *A Gaia ciência*, o filósofo decreta: "Deus está morto". No entanto, esclarece que quem o matou fomos nós mesmos, ou seja, trata-se de um acontecimento histórico-cultural, no qual destruímos os fundamentos transcendentais (assentados na ideia de Deus) dos valores mais caros de nossa vida.

[...] Por essa ótica, niilismo seria o sentimento coletivo de que nossos sistemas tradicionais de valoração, tanto no plano do conhecimento quanto no ético-religioso, ou sociopolítico, ficaram sem consistência e já não podem mais atuar como instâncias doadoras de sentido e fundamento para o conhecimento e a ação.

GIACOIA JR., Oswaldo. *Nietzsche*. São Paulo: Publifolha, 2000. p. 65.

Para combater o niilismo, Nietzsche defendeu valores afirmativos da vida, capazes de expandir as energias latentes em nós. "**Ouse conquistar a si mesmo**" talvez seja a grande indicação nietzschiana àqueles que buscam viver de forma afirmativa, sem conformismo, resignação ou submissão.

DO SÉCULO XX AOS DIAS ATUAIS

Principais correntes filosóficas

Vimos que o século XX alcançou significativo avanço tecnocientífico que, no entanto, foi acompanhado de um desenvolvimento desordenado, causando, por exemplo, enormes problemas ambientais. Além disso, os benefícios do progresso tecnológico ficaram concentrados em poucas mãos. As desigualdades sociais vêm aumentando no mundo globalizado.

Nesse cenário, surgiu no campo filosófico uma mentalidade menos arrogante quanto aos resultados da racionalidade científica. Percebeu-se que, destituídas de valores éticos, a ciência e a tecnologia nem sempre contribuem para a dignidade humana. Em certos casos, prestam serviço à tirania e à barbárie.

Vamos estudar, a seguir, as principais correntes e pensadores que marcaram a atividade filosófica mais recente, incluindo o existencialismo, a Escola de Frankfurt e as filosofias pós-modernas.

Existencialismo: a aventura e o drama de existir

O termo "existencialismo" designa o conjunto de tendências filosóficas que, embora divergentes em vários aspectos, têm na **existência humana** o ponto de partida e o objeto fundamental de suas reflexões. Por isso, podemos designá-las também como **filosofias da existência**, no plural.

ARTOTHEK/BRIDGEMAN IMAGES/KEYSTONE BRASIL © HOPPER, EDWARD/ AUTVIS, BRASIL, 2019 – MUSEU DE ARTE DE COLUMBUS, ESTADOS UNIDOS

Sol da manhã, de Edward Hopper, 1952. Óleo sobre tela, 45,7 cm × 34,7 cm. O que a pessoa representada na tela poderia estar pensando ou sentindo nesse instante existencial?

As filosofias da existência propriamente ditas surgiram no século XX, mas sofreram grande influência do pensamento de alguns filósofos do período anterior, como Arthur Schopenhauer, Sören Kierkegaard e Friedrich Nietzsche; por isso são considerados **pré-existencialistas**.

Entre os principais filósofos comumente qualificados como existencialistas, destacam-se **Martin Heidegger** e **Jean-Paul Sartre** (que veremos adiante), **Simone de Beauvoir** (1908-1986) e **Karl Jaspers** (1883-1969).

Problema de existir

No entanto, o que é existir? Existir implica a relação do ser humano consigo mesmo, com outros seres humanos, com os objetos culturais e com a natureza. São relações múltiplas, concretas e dinâmicas. Algumas dessas relações são **determinadas** (como aquelas que resultam de leis da física) e **indeterminadas** (como aquelas que resultam de nossa liberdade ou do acaso, sendo passíveis ou não de acontecer).

Sobre esses temas, os filósofos existencialistas elaboraram diversas interpretações, cujo denominador comum é certa visão dramática da condição humana. O filósofo e escritor francês **Albert Camus** (1913-1960) ilustrava bem essa interpretação quando dizia que a única questão filosófica séria é o suicídio.

Vejamos algumas concepções características do existencialismo:

- **Ser humano** – é entendido como uma realidade imperfeita, aberta e inacabada, que foi "lançada" ao mundo e vive sob riscos e ameaças.
- **Liberdade humana** – não é plena, pois está condicionada às circunstâncias históricas da existência. Nesse sentido, querer não se identifica com poder. Homens e mulheres agem no mundo superando ou não os obstáculos que se lhes apresentam.
- **Vida humana** – não é um caminho seguro em direção ao progresso, ao êxito e ao crescimento. Ao contrário, é marcada por situações de sofrimento, como doença, dor, injustiças, luta pela sobrevivência, fracassos, velhice e morte. Assim, não podemos ignorar o sofrimento humano, a angústia interior, a exploração social. É preciso considerar esses aspectos adversos da vida e encará-los.

Influência da fenomenologia

Uma doutrina que teve impacto importante na conformação das filosofias existencialistas foi a **fenomenologia**. Formulada pelo filósofo alemão **Edmund Husserl** (1859-1938) no início do século XX, ela surgiu primeiramente na atmosfera rarefeita da matemática. Depois se expandiu para a psicologia e a filosofia e acabou desembocando nas preocupações humanistas dos filósofos existencialistas, entre outras correntes do pensamento contemporâneo que a utilizaram.

Husserl renovou a reflexão sobre o conhecimento, especialmente sobre a relação entre o **sujeito** e o **objeto** (reveja a parte que trata desse tema no Capítulo 9). Para esse filósofo, era preciso purificar essa relação para recuperar, em um extremo, a realidade das coisas (que haviam ficado demasiadamente condicionadas ao sujeito) e, no outro extremo, "descoisificar" a consciência.

Isso significa que a consciência não é, para Husserl, uma realidade essencial ou substancial; é apenas um **movimento**, realizado na direção das coisas, dos objetos, pois toda consciência é sempre uma **consciência de algo**.

O filósofo trouxe também outra novidade, pois observou que, nesse movimento, a consciência manifesta sempre uma **intencionalidade**, ou seja, um modo específico de visar as coisas. Em outras palavras, as coisas são sempre abordadas em razão de alguma intenção do sujeito.

Nascia assim a fenomenologia – por definição, a **ciência dos fenômenos** –, a qual se constituiria em um dos principais métodos de investigação contemporâneos. O que seriam os fenômenos? A palavra "fenômeno" vem do grego *phaenomenon*, que significa "coisa que aparece". Portanto, o método fenomenológico consiste basicamente na observação e descrição rigorosa do fenômeno, isto é, daquilo que aparece ou se oferece aos sentidos ou à consciência.

Nessa metodologia, busca-se analisar como se forma, para nós, o campo de nossa experiência, sem que o sujeito ofereça resistência ao objeto estudado nem se desvie dele. O sujeito deve orientar-se para e pelo fenômeno. Desse modo, a fenomenologia apresenta-se como a investigação das **experiências conscientes** (os fenômenos), que são, por sua vez, **o mundo da vida** (*Lebenswelt*, em alemão), na terminologia husserliana.

Conforme analisou o filósofo fenomenologista francês **Maurice Merleau-Ponty** (1908-1961), Husserl tentou a reabilitação ontológica do sensível. Isso significou, na história da filosofia, uma **volta às próprias coisas**, das quais o sujeito tinha se afastado, o que inspirou grandemente as filosofias existencialistas.

Heidegger: a volta à questão do ser

A influência da fenomenologia pode ser observada, por exemplo, no pensamento de um discípulo de Husserl, o filósofo alemão **Martin Heidegger** (1889-1976), um dos principais pensadores do existencialismo, embora ele negasse ser um existencialista. O filósofo estudou na Universidade de Freiburg, onde Husserl era professor. Com a ascensão de Hitler ao poder, em 1933, afastou-se de seu antigo mestre e amigo, que era judeu. Posteriormente, talvez por tomar consciência das atrocidades nazistas, isolou-se em sua casa nas montanhas, mantendo poucos contatos até sua morte.

Rompendo com a tendência dominante da filosofia moderna, que desde Descartes estava voltada para a teoria do conhecimento, Heidegger retomou a questão da ontologia: por que há algo e não nada? Isso ocorreu porque ele defendia que o problema central da filosofia é sobre **o ser** e a **existência de tudo**. Em sua investigação, Heidegger considerava que, ao longo da história da filosofia, ocorreu uma confusão entre **ente** e **ser**. Para ele, o **ente** é a **existência**, a manifestação dos modos de ser. O **ser** é a **essência**, aquilo que fundamenta e ilumina a existência ou os modos de ser.

A partir dessa diferenciação, é possível estabelecer duas fases da filosofia heideggeriana. A primeira caracteriza-se pela busca do conhecimento do ser por meio da análise do ente humano, da existência humana. Na segunda, o ente sai do primeiro plano e o próprio ser torna-se a chave para a compreensão da existência.

Heidegger começou investigando a existência humana somente porque é dela que primeiramente temos consciência. Contudo, objetou que, para aqueles que o consideravam um existencialista, uma filosofia que colocasse apenas o ser humano como centro de preocupação seria antes uma antropologia. Por isso dizia que a questão que o preocupava não era a existência do ser humano, e sim a questão do ser em seu conjunto e enquanto tal (ou seja, a questão do ser em geral e não apenas do ser humano).

Sentido do ser

Um dos objetivos básicos de sua obra fundamental, *Ser e tempo*, é investigar o sentido do ser. Heidegger começou pela análise fenomenológica do ser que nós mesmos somos. Criando uma terminologia própria, e por vezes obscura, denominou o modo de ser do ser humano, nossa existência, com a palavra *Dasein*, cujo sentido é "ser-aí", "estar-aí".

De acordo com o filósofo, há três etapas que caracterizam a vida humana, as quais, para a maioria dos indivíduos, culminam em uma **existência inautêntica.** São elas:

- **Fato da existência** – o ser humano é "lançado" ao mundo, sem saber por quê. Ao despertar para a consciência da vida, já está aí (*Dasein*), sem ter pedido para nascer.
- **Desenvolvimento da existência** – o ser humano estabelece relações com o mundo (ambiente natural e social historicamente situado). Para existir, projeta sua vida e procura agir no campo de suas possibilidades. Move uma busca permanente para realizar aquilo que ainda não é. Em outras palavras, **existir** é **construir um projeto.**
- **Destruição do eu** – tentando realizar seu projeto, o ser humano sofre a interferência de uma série de fatores adversos que o desviam de seu caminho existencial. Trata-se do confronto do **eu** com os **outros**, no qual o indivíduo comum geralmente é derrotado. Seu eu é destruído, arruinado, dissolve-se na banalidade do cotidiano, nas preocupações da massa humana. Em vez de se tornar si-mesmo, torna-se o que os outros são; assim, o eu é absorvido no **com-o-outro** e **para-o-outro.**

Na concepção de Heidegger, o sentimento profundo que nos faz despertar da existência inautêntica é a **angústia**, pois se trata de um estado afetivo que revela o quanto nos dissolvemos em atitudes impessoais, o quanto somos absorvidos pela banalidade do cotidiano, o quanto anulamos nosso eu para inseri-lo alienadamente no mundo do outro. Na angústia, sentimo-nos como um ser a caminho do nada, um ser-para-a-morte.

Na tentativa de sair desse estado, geralmente buscamos meios para esquecer aquilo que o causa. Fugimos. Essa é uma solução provisória, pois, conforme apontou o filósofo, somente quando o indivíduo enfrenta seu sentimento e transcende o mundo e a si mesmo – conferindo um **sentido a seu ser** – é que consegue superar sua angústia.

BRIDGEMAN IMAGES/KEYSTONE BRASIL © GRAHAN DEAN – COLEÇÃO PARTICULAR

Ruído amarelo de um segundo, de Graham Dean, 2007. Aquarela em papel artesanal indiano, 75 cm × 56 cm. Obra em que o corpo é concebido como receptáculo de emoções e pensamentos, testemunhando a condição humana e sua complexa relação com o mundo.

Conexões

2. Observe atentamente o indivíduo na imagem acima e descreva sua postura, sua expressão facial e corporal, seu gesto. É possível relacioná-la com a reflexão existencialista?

Sartre: o ser e o nada

O nome mais conhecido da corrente existencialista é o do filósofo e escritor francês **Jean-Paul Sartre** (1905-1980), embora isso se deva, em boa parte, às suas peças de teatro e romances, dentre os quais se destacam: *A náusea*, *O muro*, *A engrenagem*, *A idade da razão*, *Entre quatro paredes*. Conforme veremos, é significativa a influência da fenomenologia de Husserl e da filosofia de Heidegger em seu pensamento.

DAVID E. SCHERMAN/THE LIFE PICTURE COLLECTION/GETTY IMAGES

Em 1964, foi agraciado com o Prêmio Nobel de Literatura, mas se recusou a recebê-lo, pois não desejava reconhecer a autoridade dos juízes que lhe ofereceram o prêmio, nem aderir a essa instituição. Fotografia de 1946.

Em sua principal obra filosófica, *O ser e o nada*, Sartre ataca duramente a teoria aristotélica da potência. Como vimos no Capítulo 11, Aristóteles explicava as mudanças do ser pela passagem da potência ao ato. Para Sartre, porém, o ser **é o que é**. Trata-se, na linguagem sartriana, do **ente em-si**, que **está fora** e representa a plenitude do ser, com toda a sua densidade.

Em oposição ao ente em-si, Sartre concebe a existência de uma dimensão especificamente humana denominada **ente para-si**, que é o **não-ser** ou **nada**, razão pela qual está voltado **para fora**. Assim, a característica tipicamente humana seria o nada, um "espaço aberto", que não é um ser, mas a negação do ser em-si.

Isso não significa que a totalidade do ser humano – que inclui também seu corpo (seu ente em-si) – seja nada. O nada sartriano refere-se somente a essa característica típica, singular, aquela que faz de nós um ente não estático, não compacto, acessível às possibilidades de mudança.

Condição humana e liberdade

Se o ser humano fosse somente um ser em-si (cheio, total, pleno, com uma essência definida), não poderia ter nem consciência nem liberdade. Primeiro, porque a **consciência,** é um espaço aberto a múltiplos conteúdos e relações. Segundo, porque a **liberdade** representa a possibilidade de escolha. Por intermédio de suas escolhas, o indivíduo constrói a si mesmo e torna-se responsável pelo que faz.

Assim, para Sartre, se o ser humano não expressasse esse "vazio de ser", sua consciência já estaria pronta, fechada. Nesse caso, não poderia manifestar liberdade, pois estaria preso à realidade estática do ser pleno, do ser em-si.

Mais uma consequência dessa característica específica do não-ser é que não existe uma **natureza humana** para Sartre, pois falar em "natureza" implica algo fixo e universal, previamente determinado, válido para todo sempre. O que existiria, em sua concepção, é uma **condição humana**, isto é, "o conjunto de limites *a priori* que esboçam a sua [do indivíduo] situação fundamental no Universo". Ele acrescenta:

> As situações históricas variam: o homem pode nascer escravo numa sociedade pagã – ou senhor feudal ou proletário. Mas o que não varia é a necessidade para ele de estar no mundo, de lutar, de viver com os outros e de ser mortal.
>
> SARTRE, Jean-Paul. *O existencialismo é um humanismo*. São Paulo: Abril Cultural, 1978. p. 16. (Os Pensadores).

Portanto, para Sartre, um dos valores fundamentais da condição humana é a liberdade. É o exercício da liberdade em situações concretas que move o ser humano, que gera a incerteza, que leva à produção de sentidos, que impulsiona a superação de certos limites e que confere sentido a sua existência. É a liberdade humana, enfim, que leva todo indivíduo a ter de definir o que pretende ser como pessoa, a avaliar o impacto de suas escolhas e ser responsável por elas. Isso significa que, de forma quase paradoxal, o ser humano está condenado a ser livre, como afirmou Sartre.

Observação

Devemos ressaltar que, posteriormente, quando incorporou a seu pensamento as reflexões do marxismo, Sartre reconheceu que era demasiada a extensão de liberdade que havia atribuído ao ser humano, considerando que tinha exagerado ao desprezar o peso das pressões sociais e dos vínculos culturais sobre os indivíduos.

Escola de Frankfurt: teoria crítica contra a opressão

Outra corrente de pensamento importante surgida no século passado é a **Escola de Frankfurt** – nome dado ao grupo de pensadores alemães do Instituto de Pesquisa Social de Frankfurt, fundado na década de 1920. Entre seus membros, destacaram-se Adorno, Horkheimer, Benjamin e Habermas (que veremos em seguida), além de outros, como **Herbert Marcuse** (1898-1979) e **Erich Fromm** (1900-1980). Sua produção ficou conhecida como **teoria crítica**.

Apesar de grandes diferenças entre seus pensamentos, identificamos neles a preocupação comum de estudar aspectos variados da vida social, de modo a compor uma teoria crítica da sociedade. Para tanto, investigaram as relações entre os campos da economia, da psicologia, da história e da antropologia.

Os pontos de partida fundamentais de suas reflexões foram: a **teoria marxista**, na realidade, uma leitura original do marxismo; e a **teoria freudiana**, que trouxe à tona elementos novos sobre o psiquismo das pessoas. No entanto, há outras influências, como a de Hegel, as de Kant e a do sociólogo Max Weber. Vejamos a seguir algumas concepções da Escola de Frankfurt.

Sociedade de massa e razão instrumental

Os pensadores frankfurtianos manifestaram interesse especial na "sociedade de massa" (expressão que caracteriza a sociedade atual), na qual o avanço tecnológico foi colocado a serviço da reprodução capitalista, ao mesmo tempo que o consumo e a diversão passaram a ser promovidos como formas de garantir o apaziguamento e a diluição dos problemas sociais.

Na análise da sociedade de massa, que se desdobra em vários aspectos, um tema recorrente é a **crítica da razão**. De acordo com **Max Horkheimer** (1895-1973) e **Theodor Adorno** (1903-1969), a razão iluminista – que visava à emancipação dos indivíduos e ao progresso social – terminou por levar a uma crescente dominação das pessoas em virtude justamente do desenvolvimento tecnológico-industrial.

Para Horkheimer, o problema estaria no surgimento de uma **razão controladora** e **instrumental** a partir da Idade Moderna, que está sempre em busca de dominação, tanto da natureza quanto do próprio ser humano. Assim escreveu ele, no ano de 1946, em *Eclipse da razão*:

> Parece que enquanto o conhecimento técnico expande o horizonte da atividade e do pensamento humano, a autonomia do homem enquanto indivíduo, a sua capacidade de opor resistência ao crescente mecanismo de manipulação de massas, o seu poder de imaginação e o seu juízo independente sofreram uma redução. O avanço dos recursos técnicos de informação se acompanha de um processo de desumanização.
>
> HORKHEIMER, Max. *Eclipse da razão*. Rio de Janeiro: Labor do Brasil, 1976. p. 6.

Em um texto de autoria conjunta com Adorno, *A dialética do esclarecimento*, ambos fazem dura crítica ao Iluminismo, que, para eles, estimulou o desenvolvimento dessa razão controladora e instrumental, predominante na sociedade contemporânea. Denunciam também a deturpação das consciências individuais, a assimilação dos indivíduos ao sistema social dominante e o desencantamento do mundo.

AKG-IMAGES/ALBUM/FOTOARENA © THE ANDY WARHOL FOUNDATION FOR THE VISUAL ARTS, INC./AUTVIS, BRASIL, 2019 – THOMAS AMMANN FINEART AG, ZURIQUE, SUÍÇA

210 garrafas de Coca-Cola, de Andy Warhol, 1962. Serigrafia acrílica e lápis sobre tela, 2,10 m × 2,67 m. O avanço da industrialização, a progressiva concentração de grandes populações nas cidades e o surgimento dos meios de comunicação de massa costumam ser apontados como alguns dos principais fatores que contribuíram para a massificação das sociedades contemporâneas. Como isso se expressa na imagem acima? De onde viria esse controle e manipulação?

Em resumo, Horkheimer e Adorno denunciam a **morte da razão crítica**, asfixiada pelas relações de produção capitalista. Se denúncias semelhantes já haviam sido feitas no campo do marxismo, o que há de característico nesses filósofos da Escola de Frankfurt é a desesperança em relação à possibilidade de transformação dessa realidade social.

Essa desesperança se deveria ao diagnóstico, feito por eles, da ausência de consciência revolucionária no proletariado, que teria sido assimilado, absorvido pelo sistema capitalista, seja pelas conquistas trabalhistas alcançadas, seja pela alienação de suas consciências, promovida pela indústria cultural.

Indústria cultural

"Indústria cultural" é uma expressão difundida por Adorno e Horkheimer para designar a indústria da diversão de massa, veiculada por televisão, cinema, rádio, revistas, jornais, músicas, propagandas etc. Por meio da indústria cultural e da diversão, se obteria a **homogeneização dos comportamentos** e a **massificação** das pessoas (tema estudado no Capítulo 7 e que voltaremos a abordar no Capítulo 18).

Walter Benjamin (1892-1940) não concordava totalmente com Adorno e Horkheimer, adotando uma postura mais otimista no que diz respeito à indústria cultural e à emancipação política. Enquanto os dois últimos destacavam que a cultura veiculada pelos meios de comunicação de massa não permite que as classes assalariadas assumam uma posição crítica em relação à realidade, Benjamin enfatizava que a arte dirigida às massas pode servir como instrumento de politização.

Além disso, em seu texto *A obra de arte na era de sua reprodutibilidade técnica*, Benjamin mostrou-se esperançoso com a possibilidade de que a arte se tornasse acessível a todos com o desenvolvimento das técnicas de reprodução (discos, reprografia e processos semelhantes).

KIM JUYEONG/SHUTTERSTOCK

Times Square, em Nova York, em 2018. Com seus inúmeros teatros e painéis luminosos. A indústria cultural expõe seus produtos em busca de consumidores.

Razão dialógica e ação comunicativa

Jürgen Habermas (1929-), um dos pensadores de maior influência nas últimas décadas, também discorda de Adorno e Horkheimer em alguns pontos centrais: razão, verdade e democracia. Vimos que esses dois filósofos chegaram a um impasse quanto à possibilidade de uma razão emancipatória no mundo atual, já que a razão contemporânea estaria asfixiada pelo desenvolvimento do capitalismo, o qual teria narcotizado a consciência do proletariado, perpetuando-se dessa forma como sistema.

De acordo com Habermas, essa é uma posição perigosa em filosofia, pois poderia conduzir a uma crítica radical da modernidade e, em consequência, da razão, o que levaria ao irracionalismo. Para ele, o projeto da modernidade ainda não foi cumprido. Ou seja, o potencial para a racionalização do mundo ainda não está esgotado. Por isso, Habermas costuma ser descrito como "o último grande racionalista".

ULLSTEIN BILD/GETTY IMAGES

Filósofo e sociólogo, Habermas nasceu em Düsseldorf, na Alemanha. Ele propôs um novo conceito de razão – a razão comunicativa – como forma de retomar o projeto emancipatório da humanidade em novas bases. Fotografia de 1998.

De acordo com esse pensador, existem alguns pontos falhos na avaliação feita por Adorno e Horkheimer, cuja identificação permitiria estabelecer uma retomada do projeto emancipatório, porém em novas bases. Rompendo com a teoria marxista em alguns de seus pontos fundamentais – por exemplo, a centralidade do trabalho e a identificação do proletariado como agente da transformação social –, Habermas elabora, como nova perspectiva, outro conceito de razão: uma **razão dialógica**, isto é, aquela que brota do diálogo e da argumentação entre os agentes interessados, em determinada situação.

Trata-se, portanto, da razão que surge da chamada **ação comunicativa**, do uso da linguagem e da conversação como meio de conseguir o **consenso**. Para tanto, é necessária uma ação social que fortaleça as estruturas capazes de promover as condições de liberdade e de não constrangimento, imprescindíveis ao diálogo.

Verdade intersubjetiva e democracia

O conceito de **verdade** também se modifica conforme essa nova perspectiva. Habermas propõe o entendimento da verdade não mais como uma adequação do pensamento à realidade e sim como fruto da ação comunicativa; não como verdade subjetiva, mas como **verdade intersubjetiva** (entre sujeitos diversos), que surge do diálogo entre os indivíduos. Nesse diálogo, aplicam-se algumas regras: a não contradição, a clareza de argumentação, a falta de constrangimentos de ordem social, entre outras.

Assim, razão e verdade deixam de constituir conteúdos ou valores absolutos e passam a ser definidas consensualmente. Sua validade será tanto maior quanto melhores forem as condições nas quais se dê o diálogo, o que se consegue com o **aperfeiçoamento da democracia**.

O pensamento de Habermas incorpora e desenvolve, portanto, reflexões propostas pela filosofia da linguagem. A ênfase dada por ele à razão comunicativa pode ser entendida como uma maneira de tentar "salvar" a razão, que teria chegado a um beco sem saída. Assim, se o mundo contemporâneo é regido pela razão instrumental, conforme denunciaram os filósofos que o antecederam na Escola de Frankfurt, para Habermas caberia à razão comunicativa, enfim, o papel de resistir a essa razão instrumental e reorientá-la.

Filosofia pós-moderna

O termo "pós-moderno" tem sido aplicado, no campo da filosofia, aos pensadores das últimas décadas, especialmente àqueles que produziram uma reflexão marcada pela crítica e pela descrença em relação ao projeto da modernidade – de que a razão tecnocientífica favoreceria a emancipação humana –, coincidindo em vários aspectos com os diagnósticos da Escola de Frankfurt, especialmente de Adorno e Horkheimer.

Entre os pensadores pós-modernos mais destacados, estão os franceses Foucault e Derrida (que estudaremos em seguida), além de outros, como **Jean Baudrillard** (1929-2007) e **Jean-François Lyotard** (1924-1998).

Debilitação das esperanças

Um traço comum entre os filósofos pós-modernos é a **debilitação das esperanças** – que um dia dominaram o mundo moderno – de compreensão e de transformação conjunta da vida social. De fato, o cenário tem sido desalentador: miséria, desigualdades sociais extremas, catástrofes ambientais, guerras, dominação dos países economicamente desenvolvidos sobre os demais e a situação de barbárie que se verifica em algumas regiões do planeta.

Essa desesperança fortaleceu-se a partir da segunda metade do século XX, após os sinais de degeneração das experiências socialistas, as quais resultaram no chamado **socialismo autoritário**, contrariando as teses libertárias das origens desse movimento político. Diante das frustrações históricas – e sem alternativas ao sistema capitalista e ao controle da economia global imposto pelas megacorporações –, o mundo teria se curvado à onipotência do *status quo*, sem qualquer perspectiva de transformação.

Visão fragmentária

Sem a perspectiva de uma transformação social radical, a filosofia pós-moderna passou a analisar os diversos aspectos da vida social, principalmente aqueles em que se verifica maior racionalização rumo ao controle dos indivíduos, denunciando as formas de opressão que os acompanham em sua vida cotidiana.

Essa denúncia é feita de forma **fragmentária**, isto é, aborda aspectos variados e singulares do cotidiano e não se estrutura em uma visão de conjunto, uma vez que a filosofia pós-moderna abandonou a pretensão de totalidade que orientava o pensamento moderno.

Podemos dizer, portanto, que os filósofos pós-modernos desenvolvem uma visão fragmentada da vida cotidiana e dos indivíduos; uma visão preocupada em captar as singularidades, as particularidades e as diversidades do real. Seu mérito seria a valorização das **pluralidades culturais** e das **diferenças** entre as pessoas.

Foucault: os micropoderes

Um dos principais pensadores da pós-modernidade foi o filósofo francês **Michel Foucault** (1926-1984), que centrou sua investigação em temas como as **instituições sociais** (notadamente as educativas, psiquiátricas e carcerárias), a **sexualidade** e as dinâmicas do **poder**.

De acordo com Foucault, as sociedades modernas apresentam uma nova organização do poder que se desenvolveu a partir do século XVIII. Nessa nova organização, o poder não se concentra apenas no setor político e em suas formas de repressão, mas está disseminado pelos vários âmbitos da vida social. Para esse filósofo, o poder fragmentou-se em **micropoderes** e tornou-se muito mais eficaz. Em seu livro *Microfísica do poder*, Foucault explica:

> Por dominação eu não entendo o fato de uma dominação global de um sobre os outros, ou de um grupo sobre outro, mas as múltiplas formas de dominação que se podem exercer na sociedade.
>
> FOUCAULT, Michel. *Microfísica do poder*. Rio de Janeiro: Graal, 2009. p. 181.

BETTMANN ARCHIVE/GETTY IMAGES

Michel Foucault buscou explicar as zonas culturais e institucionais que influem nas atividades e nos pensamentos cotidianos das pessoas. Produziu uma crítica filosófico-histórica da modernidade, na qual a ideia-chave é o poder. Fotografia de 1979.

Assim, sem se deter apenas no macropoder concentrado no Estado, Foucault analisou esses micropoderes que se espalham pelas mais diversas instituições da vida social, isto é, os poderes exercidos por uma rede imensa de pessoas que interiorizam e cumprem as **normas** estabelecidas pela **disciplina social** – pais, porteiros, enfermeiros, professores, secretárias, guardas, fiscais etc.

Adotando essa perspectiva de análise, conhecida como **microfísica do poder**, ele afirma que o poder está em toda parte, não porque englobe tudo, e sim porque provém de todos os lugares. Na vida cotidiana, segundo o filósofo, esbarramos mais com os guardiões dos micropoderes – os pequenos donos dos poderes periféricos – do que com os detentores dos macropoderes.

Seu objetivo, como filósofo, foi colocar à mostra estruturas veladas de poder, tendo Nietzsche por inspiração. Tanto quanto este, Foucault afirmou a relação entre saber e poder:

> Vivemos em uma sociedade que em grande parte marcha "ao compasso da verdade" – ou seja, que produz e faz circular discursos que funcionam como verdade, que passam por tal e que detêm, por esse motivo, poderes específicos.
>
> *Ibidem*, p. 231.

A disciplina social é produto da ação de uma infinidade de agentes, com seus micropoderes, como os de um funcionário que fiscaliza e autoriza (ou não) a entrada de pessoas em determinado local mediante a apresentação de documento.

Genealogia do poder

Foucault também desenvolveu seu método de pesquisa à maneira de uma **genealogia**, inspirado em Nietzsche. Como o filósofo alemão, adotou como ponto de partida a noção de que os valores – o bem e o mal, o verdadeiro e o falso, o certo e o errado, o sadio e o doente etc. – são consagrados historicamente em função de interesses relativos ao poder na sociedade. Em outras palavras, a definição do que é bom, verdadeiro ou sadio depende das instâncias nas quais o poder se encontra.

Na visão de Foucault, esse poder não seria essencialmente de repressão ou de censura, mas antes um **poder criador**, que produz a realidade e seus conceitos. Em seu livro *Vigiar e punir*, ele explica esse seu entendimento do que é o poder:

> É preciso cessar de sempre descrever os efeitos do poder em termos negativos: ele "exclui", "reprime", "recalca", "censura", "discrimina", "mascara", "esconde". Na verdade, o poder produz: produz o real; produz os domínios de objetos e os rituais de verdade.
>
> FOUCAULT, Michel. *Vigiar e punir*. Petrópolis: Vozes, 2002. p. 110.

Nessa mesma obra, Foucault acompanha a evolução dos **mecanismos de controle social e de punição**, que se tornaram cada vez menos visíveis e mais racionalizados. Caracteriza ainda a sociedade contemporânea como uma **sociedade disciplinar**, na qual prevalece a produção de práticas disciplinares de vigilância e controles constantes, que se estendem a todos os âmbitos da vida dos indivíduos.

Uma das formas mais eficientes dessa vigilância e disciplina se dá, no seu entender, por meio de discursos e práticas científicas aparentemente neutras e racionais, que procuram normatizar o comportamento dos indivíduos.

Exemplo disso seria o tratamento científico dado à sexualidade, no qual o comportamento sexual é normatizado por meio do convencimento racional dos indivíduos sobre os cuidados necessários à sua vida nesse âmbito. Desse modo, assumindo a face do **saber**, o poder, segundo Foucault, atinge os indivíduos em seu **corpo**, em seu **comportamento** e em seus **sentimentos**.

Assim, como o poder está em múltiplos espaços, a resistência a esse estado de coisas não caberia, para o filósofo, a um partido ou a uma classe revolucionária, pois estes se dirigiriam a um único foco de poder. Seria necessária, portanto, a ação de múltiplos pontos de resistência.

Derrida: a desconstrução

Outro filósofo francês, **Jacques Derrida** (1930-2004), criticou o desenvolvimento da **racionalidade ocidental** a partir do próprio conceito de razão. Para ele, toda filosofia produzida no Ocidente partilha a ideia de um **centro**, de algo que unifica e estrutura sua construção teórica. Deus, homem e verdade são exemplos de noções que organizam o entendimento do mundo. Derrida denominou essa característica **logocentrismo**.

A cada um desses centros corresponde uma **antítese**, isto é, seu oposto: Deus-diabo; homem-mulher; verdade-mentira. Essa lógica das oposições – que, segundo ele, teve origem na Grécia, na oposição entre *logos* (razão) e mito – foi preservada pela filosofia ocidental.

Derrida propõe então **desconstruir** o conceito de *logos* e negar sua supremacia em relação ao seu par lógico, sem o qual o *logos* não teria sentido. Em sua interpretação, o pensamento filosófico ocidental teria atribuído um valor absoluto a um dos elementos que compõem essa dualidade, criando assim "verdades" indiscutíveis. O filósofo não só nega essas "verdades", mas também identifica nelas a condição de **construções culturais**.

FREDERIC REGLAIN/GAMMA-RAPHO/GETTY IMAGES

Derrida é um pensador de origem judaica nascido na Argélia. Foi um dos grandes pensadores da "geração de 68", grupo que reunia Roland Barthes, Gilles Deleuze, Jacques Lacan, Michel Foucault e Louis Althusser, entre outros. Fotografia de 1994.

Seria necessária, para ele, a desconstrução desses centros da filosofia ocidental, especialmente a noção de **razão** e de **sujeito**. Isso se faria a partir da **análise da linguagem**, que Derrida entende ser a estrutura essencial da cultura.

A desconstrução seria, portanto, uma análise que pretende mostrar:

- como se dá a construção de certas noções – por exemplo, o conceito de razão e os valores a ele associados;
- como depois essas noções passam a ter função predominante na cultura ocidental;
- por último, como elas podem ser usadas como instrumentos de dominação.

OFICINA DE FILOSOFIA

1. Sintetize algumas características sociais, políticas e econômicas que marcaram os séculos XIX e XX e que tiveram repercussão no pensamento filosófico desse período.

2. Defina, caracterize e contextualize a doutrina filosófica do positivismo.

3. Como se vincula a filosofia de Kant com o idealismo alemão?

4. Segundo Hegel, compreender a dialética da realidade exige um trabalho árduo da razão, que deve se afastar do entendimento comum e se colocar no ponto de vista do absoluto.
   a) Em que se baseia essa afirmação?
   b) A partir desse ponto de vista, como deveria se posicionar a filosofia para interpretar os acontecimentos históricos?

5. Marx afirma que Hegel, em sua interpretação da história, inverteu a relação entre o que é determinante e o que é determinado. A que ele se refere? Qual é a concepção de Marx a esse respeito?

6. "Meu método dialético não só difere do hegeliano, mas é também a sua antítese direta." Comente essa afirmação de Marx.

7. Em sua autobiografia, Nietzsche se comparou a uma dinamite. Identifique e explique as "bombas" lançadas pelo filósofo nos seguintes domínios:
   a) tradição filosófica;
   b) moral;
   c) religião.

8. Por que a fenomenologia de Husserl pode ser considerada uma "reabilitação ontológica do sensível", conforme afirmou o filósofo existencialista francês Merleau-Ponty?

9. Discorra sobre dois aspectos da filosofia de Heidegger:
   a) um que confirma sua recusa de ser um pensador existencialista;
   b) outro que o insere na tradição das filosofias da existência.

10. Relacione as três concepções características do existencialismo apresentadas neste capítulo com aspectos do pensamento de Sartre.

11. Encontre no texto aspectos do pensamento de Adorno e Horkheimer que caracterizam o que se poderia definir como "pessimismo teórico" desses dois filósofos.

12. O pensamento de Benjamin difere do de Adorno e Horkheimer? Justifique.

13. Habermas exprime uma visão mais otimista que a dos demais teóricos da Escola de Frankfurt em relação a três questões: a razão, a verdade e a democracia. Discorra sobre cada uma delas.

14. Quais são as múltiplas formas de dominação a que se refere Foucault, explicitadas por ele em sua investigação sobre a microfísica do poder e na genealogia do poder?

15. O que é a desconstrução proposta por Derrida? Qual é o objetivo dessa desconstrução?

Conversa filosófica

16. **Evolução da humanidade**

    Considerando o que estudamos até aqui – das concepções de Comte, Hegel e Marx – e os acontecimentos no mundo atual, você entende que a humanidade tem progredido? Por quê? Reúna-se com os colegas para debater esse tema.

17. **Quarto poder**

    Alguns analistas políticos consideram que os meios de comunicação de massa constituem, atualmente, um quarto poder (além do Executivo, do Legislativo e do Judiciário). Reflita sobre essa interpretação, observe sua realidade concreta e debata com os colegas sobre o tema.

18. **Sociedade de massa**

    Para o filósofo alemão Herbert Marcuse, a perpetuação do desenvolvimento tecnocientífico a serviço da dominação e da homogeneização dos indivíduos na sociedade de massa criará o "homem unidimensional", incapaz de criticar a opressão e construir alternativas futuras. Debata com os colegas o conceito de ser humano unidimensional, relacionando-o com temas trabalhados antes, como o da indústria cultural (Adorno e Horkheimer).

Para pensar

O trecho a seguir é parte de um texto em que Sartre expõe o sentido do humanismo na perspectiva existencialista, ressaltando que é no abandono de si mesmo, na liberdade do seu não ser que o indivíduo constrói a si mesmo, que se faz ser humano. Leia-o e responda às questões propostas.

O existencialismo é um humanismo

Na realidade, a palavra humanismo tem dois significados muito diferentes. Por humanismo pode entender-se uma teoria que toma o homem como fim e como valor superior. Neste sentido há humanismo em Cocteau, por exemplo, quando, na sua narrativa *A volta ao mundo em oitenta horas*, uma personagem declara, por sobrevoar montanhas de avião: o homem é espantoso. Significa isto que eu, pessoalmente, que não construí aviões, beneficiar-me-ei destas invenções extraordinárias, e que poderei pessoalmente, na qualidade de homem, considerar-me como responsável e honrado com os atos particulares de alguns homens. Isso implicaria que poderíamos dar um valor ao homem segundo os atos mais altos de certos homens. Este humanismo é absurdo, porque só o cão ou o cavalo poderiam emitir um juízo de conjunto sobre o homem e declarar que o homem é espantoso, coisa que eles estão longe de fazer, tanto quanto eu sei... Mas, quanto a um homem, não se pode admitir que possa emitir um juízo sobre o homem. O existencialismo dispensa-o de todo julgamento deste gênero; o existencialista não tomará nunca o homem como fim, porque ele está sempre por fazer. E não devemos crer que há uma humanidade à qual possamos render culto, à maneira de Auguste Comte. O culto da humanidade conduz ao humanismo fechado sobre si de Comte, e, é necessário dizê-lo, ao fascismo. É um humanismo com o qual não queremos nada.

O humanismo existencialista

Mas há um outro sentido de humanismo, que significa no fundo isto: o homem está constantemente fora de si mesmo, é projetando-se e perdendo-se fora de si que ele faz existir o homem e, por outro lado, é perseguindo fins transcendentes que ele pode existir; sendo o homem esta superação e não se apoderando dos objetos senão em referência a esta superação, ele vive no coração, no centro desta superação. Não há outro universo senão o universo humano, o universo da subjetividade humana. É a esta ligação da transcendência, como estimulante do homem – não no sentido de que Deus é transcendente, mas no sentido de superação – e da subjetividade, no sentido de que o homem não está fechado em si mesmo mas presente sempre num universo humano, é a isso que chamamos humanismo existencialista. Humanismo, porque recordamos ao homem que não há outro legislador além dele próprio, e que é no abandono que ele decidirá de si; e porque mostramos que isso não se decide com voltar-se para si, mas que é procurando sempre fora de si um fim – que é tal libertação, tal realização particular – que o homem se realizará precisamente como ser humano.

SARTRE, Jean-Paul. *O existencialismo é um humanismo*. São Paulo: Abril Cultural, 1978. p. 21. (Os Pensadores).

1. Em que sentido o existencialismo é um humanismo e em que sentido não o é?
2. "O culto da humanidade conduz ao humanismo fechado sobre si de Comte, e, é necessário dizê-lo, ao fascismo." A que se refere essa afirmação de Sartre? Pesquise o que é fascismo. Verifique se existem relações entre a obsessão pela ordem social e o fascismo.
3. Interprete a seguinte afirmação de Sartre: "recordamos ao homem que não há outro legislador além dele próprio".

Sessão de cinema

Era uma vez proletários (2009, China, direção de Xiaolu Guo)

História de diversas pessoas, contada com humor: um velho camponês, um milionário que especula na bolsa de valores, um jovem migrante, um operário de uma fábrica de armamentos, um proprietário de hotel, crianças que sonham em se tornar artistas.

A hora da estrela (1986, Brasil, direção de Suzana Amaral)

Macabéa é uma nordestina que trabalha como datilógrafa em São Paulo. Vivendo um cotidiano triste, monótono e sem ambições, ela conhece Olímpico, um metalúrgico que quer ser político. Filme inspirado no romance homônimo de Clarice Lispector.

O fantasma da liberdade (1974, França, direção de Luis Buñuel)

Filme surrealista que critica o abandono da liberdade pela sociedade burguesa, para colocar em seu lugar a irracionalidade, os bons costumes e a sexualidade culpada.

1. (UFF) Na célebre pintura *Escola de Atenas*, o artista renascentista italiano Rafael reuniu os principais nomes da filosofia grega, tendo ao centro do quadro as figuras de Platão e de Aristóteles [veja a reprodução da obra no Capítulo 11]. Na figura, Platão aponta para o alto e Aristóteles dispõe a mão espalmada para baixo. Desse modo, com esses gestos, Rafael estava ilustrando a distinção entre a filosofia de Platão e a filosofia de Aristóteles. Indique e discorra sobre a principal diferença entre a filosofia de Platão e a de Aristóteles.

2. (Unicamp-SP)

"O homem nasce livre, e por toda a parte encontra-se a ferros. O que se crê senhor dos demais não deixa de ser mais escravo do que eles. [...] a ordem social, porém, é um direito sagrado que serve de base a todos os outros. [...] haverá sempre uma grande diferença entre subjugar uma multidão e reger uma sociedade. Sejam homens isolados, quantos possam ser submetidos sucessivamente a um só, e não verei nisso senão um senhor e escravos, de modo algum considerando-os um povo e seu chefe. Trata-se, caso se queira, de uma agregação, mas não de uma associação; nela não existe bem público, nem corpo político."

(Jean-Jacques Rousseau. *Do Contrato Social*. [1762]. São Paulo: Abril, 1973, p. 28, 36.)

Sobre *Do Contrato Social*, publicado em 1762, e seu autor, é correto afirmar que:

a) Rousseau, um dos grandes autores do Iluminismo, defende a necessidade de o Estado francês substituir os impostos por contratos comerciais com os cidadãos.

b) A obra inspirou os ideais da Revolução Francesa, ao explicar o nascimento da sociedade pelo contrato social e pregar a soberania do povo.

c) Rousseau defendia a necessidade de o homem voltar a seu estado natural, para assim garantir a sobrevivência da sociedade.

d) O livro, inspirado pelos acontecimentos da Independência americana, chegou a ser proibido e queimado em solo francês.

3. (Enem)

TEXTO I

Os segredos da natureza se revelam mais sob a tortura dos experimentos do que no seu curso natural.

BACON, F. Novum Organum, 1620. In: HADOT, P. *O véu de Ísis*: ensaio sobre a história da ideia de natureza. São Paulo: Loyola, 2006.

TEXTO II

O ser humano, totalmente desintegrado do todo, não percebe mais as relações de equilíbrio da natureza. Age de forma totalmente desarmônica sobre o ambiente, causando grandes desequilíbrios ambientais.

GUIMARÃES, M. *A dimensão ambiental na educação*. Campinas: Papirus, 1995.

Os textos indicam uma relação da sociedade diante da natureza caracterizada pela

a) objetificação do espaço físico.

b) retomada do modelo criacionista.

c) recuperação do legado ancestral.

d) infalibilidade do método científico.

e) formação da cosmovisão holística.

4. (Enem)

Penso que não há um sujeito soberano, fundador, uma forma universal de sujeito que poderíamos encontrar em todos os lugares. Penso, pelo contrário, que o sujeito se constitui através das práticas de sujeição ou, de maneira mais autônoma, através de práticas de liberação, de liberdade, como na Antiguidade — a partir, obviamente, de um certo número de regras, de estilos, que podemos encontrar no meio cultural.

FOUCAULT, M. *Ditos e escritos V*: ética, sexualidade, política. Rio de Janeiro: Forense Universitária, 2004.

O texto aponta que a subjetivação se efetiva numa dimensão

a) legal, pautada em preceitos jurídicos.

b) racional, baseada em pressupostos lógicos.

c) contingencial, processada em interações sociais.

d) transcendental, efetivada em princípios religiosos.

e) essencial, fundamentada em parâmetros substancialistas.

UNIDADE 4

Grandes áreas do filosofar

Caçadores na neve, de Pieter Bruegel, o Velho, 1565. Óleo sobre tela, 117 cm x 162 cm.

VCG WILSON/CORBIS/GETTY IMAGES – MUSEU DE HISTÓRIA DA ARTE, VIENA

Os temas abordados nas unidades anteriores pertencem a distintos campos de estudo filosófico – as grandes áreas do filosofar (descritas no quadro sinótico localizado no final da Unidade 1). Algumas delas já foram exploradas especificamente em certos capítulos, como a lógica, a metafísica, a epistemologia e a filosofia da linguagem.

Agora, vamos percorrer as áreas que ganharam especial atenção nas sociedades contemporâneas: a ética, a política, a ciência e a estética. Elas reúnem, de modo geral, a reflexão sobre nosso fazer e nossas inter-relações nas diversas áreas de atuação humana que tanto afetam a vida de todos os seres, humanos, animais e o próprio planeta.

Sigamos, então, nessa maravilhosa experiência que é o filosofar.

CAPÍTULO 15

Ética e responsabilidade

MARA D. TOLEDO – GALERIA JACQUES ARDIES, SÃO PAULO

Vida linda, de Mara D. Toledo, 2018. Óleo sobre tela, 40 cm × 50 cm.

- **Observe na imagem a conduta de cada pessoa e como elas se relacionam entre si. Como você caracterizaria essa convivência?**

Questões filosóficas

- O que é ação moral?
- Quais são os fundamentos da ação moral?
- Como surgem os valores morais?
- O que é virtude?
- Somos livres para escolher como viver?
- A consciência moral se transforma?

Conceitos-chave

ética, moral, valor, normas, coercibilidade, liberdade, consciência moral, bem, mal, responsabilidade, virtude, vício, determinismo, violência, conflito ético, ética do equilíbrio, ética do livre-arbítrio, ética do dever, ética utilitarista, ética discursiva, ética do cuidado

Grande parte do que estudamos até aqui vincula-se a questões teóricas sobre o ser e o saber. Neste capítulo abordaremos um conjunto de questões que estão diretamente ligadas à nossa maneira de agir, de estar no mundo e de nos relacionarmos com os outros e com a natureza. Elas envolvem a consciência moral e os valores de cada indivíduo ou de um grupo social. Trata-se do campo de estudos filosóficos conhecido como ética ou filosofia moral.

Você não tem dúvidas, às vezes, sobre como deve agir? Não sente angústia pensando que não procedeu corretamente com alguém? O que é agir corretamente? Como surgiram as normas de convivência na sociedade? E por que você deve segui-las?

Vejamos, então, se as reflexões da ética podem nos ajudar a responder a algumas dessas questões.

QUESTÃO DE ÉTICA
O problema da ação moral e dos valores

Em nosso dia a dia, frequentemente nos deparamos com situações em que temos de tomar decisões e fazer escolhas que dependem daquilo que consideramos bom, justo ou correto. Nossa decisão, portanto, envolverá um **juízo** ou **julgamento** sobre o que é melhor, mais justo ou correto, a partir do qual orientaremos nossa ação ou a ação de outras pessoas. Como afirmou o filósofo grego Aristóteles:

> A característica específica do homem em comparação com os outros animais é que somente ele tem o sentimento do bem e do mal, do justo e do injusto e de outras qualidades morais.
>
> ARISTÓTELES. *Política*. Brasília: UnB, 1985. p. 15.

Assim, os seres humanos têm a capacidade de agir no mundo de acordo com sua **consciência moral**, a qual opera a partir de determinados **valores.** Valor pode ser definido como toda qualidade que tem maior relevância ou prioridade para uma pessoa. Valor moral é, basicamente, aquilo que ela avalia como bom e justo (ou mau e injusto) e que, portanto, serve de guia para sua conduta, como buscar a liberdade, a honestidade, a riqueza etc. (ou evitar a limitação, a mentira, a pobreza etc.).

Os valores partilhados por um grupo social em determinado momento histórico dão origem aos **sistemas de valores** e aos **códigos morais** próprios dessa comunidade. Esse é, em grande parte, o campo de estudos da ética.

Distinção entre moral e ética

Os termos **ética** e **moral** são usados como sinônimos em algumas situações, mas eles não têm exatamente o mesmo significado e, dependendo do contexto, não são intercambiáveis.

A palavra "moral" vem do latim *mos*, *mor*, "costumes", e refere-se ao conjunto de normas que orientam o comportamento humano tendo como base os valores próprios de uma comunidade ou cultura. Como as comunidades humanas são diferentes entre si, tanto no espaço quanto no tempo, os valores também podem variar de uma comunidade para outra, assim como os códigos morais.

Basicamente, os códigos morais trazem respostas para questões morais fundamentais como: o que fazer para ser justo; que valores escolher; que hierarquia de valores seguir; como se relacionar consigo mesmo, com os outros e com a natureza; que tipo de atitudes ter como pessoa e como cidadão; quais condutas devem ser interditadas.

A palavra "ética", por sua vez, vem do grego *ethikos*, "modo de ser", "comportamento". Portanto, etimologicamente, os dois termos querem dizer quase a mesma coisa. No entanto, ética designa mais especificamente a disciplina filosófica que investiga o que é a moral, como ela se forma, se fundamenta e se aplica. Ou seja, a ética – ou filosofia moral – estuda os diversos sistemas morais elaborados pelos seres humanos, buscando compreender a origem e a fundamentação de suas normas e interdições (proibições) e explicitar seus pressupostos, isto é, as concepções fundamentais sobre o ser humano e seu lugar no mundo.

Assim, a ética é uma disciplina teórica sobre a prática humana em termos de comportamento moral, mas não se restringe à busca de conhecimento teórico sobre as ações e os valores humanos, cuja origem e desenvolvimento levantam questões de caráter sociológico, antropológico, religioso etc. Como filosofia prática, isto é, disciplina teórica com preocupações práticas, a ética orienta-se também pelo propósito de unir o **saber** ao **fazer**: ela busca aplicar o conhecimento sobre o ser para construir aquilo que deve ser, conforme veremos neste capítulo.

Vejamos a seguir alguns conceitos fundamentais da ética, bem como algumas das discussões que despertam.

Conexões

1. Considerando a condição humanizada do cãozinho Snoopy, o que você diria sobre os valores dos dois personagens desta tirinha? Os valores podem variar de pessoa para pessoa?

Normas morais e normas jurídicas

Comecemos nossa investigação sobre os códigos morais abordando as semelhanças e as diferenças entre os universos da moral e do direito. Tanto as normas morais como as normas jurídicas são estabelecidas pelos membros de uma sociedade, apresentando vários aspectos comuns, como:

- apresentam-se sob a forma de imperativos (ordens ou mandamentos), devendo ser seguidas por todos;
- orientam-se pelos valores culturais de determinado grupo social;
- buscam regular a convivência entre os indivíduos;
- têm um caráter histórico, isto é, mudam de acordo com as transformações histórico-sociais.

No entanto, há diferenças fundamentais entre a moral e o direito, como podemos ver na tabela seguinte:

	Normas morais	Normas jurídicas
Formalização	Não se traduzem em um código formal.	Estão estabelecidas por meio de um código formal.
Relação com o Estado	Não apresentam necessariamente uma vinculação com o Estado.	Mantêm uma relação estreita com o Estado.
Cumprimento das normas	São seguidas a partir das convicções de cada pessoa e do grupo social.	Devem ser cumpridas sob pena de sanção ou punição pelo Estado em caso de desobediência.
Tipo de sanção	A eventual sanção pode variar bastante. Depende da consciência moral do indivíduo e do vigor com que o grupo social impõe as normas.	As punições estão previstas na legislação.
Abrangência e especificidade	A esfera da moral é mais ampla que a do direito, abrangendo diversos aspectos da vida humana.	A esfera do direito restringe-se a questões específicas nascidas da interferência de condutas sociais. Costuma ser regida pelo princípio de que tudo é permitido, exceto aquilo que a lei expressamente proíbe.

De todas essas diferenças entre moral e direito, talvez uma mereça maior destaque: a **coercibilidade** da norma jurídica, que conta com a força e a repressão potencial do Estado (por meio da ação da justiça e da polícia) para ser obedecida pelas pessoas. A norma moral, por sua vez, não é sustentada pela coerção do Estado, o que quer dizer que necessita, de certo modo, da aceitação de cada indivíduo ou grupo social para ser cumprida.

H. ARMSTRONG ROBERTS/ALAMY/FOTOARENA

Estátua com a representação tradicional da justiça, personificada como uma deusa desde a Antiguidade. É justo aquilo que está em conformidade com o que se considera correto e, portanto, com os valores estabelecidos por uma sociedade. As normas jurídicas seriam a formalização legal desses ideais de justiça.

Conexões

2. Observe os detalhes desta estátua. Destaque os elementos simbólicos que, na sua interpretação, configuram a ideia de justiça. Justifique cada um deles.

Consciência moral e liberdade

Como depende da escolha de cada um, a norma moral costuma ser vinculada, por alguns filósofos, à ideia de **liberdade**. Pode parecer estranho relacionar a ideia de norma moral, que nos impõe limites, à ideia de liberdade, você não acha? Mas podemos explicar essa relação.

Conforme vimos antes, a consciência talvez seja a característica que melhor distingue o ser humano dos outros animais (reveja o Capítulo 5). Além da consciência racional, lógica, também possuímos a consciência moral, isto é, a faculdade de observar nossa própria conduta e de julgar (isto é, formular juízos) nossos atos passados, presentes e nossas intenções futuras.

Observe que a palavra "julgar" vem do latim *judicare,* "avaliar", "ponderar" – ou seja, julgar é atribuir um valor, um peso para cada coisa que se apresenta. Note também que é somente depois de realizar esse julgamento que a pessoa tem condições de escolher, entre as circunstâncias possíveis, suas ações e seu próprio caminho na vida. É justamente essa possibilidade que cada indivíduo tem de escolher seu caminho, de construir sua maneira de ser e sua história de forma autônoma que chamamos liberdade.

Observação

Aqui é importante recordar a teoria de **Jean Piaget** (1896-1980), segundo a qual o ser humano passa por sucessivas fases de desenvolvimento da cognição e da moralidade desde o nascimento: a anomia, quando ainda não consegue entender e absorver as normas morais; a heteronomia, quando passa a compreender e aceitar as normas de seu grupo social; e a autonomia, quando se torna capaz de refletir, criticar e questionar esse sistema de valores (reveja essa explicação no Capítulo 9). No entanto, Piaget explica também que muitas vezes as pessoas não conseguem desenvolver plenamente todas essas potencialidades durante sua vida. Portanto, ao relacionarmos consciência moral e liberdade, estamos falando de uma pessoa que tenha alcançado plenamente a autonomia moral.

Liberdade e responsabilidade

Assim, se consciência moral e liberdade estão intimamente relacionadas, só tem sentido julgar moralmente a ação de uma pessoa se essa ação foi praticada em liberdade. Quando não se tem escolha (ou liberdade de escolher), quando se é coagido a praticar uma ação, é impossível decidir entre o bem e o mal (que é o que faz a consciência moral). A decisão, nesse caso, é imposta por forças externas que induzem uma conduta, como no caso de pais que cumprem as ordens do sequestrador de seu filho para mantê-lo vivo, pois estão agindo sob a coação do criminoso.

SDI PRODUCTIONS/E+/GETTY IMAGES

O que revela a linguagem corporal dessa jovem e da mulher à sua frente, talvez sua mãe? Insubmissão, autoridade, cuidado? A infância e a adolescência são períodos importantes de construção da moralidade de um indivíduo. Junto com informação, o adulto transmite os valores que ele possui.

Quando, porém, estamos livres para escolher entre esta ou aquela ação e fazemos uma escolha, tornamo-nos responsáveis pelo que praticamos e podemos ser julgados moralmente por isso.

Observemos que o termo "responsabilidade" vem do latim *respondere*, "responder", e significa estar em condições de responder pelos atos praticados, isto é, de justificá-los e assumi-los. É essa responsabilidade, enfim, que pode ser julgada pela consciência moral do próprio indivíduo ou do seu grupo social.

Consciência moral e virtude

Uma propriedade comumente atribuída à consciência moral é a de que ela nos fala como uma voz interior que pode nos orientar para a ação pautada em determinados valores morais elevados, conhecidos como virtudes.

A palavra "virtude" deriva do latim *virtus* – "força ou qualidade essencial" – e significa, no contexto da moral, a qualidade ou a ação que dignifica o ser humano, como a generosidade, a coragem e a prudência. Isso quer dizer que, para ser virtuoso, não bastam as intenções ou as palavras bonitas. Só é realmente virtuoso aquele que age de maneira coerente com tais intenções. Como explica o filósofo francês **André Comte-Sponville** (1952-):

> A virtude, repete-se desde Aristóteles, é uma disposição adquirida de fazer o bem. É preciso dizer mais, porém: ela é o próprio bem, em espírito e em verdade. Não o Bem absoluto, não o Bem em si [como propunha Platão na teoria das formas], que bastaria conhecer e aplicar. O bem não é para se contemplar, é para se fazer. Assim é a virtude: é o esforço para se portar bem que define o bem nesse mesmo esforço.
>
> COMTE-SPONVILLE, André. *Pequeno tratado das grandes virtudes*. São Paulo: Martins Fontes, 1995. p. 9.

À ideia de virtude opõe-se a de **vício**, que consiste na ação ou na disposição que degrada e corrompe o ser humano, como a mesquinhez, a covardia e a insensatez.

Há mais de 2 500 anos os maiores sábios de distintas culturas discutem sobre como levar uma existência virtuosa, chegando a certos consensos. De qualquer forma, parece ser que virtude e vício formam pares de opostos com os quais sempre convivemos e entre os quais oscilamos em nossas vidas. Ou, como conclui Comte-Sponville:

> Toda virtude é um ápice entre dois vícios, uma cumeada entre dois abismos; assim a coragem, entre covardia e temeridade, a dignidade, entre complacência e egoísmo, ou a doçura, entre cólera e apatia [uma referência à ética do meio-termo de Aristóteles, que veremos adiante].
>
> *Ibidem*, p. 11.

JACOBUS MATHAM E HENDRICK GOLTZIUS - INSTITUTO DE ARTE DE DETROIT, DETROIT

A temperança, de Jacobus Matham e Hendrick Goltzius, 1597. Gravura, 15,6 cm × 10,8 cm. De acordo com a tradição desde Platão, as virtudes capitais são a justiça, a prudência, a fortaleza e a temperança. Esta última é a qualidade de quem é moderado e não se excede nos prazeres e nas paixões. Como a imagem representa essa ideia?

Conexões

3. Pesquise sobre as virtudes ou qualidades morais consideradas mais elevadas por diferentes pensadores, culturas ou tradições. Por exemplo: Platão, Aristóteles, cristianismo, budismo, mitologias gregas, orientais e africanas etc. Escolha pelo menos três fontes para esse estudo. Depois faça o que se pede:

a) destaque as virtudes que mais se repetem, isto é, que seriam supostamente as mais universais. O que as tornaria tão importantes, em sua opinião?;

b) identifique pelo menos duas virtudes que você acredita ter desenvolvido, pelo menos parcialmente, e outras duas que gostaria de desenvolver. O que poderia ajudar a mantê-las e cultivá-las?;

c) compartilhe com a classe sua pesquisa e suas descobertas.

Liberdade ou determinismo?

Retomando o tema da liberdade de escolha, outra discussão importante no âmbito da ética diz respeito à seguinte questão: "somos realmente livres para decidir?". Alguns pensadores defenderam que sim, outros, que não, e uma terceira corrente procurou estabelecer uma dialética entre os dois termos. Vejamos os argumentos de cada uma dessas posições.

MALTE MUELLER/FSTOP/GETTY IMAGES

Nossas escolhas são realmente nossas? Ou vivemos como esta marionete, sustentados e movidos por forças desconhecidas, culturais, políticas, ideológicas ou de outra ordem?

Defesa do determinismo

A palavra "determinismo" denomina toda doutrina (conjunto de ideias) que concebe que todos os fenômenos – materiais e psíquicos – estão interligados e rigorosamente determinados por relações necessárias de causa e efeito, das quais não é possível escapar (conforme vimos no materialismo de **Hobbes**, estudado nos Capítulos 10 e 13).

Assim, de acordo com a concepção determinista, a liberdade não existe, pois o ser humano estaria sempre predeterminado, seja por sua natureza biológica (necessidades e instintos), seja por sua inserção histórico-social (leis, normas, costumes). Em outras palavras, as ações individuais seriam causadas e determinadas por fatores naturais ou constrangimentos sociais, e a liberdade seria apenas uma ilusão.

Essa concepção está presente no pensamento de filósofos materialistas do século XVIII, tais como os franceses **Helvétius** (1715-1771) e **Holbach** (1723-1789), ambos influenciados pelas concepções deterministas de Hobbes.

Defesa da liberdade

À interpretação determinista, opõe-se a ideia de que o ser humano é sempre livre. Embora os defensores dessa posição admitam a existência das determinações de origem externa – sociais – e interna – como desejos, impulsos etc. –, eles sustentam a tese de que toda pessoa possui uma **liberdade moral** que está acima dessas determinações. Ou seja, apesar dos diversos fatores sociais e subjetivos que atuam sobre cada sujeito, ele tem em última instância a possibilidade de escolher e definir por si mesmo sua ação, isto é, ele tem a faculdade de **autodeterminação**.

A maior expressão dessa concepção é encontrada no pensamento do filósofo existencialista **Jean-Paul Sartre** (1905-1980) (estudado no Capítulo 14), que afirmou que "o homem está condenado a ser livre":

> Condenado porque não se criou a si próprio; e, no entanto, livre porque, uma vez lançado ao mundo, é responsável por tudo quanto fizer. O existencialista não crê na força da paixão. Não pensará nunca que uma bela paixão é uma torrente devastadora que conduz fatalmente o homem a certos atos e que, por conseguinte, tal paixão é uma desculpa. Pensa, sim, que o homem é responsável por essa sua paixão. O existencialista não pensará também que o homem pode encontrar auxílio num sinal dado sobre a Terra, e que o há de orientar; porque pensa que o homem decifra ele mesmo esse sinal como lhe aprouver. Pensa, portanto, que o homem, sem qualquer apoio e sem qualquer auxílio, está condenado a inventar o homem.
>
> SARTRE, Jean-Paul. *O existencialismo é um humanismo.* São Paulo: Abril Cultural, 1978. p. 9.

Dialética entre liberdade e determinismo

A terceira via de interpretação defende que o ser humano é determinado e livre ao mesmo tempo, no entendimento de que determinação e liberdade não se excluem, mas se complementam. São como as duas faces de uma moeda. Nessa perspectiva, não faz sentido pensar em uma liberdade absoluta nem em uma negação absoluta da liberdade.

O que ocorre é que, por essa visão, a liberdade é entendida como **experiência concreta**. Isso quer dizer que ela ocorre em cada sujeito, que vive sob a influência de um conjunto de fatores objetivos, os quais envolvem desde suas necessidades naturais como ser humano até os costumes e as normas estabelecidos na sociedade em que vive, por meio da educação e da cultura em geral. Nesse sentido, é certo que sua liberdade é restringida pelos fatores objetivos que cercam sua existência factual.

No entanto, os defensores dessa interpretação argumentam também que todo indivíduo sempre poderá atuar no sentido de alargar suas possibilidades de liberdade, e isso será tanto mais eficiente quanto maior for sua consciência a respeito dos elementos materiais e socioculturais que o envolvem.

Esse entendimento é encontrado nas concepções de filósofos como Espinosa, Hegel e Marx (estudados nos Capítulos 13 e 14). Apesar das muitas diferenças entre seus pensamentos, o ponto em comum é a ideia de que a liberdade é a compreensão das necessidades e das condições que determinam a experiência humana.

Problema da violência e da injustiça

A reflexão ética se debruça sobre todo tipo de ações para investigar a sua moralidade. Isso inclui também aquelas que infringem tanto as normas morais como as normas jurídicas, pois estas muitas vezes incorporam as primeiras. É o caso, por exemplo, da violência e de outras formas de crueldade e injustiça.

A violência pode ser definida, de modo geral, como o exercício da força, contra a vontade de alguém e seus direitos. Existem vários tipos de ação violenta (física, sexual, psicológica, política, social etc.). A primeira ideia que vem à mente quando se fala em violência pode ser a imagem, por exemplo, de um ladrão ou de um assassino diante de suas vítimas. Podemos pensar também na **violência intrafamiliar**, geralmente cometida contra mulheres, crianças, adolescentes e idosos.

Menos comum é pensarmos na **violência institucionalizada** que ocorre no interior das diversas sociedades, como a crueldade de salários muito baixos, da falta de moradia, de acesso à saúde, à alimentação, ao conforto e aos bens culturais, do descaso com a educação, do preconceito racial, entre tantas outras formas surdas de violência que oprimem milhões de pessoas "sem vez" e "sem voz".

ANDRES MARTINEZ CASARES/REUTERS/FOTOARENA

Protesto contra a violência que afeta as mulheres pelo simples fato de serem mulheres (violência de gênero), em Santiago, no Chile, 2019.

Há também a **violência ambiental**, que vem provocando graves desequilíbrios ecológicos, a destruição de diversos ecossistemas, a desaparição de centenas de espécies animais e vegetais e que ameaça de extinção a própria humanidade. E, por fim, há ainda a **violência do indivíduo contra si próprio**, que se expressa por meio de condutas autodestrutivas, como nas diversas formas de dependência química ou no caso extremo do suicídio.

Origens da violência

O que leva o ser humano a cometer a violência, bem como tantos outros atos maldosos e injustos? Egoísmo, ignorância, confusão são as respostas mais tradicionais. Outros creem que todas as pessoas carregam em si uma semente do mal, que pode brotar a qualquer instante, conforme as circunstâncias.

No século XVII, o filósofo **Thomas Hobbes** dizia que o ser humano em estado de natureza é egoísta e violento, necessitando da sociedade para regrá-lo e pacificá-lo. No século XVIII, **Jean-Jacques Rousseau** (1712-1778) afirmava o contrário, que o ser humano é bom e generoso por natureza, mas a sociedade o corrompe (conforme vimos no Capítulo 6). Hoje em dia, as interpretações sobre as causas da violência e da maldade fornecidas pela psicologia e pela psicanálise ainda ecoam aspectos das doutrinas desses dois filósofos, como podemos perceber nas correntes do instintivismo e do socioambientalismo.

A concepção **instintivista** – defendida pelo zoólogo austríaco **Konrad Lorenz** (1903-1989), criador da etologia, e por **Sigmund Freud** (1856-1939), entre outros – é aquela que propõe que a violência humana é provocada por impulsos interiores inatos – os instintos – decorrentes da fisiologia e da psique básicas do ser humano. Esses impulsos agressivos sempre buscariam uma maneira de descarga, aproveitando as ocasiões favoráveis para isso.

A perspectiva **socioambientalista** – defendida por psicólogos behavioristas (do inglês *behavior*, "comportamento") como o estadunidense **J. B. Watson** (1878-1958) e seu conterrâneo **B. F. Skinner** (1904-1990), entre outros – propõe que o comportamento pacífico ou violento de um indivíduo é moldado pelo ambiente em que vive, isto é, pelas condições sociais, econômicas, políticas e culturais de sua existência.

Como geralmente ocorre quando surgem posições extremas, há aqueles que defendem uma terceira via. Nela, o ser humano é entendido como um ser complexo e multideterminado, que recebe os influxos tanto do ambiente como de seus instintos filogenéticos, mas que não se restringe a eles, podendo usar sua vontade para criar novos sentidos para sua existência e escapar dessas determinações.

Conexões

4. Identifique formas de violência que ocorrem à sua volta cotidianamente, em casa, na rua e em instituições, seja com pessoas, grupos, seja com o meio ambiente. Depois:

a) reflita sobre as respectivas causas, quem são as maiores vítimas e como essa violência afeta a relação entre as pessoas;

b) discuta com outras pessoas ou com os colegas medidas possíveis para combatê-las.

Transformação dos valores

Dissemos que o sistema moral de cada grupo social é elaborado ao longo do tempo de acordo com os valores reconhecidos por aquele grupo como significativos para a convivência social.

Em um primeiro momento, esses valores são adquiridos pelos indivíduos como uma herança cultural. Cada pessoa assimila, desde a infância, as noções do que é bom e desejável, assim como do que é ruim, desaconselhável ou repugnante. De acordo com esses valores, passará a julgar como bom ou mau seu próprio comportamento e o dos outros.

PA IMAGES/GETTY IMAGES

Manifestação de mulheres nas ruas de Londres a favor do uso das minissaias, em 1966. Até essa época, considerava-se indecoroso uma mulher mostrar as pernas acima dos joelhos. O surgimento dessa moda refletia os anseios femininos por maior liberdade, constituindo-se em um ato de resistência aos costumes da sociedade patriarcal.

No entanto, é importante notar que, apesar desse caráter social, a moral tem também um aspecto pessoal, como salientaram vários filósofos. Ou seja, embora herdemos um conjunto estabelecido de normas morais, chega um momento em nossas vidas em que podemos refletir sobre elas, aceitá-las consciente e livremente ou rejeitá-las. Por isso dissemos anteriormente, na comparação entre normas morais e normas jurídicas, que o comportamento moral se caracteriza essencialmente pela livre escolha do indivíduo. Isso significa que a liberdade é a base, a condição de possibilidade da conduta verdadeiramente moral.

Em seu relacionamento com a sociedade, o indivíduo pode reafirmar e consolidar a moralidade existente. Contudo, pode também negá-la e, dessa forma, contribuir para a transformação desses valores. Assim, podemos caracterizar essa relação entre sociedade e indivíduo como dialética, ou seja, de mútua influência entre dois polos. De um lado, há um ser singular que é levado pela educação à universalidade expressa nos costumes e nas normas morais. Isso significa que cada indivíduo assimila os princípios morais concebidos pelos grupos sociais e consolidados até então como próprios do ser humano.

De outro lado, estão aqueles que, não assimilando passivamente esses princípios, se propõem a examiná-los e questioná-los à luz de novas condições histórico-sociais, podendo então decidir por interferir em sua formulação e acabar transformando as normas e os costumes morais. E com o tempo essa nova moralidade, consolidada e envelhecida, poderá ser novamente questionada e modificada pelos agentes históricos.

Escolha moral e conflito ético

Vemos, portanto, que as condutas dos indivíduos podem variar entre dois extremos – o do consentimento e o da negação da moral vigente –, constituindo o que podemos chamar escolhas morais.

Na **escolha moral** estão em jogo fatores tanto objetivos como subjetivos. Os fatores objetivos relacionam-se a costumes e normas já estabelecidos, bem como à educação e à cultura em geral. Os fatores subjetivos, por sua vez, estão ligados à ideia de liberdade e de responsabilidade pessoal.

Uma primeira possibilidade de escolha é a da ação moralmente boa ou correta, que ocorre quando o indivíduo assume conscientemente uma norma moral e a cumpre, reconhecendo-a como legítima. É o caso, por exemplo, de alguém que trata as pessoas de maneira respeitosa, porque entende que todos merecem respeito.

Em oposição a essa opção está a ação moralmente má ou incorreta, ou seja, aquela que contraria determinada norma moral sem, contudo, contestá-la como norma universal. É como se o indivíduo abrisse uma exceção para agir contra a norma. Por exemplo, uma pessoa fala mal de outra por algum motivo banal, embora reconheça que não gostaria de ser malfalada por outras pessoas.

Outra possibilidade ocorre quando o indivíduo recusa conscientemente uma norma moral por entendê-la inadequada ou ilegítima. Essa situação caracteriza-se como um **conflito ético**, que aponta para uma ruptura com a moral vigente. Foi o caso, por exemplo, das mulheres que, na década de 1960, passaram a usar saias com um comprimento bem menor do que o considerado adequado pela sociedade de seu tempo – acima do joelho, as chamadas minissaias –, confrontando a mentalidade vigente quanto ao grau "permitido" de exposição pública do corpo feminino.

Observação

Diferente do conflito ético é a situação de **niilismo ético**, que se caracteriza pela negação radical de todo e qualquer valor moral. O **permissivismo moral**, por sua vez, seria uma versão deteriorada e individualista do niilismo ético, na qual, por trás da negação dos valores vigentes, escondem-se interesses de cunho pessoal que contradizem o espírito de uma verdadeira contestação ética.

ÉTICA NA HISTÓRIA

Principais concepções da filosofia moral

Vejamos agora algumas reflexões éticas que se destacaram ao longo da história da filosofia ocidental. Para isso, retomaremos aspectos do pensamento de alguns filósofos estudados anteriormente, dando maior destaque às concepções de Aristóteles na Antiguidade, de Agostinho na Idade Média, de Immanuel Kant na Idade Moderna e de um conjunto de pensadores do período contemporâneo.

Antiguidade: ética racionalista grega

A preocupação com os problemas éticos teve início na Grécia, de forma mais sistematizada, por volta do século V a.C., época de **Sócrates** (469-399 a.C.), conhecido como "o pai da moral". Os **sofistas**, seus contemporâneos, afirmavam que não existem normas e verdades universalmente válidas, expressando assim uma concepção **ética relativista** ou **subjetivista**, no sentido de que o que é válido para uma pessoa (ou comunidade) pode não valer para outra.

CC0 1.0 – MUSEU DE ARTE METROPOLITANO, NOVA YORK

Ânfora de cerâmica, c. 500 a.C. Sua pintura retrata o episódio mítico em que o herói ateniense Teseu mata o Minotauro. Na ética racionalista grega, a razão deveria prevalecer sobre as paixões e os desejos individuais. Assim, a maldade e as paixões desenfreadas (*hybris*, em grego) costumavam ser representadas por personagens monstruosas, que deveriam ser vencidas pelos heróis de sua mitologia.

Ao contrário dos sofistas, Sócrates sustentou a existência de um saber universalmente válido, que decorre do conhecimento da essência humana, a partir da qual se pode conceber a fundamentação de uma moral universal. O que é essencial no ser humano, o que o diferencia dos demais animais? Sua alma racional. O ser humano é essencialmente razão. É na razão, portanto, que devem ser fundamentados as normas e os costumes morais. Por isso, dizemos que a ética socrática é **racionalista**. O indivíduo que age conforme a razão age corretamente.

Platão (427-347 a.C.) desenvolveu o **racionalismo ético** iniciado por Sócrates, aprofundando a diferença entre corpo e alma. Argumentava que o corpo, por ser a sede de desejos e paixões, muitas vezes desvia o indivíduo de seu caminho para o bem. Assim, defendeu a necessidade de uma depuração do mundo material para alcançar a **ideia de bem**. Segundo Platão, o ser humano não consegue caminhar em busca da perfeição agindo sozinho. Necessita, portanto, da sociedade, da pólis. No plano ético, o indivíduo bom é também o bom cidadão.

Depois do período clássico grego, o **estoicismo** desenvolveu uma ética baseada na procura da **paz interior** e no **autocontrole** individual, fora dos contornos da vida política. Assim, o princípio da ética estoica é a apatia (*apatheia*), atitude de entendimento de tudo o que acontece, e o amor ao destino (*amor fati*), porque tudo faria parte de um plano superior guiado por uma razão universal que a tudo abrangeria. Desse modo, atingia-se a **ataraxia**, ou imperturbabilidade da alma. A ética do **epicurismo**, de forma semelhante, defendia a atitude de desvio da dor e procura do prazer espiritual, do autodomínio e a paz de espírito, ou ataraxia (reveja essas concepções dos pensadores gregos nos Capítulos 1 e 11).

Ética do equilíbrio de Aristóteles

Aristóteles (384-322 a.C.) também desenvolveu uma reflexão **ética racionalista**, mas sem o dualismo corpo-alma platônico. Procurou construir uma ética mais realista, mais próxima do indivíduo concreto. Para tanto, perguntou-se sobre o fim último do ser humano. Para o que tendemos? E respondeu: para a **felicidade**. Todos nós buscamos a felicidade.

O que entendia Aristóteles por felicidade? Para o filósofo, a felicidade não se confunde com o simples prazer, o prazer das sensações ou o prazer proporcionado pela riqueza e pelo conforto material. A felicidade última e maior se encontraria na **vida teórica**, que promove o que há de mais essencialmente humano: a **razão**. O indivíduo que se desenvolve no plano teórico, contemplativo, pode compreender a essência da felicidade e, de forma consciente, guiar sua conduta.

Mas isso, no contexto histórico da Grécia Antiga, seria privilégio de uma minoria. Segundo o filósofo, a pessoa comum, aquela que não pode se dedicar à atividade teórica, aprenderia a agir corretamente pelo hábito, isto é, por meio da prática constante e reiterada de ações virtuosas. E o que seria a **virtude**? Em sua obra *Ética a Nicômaco*, Aristóteles explica:

> A excelência moral [virtude moral], então, é uma disposição da alma relacionada com a escolha de ações e emoções, disposição esta consistente num meio-termo determinado pela razão. Trata-se de um estado intermediário, porque nas várias formas de deficiência moral há falta ou excesso do que é conveniente tanto nas emoções quanto nas ações, enquanto a excelência moral encontra e prefere o meio-termo.
>
> ARISTÓTELES. *Ética a Nicômaco*. Brasília: UnB, 1985. p. 42.

A coragem, por exemplo, seria uma virtude situada entre a covardia (a deficiência) e a temeridade (o excesso). Assim, o filósofo propôs uma **ética do meio-termo**, na qual a virtude consistiria em procurar o ponto de equilíbrio entre o excesso e a deficiência.

Observe que esse ponto de equilíbrio não é fixo, isto é, não pode ser estabelecido de antemão, pois varia de acordo com a circunstância ou ocasião (onde, quando, quanto, com quem, com o quê, como etc.). Por exemplo: não é exatamente coragem reagir em um assalto à mão armada. Ou seja, não é esse tipo de atitude que garante a excelência moral de uma pessoa. Como explicou Aristóteles:

> [...] tanto o medo como a confiança, o apetite, a ira, a compaixão e em geral o prazer e a dor, podem ser sentidos em excesso ou em grau insuficiente; e, num caso como no outro, isso é um mal. Mas senti-los na ocasião apropriada, com referência aos objetos apropriados, para com as pessoas apropriadas, pelo motivo e da maneira conveniente, nisso consistem o meio-termo e a excelência característicos da virtude.
>
> *Ibidem*, p. 273.

Também é importante notar que, tanto em Platão como em Aristóteles, a ética estava vinculada à **vida política**. Aristóteles refere-se mesmo à política como um meio da ética, pois, sendo o ser humano, por natureza, um ser sociopolítico, necessitaria da vida em comum para alcançar a felicidade como plenitude de seu bem-estar.

Idade Média: ética cristã

O que diferencia radicalmente a ética cristã da ética grega são dois pontos:

- **Abandono da visão mundana** – a ética cristã deixa de lado a ideia de que o fim último da vida humana está neste mundo. Com isso, centra a busca da perfeição moral no **amor a Deus**.
- **Emergência da subjetividade** – acentuando a tendência já esboçada na filosofia de estoicos e epicuristas, a ética cristã tratou a moral do ponto de vista estritamente pessoal, isto é, como uma **relação entre cada indivíduo e Deus**, isolando-o de sua condição social e atribuindo à subjetividade uma importância até então desconhecida.

Os filósofos medievais herdaram alguns elementos da tradição filosófica grega, reconfigurando-os no interior de uma ética cristã. No século XIII, por exemplo, **Santo Tomás de Aquino** (1221-1274) recuperou da ética aristotélica a ideia de felicidade como fim último do ser humano, mas cristianizou essa noção ao identificar **Deus como a fonte dessa felicidade**.

ALINARI ARCHIVES/CORBIS/GETTY IMAGES - MUSEU E GALERIA DE CAPODIMONTE, NÁPOLES

Os sete pecados capitais: *ganância*, de Jacques de Backer, c. 1595. Óleo sobre tela. No catolicismo, os vícios principais do ser humano são soberba, ganância, luxúria, ira, gula, inveja e preguiça. É ganancioso (ou avaro) aquele que prioriza acumular bens materiais, em vez de compartilhá-los e de buscar crescer espiritualmente. Como é representada a ganância nesta imagem? Você identifica situações semelhantes em suas vivências pessoais?

Ética do livre-arbítrio de Agostinho

No século V, **Santo Agostinho** (354-430) transformou a ideia de depuração da alma da filosofia de Platão na ideia da necessidade de **elevação ascética** para compreender os desígnios de Deus. Também a ideia da imortalidade da alma, presente em Platão, foi retrabalhada pelo filósofo sob a perspectiva cristã.

Contudo, a ética agostiniana destaca-se por outro conceito. Ao tentar explicar como pode existir o mal se tudo vem de Deus – e Deus é bondade infinita –, Agostinho introduziu a ideia de liberdade como **livre-arbítrio**, isto é, a noção de que cada indivíduo tem a possibilidade de escolher como agir, de acordo com sua própria vontade. Portanto, pode optar livremente por aproximar-se de Deus ou por afastar-se dele. O afastamento de Deus seria o mal, de acordo com o filósofo (reveja a esse respeito o Capítulo 12).

Isso significa que, com a noção de livre-arbítrio, de escolha individual, Agostinho acentuou o papel da **subjetividade** humana nas coisas do mundo. O livre-arbítrio seria o meio pelo qual o ser humano exerce sua liberdade, que consiste em escolher entre o bem e o mal. Ao mesmo tempo, esse conceito esvaziou a noção grega de liberdade como possibilidade de realização plena dos indivíduos em seu meio social. Em outras palavras, diminuiu a importância da dimensão social da liberdade, a qual passou a ter um caráter mais pessoal e individualista.

Idade Moderna: ética antropocêntrica

Com o Renascimento, o ser humano torna-se novamente o centro de interesse por meio do **humanismo**, conforme vimos no Capítulo 13. No terreno da reflexão ética, esse fato orientou uma nova concepção moral, centrada na autonomia humana.

No Iluminismo, essa orientação fica mais evidente, pois os filósofos passam a defender a ideia de que a moral deve ser fundamentada não mais em valores religiosos, e sim naqueles oriundos da compreensão do que é a natureza humana. A reflexão mais expressiva a esse respeito relaciona-se justamente com a natureza da racionalidade humana, formulada por Kant.

Ética do dever de Kant

Para o filósofo alemão **Immanuel Kant** (1724-1804), as normas morais têm sua origem na razão. Em suas obras *Crítica da razão prática* e *Fundamentação da metafísica dos costumes*, o filósofo caracteriza a razão humana como **legisladora** e capaz de elaborar **normas universais**. Esse seria um predicado universal dos seres humanos, isto é, uma qualidade comum a todos.

Kant também entendia que as normas morais devem ser obedecidas como deveres, mas a noção kantiana de **dever** é muito particular, pois confunde-se com a própria noção de **liberdade**. Isso ocorre porque, em seu pensamento, o indivíduo que obedece a uma norma moral atende àquilo que a **razão**, no uso de sua liberdade, determinou como correto. Dessa forma, a sujeição à norma moral é algo que ocorre voluntariamente a partir do reconhecimento de sua legalidade, conferida pelos próprios indivíduos racionais.

Kant reforça essa ideia ao dizer que um ato só pode ser considerado moral quando praticado de forma consciente, autônoma e por dever. Com isso, acentua o reconhecimento do dever como uma expressão da racionalidade humana, única fonte legítima da moralidade. A clareza dessa ideia é assim expressa pelo filósofo no chamado **imperativo categórico**:

> Age apenas segundo uma máxima [um princípio] tal que possas ao mesmo tempo querer que ela se torne lei universal.

KANT, Immanuel. *Fundamentação da metafísica dos costumes*. Lisboa: Edições 70, 1998. p. 59. (Textos filosóficos).

Trata-se de uma determinação que deve ser observada sempre, em toda e qualquer decisão ou ato moral que venhamos a praticar. Em outras palavras, o filósofo quer dizer que nossa ação deve ser tal que possa ser universalizada, ou seja, realizada por todos os outros indivíduos sem prejuízo para a coletividade.

Por exemplo, jogar lixo no chão pode se tornar uma prática universal? Imagine todo mundo jogando seus resíduos na rua ou em qualquer lugar o tempo todo. Não seria o caos? Seria. Portanto, não se deve jogar lixo na rua. Quando uma ação não pode ser universalizada, não é moralmente correta. Só acontecerá como exceção, nunca como regra. Vejamos como Kant se expressa a esse respeito:

> Se prestarmos atenção ao que se passa em nós mesmos sempre que transgredimos qualquer dever, descobriremos que na realidade não queremos que a nossa máxima se torne lei universal, porque isso nos é impossível; o contrário dela é que deve universalmente continuar a ser lei; nós tomamos apenas a liberdade de abrir nela uma exceção para nós.

Ibidem, p. 63.

E por que realizamos atos contrários ao dever e, portanto, contrários à razão? Kant dirá que é porque nossa vontade é também afetada pelas inclinações – que são os desejos, as paixões, os medos – e não apenas pela razão. Por isso ele afirma que devemos educar a vontade para alcançar a **boa vontade**, que seria aquela guiada unicamente pela razão.

Em resumo, a ética kantiana é uma **ética formal** ou **formalista**, pois postula o dever como norma universal, sem discutir sobre a condição individual e concreta em que cada pessoa se encontra diante desse dever. Enfim, Kant nos dá a forma geral da ação moralmente correta (o imperativo categórico), mas não diz nada acerca de seu conteúdo, não diz o que devemos fazer em situações específicas.

© ANGELI/FOTOARENA

Charge irônica sobre os 50 anos da Declaração Universal dos Direitos Humanos, em 1998. Trata-se dos direitos mais básicos que qualquer indivíduo tem e pode requerer. Não são uma invenção atual, pois sempre existiram como valores humanos básicos, mas só foram reconhecidos oficialmente pela ONU em 1948.

Conexões

5. A Declaração Universal dos Direitos Humanos afirma que todos os indivíduos são iguais perante a lei. Também assevera que a todos devem ser garantidas as liberdades de expressão, de reunião e de pensamento. Com base nisso, o que causa o efeito cômico na charge da página anterior? Relacione sua resposta à filosofia moral de Kant.

Idade Contemporânea: ética do indivíduo concreto

A reflexão ética desde o século XIX desdobrou-se em uma série de concepções distintas acerca do que seja a moral e seus alicerces. Em comum, apresentaram a recusa de uma fundamentação exterior, transcendental para a moralidade, centrando no indivíduo concreto a origem dos valores e das normas morais. Um dos primeiros passos na formulação de uma ética nesse sentido foi dado por Hegel, em sua crítica ao formalismo de Kant.

Fundamentação histórico-social da moral

Como diversos autores contemporâneos, o filósofo alemão **Friedrich Hegel** (1770-1831) questionou o formalismo da ética kantiana. Para ele, ao não levar em consideração a história e a relação do indivíduo com a sociedade, a ética de Kant não apreende os conflitos reais nas decisões morais. Kant teria considerado a moral apenas uma questão pessoal, íntima e subjetiva, na qual o sujeito deve se decidir entre suas inclinações (desejos, medos etc.) e sua razão.

De acordo com Hegel, a moralidade assume conteúdos diferenciados ao longo da história das sociedades, e a vontade individual seria apenas um dos elementos da conformação moral de uma sociedade em seu conjunto. A moral seria o resultado do relacionamento do indivíduo com o conjunto social. Assim, em cada momento histórico, a moral se manifestaria tanto nos códigos normativos como, implicitamente, na cultura e nas instituições sociais. Desse modo, Hegel vinculou a ética à história e à sociedade.

Em um desdobramento materialista das ideias de Hegel, o filósofo alemão **Karl Marx** (1818-1883) concebeu a moral como uma produção social que atende a determinadas demandas concretas da sociedade. Como estas se transformam ao longo da história, transformam-se também os indivíduos e as moralidades que estes definem para regulá-las. Isso quer dizer que a moral é uma forma de consciência própria a cada momento do **desenvolvimento da existência social**. Assim, os valores que norteiam as normas morais derivam das experiências sociais e, portanto, não são universais e absolutos para todos os indivíduos e para todos os tempos.

MARTA IWANEK/THE NEW YORK TIMES/FOTOARENA

As irmãs canadenses Azmi, muçulmanas, formam uma equipe de hóquei de quadra e participam de uma liga feminina desse esporte em Toronto, no Canadá, em 2018. Com *hijabs* (véus islâmicos) e o corpo todo coberto, conforme manda a religião delas, desafiam os costumes ocidentais. Existe uma maneira correta de vestir-se em cada situação?

Por exemplo, um valor destacado da modernidade é o de liberdade. O filósofo argumenta que, apesar de ser considerada um valor universal, a liberdade teve interpretações diferenciadas ao longo da história. Ou seja, quando valorizavam a liberdade, as sociedades de distintas épocas e lugares não tiveram em mente exatamente o mesmo conceito.

O sentido de liberdade forjado desde o século XVIII – ser livre é poder fazer tudo o que se quer e que não prejudique os direitos dos outros – parte do princípio de que todos devem ser considerados iguais perante a lei, mas não leva em conta as diferenças entre os diversos grupos sociais que conformam uma sociedade. Desse modo, ignorando as relações sociais e as condições concretas de existência, a concepção moral de liberdade do mundo contemporâneo deu origem a **indivíduos isolados** (mônadas sociais) formados por e para uma sociabilidade baseada na competitividade e na concorrência como valores.

É assim que a moral se constitui, para Marx, em uma das formas assumidas pela **ideologia dominante** de uma sociedade, pois difunde os valores considerados necessários à manutenção das relações sociais (reveja os temas da consciência coletiva, no Capítulo 5, e da ideologia, no Capítulo 6).

Ética utilitarista de Bentham e Stuart Mill

Outra corrente que se opôs à ética do dever de Kant e seu formalismo surgiu na Inglaterra, no século XIX, no contexto da tradição empirista e liberal desse país. Trata-se do **utilitarismo**, proposto primeiramente pelo filósofo **Jeremy Bentham** (1748-1832) e desenvolvido depois pelo filósofo e economista **John Stuart Mill** (1806-1873).

Eles sustentavam que a ação ética está assentada em situações concretas, nas quais o indivíduo deve decidir sobre seu agir tomando por base o princípio de utilidade:

> Por princípio de utilidade entende-se aquele princípio que aprova ou desaprova qualquer ação segundo a tendência que tem a aumentar ou a diminuir a felicidade da pessoa cujo interesse está em jogo, ou, o que é a mesma coisa em outros termos, segundo a tendência a promover ou a comprometer a referida felicidade. Digo qualquer ação, com o que tenciono dizer que isto vale não somente para qualquer ação de um indivíduo particular, mas também de qualquer ato ou medida de governo.
>
> BENTHAM, Jeremy. *Uma introdução aos princípios da moral e da legislação*. São Paulo: Abril Cultural, 1979. p. 4.

Isso quer dizer que útil, do ponto de vista da moralidade, é aquilo que traz felicidade e bem-estar ao indivíduo e à sociedade. Essa ideia transforma-se em uma teoria que reformula a questão ética em torno da felicidade, convertendo-a em uma espécie de aritmética social: uma ação será tanto mais útil, ou moral, se ela buscar obter o maior grau possível de felicidade ao maior número possível de pessoas. Dessa forma, o lema ético utilitarista poderia ser assim resumido: "Age sempre de forma a produzir a maior quantidade de bem-estar ao maior número de indivíduos possível".

As concepções utilitaristas surgiram quando o bem-estar econômico começava a tornar-se um valor importante nas sociedades capitalistas. Assim, o que Bentham e Stuart Mill diziam é que não é possível ser feliz sem desfrutar, ao mesmo tempo, de certo grau básico de bem-estar material; além do que a felicidade material de poucos obtida a partir da infelicidade de muitos não é de utilidade para a sociedade, não sendo, portanto, moral. Não é possível ser feliz enquanto outros vivem na miséria e na infelicidade. Por isso, o utilitarismo propunha que o interesse pessoal de cada indivíduo – e sua maior felicidade – deve justamente obter o **bem-estar coletivo**, já que sem este não se pode ser verdadeiramente feliz.

Stuart Mill também enfatizou o valor de desenvolver, junto com a educação intelectual, certos sentimentos morais, como a solidariedade e a compaixão pelos que sofrem, pois esses sentimentos ajudariam no desenvolvimento de condutas solidárias, filantrópicas e justas.

> “Devemos considerar as consequências tanto do que fazemos como do que decidimos não fazer. [...] Onde tantos passam tanta necessidade, viver indulgentemente na luxúria não é moralmente neutro, e não basta que não tenhamos matado ninguém para que nos tornemos cidadãos decentes do mundo.
>
> SINGER, Peter. *Writings on an ethical life*. New York: HaperCollins, 2000. p. XVI. [Tradução nossa].”

Conexões

6. Interprete a frase citada do filósofo australiano Peter Singer (1946-). Qual é sua principal crítica e a quem está dirigida? Que valores estão implícitos em suas palavras?

Ética do discurso de Habermas

Outra busca de respostas e fundamentação para uma ética contemporânea desenvolveu-se no campo da análise da linguagem. O filósofo alemão **Jürgen Habermas** (1929-) é um dos maiores representantes dessa corrente, com sua **ética do discurso** ou **discursiva**, ou seja, fundada no diálogo e no consenso entre os sujeitos. O que se buscaria nesse diálogo é a razão que, tendo sido reconhecida pelos participantes do diálogo, serviria como fundamentação última para a ação moral.

Como vimos anteriormente (no Capítulo 14), o conceito de razão em Habermas não é o mesmo do Iluminismo. Trata-se de uma **razão comunicativa**, que não existe pronta nem acabada, mas que se constrói a partir de uma argumentação que leva a um entendimento entre os indivíduos. É uma razão **interpessoal** e não subjetiva; é uma razão **processual** e não definitiva e acabada.

Para que essa argumentação leve a um entendimento real entre os indivíduos, é necessário que o diálogo seja livre, sem constrangimentos de qualquer ordem, e que o convencimento se dê por meio de argumentos válidos e coerentes. A ética discursiva de Habermas é, portanto, uma aposta na linguagem e na capacidade de entendimento entre as pessoas na busca de uma ética **democrática** e **não autoritária**, baseada em valores consensualmente aceitos e validados.

A grande questão que permanece em relação a essa proposta ética é quanto às condições de realização de um diálogo livre e igualitário na sociedade de hoje, marcada pela desigualdade e pelo constrangimento.

Ética do cuidado

Nas últimas décadas, devido a fatores diversos, especialmente a globalização e o surgimento das novas tecnologias digitais e da rede mundial de informação, incrementa-se a presença do outro, da **alteridade** – por oposição ao eu, à identidade, em nossas vidas. O outro pode ser o trabalhador, o empresário, o médico, o enfermo, o estrangeiro, a mulher, o homem, o pobre, o imigrante etc. Até mesmo os animais e a natureza são outros em relação aos seres humanos. E sempre que o outro emerge diante de nós e entramos em relação com ele, ingressamos no campo da ética, das relações, da decisão sobre o que fazer e o que não fazer.

Assim, o tema da ética tem alcançado grande visibilidade no mundo atual, dando origem a reflexões e à formulação de códigos de ética nacionais e internacionais nos mais diversos campos da atividade humana, como na ciência (bioética e ética na pesquisa), na política, no comércio, nas empresas, nas relações internacionais, no jornalismo, no judiciário etc.

Apesar de todo esse movimento, ainda vivemos em um mundo em que predominam valores como o indivíduo, a competição e a conquista pessoal, que com frequência se intensificam e se deterioram em egoísmo e depreciação do outro, opressão e violência, como nos casos do etnocentrismo, do racismo, da xenofobia, do elitismo, do machismo, da homofobia e de muitas outras formas de negação daquele que é distinto ao que é hegemônico.

É nesse cenário que diversos pensadores passaram a defender a necessidade de uma **ética do cuidado**, pela qual a conduta considerada boa é aquela que procura observar e atender às necessidades do outro ou dos outros, bem como promover e enriquecer os relacionamentos, consolidando atitudes pacificadoras.

O conceito de ética do cuidado foi primeiramente desenvolvido pela psicóloga e eticista estadunidense **Carol Gilligan** (1936-), que defendeu a ideia de que as mulheres tendem a uma percepção da ação moral distinta da percepção masculina: enquanto os homens buscam pelo que é direito e justo em termos mais formais, abstratos e universalistas – o que ela denomina **ética da justiça** (como a ética do dever de Kant) –, as mulheres privilegiam as responsabilidades mútuas e os relacionamentos interpessoais, bem como a proteção e o cuidado das pessoas – ou seja, a ética do cuidado.

Ética da justiça	Ética do cuidado
Abordagem abstrata, universal	Abordagem contextual, concreta
Privilegia o âmbito público	Resgata o âmbito privado
Valoriza mais a razão	Valoriza também os sentimentos
Ênfase nos direitos individuais	Ênfase nos relacionamentos
Separativa	Conectiva
Perspectiva mais masculina	Perspectiva mais feminina

Portanto, para Gilligan, quando se estuda a moralidade humana, seria necessário incluir também as categorias que tradicionalmente costumam ser relacionadas ao universo feminino, as quais foram desvalorizadas ou ignoradas no contexto das sociedades patriarcais por milênios.

No entanto, esses atributos não seriam exclusivamente femininos. Conforme argumentam diversos defensores da ética do cuidado, os seres humanos em geral têm uma inclinação a cuidar-se mutuamente que parece ser natural. Esse impulso costuma ser observado, por exemplo, na tendência da maioria das pessoas a proteger bebês, feridos e enfermos. Em termos culturais, também é possível identificar o lugar privilegiado do cuidado e da empatia nas antigas tradições espirituais e nos saberes de diversos povos de todos os continentes, nos quais se valorizam a conectividade de tudo o que existe, a atenção com o outro e a compaixão, em vez das noções de direitos e deveres dos indivíduos.

Assim, a ética do cuidado mantém uma relação de proximidade com a **ética da reciprocidade**, cuja expressão máxima se encontra na chamada **regra de ouro**, um dos mais antigos preceitos morais, presente em quase todas as culturas: "Trate os outros como gostaria de ser tratado". Ou, em sua formulação negativa: "Não trate os outros como não gostaria de ser tratado".

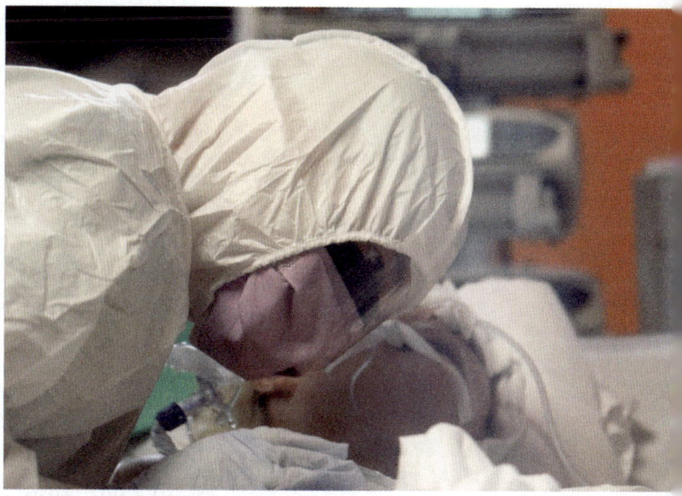

GUGLIELMO MANGIAPANE/REUTERS/FOTOARENA

Paciente com Covid-19 é atendido em hospital de Roma, na Itália, em 2020. A área da saúde tem como propósito fundamental preservar o bem-estar e a vida das pessoas. Nesse sentido, deveria guiar-se pela ética do cuidado. Em sua experiência, isso ocorre?

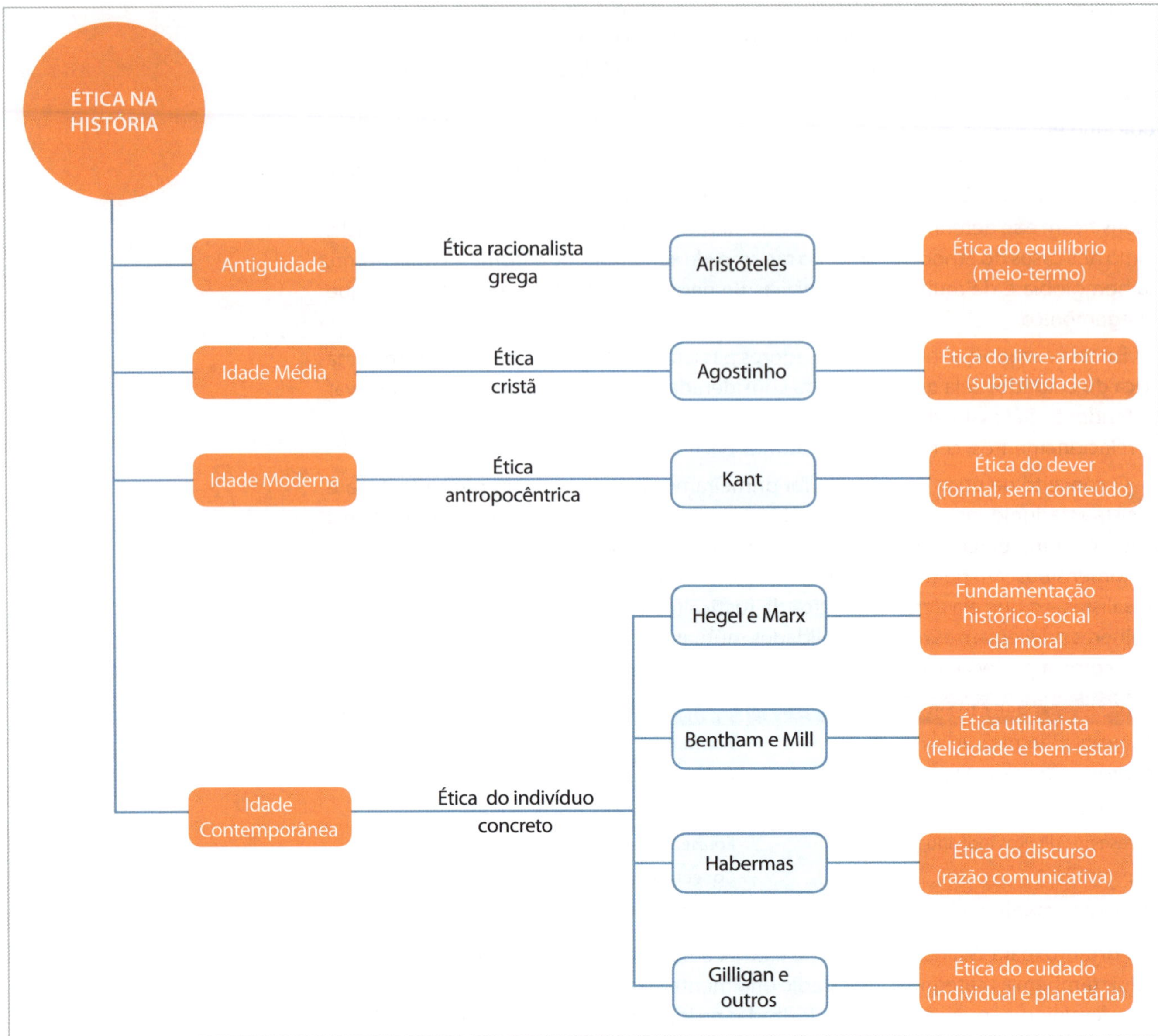

Crise ecológica e ética planetária

A ética do cuidado também se aplica à vida em geral, à natureza e ao planeta Terra – que são o outro a ser protegido. Vivemos atualmente uma crise ecológica global como resultado da ação humana e da adoção de modelos econômicos de exploração excessiva dos recursos naturais e de cruel agressão aos ecossistemas pelas sociedades contemporâneas. Por isso, muitos defendem a necessidade de desenvolvermos uma nova visão de mundo e um novo paradigma de relacionamento com a natureza, pautado por outros valores. Somente uma nova ótica – argumentam – poderá gerar uma nova ética, mais cuidadosa, responsável e solidária.

Para os defensores dessa concepção, o novo preceito moral do século XXI deveria ser procurar agir com cuidado e responsabilidade em relação ao nosso planeta, a tudo o que nele existe e a todos que dele dependem. Trata-se, portanto, de uma **ética planetária**, que estaria fundamentada no conjunto de conhecimentos das ciências naturais e dos saberes das culturas tradicionais de diversos povos que mantiveram a ligação com a natureza. Sua tese principal é da interdependência, isto é, a ideia de que tudo está relacionado com tudo, e que é impossível viver fora dessa relação. Daí a importância do cuidado, pois é ele que garante a vida, o desenvolvimento. É o cuidado que diminui a dor ou impede a morte antes do tempo. Onde há cuidado e amor, não há violência.

Desafios do século XXI

Os princípios da ética planetária influenciaram a elaboração da **Carta da Terra**, que foi lançada no ano 2000, com o apoio da ONU. Trata-se de um documento que pretende ser um código de ética planetário, capaz de orientar pessoas e povos do mundo durante o século XXI. Propõe quatro princípios básicos (que em seu conjunto se desmembram em outros dezesseis): respeito e cuidado à comunidade da vida; integridade ecológica; justiça social e econômica; democracia, não violência e paz. Veja a seguir a primeira parte da Carta, que sintetiza diversos aspectos da ética do cuidado planetário.

Carta da Terra

Preâmbulo

Estamos diante de um momento crítico na história da Terra, numa época em que a humanidade deve escolher o seu futuro. À medida que o mundo se torna cada vez mais interdependente e frágil, o futuro enfrenta, ao mesmo tempo, grandes perigos e grandes promessas. Para seguir adiante, devemos reconhecer que, no meio de uma magnífica diversidade de culturas e formas de vida, somos uma família humana e uma comunidade terrestre com um destino comum. Devemos somar forças para gerar uma sociedade sustentável global baseada no respeito pela natureza, nos direitos humanos universais, na justiça econômica e numa cultura da paz. Para chegar a esse propósito, é imperativo que nós, os povos da Terra, declaremos nossa responsabilidade uns para com os outros, para com a grande comunidade da vida e para com as futuras gerações.

Terra, nosso lar

A humanidade é parte de um vasto universo em evolução. A Terra, nosso lar, está viva com uma comunidade de vida única. As forças da natureza fazem da existência uma aventura exigente e incerta, mas a Terra providenciou as condições essenciais para a evolução da vida. A capacidade de recuperação da comunidade da vida e o bem-estar da humanidade dependem da preservação de uma biosfera saudável com todos os seus sistemas ecológicos, de uma rica variedade de plantas e animais, de solos férteis, de águas puras e de ar limpo. O meio ambiente global, com seus recursos finitos, é uma preocupação comum de todas as pessoas. A proteção da vitalidade, da diversidade e da beleza da Terra é um dever sagrado.

A situação global

Os padrões dominantes de produção e consumo estão causando devastação ambiental, redução dos recursos e uma maciça extinção de espécies. Comunidades estão sendo arruinadas. Os benefícios do desenvolvimento não estão sendo divididos equitativamente e o fosso entre ricos e pobres está aumentando. A injustiça, a pobreza, a ignorância e os conflitos violentos têm aumentado e são causa de grande sofrimento. O crescimento sem precedentes da população humana tem sobrecarregado os sistemas ecológico e social. As bases da segurança global estão ameaçadas. Essas tendências são perigosas, mas não inevitáveis.

Desafios para o futuro

A escolha é nossa: formar uma aliança global para cuidar da Terra e uns dos outros, ou arriscar a nossa destruição e a da diversidade da vida. São necessárias mudanças fundamentais dos nossos valores, instituições e modos de vida. Devemos entender que, quando as necessidades básicas forem atingidas, o desenvolvimento humano será primariamente voltado a ser mais, não a ter mais. [...]

Responsabilidade universal

Para realizar essas aspirações, devemos decidir viver com um sentido de responsabilidade universal, identificando-nos com toda a comunidade terrestre, bem como com nossa comunidade local. Somos, ao mesmo tempo, cidadãos de nações diferentes e de um mundo no qual as dimensões local e global estão ligadas. Cada um compartilha da responsabilidade pelo presente e pelo futuro, pelo bem-estar da família humana e de todo o mundo dos seres vivos. [...]

Necessitamos com urgência de uma visão compartilhada de valores básicos para proporcionar um fundamento ético à comunidade mundial emergente. [...].

A CARTA da Terra. Disponível em: <www.ebooksbrasil.org/adobeebook/cartadaterra.pdf>. Acesso em: 4 ago. 2020.

AIZAR RALDES/AFP

Grupo da etnia aimará realiza ritual de agradecimento à divindade andina Pachamama (Mãe Terra), na Bolívia, em 2019. Os povos originários (indígenas) de todo o planeta revelam uma ética de profundo respeito e cuidado com a natureza. Uma ética feminina, que precisamos urgentemente aprender e implementar. Como você pode contribuir para que isso ocorra?

OFICINA DE FILOSOFIA

1. Embora sejam usadas muitas vezes como sinônimos, que significados específicos possuem as palavras "moral" e "ética"?
2. Em sua opinião, quais são as grandes questões que a ética procura investigar e responder no mundo de hoje? Justifique.
3. Só faz sentido julgar moralmente a ação de uma pessoa se essa ação foi praticada em liberdade. Comente essa afirmação e dê exemplos.
4. Como se expressa, no âmbito da moral, a relação dialética entre o indivíduo e a sociedade? Quando ocorrem transformações nas normas morais?
5. Piaget descreveu as sucessivas etapas de desenvolvimento moral das pessoas, mas destacou que muitas vezes elas não conseguem desenvolver-se plenamente até a etapa da autonomia moral. O que ele quer dizer com isso? Elabore hipóteses que expliquem essa carência, procurando fundamentá-las por meio de evidência e argumentação.
6. Com base nas distinções feitas neste capítulo, analise e compare as seguintes escolhas morais:
   a) a ação correta e a ação incorreta;
   b) a ação incorreta e a que expressa conflito ético;
   c) o niilismo ético e o permissivismo ético.
7. Por que a ética do período clássico grego é considerada racionalista? Justifique com exemplos das concepções éticas dos filósofos desse período.
8. Aristóteles entendia a virtude como o meio-termo entre dois vícios. Qual era a argumentação dele?
9. Para Agostinho, a virtude é o bom uso da liberdade de escolha, do livre-arbítrio. Com base nessa afirmação, explique a ética agostiniana.
10. Para Kant, a virtude é a força das máximas do indivíduo na realização de seu dever. Com base nessa afirmação, explique a ética kantiana.
11. Desde o início do período contemporâneo, a reflexão ética radicalizou a recusa de uma fundamentação transcendental para a moralidade. Seu ponto de partida passou a ser não o ser humano ideal, mas o indivíduo concreto e social, com suas necessidades, desejos, limitações e potencialidades. Sintetize como se expressa essa tendência nas concepções éticas dos seguintes filósofos:
    a) Hegel e Marx;
    b) Bentham e Stuart Mill;
    c) Habermas.

Conversa filosófica

12. Liberdade *versus* determinismo

O ser humano é determinado e livre ao mesmo tempo.

Você concorda com esse raciocínio? Contemple e analise sua vida cotidiana. Você se sente livre para ser o que quer ser, agir como quer agir, ou não? Reflita sobre esse tema e compartilhe com um grupo de colegas suas percepções.

13. Conflitos éticos e tabus

Algumas práticas novas (como as da engenharia genética, da fertilização *in vitro* e do uso de embriões em pesquisas), ou antigas proibições que passam a ser rediscutidas e redefinidas (como o divórcio, as relações amorosas fora do casamento e a autonomia feminina), costumam gerar muita polêmica, pois implicam conflitos éticos. Pesquise sobre um conflito ético do passado e um do presente. Depois apresente os argumentos dos dois lados em conflito para os colegas.

14. Desprezo contra a perversidade

Reúna-se com um grupo de colegas para discutir a afirmação a seguir, do pensador iluminista Voltaire.

> Moralmente, é impossível que um homem perverso não seja reconhecido, e tão logo seja somente suspeitado, perceberá que é objeto de desprezo e de horror. Ora, Deus dotou-nos sabiamente de um orgulho incapaz de suportar que os outros homens nos odeiem e nos desprezem. Ser desprezado por aqueles com quem se vive é coisa que ninguém pôde e jamais poderá suportar. Talvez seja esse o maior freio que a natureza tenha posto nas injustiças dos homens. Foi pelo temor mútuo que Deus julgou de bom alvitre vinculá-los. Assim, todo homem razoável concluirá que obviamente é do seu interesse ser honesto.

VOLTAIRE. *Tratado de metafísica*. São Paulo: Nova Cultural, 1988. p. 86. (Os Pensadores).

Voltaire expressa uma concepção ética com fundamentação na própria natureza humana, apesar da intervenção inicial divina. Você concorda com a afirmação do filósofo? Identifica exemplos concretos dela? Busque formular argumentos para defendê-la ou questioná-la.

15. Ética do cuidado planetário

Reúna-se com um grupo de colegas para reler e discutir a **Carta da Terra**. De que momento crítico ela fala? Você sente que pode escolher o seu futuro? Você acredita que sua escolha pode afetar o futuro do mundo? Está disposto ou disposta a adotar uma conduta ética mais cuidadosa com o planeta e somar forças com o restante da humanidade?

Para pensar

Leia com atenção os dois textos que seguem. O primeiro é do pensador francês **Helvétius**, mencionado antes no capítulo, e o segundo do filósofo brasileiro **Mario Sergio Cortella** (1954-). Pesquise sobre os autores e sua obra e depois responda às questões propostas.

Texto I
Falso moralismo

Entendo por hipócrita aquele que, não se dedicando ao estudo da moral pelo desejo da felicidade da humanidade, ocupa-se por demais de si mesmo. Há muitos homens dessa espécie: pode-se reconhecê-los, por um lado, pela indiferença com que consideram os vícios destruidores dos impérios e, por outro, pelo arrebatamento com que se acirram contra vícios particulares. É em vão que tais homens se dizem inspirados pela paixão do bem público. Se vós estivésseis, responder-se-lhes-ia, realmente animados por essa paixão, vosso ódio por cada vício seria sempre proporcional ao mal que esse vício faz à sociedade; [...].

[...] se sois vivamente afetados apenas por defeitos que vos prejudicam, usurpais o nome moralistas e não sois senão egoístas.

HELVÉTIUS. *Do espírito*. São Paulo: Nova Cultural, 1988. p. 184-185. (Os Pensadores).

Texto II
Propósitos éticos de uma vida

A ideia de consciência sobre os propósitos está ligada à noção de valores. Quais são os meus valores? O que eu acho que vale e o que eu acho que não vale? A minha vida valerá de que modo? É uma vida com ou sem valia? Que valia eu quero colocar nela? Para que serve essa vida? Qual é o meu papel dentro da estrutura em que atuo? [...]

O filósofo espanhol Ortega y Gasset afirmou "eu sou eu e minha circunstância [e se não a salvo não me salvo]". Quando chego numa relação afetiva ou num grupo de amigos, não estou absolutamente isento do que carrego na minha história. O meu caminhar é feito com todas as minhas coisas.

Ora, se Ortega y Gasset classifica o indivíduo não como uma mera identidade, mas levando em conta a sua história com outros, o mesmo vale em relação a essa questão.

Qual é o meu principal propósito de natureza ética? Me elevar, não ter uma vida degradante, mas elevar comigo toda a minha circunstância, aqueles que me acompanham. A ética entra nesse circuito porque o propósito da vida coletiva, e não só individual, deveria ser fazer com que a vida fosse melhor para todos e todas.

CORTELLA, Mario Sergio. *Por que fazemos o que fazemos?* São Paulo: Planeta, 2016. p. 91-92.

1. No primeiro texto, Helvétius conclui com o seguinte juízo de valor: "usurpais o nome moralistas e não sois senão egoístas". A que ele se refere? Como chegou a essa conclusão? Você vê exemplos na realidade atual de falso moralismo?
2. Explique o sentido da frase de Ortega y Gasset "Eu sou eu e minha circunstância", citada no segundo texto.
3. Para Cortella, que tipo de valor deve se tornar o propósito ético de uma vida? Você concorda com ele? Que propósitos você já definiu para sua existência?

Sessão de cinema

Abril despedaçado (2001, Brasil/França/Suíça, direção de Walter Salles Jr.)

No sertão brasileiro, duas famílias brigam pela posse da terra, perpetuando um ciclo de vingança e violência, mas, ao receber ordens de seu pai para vingar a morte do irmão mais velho, Tonho começa a romper com essa tradição arcaica.

Central do Brasil (1998, Brasil, direção de Walter Salles)

Trata da amizade entre uma mulher e um menino em busca de seu pai. Partindo da apatia e da indiferença moral que caracteriza o Brasil de hoje, destaca a importância dos atos individuais no resgate da cidadania.

Em um mundo melhor (2009, Dinamarca/Suécia, direção de Susanne Bier)

Médico vive entre dois mundos: sua casa na Dinamarca e seu trabalho em um campo de refugiados na África. Nesses cenários, ele e a família têm de fazer escolhas difíceis.

Minha obra-prima (2019, Argentina/Espanha, direção de Gastón Duprat)

Um pintor argentino, antes bem-sucedido, enfrenta dificuldades para vender seus quadros, e recebe a ajuda de um amigo, negociante de obras de arte. Um acontecimento imprevisto, no entanto, modifica o rumo da história, apresentando aos dois personagens a possibilidade de ganharem dinheiro com a venda de quadros no mercado ilegal de obras de arte.

CAPÍTULO

16 Política e poder

DEAGOSTINI/GETTY IMAGES – PALAZZO COMUNALE, SIENA

Detalhe de *Alegoria do bom governo*, afresco de Ambrogio Lorenzetti, 1337-1347. Temos o rei ao centro, escoltado a cada lado pelas seis virtudes que acompanham um bom governo: da esquerda para a direita, a Paz, a Fortaleza, a Prudência, a Magnanimidade, a Temperança e a Justiça.

- **Observe os detalhes dessa obra. Que elementos simbólicos de cada virtude você consegue identificar? São importantes essas qualidades para que um político ou governante desempenhe bem seu papel? Qual é esse papel?**

Questões filosóficas

- O que é poder?
- O que é Estado?
- Qual é a melhor forma de organização política?
- Qual é a relação entre política e ética?

Conceitos-chave

política, Estado, poder, coercibilidade, sociedade civil, partido político, regime político, democracia, ditadura, movimentos sociais, teorias contratualistas, Executivo, Legislativo, Judiciário, teoria da justiça

Para compreendermos nosso papel como cidadãos, é importante refletir sobre as ações e relações da sociedade política.

Todo mundo nasce em uma sociedade organizada em instituições, mas você já pensou como tudo isso começou? Você está satisfeito com sua sociedade ou gostaria de mudá-la? É assim que entramos no campo da política.

A política se refere, sobretudo, à administração do Estado. No entanto, percebemos atualmente certa antipatia e descrença em relação à política e aos políticos. Muitas pessoas, inclusive, associam política à corrupção pública. Quais as razões dessa decepção com a política?

Estudiosos indicam que existe uma onda autoritária no mundo contemporâneo que é acompanhada de uma desilusão com a narrativa liberal democrática. São complexas as causas desse fenômeno: concentração de riqueza nas mãos de uma minoria; notícias confusas geradas por *fake news*; impaciência da população em busca de soluções imediatas etc. Aproveitando esse cenário de desilusão, líderes autoritários passaram a utilizar as tecnologias digitais para se venderem como "salvadores da pátria".

POLÍTICA
Bem comum ou exercício do poder?

O que é política? Comecemos nossa investigação buscando o significado básico dessa palavra. O termo "política" vem do grego *politeía* (que, por sua vez, deriva de *polis*, "cidade-Estado") e designa, desde a Antiguidade, a atividade humana na esfera da cidade, do Estado, da administração pública e relativa ao conjunto dos cidadãos. Refere-se, portanto, às relações entre os indivíduos e a sociedade.

Desse modo, se queremos entender o fenômeno político, devemos começar estudando as características que o distinguem dos demais fenômenos sociais e analisando as instituições e as práticas das sociedades políticas existentes. Depois, poderemos também conjeturar sobre a melhor maneira de construir politicamente as sociedades futuras.

Disso se ocupou boa parte dos filósofos, o que deu origem ao campo de reflexão conhecido como **filosofia política**. Integram a temática básica da filosofia política as investigações em torno do poder, do Estado, dos regimes políticos e formas de governo, além das questões sobre a participação dos cidadãos na vida pública e a liberdade política, entre outras. Veremos a seguir um pouco disso tudo.

Conceitos de política

A obra *Política*, de Aristóteles, é considerada um dos primeiros tratados sistemáticos sobre a arte e a ciência de governar a pólis e, portanto, da filosofia política. Foi devido, em grande medida, a essa obra clássica que o termo "política" se firmou nas línguas ocidentais.

Aristóteles entendia a política como uma "continuação" da **ética**, só que aplicada à **vida pública**. Assim, depois de refletir, em *Ética a Nicômaco*, sobre o modo de vida que conduz à felicidade humana, o filósofo investigou em *Política* as instituições públicas e as formas de governo capazes de propiciar uma maneira melhor de viver em sociedade. Aristóteles considerava essa investigação fundamental, pois, para ele, a cidade (a pólis) constitui uma criação natural e o ser humano também é, por natureza, um **animal social e político**.

O conceito grego de política como esfera de realização do **bem comum** tornou-se clássico e permanece até nossos dias, mesmo que seja como um ideal a ser alcançado.

Por sua vez, o conceito moderno de política – conforme assinalou o filósofo político italiano **Norberto Bobbio** (1909-2004) – está estreitamente ligado ao de **poder**. Essa ligação é enfatizada por outros cientistas políticos, a exemplo de Harold Dwight Lasswell e Abraham Kaplan na obra *Poder e sociedade*, em que definem a política como um processo de formação, distribuição e exercício do poder.

Sendo o poder um tema central da discussão política moderna e contemporânea, os estudos nessa área geralmente se iniciam com uma análise do fenômeno do poder.

GRANGER/GLOW IMAGES

Pirâmide do sistema capitalista. Ilustração crítica publicada no jornal de uma união operária estadunidense (a IWW – Industrial Workers of the World), em 1911. De baixo para cima, em cada nível, temos os seguintes dizeres: 1. "Trabalhamos por todos" e "Alimentamos a todos"; 2. "Comemos por vocês"; 3. "Atiramos em vocês"; 4. "Enganamos vocês"; 5. "Mandamos em vocês". No último patamar está o dinheiro (o capitalismo). Como se distribui o poder de acordo com essa alegoria?

Fenômeno do poder

O que é poder? A palavra "poder" vem do latim *potere, posse,* "poder, ser capaz de". Refere-se fundamentalmente a faculdade, capacidade, força ou recurso para produzir certos efeitos. Assim, dizemos: o poder da palavra, o poder do remédio, o poder da polícia, o poder da imprensa, o poder do presidente.

Com base nesse sentido do termo, o filósofo britânico **Bertrand Russell** (1872-1970) definiu o poder como a capacidade de fazer os demais realizarem aquilo que queremos. Assim, o indivíduo que detém essa capacidade (ou meios) tem a faculdade de exercer determinada **influência** ou **domínio** sobre o outro e, por seu intermédio, alcançar os efeitos que desejar.

O fenômeno do poder costuma ser dividido em duas categorias: o poder do ser humano sobre a natureza e o poder do ser humano sobre outros seres humanos. Frequentemente, essas duas categorias de poder estão juntas e se complementam.

A filosofia política investiga o poder do ser humano sobre outros seres humanos, isto é, o poder social, embora também se interesse pelo poder sobre a natureza, uma vez que essa categoria de domínio igualmente se transforma em instrumento de poder social.

Assim, segundo Norberto Bobbio, o poder se relaciona aos **meios** dos quais o indivíduo se serve para conseguir os **efeitos** desejados. Tendo em vista essa definição, existem três formas básicas de poder social, conforme destacamos a seguir:

- **Poder econômico** – utiliza a posse de bens socialmente necessários para induzir os que não os possuem a adotar certos comportamentos, como realizar determinado trabalho e consumir certas mercadorias.
- **Poder ideológico** – utiliza a posse de certas ideias, valores, doutrinas para influenciar a conduta alheia por meio do controle da circulação de informações e dos meios de comunicação, induzindo as pessoas a determinados modos de pensar e agir.
- **Poder político** – utiliza os instrumentos de coerção social, isto é, exerce a força física considerada legal ou autorizada pelas normas jurídicas vigentes na sociedade.

O que essas três formas de poder apresentam em comum? Segundo Bobbio,

> [...] elas contribuem conjuntamente para instituir e manter sociedades de desiguais divididas em fortes e fracos, com base no poder político; em ricos e pobres, com base no poder econômico; em sábios e ignorantes, com base no poder ideológico. Genericamente, em superiores e inferiores.
>
> BOBBIO, Norberto. *Estado, governo, sociedade*: para uma teoria geral da política. Rio de Janeiro: Paz & Terra, 1987. p. 83.

Fotografia de jovem estadunidense submetido a julgamento como suspeito de assassinato de dezessete pessoas em escola da Flórida, em 2018. As instituições judiciárias fazem parte do poder político do Estado.

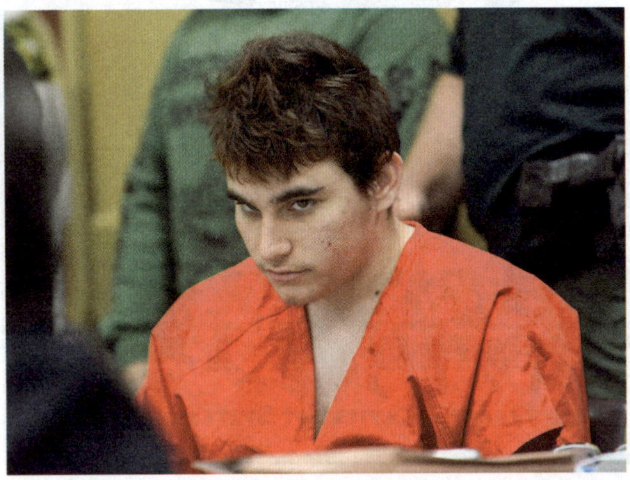

TAIMY ALVAREZ/SUN SENTINEL/TRIBUNE NEWS SERVICE/GETTY IMAGES

Desses três poderes (econômico, político e ideológico), qual seria o principal, o mais eficaz? Para Bobbio, é o poder político, cujo meio específico de atuação consiste na possibilidade de utilizar a força física legalizada para condicionar comportamentos. Segundo ele, o poder econômico é fundamental para que o mais rico subordine o mais pobre, assim como o poder ideológico é necessário para conquistar a adesão da maioria das pessoas aos valores do grupo dominante. No entanto, só o uso do poder político, da força física legalizada, serve, em casos extremos, para impor e garantir determinada ordem social. Nas relações entre dois ou mais grupos poderosos, em termos econômicos ou ideológicos, o instrumento decisivo na imposição da vontade é a guerra, que consiste no recurso extremo do poder político.

> [...] o poder político é [...] o sumo poder, isto é, o poder cuja posse distingue em toda sociedade o grupo dominante. De fato, o poder coativo [que coage, obriga pela força] é aquele de que todo grupo social necessita para defender-se de ataques externos ou para impedir a própria desagregação interna.
>
> BOBBIO, Norberto. *Estado, governo, sociedade*: para uma teoria geral da política. Rio de Janeiro: Paz & Terra, 1987. p. 83.

© DUKE

A política deveria ser, como Platão propôs, uma atividade elevada e nobre, marcada pela generosidade e pela busca do bem comum. No entanto, há muito que a classe política vem perdendo a admiração e o respeito das pessoas, como indica a charge ao lado, de Duke, publicada no jornal *Super Notícia*, em 5 de set. 2012. O que tem levado a isso?

Conexões

1. Comente o humor da tirinha. Inspirando-se nessa crítica política, use sua criatividade para elaborar outra tirinha.

ESTADO
A instituição que detém o poder político

Vejamos agora uma das mais complexas instituições sociais criadas e desenvolvidas pelo ser humano ao longo da história: o Estado.

Segundo o jurista brasileiro Dalmo Dallari, o termo "Estado" deriva do latim *status* ("estar firme") e significa a permanência de uma situação de convivência humana ligada à sociedade política.

Muitos estudiosos procuraram compreender a realidade do Estado, mas foi o sociólogo alemão **Max Weber** (1864-1920) quem elaborou uma das conceituações mais conhecidas e debatidas sobre o seu mecanismo de atuação. Podemos simplificá-la nos seguintes termos: Estado é a instituição política que, dirigida por um governo soberano, reivindica o **monopólio do uso legítimo da força física** em determinado território, subordinando os membros da sociedade que nele vivem.

Origem do Estado

Como se formou o Estado? Por quê? As circunstâncias específicas que deram origem à formação do Estado nas diversas sociedades humanas é um tema de difícil verificação, embora tenha despertado muita especulação ao longo da história da filosofia política, conforme veremos adiante.

Para a maioria dos autores, o Estado nem sempre existiu. Sabe-se que diversas sociedades, do passado e do presente, organizaram-se sem essa instituição. Nelas, as funções políticas não estavam claramente definidas e formalizadas em determinada instância de poder.

No entanto, em dado momento da história da maioria das sociedades, com o aprofundamento da divisão social do trabalho, certas funções político-administrativas e militares acabaram sendo assumidas por um grupo específico de pessoas. Esse grupo passou a deter o poder de impor normas à vida coletiva, organizando as decisões políticas e os rumos da sociedade. Assim teria surgido o governo, por meio do qual foi se desenvolvendo o Estado.

Função do Estado

Para que se desenvolveu o Estado? Qual seria sua função na sociedade?

Não existe consenso sobre essa questão, embora muitas respostas já tenham sido dadas. Contudo, podemos destacar duas, que representam concepções opostas: uma é fornecida pela **corrente ideal**, e a outra, pela **corrente crítica**.

GRANGER/GLOW IMAGES

Na parte inferior da charge de Samuel Ehrhardt, publicada em 1889, constam os dizeres, em tradução literal: "A história se repete: barões ladrões da Idade Média, barões ladrões de hoje". A charge representa o problema dos trustes ou monopólios, sua relação com as políticas de proteção tarifária e seus efeitos sobre a população. Qual é a posição política dessa charge?

A corrente ideal centra sua análise na formulação de uma teoria sobre qual **deve ser** a função do Estado. Tendo isso em vista, idealmente a finalidade do Estado seria agir como **mediador** dos conflitos entre os grupos sociais e dos conflitos de interesses individuais. Nesse sentido, o papel do Estado consistiria em promover a conciliação social, amenizando os choques dos setores divergentes e evitando, enfim, a desagregação da sociedade. Sua função seria harmonizar interesses em prol do bem comum.

Já a concepção crítica centra sua análise em qual **tem sido** a função do Estado. Afirma que, historicamente, o Estado não é um simples mediador de grupos rivais. É uma instituição que interfere de modo parcial nos conflitos da sociedade, quase sempre tomando partido dos "donos do poder", para usar da expressão do historiador Raimundo Faoro (1925-2003). Portanto, sua função seria garantir o poder do grupo dominante.

Isso ocorreria devido ao seu processo de formação. Nascido dos conflitos sociais, o Estado teria se tornado uma instituição manipulada pelos grupos mais poderosos que, por vezes, desprezam os interesses coletivos. No Brasil, como lembrava o polímata brasileiro Rui Barbosa (1849-1923), são as oligarquias mais acanhadas, mais impopulares e menos respeitáveis, são elas as que põem e dispõem, as que mandam e desmandam em tudo.

Sociedade civil e Estado

Na linguagem política contemporânea, tornou-se comum estabelecer a contraposição entre **sociedade civil** e **Estado**.

Nessa contraposição, o Estado costuma ser entendido como a instituição que exerce o poder coercitivo (a força) por intermédio de suas diversas funções, tanto na administração pública como no Judiciário e no Legislativo.

Por sua vez, a sociedade civil costuma ser definida como o largo campo das relações sociais que se desenvolvem fora do poder institucional do Estado. Fazem parte da sociedade civil, por exemplo, os sindicatos, as empresas, as escolas, as igrejas, os clubes, os movimentos populares, as associações culturais.

O relacionamento entre os membros da sociedade civil provoca o surgimento das mais diversas questões – econômicas, ideológicas, culturais etc. –, as quais, muitas vezes, criam conflitos entre pessoas ou grupos. Em face desses conflitos, o Estado é chamado a intervir.

Nas relações entre Estado e sociedade civil, os **partidos políticos** desempenham uma função peculiar: podem atuar como ponte entre os dois, pois não pertencem por inteiro nem ao Estado, nem à sociedade civil. Assim, caberia aos partidos políticos captar os desejos e as aspirações da sociedade civil e encaminhá-los ao campo da decisão política do Estado.

Conforme a época e o lugar, varia bastante o tipo de relacionamento entre Estado e sociedade civil. Desse modo, as relações entre governantes e governados podem seguir duas tendências políticas distintas, conforme descrevemos a seguir:

- **Autoritarismo** – caracterizado por um fechamento político e por opressão social (censura dos meios de comunicação, ausência de liberdade de expressão etc.). De forma extremada, o autoritarismo pode levar ao totalitarismo, que se resume no lema fascista "Tudo no Estado, nada contra o Estado, nada fora do Estado".
- **Democracia** – caracterizada por uma abertura política, que se manifesta por meio de maior participação dos cidadãos na vida pública e pelo respeito aos direitos humanos.

Regimes políticos

Regime político é justamente o modo característico de o Estado relacionar-se com a sociedade civil. Na linguagem política contemporânea, os regimes políticos são classificados em dois tipos fundamentais: democracia e ditadura.

Democracia

"Democracia" é uma palavra de origem grega que significa **poder do povo** (*demo,* "povo"; *cracia,* "poder").

Foi a antiga cidade grega de Atenas que legou ao mundo ocidental uma das mais citadas referências de regime democrático. Nela, os cidadãos (pequena parcela da população ateniense) participavam diretamente das assembleias e decidiam os rumos políticos da cidade. Portanto, havia em Atenas uma **democracia direta**.

Em nossa época, a democracia direta praticamente não existe mais. Ao longo do tempo, os Estados foram ficando muito complexos, com extensos territórios e populações numerosas, tornando inviável a proposta de os próprios cidadãos exercerem o poder diretamente. Assim, a democracia deixou de ser o governo direto do povo. O que encontramos, atualmente, é a **democracia representativa**, na qual os cidadãos elegem seus representantes políticos para o governo do Estado. O ideal de democracia representativa é que o governo seja dos representantes do povo, os quais deveriam exercer o poder **pelo povo** e **para o povo**.

Nos dias de hoje, um Estado costuma ser considerado democrático quando apresenta característica como:

- **Participação política do povo** – o povo exerce o direito de participar das decisões políticas, elegendo seus representantes no poder público. Geralmente, essa participação é garantida por meio do direito ao voto direto e secreto, em eleições periódicas. Existem ainda outras formas de participação política do povo, como em plebiscitos, referendos e reuniões populares (passeatas, associações em praça pública etc.).
- **Divisão funcional do poder político** – o poder político do Estado não fica concentrado em um único aparelho. Ao contrário, apresenta-se dividido em vários órgãos, que se agrupam em torno das seguintes funções típicas: legislativa (elaboração das leis), executiva (execução das leis pela administração pública) e jurisdicional (aplicação das leis e distribuição da justiça). Nos regimes democráticos, deve existir independência e harmonia entre os poderes Legislativo, Executivo e Judiciário.
- **Vigência do Estado de direito** – o poder político é exercido dentro dos limites traçados pela lei a todos imposta. Assim, a lei subordina tanto o Estado como a sociedade. Onde vigora o Estado de direito, costumamos dizer que o "poder das leis" está acima das "leis do poder".

Nesse ponto, caberia uma pergunta: devemos tolerar a intolerância? Em que medida é coerente acolher aqueles que negam o princípio do acolhimento? O filósofo contemporâneo Norberto Bobbio diz que combater a intolerância por meio de perseguição e exclusão coloca em perigo a própria expansão da liberdade. No entanto, por questão de coerência, não podemos tolerar os inimigos viscerais da democracia, isto é, aqueles que pregam o extermínio dos seus adversários.

Democracia e movimentos sociais

Os mecanismos de participação política das sociedades democráticas – centrados basicamente nos partidos políticos e nas eleições diretas periódicas – nem sempre dão conta de equacionar o abismo entre a pluralidade de suas populações e as instituições de governo dos Estados. Por isso, há quase sempre parcelas da sociedade civil que se veem de alguma maneira marginalizadas e não conseguem ter representação política – às vezes, são mesmo proibidas de tê-la.

É por isso que nascem os **movimentos sociais,** com o propósito de vencer as distâncias que separam certos grupos de cidadãos das instituições do Estado. O que legitima esses movimentos é, de modo geral, a luta por direitos. Esses grupos que se sentem socialmente excluídos, discriminados ou mal representados politicamente são comumente chamados **minorias sociais.** Distintas parcelas da população – como pobres, negros, mulheres, indígenas, LGBTs, pessoas com deficiência, ambientalistas, religiosos, estrangeiros, crianças – podem constituir determinada minoria em virtude da condição desfavorável que ocupem numa sociedade. O importante é que devemos superar a inclusão precária, por exemplo, de grupos como indígenas e afrodescendentes, que está associada aos processos históricos no Brasil e nas Américas.

É bom ter em mente, portanto, que os interesses dos movimentos sociais são tão heterogêneos quanto os interesses, as demandas e as necessidades dos membros das sociedades civis. Suas reivindicações podem envolver desde alterações específicas na legislação até mudanças nos valores e atitudes vigentes de uma sociedade.

De modo semelhante, os métodos empregados pelos movimentos sociais são bem diversos, variando desde o recurso extremo ao enfrentamento físico até a ênfase no discurso, na persuasão e no pacifismo. Além disso, um mesmo movimento pode mudar de estratégia de ação ao longo de sua história.

MATHEUS W ALVES/FUTURA PRESS

Marcha das Mulheres Indígenas em Brasília (DF), 2019. Movimento social que congrega mulheres indígenas em busca de visibilidade, reconhecimento social e político e cidadania plena. O que as levou a formar esse movimento?

Conexões

2. Você conhece movimentos sociais que atuam na sua região? Você participa ou gostaria de participar de algum movimento social?

Ditadura

Dizemos que o regime é uma ditadura quando o povo é proibido de participar da vida política do país. "Ditadura" é uma palavra de origem latina, derivada de *dictare*, "ditar ordens".

Na antiga República romana, ditador era o magistrado que detinha temporariamente plenos poderes, eleito para enfrentar situações excepcionais, como os casos de guerra. Seu mandato era limitado a seis meses, embora houvesse possibilidade de renovação, dependendo da gravidade das circunstâncias.

Comparado com suas origens históricas, o conceito de ditadura conservou apenas esse caráter de poder excepcional, concentrado nas mãos do governante. Atualmente, um Estado costuma ser considerado ditatorial quando apresenta características como:

- **Eliminação da participação popular nas decisões políticas** – o povo não tem nenhuma participação no processo de escolha dos ocupantes do poder político. Não existem eleições periódicas (ou, quando existem, costumam ser fraudulentas) e são proibidas as manifestações públicas de caráter político.
- **Concentração do poder político** – o poder político fica centralizado nas mãos de um único governante (ditadura pessoal) ou de um órgão colegiado de governo (ditadura colegiada). Geralmente, a ditadura se estrutura a partir do poder Executivo. Como consequência, ocorre um enfraquecimento dos poderes Legislativo e Judiciário.
- **Inexistência do Estado de direito** – o poder ditatorial é exercido sem limitação jurídica, com leis que só valem para a sociedade. O ditador coloca-se acima das leis e, nessa condição, costuma desrespeitar todos os direitos fundamentais do cidadão, principalmente o direito de livre expressão e a liberdade de associação política.
- **Fortalecimento dos órgãos de repressão** – as ditaduras montam um forte mecanismo de repressão policial destinado a perseguir brutalmente todos os cidadãos considerados adversários do regime. Esses órgãos de repressão espalham pânico na sociedade e implantam um verdadeiro terrorismo de Estado, utilizando métodos de tortura e morte.
- **Controle dos meios de comunicação de massa** – as ditaduras procuram controlar todos os meios de comunicação de massa, como programas de rádio e de televisão, espetáculos de teatro, filmes exibidos pelo cinema, jornais e revistas etc. Monta-se um departamento autoritário de censura oficial destinado a proibir tudo o que for considerado subversivo. Somente são aprovadas as mensagens públicas julgadas favoráveis ao governo ditatorial.

Esses instrumentos de controle e opressão foram utilizados em diversos regimes ditatoriais no século passado. Alguns exemplos são as ditaduras implantadas por Adolf Hitler (Alemanha nazista), Josef Stálin (União Soviética), Mao Tsé-Tung (China Comunista), Fidel Castro (Cuba), Francisco Franco (Espanha) e Kim Jong-un (Coreia do Norte), além de regimes implantados após golpes militares como os que vigoraram em vários países da América Latina a partir dos anos 1950, 1960 e 1970, como no Paraguai, no Brasil, no Uruguai, na Argentina e no Chile.

ARQUIVO/ESTADÃO CONTEÚDO

Policiais reprimem manifestação de estudantes no Rio de Janeiro (RJ), em abril de 1968, durante a ditadura civil-militar no Brasil (1964-1984). Por que o ativismo juvenil costuma ser controlado e reprimido nos regimes autoritários?

POLÍTICA NA HISTÓRIA
Principais reflexões filosóficas

Quais são as reflexões dos filósofos sobre o papel do poder político? Por que encontramos, em toda parte, um Estado que comanda e um povo que é comandado? Como se desenvolveu o poder político do Estado? Como sua estrutura foi organizada?

Na investigação sobre as origens, os fundamentos e as estruturas das associações políticas, inúmeras respostas foram elaboradas ao longo da história. Vejamos então algumas das questões e formulações mais célebres do pensamento político.

Platão: o rei-filósofo

O filósofo grego **Platão** (428-347 a.C.), em seu livro *A República*, explica que o indivíduo possui três almas: a **concupiscente** (ligada aos desejos carnais), a **irascível** (vinculada às paixões) e a **racional** (relacionada ao conhecimento). Pela educação, o indivíduo deveria alcançar um equilíbrio entre esses três princípios, mas um equilíbrio hierárquico, pois, para o filósofo, a alma racional deve preponderar.

Depois, fazendo uma analogia entre o indivíduo e a cidade (pólis), Platão também a dividiu em três grupos sociais fundamentais: os produtores, os guardiões e os governantes.

- **Produtores** – responsáveis pela produção econômica, como os artesãos e agricultores, criadores de animais etc. Esse grupo corresponderia à alma concupiscente.
- **Guardiões** – responsáveis pela defesa da cidade, como os soldados. Esse grupo corresponderia à alma irascível.
- **Governantes** – responsáveis pelo governo da cidade. Esse grupo corresponderia à alma racional.

A **justiça** na cidade dependeria do **equilíbrio** entre esses três grupos sociais, ou seja, cada qual cumprindo sua função, uma vez que se trata de aspectos necessários à vida da cidade. Assim, a cidade é como o corpo do indivíduo que harmoniza os elementos de sua alma.

Da mesma forma que a alma racional deve preponderar no indivíduo, a esfera preponderante na cidade deve ser, para Platão, a dos **governantes**. Entretanto, quem deve ser o governante?

O filósofo propõe um modelo educativo que possibilitaria a todos os indivíduos acesso à educação, independentemente do grupo social a que pertencesse por nascimento. Em sua formação, as crianças passariam por processos de seleção, ao longo dos quais seriam destinadas a um dos três grupos sociais que formam a cidade. Os mais aptos continuariam seus estudos até o ponto mais alto desse processo – a filosofia –, a fim de se tornarem **sábios** e, assim, habilitados a administrar a cidade.

Dizemos, portanto, que a concepção política de Platão é **aristocrática**, pois supõe que a grande massa de pessoas é incapaz de dirigir a cidade; apenas uma pequena parcela de sábios está apta a exercer o poder político. "Aristocracia" (do grego *aristoi*, "melhores", e *cracia*, "poder") é a forma de governo em que o poder é exercido pelos "melhores", os quais, na proposta de Platão, constituiriam uma elite (do latim *eligere*, "escolhido") que se distinguiria pelo saber. Trata-se, portanto, de uma "aristocracia do espírito", isto é, que não está baseada no poder econômico.

Isso significa também que Platão não propunha a democracia como a forma ideal de governo. A justificativa para essa posição está em sua alegoria da caverna (à qual já nos referimos no Capítulo 11). Para ele, o filósofo é aquele que, saindo do mundo das trevas e da ilusão, busca o conhecimento e a verdade no mundo das ideias. Depois deve voltar para dirigir as pessoas que não alcançaram esse ponto. Ele se constituiria no que ficou popularizado como **rei-filósofo**, aquele que, pela contemplação das ideias, conheceu a essência do bem e da justiça e, por isso, deve governar a cidade.

> Na alegoria platônica, a caverna sombria é o nosso mundo cotidiano, percebido pelos sentidos. O sol é a luz da verdade, a iluminar essências eternas (as ideias) de que apenas percebemos sombras móveis. Libertar-nos das impressões sensoriais, para vermos as coisas como realmente são, é tarefa dos filósofos. A turba ignara e revoltada [multidão ignorante e enfurecida], preferindo a ilusão dos sentidos à luz da verdade, silencia os arautos [mensageiros] da suprema sabedoria. [...]
>
> SCHÜLLER, Donald. *Literatura grega*. Porto Alegre: Mercado Aberto, 1975. p. 79.

Conexões

3. Segundo o texto do capítulo, qual é a imagem que Platão faz do povo em geral e do papel do rei-filósofo? A ideia de que as pessoas comuns vivem de ilusões ainda persiste nos dias atuais?

Aristóteles: o animal político

O filósofo grego **Aristóteles** (384-322 a.C.) afirmava que o ser humano é por natureza um **ser social**, pois, para sobreviver, não pode ficar completamente isolado de seus semelhantes.

Assim, constituída por um impulso natural do ser humano, a sociedade deve ser organizada conforme essa mesma natureza humana. O que deve guiar, então, a organização de uma sociedade? A busca de determinado bem, correspondente aos anseios dos indivíduos que a organizam.

De acordo com Aristóteles, a organização social adequada à natureza humana é a pólis. A pólis grega era vista pelo filósofo como um **fenômeno natural**, e o ser humano envolvido na vida da pólis era, em seu sentido pleno, um **animal político**. Assim, Aristóteles toma um fenômeno social característico da Grécia como modelo natural de todo o gênero humano.

Aristóteles também entende que a cidade tem precedência sobre cada um dos indivíduos, pois, isoladamente, o indivíduo não é autossuficiente, e a falta de um deles não destrói a cidade.

É por isso que, para o filósofo, conforme vimos, a política é uma continuidade da **ética**, ou melhor, a ética é entendida como uma parte da política. A ética dirige-se ao bem individual, enquanto a política volta-se para o bem comum, constituindo-se também em meio necessário ao bem-estar pessoal.

As diferenças entre os habitantes da pólis

O historiador francês Gustave Glotz, em *Cidade grega*, explica que Aristóteles distinguia duas espécies de seres humanos:

> os que vegetam em tribos amorfas e selvagens ou formam imensos rebanhos em monarquias de proporções monstruosas, e os que se encontram harmoniosamente associados em cidades [pólis]; os primeiros nasceram para ser escravos, de sorte que os últimos pudessem dar-se ao luxo de gozar de um modo mais nobre de vida.
>
> GLOTZ, Gustave. *Cidade grega*. São Paulo: Difel, 1980. p. 1.

Como se vê, Aristóteles defendia que os seres humanos não são naturalmente iguais, pois uns nascem para a escravidão e outros, para o domínio. O pensamento aristotélico refletia, dessa maneira, a realidade social estabelecida na Grécia Antiga. Em Atenas – cidade onde ele viveu e uma das mais importantes do mundo grego –, a sociedade estava dividida em três grandes grupos sociais: os **cidadãos** (homens maiores de 21 anos, nascidos de pai e mãe atenienses – os únicos que possuíam direitos políticos de participar da democracia; as mulheres não faziam parte do grupo dos cidadãos); os **metecos** (estrangeiros que habitavam Atenas e que não tinham direitos políticos); e os **escravos**.

Aristóteles viveu em Atenas na condição de meteco, pois sua cidade natal era Estagira, localizada na Macedônia. Por isso, muitos autores referem-se a ele como "o estagirita".

ALBUM/FOTOARENA - COLEÇÃO PARTICULAR

Banquete grego servido e animado por dois escravos , de Robert von Spalart, 1796. Gravura em placa de cobre colorida à mão.

Direito divino de governar

Na Idade Média, com o desenvolvimento do cristianismo e o esfacelamento do Império Romano, a Igreja consolidou-se primeiramente como um poder extrapolítico. **Santo Agostinho** (354-430), por exemplo, separava a **Cidade de Deus** (a comunidade cristã) da **cidade dos homens** (a comunidade política).

Depois, ao longo da Idade Média e em parte da Idade Moderna, ocorreu uma aliança entre o poder eclesiástico e o poder político. Como a Igreja Católica entendia que todo poder pertencia a Deus, surgiu a ideia de que os governantes seriam representantes de Deus na Terra. O rei passou, então, a ter o **direito divino** de governar.

Assim, embora a relação entre o poder temporal dos reis e o poder espiritual da Igreja tenha sido um grande problema durante a Idade Média, de forma geral persistiu a ideia do governante como representante de Deus, bem como a concepção de monarquia como a forma política mais natural e adequada à realização do bem comum.

No entanto, as principais formulações teóricas em defesa do direito divino dos reis surgiriam somente na época moderna, propostas por **Jean Bodin** (1530-1596) e **Jacques Bossuet** (1627-1704). A teoria do direito divino dos reis forneceu subsídios para a legitimação das monarquias absolutistas na Europa.

O jurista e filósofo francês Jean Bodin defendeu o conceito de soberano perpétuo e absoluto, cuja autoridade representa "a imagem de Deus na Terra". Bodin afirmava ser a monarquia o regime mais adequado à natureza das coisas. Argumentava que a família tem um só chefe, o pai;

o céu tem apenas um sol; o Universo, só um Deus criador. Consequentemente, a soberania (força de coesão social) do Estado só poderia realizar-se plenamente na monarquia.

Maquiavel: a lógica do poder

O filósofo italiano **Nicolau Maquiavel** (1469-1527) é considerado o fundador do pensamento político moderno, uma vez que desenvolveu sua filosofia política em um quadro teórico completamente diferente do que se tinha até então.

SANTI DI TITO - PALAZZO VECCHIO, FLORENÇA

Retrato de Nicolau Maquiavel (detalhe), de Santi di Tito, segunda metade do século XVI. Óleo sobre madeira, 104 cm × 85 cm. Por tratar a política "como ela é", Maquiavel exerceu cargos importantes na vida pública da República de Florença, de 1498 a 1512.

Como vimos, no pensamento antigo a política estava relacionada com a ética e, na Idade Média, essa ideia permaneceu, acrescida dos valores cristãos. Ou seja, o bom governante seria aquele que possuísse as virtudes cristãs e as implementasse no exercício do poder político.

Maquiavel observou, porém, que havia uma distância entre o **ideal** de política e a **realidade** política de sua época. Escreveu então o livro *O príncipe*, com o propósito de tratar da política tal como ela se dá, isto é, sem pretender fazer uma teoria da política ideal, mas, ao contrário, compreendendo e esclarecendo a política real.

Dessa forma, o filósofo afastou-se da concepção idealizada de política. Centrou sua reflexão na constatação de que o poder político tem como função **regular** as **lutas** e **tensões** entre os **grupos sociais**, os quais, em seu entendimento, eram basicamente dois: o grupo dos poderosos e o povo. Essas lutas e tensões existiriam sempre, de tal forma que seria ilusão buscar um bem comum para todos.

No entanto, se a política não tem como objetivo o bem comum, qual seria então seu objetivo?

Maquiavel respondeu: a política tem como objetivo a **manutenção do poder do Estado**. Para manter o poder, o governante deve lutar com todas as armas possíveis, sempre atento às correlações de forças que se mostram a cada instante. Isso significa que a ação política não cabe nos limites do juízo moral. O governante deve fazer aquilo que, a cada momento, se mostra interessante para conservar seu poder. Não se trata, portanto, de uma decisão moral, mas sim de uma decisão que atende à lógica do poder.

Os fins justificam os meios

Para Maquiavel, na ação política não são os princípios morais que contam, mas os **resultados**. É por isso que, segundo ele, **os fins justificam os meios**. Desse modo, escreveu:

> Não pode e não deve um príncipe prudente manter a palavra empenhada quando tal observância se volte contra ele e hajam desaparecido as razões que a motivaram. [...] Nas ações de todos os homens, especialmente os príncipes, [...] os fins é que contam. Faça, pois, o príncipe tudo para alcançar e manter o poder; os meios de que se valer serão sempre julgados honrosos e louvados por todos, porque o vulgo [o povo, a maioria das pessoas] atenta sempre para aquilo que parece ser e para os resultados.
>
> MAQUIAVEL, Nicolau. *O príncipe*. São Paulo: Círculo do Livro, s.d. p. 112-113.

Nessa obra, o filósofo faz uma análise não moral dos atos de diversos governantes, procurando mostrar em que momentos suas opções foram interessantes para a manutenção do poder político. Deve-se a essa franqueza despudorada o uso pejorativo do adjetivo **maquiavélico**, que designa o comportamento "sem moral".

Contudo, o que se deve reter do pensamento de Maquiavel é que ele inaugura um novo patamar de reflexão política, que procura compreender e descrever a ação política tal como se dá realmente. Seu mérito é ter compreendido que, no início da Idade Moderna, a política desvinculava-se das esferas da moral e da religião, constituindo-se em uma esfera autônoma.

Assim, no campo da política, os fins justificam os meios. No campo da moral, no entanto, não seria correto separar meios e fins, já que toda conduta deve ser julgada por seu valor intrínseco, independentemente do fim, do resultado.

Como explicar a criação do Estado?

Nos séculos XVII e XVIII, muitos filósofos buscaram explicar a justificação racional para a existência das sociedades humanas e para a criação do Estado. De modo geral, essa preocupação apresentou-se em torno de duas questões principais:

- **Qual é a natureza do ser humano? Qual é o seu estado natural?** – Em suas diversas conjeturas, esses filósofos chegaram, em geral, à conclusão básica de que os seres humanos são, por natureza, **livres** e **iguais**.
- **Como explicar então a existência do Estado e como legitimar seu poder?** – Com base na tese de que todos são naturalmente livres e iguais, deduziram que em dado momento, por um conjunto de circunstâncias e necessidades, os indivíduos se viram obrigados a abandonar essa liberdade e estabelecer entre si um acordo, um **pacto** ou **contrato social**, o qual teria dado origem ao Estado.

Por esse motivo, essas explicações ficaram conhecidas como **teorias contratualistas**.

Hobbes: o Estado soberano

O primeiro grande contratualista foi o filósofo inglês **Thomas Hobbes** (1588-1679). Em sua investigação, concluiu que o ser humano, embora vivendo em sociedade, não possui o instinto natural de sociabilidade, como afirmou Aristóteles.

Para Hobbes, cada indivíduo sempre encara seu semelhante como um concorrente que precisa ser dominado. Segundo o filósofo, onde não houve o domínio de um indivíduo sobre outro, existirá sempre uma competição intensa até que a dominação seja alcançada. Tal tese está vinculada à concepção **materialista** e **mecanicista** da realidade (como estudamos no Capítulo 10).

Guerra de todos contra todos

A consequência óbvia dessa disputa infindável entre os seres humanos em **estado de natureza** teria sido o surgimento de um **estado de guerra** e de matança permanente. Por isso, de acordo com Hobbes, "o homem é o lobo do próprio homem" (da expressão latina *homo homini lupus*).

Só haveria uma solução para dar fim à brutalidade em estado de natureza: a **criação artificial da sociedade política**, administrada pelo Estado. Para isso, os indivíduos tiveram de firmar um pacto entre si (**contrato social**), pelo qual cada um transferia seu poder de governar a si próprio a um terceiro – o **Estado** –, para que este governasse a todos, impondo ordem, segurança e direção à conturbada vida em estado de natureza.

Hobbes apresentou essas ideias primeiro em sua obra *Do cidadão* e depois em *Leviatã*. Nesta última, compara o Estado a uma criação monstruosa do ser humano, destinada a pôr fim à anarquia e ao caos das relações humanas. O nome **Leviatã** refere-se a um poderoso e indomável monstro mencionado na Bíblia.

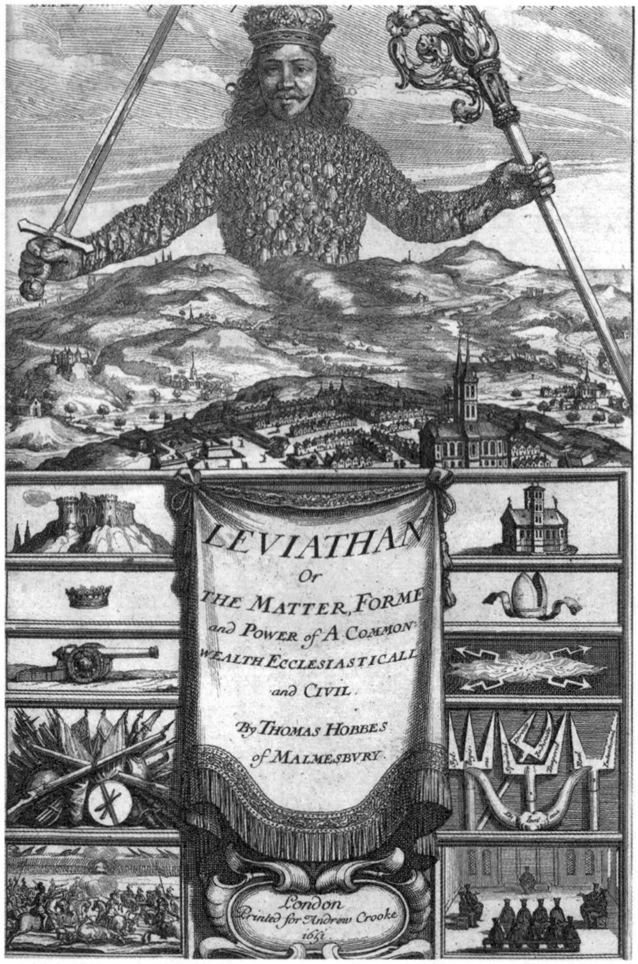

ABRAHAM BOSSE - BIBLIOTECA BRITÂNICA, LONDRES

Frontispício da primeira edição de *Leviatã*, publicado em Londres, 1651, ilustrado por Abraham Bosse. Nesse livro, Hobbes defende a legitimidade do poder político absoluto, baseando-se na concepção de uma natureza humana competitiva e destrutiva à qual somente um poder forte do Estado teria condições de fazer frente.

Ética e política

No plano ético, Hobbes defende que o que chamamos de **bem** é tão somente o que desejamos alcançar, enquanto o **mal** é apenas aquilo de que fugimos. Isso se explicaria pelo fato de que, no entendimento desse pensador, o valor fundamental para cada indivíduo é a **conservação da vida**, ou seja, a afirmação e o crescimento de si mesmo. Assim, cada pessoa sempre tenderá a considerar como bem o que lhe agrada e como mal o que lhe desagrada ou ameaça.

Portanto, na filosofia hobbesiana não há espaço para o bem e o mal como valores universais a serem introjetados nas pessoas. A pergunta que pode surgir então é a seguinte: se o bem e o mal são relativos, isto é, são determinados pelos indivíduos, como será possível a convivência entre as pessoas?

Hobbes responde a essa questão nos livros *Leviatã* e *Do cidadão*, nos quais defende a necessidade de um **poder absoluto** que mantenha os indivíduos em sociedade e impeça que se destruam mutuamente.

Locke: o Estado liberal

Assim como Hobbes, o filósofo inglês **John Locke** (1632-1704) também refletiu sobre a origem do poder político e sua necessidade de congregar os seres humanos, que, em **estado de natureza**, viviam **isolados**.

No entanto, enquanto Hobbes imagina um estado de natureza marcado pela violência e pela "guerra de todos contra todos", Locke faz uma reflexão mais moderada. Refere-se ao estado de natureza como uma condição na qual, pela falta de uma normatização geral, cada um seria juiz de sua própria causa, o que levaria ao surgimento de problemas nas relações entre os indivíduos.

Para evitar esses problemas é que o **Estado** teria sido criado. Sua função seria a de garantir a **segurança** dos indivíduos e de seus **direitos naturais**, como a **liberdade** e a **propriedade**, conforme expõe Locke em sua obra *Segundo tratado sobre o governo*.

Diferentemente de Hobbes, portanto, Locke concebe a sociedade política como um meio de assegurar os direitos naturais e não como o resultado de uma transferência dos direitos dos indivíduos para o governante e as instituições de governo. Assim nasce a concepção de **Estado liberal**, segundo a qual o Estado deve regular as relações entre os indivíduos e atuar como juiz nos conflitos sociais. Contudo, deve fazer isso garantindo aquilo que precede a própria criação do Estado – as liberdades e os direitos individuais, no que se refere tanto ao pensamento e à sua expressão quanto à propriedade e à atividade econômica.

Crítica ao absolutismo

De certa maneira, podemos dizer que Locke aplicou ao campo sociopolítico algumas de suas teorias sobre o conhecimento humano (estudadas no Capítulo 9). Para ele, assim como não existem ideias inatas, também não deveria existir **poder inato** (ou de origem divina), como defendiam os adeptos do absolutismo monárquico.

Revelando sua preocupação em proteger a liberdade do cidadão, defendia que o poder social deveria nascer de um **pacto** entre as pessoas. Por sua vez, as leis deveriam expressar as normas estabelecidas pela própria comunidade, que escolheria, por meio do mútuo consentimento dos indivíduos, a forma de governo considerada mais conveniente ao bem comum.

O pensamento de Locke exerceu profunda influência na fundamentação ideológica da **democracia liberal burguesa**, contribuindo para a difusão de valores iluministas como a **tolerância religiosa**, o respeito pela **liberdade individual**, a expansão do **sistema educacional** e a **livre-iniciativa econômica**.

JEAN LEON GEROME FERRIS – SOCIEDADE HISTÓRICA DA VIRGÍNIA, VIRGÍNIA

Redação da Declaração de Independência dos Estados Unidos em 1776, de Jean Leon Gerome Ferris, c. 1900. Óleo sobre tela. Uma das principais fontes de inspiração da Declaração de Independência e da Constituição dos Estados Unidos foi o liberalismo defendido por John Locke.

Rousseau: da vontade geral surge o Estado

Outro pensador que formulou uma teoria contratualista, assim como Hobbes e Locke, foi o filósofo de origem franco-suíça **Jean-Jacques Rousseau** (1712-1778). Em sua obra *Discurso sobre a origem da desigualdade entre os homens*, ele glorifica os valores da vida natural e ataca a corrupção, a avareza e os vícios da sociedade civilizada. Exalta a **liberdade** que o selvagem teria desfrutado na pureza do seu **estado natural**, contrapondo-o à falsidade e ao artificialismo da vida civilizada.

Já na obra *Do contrato social*, Rousseau foi mais além: procurou investigar não só a origem do poder político e a existência ou não de uma justificativa válida para os indivíduos, originalmente livres, terem submetido sua liberdade ao poder político do Estado, mas também a condição necessária para que o poder político seja legítimo.

LUCIOLA ZVARIEK/PULSAR IMAGENS

Indígenas da etnia Waurá, na aldeia Piyulaga, durante o ritual do Kuarup, em Gaúcha do Norte (MT), 2019. Na literatura dos séculos XVIII e XIX, o mito do "bom selvagem" está vinculado a uma atitude crítica em relação à sociedade europeia e a uma idealização de outros modos de ser e viver, como o das comunidades indígenas americanas.

Rousseau defende a tese de que o único fundamento legítimo do poder político é o **pacto social** – pelo qual cada cidadão, como membro de um povo, concorda em submeter sua vontade particular à **vontade geral**. Isso significa que cada indivíduo, como cidadão, somente deve obediência ao poder político se esse poder representar a vontade geral do povo ao qual pertence. O compromisso de cada cidadão é com o seu povo. Somente **o povo é a fonte legítima da soberania do Estado**.

Com o pacto social, cada cidadão passa a assumir obrigações em relação à comunidade política, sem estar submetido à vontade particular de uma única pessoa. Unindo-se a todos, só deve obedecer às leis, que, por sua vez, devem exprimir a vontade geral. Desse modo, respeitar as leis é o mesmo que obedecer à vontade geral e, ao mesmo tempo, é respeitar a si mesmo, sua própria vontade como cidadão, cujo interesse deve ser o **bem comum**.

Montesquieu: a separação dos poderes

É de autoria do pensador francês Charles de Secondat, mais conhecido como barão de **Montesquieu** (1689-1755), a teoria a respeito de uma das características mais interessantes do **Estado moderno**: a divisão funcional dos **três poderes**.

Ao refletir sobre a possibilidade de abuso do poder nas monarquias, Montesquieu propôs que se estabelecesse a divisão do poder político em três instâncias: poder Legislativo (que elabora e aprova as leis), poder Executivo (que executa as normas e decisões relativas à administração pública) e poder Judiciário (que aplica as leis e distribui a proteção jurisdicional pedida aos juízes).

Embora já houvesse na época uma divisão de poderes próxima da proposta por Montesquieu, é significativa em sua obra a ênfase atribuída à necessidade de separação desses poderes, que devem ser exercidos por pessoas diferentes, e à necessidade de equilíbrio entre eles.

A teoria da separação dos três poderes é, atualmente, adotada por diversos países, incluindo o Brasil. A Constituição Federal brasileira de 1988 consagra essa separação dos poderes (Executivo, Legislativo e Judiciário) e estabelece, no art. 60, que essa divisão constitui cláusula pétrea, isto é, norma que não pode ser alterada ou abolida.

HAGAR, DIK BROWNE © 2020 KING FEATURES SYNDICATE/IPRESS

Tirinha do personagem *Hagar, o horrível*, criada por Dik Browne em 1973, publicada na *Folha de S.Paulo*, em outubro de 2002.

Conexões

4. Interprete filosoficamente essa tirinha. Você considera possível relacioná-la com alguma teoria política que estudamos? Ou com a atualidade política?

Hegel: do Estado surge o indivíduo

O filósofo alemão **Friedrich Hegel** (1770-1831) criticou a concepção liberal do Estado, encontrada tanto em Locke como em Rousseau, uma vez que essa concepção parte da ideia do indivíduo isolado que, posteriormente, teria se organizado em sociedade. Para Hegel, isso é um equívoco. Não existe o indivíduo em estado de natureza. O ser humano, para ele, é um **ser social**, que só encontra seu sentido no **Estado**. O indivíduo isolado seria uma abstração.

O Estado, por sua vez, não é a simples soma de muitos indivíduos, não é formado a partir da vontade deles, nem é fruto de um contrato, como haviam pensado Hobbes, Locke e Rousseau.

De acordo com a reflexão política de Hegel, o indivíduo é parte orgânica de um todo: o Estado. É historicamente situado, alguém que fala uma língua e é criado dentro de uma tradição. Essas características são anteriores a cada um dos indivíduos isolados e são elas que o definem como ser. Por isso o filósofo considera que **o Estado precede o indivíduo.**

O Estado é concebido por Hegel, portanto, como fundador da sociedade civil, ao contrário de Rousseau, por exemplo, para quem é a sociedade (os indivíduos em seu conjunto) que cria o Estado.

Para entender melhor essa concepção hegeliana, é preciso recordar um pouco da sua filosofia. Como vimos nos Capítulos 10 e 14, para Hegel a realidade é a manifestação da razão ou espírito. O Estado seria, então, a manifestação do **espírito objetivo** em seu desenvolvimento, uma esfera que concilia a universalidade humana com os interesses particulares dos indivíduos da sociedade civil. Sendo uma manifestação da **razão**, o Estado possui uma **universalidade** que está acima da soma dos interesses individuais. Conforme escreve Hegel:

> O Estado é a realidade efetiva da ideia ética [...]. O indivíduo tem, por sua vez, sua liberdade substancial no sentimento de que ele (o Estado) é sua própria essência, o fim e o produto de sua atividade [...] por ser o Estado o espírito objetivo, o indivíduo só tem objetividade, verdade e ética se toma parte dele.
>
> HEGEL, Friedrich. *Principios de la filosofía del derecho*. Buenos Aires: Sudamerica, 1975. p. 283-284. [Tradução nossa].

Marx e Engels: Estado e domínio de classe

Para os filósofos alemães **Karl Marx** (1818-1883) e **Friedrich Engels** (1820-1895), a sociedade humana primitiva era uma sociedade sem classes e sem Estado. Nessa sociedade pré-civilizada, as funções administrativas eram exercidas pelo conjunto dos membros da comunidade (clã, tribo etc.).

Em determinado estágio do desenvolvimento histórico das sociedades humanas, certas funções administrativas, antes exercidas pelo conjunto da comunidade, tornaram-se privativas de um **grupo separado de pessoas** que detinha força para impor normas e organização à vida coletiva. Teria sido por meio desse núcleo que se desenvolveu o **Estado.**

Isso teria ocorrido, segundo Marx e Engels, em certo momento de desenvolvimento econômico que coincidiu com o surgimento das **desigualdades de classes** e dos conflitos entre explorados e exploradores. Assim, o papel do Estado teria sido o de amenizar o choque desses conflitos, evitando uma luta direta entre as classes antagônicas.

LEWIS W. HINE/ALBUM/FOTOARENA

Crianças que trabalhavam em mina de carvão nos Estados Unidos, em 1911. Até as primeiras décadas do século XX, considerava-se "normal" crianças de todas as idades trabalharem o dia inteiro junto com os adultos. Era comum que vários membros de uma família trabalhassem para garantir o sustento. Contudo, a exploração do trabalho infantil é repudiada nas sociedades contemporâneas. No Brasil atual, é proibida por lei, embora ainda subsista em várias regiões. Pense em formas de erradicar definitivamente o trabalho infantil no Brasil e no mundo.

Até aqui, não estamos longe da teoria liberal. No entanto, conforme escreveu Engels em *A origem da família, da propriedade privada e do Estado*, embora o Estado tenha nascido da necessidade de conter esses antagonismos, nasceu também no meio do conflito e, por isso, acabou sendo sempre representado pela classe mais poderosa, aquela que tinha a força para reprimir a classe dominada: os escravos na Antiguidade, os servos e camponeses no feudalismo e os trabalhadores assalariados no capitalismo.

Assim, para Marx e Engels o Estado atua geralmente como um **instrumento de dominação**. Na sociedade capitalista, por exemplo, o domínio de classe se identificaria diretamente com a "proteção da propriedade privada" dos que a possuem, contrariando os interesses daqueles que nada têm. Proteger a propriedade privada capitalista implica preservar as relações sociais, as normas jurídicas, enfim, a segurança dos proprietários burgueses.

Manutenção da desigualdade

Essa concepção do Estado como instrumento de dominação de uma classe sobre a outra estabelece, portanto, uma relação entre as **condições materiais** de existência de certa sociedade e a forma de Estado que ela adota. Ou seja, o Estado é determinado pela **estrutura social** de modo a atender às demandas específicas de uma forma de sociabilidade, garantindo que essa forma se mantenha.

Isso significa que o Estado só é necessário devido ao "caráter antissocial desta vida civil" (MARX, Karl. Glosas críticas ao artigo "O rei da Prússia e a reforma social". *In: Marx:* escritos de juventud. México: Fondo de Cultura Económica, 1987. p. 513). Isto é, o Estado existe para administrar os problemas causados pela forma antissocial (desigual, excludente) da sociedade civil; só poderia deixar de existir quando a sociedade não fosse mais dividida em classes antagônicas.

Assim, Marx e Engels diferenciaram-se de autores anteriores, porque criticavam o Estado que, em sua essência, substitui a prevalência da sociedade. Em outras palavras, o Estado origina-se exatamente das insuficiências de uma sociedade em realizar-se em si mesma, garantindo condições concretas de igualdade e justiça social. Portanto, o Estado nasce da desigualdade para manter a desigualdade.

Desempregados e sem-teto formam fila para distribuição de refeições e calçados em Los Angeles, Califórnia, Estados Unidos, em 2015. Na maior potência capitalista do mundo, os Estados Unidos, milhões de pessoas vivem na miséria. De acordo com Marx, no Estado capitalista é necessário produzir, de forma mais ou menos permanente, um "exército de reserva", isto é, um grupo social de desempregados, pobres ou miseráveis que aceitará trabalhar por qualquer preço e em quaisquer condições. O que você pensa sobre essa tese?

MARK RALSTON/AFP

John Rawls: justiça e liberdade

Na história política ocidental, sobretudo nos tempos da Revolução Francesa, encontramos diferentes grupos políticos que lutavam por uma sociedade baseada na **liberdade** e **igualdade**. No entanto, esses grupos se dividiram conforme enfatizavam mais os ideais de liberdade ou de igualdade social. Em busca de solucionar esse impasse, o filósofo político estadunidense **John Rawls** (1921-2002), no seu livro *Uma teoria da justiça*, construiu um modelo de sociedade justa que, segundo ele, seria capaz de conciliar liberdade e igualdade. A obra de Rawls dialoga com grandes nomes da filosofia política e econômica como Locke e Adam Smith, Rousseau e Marx, Kant e Hobbes.

Podemos dizer que as reflexões de Rawls tiveram como ponto de partida a constatação histórica de que o ser humano nunca adotou o isolamento social como forma habitual de vida. Tudo indica que a sociabilidade é inerente à condição humana. Contudo, vivendo em sociedade, a ação de um indivíduo interfere na vida de outras pessoas, provocando, consequentemente, a reação dos seus semelhantes. Muitas vezes, como sugeriu Hobbes, essa interferência de condutas teve efeitos destrutivos, gerando caos na vida social.

A partir dessa concepção de liberdade e igualdade, Rawls sustentou que somente haveria uma interação construtiva de condutas quando os membros da sociedade decidissem **cooperar** para obter benefícios recíprocos. Desse modo, nasceria um **novo contrato social** (acordo entre vontades) no qual indivíduos racionais e morais abririam mão de parte de sua liberdade em troca de uma **rede de proteção social**. O objetivo desse acordo voluntário seria construir um equilíbrio entre rivalidades individuais e estabilidade social.

Com esse novo contrato social, os cidadãos deveriam ser considerados **iguais em direitos e deveres**, ou seja, seria justo que todos tivessem igual acesso à liberdade política (direito de votar e ocupar um cargo público), liberdade de expressão e reunião, liberdade de consciência e de pensamento e liberdade individual (direito à integridade física, proteção contra opressão psicológica e contra prisões arbitrárias etc.). No entanto, Rawls também considera justas as **desigualdades sociais e econômicas que resultem no maior benefício possível para todos**, sobretudo os menos favorecidos. Dessa forma, todos devem ser igualmente livres para estabelecer quais desigualdades (de riqueza ou de autoridade) são vantajosas e úteis para a preservação do interesse coletivo.

Na construção dessa sociedade livre e igualitária, Rawls concedia primazia à liberdade. Isso ocorre porque sem liberdade o ser humano não poderia exercer racionalmente sua vontade, nem mesmo para escolher uma sociedade justa e igualitária.

A visão igualitária e liberal de Rawls não o impedia de reconhecer que havia distinções entre as pessoas, pois os seres humanos são diferentes nos seus modos de ser e de viver. No entanto, as diferenças individuais não poderiam justificar desequilíbrios socioeconômicos inadmissíveis que desrespeitem noções fundamentais de justiça consagradas nas Constituições das democracias do mundo contemporâneo. Trata-se, por exemplo, das garantias atreladas ao direito à vida, à dignidade, à segurança, à propriedade, e também aos direitos sociais vinculados à saúde, educação, moradia etc.

> Embora a distribuição de riqueza e de renda não precise ser igual, deve ser vantajosa para todos e, ao mesmo, os cargos de autoridade e de responsabilidade devem ser acessíveis a todos. [...] A injustiça se constitui, então, simplesmente de desigualdades que não são vantajosas para todos.
>
> RAWLS, John. *Uma teoria da justiça*. Martins Fontes: São Paulo, 2000. p. 74-75.

1. Sintetize e compare os conceitos antigo e moderno de política.
2. Poder é a posse dos meios que levam à produção de efeitos desejados. Explique essa afirmação.
3. Comente a afirmação de Norberto Bobbio de que o poder político é o poder supremo em uma sociedade de desiguais.
4. Analise e comente o conceito de Estado formulado por Max Weber.
5. Em que sentido podemos falar de uma contraposição entre sociedade civil e Estado?
6. Qual deve ser a função dos partidos políticos em relação à sociedade civil? Em sua opinião, eles cumprem essa função no Brasil? Pesquise e justifique sua resposta.
7. Regime político é o modo característico pelo qual o Estado se relaciona com a sociedade civil. Como se relacionam com a sociedade civil os regimes políticos democrático e ditatorial? Detalhe suas características.
8. Destaque os aspectos do pensamento político de Platão que culminam com a ideia de um rei-filósofo.
9. A base do pensamento político de Aristóteles é a afirmação de que o ser humano é por natureza um animal político. Explique:
   a) como ele chegou a tal conclusão;
   b) como essa conclusão vincula-se à ideia de que o objetivo da política é o bem comum, o que é o bem comum para ele.
10. A partir da Idade Média, que relação se estabeleceu no pensamento político entre a ideia de Deus e a de governante? Que teoria se formulou a seu respeito no início da Idade Moderna? Explique-a.
11. O realismo político de Maquiavel inaugurou uma nova maneira de pensar a política. Que novidade foi essa? Como essa novidade se expressou?
12. Hobbes entendia que o "homem é o lobo do próprio homem". Explique essa tese e como ela o levou à sua concepção de Estado.
13. Locke e Rousseau também formularam suas teorias contratualistas acerca da origem do Estado, polemizando em grande parte com as concepções de Hobbes. Discorra sobre essas teorias, procurando destacar aspectos desse debate.
14. Que crítica faz Hegel às concepções de Hobbes, Locke e Rousseau?
15. Como se posicionam Marx e Engels em relação à teoria contratualista e liberal a respeito da origem e do papel do Estado?
16. John Rawls construiu um modelo de sociedade livre e igualitária. Por que ele concedeu primazia à liberdade?

Conversa filosófica

17. Interesse público e interesse privado

Dependendo do uso que se faz do poder político, podemos distinguir a ação política voltada ao interesse público e a ação política voltada aos interesses particulares ou privados. Leia o trecho a seguir escrito pelo historiador brasileiro Sérgio Buarque de Holanda (1902-1982) sobre o assunto:

> No Brasil, pode dizer-se que só excepcionalmente tivemos um sistema administrativo e um corpo de funcionários puramente dedicados a interesses objetivos e fundados nesses interesses. Ao contrário, é possível acompanhar, ao longo de nossa história, o predomínio constante das vontades particulares que encontram seu ambiente próprio em círculos fechados e pouco acessíveis a uma ordenação impessoal.

HOLANDA, Sérgio Buarque de. *Raízes do Brasil*. São Paulo: Companhia das Letras, 2006. p. 159 e 160.

Conforme o texto, qual é a posição de Sérgio Buarque de Holanda a esse respeito? Debata sobre esse tema com colegas, ilustrando sua argumentação com exemplos. Depois, pesquise o que é interesse público e interesse particular. Por último, reflita sobre que tipo de ação política é, em sua opinião, mais dominante na prática social brasileira e por quê.

18. Qualidades de um governante

Reúna-se com colegas para refletir sobre o projeto político de Platão. Você considera importante que um governante tenha conhecimentos tão profundos como um filósofo? Em sua opinião, que qualidades deve ter um governante para que possa cumprir sua função da melhor maneira e promover o bem comum?

19. Função do Estado

Em sua opinião, qual tem sido a função do Estado brasileiro historicamente e nos últimos anos: a de um simples mediador dos conflitos entre os diversos grupos sociais ou prioritariamente a de defensor dos interesses das classes dominantes? Pesquise sobre o assunto e forme uma opinião, baseada em exemplos (fatos históricos) e argumentos sólidos. Depois debata o tema com a classe.

20. A importância da divisão dos poderes

Qual é a importância da separação e do equilíbrio dos poderes, propostos por Montesquieu? O que acontece se não há essa divisão? Quando isso ocorre? Mesmo que haja essa divisão, é possível que um poder interfira no outro? Isso ocorre ou já ocorreu no Brasil? Elabore uma reflexão a respeito e apresente-a aos colegas.

21. Liberalismo e neoliberalismo

Pesquise sobre a versão contemporânea do liberalismo, dirigida ao âmbito econômico, que é conhecida como "neoliberalismo". Ela deu bons resultados? Que críticas são feitas a ela? Reflita e forme uma opinião sobre esse tema. Depois discuta a seu respeito com um grupo de colegas.

22. Paternalismo e populismo

Formem grupos e pesquisem temas como paternalismo e populismo na política brasileira e latino-americana. Depois, apresentem um seminário sobre o assunto, utilizando diferentes linguagens (textos, imagens, áudios etc.).

Para pensar

A seguir, apresentamos três textos. O primeiro é um trecho de John Locke, no qual o pensador formula sua teoria contratualista acerca da criação do Estado. Nele, o filósofo procura explicar por que o ser humano, possuindo uma natureza própria que lhe garante a liberdade e a igualdade, criou o Estado, que para ele deve ser liberal. No segundo texto, Friedrich Engels opõe-se a essa concepção, formulando a tese conhecida como marxista sobre a origem do Estado e sua função. Por fim, apresentamos trechos do preâmbulo da Declaração dos Direitos Humanos, produzido pela Organização das Nações Unidas (ONU) em 1948. O Brasil é signatário dessa Declaração, que inspirou o artigo 5º da Constituição Federal brasileira. Leia os textos e responda às questões que seguem.

Texto I
O Estado deve ser liberal

Se o homem no estado de natureza é tão livre, conforme dissemos, se é senhor absoluto da sua própria pessoa e posses, igual ao maior e a ninguém sujeito, por que abrirá ele mão dessa liberdade, por que abandonará o seu império e sujeitar-se-á ao domínio e controle de qualquer outro poder?

Ao que é óbvio responder que, embora no estado de natureza tenha tal direito, a fruição do mesmo é muito incerta e está constantemente exposta à invasão de terceiros porque, sendo todos reis tanto quanto ele, todo homem igual a ele, na maior parte pouco observadores da equidade e da justiça, a fruição da propriedade que possui neste estado é muito insegura, muito arriscada.

Estas circunstâncias obrigam-no a abandonar uma condição que, embora livre, está cheia de temores e perigos constantes, e não é sem razão que procura de boa vontade juntar-se em sociedade com outros que estão já unidos, ou pretendem unir-se, para a mútua conservação da vida, da liberdade e dos bens a que chamo de "propriedade".

LOCKE, John. *Segundo tratado sobre o governo*. 2. ed. São Paulo: Abril Cultural, 1978. p. 88. (Os Pensadores).

Texto II

O Estado é um instrumento da dominação de classe

[...] como o Estado nasceu da necessidade de conter o antagonismo das classes, e como, ao mesmo tempo, nasceu em meio ao conflito delas, é, por regra geral, o Estado da classe mais poderosa, da classe dominante, classe que, por intermédio dele, se converte em classe politicamente dominante e adquire novos meios para a repressão e exploração da classe oprimida.

Assim, o Estado antigo foi, sobretudo, o Estado dos senhores de escravos para manter os escravos subjugados; o Estado feudal foi o órgão de que se valeu a nobreza para manter a sujeição dos servos e camponeses dependentes; e o moderno Estado representativo é o instrumento de que se serve o capital para explorar o trabalho assalariado.

Entretanto, por exceção, há períodos em que as lutas de classes se equilibram de tal modo que o poder do Estado, como mediador aparente, adquire certa independência momentânea em face das classes.

ENGELS, Friedrich. *A origem da família, da propriedade privada e do Estado*. Rio de Janeiro: Civilização Brasileira, 1975. p. 193-194. (Perspectivas do Homem).

1. O que caracteriza o primeiro texto como uma interpretação liberal do Estado?
2. O que caracteriza o segundo texto como uma interpretação marxista do Estado?
3. Como você avalia a interpretação de Locke? Em sua opinião, o Estado pode ser liberal? Justifique sua resposta.
4. Em sua opinião, a interpretação de Engels exclui a hipótese liberal do Estado ou a complementa, expondo seus limites? Justifique.

Texto III

Declaração dos Direitos Humanos

[...] **Considerando** que o reconhecimento da dignidade inerente a todos os membros da família humana e de seus direitos iguais e inalienáveis é o fundamento da liberdade, da justiça e da paz no mundo,

Considerando que o desprezo e o desrespeito pelos direitos humanos resultaram em atos bárbaros que ultrajaram a consciência da Humanidade e que o advento de um mundo em que os todos gozem de liberdade de palavra, de crença e da liberdade de viverem a salvo do temor e da necessidade foi proclamado como a mais alta aspiração do ser humano comum, [...]

Considerando que os povos das Nações Unidas reafirmaram, na Carta da ONU, sua fé nos direitos humanos fundamentais, na dignidade e no valor do ser humano e na igualdade de direitos entre homens e mulheres, e que decidiram promover o progresso social e melhores condições de vida em uma liberdade mais ampla, [...]

A ASSEMBLEIA GERAL
proclama
A PRESENTE DECLARAÇÃO UNIVERSAL DOS DIREITOS HUMANOS
como o ideal comum a ser atingido por todos os povos e todas as nações [...].

ORGANIZAÇÃO DAS NAÇÕES UNIDAS (ONU). *Declaração Universal dos Direitos Humanos*. Preâmbulo. Disponível em: <https://nacoesunidas.org/wp-content/uploads/2018/10/DUDH.pdf>. Acesso em: 9 mar. 2020.

1. Segundo o documento da ONU, qual é o fundamento dos princípios da liberdade, da justiça e da paz?
2. Identifique e reflita sobre os acontecimentos históricos que levaram à produção desse documento em prol dos direitos humanos.
3. Pesquise na internet, jornais e revistas exemplos de situações nas quais os direitos humanos são respeitados ou violados na contemporaneidade.
4. Formem grupos e debatam: quais ações concretas podem ser implementadas para combater desigualdades sociais e violações aos direitos humanos no mundo atual?

Sessão de cinema

Adeus, Lenin! (2003, Alemanha, direção de Wolfgang Becker)

Depois da queda do muro de Berlim, um jovem tenta proteger sua fragilizada mãe do choque fatal de saber que sua amada nação, a Alemanha Oriental, não existe mais.

Alexandria (2009, Espanha, direção de Alejandro Amenábar)

No Egito ocupado pelos romanos, a ascensão do cristianismo provoca mudanças políticas que dão esperanças e liberdade a um escravo e desnorteiam sua mestra e amada, a filósofa e matemática Hypatia de Alexandria.

Missing: o desaparecido (1982, Estados Unidos, direção de Constantin Costa-Gavras)

Relato dramático, baseado em fato real, sobre a busca empreendida pelo pai e pela esposa de um estadunidense desaparecido após o golpe de Pinochet, no Chile.

Notícias de uma guerra particular (1999, Brasil, direção de Kátia Lund e João Moreira Salles)

Documentário sobre a violência urbana no Brasil, especialmente no Rio de Janeiro. Mostra cenas chocantes do cotidiano das favelas dominadas pelo tráfico de drogas, além de apresentar entrevistas com policiais, traficantes e moradores.

O que é isso, companheiro? (1997, Brasil, direção de Bruno Barreto)

Filme baseado em livro homônimo do jornalista e político brasileiro Fernando Gabeira. Retrata a época da ditadura militar no Brasil, quando uma organização política clandestina sequestra um embaixador estadunidense visando trocá-lo por presos políticos.

Persépolis (2007, França/Estados Unidos, direção de Vincent Paronnaud e Marjane Satrapi)

Animação baseada em romance gráfico homônimo e autobiográfico de Marjane Satrapi. Mostra as sucessivas mudanças na vida da jovem iraniana desde a Revolução Islâmica (1979) e a implantação do fundamentalismo religioso em seu país.

Que horas ela volta? (2015, Brasil, direção de Anna Muylaert)

O filme trata das relações conflituosas entre patrões de classe média alta e empregadas domésticas e da dinâmica das desigualdades econômicas e sociais no Brasil. A personagem Val, uma pernambucana que se muda para São Paulo com a expectativa de melhorar as condições de vida da família, passa a trabalhar como doméstica. Ela deixa sua filha com a avó e anos mais tarde, já adolescente, a moça pede ajuda à mãe para prestar vestibular em São Paulo na mesma época que o filho dos patrões.

Reds (1981, Estados Unidos, direção de Warren Beatty)

Filme que enfoca uma parte da revolução socialista soviética, por meio da história do repórter estadunidense John Reed, que fazia a cobertura dos acontecimentos. Mostra o processo revolucionário, suas tensões e suas contradições.

Todos os homens do presidente (1976, Estados Unidos, direção de Alan J. Pakula)

Filme sobre a história dos dois repórteres que revelaram o escandaloso caso Watergate, o qual culminou com a renúncia de Nixon, então presidente dos Estados Unidos.

CAPÍTULO 17

Ciência e epistemologia

OZGUR AYAYDIN/ANADOLU AGENCY/GETTY IMAGES

Arqueóloga trabalha na colina Kortik, em Diyarbakir, na Turquia, em 2017.

- **Que tipo de trabalho está realizando a pessoa na imagem acima? Qual parece ser o seu propósito? A manipulação cuidadosa e a observação rigorosa têm importância em sua atividade?**

Questões filosóficas

- O que é ciência?
- Quais são os objetivos da ciência?
- O que é método científico?
- O conhecimento científico é definitivo?
- A ciência deve ser ética?

Conceitos-chave

método científico, método experimental, leis científicas, teorias científicas, epistemologia, filosofia da ciência, ciência moderna, ciência pós-moderna, método explicativo, método compreensivo, verificabilidade, neopositivismo, refutabilidade, falseabilidade, ruptura epistemológica, emergentismo, pensamento sistêmico, pensamento complexo, paradigma, revolução científica, cientificismo, bioética

Vamos agora investigar outra área da atividade humana de enorme importância no mundo contemporâneo: a ciência.

Você já reparou que quando um cientista afirma algo ninguém ousa dizer o contrário? A fala do cientista é vista com respeito e dá a impressão de que só outro cientista pode contradizê-la. Por que é assim? O que faz a ciência ter tanta credibilidade e, por isso mesmo, tanto poder?

Procuraremos neste capítulo responder a essas e a outras questões.

O QUE É CIÊNCIA
Do método às leis científicas

Comecemos nossa investigação sobre a ciência buscando o significado básico dessa palavra. O termo "ciência" vem do latim *scientia,* que significa "conhecimento". Assim, como ponto de partida, podemos definir ciência como o campo da atividade humana que se dedica à construção de um conhecimento **sistemático** e **seguro** a respeito dos fenômenos do mundo.

Por que dissemos "sistemático e seguro"? Porque, como vimos antes (no Capítulo 9), a palavra "conhecimento" pode ser usada no sentido amplo (*lato sensu*), como "percepção ou consciência de algo", e no sentido estrito (*stricto sensu*), como "consciência do que algo realmente é", alcançada de maneira sólida e bem fundamentada. Este último é o tipo de saber que interessa à ciência. Os gregos o chamavam de *epistéme*. Foi a partir desse termo que a investigação filosófica sobre o conhecimento obtido pela ciência tornou-se conhecida como **epistemologia** ou **epistemologia científica**, ramo da filosofia da ciência (reveja o tópico sobre epistemologia no quadro Grandes Áreas do Filosofar, ao final da Unidade 1).

Nossa segunda questão pode ser: "Conhecer para quê?". Costuma-se dizer que a ciência busca tornar o mundo compreensível, proporcionando ao ser humano meios de prever situações e exercer controle sobre o mundo. Como afirmou o matemático britânico-polonês **Jacob Bronowski** (1908-1974), pelo conhecimento científico o ser humano domina a natureza não pela força, mas pela compreensão.

Será isso possível? Será que a ciência alcança a compreensão que pretende, e o faz sem o uso da força? Essas e outras questões serão analisadas ao longo deste capítulo.

Método científico

Desde o início da Idade Moderna, o meio utilizado pela ciência para alcançar seus objetivos é o método científico. O termo "método" vem do grego *meta,* "através", e *hodos,* "caminho", e significa "através de um caminho ou procedimento". Assim, método científico é o **núcleo de procedimentos** que orienta o modo de conduzir uma investigação científica.

Há diversos conjuntos de procedimentos que caracterizam diferentes metodologias. No entanto, podemos dizer que os métodos científicos têm por base, de modo geral, uma estrutura lógica que engloba diversas etapas, as quais devem ser percorridas na busca de solução para o problema proposto. Vejamos o esquema básico do **método científico experimental**, nascido no contexto das **ciências da natureza** (ou ciências empíricas), mas que, por seus bons resultados, serviu e ainda serve de referência às diversas ciências não empíricas até nossos dias:

Etapas do método científico experimental	
1. Observação e enunciado de um problema	Ao observar fatos ou fenômenos os pesquisadores identificam um problema, algo que ainda não havia sido suficientemente explicado por meio do conjunto de conhecimentos disponíveis. O problema deve ser enunciado com clareza e precisão para a partir de então iniciar-se a investigação científica.
2. Formulação de uma hipótese	Procurando resolver o problema, os pesquisadores propõem uma resposta possível com base em conhecimentos relacionados ao assunto. Essa é sua hipótese, a qual deverá ser avaliada em sua investigação. Isso significa que a hipótese é uma proposta ainda não explorada ou provada e que, por isso, necessita ser testada cientificamente.
3. Realização de testes experimentais	Para testar a validade da hipótese os pesquisadores planejam alguns experimentos. Essa investigação deve ser realizada de maneira controlada pela equipe do estudo – e repetida por outras posteriormente – para que os fatores relevantes previstos na hipótese sejam suficientemente destacados na ocorrência do fato-problema.
4. Conclusão do estudo	Por último, os pesquisadores reúnem as observações e os dados obtidos para a conclusão da pesquisa, confirmando, corrigindo ou rejeitando a hipótese formulada inicialmente e testada durante toda a experimentação.

Cumpridas todas essas etapas do método, o pesquisador ou pesquisadora deve redigir um artigo (o chamado *paper*) detalhando todo o estudo, a metodologia utilizada e os resultados obtidos. Esse documento será então enviado a uma revista científica para publicação, o que permitirá que seus pares o conheçam e repliquem (repitam) para avaliar e validar suas conclusões. Só então, após esse diálogo e essa interação com a comunidade científica, as descobertas do estudo poderão se incorporar ao conjunto de conhecimentos considerados científicos.

Cabe notar, por último, que a diversidade de objetos de estudo não permite que o modelo experimental seja usado sempre em todas as suas etapas e em todas as áreas da ciência, razão pela qual existe uma diversidade de metodologias científicas, até mesmo dentro de uma mesma disciplina. A astronomia, por exemplo, não pode usar os mesmos métodos de pesquisa da química, como testes de laboratório, para estudar planetas e galáxias. O mesmo ocorre com as ciências humanas e sociais, que têm por objeto os seres humanos, suas vivências e culturas, de grande complexidade e variabilidade (como veremos mais adiante).

PHOTOQUEST/GETTY IMAGES

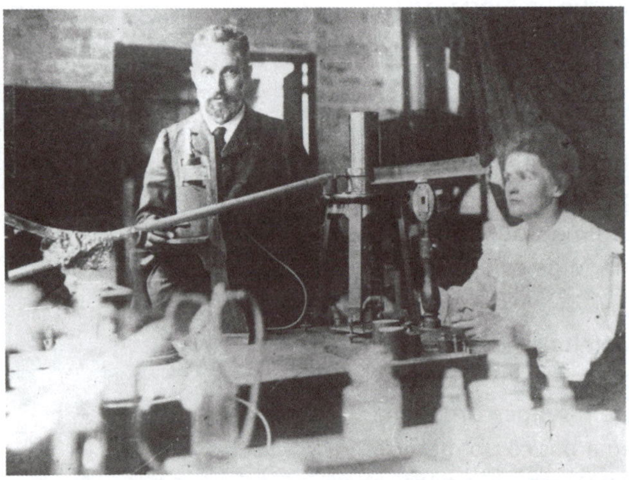

Casal Pierre e Marie Curie em seu laboratório em Paris, França, c. 1900. Ambos foram laureados com o Prêmio Nobel de Física de 1903, por seus estudos sobre a radiotividade. Ela ainda recebeu o Nobel de Química de 1911, pela descoberta dos elementos químicos rádio e polônio.

Observação

Os métodos científicos, por si sós, não garantem os resultados satisfatórios de uma pesquisa. Embora fundamentais, eles também dependem de um amplo conjunto de variáveis, que vão desde a natureza do problema pesquisado até os recursos materiais aplicados na pesquisa em questão. Beneficiam-se ainda de elementos muito importantes, como a **criatividade**, a **imaginação** e a **sagacidade** do pesquisador ou pesquisadora.

Leis e teorias científicas

Depois de realizar uma ampla investigação, os cientistas também podem chegar a formular **leis** e **teorias**, principalmente dentro das ciências naturais, com destaque para a física. Mas o que são exatamente as leis e teorias científicas?

Analisando inúmeros fatos do mundo, podemos perceber a ocorrência de diversos **fenômenos regulares**, como a sucessão do dia e da noite, as estações do ano, o nascimento dos seres vivos, a atração dos corpos em direção ao centro da Terra e muitos outros. Para reconhecer a ocorrência de **regularidades** na natureza, os cientistas observam os fenômenos semelhantes e os classificam segundo suas características comuns. Ao fazê-lo, procuram chegar a uma conclusão geral que possa ser aplicada a todos os fenômenos semelhantes. É por meio desse procedimento que se formulam as leis científicas. Nesse sentido, leis são enunciados generalizadores que procuram apresentar relações constantes e necessárias entre fenômenos regulares.

As leis costumam fazer parte de uma **teoria científica**, uma construção conceitual mais ampla, que descreve a causa ou o mecanismo subjacente à regularidade descrita pela lei. Portanto, a teoria tem como objetivo explicar as regularidades entre os fenômenos e fornecer uma compreensão abrangente sobre eles.

Costuma-se dizer que as leis e teorias científicas desempenham três funções básicas: resumem uma grande quantidade de fenômenos regulares, favorecendo uma **visão global** do seu conjunto; possibilitam a **previsão** de novos fenômenos que se enquadrem na regularidade descrita; e permitem a **intervenção** na natureza por meio do desenvolvimento da tecnologia apropriada.

Transitoriedade das teorias científicas

A ciência propõe-se a atingir conhecimentos precisos, coerentes e abrangentes. Caracteriza-se por tentar, deliberadamente, alcançar resultados que o senso comum, por suas condições, não pode normalmente alcançar. No entanto, o estudo da história das ciências revela que inúmeras teorias científicas, que por algum tempo reinaram como absolutamente sólidas e corretas, mais tarde acabaram refutadas, sendo modificadas ou substituídas por outras.

Foi o caso, por exemplo, da teoria geocêntrica. Durante séculos e séculos, o mundo ocidental acreditou de forma inabalável que a Terra fosse o centro do Universo, até que Nicolau Copérnico demonstrou, no século XVI, que a Terra se movia em torno do seu próprio eixo e ao redor do Sol, lançando a teoria heliocêntrica. As explicações científicas apresentam, portanto, essa característica de **transitoriedade**, de estarem abertas ao questionamento e poderem ser substituídas quando surja outra teoria que cumpra melhor sua função.

Essa possibilidade pode conduzir à noção pessimista de que a ciência fracassou no seu propósito ou perdeu sua razão de existir. Ou, ainda, pode levar à posição cética de que todos os conhecimentos científicos são crenças passageiras que serão condenadas no futuro. No entanto, existe certo consenso entre os defensores da ciência a respeito de que, embora as teorias científicas possam ser refutadas, reformuladas ou corrigidas, a ciência cumpre sua função enquanto é bem-sucedida em seu esforço de fornecer explicações sistemáticas, bem fundadas e dignas de confiança para a realidade que vivemos. Seu papel seria justamente o de construir conhecimentos continuamente aprimorados.

NASA/ALAMY/FOTOARENA

Furacão Florence visto do espaço pela Estação Espacial Internacional (ISS, na sigla em inglês). Essa estação levou dez anos e muitas viagens para ser montada no espaço, em um esforço de cooperação científica sem precedentes de mais de cinco agências espaciais e mais de uma dezena de países. Há muita competição na ciência, mas é a cooperação que sustenta sua confiabilidade e seu progresso. Você sabe por quê?

Conexões

1. Reflita sobre ideias que você tinha como absolutamente verdadeiras sobre o mundo, mas depois percebeu que estava errado sobre elas. Que ideias eram essas? O que fez com que você mudasse de opinião? A experiência, os estudos, outras pessoas em quem você confia?

Metodologias das ciências humanas e sociais

O estudo do ser humano e de suas construções ao longo do tempo e do espaço é produzido pelas ciências humanas e sociais, área de conhecimento que utiliza metodologias específicas, diferentes das utilizadas pelas ciências naturais. Foi o que alertou o filósofo alemão **Wilhelm Dilthey** (1833-1911), quando propôs outro tipo de *logos* ou racionalidade como fundamento para o conjunto de ciências que ele designava então como "ciências do espírito", e que, depois, seriam denominadas ciências humanas e sociais.

Para Dilthey, as ciências naturais estariam fundadas no **determinismo mecanicista**, que identifica na natureza manifestações regulares, que permitem ao cientista formular explicações a seu respeito, culminando em leis e teorias. Já as ciências humanas lidariam com objetos marcados pela indeterminação e a liberdade (os seres humanos, seu mundo interior, suas vivências e criações). Portanto, só restaria ao cientista social buscar apreender o conjunto de elementos que se aplicam a um problema para alcançar seus sentidos e sua compreensão, fazendo uso de outro *logos* ou racionalidade.

Por isso, as ciências naturais e as ciências humanas seriam ontologicamente distintas, segundo Dilthey. As primeiras se constituiriam em atividades **explicativas**; as últimas, em atividades **compreensivas**. Foi dessa distinção que, a partir da segunda metade do século XX, surgiram correntes metodológicas que, sem deixar de seguir as etapas tradicionais do método científico experimental, deram destaque aos dois enfoques básicos utilizados atualmente nas ciências humanas e sociais:

- **enfoque quantitativo** – empregado quando se tem uma pergunta ou hipótese sobre a realidade, fazendo uso da coleta de dados e da análise estatística (medição e quantificação) para respondê-la ou confirmá-la;
- **enfoque qualitativo** – empregado quando não se conhece a realidade e se busca compreendê-la, fazendo uso da linguagem natural para coleta de dados (sem medição numérica) para entender o contexto e as percepções dos atores sociais.

É comum que os estudos combinem os dois enfoques, utilizando primeiro o enfoque qualitativo, para descobrir e refinar suas perguntas, e depois o quantitativo. Os estudos qualitativos das ciências humanas seguem um processo indutivo (vão do particular ao geral), gerando perspectivas teóricas a partir de sua exploração, mas não pretendem, com isso, chegar a generalizações que atinjam contextos mais amplos ou universais. Entre as técnicas de obtenção de dados das ciências humanas e sociais estão entrevistas, questionários, grupos focais, observação, registros históricos etc.

CIÊNCIA NA HISTÓRIA

A razão científica através do tempo

O que entendemos hoje por ciência tem uma história relativamente recente. Até o século XVII, filosofia e ciência estiveram unificadas a tal ponto que as origens do saber científico se confundem com as origens da própria filosofia.

Essa origem comum situa-se na filosofia pré-socrática e foi marcada pela busca da *arché* (o princípio comum de todas as coisas da natureza), isto é, da unidade em meio à multiplicidade, do permanente em meio ao transitório (conforme estudamos nos Capítulos 10 e 11).

Foi apenas a partir da revolução científica iniciada por **Galileu Galilei** (1564-1642) que a ciência passou a constituir um setor autônomo, independente da filosofia e com metodologias próprias: a chamada **ciência moderna**.

Nascimento da ciência moderna

Em certo sentido, o objetivo principal da ciência moderna continuou sendo compreender os **princípios universais** subjacentes aos objetos e fenômenos investigados, como haviam tentado os primeiros filósofos. O que mudou bastante, dos antigos gregos à ciência moderna, foi o próprio entendimento do que é ciência e das condições por meio das quais se constrói o conhecimento científico.

Entre essas transformações, podemos destacar a substituição do enfoque qualitativo dos antigos pelo enfoque quantitativo dos modernos, assim como da abordagem contemplativa pela operativa, além da conhecida divisão do conhecimento em áreas, isto é, a fragmentação do saber. Vejamos cada um desses aspectos.

Do qualitativo ao quantitativo

Aristóteles (384-322 a.C) dizia que conhecer é conhecer pelas causas, concebidas por ele como quatro: a causa material, a causa formal, a causa eficiente e a causa final (conforme exposto no Capítulo 11). Esse processo levaria a um conhecimento que transcenderia a ciência, no seu sentido atual, e se confundiria com a **metafísica** – que é o conhecimento dos princípios últimos de toda a realidade (como estudamos no Capítulo 10).

Essa visão do saber científico se manteve em grande parte durante a Idade Média. Foi somente a partir dos séculos XVI e XVII que a pretensão metafísica começou a ser progressivamente abandonada pelos cientistas, até então chamados de **filósofos da natureza**. Eles passaram a se guiar por um procedimento mais específico e experimental, pautado, sobretudo, por um enfoque **quantitativo**.

Em outras palavras, a procura da explicação qualitativa e finalística acerca dos seres (de sua finalidade ou de seu sentido), que havia predominado desde a Antiguidade, foi sendo substituída pela **quantificação**, **geometrização** ou **matematização** da natureza. Trata-se de um processo que abstrai ou ignora as características sensíveis da realidade, reduzindo a explicação dos fenômenos às regularidades neles observadas, que passam a ser expressas por meio de números, figuras e equações.

Foi assim que, como observou o historiador da ciência Alexandre Koyré em seu livro *Do mundo fechado ao universo infinito*, a partir do Renascimento houve a destruição da ideia de **cosmo**, isto é, de um mundo hierarquizado e qualitativo, dotado de centro e limitado no espaço.

REMBRANDT – MUSEU MAURITSHUIS DE HAIA, HAIA

A lição de anatomia do Dr. Tulp, de Rembrandt, 1632. Óleo sobre tela, 216,5 cm × 169,5 cm. A dissecação de corpos é uma expressão do enfoque operativo da ciência, a partir da Idade Moderna. As dissecações tornaram-se acontecimentos públicos à época, pois havia grande curiosidade acerca do funcionamento do corpo humano. Hoje em dia, o que desperta interesse semelhante?

Em seu lugar, surgiu a ideia de um **Universo infinito** e **geométrico** (conforme vimos nos Capítulos 10 e 13).

Do contemplativo ao operativo

Outra característica peculiar da ciência moderna é a ruptura com o aspecto contemplativo que predominava na ciência antiga. A ciência moderna é fundamentalmente **operativa**, isto é, tem interesse no conhecimento para poder operar, intervir na natureza e dominá-la. Kant reflete e explicita essa nova relação do ser humano com a natureza quando afirma:

> A razão, assim, se aproxima da natureza não como um aluno que ouve tudo aquilo que o professor se decide a dizer, mas como um juiz que obriga a testemunha a responder a questões que ele mesmo formulou.
>
> KANT, Immanuel. *Crítica da razão pura*. São Paulo: Abril Cultural, 1979. p. 11. (Os Pensadores).

Desse modo, a ciência moderna não constitui uma observação que aceita os fatos recolhidos no mundo de forma passiva. Trata-se de uma observação crítica do mundo, mediada por operações estabelecidas previamente e que aplicam raciocínios lógico-matemáticos aos dados obtidos pela experiência.

Divisão e especialização do saber

É nesse contexto que se iniciou a separação e a especialização dos saberes. A física e a química foram as primeiras a se desenvolverem, a partir do século XVII. Posteriormente, as ciências biológicas também abraçaram a nova concepção de ciência quantitativa e operativa. O otimismo com os resultados obtidos pelas ciências da natureza acabou dominando as sociedades modernas, alcançando também as chamadas ciências humanas e sociais, nascidas durante o século XIX.

Investigando o universo dos seres humanos, os primeiros estudiosos dos ramos humanísticos procuraram atingir um patamar de cientificidade próximo ao alcançado pela física, considerada a "ciência modelo". A própria sociologia, idealizada por **Auguste Comte** (1798-1857) no contexto de seu positivismo, foi concebida inicialmente como uma "física social". A abordagem positivista nas ciências humanas e sociais seria pouco depois criticada por Wilhelm Dilthey e outros estudiosos, que passariam a postular a abordagem da compreensão, ou seja, um enfoque mais abrangente, qualitativo e holístico (como vimos anteriormente).

O processo de separação dos saberes, iniciado com o nascimento da ciência moderna, acentuou-se durante o século XX, levando a uma crescente divisão e especialização do conhecimento no interior de cada área científica. A medicina, por exemplo, foi subdividida de tal maneira em especialidades e subespecialidades que, se uma pessoa for a um hospital, hoje em dia, com dor no ombro, será atendida primeiro por um clínico geral, que muito provavelmente a encaminhará a um especialista em ortopedia, que, por sua vez, poderá direcioná-la novamente a outro ortopedista especialista apenas em ombro.

Conexões

2. Você ou algum conhecido já teve experiências semelhantes ao procurar atendimento médico? Que vantagens e desvantagens você identifica na grande especialização da medicina ou de outras ciências? Compartilhe suas reflexões com os colegas.

Teorias contemporâneas revolucionárias

No final do século XIX e início do século XX, os avanços das ciências prosseguiram em todas as áreas de forma impactante. A matemática e a física clássicas, por exemplo, foram revolucionadas por novas teorias que começaram a romper com paradigmas estabelecidos até então, como as noções de espaço e de causa e efeito. Outras teorias causaram enorme impacto não apenas no âmbito das ciências, mas também na sociedade em geral, trazendo muitas dúvidas e questionamentos. Vejamos alguns casos emblemáticos.

Evolução das espécies

No campo da biologia, a **teoria da evolução das espécies**, estabelecida em 1859 pelo naturalista inglês **Charles Darwin** (1809-1882), chegou a abalar a visão do ser humano como "centro do mundo", que marcou o humanismo da época moderna. É que essa teoria defendeu a tese de que a diversidade biológica de nosso planeta se deve a modificações acumuladas ao longo de sucessivas gerações, em um processo evolutivo de seleção natural que culminou com o aparecimento do ser humano.

Tal concepção teve grande impacto científico e social, pois se chocava com muitas crenças, principalmente religiosas, a respeito da origem do ser humano. Além disso, o darwinismo trouxe a noção de que as coisas nem sempre foram assim como as vemos. Existiria uma história e uma evolução também no mundo natural, não apenas no universo social e cultural.

Ainda no campo da biologia, surgiram entre 1865 e 1866 as **leis da hereditariedade**, elaboradas pelo biólogo e botânico **Gregor Mendel** (1822-1884). Pouco tempo depois, no início do século XX, chegou-se à identificação dos **cromossomos** e dos **genes**, o que contribuiu para diversos avanços científicos da medicina e resultou na formação de um novo ramo da biologia: a genética.

As pesquisas nessa área conduziram progressivamente a novos conhecimentos – entre eles a decifração do código genético na segunda metade do século XX –, mas também despertaram muitas polêmicas, especialmente no campo da engenharia genética. É o caso, por exemplo, das pesquisas com clonagem, que levaram ao nascimento da ovelha clonada Dolly, em 1996. Clonagem é o processo de reprodução assexuada a partir da célula adulta de um indivíduo, pelo qual se obtêm indivíduos geneticamente idênticos ao do organismo doador.

PHOTO12/UNIVERSAL IMAGES GROUP/GETTY IMAGES

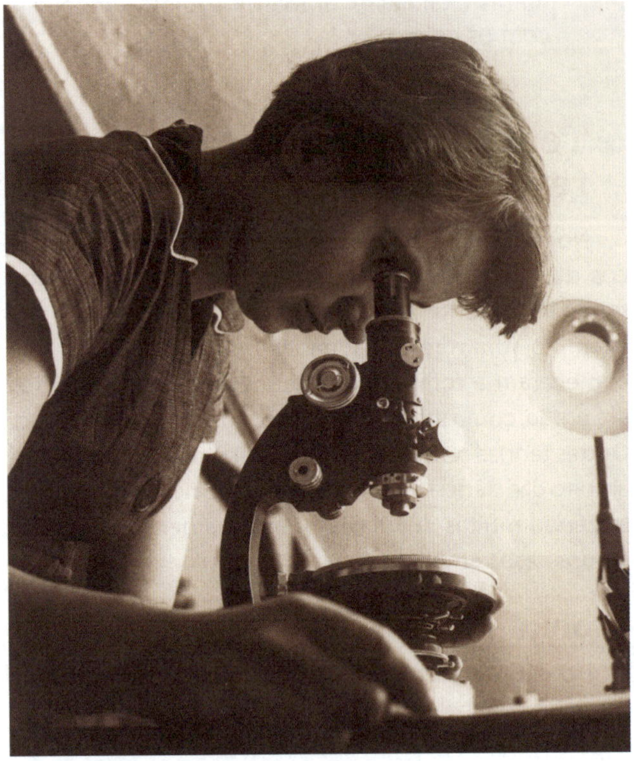

SCIENCE PHOTO LIBRARY/FOTOARENA

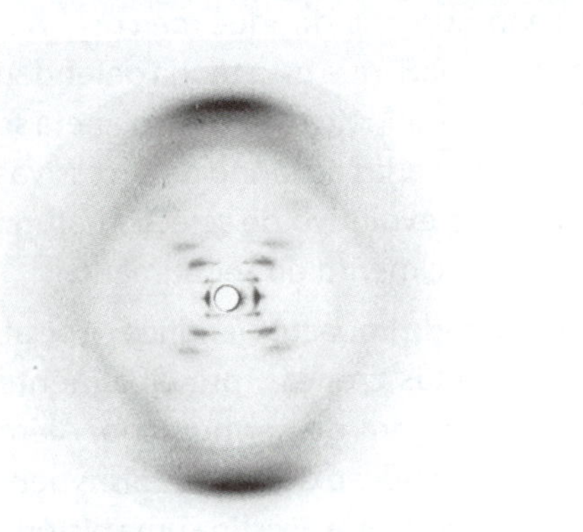

A química inglesa Rosalind Franklin (1920-1958) conseguiu obter a famosa "foto 51" (acima), a primeira imagem da molécula de DNA que mostrava sua dupla hélice. Foi a partir dessa imagem, obtida de forma polêmica, que seus colegas James Watson, Francis Crick e Maurice Wilkins puderam descrever a estrutura e o funcionamento do DNA e ganhar o Prêmio Nobel de Medicina de 1962, sem nenhum agradecimento póstumo a Rosalind. O que esse fato revela sobre o lugar historicamente ocupado pelas mulheres no mundo científico?

Conexões

3. Pesquise sobre o impacto que a clonagem provocou no meio científico e na sociedade. Depois elabore uma análise, uma reflexão, que responda às seguintes questões:

a) o que a clonagem representou para a ciência? E para a sociedade em geral?;

b) por que houve tanta polêmica em torno desse método de reprodução de espécies?

Geometrias não euclidianas

No campo da matemática, surgiram novas concepções de geometria, desenvolvidas inicialmente por volta de 1826 pelo matemático russo **Nicolai Lobatchevski** (1792-1856) e pelo húngaro **János Bolyai** (1802-1860) – independentemente e sem conhecimento mútuo – e, posteriormente, pelo matemático alemão **Bernhard Riemann** (1826-1866).

Essas novas geometrias, denominadas **geometrias não euclidianas**, abalaram a certeza matemática, pois rejeitavam alguns axiomas da geometria clássica euclidiana, colocando em dúvida certas verdades até então consideradas evidentes e modificando as ideias sobre o espaço geométrico.

A partir do golpe desferido por essas novas concepções, os axiomas da geometria clássica passaram a ser entendidos não mais como princípios irrefutáveis e absolutos, mas como simples pontos de partida. Ou seja, a geometria euclidiana não foi totalmente refutada, mas perdeu o posto de verdade absoluta para explicar o espaço em geral, restringindo-se sua aplicação mais precisamente aos espaços planos. Como observou o matemático francês **Henri Poincaré** (1854-1912), uma geometria não é mais verdadeira que outra, é apenas mais cômoda.

Relatividade, incerteza e mecânica quântica

No campo da física, o **mecanicismo determinista** – desenvolvido a partir da teoria mecânica elaborada por **Isaac Newton** (1643-1727) e fundamentado na noção de nexos necessários entre causas e efeitos de um fenômeno – permeou as concepções sobre o universo físico ao longo do século XIX, estendendo-se às áreas da termodinâmica, da ótica e da acústica. Contudo, a partir do final desse mesmo século, resultados de diversos estudos trouxeram contradições que abalaram as concepções vigentes do universo físico, mudaram o rumo das pesquisas e propiciaram o nascimento da **mecânica quântica**.

Um passo importante nessa direção foi dado em 1905, quando o físico alemão **Albert Einstein** (1879-1955) reformulou os conceitos tradicionais de espaço e tempo em um artigo intitulado "Sobre a eletrodinâmica dos corpos em movimento". Nesse texto enunciou, entre outras coisas, que a energia é igual à quantidade de massa multiplicada pela velocidade da luz ao quadrado (a famosa fórmula $E = mc^2$). Era o ponto de partida para o desenvolvimento de sua **teoria da relatividade**.

O mecanismo da física clássica newtoniana sofreu novo abalo com a formulação do **princípio da incerteza**, em 1927, pelo físico alemão **Werner Karl Heisenberg** (1901-1976), um dos fundadores da mecânica quântica. Esse princípio estabeleceu a impossibilidade de determinar com precisão a velocidade e a localização de partículas subatômicas, como um elétron, contrariando a mecânica newtoniana.

UNIVERSITY OF NEW HAMPSHIRE/GADO/GETTY IMAGES

Albert Einstein conseguiu aliar sua atividade científica à reflexão filosófica, manifestando uma visão ampla e crítica da realidade. Ele dizia, por exemplo, que a lógica leva uma pessoa de A a B, enquanto a imaginação pode conduzi-la a qualquer lugar. Fotografia de 1938.

Assim, a partir do século XX, a física passou a lidar com dois grandes níveis de observação:

- o campo dos valores e grandezas verificáveis na experiência cotidiana, que emprega a física clássica newtoniana;
- o campo dos valores e grandezas envolvidos nos fenômenos microscópicos (atômicos, nucleares e subnucleares) e astronômicos, que emprega, entre outras, a mecânica quântica e a teoria da relatividade, respectivamente.

O desenvolvimento desses novos campos da física, além de romper com a concepção determinista e mecanicista da física tradicional, passou a admitir também, com as noções de relatividade e de incerteza, certo "irracionalismo", o que abalou a pretensão de causalidade e previsibilidade total que havia caracterizado a ciência até então.

Ciência pós-moderna

A partir da segunda metade do século XX, aumentou significativamente o número de adeptos de abordagens que se distinguem do modelo adotado desde o início da ciência moderna, especialmente no que se refere ao seu reducionismo mecanicista. Por esse motivo, vários estudiosos falam no surgimento de um novo paradigma (como veremos mais adiante) e, portanto, de uma nova ciência: a chamada **ciência pós-moderna**.

O **reducionismo** pode ser definido, como vimos antes, como a maneira de pensar segundo a qual o todo pode ser explicado pelas partes nas quais ele se reduz, no entendimento de que "a soma das partes equivale ao todo". Assim, se conhecermos as partes, conheceremos o todo. (Reveja a explicação mais detalhada de reducionismo mecanicista e materialista no Capítulo 10.)

Nas novas abordagens desenvolvidas nas últimas décadas, o todo tende a ser entendido como sistema, isto é, como estrutura de elementos organizados e inter-relacionados. Para ser adequadamente compreendido, o todo não pode ser dividido, isolando suas partes. As partes devem ser entendidas conjuntamente nas relações que estabelecem entre si, sempre tendo como referência o todo. Essa tendência é conhecida, de modo genérico, como **holismo** (do grego *hólos*, "total, inteiro, completo").

Uma de suas expressões é o chamado **emergentismo**, movimento que ganhou força dentro da biologia desde o início do século XX. Os emergentistas dizem que, em alguns sistemas, "o todo é algo mais que a simples soma de suas partes", porque nelas não se observariam algumas das propriedades que emergem com o todo. Em outras palavras, as propriedades emergentes não poderiam ser reduzidas às anteriores. Um exemplo seria o próprio fenômeno da vida, incompreensível quando se pensa em seus elementos inorgânicos isoladamente.

Outra expressão da ciência pós-moderna na compreensão da realidade é o **pensamento sistêmico**, inicialmente formulado pelo biólogo austríaco **Karl Ludwig von Bertalanffy** (1901-1972). Segundo essa abordagem, qualquer sistema real (por exemplo, uma célula, uma empresa, a Terra) manifesta-se como um sistema complexo, isto é, que apresenta distintos níveis de realidade em interação. Por isso, deve ser interpretado em sua totalidade de maneira **interdisciplinar**, associando, por exemplo, a visão econômica, cultural, biológica, química etc., conforme o sistema em questão. Mais adiante voltaremos a esse tema, ao abordarmos o pensamento complexo.

SCIENCE PHOTO LIBRARY/FOTOARENA

SCIENCE PHOTO LIBRARY/FOTOARENA

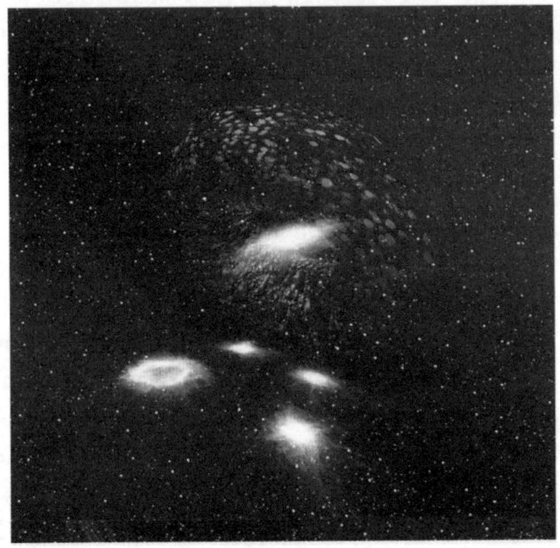

A astrônoma estadunidense Vera Rubin (1928-2016) foi uma pioneira no estudo da rotação das galáxias, propondo, na década de 1950, a teoria de que as galáxias se agrupavam em cúmulos. Foi ignorada na época, mas em 1975 apresentou cálculos que evidenciavam a existência de algo desconhecido, além da gravidade, que mantinha os planetas unidos dentro das galáxias: a chamada matéria escura (representada na imagem computadorizada acima). Dessa vez, sim, foi ouvida e reconhecida pela comunidade acadêmica. Fotografia de c. 1947.

Conexões

4. Pesquise sobre mulheres cientistas na história da ciência. Elabore uma reflexão sobre o espaço cada vez maior que elas estão ocupando nos diversos campos de pesquisa, tanto nas universidades brasileiras como nas de outros países.

FILOSOFIA DA CIÊNCIA

Debates e concepções principais

Desde o início da Idade Moderna, foi intensa a investigação filosófica sobre as condições de possibilidade do conhecimento verdadeiro, especialmente em pensadores como Bacon, Descartes, Locke, Hume e Kant (como vimos nos Capítulos 9 e 13). No entanto, foi apenas a partir do final do século XIX – quando filosofia e ciência já eram dois campos separados do conhecimento – que começou a ganhar real destaque a discussão sobre a ciência como área específica de estudo filosófico, dando origem à chamada **filosofia da ciência**.

A filosofia da ciência desenvolve reflexões críticas sobre os fundamentos do saber científico e se desdobra em uma série de questões e pesquisas, como:

- o método de investigação científica, seus critérios de verdade e validade;
- a classificação das ciências;
- a natureza das teorias científicas e sua capacidade de explicar a realidade;
- o papel histórico da ciência e sua utilização nas sociedades etc.

Observação

Veremos que, entre os nomes mais destacados da filosofia da ciência, há cientistas de vários ramos. Ao desenvolverem reflexões sobre sua própria prática, seus conceitos e sua história deixaram de ser apenas cientistas para se tornarem também filósofos.

Papel da indução

A interessante polêmica que inaugurou a epistemologia contemporânea, no final do século XIX, envolveu os pensadores ingleses **William Whewell** (1794-1866) e **John Stuart Mill** (1806-1873). O objeto de discórdia era o papel da indução na ciência (reveja, se necessário, a explicação sobre o método indutivo no Capítulo 4).

UNIVERSAL IMAGES GROUP/GETTY IMAGES

John Stuart Mill, de G. F. Watts, 1944. Além de filósofo e economista, Stuart Mill foi um pensador político liberal e defensor dos direitos das mulheres, junto com sua esposa, a filósofa Harriet Taylor.

Para Stuart Mill, a indução é simplesmente uma generalização que parte de fatos assegurados pela experiência sensível. Já Whewell defendia que, além dos sentidos, a indução se norteia também por ideias inatas (próprias da mente humana) que organizam e relacionam as experiências.

Nessa polêmica, o que estava em jogo era se a indução, entendida como a generalização a partir da observação dos fenômenos analisados, dava ou não conta de incluir em suas conclusões outros elementos particulares que não foram tratados na pesquisa.

Em suma, até que ponto a indução poderia ser um método confiável na aquisição de certezas científicas?

Critério da verificabilidade

Um grupo de cientistas que marcou a história da filosofia da ciência foi o chamado **Círculo de Viena**, formado durante a década de 1920 por filósofos e cientistas de diversas áreas. Entre eles estavam o físico alemão **Moritz Schlick** (1882-1936), os matemáticos alemães **Hans Hahn** (1879-1934) e **Rudolf Carnap** (1891-1970) e o sociólogo e economista austríaco **Otto Neurath** (1882-1945).

O Círculo de Viena desenvolveu o **neopositivismo**, também denominado **positivismo lógico** ou ainda **empirismo lógico**, que pretendeu formar uma concepção científica do mundo isenta de qualquer especulação:

> As proposições fatuais são, pois, o fundamento de todo saber, mesmo que elas precisem ser abandonadas no momento de transição para afirmações gerais. Estas proposições estão no início da ciência. O conhecimento começa com a constatação dos fatos.

SCHLICK, Moritz. *O fundamento do conhecimento*. São Paulo: Abril Cultural, 1975. p. 46. (Os Pensadores).

Em suas reflexões acerca do procedimento científico, os pensadores do Círculo de Viena enfatizaram as exigências de clareza e precisão e propuseram o **critério da verificabilidade** como forma de validar uma teoria científica. Em outras palavras, toda teoria deveria passar pelo crivo da verificação empírica antes de ser aceita como verdadeira.

Critério da refutabilidade

Um dos nomes mais importantes da filosofia da ciência foi o físico, matemático e filósofo austro-britânico **Karl Popper** (1902-1994), que discordou das posições do Círculo de Viena e seu critério da verificabilidade, propondo em seu lugar o **critério da refutabilidade** ou **falseabilidade**.

KEYSTONE/GETTY IMAGES

Mais conhecido como um dos maiores nomes da filosofia da ciência, Popper também trouxe importante contribuição ao pensamento político. Com uma crítica aguçada a toda forma de totalitarismo, foi um defensor persistente do liberalismo. Fotografia de 1973.

De acordo com Popper, uma teoria mantém-se como verdadeira até que seja refutada, isto é, até que sejam demonstrados sua falsidade, suas brechas, seus limites. Para Popper, nenhuma teoria científica pode ser verificada empiricamente pelo método indutivo. Isso porque:

> [...] do ponto de vista lógico, não é nada óbvio que se justifique inferir assertivas universais a partir de assertivas singulares, por mais numerosas que sejam estas últimas. Com efeito, qualquer conclusão tirada desse modo sempre pode se revelar falsa: por mais numerosos que sejam os casos de cisnes brancos que possamos ter observado, isso não justifica a conclusão de que todos os cisnes são brancos.
>
> Citado em REALE, Giovanni; ANTISERI, Dario. *História da filosofia*. São Paulo: Paulus, 1990. p. 1022. 3 v.

Com essa afirmação, Popper indicou a condição transitória da validade de uma teoria, ou seja, determinada teoria é válida até o momento em que é refutada, mostrando-se sua falsidade. Somente a falsidade de uma teoria pode ser provada, mas nunca sua veracidade absoluta. Isso significa que a ciência possui apenas conjeturas (hipóteses) sobre a realidade, e não certezas definitivas.

É essa característica que, segundo Popper, faz com que o conhecimento científico possa progredir em sua busca de explicação do real, sendo necessário, para isso, que as sociedades estejam abertas à liberdade de crítica e de pesquisa.

Outro ponto que o filósofo destacou em suas reflexões sobre o conhecimento científico foi que a mente não é uma "tábula rasa", como pensam os empiristas. Para ele, não existe observação pura, pois todas as observações são sempre realizadas à luz de **pressupostos** e de **teorias prévias** que o cientista traz consigo. Elas se confirmam ou não a partir de sua observação.

Rupturas epistemológicas

Outro filósofo importante no campo da ciência foi o francês **Gaston Bachelard** (1884-1962), que destacou a importância do estudo da história da ciência como instrumento de análise da própria racionalidade, no entendimento de que a atividade científica faz parte de um processo histórico amplo e que possui um caráter social.

De acordo com a análise do filósofo, a ciência progride por **rupturas epistemológicas** quando supera obstáculos epistemológicos. Isso quer dizer que caminha por saltos que se caracterizam pela recusa dos pressupostos e métodos que orientavam a pesquisa anterior (sustentando os erros preestabelecidos), pois esses pressupostos e métodos atuavam como obstáculos, como entraves ao avanço do conhecimento. Esses obstáculos podem estar relacionados a hábitos socioculturais cristalizados, a dogmatizações de teorias que freiam o desenvolvimento da ciência, entre outros fatores.

Exemplos de ruptura epistemológica são os da física quântica e da teoria da relatividade, que formularam uma nova maneira de conceber o espaço e o tempo como resposta aos obstáculos encontrados na física newtoniana.

Bachelard destacou também o papel da imaginação e da criatividade como elementos imprescindíveis à prática científica.

Paradigmas e revoluções científicas

Por sua vez, o físico e filósofo da ciência estadunidense **Thomas Kuhn** (1922-1996) desenvolveu sua teoria acerca da história da ciência entendendo-a não como um processo linear e evolutivo, mas como uma sucessão de paradigmas que se confrontam entre si. Paradigma, em sua definição, é um conjunto de normas e tradições dentro do qual a ciência se move, durante determinado período e em certo contexto cultural.

BILL PIERCE/TIME LIFE COLLECTION/GETTY IMAGES

Apesar de não ter formação específica em história e filosofia, Kuhn se tornou um dos principais historiadores e filósofos da ciência, introduzindo a perspectiva sociológica em suas análises. Fotografia de 1973.

Em seu livro *A estrutura das revoluções científicas*, publicado em 1962, Kuhn sustenta a tese de que a ciência se desenvolve durante certo tempo a partir da aceitação, por parte da comunidade científica, de um conjunto de teses, pressupostos e categorias que formam seu paradigma. Em determinados momentos, porém, surge um novo paradigma capaz de explicar satisfatoriamente coisas que antes não eram explicadas. Isso provoca uma **revolução teórica** que abre um caminho diferente de desenvolvimento científico.

Foi o que se deu, por exemplo, na passagem da física antiga para a física moderna, ou ainda na passagem da física clássica (moderna) para a física quântica. De acordo com o filósofo, é como se ocorresse uma reorientação da visão científica, na qual os elementos de um problema são concebidos em novas relações. Nesses momentos coexistem dois tipos de ciência:

- **Ciência normal** – aquela que se desenvolve dentro do paradigma vigente, isto é, aceito pela maior parte da comunidade científica, acumulando dados e instrumentos em seu interior;
- **Ciência extraordinária** – aquela que surge nos momentos de crise do paradigma vigente. Surge como ciência que questiona os fundamentos e pressupostos da ciência aceita anteriormente, propondo um novo paradigma.

Conexões

5. Pesquise sobre o problema científico relacionado à estranha órbita do planeta Mercúrio. Explique como sua solução envolveu uma ruptura epistemológica.

Epistemologia da complexidade

Nas últimas décadas, no contexto da chamada ciência pós-moderna, está em desenvolvimento a chamada **epistemologia da complexidade**, que reflete sobre tendências atuais da **interdisciplinaridade**, do **emergentismo** e do **pensamento sistêmico** (abordados antes neste capítulo). Um de seus principais nomes é o sociólogo e filósofo francês **Edgar Morin** (1921-), defensor do pensamento complexo (que estudamos no Capítulo 10).

Segundo Morin, no paradigma anterior, as pessoas estavam totalmente condicionadas a buscar compreender as partes separadas do todo (reducionismo). Quando descobriram a abordagem sistêmica, ficaram tão fascinadas com ela que caíram no outro extremo, passando a ver apenas da perspectiva do todo (holismo). Assim, para Morin, o holismo seria uma espécie de reducionismo invertido (com o nível superior determinando o inferior).

No entanto, conforme argumenta o pensador francês, nos sistemas complexos operam dois princípios:

- **Princípio de emergência** – que, como já vimos, relaciona-se com a possibilidade de emergirem propriedades que não estavam nas partes isoladas do todo; é a criatividade do sistema (ou seja, o todo é mais que a soma das partes);
- **Princípio de imposição** – que expressa a possibilidade de as partes não manifestarem todas as suas propriedades potenciais (isto é, de mantê-las latentes) em benefício da harmonia do sistema, o que significa que o todo se impõe às partes; é a repressão do sistema (ou seja, o todo é menos que a soma das partes isoladas).

Por isso, seria importante para a ciência adotar, ao mesmo tempo, as perspectivas do todo e das partes (holista e reducionista). Só assim seria possível a compreensão da complexidade do mundo.

> É a viagem em busca de um modo de pensamento capaz de respeitar a multidimensionalidade, a riqueza, o mistério do real; e de saber que as determinações – cerebral, cultural, social, histórica – que impõem a todo o pensamento, codeterminam sempre o objeto de conhecimento. É isto que eu designo por pensamento complexo.
>
> MORIN, Edgar. *O método II*: a vida da vida. Lisboa: Publicações Europa-América, 1980. p. 14.

ULF ANDERSEN/AURAIMAGES/AFP

Edgar Morin é um dos maiores defensores de uma reforma radical na educação, no sentido de integrar as várias áreas do conhecimento, como está ocorrendo no Brasil e em diversas partes do mundo. Você concorda com essa ideia? Fotografia em Paris, na França, em 2004.

Novos paradigmas da pós-modernidade

As concepções de Kuhn e Morin podem ser verificadas no mundo científico contemporâneo, no qual novos paradigmas e métodos de investigação cada vez mais se consolidam como ciência normal. Vejamos alguns deles.

- **Complexidade** – em vez da simplicidade da natureza, como propôs a ciência moderna (conforme vimos no início do capítulo), adota-se a perspectiva de uma realidade complexa.
- **Variabilidade** e **instabilidade** – em vez da uniformidade e da estabilidade do mundo, expressas por leis naturais invariáveis nas diversas instâncias da realidade física, admite-se a existência de leis distintas para diferentes níveis da realidade.
- **Relacionamento** – em vez do isolamento das partes, proposto pelo método científico moderno, valoriza-se a perspectiva da relação entre elas.
- **Intersubjetividade** – em vez da objetividade, supostamente garantida pela separação entre o objeto e o observador, entende-se que o observador (ou conjunto de observadores) integra o fenômeno que estuda.

ETHEL DAVIES/ROBERT HARDING/AFP

Teto da Catedral de Peterborough, na Inglaterra, em 2007. O belo desenho geométrico de uma infinitude de linhas e arcos interligados remete à ideia de um Universo interconectado e interdependente, como nos novos paradigmas científicos. A concepção, porém, não é nova, pois faz parte das filosofias e ciências tradicionais indiana e chinesa há milênios.

MITIFICAÇÃO E PODER

As relações entre ciência, tecnologia e sociedade

Vimos que a análise epistemológica contemporânea tem levado à compreensão da atividade científica como um procedimento que não está totalmente livre de falhas e de pressuposições. Por um lado, essa compreensão tem relativizado o lugar supremo do conhecimento científico em relação a outros tipos de práticas e saberes – como as artes, a literatura, as construções religiosas etc. – que também têm sua função e seu valor nos contextos individual e social.

Por outro lado, a análise epistemológica vem jogando luz sobre o processo de conhecer, evidenciando que este não depende exclusivamente da atividade lógico-racional, mas também de outras capacidades humanas, como a sensibilidade, a imaginação e a intuição. Einstein fez a seguinte observação sobre esse tema:

> Não existe nenhum caminho lógico que nos conduza [às grandes leis do universo]. Elas só podem ser atingidas por meio de intuições baseadas em algo semelhante a um amor intelectual pelos objetos da experiência.
>
> EINSTEIN, Albert. *Como vejo o mundo*. Rio de Janeiro: Nova Fronteira, 1981. p. 46.

Mitos da ciência

Apesar dessas novas percepções, ainda persiste na sociedade em geral uma visão mitificadora do papel da ciência e dos cientistas. Foi o que observou o filósofo e educador brasileiro **Rubem Alves** (1933-2014), que propôs as seguintes questões em relação ao conhecimento científico e ao poder que esse conhecimento adquiriu no mundo contemporâneo.

A primeira questão diz respeito à diferença entre o conhecimento científico e o conhecimento comum da maioria das pessoas: será o conhecimento científico **superior**?

A segunda questão concerne à noção do conhecimento científico como modo de pensar correto: será a ciência sempre **correta**, perfeita, absoluta?

A terceira questão refere-se propriamente ao poder que o saber científico confere a quem o detém, poder de autoproclamar-se conhecedor da verdade e de induzir o comportamento das pessoas sobre determinados assuntos: será o cientista sempre **neutro**, isto é, livre de interesses pessoais ou corporativos quando produz saberes e exerce esse poder?

LALO DE ALMEIDA/FOLHAPRESS

> O cientista virou um mito. E todo mito é perigoso, porque ele induz o comportamento e inibe o pensamento. Este é um dos resultados engraçados (e trágicos) da ciência. Se existe uma classe especializada em pensar de maneira correta (os cientistas), os outros indivíduos são liberados da obrigação de pensar e podem simplesmente fazer o que os cientistas mandam.
>
> ALVES, Rubem. *Filosofia da ciência*. São Paulo: Brasiliense, 1993. p. 11.

Questão da superioridade

Vimos anteriormente que o senso comum se caracteriza por certa ausência de fundamentação, por uma aceitação acrítica ou pouco criteriosa daquilo que parece ser a verdade. A ciência, por sua vez, seria, ao contrário, a possibilidade dessa fundamentação, o caminho da busca rigorosa dos nexos e relações entre os fatos observáveis de forma a encontrar a compreensão dos fenômenos estudados.

No entanto, essa oposição tão rígida, que culmina em uma hipervalorização da ciência em detrimento do senso comum, não se sustenta se avaliada criticamente, pois nem o senso comum é tão ingênuo quanto costuma ser pintado, nem a ciência é tão infalível quanto se apresenta.

Primeiramente, não devemos nos esquecer de que as observações que despertam a atenção da investigação científica nascem de problemas com os quais lida o senso comum, isto é, as pessoas em geral. A esse respeito, o economista sueco **Gunnar Myrdal** (1898-1987) chegou a afirmar que a ciência não seria nada mais que o senso comum refinado e disciplinado.

Contudo, devemos considerar também que – como refletiu o próprio Myrdal – os fatos não se organizariam em conceitos e teorias se simplesmente os contemplássemos. Isso quer dizer que o comportamento científico tem a vantagem de não se restringir às primeiras observações, como ocorre no senso comum, pois o cientista vai além do observável ao promover a elaboração de teses, muitas das quais de tamanha complexidade que fogem ao entendimento comum. Assim, o trabalho científico envolve outros elementos, além da observação, após a identificação do problema: o levantamento de hipóteses, experimentações, generalizações, até se constituir em teorias, que são abstrações razoáveis acerca do observado, conforme vimos antes.

No entanto, o **mito do cientificismo** se consolidou com a valorização exagerada do saber científico em detrimento de outras formas de saber, como o mito, a religião, a arte e até a filosofia. Isso teve início com o positivismo, que trouxe as ideias de que o conhecimento científico é perfeito, a ciência caminha sempre em direção ao progresso e a tecnologia desenvolvida pelos cientistas pode responder a todas as necessidades humanas. Essas crenças têm sido postas em xeque nas últimas décadas, especialmente após a Segunda Guerra Mundial (1939-1945), com a Guerra Fria e a corrida armamentista e a ameaça de destruição de todo o planeta. A crise ecológica que o mundo vive atualmente também é outro fato que coloca em dúvida a suposta superioridade da ciência e seus subprodutos tecnológicos.

VASSILIS TSIAIRIS/THE AEGEAN REBREATH/AFP

Voluntários retiram pneus do fundo do mar nas proximidades da ilha grega de Zaquintos, em 2019. Ao mesmo tempo, sabe-se que o mar Mediterrâneo recebe mais de meio milhão de toneladas de garrafas plásticas por ano. O plástico leva mais de 400 anos para se decompor; a borracha, tempo indeterminado. Quem está falhando, a ciência ou os cidadãos?

Questão da correção

Nossa segunda questão é saber se o conhecimento científico é sempre perfeito e correto. A reflexão prévia sobre o assunto indicou que não. Não há certezas absolutas em relação à validade de nenhuma teoria científica. Essa é uma das questões mais debatidas entre filósofos da ciência e cientistas. Muitos deles encaram a ciência como uma atividade contínua e não como uma doutrina enrijecida pela pretensão de ter atingido um saber perfeito e absoluto.

Além disso, a complexidade dos fenômenos é uma interrogação constante no campo do conhecimento científico. Os muitos problemas ambientais decorrentes da ação tecnocientífica são exemplos dessa incapacidade da ciência de tudo prever. Como apontou, ironicamente, o dramaturgo irlandês **Bernard Shaw** (1856-1950), a ciência nunca resolve um problema sem criar pelo menos outros dez.

RUBENS CHAVES/PULSAR IMAGENS

Vista noturna da poluição do ar em área industrial de Cubatão (SP), em 2019. O desenvolvimento tecnológico trazido pela ciência busca atender tanto aos interesses econômicos como aos interesses sociais, mas com frequência ambos estão em conflito, como vemos nessa imagem. Como cientistas e políticos deveriam lidar com a situação?

Questão da neutralidade

Quanto à neutralidade, tendemos a pensar que aquele que busca conhecer e explicar as coisas não tem outro interesse que não seja a verdade. Portanto, seria neutro e fiel àquilo que seus objetos de investigação revelarem. Mas não é bem assim. A produção científica insere-se no conjunto dos interesses das sociedades e, frequentemente, é direcionada por verbas e financiamentos vinculados aos objetivos dos grupos que exercem poder social.

Isso nos leva à relação entre **saber** e **poder**, identificada por **Francis Bacon** (1561-1626) no século XVII. Tempos depois, **Friedrich Nietzsche** (1844-1900) também advertiu que o conhecimento costuma se dar por meio de alguma forma de dominação, isto é, todo conhecimento implica poder. Com o conhecimento científico não é diferente. Com frequência não é neutro, e seu uso é menos neutro ainda.

Tomemos um caso que, por suas dimensões e características, nos dará uma ideia precisa do que pode ser o uso "interessado" da racionalidade científica e da tecnologia: a violência do regime nazista, instalado na Alemanha entre 1933 e 1945. Esse fato foi analisado pela pensadora alemã **Hannah Arendt** (1906-1975) em seu livro *Eichmann em Jerusalém*.

Em sua investigação, a filósofa destaca a forma cientificista, a racionalidade perversa com que foram mortos cerca de seis milhões de judeus nos campos de extermínio, sob o comando de Adolf Hitler. O emprego da tecnologia – no caso, as câmaras de gás e os fornos crematórios – era um procedimento frio, burocratizado, uma operação conduzida por funcionários públicos. Eichmann é o nome de um desses funcionários de Hitler, que Arendt identificou como um produto típico do regime nazista.

Analisando as condições que possibilitaram o extermínio de um número tão grande de pessoas, Hannah Arendt concluiu que isso se deveu à **banalização do mal**, obtida por uma prática cientificamente programada e racionalizada da violência.

Em nossos dias, situações semelhantes se repetem nos supostos "ataques cirúrgicos" que caracterizam as guerras atuais. Resultado do refinamento da tecnologia de armamentos, essas guerras a distância não costumam sensibilizar as pessoas, uma vez que quem aperta um botão não presencia, não vive diretamente o horror da guerra, assim como quem assiste ao noticiário pela televisão o observa como se estivesse acompanhando um filme de ficção. Assim, a violência se banaliza, normaliza e naturaliza.

FRED STEIN ARCHIVE/ARCHIVE PHOTOS/GETTY IMAGES

Hannah Arendt foi uma das filósofas mais influentes do século XX. Ela acompanhou o julgamento do oficial alemão nazista Adolf Eichmann, em 1961, ficando impressionada com seu aspecto trivial e equilibrado, o típico burocrata obediente às regras e habituado a "não pensar" além do que lhe é solicitado. Fotografia de 1949.

Crítica do uso da ciência

Não é, portanto, apenas sobre a possibilidade de validação das teorias científicas que a filosofia da ciência se debruça. Outras questões obrigatórias e urgentes têm surgido no mundo contemporâneo que necessitam da reflexão crítica e filosófica. Elas dizem respeito especialmente ao sentido, ao valor e aos limites éticos do uso do conhecimento científico nos contextos das sociedades.

Como observamos antes (no Capítulo 14), uma parte da filosofia contemporânea tem-se dedicado à análise dos rumos tomados pela ciência e sua aplicação prática, isto é, o desenvolvimento tecnológico. Vejamos alguns pontos dessa análise.

Dominação social e destruição da natureza

Entre os filósofos da Escola de Frankfurt, a crítica do papel da ciência e da tecnologia no mundo atual está vinculada à crítica da própria razão contemporânea, dominadora e manipuladora – uma **razão instrumental**. Segundo essa interpretação, a racionalidade, inspirada nos ideais iluministas, apresentou-se primeiramente como libertadora, mas depois passou a servir à dominação e à destruição da natureza. A vida dos indivíduos também foi submetida a mecanismos de racionalização, como a especialização do trabalho nas indústrias, que se apresentou como científica, isto é, neutra, desinteressada. Mas nem sempre foi assim.

Outro filósofo que trouxe à luz os mecanismos de controle social pela indução racional e científica dos comportamentos foi, como vimos, Michel Foucault. Ele procurou mostrar que o **saber especializado** é usado como forma de convencimento racional das pessoas em geral, exercendo poder sobre elas, que acreditam estar caminhando ao compasso da verdade (reveja a abordagem sobre o filósofo no Capítulo 14).

Essa utilização do discurso científico só é possível graças ao mito do **cientificismo**, ou seja, a crença no poder da ciência de tudo explicar e, sobretudo, a crença em sua neutralidade, a ideia de que o conhecimento científico é desinteressado e imparcial.

Conexões

6. Como você percebe a ciência e a tecnologia em sua vida? Pense em sua casa, bairro e cidade, ou mesmo em termos de Brasil ou de mundo. Há coisas boas e coisas ruins? Quais são elas? Escreva uma dissertação a respeito.

Interesses políticos e econômicos

O que define a finalidade de uma pesquisa científica? Apenas o bem-estar social e a emancipação do ser humano, como geralmente se crê, ou há outros interesses? Essa é outra questão de grande relevância para todos nós e envolve questões éticas importantes.

Com frequência os pesquisadores não sabem o uso que será dado a suas descobertas. Por exemplo, os cientistas envolvidos no desenvolvimento da energia nuclear, que resultou na construção da bomba atômica, não detinham o controle sobre seu uso. O físico estadunidense Julius Robert Oppenheimer, diretor do centro de pesquisas nucleares de Los Alamos entre 1942 e 1945, onde foram desenvolvidas pesquisas relativas a esse projeto, redigiu uma declaração na qual revelou sua ignorância política, ou seja, o seu desconhecimento sobre o uso previsto para suas pesquisas.

É de conhecimento geral o fato de que muitos países dependem economicamente da indústria armamentista, responsável por grande parte do produto interno bruto mundial. Isso estimula o investimento de mais recursos nesse tipo de pesquisa e desenvolvimento tecnológico, em detrimento de outros mais benéficos para a humanidade, pois estão envolvidos interesses de dominação política e econômica.

Levando tudo isso em consideração, percebemos que a ciência também está atrelada a outros interesses que norteiam sua própria ação. Desse modo, devemos ser cautelosos quando avaliamos o sentido e o valor dos conhecimentos científicos. A reflexão filosófica e ética pode nos ajudar nessa tarefa.

Soldados israelenses ao lado de unidades de artilharia móvel perto da fronteira com Gaza, no sul de Israel, em 2019. A indústria armamentista é uma das que mais investem em avanço tecnológico e também uma das mais lucrativas da economia mundial. Como você interpreta o fato de que a ciência esteja atrelada a interesses econômicos tão poderosos, causadores de destruição, sofrimento e morte?

Bioética: seus diálogos e desafios

A ética, como vimos anteriormente no Capítulo 15, é uma área de reflexão filosófica sobre o comportamento humano que busca compreender e fundamentar teoricamente princípios que assegurem a boa convivência entre as pessoas. Assim, a ética deve ter seu lugar também no contexto da prática científica e de sua relação com a sociedade. Isso vem acontecendo especialmente a partir das últimas décadas, desde o surgimento de um campo de estudos, de fundo ético-normativo, denominado **bioética**.

Você já ouviu polêmicas sobre controle de natalidade, aborto, suicídio assistido, eutanásia, transplantes ou o uso de animais em experimentos? Pois bem, a bioética se debruça sobre todas essas questões e muitas mais, buscando promover um diálogo entre especialistas de diversas áreas – como filósofos, médicos, psicólogos, sociólogos, ecologistas, políticos, teólogos, juristas etc. – com o propósito geral de articular entendimentos sobre questões surgidas no processo de pesquisa e intervenção científica e tecnológica sobre as formas de vida, o ambiente e o planeta, bem como propor regulamentações para as práticas da ciência.

O maior desenvolvimento da bioética se dá atualmente no campo da medicina, por sua relação direta com a saúde e a vida das pessoas. A maioria dos países vem buscando adequar-se às normas internacionais de bioética relativas à pesquisa em seres humanos, bem como à experimentação com animais.

Pode um pesquisador ou pesquisadora, por exemplo, realizar um ensaio clínico sem solicitar o consentimento dos pacientes ou voluntários? Não pode, segundo as normas atuais de bioética, mas isso ocorreu com frequência na história da medicina, dada a relação de poder entre médico e paciente. Para evitar que isso ocorra, existe hoje o chamado **consentimento informado**: instrumento ou processo pelo qual o pesquisador ou pesquisadora propõe ao indivíduo sua participação no ensaio em questão, explicando-lhe ao mesmo tempo todos os detalhes, benefícios e riscos potenciais do estudo, podendo ele aceitar ou não.

Com relação ao uso de animais em estudos científicos, isso não é possível. Existem, porém, princípios bioéticos básicos que deveriam ser seguidos pela comunidade científica, como limites de dor e sofrimento e a preservação do bem-estar do animal. No entanto, muitas vezes os países onde se realiza o ensaio não dispõem de legislação específica a esse respeito ou, se a têm, ela não é seguida com rigor pelas instituições de pesquisa de modo a evitar condições dolorosas ou cruéis e garantir um tratamento ético e digno aos animais. Por isso existem hoje em dia em todo o mundo muitos grupos que defendem o uso de métodos alternativos à experimentação animal.

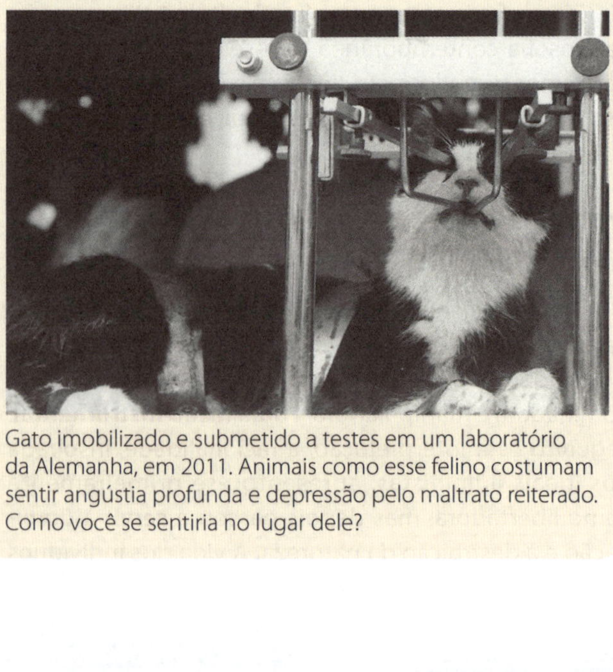

Gato imobilizado e submetido a testes em um laboratório da Alemanha, em 2011. Animais como esse felino costumam sentir angústia profunda e depressão pelo maltrato reiterado. Como você se sentiria no lugar dele?

OFICINA DE FILOSOFIA

1. Caracterize o que se entende hoje por ciência, destacando seus objetivos, metodologia, resultados e função.
2. Por que se diz que o método científico apresenta uma estrutura lógica? Justifique.
3. Identifique alguns aspectos que diferem as metodologias das ciências humanas e sociais das ciências da natureza.
4. A partir do século XVII, modificou-se muito o entendimento do que é ciência, de qual é seu campo de atuação e de como se dá o conhecimento científico. Justifique essa afirmação, caracterizando e comparando os conceitos antigo e moderno de ciência.
5. Que descobertas científicas despertaram, na passagem do século XIX para o século XX, uma nova perspectiva sobre o fazer científico e seus resultados? E o que mudou com elas?
6. Por que se diz que estaria surgindo uma nova ciência, uma ciência pós-moderna?
7. O conjunto de transformações da ciência, na passagem do século XIX para o XX, estimulou o surgimento de uma nova área de reflexão filosófica: a filosofia da ciência ou epistemologia. Entre os epistemólogos, passou-se a discutir, por exemplo, o critério a ser adotado para validar uma teoria científica. Nesse debate, opuseram-se os pensadores do Círculo de Viena e Karl Popper. Que critério defendia cada um? Explique-os.
8. Albert Einstein teria afirmado, referindo-se à sua teoria da relatividade, que ela terá, em algum momento, de se render a outra teoria, por razões que ainda não é possível imaginar. O processo de aprofundar a teoria não teria limites. Você acredita que Popper concordava com a opinião de Einstein? Por quê?
9. Explique os conceitos de paradigma e revolução científica em Thomas Kuhn.
10. Discorra sobre os seguintes mitos a respeito da ciência:

    a) superioridade; **b)** correção; **c)** neutralidade.

Conversa filosófica

11. Opinião de cientistas

Em sua opinião, se um conhecimento científico pode ser refutado com o passar do tempo, por que as opiniões dos cientistas tendem a ser mais valorizadas que as de outras pessoas na maioria das sociedades ocidentais contemporâneas? Haveria um endeusamento ou uma mitificação do cientista? Ou há uma boa razão para que isso ocorra? Discuta o tema com os colegas.

12. Ciência e ética

Einstein teria dito que o pensamento científico tem um olho aguçado para métodos e instrumentos, mas é cego quanto a fins e valores. Você concorda com essa afirmação? Encontre exemplos na história e na realidade atual que ilustrem sua posição. Depois, apresente-os aos colegas.

13. Compreensão ou poder

Considere a ambiguidade relativa à maneira de atuar da ciência, destacada ao longo do capítulo. Para você, o ser humano domina a natureza mais pela compreensão, como assinalou Bronowski, ou pela força, como considerou Nietzsche? Ou seria mediante uma combinação de ambas? Discuta o tema com os colegas.

14. Experimentação com animais

Leia o trecho a seguir sobre experimentações científicas realizadas com animais.

> Neste exato momento, milhões de cobaias, coelhos, macacos, gatos, cães e outros animais encontram-se presos em jaulas de laboratórios pelo país [Estados Unidos, mas também em todo o mundo]. Eles definham em meio à dor e solidão e anseiam por liberdade. No entanto, tudo o que podem fazer é ficar esperando em pânico o seguinte procedimento doloroso e aterrador que lhes será aplicado.
>
> PETA. *Animals Used for Experimentation*. Disponível em: <www.peta.org/issues/animals-used-for-experimentation/>. Acesso em: 5 ago. 2020. [Tradução nossa].

Pesquise sobre o assunto, forme uma opinião a respeito e depois troque informações com os colegas.

Para pensar

Os dois textos seguintes apresentam reflexões sobre a ciência e o fazer científico. O primeiro contextualiza a ciência no interior do conhecimento humano. Nele, o filósofo da ciência **George F. Kneller** (1908-1999) procurou estabelecer os limites e as peculiaridades do conhecimento científico, bem como as características de outras espécies de conhecimento (artístico, histórico, religioso, filosófico) que completam a visão do ser humano sobre a realidade. No segundo texto, **Karl Popper** analisa por que não existe observação pura e por que a ciência só pode formular conjeturas (hipóteses) sobre a realidade, e não verdades irrefutáveis.

Leia-os atentamente, relacione-os e responda às questões que seguem.

Texto I

A ciência e outras espécies de conhecimento

A ciência é apenas uma parte da tentativa da humanidade de compreender o mundo em todos os seus aspectos. O homem esforça-se por descobrir uma ordem no fluxo da experiência, quer essa ordem seja observada, como na repetição das estações, quer seja postulada por teorias refinadas como as da relatividade, mecânica quântica e evolução. A busca da ordem na experiência une ciência, literatura, história, religião, filosofia e arte. A ciência procura essa ordem na experiência da natureza adquirida pelo homem; a literatura e a arte procuram-na na experiência interior do homem e em suas relações com os seus semelhantes; a história, no passado humano; a religião, na relação do homem com um Ser Supremo; e a filosofia em todos esses empreendimentos humanos.

A ciência tanto restringe como amplia a experiência da natureza. Restringe essa experiência quando se empenha em eliminar tudo o que nela for puramente pessoal. Procura remover tudo o que for único no cientista, individualmente considerado: recordações, emoções e sentimentos estéticos despertados pelas disposições de átomos, as cores e os hábitos de pássaros, ou a imensidão da Via-Láctea. Também se esforça por banir seja o que for que as pessoas experienciam mas em diferentes graus, dependendo da perspectiva e das condições físicas da experiência. Por conseguinte, a ciência elimina a maior parte da aparência sensual e estética da natureza. Poentes e cascatas são descritos em termos de frequências de raios luminosos, coeficientes de refração e forças gravitacionais ou hidrodinâmicas. Evidentemente, essa descrição, por mais elucidativa que seja, não é uma explicação completa daquilo que realmente experienciamos.

Ao esforçar-se por ser objetiva, a ciência exclui toda e qualquer referência à experiência subjetiva, individual ou coletiva. Logo, a ciência descreve um mundo de coisas sem valor, interatuando como se a humanidade não existisse. Mas como a natureza que experienciamos está impregnada de nossas avaliações – como no terror dos furacões, na calma das lagoas e na tristeza doce e suave do cair das folhas –, a descrição científica da natureza permanece fria, incompleta e insatisfatória.

Por outro lado, a ciência amplia o conhecimento ao corrigir a nossa experiência imediata da natureza. A ciência não substitui essa experiência mas transcende-a, pois a experiência imediata é o nosso primeiro e sumamente tendencioso encontro com a natureza, e está frequentemente errada. Na experiência imediata, deparamos com objetos sólidos e cores, mas a ciência demonstrou que um objeto sólido é, na realidade, um aglomerado de partículas e que as suas cores não lhe são inerentes. A ciência começa precisamente porque não podemos entender ou controlar de forma adequada a natureza, dentro dos limites da experiência comum. [...]

Ciência, literatura, arte, história, religião e misticismo iluminam aspectos da realidade. A filosofia esforça-se por ver a realidade total. Analisa a natureza e as descobertas dos diferentes ramos do conhecimento, examina os pressupostos em que elas assentam e os problemas a que dão origem, e procura estabelecer uma visão coerente do domínio total da experiência. Cada uma dessas formas do conhecimento merece ser cultivada *per se*. À sua maneira própria, cada uma delas familiariza-nos com uma parte da realidade. Devemos ver a ciência em seu lugar e não esperar que ela assimile ou desacredite essas outras atividades.

KNELLER, George F. *A ciência como atividade humana*. Rio de Janeiro: Zahar; São Paulo: Edusp, 1980. p. 149-152.

Texto II

Não sabemos: podemos apenas conjeturar

A ciência não é um sistema de enunciados certos ou bem estabelecidos, nem um sistema que avança constantemente em direção a um estado final. Nossa ciência não é conhecimento (*epistéme*): ela nunca pode pretender haver atingido a verdade [...].

O avanço da ciência não se deve ao fato de se acumularem mais e mais experiências perceptivas no decorrer do tempo. Nem se deve ao fato de fazermos uso cada vez melhor de nossos sentidos. [...] Nossos únicos meios de interpretar a natureza são as ideias ousadas, as antecipações injustificadas e o pensamento especulativo [...].

Mesmo o teste cuidadoso e sério de nossas ideias pela experiência inspira-se, por sua vez, em ideias: a experimentação é uma ação planejada na qual a teoria guia todos os passos. Não topamos com nossas experiências, nem deixamos que elas nos inundem como um rio. Pelo contrário, temos de ser ativos: devemos "fazer" nossas experiências. Somos sempre nós que formulamos as questões propostas à natureza; somos nós que repetidas vezes tentamos colocar essas questões para então obter um nítido "sim" ou "não" (pois a natureza não dá uma resposta a menos que seja pressionada a fazê-lo).

E, finalmente, somos nós também que damos uma resposta; somos nós próprios que, após severo escrutínio, decidimos sobre a resposta à questão que colocamos à natureza – após tentativas insistentes e sérias de obter dela um inequívoco "não". [...]

[...] o que faz o homem de ciência não é sua posse do conhecimento, da verdade irrefutável, mas sua persistência e destemida indagação crítica da verdade.

POPPER, Karl. *A lógica da pesquisa científica*. São Paulo: Cultrix/Edusp, 1972. p. 278-281.

1. O primeiro texto, de Kneller, compara a ciência a outras áreas de conhecimento e as coloca todas em um mesmo patamar, afirmando que o conhecimento científico não deve pretender assimilar nem desacreditar as outras atividades. Que conhecimentos são esses? Que argumentos usa Kneller para justificar essa conclusão?

2. O primeiro texto também destaca duas características da ciência: uma que pode ser considerada uma debilidade e outra que pode ser interpretada como uma fortaleza. Quais são elas? Explique-as.

3. Como, no segundo texto, Popper argumenta a favor de sua tese de que não existe observação pura e de que a ciência só pode formular conjeturas sobre a realidade?

4. Que mensagem positiva você pode extrair do parágrafo final do segundo texto: "[...] o que faz o homem de ciência não é sua posse do conhecimento, da verdade irrefutável, mas sua persistência e destemida indagação crítica da verdade"?

Sessão de cinema

Epidemia (1995, Estados Unidos, direção de Wolfgang Petersen)

Obra sobre uma epidemia causada por um vírus letal e desconhecido que assola uma região da África. Mostra os interesses políticos e econômicos nos quais a ciência pode tropeçar.

Estrelas além do tempo (2016, Estados Unidos, direção de Theodore Melfi)

O filme se passa no período da Guerra Fria, em meio à disputa pela supremacia na corrida espacial entre Estados Unidos e União Soviética. Nessa época, o racismo antinegro era uma das características marcantes da sociedade estadunidense. No meio científico a situação também se refletia, como na Nasa, onde um grupo de funcionárias negras é obrigado a trabalhar separado dos demais.

Frankenstein (1931, Estados Unidos, direção de James Whale)

Filme baseado no romance de Mary Shelley, *Frankenstein* ou *O Prometeu moderno*, de 1818. Crítica romântica à pretensão de verdade da ciência, que no seu desenvolvimento pode acabar criando monstros.

O jardineiro fiel (2005, Estados Unidos, direção de Fernando Meirelles)

Diplomata britânico investiga a misteriosa morte de sua esposa no Quênia e sua relação com pesquisas de uma indústria farmacêutica, despertando questões de bioética e relacionadas com a desigualdade social.

One Strange Rock (2018, Estados Unidos, direção de Darren Aronofsky)

"Uma estranha rocha", em português, é uma série com 10 episódios sobre a história da rocha em que vivemos, a Terra, em uma verdadeira viagem transdisciplinar. Utiliza-se dos mais extraordinários e belos recursos para mostrar a mecânica fundamental que subjaz ao funcionamento de nosso planeta e do Universo.

CAPÍTULO 18

Estética e expressão cultural

SANDRO BOTTICELLI – GALERIA UFFIZI, FLORENÇA

O nascimento de Vênus, de Sandro Botticelli, c. 1484. Têmpera sobre tela, 172,5 cm x 278,5 cm.

- **Você gosta do quadro acima? Que sentimentos ele provoca? Que ideias transmite? Você diria que ele é belo?**

Chegamos finalmente ao último porto deste nosso curso, concluindo assim nosso estudo sobre o fazer humano, realizado nesta unidade. Abordaremos agora a questão da estética, vinculada em grande parte à produção artística.

No dia a dia, é comum ouvirmos frases como: "esse filme é inesquecível"; "a leitura desse romance foi encantadora e me levou a refletir sobre muitas coisas"; "essa música marcou minha vida e me faz lembrar tantos momentos da minha geração"; "essa dança mexe com meu corpo e minha alma"; "nesse espetáculo teatral os atores deram um *show* de interpretação".

Ao falarmos de cinema, música, literatura, pintura, dança, teatro, percebemos que a arte faz parte de nossas vidas. No entanto, a arte é um fenômeno complexo e, por isso, difícil de ser traduzido em palavras. O poeta brasileiro Carlos Drummond de Andrade (1902-1987) indicou que o caminho da arte é diferente daquele trilhado pela busca racional. Em suas palavras, "Se procurar bem, você acaba encontrando não a explicação (duvidosa) da vida mas a poesia inexplicável da vida" (ANDRADE, Carlos Drummond de. *O corpo*. São Paulo: Record, 1984. p. 27).

Neste capítulo, investigaremos, filosoficamente, algumas questões relacionadas ao mundo da arte. Afinal, o que é arte? Para que ela serve? Por que ela sensibiliza, seduz ou impacta a vida de tantas pessoas?

Questões filosóficas

- O que é estética?
- O que é o belo?
- O que é arte?

Conceitos-chave

estética, belo, beleza, arte, obra de arte, técnica, juízo de fato, juízo de valor, juízo moral, juízo estético, juízo de gosto, educação ética, educação estética, indústria cultural, cultura de massa, cultura popular

BELEZA
A experiência do prazer

Vamos começar nossa investigação sobre o tema deste capítulo, verificando a etimologia da palavra "estética". Ela vem do termo grego *aisthetiké*, que significa "perceptível pelos sentidos"; no entanto, seu uso consagrou-se para se referir mais especificamente a tudo o que pode ser percebido como agradável e belo pelos sentidos.

Assim, costuma-se dizer que "algo é estético" quando causa uma sensação aprazível, de beleza. É por isso que chamamos de "centro de estética" o lugar em que as pessoas "cuidam" da aparência ou fazem tratamentos corporais de beleza.

O alemão **Alexander Baumgarten** (1714-1762) teria sido o primeiro a utilizar o termo estética no sentido de teoria do belo e das suas manifestações por meio da arte. Já o filósofo alemão Immanuel Kant retornou ao sentido etimológico dessa palavra quando a usou para designar uma área específica da Filosofia: o estudo das condições de possibilidade da percepção pelos sentidos.

A estética constitui um tipo de conhecer que tem algo diferente da pura racionalidade matemática, fundamentada na construção de um saber "claro e distinto", conforme o ideal proposto pelo filósofo René Descartes. A estética parte da experiência sensorial, da sensação, para chegar a um resultado que se traduz na **obra de arte**.

O que é o belo?

O ser humano pode fazer **juízos de fato** (dizer o que são as coisas) e **juízos de valor** (julgar se determinada coisa é boa, ruim, agradável, bonita, feia etc.). Entre os juízos de valor, podemos distinguir o **juízo moral** e o **juízo estético** – e é este último que nos interessa neste capítulo.

Pelo juízo estético, julgamos se algum objeto, algum acontecimento, alguma pessoa ou algum outro ser é belo. Entretanto, o que é a beleza?

De forma geral, a maioria das pessoas concordaria que belo é algo que nos agrada, que nos satisfaz os sentidos, que nos proporciona prazer sensível e espiritual. No entanto, essas mesmas pessoas não chegariam a um consenso quanto à beleza de determinado objeto. Tanto assim que já se tornou senso comum a afirmação de que "gosto não se discute".

Também os filósofos que se dedicaram à investigação do que é a beleza não são unânimes quanto a essa questão: para uns, a beleza é algo que está objetivamente nas coisas; para outros, é apenas um juízo subjetivo, pessoal e intransferível a respeito das coisas.

Onde se encontra a beleza?

RÔMULO FIALDINI/TEMPO COMPOSTO © TARSILA DO AMARAL EMPREENDIMENTOS – COLEÇÃO PARTICULAR

A Lua, de Tarsila do Amaral, 1928. Óleo sobre tela, 110 cm × 110 cm. Muitas vezes a obra de arte é um enigma a ser decifrado. Ou talvez seja mesmo indecifrável e exista justamente para instigar ou surpreender.

Visões idealista e empirista

Para os filósofos **idealistas** – cuja tradição começa na Antiguidade com o filósofo grego Platão –, a beleza é algo que existe em si, é **objetiva**. De acordo com a teoria platônica, a beleza seria uma **forma ideal** que subsistiria por si mesma, como um modelo, no mundo das ideias. E o que percebemos no mundo sensível e achamos bonito só pode ser considerado belo porque se assemelharia à ideia de beleza que trazemos guardada em nossa alma. (Para mais detalhes, reveja a teoria das ideias no Capítulo 11.)

Para os **materialistas-empiristas**, como o filósofo escocês **David Hume** (1711-1776), a beleza não está propriamente nos objetos (não é algo puramente objetivo), mas depende do gosto individual, da maneira como cada pessoa vê e valoriza o objeto – ou seja, o juízo do que é ou não belo é **subjetivo**. Esse gosto estético seria, em grande parte, desenvolvido sob a influência da cultura em que se vive.

Visão de Kant

Tentando superar esse impasse, **Immanuel Kant** (1724-1804) buscou mostrar, em seu livro *Crítica da faculdade do juízo,* que, embora o juízo estético sobre as coisas seja uma capacidade subjetiva, pessoal, há aspectos **universais** na percepção estética dos indivíduos. Ou seja, nossa estrutura sensível (os órgãos dos sentidos) e nossa imaginação são as condições que tornam possível a percepção estética – e ambas são comuns a todos os seres humanos, o que quer dizer que pode haver certa universalidade nas avaliações estéticas. Vejamos como o filósofo justifica isso.

Kant entendia que o juízo estético não é guiado pela razão, e sim pela faculdade da imaginação. Julgamos belo aquilo que nos proporciona prazer, o que não é nada lógico ou racional, e sim algo **subjetivo**, já que se relaciona ao prazer ou desprazer individual. Por isso, para o filósofo, os juízos de gosto são singulares, pois têm como referência um único indivíduo.

Kant também afirmava que belo é o que agrada universalmente, não sendo possível defini-lo conceitualmente. Isso significa que é impossível compreender racionalmente o belo, pois, para o filósofo, ao tentar explicá-lo, toda a representação da beleza é perdida. Contudo, apesar dessa impossibilidade, quando dizemos que um objeto é belo, pretendemos que esse juízo esteja afirmando algo realmente pertencente ao objeto, ou seja, não dizemos "isto é belo para mim", mas sim "isto é belo", esperando que os demais concordem com esse julgamento. Portanto, esse juízo pretende ser voz universal, pois contém uma expectativa de que aquilo que julgamos belo seja, de fato, belo.

LEONARDO DA VINCI – MUSEU DO LOUVRE, PARIS

Mona Lisa, de Leonardo da Vinci, 1503-1506. Óleo sobre tela, 77 cm × 53 cm. Admirada em todas as épocas, essa obra é, provavelmente, um dos quadros mais famosos da história da pintura.

Essa expectativa torna-se possível, para o filósofo, devido ao fundamento do juízo estético: a existência de um vínculo universal entre o belo e o sentimento de prazer, tendo em vista que determinados objetos despertam em grande quantidade de pessoas o mesmo sentimento de prazer. E esse vínculo garantiria certa universalidade nos juízos estéticos.

Visão de Hegel

Diferentemente de Kant, que em sua reflexão levou em consideração apenas as condições da própria estrutura da sensibilidade humana, o filósofo alemão **Friedrich Hegel** (1770-1831) trabalhou a questão da beleza em uma **perspectiva histórica** e **cultural**.

Para ele, o relativo consenso acerca de quais são as coisas belas mostra apenas que o entendimento do que é belo depende do momento histórico e do desenvolvimento cultural. Esses dois fatores determinariam certa visão de mundo, a partir da qual algumas coisas seriam consideradas belas e outras não.

Hegel desenvolveu essa tese analisando a **história da arte**, da Antiguidade até seu tempo, e demonstrando que a noção de belo variava conforme a época e o lugar.

Por isso, em Hegel, a beleza artística não diz respeito apenas à sensação de prazer que uma obra pode proporcionar, mas à capacidade que ela tem de sintetizar o conteúdo cultural de determinado momento histórico.

Em outras palavras, a arte não é apenas prazer e fruição, pois ela tem, sobretudo, o papel de mostrar de modo sensível a **evolução espiritual** dos seres humanos ao longo da história. Se uma obra consegue isso, ela é bela, de acordo com Hegel. Mesmo a representação de algo feio pode ser belo, e o será quanto mais conseguir comunicar às pessoas o sentido de mostrar "aquele feio".

Essa concepção hegeliana implica também a ideia de que a percepção da beleza é uma construção social que depende do alargamento da capacidade de recepção do indivíduo, ou seja, de sua capacidade de ver, ouvir, sentir. Em outras palavras, a **capacidade estética**, que é subjetiva, seria formada a partir das relações objetivas da vivência social de cada um. Portanto, para Hegel, tanto a definição do que é beleza quanto a capacidade individual de percebê-la são **construções histórico-sociais**.

Visão de Schopenhauer

Para o filósofo alemão **Arthur Schopenhauer** (1788-1860), a arte tem um papel diferente: ela traz **alívio** ao sofrimento humano diante da permanente insatisfação da vontade (aspectos importantes de seu pensamento, tratados no Capítulo 14).

Segundo Schopenhauer, a arte está livre das perturbações do querer (vontade) porque não se submete às **injunções** do conhecimento (espaço, tempo, causalidade etc.). Em razão disso, por meio da contemplação estética, o ser humano encontra uma brecha que lhe permite experimentar algo para além dos condicionamentos que cerceiam nossa vida e regem o mundo empírico. O prazer estético nos liberta da vontade insaciável atrelada às coisas transitórias, dando-nos acesso à dimensão eterna, expressa pela obra artística. Para o filósofo, a **música** seria a forma mais imaterial de arte, constituindo-se também em sua mais alta expressão.

Injunção: imposição, exigência ou pressão de uma circunstância.

Nesse sentido, podemos dizer que o belo seria algo mais universal até mesmo do que o conhecimento científico, uma vez que nos permitiria vislumbrar – ainda que rapidamente – aspectos do mundo em sua plenitude, para além da transitoriedade dos fenômenos.

A visão de Schopenhauer sobre a arte não teve grande repercussão durante sua vida. Posteriormente, sua obra influenciou diversos artistas, como o músico Richard Wagner e escritores como o russo Leon Tolstoi, o francês Proust, o argentino Jorge Luís Borges e o brasileiro Machado de Assis.

Irinaland sobre os Bálcãs, Friedensreich Hundertwasser, 1966. Técnica mista, 36,5 cm × 51 cm. "Nenhuma religião, nenhum socialismo, nenhum dogmatismo nos aproxima do paraíso. Somente a criatividade o faz", afirmava esse artista austríaco. O que há de tão especial em nossa capacidade de criar?

ARTE
A expressão criativa da sensibilidade

ALMEIDA JÚNIOR - MUSEU DE ARTE DE SÃO PAULO ASSIS CHATEAUBRIAND, SÃO PAULO (MASP)

Moça com livro, de José Ferraz de Almeida Júnior, s.d. Óleo sobre tela, 50 cm x 61 cm. Retrato eloquente do deleite que se tem pelo contato com uma obra de arte (no caso da jovem, um livro). Sensação de prazer, inspiração, devaneio? Por que tudo isso?

Desde os tempos pré-históricos, o ser humano constrói no mundo suas próprias coisas, demonstrando maior ou menor habilidade para isso. Ao conjunto de coisas que se distinguem por revelar talento, perícia, habilidade e beleza costumamos associar o nome **arte**.

Em algum momento de nossas vidas, já sentimos o impacto de uma obra de arte: uma música, um romance, uma pintura, uma dança, um poema. No entanto, não é fácil explicar exatamente o que nos encanta, o que nos espanta, ou entender os motivos pelos quais milhões de seres humanos, ao longo da história, são atraídos pela arte. A arte muda as pessoas? A arte provoca mudanças na sociedade?

O que é arte?

A arte pode ter várias definições. Entre elas está a de **Susanne K. Langer** (1895-1985), filósofa estadunidense, para quem a arte pode ser entendida como a prática de criar formas perceptíveis expressivas do sentimento humano. Analisemos, então, o conteúdo essencial dos termos dessa definição.

- **Prática de criar** – a arte é produto do fazer humano. Deve combinar a habilidade desenvolvida no trabalho (prática) e a imaginação (criatividade).
- **Formas perceptíveis** – a arte concretiza-se em formas capazes de ser percebidas por nossa mente. Essas formas podem ser estáticas (uma obra arquitetônica, uma escultura) ou dinâmicas (uma música, uma dança). Qualquer que seja sua forma de expressão, cada obra de arte é sempre um todo perceptível, com identidade própria. A palavra "perceptível" não se refere às formas captadas apenas pelos sentidos exteriores, mas também pela imaginação.

> Um romance, por exemplo, é usualmente lido em silêncio, com os olhos, porém não é feito para a visão, como o é um quadro; e conquanto o som represente papel vital na poesia, as palavras, mesmo em poema, não são estruturas sonoras como a música.
>
> LANGER, Susanne K. *Ensaios filosóficos*. São Paulo: Cultrix, 1971. p. 82.

- **Expressão do sentimento humano** – a arte é sempre a manifestação (expressão) dos sentimentos humanos. Esses sentimentos podem revelar emoção diante daquilo que amamos ou revolta em face dos problemas que atingem uma sociedade – sentimentos de alegria, esperança, agonia ou decepção diante da vida. A função primordial da arte seria:

> objetivar o sentimento de modo que possamos contemplá-lo e entendê-lo. É a formulação da chamada "experiência interior", da "vida interior", que é impossível atingir pelo pensamento discursivo [...].
>
> LANGER, Susanne K. *Ensaios filosóficos*. São Paulo: Cultrix, 1971. p. 87.

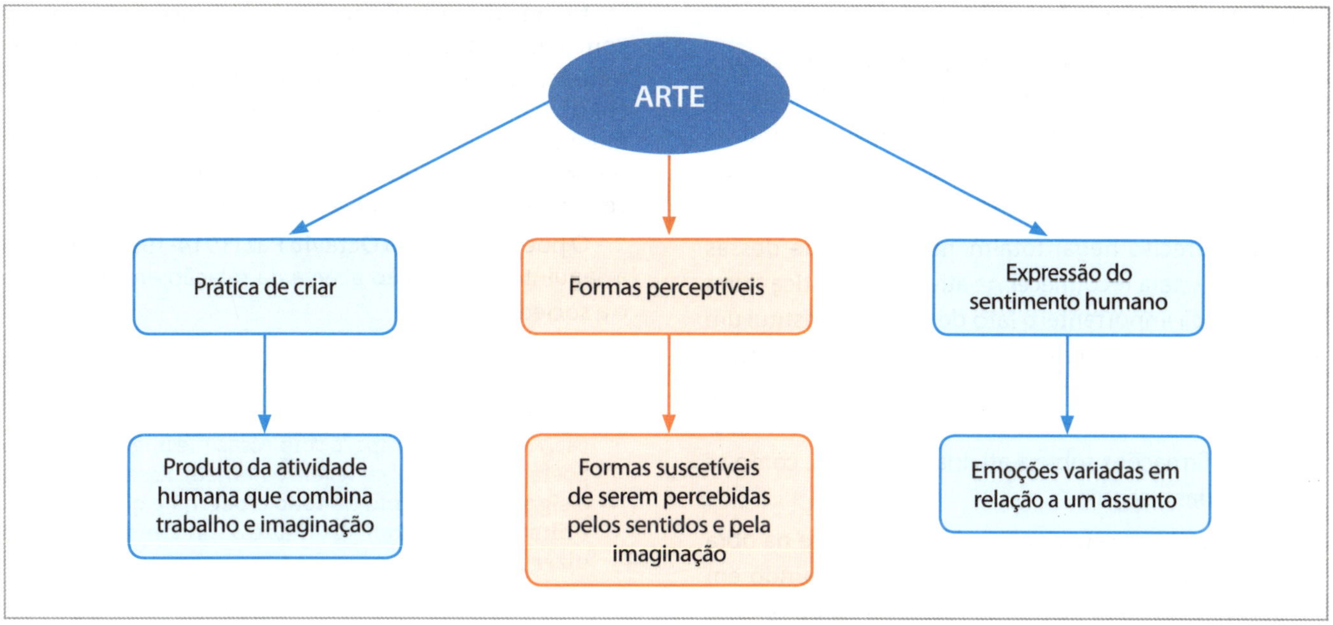

Conexões

1. Observe a pintura e elabore uma interpretação sobre a obra, descrevendo também a reação estética que ela lhe causou.

EDVARD MUNCH – GALERIA NACIONAL DE ARTE, OSLO

O grito, de Edvard Munch, 1893. Óleo sobre tela, 83,5 cm × 66 cm. Para esse pintor, o importante não era retratar as pessoas, mas os sentimentos que elas expressavam.

Diferença entre arte e técnica

Ao criar uma obra, podemos nos preocupar, de modo mais ou menos intenso, com a produção de objetos úteis ou de objetos belos.

Quando predomina a intenção de produzir uma **obra útil**, temos as **realizações técnicas**, que se desenvolvem pela aplicação prática de um conhecimento.

Quando predomina a intenção de produzir uma **obra bela**, temos as chamadas **belas-artes**, ou simplesmente artes – embora toda arte dependa sempre de uma técnica, isto é, do domínio de uma habilidade prática.

Essa distinção não significa que as artes não estejam voltadas também para a dimensão da utilidade ou que as realizações técnicas não revelem interesse pelo elemento beleza. O que se quer dizer é que as artes enfatizam o belo, enquanto as técnicas enfatizam a utilidade, a aplicação prática.

DOMINGOS TÓTORA – ACERVO DO ARTISTA

Banco solo, de Domingos Tótora, 2010. Papelão reciclado. Observe esse banco. Onde termina a técnica e começa a arte?

Fenômeno social

Há estudiosos que veem na obra de arte uma manifestação pura e simples da sensibilidade individual do artista. Outros a encaram como uma atividade lúdica, livre de quaisquer preocupações utilitárias ou de condicionamentos exteriores à criação artística.

Não é preciso negar totalmente a validade dessas concepções para reconhecer na atividade artística outra característica importante: o fato de que ela constitui um fenômeno social. Isso significa que é impossível situar uma obra de arte sem estabelecer um vínculo entre ela e determinada sociedade. Por isso, é possível fazer algumas afirmações sobre a atividade artística, como as mencionadas a seguir.

- **O artista é um ser social** e, como tal, reflete na obra de arte sua maneira própria de sentir o mundo em que vive, as alegrias e as angústias, os problemas e as esperanças de seu ambiente histórico-social. Para o pensador húngaro **György Lukács** (1885-1971):

> O artista vive em sociedade e – queira ou não – existe uma influência recíproca entre ele e a sociedade. O artista – queira ou não – se apoia numa determinada concepção do mundo, que ele exprime igualmente em seu estilo.
>
> LUKÁCS, György. Arte livre ou arte dirigida? *In: Revista Civilização Brasileira*, n. 13, p. 176.

- **A obra de arte é percebida socialmente pelo público.** Por mais íntima e subjetiva que seja a experiência do artista deixada em sua obra, esta será sempre percebida de alguma maneira pelas pessoas. A obra de arte será, então, um elemento social de **comunicação** da mensagem de seu criador. Assim, como afirmou Lukács no mesmo artigo:

> Uma arte que seja por definição sem eco, incompreensível para os outros – uma arte que tenha o caráter de puro monólogo – só seria possível num asilo de loucos [...]. A necessidade de repercussão, tanto do ponto de vista da forma, quanto do conteúdo, é a característica inseparável, o traço essencial de toda obra de arte autêntica em todos os tempos.
>
> *Ibidem*, p. 163.

De acordo com o intelectual brasileiro Antonio Candido (1918-2017), podemos dizer que, como fenômeno social, a arte possui relações intensas com a sociedade. Essas relações não são estáticas e imutáveis; ao contrário, são dinâmicas, modificando-se conforme o contexto histórico. E envolvem três elementos fundamentais: a **obra de arte**, seu **autor** e o **público**. Formam-se em torno desses três elementos (autor, obra e público) os vínculos entre arte e sociedade em um amplo sistema de relações recíprocas. (Cf. CANDIDO, Antonio. *Literatura e sociedade*. São Paulo: T. A. Queiroz/Publifolha, 2000. p. 22.)

No que diz respeito ao artista, as relações de sua arte com a sociedade podem ser de paz e harmonia, de fuga e ilusão, de protestos e revolta, de ativismo e intervenção social. Quanto à sociedade – considerando principalmente os órgãos do Estado –, seu relacionamento com determinada arte pode ser de ajuda e incentivo ou de censura e limitação à atividade criadora.

O poeta mexicano **Octavio Paz** (1914-1998) escreveu a seguinte observação acerca da relação entre o artista e a sociedade:

> O poeta não escapa à história, inclusive quando a nega ou a ignora. Suas experiências mais secretas ou pessoais se transformam em palavras sociais, históricas. Ao mesmo tempo, e com essas mesmas palavras, o poeta diz outra coisa: revela o homem. Essa revelação é o significado último de todo o poema e quase nunca é dita de modo explícito, mas é o fundamento de todo dizer poético.
>
> PAZ, Octavio. *Signos em rotação*. São Paulo: Perspectiva, 1976. p. 55.

RAYMOND BOYD/GETTY IMAGES © KOBRA, EDUARDO/AUTVIS, BRASIL, 2020

Vivian Maier, de Eduardo Kobra, em Chicago, Estados Unidos, finalizada em 2018. O grafite, de início perseguido, atingiu o *status* de "interferência artística" nos muros e paredes das cidades, principalmente nos grandes centros urbanos.

Fenômeno universal

Afirmar que a arte é um fenômeno social não significa reduzi-la a mero produto de condicionamentos históricos e ideológicos. Não há dúvida de que esses condicionamentos existem e atuam sobre o artista, porém, na realização da obra de arte, todos os elementos que a envolvem precisam ser resolvidos artisticamente, isto é, traduzidos em termos de criação estética. É nessa criação que reside o valor de toda grande obra de arte. Ocorre nela uma espécie de rompimento com o tempo imediato e um encontro do ser humano com algo de eterno.

ALBUM/FOTOARENA – GALERIA DE ARTE DO INSTITUTO COURTAULD, LONDRES

Banhista sentada se seca, de Edgar Degas, 1899. Pastel em papelão, 67,7 cm × 57,8 cm. Pode a arte eternizar a cena mais trivial e fugaz?

Pela criação estética, a obra tende a se universalizar, a permanecer viva através dos tempos, anunciando uma mensagem artística que, independentemente de seu conteúdo ideológico, expressa profunda sensibilidade. Por isso, é capaz de atrair pessoas de diferentes países, culturas ou sociedades. Como escreveu o filósofo austríaco **Ernst Fischer** (1899-1972):

> Toda arte é condicionada pelo seu tempo e representa a humanidade em consonância com ideias e aspirações, as necessidades e as esperanças de uma situação histórica particular. Mas, ao mesmo tempo, a arte supera essa limitação e, dentro do momento histórico, cria também um momento de humanidade que promete constância no desenvolvimento.

FISCHER, Ernst. *A necessidade da arte*. Rio de Janeiro: Zahar, 1977. p. 17.

Assim, as **circunstâncias particulares** presentes na criação artística unem-se, harmoniosamente, a elementos de **universalidade**, que penetram no espírito humano, gerando um sentido de permanente fascínio.

Sobre essa **permanência** da obra de arte, a filósofa alemã Hannah Arendt escreveu:

> É como se a estabilidade humana se tornasse transparente na permanência da arte, de sorte que certo pressentimento de imortalidade – não a imortalidade da alma ou da vida, mas de algo imortal alcançado por mãos mortais – tornou-se tangivelmente presente para fulgurar e ser visto, soar e ser escutado, falar e ser lido.

ARENDT, Hannah. *A condição humana*. Rio de Janeiro: Forense Universitária, 2013. p. 210.

Arte e realidade

O historiador da arte **Ernst Gombrich** (1909-2001), no livro *A história da arte*, afirma que uma pintura é frequentemente condenada por não representar um tema de forma correta. Não existe, porém, uma representação artística correta ou verdadeira. O que existe são representações artísticas mais conhecidas e consolidadas no imaginário de uma sociedade. O pintor espanhol Pablo Picasso (1881-1973), por exemplo, representou animais semelhantes de modo diferente.

ALBUM/FOTOARENA © SUCCESSION PABLO PICASSO/AUTVIS, BRASIL, 2020 – INSTITUTO DE ARTE DE CHICAGO, CHICAGO

Galinha com pintos, de Pablo Picasso, 1936. Gravura em água-tinta, 27,4 cm × 24 cm.

© SUCCESSION PABLO PICASSO/AUTVIS, BRASIL, 2020 – MUSEU DE ARTE MODERNA DE NOVA YORK (MOMA)

Galo novo, de Pablo Picasso, 1938. Carvão sobre papel, 76, 9 cm × 56, 9 cm.

Na estampa *Galinha com pintos*, o artista criou uma obra encantadora e graciosa, para ilustrar um livro sobre história natural. Trata-se de uma representação relativamente realista da aparência dos animais. Já na obra *Galo novo*, Picasso ressaltou a agressividade e a insolência de um galo cantando. Trata-se, nesse caso, de uma representação caricatural e expressiva, que foge das imagens com as quais estamos acostumados.

São representações distintas de um animal criadas pelo mesmo artista. Apesar de suas diferenças, ambas expressam formas perceptíveis do sentimento humano, conforme a definição de arte da filósofa Susanne K. Langer, explicada anteriormente neste capítulo.

> “Uma senhora que estava visitando o ateliê do pintor [Henri Matisse] observou: “Mas certamente o braço dessa mulher está comprido demais!” Ao que o artista, polido, respondeu: “Madame, a senhora está enganada. Isso não é uma mulher, é um quadro”.
>
> GOMBRICH, Ernst H. *Arte e ilusão*: um estudo da psicologia da representação pictórica. São Paulo: Martins Fontes, 1995. p. 122.”

Arte e educação

Por diversos ângulos e diferentes enfoques, as discussões sobre a beleza e o estético tiveram presença marcante no pensamento de vários autores, desde a Antiguidade grega até nossos dias. Muitas dessas especulações tenderam a associar o **belo** ao **bom**, entrelaçando os campos filosóficos da **estética** e da **ética**.

Sócrates e Platão, por exemplo, já diziam que o que é bom é belo, e o que é belo é bom. Não precisamos, porém, ir tão longe, pois o próprio senso comum faz essa ligação. Quando um indivíduo age mal, costuma-se dizer: "Que feio!"; se ele age de maneira ética, fala-se que teve uma "bela" atitude.

Também se verifica um entrelaçamento entre estética e ética quando se constata que o belo pode despertar o bom no indivíduo e que, por isso, deve fazer parte de sua **educação**.

Nesse sentido, o escritor e pensador alemão **Friedrich von Schiller** (1759-1805) propôs a **educação estética**, além da **educação ética**, como forma de harmonizar e aperfeiçoar o mundo e de o indivíduo alcançar sua liberdade. Em suas palavras, "para chegar a uma solução, mesmo em questões políticas, o caminho da estética deve ser buscado, porque é pela beleza que chegamos à liberdade" (SCHILLER, Friedrich. *Sobre a educação estética*. São Paulo: Herder, 1963. p. 35).

Ou seja, se o belo desperta o bom no indivíduo, este se verá menos pressionado por insatisfações e necessidades e poderá agir mais de acordo com sua boa consciência. Se através do belo o mundo material se reconciliasse com uma forma superior de moralidade, o ensino da arte, educando os sentidos e a sensibilidade, poderia tornar, portanto, o indivíduo melhor.

Arte e indústria cultural

O mesmo Schiller que defendia a educação estética alertava:

> [...] a arte é filha da liberdade e quer ser legislada pela necessidade do espírito, não pela carência da matéria. Hoje, porém, a carência impera e curva em seu jugo tirânico a humanidade caída. O proveito [a vantagem, o lucro] é o grande ídolo do tempo; quer ser servido por todas as forças e cultuado por todos os talentos. Nesta balança grosseira o mérito espiritual da Arte não pesa, e ela, roubada de todo estímulo, desaparece no ruidoso mercado do século.
>
> SCHILLER, Friedrich. *Sobre a educação estética*. São Paulo: Herder, 1963. p. 35.

Apesar de escrita há cerca de dois séculos, essa observação continua atual. Seu autor considera que existe uma **arte ideal**, cuja função seria servir à necessidade do espírito humano e não ao "mercado do século", ou seja, aos interesses econômicos que determinam o que pode e deve ser feito para atender à demanda de mercado.

Com essas palavras, Schiller refere-se a um fenômeno contemporâneo que já despontava à sua época: a **indústria cultural**, termo cunhado por outro filósofo alemão, **Theodor Adorno** (1906-1969), conforme vimos antes (no Capítulo 7).

De acordo com Adorno, a arte e os bens culturais com frequência estão submetidos aos interesses do capitalismo contemporâneo e, quando isso ocorre, não passam de negócios, como qualquer outro produto do mercado (daí a expressão "indústria cultural").

ALBUM/FOTOARENA © THE ANDY WARHOL FOUNDATION FOR THE VISUAL ARTS, INC./ AUTVIS, BRASIL, 2020 – MUSEU DE ARTE MODERNA DE NOVA YORK (MOMA)

Campbell's soup, de Andy Warhol, 1962. Acrílico, 50,8 cm × 40,6 cm. A arte *pop* nasceu na década de 1950 com a proposta de empregar signos e símbolos do imaginário da cultura de massa e da vida cotidiana. Grande expoente desse movimento, Warhol retratava em suas obras produtos industrializados e celebridades do mundo artístico.

Essa indústria de lazer e divertimento investe em determinados produtos culturais que agradam às massas de forma imediata. Não está preocupada com uma educação estética, ou seja, com a criação de condições para que a maioria das pessoas possa receber manifestações artísticas de qualidade.

Além disso, a produção em massa torna possível a difusão de "mercadorias culturais" (filmes, músicas, *shows*, revistas), por meio das quais a indústria cultural vende – na interpretação de Adorno – os valores dominantes do capitalismo, promovendo uma "colonização do espírito" dos consumidores. Em algumas de suas expressões, como o cinema, a arte chega a ser convertida muitas vezes em vitrine para vender mercadorias, como automóveis, roupas, refrigerantes, computadores etc.

Nessa interpretação, portanto, para que a arte possa ser a arte ideal de Schiller, ela deve libertar-se dos ditames do mercado, como defendeu o próprio Adorno. Desse modo, sem acobertar a realidade nem fugir dela, a arte seria a expressão sensível e crítica de uma realidade que pode se tornar mais humana.

Cultura de massa *versus* cultura popular

A indústria cultural cria a **cultura de massa**, destinada ao consumo das multidões. Isso não tem nada a ver com a **cultura popular**, que seriam expressões próprias e originais de um povo, refletindo a dinâmica de suas identidades, seus saberes, suas práticas.

A cultura de massa homogeiniza e mercantiliza as manifestações artísticas ao oferecer à exaustão seus produtos. Seu objetivo preponderante é obter lucro. Não está preocupada em estimular o espírito inovador e a autêntica expresão dos sentimentos humanos. Trabalha com estereótipos, lugares-comuns e banalidades capazes de fazer sucessos repentinos. Enquanto a cultura popular expressa **modos** de ser e viver de um povo, a cultura de massa busca criar **modas** lucrativas.

LEO MALAFAIA/AFP

Desfile de Maracatu de Baque Solto, no Carnaval de Olinda (PE), em 2020. O Maracatu de Baque Solto foi criado por trabalhadores rurais dos engenhos de açúcar entre os séculos XIX e XX. É registrado como Patrimônio Imaterial do Brasil pelo Iphan.

1. O que diferencia fundamentalmente o conhecimento que a estética pretende atingir do conhecimento lógico-matemático?
2. "Gosto não se discute." Qual seria a opinião sobre essa máxima de uma pessoa que sustenta uma posição idealista e outra que defende uma concepção empirista a respeito da beleza? Você acha que elas estariam de acordo com a frase? Por quê?
3. Analisando o relativo consenso entre as pessoas acerca de quais são as coisas ou pessoas belas, Kant, Hegel e Schopenhauer chegaram a conclusões distintas. Discorra sobre elas.
4. Analise o conceito de arte proposto por Susanne K. Langer.
5. Baseando-se nesse conceito, identifique o que faltaria às realizações técnicas para serem consideradas realizações artísticas. Justifique.
6. Comente esta afirmação de Lukács: "O artista vive em sociedade e – queira ou não – existe uma influência recíproca entre ele e a sociedade". (LUKÁCS, György. Arte livre ou arte dirigida? *In: Revista Civilização Brasileira*, n. 13, p. 176.)
7. Se a arte mantém uma relação dinâmica com a sociedade, modificando-se no tempo, o que faz com que ela não seja mero produto de condicionamentos históricos ou ideológicos? O que distingue a realização artística das outras realizações humanas?
8. O ensino da arte, ao educar os sentidos e a sensibilidade, pode tornar o ser humano melhor. Fundamente essa afirmação.
9. Analise a relação entre arte e cultura de massa, tendo como referência o problema apontado por Schiller há cerca de dois séculos: "Hoje [...] a carência [da matéria] impera e curva em seu jugo tirânico a humanidade caída. O proveito é o grande ídolo do tempo; quer ser servido por todas as forças e cultuado por todos os talentos". (SCHILLER, Friedrich. *Sobre a educação estética*. São Paulo: Herder, 1963. p. 35).
10. Qual é a diferença entre cultura de massa e cultura popular?

Conversa filosófica

11. O bom e o belo

Muitos pensadores procuraram associar o belo ao bom, entrelaçando os campos da estética e da ética. Será o sentimento do belo sempre bom? E a percepção do bem será sempre bela? Como é para você? Procure recordar momentos que exemplifiquem essas condições e imaginar situações futuras. Depois, escreva uma reflexão sobre suas percepções e conclusões e comente-a com os colegas.

12. Arte e sociedade

Qual é o tipo de arte com o qual você mais se identifica? Será música, cinema, teatro, dança, pintura, escultura? Como essa arte e seus artistas se relacionam com você e com a sociedade a que pertencem? Essas expressões artísticas fazem crítica social e questionam comportamentos antiéticos? Você gostaria de praticar essa atividade artística? Reflita sobre o tema e relate aos colegas as conclusões a que chegou.

13. Indústria cultural

A indústria cultural não está preocupada com a educação estética, ou seja, com a criação de condições para que a maioria das pessoas possa receber manifestações artísticas de maior qualidade. Você concorda com essa afirmação? Encontre no rádio, na televisão, no cinema, nas livrarias e na programação cultural de sua cidade exemplos de programas, filmes, artistas, livros, eventos culturais que confirmem sua opinião. Depois, debata o tema com os colegas, mostrando-lhes o resultado de sua pesquisa.

Para pensar

Os dois textos a seguir tratam da significação da arte para o ser humano.

O primeiro, escrito pelo dramaturgo, poeta e filósofo alemão do século XVIII **Friedrich von Schiller**, trata de educação estética. Em suas cartas sobre essa temática, Schiller desenvolve, a partir da filosofia kantiana, uma reflexão acerca da necessidade da educação dos sentidos e da sensibilidade para alcançar o reino da moralidade.

No segundo texto, o filósofo austríaco **Ernst Fischer** analisa a função da arte na vida humana e por que sentimos essa eterna e fundamental necessidade da atividade artística.

Leia os dois textos, relacione-os e responda às questões que seguem.

Texto I

A necessidade da educação estética

Nosso tempo é ilustrado; vale dizer que foram encontrados e tornados públicos os conhecimentos que seriam suficientes, ao menos, para a correção de nossos princípios práticos; o espírito da livre investigação destruiu os conceitos fantasiosos que por muito tempo vedaram o acesso à verdade e minou o solo sobre o qual erguiam seu trono a mentira e o fanatismo; a razão purificou-se das ilusões dos sentidos e dos sofismas enganadores, e a própria filosofia, que a princípio nos rebelara contra a natureza, chama-nos de volta para seu seio com voz firme e urgente – onde a causa de, ainda assim, continuarmos bárbaros?

[...]

Não é suficiente, pois, dizer que toda ilustração do entendimento só merece respeito quando reflui sobre o caráter; ela parte também, em certo sentido, do caráter, pois o caminho para a cabeça precisa ser aberto pelo coração. A educação do sentimento, portanto, é a necessidade mais urgente de nosso tempo, não somente por ser um meio de tornar ativamente favorável à vida o conhecimento aperfeiçoado, mas por despertar ela mesma o aperfeiçoamento do saber.

SCHILLER, Friedrich von. *Sobre a educação estética*. São Paulo: Herder, 1963. p. 55-56.

Texto II

A necessidade da arte

As limitações do ser humano

Na verdade, o homem sempre quererá ser mais do que é, sempre se revoltará contra as limitações da sua natureza, sempre lutará pela imortalidade. Se alguma vez se desvanecesse o anseio de tudo conhecer e tudo poder, o homem já não seria mais homem. Assim, ele sempre necessitará da ciência, para desvendar todos os possíveis segredos da natureza e dominá-la. E sempre necessitará da arte para se familiarizar com a sua própria vida e com aquela parte do real que a sua imaginação lhe diz ainda não ter sido devassada.

[...] Sendo mortal e, por conseguinte, imperfeito, o homem sempre se verá como parte de uma realidade infinita que o circunda e sempre se achará em luta contra ela. Volta e meia se defrontará com a contradição constituída pelo fato de ser ele um "Eu" limitado e, ao mesmo tempo, fazer parte de um todo ilimitado [...].

A busca de plenitude pela arte

[Por isso,] assim como a linguagem representa em cada indivíduo a acumulação de milênios de experiência coletiva, assim como a ciência equipa cada indivíduo com o conhecimento adquirido pelo conjunto da humanidade, da mesma forma a função permanente da arte é recriar para a experiência de cada indivíduo a plenitude daquilo que ele não é, isto é, a experiência da humanidade em geral. A magia da arte está em que, nesse processo de recriação, ela mostra a realidade como passível de ser transformada, dominada e tornada brinquedo.

Toda a arte se liga a essa identificação, a essa capacidade infinita do homem para se metamorfosear, de modo que, como Proteu, ele pode assumir qualquer forma e viver mil vidas diferentes sem se destruir pela multiplicidade da sua experiência. Balzac costumava imitar o andar e os gestos das pessoas que caminhavam adiante dele na rua, com a finalidade de absorvê-las a seu próprio ser, ainda que fossem pessoas estranhas. Apaixonava-se tão obsessivamente por seus romances que os personagens destes se lhe tornavam mais reais do que a realidade exterior que o cercava. Aqueles que, entre nós, se limitam a consumir a arte como entretenimento não correm semelhante risco: porém o nosso "Eu" limitado sofre uma ampliação maravilhosa pela experiência de uma obra de arte. Realiza-se dentro de nós um processo de identificação, de modo que podemos sentir, quase sem esforço, que não somos meras testemunhas da criação, que somos um pouco, também, criadores daquelas obras que estendem os nossos horizontes e nos elevam acima da superfície a que estamos pegados. Desse modo, não deixa de haver uma verdade na ideia de que a arte é um substituto da vida.

A evolução da arte junto com a humanidade

[...] A arte – como meio de identificação do homem com a natureza, com os outros homens e com o mundo, como meio de fazer o homem sentir e conviver com os demais, com tudo o que é e com o que está para ser – está fadada a crescer na mesma medida em que cresce o homem. [...]

O homem, que se tornou homem pelo trabalho, que superou os limites da animalidade transformando o natural em artificial, o homem, que se tornou um mágico, o criador da realidade social, será sempre o mágico supremo, será sempre Prometeu trazendo o fogo do céu para a terra, será sempre Orfeu enfeitiçando a natureza com a sua música. Enquanto a própria humanidade não morrer, a arte não morrerá.

FISCHER, Ernst. *A necessidade da arte*. 6. ed. Rio de Janeiro: Zahar, 1977. p. 247-254. [Intertítulos nossos].

1. No primeiro texto, que grande contradição do período ilustrado causa assombro no autor?
2. Que solução propõe Schiller para resolver essa contradição? Por quê?
3. Para melhor entender o segundo texto, pesquise os mitos de Proteu, Prometeu e Orfeu, pertencentes à mitologia grega. O que simbolizam os três no texto de Fischer?
4. Como Fischer caracteriza a natureza humana? E o que decorre dessa natureza, ou seja, que conduta ou sentimento causa no ser humano essa sua natureza?
5. Segundo Fischer, para que o ser humano necessita da arte? Que função tem a arte, então? Como ela cumpre essa função, isto é, que "magia" realiza?
6. Justifique a frase: "A arte [...] está fadada a crescer na mesma medida em que cresce o homem [...]".

Sessão de cinema

Basquiat: traços de uma vida (1996, Estados Unidos, direção de Julian Schnabel)

História real do espirituoso imigrante haitiano que passou de desconhecido grafiteiro a artista admirado pelas mais altas rodas internacionais, com a ajuda do artista multimídia Andy Warhol.

Cinema, aspirinas e urubus (2005, Brasil, direção de Marcelo Gomes)

Fugindo da Segunda Guerra Mundial, o alemão Johann percorre o sertão nordestino vendendo aspirinas com o auxílio da projeção de filmes promocionais apresentados a pessoas que nunca tiveram contato com a arte cinematográfica.

Com amor, Van Gogh (2017, Estados Unidos, direção de Dorota Kobiela, Hugh Welchman)

Após o suicídio do pintor Vincent van Gogh, uma carta enviada por ele ao seu irmão, que nunca chegou ao seu destino, é encontrada. Após conversar com o pai, carteiro que era amigo pessoal de Van Gogh, Armand é incentivado a entregar ele mesmo a correspondência. Assim ele inicia uma investigação com as pessoas que conheceram Van Gogh, na tentativa de descobrir se ele realmente se matou.

Frida (2002, Estados Unidos, direção de Julie Taymor)

O filme conta a história da pintora mexicana Frida Kahlo. A trajetória da artista é permeada de situações marcantes, como seu atropelamento por um ônibus aos dezoito anos, que lhe causou graves sequelas, e o casamento com o pintor Diego Rivera. A obra evidencia ainda outros aspectos de sua vida pessoal, seus posicionamentos políticos e o intenso trabalho da pintora.

Lixo extraordinário (2009, Brasil/Reino Unido, direção de Lucy Walker, Karen Harley e João Jardim)

Documentário sobre o trabalho do artista plástico Vik Muniz com os catadores de lixo reciclável do aterro sanitário de Jardim Gramacho, no Rio de Janeiro. Traz o difícil cotidiano dos catadores e revela o poder transformador da arte.

O artista (2011, Bélgica, direção de Michel Hazanavicius)

Um artista no auge de sua carreira no cinema mudo conhece uma jovem dançarina pela qual se apaixona. A chegada do cinema falado, no entanto, conduz a carreira de ambos para direções opostas.

O carteiro e o poeta (1995, Inglaterra/França/Itália, direção de Michael Radford)

Retrato do processo de educação estética de um carteiro italiano, Mário, a partir de seu contato e amizade com o poeta chileno Pablo Neruda.

Shine (1996, Austrália/Inglaterra, direção de Scott Hicks)

Filme que retrata o processo de formação do artista David Helfgott, um dos principais intérpretes da obra pianística de Rachmaninoff.

1. (UFMG) Leia estes quadrinhos. Kant estabelece que as ações das pessoas, para serem realmente éticas, devem pautar-se no seguinte princípio, denominado imperativo categórico: "Age apenas segundo uma máxima tal que possas ao mesmo tempo querer que ela se torne lei universal." (Kant. *Fundamentação da metafísica dos costumes*. Tradução de Paulo Quintela. São Paulo: Abril Cultural, 1974. p. 224.)

   Redija um texto, relacionando as declarações do garoto Calvin ao imperativo categórico kantiano. Justifique sua resposta.

2. (UEL-PR) Leia os textos a seguir:

   A única maneira de instituir um tal poder comum é conferir toda sua força e poder a um homem ou a uma assembleia de homens. É como se cada homem dissesse a cada homem: Cedo e transfiro meu direito de governar-me a mim mesmo a este homem, ou a esta assembleia de homens, com a condição de transferires a ele teu direito, autorizando de maneira semelhante todas as suas ações. Feito isso, à multidão assim unida numa só pessoa se chama Estado.

   Adaptado de: HOBBES, T. *Leviatã*. Trad. de João Paulo Monteiro e Maria Beatriz Nizza da Silva. São Paulo: Abril Cultural, 1974. p.109. Coleção Os Pensadores.

   O ponto de partida e a verdadeira constituição de qualquer sociedade política não é nada mais que o consentimento de um número qualquer de homens livres, cuja maioria é capaz de se unir e se incorporar em uma tal sociedade. Esta é a única origem possível de todos os governos legais do mundo.

   Adaptado de: LOCKE, J. *Segundo tratado do governo civil: ensaio sobre a origem, os limites e os fins verdadeiros do governo civil*. Trad. de Magda Lopes e Marisa Lobo da Costa. Petrópolis: Vozes, 1994. p.141. Coleção Os Pensadores.

   A partir da análise dos textos e dos conhecimentos [...] no que se refere à instituição do Estado, explique as diferenças entre o contrato proposto por Hobbes e o proposto por Locke.

3. (UEM) A epistemologia de Thomas Kuhn tem como tese fundamental a mudança de paradigmas que provoca as revoluções científicas; enquanto a epistemologia de Karl Popper se caracteriza pelo princípio da falseabilidade. Some os números das alternativas que forem corretas.

   (01) Para Thomas Kuhn, as mudanças de paradigmas nas teorias científicas desorganizam a ciência a ponto de impedir um avanço do conhecimento.

   (02) Para Thomas Kuhn, a revolução copernicana que substitui a explicação ptolomaica geocêntrica pela explicação heliocêntrica caracteriza uma mudança de paradigma e uma revolução na ciência astronômica.

   (04) Para Karl Popper, o valor de uma teoria não se mede pela sua verdade, mas pela possibilidade de ser falsificada.

   (08) Para Thomas Kuhn, o paradigma é uma visão de mundo expressa em uma teoria; o paradigma serve para auxiliar o cientista na resolução de seus problemas.

   (16) Considerando o princípio da falseabilidade, a ciência, para Karl Popper, não se desenvolve de modo linear.

4. (UEMA) Ernst Fischer (*A necessidade da arte*. Rio de Janeiro: Zahar, 1983.) considera a arte como o elemento essencial para a compreensão da realidade, na medida em que ajuda o homem, não apenas nessa compreensão, mas também porque possibilita o suporte necessário para (...) "torná-la mais humana e mais hospitaleira para a humanidade".

   A partir dessa afirmação, é correto afirmar que:

   a) a obra de arte, além de favorecer a interpretação do mundo, reivindica transformações.

   b) não importa o nível de letargia da arte, o que interessa é que funcione como bálsamo para espíritos exaustos.

   c) se a arte acompanha as transformações do mundo, e se vivemos em uma época explicitamente mercadológica, então a obra de arte deve adequar-se às exigências de mercado.

   d) a força transformadora da arte, assim como numa perspectiva místico-espiritualista, prescinde de conotações sociopolíticas e históricas.

   e) os seres humanos que não buscam uma forma de expressão através da arte têm capacidade de compreender a si mesmos e à realidade.

Bibliografia

ABBAGNANO, Nicola. *Dicionário de filosofia*. São Paulo: Mestre Jou, 1982.

ADLER, Mortimer. *Ten philosophical mistakes*. Nova York: Touchstone, 1996.

ADORNO, Theodor. Teoria estética. In: DUARTE, Rodrigo (org.). *O belo autônomo*. Belo Horizonte: UFMG, 1997.

ALQUIÉ, Ferdinand. *A filosofia de Descartes*. São Paulo: Presença, 1974.

ALVES, Rubem. *Filosofia da ciência*. São Paulo: Brasiliense, 1993.

ARENDT, Hannah. *A condição humana*. Rio de Janeiro: Forense Universitária, 2013.

ARISTÓTELES. *Ética a Nicômaco*. Tradução: Mario da Gama Kury. Brasília: UnB, 1985.

ARISTÓTELES. *Metafísica*. Tradução: L. Vallandro. Porto Alegre: Globo, 1969.

ARISTÓTELES. *Política*. Brasília: UnB, 1985.

AUBENQUE, Pierre. As filosofias helenísticas: estoicismo, epicurismo e ceticismo. In: CHÂTELET, François (dir.). *História da filosofia*: ideias, doutrinas. Rio de Janeiro: Zahar, 1981. 8 v.

ÁVILA, Padre Fernando Bastos S. J. *Solidarismo*. Rio de Janeiro: Agir, 1965.

BACON, Francis. *Novum Organum*. 4. ed. São Paulo: Nova Cultural, 1988. (Os Pensadores).

BAKHTIN, Mikhail. *Marxismo e filosofia da linguagem*. São Paulo: Hucitec, 1992.

BANDLER, Richard; GRINDER, John. *A estrutura da magia*: um livro sobre linguagem e terapia. São Paulo: LTC, 1977.

BASTOS, Fernando. *Panorama das ideias estéticas no Ocidente*. Brasília: UnB, 1981.

BATESON, Gregory. *Pasos hacia una ecología de la mente*. Buenos Aires: Carlos Lohlé, 1985.

BAUDRILLARD, Jean. *Para uma crítica da economia política do signo*. Lisboa: Martins Fontes, 1972.

BENJAMIN, Walter et al. *Textos escolhidos*. São Paulo: Abril Cultural, 1983.

BERGER, P. L.; LUCKMANN, T. *A construção social da realidade*. Petrópolis: Vozes, 1999.

BERKELEY, George. *Tratado sobre os princípios do conhecimento humano*. São Paulo: Nova Cultural, 1989. (Os Pensadores).

BERMAN, Morris. *The reenchantment of the world*. Ithaca: Cornell University Press, 1981.

BERNHARDT, Jean. O pensamento pré-socrático: de Tales aos sofistas. In: CHÂTELET, François (dir.). *História da filosofia*. Lisboa: Dom Quixote, 1981. v. 1.

BOBBIO, Norberto et al. *Dicionário de política*. Brasília: UnB, 1986.

BOBBIO, Norberto. *Estado, governo, sociedade*: para uma teoria geral da política. Rio de Janeiro: Paz e Terra, 1987.

BOCHENSKI, Innocentius Marie. *A filosofia contemporânea ocidental*. 3. ed. São Paulo: EPU/Edusp, 1975.

BODIN, Jean. A república. In: CHEVALIER, Jean-Jacques. *As grandes obras políticas*: de Maquiavel a nossos dias. 3. ed. Rio de Janeiro: Agir, 1982.

BOSCH, Philippe van den. *A filosofia e a felicidade*. São Paulo: Martins Fontes, 1998.

BRAIDWOOD, Robert. *Homens pré-históricos*. Brasília: UnB, 1985.

BRÉHIER, Émile. *Historia de la filosofía*. Buenos Aires: Sudamericana, 1948.

BRODI, William. *Sócrates y el camino hacia la iluminación*. Madri: Gaia, 2010.

BRONOWSKI, Jacob. *As origens do conhecimento e da imaginação*. Brasília: UnB, 1985. (Pensamento Científico, 13).

BRONOWSKI, Jacob. *Ciências e valores humanos*. Belo Horizonte: Itatiaia; São Paulo: Edusp, 1979. (O Homem e a Ciência, 6).

BRUNO, Giordano. *Sobre o infinito, o universo e os mundos*. 2. ed. São Paulo: Abril Cultural, 1978. (Os Pensadores).

BUNCH, B. H. *Matemática insólita*: paradojas y paralogismos. Barcelona: Reverté, 2002.

BUZZI, Arcângelo R. *Filosofia para principiantes*: a existência humana no mundo. Petrópolis: Vozes, 1992.

BYINGTON, Carlos A. B. *A construção amorosa do saber*. São Paulo: Religare, 2003.

CANDIDO, Antonio. *Literatura e sociedade*. São Paulo: T. A. Queiroz/ Publifolha, 2000.

CANDIDO, Antonio. *O portador*. In: NIETZSCHE. São Paulo: Abril Cultural, 1978. (Os Pensadores).

CARROLL, Lewis. *Aventuras de Alice*. Rio de Janeiro: Fontana/ Summus, 1977.

CASSIRER, Ernst. *Filosofía de la Ilustración*. México: Fondo de Cultura Económica, 1963.

CHARDIN, Teilhard de. *O fenômeno humano*. São Paulo: Cultrix, 1987.

CHARTIER, Roger. *Os desafios da escrita*. São Paulo: Unesp, 2002.

CHASIN, José. Marx: estatuto ontológico e resolução metodológica. In: TEIXEIRA, Francisco José Soares. *Pensando com Marx*. São Paulo: Ensaio, 1995.

CHASIN, José. Rota e prospectiva de um projeto marxista. *Revista Ensaios Ad Hominem*, São Paulo: n. 1, t. I, 1999.

CHÂTELET, François. Do mito ao pensamento racional. In: ______ (dir.). *História da filosofia*: ideias, doutrinas. Rio de Janeiro: Zahar, 1981. 8 v.

CHAUI, Marilena. *Espinosa*: uma filosofia da liberdade. São Paulo: Moderna, 1995.

CHAUI, Marilena. Ideologia e educação. *Revista Educação & Sociedade*, São Paulo: n. 5, jan. 1980.

CHAUI, Marilena. *O que é ideologia*. São Paulo: Brasiliense, 1980. (Primeiros Passos, 13).

CHAUI, Marilena (consult.). Vida e obra. In: HEIDEGGER, Martin. *Conferências e escritos filosóficos*. São Paulo: Abril Cultural, 1979. (Os Pensadores).

CHAUI, Marilena et al. *Primeira filosofia*: aspectos da história da filosofia. São Paulo: Brasiliense, 1992.

CHAUI, Marilena et al. *Primeira filosofia*: tópicos de filosofia geral. São Paulo: Brasiliense, 1992.

CHERRY, Colin. *A comunicação humana*. São Paulo: Cultrix, 1974. CHILDE, Gordon. *A evolução cultural do homem*. Rio de Janeiro: Zahar, 1971.

COMTE, Auguste. *Curso de filosofia positiva*. São Paulo: Abril Cultural, 1978. (Os Pensadores).

COMTE, Auguste. *Discurso sobre o espírito positivo*. São Paulo: Abril Cultural, 1978. (Os Pensadores).

COMTE-SPONVILLE, André. *A felicidade, desesperadamente*. São Paulo: Martins Fontes, 2001.

COMTE-SPONVILLE, André; FERRY, Luc. *Sabedoria dos modernos*. São Paulo: Martins Fontes, 1999.

COPI, Irving M. *Introdução à lógica*. São Paulo: Mestre Jou, 1978.

CORBISIER, Roland. *Introdução à filosofia*. 2. ed. Rio de Janeiro: Civilização Brasileira, 1986. 2 t.

CUVILLIER, Armand. *Sociologia da cultura*. Porto Alegre: Globo, 1975. DALLARI, Dalmo de Abreu. *Elementos de teoria geral do Estado*. São Paulo: Saraiva, 2005.

DAMÁSIO, Antonio R. *Sentir lo que sucede*: cuerpo y emoción en la fábrica de la consciencia. Santiago: Andrés Bello, 2000.

DAMÁSIO, António. *O erro de Descartes*. São Paulo: Companhia das Letras, 1998.

DESANTI, Jean-Toussaint. Galileu e a nova concepção de natureza. In: CHÂTELET, François (dir.). *História da filosofia*: ideias, doutrinas. Rio de Janeiro: Zahar, 1981. 8 v.

DESCARTES, René. *Discurso do método*. São Paulo: Nova Cultural, 1987. (Os Pensadores).

DESCARTES, René. *Meditações*. São Paulo: Nova Cultural, 1988. (Os Pensadores).

DESCARTES, René. *Princípios da filosofia*. São Paulo: Rideel, 2007.

DESCARTES, René. Regras para a direção do espírito. In: REZENDE, Antônio (org.). *Curso de filosofia*. Rio de Janeiro: Zahar, 1986.

DURAND, Marie Françoise et al. *Atlas da mundialização*. São Paulo: Saraiva, 2009.

DURKHEIM, Émile. *Da divisão do trabalho social*. São Paulo: Abril Cultural, 1978. (Os Pensadores).

ECHEGOYEN, O. J.; GARCÍA-BARÓ, M. Introducción. In: PLATÓN. *Menón, o sobre la virtud*. Madri: Mare Nostrum, 2000.

ECHEVERRÍA, Rafael. *Ontología del lenguaje*. Santiago: Dolmen, 1997.

ECHEVERRÍA, Rafael. *Por la senda del pensar ontológico*. Santiago: J. C. Sáez, 2007.

ECO, Umberto. Elogio de Santo Tomás de Aquino. In: _____. *Viagem na irrealidade cotidiana*. Rio de Janeiro: Nova Fronteira, 1984.

ECO, Umberto. *Interpretação e superinterpretação*. São Paulo: Martins Fontes, 2001.

ECO, Umberto. *Viagem na irrealidade cotidiana*. Rio de Janeiro: Nova Fronteira, 1984.

EINSTEIN, Albert. *Como vejo o mundo*. Rio de Janeiro: Nova Fronteira, 1981.

ELIADE, Mircea. *Mito e realidade*. São Paulo: Perspectiva, 2007. (Debates 52).

ENGELS, Friedrich. *A origem da família, da propriedade privada e do Estado*. Rio de Janeiro: Civilização Brasileira, 1975. (Perspectivas do Homem, 99).

EPICURO. *Antologia de textos de Epicuro*. São Paulo: Nova Cultural, 1988. (Os Pensadores).

EPICURO. *Carta sobre a felicidade [a Meneceu]*. Tradução e apresentação: Álvaro Lorencini e Enzo Del Carratore. São Paulo: Editora Unesp, 2002.

ESPINOSA, Baruch. *Ética*. São Paulo: Abril Cultural, 1979. (Os Pensadores).

FACIONE, Peter A. *The Student's Guide to Philosophy*. Mountain View: Mayfield Publishing, 1988.

FERNANDES, Florestan. *Organização social do Tupinambá*. São Paulo: Difusão Europeia do Livro, 1963.

FERRY, Luc. *A nova ordem ecológica*. São Paulo: Ensaio, 1994.

FERRY, Luc. *Aprender a viver* – filosofia para os novos tempos. Rio de Janeiro: Objetiva, 2007.

FISCHER, Ernst. *A necessidade da arte*. 6. ed. Rio de Janeiro: Zahar, 1977.

FLEW, Antony. *Pensar direito*. São Paulo: Cultrix/Edusp, 1979.

FORTES, Luiz R. Salinas. *O Iluminismo e os reis filósofos*. São Paulo: Brasiliense, 1981.

FOUCAULT, Michel. *Microfísica do poder*. Rio de Janeiro: Graal, 2009.

FOUCAULT, Michel. *Vigiar e punir*. Petrópolis: Vozes, 2002.

FOULQUIÉ, Paul. *O existencialismo*. 3. ed. São Paulo: Difel, 1975.

FREIRE, Paulo. *Pedagogia do oprimido*. Rio de Janeiro: Paz e Terra, 1978.

FREITAG, Bárbara. *Sociedade e consciência* – um estudo piagetiano na favela e na escola. São Paulo: Cortez/Autores Associados, 1984.

FROMM, Erich. *Análise do homem*. São Paulo: Círculo do Livro, s.d.

FROMM, Erich. *Conceito marxista do homem*. 6. ed. Rio de Janeiro: Zahar, 1975.

FROMM, Erich. *Psicanálise da sociedade contemporânea*. 7. ed. Rio de Janeiro: Zahar, 1974.

GADOTTI, Moacir. *Transformar o mundo*. São Paulo: FTD, 1991.

GALBRAITH, John Kenneth. *A era da incerteza*. São Paulo: Pioneira, 1950.

GALILEI, Galileu. *O ensaiador*. São Paulo: Abril Cultural, 1978. (Os Pensadores).

GARCÍA MORENTE, Manuel. *Fundamentos de filosofia*. São Paulo: Mestre Jou, 1970.

GIACOIA Jr., Oswaldo. *Nietzsche*. São Paulo: Publifolha, 2000.

GIANOTTI, José Arthur. Moralidade pública e moralidade privada. In: NOVAES, Adauto (coord.). *Ética*. São Paulo: Companhia das Letras, 1992.

GILES, Thomas Ransom. *Introdução à filosofia*. São Paulo: EPU/ Edusp, 1979.

GILSON, Étienne. *La unidad de la experiencia filosófica*. Madri: Rialp, 2004.

GLOTZ, Gustave. *Cidade grega*. Rio de Janeiro/São Paulo: Difel, 1980.

GOLDMANN, Lucien. *A criação cultural na sociedade moderna*. São Paulo: Difel, 1972.

GOLDMANN, Lucien. *La ilustración y la sociedad actual*. Caracas: Monte Ávila, 1967.

GOLDSTEIN, Lawrence et al. *Lógica*: conceitos-chave em filosofia. Porto Alegre: Artmed, 2007.

GOMES, João Carlos Lino. *Ética, política e poder em Maquiavel*. Síntese, v. 20, n. 60, p. 79-91, jan. 1993.

GORZ, André. *Adeus ao proletariado*. São Paulo: Forense, 1982.

GRIMAL, Pierre. *A mitologia grega*. 3. ed. São Paulo: Brasiliense, 1982. (Primeiros Voos).

HABERMAS, Jürgen. *Técnica e ciência enquanto "ideologia"*. São Paulo: Abril Cultural, 1983. (Os Pensadores).

HABERMAS, Jürgen. *Teoría de la acción comunicativa*. Madri: Taurus, 1987.

HABERMAS, Jürgen. *Teoría y práxis*. Madri: Tecnos, 1987.

HARRÉ, Rom. *1 000 años de filosofía*. Madri: Santillana, 2002.

HAWKING, Stephen. *O universo numa casca de noz*. São Paulo: Mandarim, 2001.

HAYLES, N. Katherine. *La evolución del caos*: el orden dentro del desorden en las ciencias contemporáneas. Barcelona: Gedisa, 2000.

HEGEL, Friedrich. *Fenomenologia do espírito*. Petrópolis: Vozes, 1988.

HEGEL, Friedrich. *Principios de la filosofía del derecho*. Buenos Aires: Sudamerica, 1975.

HEIDEGGER, Martin. *Conferências e escritos filosóficos*. São Paulo: Abril Cultural, 1979. (Os Pensadores).

HEMPEL, Carl. *Filosofia da ciência natural*. 3. ed. Rio de Janeiro: Zahar, s.d. (Curso Moderno de Filosofia).

HESSEN, Johannes. *Teoria do conhecimento*. Coimbra: Armênio Amado Editor, 1980.

HETHERINGTON, Stephen. *¡Filosofía! Una breve introducción a la metafísica y a la epistemología*. Madri: Alianza Editorial, 2007.

HOBBES, Thomas. *Leviatã*. São Paulo: Abril Cultural, 1979. (Os Pensadores).

HOBSBAWM, Eric. *Era dos extremos*. O breve século XX: 1914-1991. São Paulo: Companhia das Letras, 1995.

HOLANDA, Sérgio B. *Raízes do Brasil*. São Paulo: Companhia das Letras, 2006.

HORKHEIMER, Max. *Eclipse da razão*. Rio de Janeiro: Labor do Brasil, 1976.

HORKHEIMER, Max. *Teoria crítica I*. São Paulo: Perspectiva/Edusp, 1990.

HORKHEIMER, Max; ADORNO, Theodor. Conceito de iluminismo. In: BENJAMIN, Walter et al. *Textos escolhidos*. São Paulo: Abril Cultural, 1983. p. 89-116. (Os Pensadores).

HORKHEIMER, Max; ADORNO, Theodor W. *Dialética do esclarecimento*. Rio de Janeiro: Zahar, 1985.

HUISMAN, Denis. *Dicionário de obras filosóficas*. São Paulo: Martins Fontes, 2002.

HUISMAM, Denis (dir.). *Dicionário dos filósofos*. São Paulo: Martins Fontes, 2001.

HUME, David. *Investigação acerca do entendimento humano*. São Paulo: Nova Cultural, 1989.

HUNNEX, Milton. *Filósofos e correntes filosóficas:* em gráficos e diagramas. São Paulo: Vida, 2003.

JAEGER, Werner. *Paidea:* a formação do homem grego. São Paulo: Martins Fontes/UnB, 1986.

JAPIASSU, Hilton; MARCONDES, Danilo. *Dicionário básico de filosofia*. Rio de Janeiro: Zahar, 1991.

JASPERS, Karl. *Introdução ao pensamento filosófico*. São Paulo: Cultrix, 1971.

JERPHAGNON, Lucien. *História das grandes filosofias*. São Paulo: Martins Fontes, 1992.

JOLIVET, Régis. *Curso de filosofia*. Rio de Janeiro: Agir, 1972.

KANT, Immanuel. Crítica da faculdade do juízo. In: DUARTE, Rodrigo (org.). *O belo autônomo:* textos clássicos de estética. Belo Horizonte: UFMG, 1997.

KANT, Immanuel. *Crítica da razão prática*. Lisboa: Edições 70, 1989. (Textos Filosóficos).

KANT, Immanuel. *Crítica da razão pura*. São Paulo: Abril Cultural, 1979. (Os Pensadores).

KANT, Immanuel. *Fundamentação da metafísica dos costumes*. Lisboa: Edições 70, 1988. (Textos Filosóficos).

KNEALE, William; KNEALE, Martha. *O desenvolvimento da lógica*. Lisboa: Calouste Gulbenkian, 1968.

KNELLER, George F. *A ciência como atividade humana*. Rio de Janeiro: Zahar; São Paulo: Edusp, 1980.

KNELLER, George F. *Arte e ciência da criatividade*. São Paulo: Ibrasa, 1971.

KOFLER, L.; ABENDROTH, W.; HOLZ, H. H. *Conversando com Lukács*. Rio de Janeiro: Paz e Terra, 1969.

KONDER, Leandro. *O futuro da filosofia da práxis:* o pensamento de Marx no século XXI. Rio de Janeiro: Paz e Terra, 1992.

KONDER, Leandro. *O que é dialética*. São Paulo: Brasiliense, 1981. (Primeiros Passos).

KONDER, Leandro. *Os marxistas e a arte*. Rio de Janeiro: Civilização Brasileira, 1967. (Perspectivas do Homem).

KOYRÉ, Alexandre. *Do mundo fechado ao universo infinito*. Rio de Janeiro: Forense Universitária; São Paulo: Edusp, 1974.

KOYRÉ, Alexandre. *Estudos de história do pensamento científico*. Rio de Janeiro: Forense Universitária; Brasília: UnB, 1982.

KUJAWSKI, Gilberto de Mello. *Ortega y Gasset:* a aventura da razão. São Paulo: Moderna, 1994.

LABBÉ, B; PUECH, M. *O bem e o mal*. São Paulo: Scipione, 2010.

LAFARGUE, Paul. *O direito à preguiça*. São Paulo: Unesp/ Hucitec, 1999.

LAKATOS, Imre; MUSGRAVE, Alen (org.). *A crítica e o desenvolvimento do conhecimento*. São Paulo: Cultrix/Edusp, 1979.

LALANDE, André. *Vocabulário técnico e crítico da filosofia*. 10. ed. Porto: Rés Editora, s.d. 2 v.

LANGER, Susanne. *Ensaios filosóficos*. São Paulo: Cultrix, 1971.

LAPLANCHE, J.; PONTALIS, J. B. *Vocabulário da psicanálise*. São Paulo: Martins Fontes, 1988.

LAYARD, Richard. *La felicidad:* leciones de una nueva ciencia. Madri: Santillana, 2005.

LEBRUN, Gérard. *O que é poder*. São Paulo: Abril Cultural/Brasiliense, 1984. (Primeiros Passos, 4).

LÊNIN, Vladimir Ilitch. *As três fontes e as três partes constitutivas do marxismo*. São Paulo: Global, s.d. (Bases, 9).

LEOPOLDO e Silva, Franklin. *Descartes:* a metafísica da modernidade. São Paulo: Moderna, 1994.

LÉRY, Jean de. *Viagem à terra do Brasil.* Belo Horizonte: Itatiaia; São Paulo: Edusp, 1980.

LIARD, Louis. *Lógica.* 9. ed. São Paulo: Nacional, 1979.

LOCKE, John. *Ensaio acerca do entendimento humano.* 2. ed. São Paulo: Abril Cultural, 1978. (Os Pensadores).

LOCKE, John. *Segundo tratado sobre o governo.* 2. ed. São Paulo: Abril Cultural, 1978. (Os Pensadores).

LORENZ, Konrad. *Civilização e pecado.* São Paulo: Círculo do Livro, 1973.

LOWEN, Alexander. *Prazer.* São Paulo: Summus, 1988.

LUKÁCS, György. Arte livre ou arte dirigida? *Revista Civilização Brasileira,* n. 13, 1967.

LUKÁCS, György. *Princípios ontológicos fundamentais de Marx.* São Paulo: Ciências Humanas, 1979.

MAAR, Wolfgang Leo. *O que é política.* São Paulo: Abril Cultural/Brasiliense, 1985. (Primeiros Passos, 17).

MACEDO, Carmen Cinira. *Imagem do eterno:* religiões no Brasil. São Paulo: Moderna, 1989.

MAQUIAVEL, Nicolau. *O príncipe.* São Paulo: Círculo do livro, s.d.

MARÍAS, Julián. *Introdução à filosofia.* 3. ed. São Paulo: Duas Cidades, s.d.

MARICONDA, Pablo Rubén. *Galileu e a ciência moderna.* Especiaria – Cadernos de Ciências Humanas, v. 9, n.16, jul.-dez. 2006, pp. 267-292. Disponível em: <http://www.uesc.br/revistas/especiarias/ed16/16_2_galileu_e_a_ciencia_moderna.pdf>. Acesso em: 29 ago. 2020.

MARITAIN, Jacques. *Introdução geral à filosofia.* Rio de Janeiro: Agir, 1989.

MARTON, Scarlett. *Nietzsche:* a transvaloração dos valores. São Paulo: Moderna, 1993.

MARX, Karl. *A sagrada família.* São Paulo: Moraes, 1987.

MARX, Karl. Glosas críticas marginais ao artigo "O rei da Prússia e a reforma social". In: MARX, Karl. *Marx:* escritos de juventud. México: Fondo de Cultura Económica, 1987.

MARX, Karl. *Grundisse.* México: Fondo de Cultura Económica, 1985.

MARX, Karl. *Manuscritos econômico-filosóficos.* Lisboa: Edições 70, 1989.

MARX, Karl. *O 18 Brumário de Luís Bonaparte.* 2. ed. São Paulo: Abril Cultural, 1978. (Os Pensadores).

MARX, Karl. *O capital.* Disponível em: <http://www.histedbr.fe.unicamp.br/acer_fontes/acer_marx/ocapital-1.pdf>. Acesso em: 29 ago. 2020.

MARX, Karl. *Teses contra Feuerbach.* 2. ed. São Paulo: Abril Cultural, 1978. (Os Pensadores).

MARX, Karl; ENGELS, Friedrich. *Manifesto comunista.* Tradução Maria Arsênio da Silva. São Paulo: Ched Editorial, 1980.

MARX, Karl; ENGELS, Friedrich. *Textos.* São Paulo: Edições Sociais, 1975.

MASI, Domenico de. Em busca do ócio. *Veja 25 anos:* reflexões para o futuro. São Paulo: Abril, 1993. Edição especial.

MATOS, Olgária. Introdução. In: HORKHEIMER, Max. *Teoria crítica I.* São Paulo: Perspectiva/Edusp, 1990.

MATURANA, Humberto. *Da biologia à psicologia.* Porto Alegre: Artes Médicas, 1998.

MATURANA, Humberto; VARELA, Francisco. *El árbol del conocimiento.* Santiago : Universitaria, 2002.

MONTAIGNE, Michel de. *Ensaios.* São Paulo: Abril Cultural, 1980. (Os Pensadores).

MONTESQUIEU, Charles S. *O espírito das leis.* São Paulo: Martins Fontes, 1996.

MORA DE OLIVEIRA, Armando et al. *Primeira filosofia:* tópicos de filosofia geral. 9. ed. São Paulo: Brasiliense, 1992.

MORA, José Ferrater. *Dicionário de filosofia.* Lisboa: Publicações Dom Quixote, 1982.

MORIN, Edgar. *Meus demônios.* Rio de Janeiro: Bertrand Brasil, 1997.

MORIN, Edgar. *O método II:* a vida da vida. Lisboa: Publicações Europa-América, 1980.

MORTARI, Cezar A. *Introdução à lógica.* São Paulo: Unesp, 2001.

MOUNIER, Emmanuel. *Introdução aos existencialismos.* São Paulo: Duas Cidades, 1963.

NAGEL, Ernest. Ciência: natureza e objetivo. In: MORGENBESSER, Sidney (org.). *Filosofia da ciência.* São Paulo: Cultrix, s.d.

NEWTON, Isaac. *Princípios matemáticos da filosofia natural.* São Paulo: Abril Cultural, 1979. (Os Pensadores).

NIETZSCHE, Friedrich. A filosofia na época trágica dos gregos. In: SOUZA, J. Cavalcante de (org.). *Pré-socráticos.* São Paulo: Abril Cultural, 1978. (Os Pensadores).

NIETZSCHE, Friedrich. *Obras incompletas*. São Paulo: Abril Cultural, 1978. (Os Pensadores).

NOVAES, Adauto (coord.). *Ética*. São Paulo: Companhia das Letras, 1992.

NOWELLSMITH, P. H. *Ética*. São Paulo: Bestseller, 1966.

OFFE, Claus. Trabalho: a categoria-chave da sociologia? *Revista Brasileira de Ciências Sociais*, São Paulo, v. 4, n. 10, jun. 1989.

ONG, Walter. *Oralidade e cultura escrita*. Campinas: Papirus, 1998.

ORTEGA Y GASSET, José. *Que é filosofia*. São Paulo: Livro Ibero-Americano, 1961.

PASCAL, Blaise. *Pensamentos*. São Paulo: Abril Cultural, 1984. (Os Pensadores).

PASCUAL, Juan José Abad; HERNÁNDEZ, Carlos Díaz. *Historia de la filosofía*. Madri: McGraw Hill, 1996.

PAZ, Octavio. *Signos em rotação*. São Paulo: Perspectiva, 1976.

PEIXOTO, Fernando. *Brecht:* vida e obra. Rio de Janeiro: Paz e Terra, 1979.

PEREIRA PORCHAT, Oswaldo. A filosofia e a visão comum do mundo. In: PRADO JR., Bento; PEREIRA PORCHAT, Oswaldo; FERRAZ JR., Tércio Sampaio. *A filosofia e a visão comum do mundo*. São Paulo: Brasiliense, 1981. (Almanaque).

PESSANHA, J. A. Motta. Vida e obra. In: SOUZA, J. Cavalcante de (org.). *Pré-socráticos*. São Paulo: Abril Cultural, 1978. (Os Pensadores).

PETERSON, Marianna Allen. *Introdução à filosofia medieval*. Fortaleza: Edições UFC, 1981.

PIAGET, Jean. *A epistemologia genética*. Petrópolis: Vozes, 1973.

PLATÃO. *A República*. São Paulo: Nova Cultural, 2004.

PLATÃO. Apologia de Sócrates. In: ______. *Diálogos*. São Paulo: Nova Cultural, 2004.

PLATÃO. Carta VII. In: VALVERDE, J. M. et al. *História do pensamento*. São Paulo: Nova Cultural, 1987. 4 v.

PLATÃO. Crátilo. In: SOUZA, J. Cavalcante de (org.). *Pré-socráticos*. São Paulo: Abril Cultural, 1978. (Os Pensadores).

PLATÃO. Eutífron. In: ______. *Diálogos*. São Paulo: Nova Cultural, 2004.

PLATÃO. *Fédon*. São Paulo: Nova Cultural, 1987. (Os Pensadores).

PLATÃO. *Teeteto e Crátilo*. 3. ed. rev. Belém: EDUFPA, 2001.

PLATÃO. *Timeo*. Santiago: Universidad Católica de Chile, 2004.

POLITZER, Georges. *Princípios fundamentais de filosofia*. São Paulo: Hemus, 1970.

POPPER, Karl. *A lógica da pesquisa científica*. São Paulo: Cultrix/ Edusp, 1972.

PORFÍRIO, Isagoge. In: VALVERDE, J. M. et al. *História do pensamento*. São Paulo: Nova Cultural, 1987. 4 v.

PRIGOGINE, Ilya. *O fim das certezas:* tempo, caos e as leis da natureza. São Paulo: Unesp, 1996.

PRIGOGINE, Ilya; STENGERS, Isabelle. *A nova aliança:* a metamorfose da ciência. Brasília: UnB, 1984.

RAEYMAKER, Luís. *Introdução à filosofia*. 2. ed. rev. São Paulo: EPU, 1973.

REALE, Giovanni; ANTISERI, Dario. *História da filosofia*. São Paulo: Paulus, 1990. 3 v.

REZENDE, Antonio (org.). *Curso de filosofia*. Rio de Janeiro: Zahar, 1986.

RIVANO, Juan. *Lógica elemental*. Santiago: Universitaria, 1985.

ROGERS, Carl. *Tornar-se pessoa*. 3. ed. São Paulo: Martins Fontes, 1977. (Série Pedagogia e Psicologia).

ROMANO, Roberto. A estética de Marx: a tradução do mundo. In: VALVERDE, J. M. et al. *História do pensamento*. São Paulo: Nova Cultural, 1987. 4 v.

RORTY, Richard. *A filosofia e o espelho da natureza*. Lisboa: Publicações Dom Quixote, 1988.

RORTY, Richard. A trajetória do pragmatista. In: ECO, Umberto. *Interpretação e superinterpretação*. São Paulo: Martins Fontes, 2001.

ROUSSEAU, Jean-Jacques. *Discurso sobre a origem da desigualdade entre os homens*. São Paulo: Abril Cultural, 1978.

ROUSSEAU, Jean-Jacques. *Do contrato social*. Rio de Janeiro: Tecnoprint, s.d.

RUSS, Jacqueline. *Dicionário de filosofia*. São Paulo: Scipione, 1991.

RUSSELL, Bertrand. *Fundamentos de filosofia*. Rio de Janeiro: Zahar, 1977.

RUSSELL, Bertrand. *História da filosofia ocidental*. 4. ed. Brasília: UnB; São Paulo: Nacional, 1982. 3 v. (Pensamento Científico).

RUSSELL, Bertrand. Quais desejos são politicamente importantes? In: RUSSELL, Bertrand et al. *As mais belas palavras*. São Paulo: Hemus, s.d.

SALINAS FORTES, Luiz Roberto. *O iluminismo e os reis filósofos*. 6. ed. São Paulo: Brasiliense, 1989. (Primeiros Passos).

SALMON, Wesley C. *Lógica*. Rio de Janeiro: Zahar, 1969. (Curso Moderno de Filosofia).

SÁNCHEZ VÁZQUEZ, Adolfo. *As ideias estéticas de Marx*. Rio de Janeiro: Paz e Terra, 1968.

SÁNCHEZ VÁZQUEZ, Adolfo. *Ética*. Rio de Janeiro: Civilização Brasileira, 1984.

SANTO AGOSTINHO. *Confissões*. São Paulo: Abril Cultural, 1984. (Os Pensadores).

SANTO AGOSTINHO. *De magistro*. São Paulo: Nova Cultural, 1987. (Os Pensadores).

SANTOS, Maria Carolina Alves dos. *Textos filosóficos*. São Paulo: SE/CENP, 1956.

SARTRE, Jean-Paul. *O existencialismo é um humanismo*. São Paulo: Abril Cultural, 1978. (Os Pensadores).

SCHILLER, Friedrich. *Sobre a educação estética*. São Paulo: Herder, 1963.

SCHLICK, Moritz. *O fundamento do conhecimento*. São Paulo: Abril Cultural, 1975. (Os Pensadores).

SCHOPENHAUER, Arthur. *Aforismos sobre filosofia de vida*. Rio de Janeiro: Ediouro, 1991.

SCHOPENHAUER, Arthur. *O mundo como vontade e representação*. Rio de Janeiro: Contraponto, s.d.

SCHÜLLER, Donaldo. *Literatura grega*. Porto Alegre: Mercado Aberto, 1985.

SINGER, Peter. *Writings on an ethical life*. Nova York: The Ecco Press, 2001.

SINGH, Simon. *O último teorema de Fermat*. Rio de Janeiro: Record, 1999.

SOUZA, J. Cavalcante de (org.). *Pré-socráticos*. São Paulo: Abril Cultural, 1978. (Os Pensadores).

STAROBINSKI, Jean. *Jean-Jacques Rousseau:* a transparência e o obstáculo. São Paulo: Companhia das Letras, 1991.

STEGMÜLLER, Wolfgang. *A filosofia contemporânea:* introdução crítica. São Paulo: EPU/Edusp, 1977. 2 v.

TOURS, São Gregório de. *História dos francos*. Disponível [em inglês] em: <http://www.fordham.edu/halsall/basis/gregory-hist.asp>. Acesso em: 29 ago. 2020.

VALVERDE, José María et al. *História do pensamento*. São Paulo: Nova Cultural, 1987. 4 v.

VARELA, Francisco. *Conocer*. Barcelona: Gedisa,1990.

VAZ, Henrique C. de Lima. *Escritos de filosofia II:* ética e cultura. São Paulo: Loyola, 1988.

VERDENAL, René. A filosofia positiva de Auguste Comte. In: CHÂTELET, François (dir.). *História da filosofia:* ideias, doutrinas. Rio de Janeiro: Zahar, 1981. 8 v.

VERNANT, Jean-Pierre. *As origens do pensamento grego*. São Paulo: Difel, 1984.

VOLKOGONOV, Dimitri. *Stalin:* triunfo e tragédia. Rio de Janeiro: Nova Fronteira, 2004. v. 1.

VOLTAIRE. *Tratado de metafísica*. São Paulo: Abril Cultural, 1984. (Os Pensadores).

WALLERSTEIN, Immanuel. *O capitalismo histórico*. São Paulo: Brasiliense, 1985.

WEBER, Max. *Ciência e política*. São Paulo: Cultrix, 1970.

WEFFORT, Francisco (org.). *Os clássicos da política*. São Paulo: Ática, 1990. 2 v.

YUTANG, Lin. *A importância de viver*. São Paulo: Círculo do Livro, 1975.